Altes Wissen neu entdeckt

HAUSHALTSGEHEIMNISSE AUS ALTER ZEIT

EIN ADAC BUCH

IMPRESSUM

Dieses Buch entstand in Zusammenarbeit von
ADAC Verlag, München,
und Wissen Media Verlag, Gütersloh/München

Projektleitung: Dr. Hans Joachim Völse, Detlef Wienecke-Janz
Redaktionsleitung: Annette Grunwald, Andreas Schimkus
Konzeptentwicklung und redaktionelle Betreuung:
interConcept Medienagentur, München
Redaktionsleitung interConcept: Dr. Markus Schreiber
Redaktionelle Mitarbeit: Mona Baumüller

Autoren: Barbara Rusch, München (Haushaltspraxis für jeden Tag, Reparieren und Renovieren); Dr. Cornelia Fischer, Nierstein (Küche und Keller, Ein Zuhause zum Wohlfühlen); Dr. med. Berndt Rieger, Bamberg (Gesundheit und Wohlbefinden); Inga-Maria Richberg, Ahrensburg (Garten und Zimmerpflanzen)

Fachkorrektoren: Carola Reiner, Köln (Haushaltspraxis für jeden Tag); Dr. Wilma Schreiber, München (Küche und Keller, Gesundheit und Wohlbefinden); Florian Kurz, Dipl.-Ing. (FH), Nürnberg (Reparieren und Renovieren, Ein Zuhause zum Wohlfühlen); Dr. Gertrud Scherf, Osterhofen-Galgweis (Garten und Zimmerpflanzen)

Bildredaktion: Anka Hartenstein, Sonja Rudowicz
Herstellung: John C. Bergener, Michael Schack
Layout und Satz: Keysselitz Deutschland GmbH, München
Titelgestaltung: Parzhuber & Partner, München
Titelbild: Flora Press, Hamburg
Bildnachweis: S. 400
Druck und Bindung: Mohn media Mohndruck GmbH, Gütersloh

Printed in Germany

ISBN 3-89905-391-5
978-3-89905-391-3

Einführung

Haben Sie gewusst, dass Essig den Weichspüler ersetzen kann und Rosenstöcke Milch lieben? Dass viele Heilpflanzen als natürliche Antibiotika wirken? Dass Sie Brot und Käse nicht nebeneinander lagern sollten? Anno dazumal wusste man das alles und noch viel mehr. Doch das nützliche Alltagswissen unserer Großeltern ist heute weitgehend in Vergessenheit geraten. Seine Wiederentdeckung – und zeitgemäße Anwendung – ist das Anliegen dieses Buches.

Sie werden staunen: Eine wahre Fundgrube tut sich auf, mit Tausenden von wertvollen Tipps und Tricks, die heute nicht weniger hilfreich sind als damals, mit Ratschlägen und praktischen Anleitungen, Hausmitteln und Rezepten aus dem Erfahrungsschatz früherer Generationen. Dazu kommen aufschlussreiche Einblicke in jene Zeiten, die auf die Errungenschaften moderner Technik und Wissenschaft verzichten mussten, in denen das Leben langsamer war, natürlicher, aber auch beschwerlicher. Auf die Frage »Wie haben die das früher eigentlich gemacht?« bekommen Sie in diesem Buch die richtigen Antworten.

In sechs Kapiteln sind die einzelnen Tipps aus Großmutters Wissensschatz nach Themenbereichen geordnet. Im Kapitel **»Haushaltspraxis für jeden Tag«** geht es um Hausputz, Wäsche, Fleckenentfernung, nicht zuletzt um traditionelle Putz- und Reinigungsmittel aus natürlichen Substanzen, die weder die Umwelt noch Ihren Geldbeutel belasten. Ja, auch das sparsame, vorausschauende Wirtschaften gehört selbstverständlich zum alten Wissen. Die Wiederentdeckung lohnt sich!

Im Kapitel **»Küche und Keller«** kommt das leibliche Wohl zum Zuge. Neben altbewährten Regeln für den Einkauf – Sie wollen doch gute Ware für Ihr gutes Geld! – finden Sie allerlei Rezepte und Anregungen zum Kochen, Backen, Braten nach Großmutter-Art, zum Einmachen, Einkochen, Einlagern. Alles hausgemacht! Das schmeckt und ist überdies auch noch gesund.

Die Themen des Kapitels **»Reparieren und Renovieren«** waren früher Großvaters Domäne, der nach dem Prinzip »Selbst ist der Mann« Haus und Wohnung in Schuss hielt. Gerade im Bereich Bauen und Werkstoffe zeigt sich derzeit ein Umdenken. Wegen der gesundheitlichen, aber auch technischen Problematik mancher moderner Baustoffe besinnt man sich wieder auf traditionelle Materialien und Handwerkstechniken. Informationen dazu finden Sie auf diesen Seiten.

Wenn Oma mit ihrem Hustentee ankam, haben die Kinder schon vorsorglich das Gesicht verzogen. Zugegeben: Kräutermedizin kann – im Gegensatz zum künstlich gesüßten Hustensaft aus dem Labor – bitter schmecken, aber auch wahre Wunder wirken. Das Kapitel **»Gesundheit und Wohlbefinden«** beschäftigt sich mit Hausmitteln und natürlichen Heilmethoden, die sich in Jahrhunderten bewährt haben und bei Alltagsbeschwerden nach wie vor von größtem Nutzen sein können.

Erinnern Sie sich noch an die gute alte Wohnküche, in der alle zusammensaßen? Vom gemütlichen Zuhause haben unsere Großeltern wahrlich viel verstanden. Und auch wenn in Ihrer Wohnung kein Herdfeuer knistert, bietet das alte Wissen rund um das Wohlfühl-Zuhause doch zahlreiche Anregungen für individuelles Wohnen in heutiger Zeit. Sie finden sie im Kapitel **»Ein Zuhause zum Wohlfühlen«**, das sich traditionellen Wohnkulturen widmet.

Zum Schluss, aber nicht zuletzt: das Kapitel **»Garten und Zimmerpflanzen«** mit dem schier unerschöpflichen Erfahrungsschatz der Vergangenheit. Sie werden sehen, dass der »grüne Daumen« nicht angeboren ist. Vielmehr sind prächtige Blüten, sattes Grün und schmackhafte Gartenfrüchte Ausdruck Ihrer Liebe zur Natur und Resultat des alten Wissens von der Natur.

Inhaltsverzeichnis

Altes Wissen neu entdeckt

Haushaltspraxis für jeden Tag

»Neue Besen kehren gut,
aber die alten wissen die Winkel.«

Bauernweisheit

Großmutter brauchte keinen Fitness-Club, sie hatte ihren Haushalt. Da wurde geklopft und geschrubbt, gebohnert und poliert. Ja, es war mit körperlicher Arbeit verbunden, einen Haushalt immer in Schuss zu halten – ohne all die elektrischen Helfer, die uns Nachkommen ganz selbstverständlich zur Verfügung stehen. Niemand will zurück in dieses beschwerliche Hausfrauendasein ohne Staubsauger und Waschmaschine. Andererseits gibt es auch ein Zuviel des Guten, gerade was die Fülle von Putz- und Reinigungsmittel aus dem Chemielabor betrifft, die heute für die verschiedensten Verrichtungen im Haushalt auf dem Markt sind. Da lohnt sich die Besinnung auf altbewährte Methoden und natürliche Mittel, die ganz erstaunliche Wirkung zeigen, ohne Geldbeutel und Umwelt zu belasten.

Reinigungsmittel aus der Natur

In alter Zeit waren die verschiedenen Arbeiten im Haushalt weitaus anstrengender als heutzutage, da all die elektrischen Helfer wie Staubsauger oder Waschmaschine fehlten. Auch die Wasch- und Putzmittelindustrie mit ihrer unübersehbaren Produktpalette gab es noch nicht. Dennoch versanken auch unsere Vorfahren nicht im Schmutz, denn sie wussten althergebrachte Putztechniken und die Kraft natürlicher Substanzen zu nutzen.

Putzmittel aus der Speisekammer

Großmutter bediente sich beim Reinemachen aus der Speisekammer. Denn einige Nahrungsmittel haben eine lange Tradition als Allzweckreiniger und bewähren sich auch im modernen Haushalt. Meist machen sie die »chemische Keule« aus dem Drogeriemarkt überflüssig, schonen also die Umwelt – und Ihren Geldbeutel.

Zitrone gegen Fett und Kalk

Zitronen helfen kraftvoll beim Kampf gegen Fett- und Kalkablagerungen, Wasser- und Seifenflecken – und verströmen darüber hinaus einen herrlichen Duft. Hauptwirkstoff der Zitrone ist die im Fruchtfleisch enthaltene Säure. Mit Zitronensaft oder, noch einfacher, mit einer halbierten Zitrone können Sie Kunststoffe, Metalloberflächen, Sanitärkeramik, Marmorplatten, auch Teppiche und Polster abreiben und von hartnäckigen Flecken befreien. Doch Vorsicht: Zitronensäure bleicht auch, ist also für dunkle Flächen und Textilien ungeeignet. Als Fettlöser geben Sie Zitronensaft ins Spül- oder Putzwasser. Auch eingebranntes Gargut auf Cerankochfeldern löst sich schnell unter Einwirkung von Zitronensaft. Industriell produzierte Kalklöser enthalten sehr oft Zitronensäure. Sie sparen sich die Ausgabe, indem Sie mit Zitronensaft entkalken. Sparsame Großmütter wussten auch die Schalen von Zitronen und Orangen zu nutzen: Emaillierte Flächen und Porzellan werden damit eingerieben und wieder blitzblank.

Nicht nur Nahrungs-, sondern auch bewährtes Reinigungsmittel – ein Händler verkauft Essig im Paris des Jahres 1774.

Kraftvoll gegen Ablagerungen: Alleskönner Essig

Hässlichen Ablagerungen wie Kalk und Urinstein, aber auch Bakterien, Schimmelpilzen und unangenehmen Gerüchen, etwa von Fisch, können Sie mit Essig zu Leibe rücken. Als Zugabe in den letzten Waschgang ersetzt er sogar umweltschädliche Weichspüler und entkalkt gleichzeitig die Waschmaschine. Verantwortlicher Hauptwirkstoff ist die Essigsäure. Sie ist in Haushaltsessig mit einem Anteil von fünf bis acht Prozent, in Essigessenz bis zu 25 Prozent enthalten. Leider ist Essigsäure eine flüchtige Verbindung – deshalb der beißende Geruch, der Augen und Atemwege reizen kann. Wie Großmutter sollten Sie deshalb beim Putzen stets gut lüften. Außerdem dürfen Sie Essigsäure wegen ätzender Dämpfe nie erhitzen. Bei der Reinigung des Badezimmers mit dem altbewährten »Kraftprotz« müssen Sie die verchromten Armaturen aussparen. Die Chromschicht misst ja nur eini-

Chemische Reaktion beim Entkalken

Pure Chemie, nämlich die chemische Umwandlung von Stoffen, findet auch bei der Entkalkung mit den altbewährten Naturprodukten Essig oder Zitrone statt: Durch die Säuren wird Kalk, also festes Calciumcarbonat, in Hydrogencarbonat bzw. in Kohlendioxid umgewandelt.

ge Zehntel Millimeter und wird häufig bereits bei der Reinigung mit handelsüblichen Kratzschwämmen beschädigt. Wenn Sie jetzt auch noch mit Essig(säure) darüber gehen, führt das zu irreversiblen Schäden, denn die chemische Reaktion mit dem unter dem Chrom liegenden Kupfer führt zu Grünspan.

Salz – nicht nur bei Rotweinflecken

Salz ist ein bewährtes Poliermittel, unterstützt etwa beim Scheuern von verschmutzten Backöfen. Bekannter ist es als Erste Hilfe gegen Rotweinflecken. Da dieser Effekt auf der Wasser anziehenden Wirkung von Salz beruht, darf der Weinfleck noch nicht eingetrocknet sein. Später hilft dann Weißwein. Unsere Großmütter kannten aber noch viele weitere Salz-Tricks, brachten damit die Farben von Teppichen wieder zum Leuchten oder verjagten mit den weißen Kristallen den Farbgeruch aus frisch gestrichenen Zimmern.

Poliermittel Mehl

Ein sanftes Poliermittel für empfindliche verchromte Armaturen ist Mehl. Wenn Sie es mit Essig zu einer Paste vermischen, bringt es auch Stahl zum Glänzen.

Scheuern mit Kaffeesatz

Sparsame Großmütter ließen nichts verkommen, auch nicht den Kaffeesatz. Im Haushalt nutzten sie ihn zum Scheuern, etwa von Backöfen. Sie können mit absolut trockenem Kaffeesatz – sonst besteht Schimmelgefahr – auch unangenehme Gerüche in Plastikbehältern oder im Kühlschrank vertreiben.

Tee als Möbelpolitur

Ein altbewährter Hausfrauentrick: Kalte Reste aus der Teekanne schütten Sie nicht weg, sondern wischen damit dunkle Holzmöbel oder schwarz lackierte Objekte ab – unansehnliche Fingerabdrücke und Staub verschwinden schnell und gründlich. Polieren Sie mit einem weichen Tuch nach und alles glänzt wie neu.

Universalmittel Natron

Im Lebensmittelhandel auch als Speisenatron oder Speisesoda erhältlich – und nicht zu verwechseln mit dem gefährlichen Ätznatron

Viele pflanzliche Nahrungsmittel lassen sich auch zum Reinigen verwenden. Besonders schätzten unsere Vorfahren die Kraft der Zitrone und des Essigs.

oder der ätzenden Natronlauge! –, galt Natron früher im Haushalt als wahres Universalmittel: Es war ein Treibmittel beim Backen, ein Badezusatz für eine bessere Durchblutung und sorgte für das schnellere Garen von Hülsenfrüchten. Auch beim Putzen und Waschen hat sich Natron bewährt: Sie mischen es mit Wasser (ein Teelöffel auf fünf Liter), wodurch eine leicht alkalische Lösung entsteht, die hartes Wasser weicher macht. Außerdem können Sie damit üble Gerüche, etwa im Kühlschrank, neutralisieren: Auf einem Teller oder offen verstreut, sorgt Natron für »gute Luft«.

Fenster in die Vergangenheit

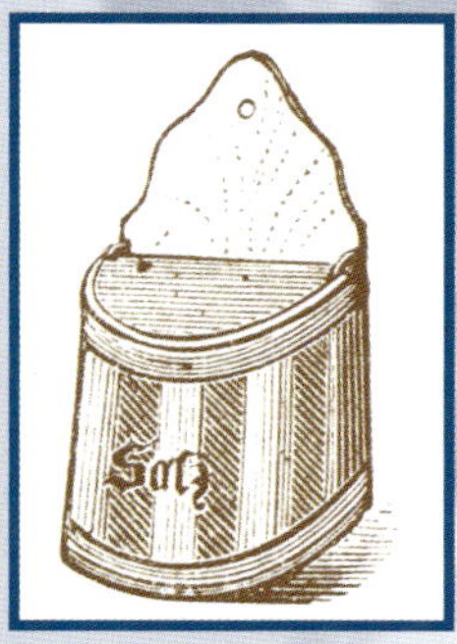

Salz – heute alltäglich, einst wertvoller Rohstoff

Das weiße Gold *nannte man es früher, heute ist Speisesalz eine Ware, die jederzeit und im Überfluss vorhanden ist. Wie wertvoll dieses wichtigste Gewürz einst war, kann sich heute kaum jemand vorstellen. Salz wird vom Menschen seit Urzeiten aus der Natur gewonnen – etwa durch die Verdunstung von salzhaltigem Wasser oder durch Filtrieren von salzhaltiger Erde. Schon in der Eisenzeit wurde es vor rund 2500 Jahren im österreichischen Hallstatt in über 300 Meter tiefen Schächten abgebaut. In verschiedenen Weltgegenden entwickelte sich ein reger Handel mit dem weißen Gold, das in salzarmen Regionen heiß begehrt war. Berühmte Salz-Fernhandelsstrecken waren die Salzstraßen des Römischen Reiches, die Handelswege von den Salzzentren der Sahara in die Wald- und Savannenregionen Westafrikas oder die mittelalterlichen europäischen Salzstraßen. Auf ihnen wurde das Salz von den Förderstätten, wie Halle an der Saale oder Schwäbisch Hall, in ganz Europa verbreitet.*

Zitrone und Essig: kraftvolle Multitalente

Die gelben Früchte des Zitronenbaums und das flüssige Würzmittel Essig werden schon seit Jahrtausenden vielseitig verwendet, sei es in der Küche und im Haushalt, in der Medizin oder in der Kosmetik. Solch breit gefächerten Einsatzbereich ermöglichen die speziellen Inhaltsstoffe dieser Universalkönner: Säuren, ätherische Öle, lebenswichtige Vitamine und sekundäre Pflanzenstoffe.

Kennst du das Land, wo die Citronen blühn / Im dunkeln Laub die Gold-Orangen glühn ...«, schrieb Johann Wolfgang von Goethe in »Wilhelm Meisters Lehrjahre«. Nicht erst seinerzeit waren die Zitrusgewächse ein Symbol des mediterranen Südens, des Traumziels vieler Künstler und Bildungsreisender aus kühleren Gefilden.

Mythos und Geschichte

An den Fürstenhöfen nördlich der Alpen pflegten in der Barockzeit die besten Gärtner die Bäume mit den leuchtenden Früchten, die als Inbegriff des ewigen Wachstums galten, in so genannten Orangerien. Zitrusbäume waren in jener Zeit besondere Herrschaftszeichen, deren Symbolkraft in der griechischen Mythologie wurzelte. Als eine seiner zwölf Aufgaben musste Herakles die goldenen Äpfel der Hesperiden rauben, die mit Zitronen gleichgesetzt wurden. Der Tugendheld der griechischen Antike war eine besonders beliebte Identifikationsfigur der absolutistischen Herrscher des Barock.

Weniger spektakulär, doch nicht minder interessant ist die Geschichte des Essigs. Denn neben dem Salz ist die saure Lösung wohl eines der ältesten Würzmittel der Menschheit. Man kann davon ausgehen, dass unsere Vorfahren schon zu Urzeiten die kräftige Säure zur geschmacklichen Verbesserung ihrer Nahrung nutzten – sicher überliefert ist dies beispielsweise von den Babyloniern und den Bewohnern des alten Ägypten.

Auch wenn wohl kaum jemand ihr Fruchtfleisch pur mit Genuss verzehrt, bereichert die Zitrone seit Jahrtausenden in den vielfältigsten Zubereitungen den Speiseplan der unterschiedlichsten Kulturen.

Zitrusfrüchte: Von Südostasien in alle Welt

Zitrusfrüchte stammen ursprünglich aus Südostasien, wo sie aller Wahrscheinlichkeit nach schon seit rund 4000 Jahren kultiviert werden. Durch die Feldzüge Alexanders des Großen gelangten sie im vierten Jahrhundert v. Chr. in den östlichen Mittelmeerraum. In Nordafrika fanden sie einige Jahrhunderte später Verbreitung und im 15. Jahrhundert führten die Portugiesen Süßorangen in Europa ein. Nach Amerika gelangten die beliebten Bäume bereits mit den Schiffen von Christoph Kolumbus. Heute zählen Zitrusfrüchte weltweit zu den wichtigsten Baumfrüchten und werden in weit über 100 Ländern angebaut.

Die goldenen Früchte des Zitronenbaums

Zitronen sind heute aus den Speiseplänen der Welt kaum mehr wegzudenken, doch sind ihre Inhaltsstoffe auch in Heilmitteln, Kosmetika und in vielen Reinigungsmitteln zu finden. Ihre wichtigsten Inhaltsstoffe sind Vitamin C, Zitronensäure und Pektin sowie die für Geruch und Geschmack verantwortlichen ätherischen Öle der Schale. Diese wirken

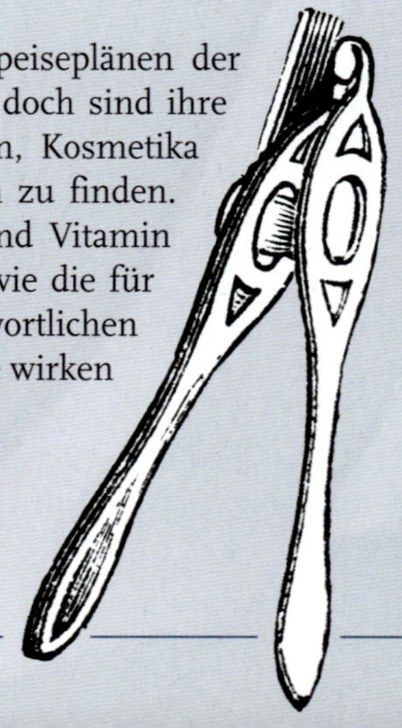

Zitronenpresse aus dem späten 19. Jahrhundert. Die Zitrone wurde im Ganzen hineingegeben und dann ausgepresst.

antiseptisch und durchblutungsfördernd und werden deshalb pharmazeutisch eingesetzt. Aufgrund ihrer reinigenden und desinfizierenden Wirkung und ihres Dufts finden sie – genauso wie die Zitronensäure des Fruchtfleischs – auch in Reinigungsmitteln Verwendung. Besonders gesund sind die in der Schale – allerdings nur bei ungespritzten Früchten – und im Saft enthaltenen Flavonoide. Diese sekundären Pflanzenstoffe wirken unter anderem blutdrucksenkend.

Zwei Doppelflaschen für Essig und Öl – links das chinesische Original, rechts die Nachahmung aus Meißen (1725/30). Wie die Zitrone, so kam auch der Essig aus dem Osten nach Westen.

Sauer macht lustig!

Eigentlich heißt der altbekannte Spruch: »Sauer macht gelüstig.« Gemeint ist, dass Säure den Appetit anregt. Diese Wirkung war unseren Vorfahren wohl bewusst, weshalb man früher etwa zu üppigen Festmahlen sauer Eingelegtes servierte. Die älteste Säure, die dem Menschen bekannt ist, dürfte wohl die Essigsäure sein. Das zu ihrer Herstellung benötigte biotechnische Verfahren wurde bereits vor Jahrtausenden – ziemlich sicher zufällig – entdeckt, als alkoholische Getränke wie Wein und Bier durch die Einwirkung von Bakterien und Luft sauer vergoren. Archäologische Funde zeigen, dass Essig schon vor Jahrtausenden im Zweistromland und im alten Ägypten, bei Indern und Chinesen bekannt war. Richtiggehend »essigsüchtig« waren die Römer: Sie schätzten Essig nicht nur als Konservierungs- und als Heilmittel, sondern auch, mit Wasser verdünnt, als erfrischendes Getränk. Mit Wasser verdünnten Essig reichte man auch den Gekreuzigten, damit sie nicht verdursteten und die Qual umso länger währte. Diesen grausamen Brauch kennen wir aus der Passion Christi. Eine andere Gewohnheit der Römer wurde ihnen selbst oft zum Verhängnis. Sie konsumierten ihr Essigwasser nämlich meist aus den damals üblichen Bleigefäßen, was aufgrund des hochgiftigen Reaktionsprodukts von Essig und Blei zum Tode führen konnte.

Der Sinner'sche Waschkreis

Das nach dem deutschen Chemiker Sinner benannte Schema der Prozesse beim Waschen und Putzen nennt die vier Faktoren der Reinigungswirkung: Mechanik (scheuern, schrubben, Wäsche kneten), Temperatur (des Wassers beziehungsweise der Umgebung), Chemie (Reinigungs- beziehungsweise Waschmittel) und Zeit (einwirken lassen). Reduziert man einen Faktor, muss ein anderer verstärkt werden. So ersetzt das Einwirken beispielsweise die Temperatur oder etwa die Temperatur die Chemie. So lässt sich ein leicht vorgeheizter Backofen auch ohne Backofenspray gut reinigen.

Hochwirksam und rundum einsetzbar: Essig, Essig-Essenz und Essigsäure

In früheren Zeiten wurde Essig zu Hause produziert, indem man alkoholhaltige, aber auch zuckerhaltige Getränke vergären ließ. Dieses Verfahren wandten auch die ersten Essigfabrikanten an; meist war die begehrte saure Lösung einfach ein Nebenprodukt der Wein- und Bierherstellung. Auch heute wird Speise-Essig zu einem großen Teil durch biologische Gärung gewonnen. Sein Geschmack und seine Inhaltsstoffe – etwa Mineralien, Vitamine und Fruchtsäuren – hängen davon ab, aus welchem Grundstoff er produziert wurde. Im Handel ist aber auch Essig aus Essig-Essenz, also aus einer 25-prozentigen Essigsäurelösung in Wasser, erhältlich.

Vor rund 100 Jahren entdeckte die Wissenschaft, dass sich Essigsäure auch synthetisch, also ohne die Mithilfe von Bakterien, herstellen lässt. Mittlerweile ist die farblose Flüssigkeit mit dem stechenden Geruch zu einer bedeutenden Chemikalie aufgestiegen, die bei der Herstellung von Reinigungsmitteln und von Entkalkern zur Anwendung kommt. In der Lebensmittelproduktion dient sie beispielsweise als Geschmacksstoff und als Konservierungsmittel.

Von Borax bis Talkum: Einsatz altbewährter Putzmittel

Allzweckreiniger, Fensterputzmittel, Parkettreiniger, Putzmittel für Glaskeramikherde, Edelstahl- und Möbelpolituren ... die Liste der modernen Spezialreiniger für den Haushalt ist lang und unübersichtlich. Überschaubar ist hingegen die Palette der altbewährten und auch heute noch empfehlenswerten Substanzen, mit denen unsere Großmütter ihren Haushalt blitzsauber hielten.

Universales Reinigungsmittel: Borax
Das universale Bleich- und Reinigungsmittel Borax ist ein Mineral, das in der Natur in ausgetrockneten Salzseen oder in Vulkanschloten vorkommt. Bereits im alten China wurde es – wie auch heute noch – für Glasuren verwendet, in Ägypten balsamierte man damit die Verstorbenen ein. Borax findet Verwendung bei der industriellen Produktion von Seifen, Waschmitteln und Wasserenthärtern, außerdem beim Schweißen und Löten und sogar in der Nahrungsmittelindustrie.
Boraxpulver wurde früher vielfältig im ganzen Haushalt eingesetzt. In Wasser lässt es eine milde alkalische, desinfizierende Lösung entstehen, die sich hervorragend zum Putzen eignet. Borax dient auch der Desinfektion und dem effizienten Kampf gegen Schimmel und kommt bei der Wäschepflege zum Einsatz, ersetzt chemische Weichspüler und vertreibt selbst Unkraut und Ungeziefer. Beim Umgang mit Borax sollten Sie darauf achten, dass das feine Pulver nicht mit der Haut und den Augen in Kontakt kommt, da es leicht Entzündungen hervorruft. Auch muss man es vor Kindern gut verschlossen halten.

Fleckenschreck Gallseife
Aus Kernseife und Rindergalle hergestellte Gallseife ist ein altbewährtes Hausmittel, um Flecken – auch mit kaltem Wasser – aus Textilien zu entfernen. Wer Gallseife im Haus hat, kann auf teure und umweltschädliche Fleckenmittel verzichten. Im Handel ist sie in fester und flüssiger Form erhältlich.

Fleckenkiller Glycerin
Glycerin, auch Glycerol oder – chemisch korrekt – Propantiol genannt, ist eine farb- und geruchlose, zähe alkoholische Flüssigkeit mit süßlichem Geschmack. Das wahre Multitalent findet sich in Kosmetika und Medikamenten genauso wie in Frostschutzmitteln, Schmierstoffen und dem hochexplosiven Sprengstoff Nitroglycerin. Unsere Großmütter gaben Glycerin ins Wasser, um Textilien mit alten, eingetrockneten Flecken einzuweichen. Glycerin eignet sich als Reinigungsmittel bei verschiedensten hartnäckigen Flecken von Gras über Schokolade bis Teer.

Petroleum – einst als Brennstoff für Lampen, aber auch zum Reinigen verwendet. Für den Kampf gegen Fett- und sonstige Flecken ist es auch heute noch ein wirksames Mittel.

Schonend und effektiv: mildes Scheuerpulver »Marke Eigenbau«

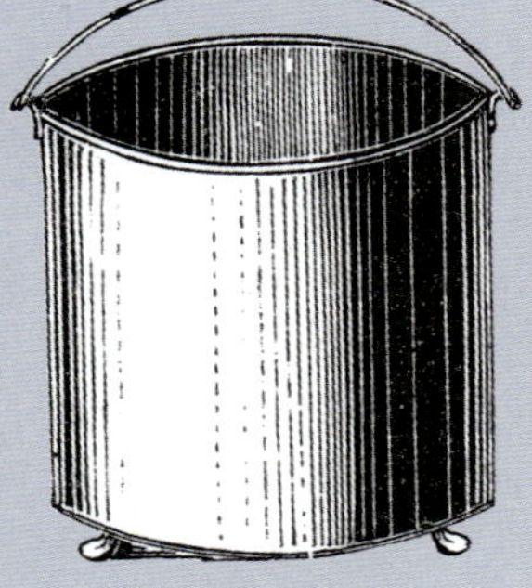

Beim richtigen Scheuern besteht die Kunst darin, einerseits mehr oder minder grobe Verunreinigungen zu entfernen, andererseits die betroffenen Oberflächen nicht zu verkratzen. Mit der folgenden, altbewährten Mischung schaffte Großmutter diese scheinbare Quadratur des Kreises: Sie vermengen 150 Gramm Schlämmkreide mit 80 Gramm Natron und 50 Gramm Seifenflocken und rühren fünf Tropfen Zitronenöl unter. Dieses selbst gemachte, schonende Scheuerpulver ist einige Monate haltbar.

Streifenfreie Fenster dank Salmiakgeist

Salmiak ist die alte Bezeichnung für Ammoniumchlorid, das als wässrige Lösung Salmiakgeist heißt. Salmiak findet sich in Lakritze und selbstverständlich in Salmiakpillen. In alten Haushaltsbüchern wird es geradezu als Allheilmittel gegen eine Vielzahl von Flecken angepriesen. Salmiakgeist ist flüchtig, das heißt: Er trocknet schnell und streifenfrei. Daher wurde er von jeher insbesondere zum Fensterputzen verwendet.

Idealer Fensterreiniger: Spiritus

Brennspiritus ist ein über 90-prozentiger Alkohol, der vergällt ist, also ungenießbar gemacht wurde. Er war früher ein unentbehrlicher Helfer im Haushalt und kommt heute wieder zu Ehren. Spiritus im Putzwasser lässt Fenster blitzblank erstrahlen und auch im Kampf gegen Flecken ist er gut einsetzbar. Da Spiritus giftig und leicht entflammbar ist, sollte er gut gekennzeichnet sein und vor allem kindersicher aufbewahrt werden.

Schlämmkreide – durchaus nicht nur zum Scheuern

Schlämmkreide, auch unter dem Namen Wiener Kalk im Handel, ist ein Naturprodukt aus Calciumcarbonat. Sie wird in alten Haushaltsbüchern als außerordentlich effektives Scheuermittel empfohlen, das man hervorragend in Küche und Bad einsetzen kann. Die Reinigungskraft entfaltet sich besonders intensiv in Verbindung mit Schmierseife. Mit etwas Essig vermischt, wird Schlämmkreide traditionell gegen Fettspritzer oder Fettflecken auf Textilien eingesetzt. Außerdem können Sie damit vergilbte Klaviertasten reinigen oder Ameisen vertreiben.

Ein vielseitig anwendbares Mineralpulver: Talkum

Talkum ist der Name für gemahlenen Talk. Dieses grünlich bis weiße Mineral ist vielseitig verwendbar und kommt unter anderem in der Papier-, Farben-, Kunststoff- und Pharmaindustrie zum Einsatz, wird etwa in Seifen oder als Schneiderkreide verwendet. Talkumpuder eignet sich zum Pflegen von Gummidichtungen, lässt aber auch knarzende Holzböden verstummen und macht klemmende Holzschubladen wieder gängig.

Fenster in die Vergangenheit

Ganz schön stressig! Hausfrau – ein Job, der keine geregelten Arbeitszeiten, keinen Urlaub, kein Einkommen kennt und noch dazu in unserer Zeit kaum gewürdigt wird!

Der Beruf Hausfrau *entzückte einst die Dichter: »Und drinnen waltet / die züchtige Hausfrau / die Mutter der Kinder / und herrschet weise / im häuslichen Kreise ... «, schrieb Friedrich Schiller 1799 im »Lied von der Glocke«. Dass es sich bei der Hausarbeit stets um schwere, verantwortungsvolle Arbeit handelte, konnte auch der Dichter nicht verschweigen. So heißt es weiter: »Und reget ohn Ende / die fleißigen Hände / und mehrt den Gewinn / mit ordnendem Sinn.« Heute wird Hausarbeit eher gering geschätzt, doch ihr Beitrag zur Sozial- und Wirtschaftsgeschichte der vergangenen Jahrhunderte ist enorm. Denn anders als heute, wo die Hausfrau im rein privaten Umfeld und ohne Lohn arbeitet, war bis ins 20. Jahrhundert hinein Hausarbeit in hohem Maß Erwerbsarbeit, die in den bürgerlichen und adeligen Schichten von Bediensteten ausgeführt wurde, von Hausmägden, Wäscherinnen, Köchinnen, Näherinnen, Kindermädchen. Und die Hausherrin war dafür verantwortlich, dass alles reibungslos funktionierte. Was bei umfangreichen Haushalten beträchtliche Manager-Qualitäten erforderte! So leiteten Bäuerinnen oder die Frauen von Handwerksmeistern große Haushalte – die Soziologie spricht von einem »ganzen Haus«, zu dem neben der engeren Familie oft alleinstehende Verwandte gehörten, außerdem die Mägde und Knechte bzw. Lehrlinge und Gesellen. Die Frau des Hauses hatte nicht nur für das leibliche Wohl zu sorgen, sondern auch für »Sitte und Anstand«. Hoch gelobt wurde nicht nur die tüchtige und umsichtige, sondern auch die sparsame Hausfrau.*

Sauber, rein, steril – was bedeutet antibakteriell?

Glaubt man der Werbung für Putzmittel, so drohen uns im eigenen Heim die größten Gefahren von allerkleinsten Lebewesen: Bakterien. Als Verbraucher fragt man sich, ob das so beschworene unsichtbare Schreckensszenario wirklich der Realität entspricht. Werden uns die mikroskopisch kleinen Einzeller in die Knie zwingen, wenn wir sie nicht ständig mit schwerstem chemischem Geschütz bekämpfen? Oder gibt es am Ende gar gute Bakterien?

Niemand wird ernsthaft bezweifeln, dass ein ausreichendes Maß an Hygiene im täglichen Leben erforderlich ist, um einer Vielzahl an Erkrankungen vorzubeugen oder den Befall von schädlichen Parasiten zu vermeiden. Ein Blick zurück in die Zeiten vor der Entdeckung der Antibiotika zeigt zudem, dass auch in unseren Breiten vor nicht allzu langer Zeit lebensbedrohende Krankheiten auftraten, die wir heute leider immer noch aus den ärmeren Regionen der Welt kennen: Cholera, Ruhr, Typhus – die Liste der Infektionskrankheiten ist lang und schrecklich. Auslöser dieser Plagen sind Bakterien, mikroskopisch kleine, einzellige Lebewesen, die in unserer Umwelt überall vorhanden sind.

Winzige Überlebenskünstler

Bakterien sind Mikroorganismen, die auch unter extremsten Umweltbedingungen überleben können, sei es am eisigen Südpol, in heißen Quellen, in der Tiefsee. Grundsätzlich unterscheidet man zwischen Bakterien, die tote Lebewesen – Tiere und Pflanzen – besiedeln, und Bakterien, die in lebenden Organismen gedeihen. Erstere zersetzen die abgestorbenen Körper in ihre Nährstoffe und tragen so zum ewigen Kreislauf der Natur bei. Letztere kommen etwa als so genannte Symbionten auch im menschlichen Körper vor, beispielsweise im Verdauungstrakt und auf der Haut. Sie sind für das Funktionieren des menschlichen Körpers von grundlegender Bedeutung. Doch können Bakterien auch als Parasiten in Organismen leben und ihren Wirt krank machen oder zerstören.

Mikroorganismen als nützliche Helfer

Bakterien sind für uns und unsere Umwelt von unerlässlicher Bedeutung. Mit Hilfe der winzigen Organismen erzeugt man beispielsweise Nahrungsmittel wie Sauerkraut und Käse, produziert Pharmazeutika, gerbt Leder. Bakterien halten Böden gesund und fruchtbar, indem sie dazu beitragen, dass tote Pflanzen und Tiere, aber auch anorganisches Gestein in wertvolle Pflanzennährstoffe zersetzt werden. Die kleinen Einzeller werden darüber hinaus in Kläranlagen eingesetzt und tragen dort entscheidend dazu bei, unser Brauchwasser gereinigt in die Umwelt zurückzuführen.

Für den einen das Ideal, für den anderen eher abschreckend: eine Wohnung, die dem Ideal der absoluten Keimfreiheit möglichst nahe kommt. Sinnvolle Sauberkeit und Hygiene erfordern jedenfalls nicht die absolute (und kaum zu verwirklichende) Sterilität.

Bakterien, die krank machen

Bakterien können dem Menschen aber auch erheblich schaden. So lassen die Einzeller beispielsweise Nahrungsmittel verderben und sind Verursacher von Lebensmittelvergiftungen. Zudem sind rund 200 Bakterienarten bekannt, die beim Menschen Krankheiten erregen, etwa Diphterie, Tuberkulose oder verschiedene Formen der Lungenentzündung.

Nicht mit Kanonen auf Spatzen schießen

Sind antibakterielle Reiniger also eine notwendige Hygienemaßnahme? Das Umweltbundesamt sagt nein. Tests haben ergeben, dass sich die Wirkung der antibakteriellen Substanzen etwa bei Spülmitteln nicht bei der Anwendung, sondern erst im Abwasser entfaltet. Fazit der Fachleute: Im Haushalt reichen beim Putzen und Waschen warmes Wasser, übliche, möglichst umweltschonende Mittel sowie das gute, altmodische Scheuern und Schrubben absolut aus, um erforderliche Hygienestandards zu erreichen. Außerdem sind 21 Prozent aller Infektionen auf Viren, fünf Prozent auf Pilze und drei Prozent auf Parasiten zurückzuführen, gegen die »antibakterielle« Reinigungsmittel ohnehin nichts ausrichten. Auch gegen mangelnde Hygiene beim Umgang mit Lebensmitteln – Hauptursache für Lebensmittelinfektionen – sind sie machtlos.

Keimfreiheit hat Tücken

Unter Umständen sind die antibakteriellen Mittel sogar gefährlicher als die Mikroben, die sie bekämpfen sollen. So sind etwa einige ihrer Wirkstoffe möglicherweise krebserregend. Auch ist bislang nicht absehbar, wie sich diese Reiniger auf die menschliche Hautflora, also die nützlichen Bakterien auf unserer Haut, auswirken. Und: Wer in einer keimfreien Umgebung lebt, schwächt sein Immunsystem und entwickelt die Neigung zu Allergien.

Spiel und Sport im Freien – und auch im Dreck – lassen sich mit einer hygienischen Lebensweise auf jeden Fall vereinbaren. Auch ist eine gewisse Konfrontation mit Keimen nötig, um das Immunsystem zu stärken.

Schädlich für die Umwelt

Um es gleich vorwegzunehmen: Für Umweltexperten sind antibakterielle Reinigungsmittel schlicht ein Gräuel. Denn sie enthalten Substanzen, die im höchsten Maße umweltgefährdend sind. Besonders negativ wirkt sich ihr Einsatz auf die Ökologie unserer Gewässer aus.

Ursache mangelnde Hygiene: die großen Plagen der Menschheit

Kriege und Naturkatastrophen haben insgesamt wohl weniger Opfer gefordert als Epidemien. So trat noch im 19. Jahrhundert in Europa und den USA eine schwere Infektionskrankheit epidemisch auf, die wir heute nur mehr als eine Plage armer Länder kennen: die Cholera. Der extreme Brechdurchfall ist ein reines Hygieneproblem, denn die Krankheit wird über Wasser und Lebensmittel übertragen, die mit Cholerabakterien verunreinigt sind. Der Schlüssel im Kampf gegen die Cholera liegt vor allem in der Versorgung mit sauberem Wasser und einer effizienten Kanalisation.

Beengte Lebensverhältnisse, mangelnde Hygiene, verschmutztes Wasser und mit Erregern verunreinigte Nahrungsmittel sind aber auch der Nährboden für viele andere bakterielle Erkrankungen. Dies gilt für den Inbegriff aller tödlichen Infektionskrankheiten, die Pest, ebenso für die Ruhr, den Typhus und die derzeit tödlichste aller bakteriellen Erkrankungen: die Tuberkulose. An ihr sterben derzeit jährlich über zwei Millionen Menschen.

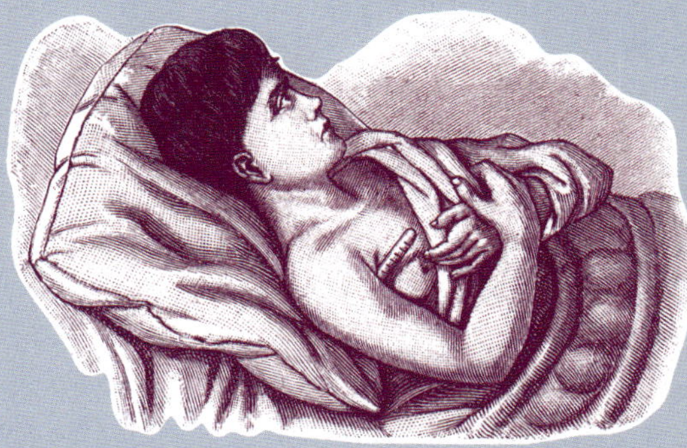

Fiebermessen bei einem Kranken im 19. Jahrhundert. Viele Krankheiten, die unsere Vorfahren bedrohten, sind bei uns auch aufgrund verbesserter Hygiene inzwischen verschwunden.

Durch die antibakteriellen Produkte gelangen Wirkstoffe in die biologischen Kläranlagen, die die dort vorhandenen nützlichen Bakterien abtöten und somit die Effizienz der Wasserreinigung beeinträchtigen. Auf diese Weise gelangen mehr Schadstoffe in die Flüsse, Seen und Meere. Paradoxerweise verursachen wir also mehr Schmutz, wenn wir »besonders rein« putzen.

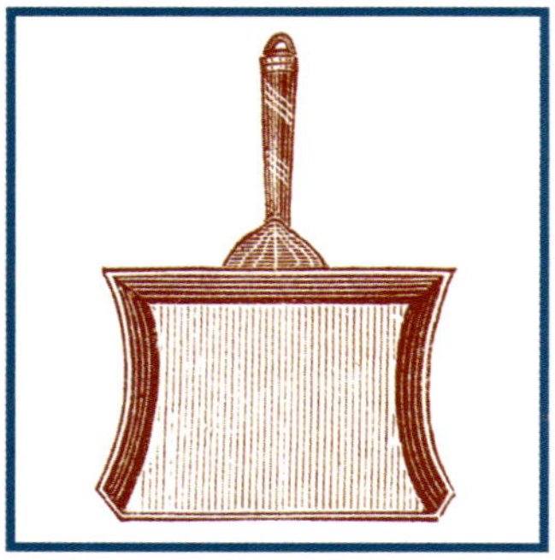

Bewährte Haushaltshelfer: Besen, Bürsten, Fensterleder

Fegen, schrubben, scheuern, klopfen, abstauben, wienern, polieren – in früheren Zeiten war es mit sehr viel mehr Aufwand als heute verbunden, einen Haushalt in Ordnung zu halten. Für die verschiedensten Tätigkeiten gab es entsprechende Gerätschaften, mit denen sich die jeweilige Aufgabe am besten erledigen ließ. Einige dieser traditionsreichen Putzhelfer erweisen sich auch im modernen Haushalt als äußerst effizient.

Besen, Mopp und Schrubber

Die Grundreinigungsarten beim Hausputz sind Fegen, Feuchtwischen und Schrubben. Dabei hängt das Hilfsmittel – Besen und Mopp oder Putztuch – stark von der Beschaffenheit der zu reinigenden Oberflächen ab. Großmutter wusste rustikale Tonfliesen und elegantes Parkett mit dem jeweils passenden Besen zu kehren.

Klassiker und Spezialisten: Besen aus verschiedenen Materialien

Für die Verwendung von Besen hatte sie eine nützliche Faustregel: Je härter und vor allem glatter der Boden, desto weicher sollten die Borsten sein. Zu den harten Klassikern aus Reisig, die Sie heute noch gut im Außenbereich einsetzen können, gesellten sich mit der Zeit verschiedenste Besensorten mit unterschiedlich weichen Borsten. Darüber hinaus mussten Besen früher viele Aufgaben übernehmen, die heute für uns der Staubsauger erledigt. Solche Spezialisten – etwa Handbesen, Herdbesen, Staubbesen für Möbel und viele mehr – versehen in vielen Haushalten wie eh und je ihre Dienste.

Reisig und Stroh für Haus und Hof

Zu den ältesten Besenformen zählen wohl die Reisig- oder Strohbesen. In unseren Breiten sind sie meist aus Birkenruten gefertigt. Sie eignen sich vor allem zum Kehren von Naturböden, etwa festgestampften Erdböden in Scheunen oder alten Bauernhäusern, oder von Gartenwegen.

Klassische Staubfänger: Besen aus Rosshaar

Besen mit Haaren aus dem Schweif und der Mähne von Pferden zählten schon zu Omas Zeiten zur Grundausstattung von Haushalten. Da die Naturhaare einen hohen Fettgehalt aufweisen, nehmen sie beim Kehren hervorragend Staub auf. Aus Rosshaar fertigt man aber auch Spezialbesen mit langen Haaren und langem Stiel – vorzüglich dazu geeignet, Spinnweben aufzunehmen.

Von Hexenbesen und Glücksbringern

Im Volksglauben werden dem Besen übernatürliche Eigenschaften zugeschrieben. Am bekanntesten ist wohl die Vorstellung, Hexen würden auf einem Besen durch die Lüfte reiten. Außerdem glaubte man, dass Hexen nicht über Besen steigen könnten. So ließ man Verdächtige, als »Hexenprobe«, häufig über einen Besen steigen. Besen galten aber auch als Glücksbringer: In manchen Regionen sollte ein Exemplar vor dem Haus vor Unwetter schützen, andernorts wurde ein Besen als Glücksbringer in der Stube aufbewahrt.

Vielseitig: Besen mit Kokosborsten

Besen mit kurzen Kokosborsten werden besonders gut in Sälen und Räumen eingesetzt, in denen grober, trockener Schmutz zusammengekehrt werden muss. Solche mit längeren Borsten nehmen auch gut feineren Schmutz auf.

Staubkiller Ziegenhaar

Sie fielen schon bei unseren Großmüttern in die Kategorie »klein, aber fein«: Die langlebigen Besen, Pinsel und Wedel aus feinem Ziegenhaar wirken wahre Wunder im Kampf gegen den Staub auf Möbeln, elektrischen Geräten, Büchern und anderen Staubfängern. Die verstaubten Ziegenhaare können Sie zudem leicht auskämmen und – wenn nötig – mit milder Seife oder Shampoo waschen.

Schweinsborsten für staubige Böden

Wie wichtig und geschätzt in früheren Zeiten Schweinsborsten als Besenmaterial waren, zeigen die

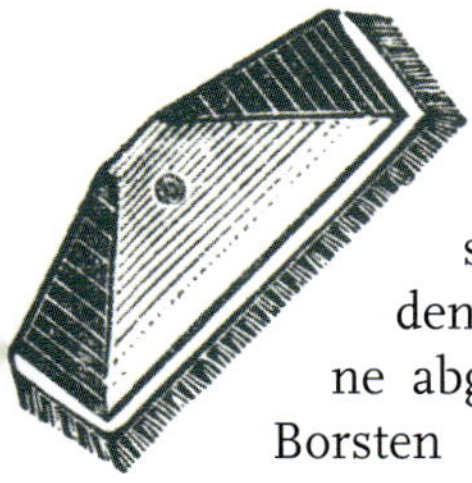

alten Schilder englischer Bürstenbinder, auf denen häufig Wildschweine abgebildet sind. Da diese Borsten gesplisst werden, nehmen sie Staub besonders gut auf.

Großmutters Staubsauger: Wollbesen

Besen, die anstelle von Borsten lange Baumwollfransen haben, eignen sich besonders gut zur Reinigung von glatten, trockenen Böden. Mit solchem Gerät hielt man in der Vor-Staubsauger-Ära die Häuser sauber.

Auch alte Besen kehren gut!

Dass neue Besen gut kehren, weiß schon das deutsche Sprichwort zu berichten. Dass aber auch ältere dies durchaus tun, wenn man sie nur pfleglich behandelt, ist für den Volksmund hingegen nicht erwähnenswert. Dennoch: Mit ein paar altbekannten Methoden können Sie die Lebensdauer Ihrer Besen deutlich verlängern und ihre Wirksamkeit erhalten. Erste Grundregel, die Sie beachten sollten: Bewahren Sie Besen niemals stehend, sondern immer hängend auf, damit sich die Borsten nicht verbiegen. Sollte es trotzdem passieren, hilft heißer Wasserdampf: Halten Sie den Besen einige Zeit darüber, damit sich die Borsten wieder strecken.

Besen, die Sie im Haushalt benutzen, sollten sauber sein. Großmutter hat ihre Besen regelmäßig mit einer alten, ausgedienten Bürste oder mit einem grobzinkigen Kamm ausgekämmt. Gegebenenfalls können Sie die Borsten lauwarm mit einer Feinwaschmittellösung oder mit Seifenlauge waschen. Aber trocknen Sie die Besen niemals an der Heizung, sondern stets an der – am besten frischen – Luft!

Trocken und nass einsetzbar: der Wischmopp

Äußerst praktisch, weil sie sich zum Fegen, aber auch zum feuchten Wischen eignen, sind Wischmopps mit langen Fransen aus Baumwolle. So einen hatte Großmutter ganz sicher! In ihrer modernen Form aus Mikrofaser eignen sich Wischmopps nur zum Nassputzen.

Handfeger und Kehrichtschaufel – klassische und bewährte Haushaltshelfer aus den Zeiten vor dem Staubsauger.

Nass schrubben und wischen

Schrubber haben einen harten Besatz aus Naturfasern. Sie dienen dazu, Böden nass zu reinigen. Flecken lassen sich wegschrubben, ohne dass Sie auf die Knie gehen müssen. Wenn Sie nur feucht wischen, brauchen Sie ein großes Putztuch, um es ganz um die Bürste zu legen.

Fenster in die Vergangenheit

Reisigbesen binden *können Sie auch, die Materialien liefert Mutter Natur: Äste von Birken, Ginster oder Heckenkirschen, die elastisch und zugleich widerstandsfähig sind. Wenn Sie selbst einen Reisigbesen binden wollen – eine Kunst, die früher nicht nur die Besenbinder, sondern auch viele Bauern beherrschten –, schneiden Sie die Äste im Winter. Die Besenstiele liefert traditionell der Haselnussstrauch, jedenfalls sollte es hartes Holz sein. Zum Zusammenbinden nehmen Sie elastische Weidenruten. Mit solchen Reisigbesen wurden früher Stall, Hofplatz und Straße gekehrt. Sie werden heute vor allem durch preiswerte Importware aus Asien ersetzt, die aus Bambus gefertigt wird.*

Eine fast ausgestorbene alte Handwerkskunst: Besenbinder im niedersächsischen Bad Zwischenahn im Jahr 1984.

Es muss nicht immer Kunststoff sein – traditionelles Putzgerät aus natürlichen Materialien

Vor dem Siegeszug von Nylon, Perlon, PVC und Mikrofaser bestanden alle Arbeitsgeräte im Haushalt aus Naturstoffen, die kenntnisreich verarbeitet und äußerst zweckgerichtet eingesetzt wurden. Die natürlichen Materialien stammten von Tieren und Pflanzen der Heimat. Mit der Ausweitung des Welthandels ab dem 19. Jahrhundert kamen auch immer mehr exotische Naturprodukte dazu.

Die Vielzahl von Gerätschaften für den Hausputz hat sich seit Mitte des 20. Jahrhunderts radikal reduziert. Denn da wurde der »Alleskönner« Staubsauger zur erschwinglichen Massenware und übernahm Aufgaben, für die vorher spezielle Bürsten oder Besen erforderlich gewesen waren.

Multitalent Kokosfaser

Sie sind leicht, aber auch zäh und resistent gegen Wasser – deshalb ist auch die Liste der Erzeugnisse, für die früher Kokosfasern verwendet wurden, beeindruckend. Das Spektrum reicht von Maschinentreibbändern über Seile jeglicher Stärke bis zu Matten und Teppichen. Bis heute sind Kokosfasern ein wichtiger Rohstoff für viele Erzeugnisse. Selbst die Abfälle, die bei der Bearbeitung der bis zu 30 Zentimeter langen Fasern anfallen, werden noch – als Isoliermaterial – verwertet. Die Fasern, die von der Außenschicht reifer Nüsse der Kokospalme *Cocos nucifera* gewonnen werden, lassen sich zu kräftigen Besen und Bürsten verarbeiten.

In unseren Breiten ein traditioneller und früher sehr wichtiger Rohstoff für Putzgerät: die Birke. Die klassischen Reisigbesen wurden vor allem aus ihren Ästen hergestellt.

Import aus Mexiko: Fibre

Aus Agavenarten, die nur im mexikanischen Hochland gedeihen, werden die äußerst widerstandsfähigen Fibre-Fasern gewonnen. Sie trotzen Säuren und Laugen, überstehen Hitze und bleiben dabei elastisch. Darüber hinaus nehmen sie hervorragend Wasser auf. Aus Fibre, auch Mexiko-Fibre genannt, fertigt man deshalb Pinsel und Bürsten für den Haushalt, die nass verwendet werden – etwa Scheuer- oder Spülbürsten.

Starke Palmenfasern: Arenga, Piassava und Bahia

Aus Südostasien stammt die feine, jedoch zähe und elastische Arenga, die auch unter der Bezeichnung Gemuti im Handel ist. Diese dunkle Faser der Zuckerpalme kann über einen Meter lang sein. Bürsten, aber vor allem Besen werden

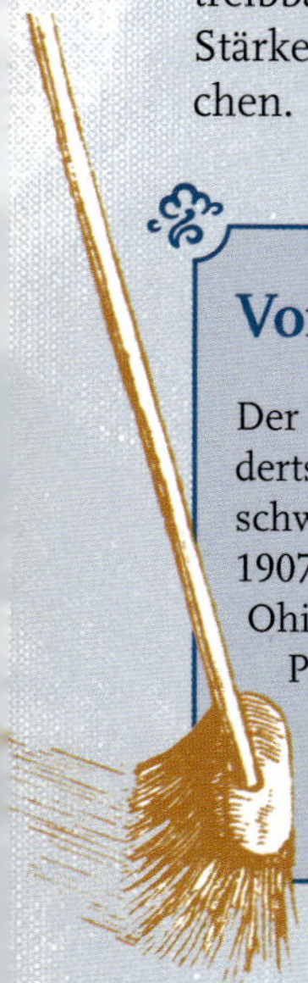

Von A bis Z eine Erfolgsgeschichte: der Staubsauger

Der britische Ingenieur Hubert Cecil Booth entwickelte Anfang des 20. Jahrhunderts erstmals einen Apparat, der Staub wirklich einsaugen konnte. 1906 kam die schwere und reichlich unhandliche Maschine auf den Markt. Bequemer war der 1907 von James Murray Spangler entwickelte Staubsauger. Der Hausmeister aus Ohio konnte jedoch seine Erfindung nicht selbst vermarkten und verkaufte sein Patent an einen Unternehmer. Dieser heute weltbekannte James Hoover eroberte mit dem Gerät den Markt so gründlich, dass man im Englischen zum Staubsaugen *to hoover* sagt – auch wenn der Staubsauger von einer anderen Marke ist!

Ein hochmoderner Stoff: Mikrofasern

Seit einigen Jahren werden zunehmend Mikrofasertücher für den Haushaltsputz angeboten. Diese Fasern können aus verschiedenen Werkstoffen gefertigt sein. Sie sind unglaublich fein – eine Seidenfaser ist etwa doppelt, ein menschliches Haar sogar hundertmal so dick. Und unglaublich leicht: 10 000 Meter der Faser wiegen ein Gramm, bei den leichtesten Fasern bringen sogar 100 000 Meter nur ein Gramm auf die Waage. Doch was sind die Vorteile dieser Hightech-Fasern? Im trockenen Zustand laden sie sich beim Staubwischen durch die Reibung statisch auf, der lose Feinschmutz bleibt daran richtiggehend kleben. Setzt man Mikrofasern nass ein, erweist sich die Feinheit der Fasern als Vorteil: Tücher aus Mikrofasern haben eine größere Oberfläche als andere Fasern. Der Schmutz kann so besser aufgenommen werden. Bei hochwertigen Tüchern können Sie auf Reinigungsmittel ganz oder zumindest in erheblichem Maß verzichten.

seit Mitte des 19. Jahrhunderts im großen Stil aus den Piassava genannten elastischen Fasern von Urwaldpalmen aus Amazonien und von westafrikanischen Rahia-Palmen gefertigt. Damals wie heute finden die gelben bis dunkelbraunen, federnden Fasern auch als Schutz gegen Feuchtigkeit beim Gütertransport Verwendung. Die Bahia-Piassava aus dem brasilianischen Bundesstaat Bahia wird häufig nur als »Bahia« bezeichnet.

Kokos, da denkt man eher an Sonne und Meer als an einen überraschend vielseitig verwendbaren Rohstoff.

Der Name täuscht: Reiswurzel und Reisstroh

Der Name ist in diesem Fall tatsächlich nur Schall und Rauch; denn die beiden Naturprodukte werden keineswegs aus Reispflanzen gewonnen. Die Reiswurzel stammt vielmehr von der Wildgrasart Zacaton aus dem mexikanischen Hochland. Um ihre Elastizität zu erhalten, sollten Sie sie vor der Verwendung anfeuchten. Reiswurzeln werden bevorzugt als Besatz für Bürsten verwendet, die nass zum Einsatz kommen – etwa beim Spülen, Scheuern und Schrubben. Das so genannte Reisstroh stammt von den Rispen speziell gezüchteter Sorten der Sorghumhirse. Diese Getreideart ist in Tropen wie Subtropen weit verbreitet.

Einfach tierisch: Schweine- und Wildschweinborsten

Im allgemeinen Sprachgebrauch fasst man den Begriff sehr viel weiter, im Handel darf die allein stehende Bezeichnung »Borste« oder »Naturborste« jedoch nur für Schweineborsten verwendet werden. Schweineborsten sind kochfest, können Fett aufnehmen, aber auch gleichmäßig abgeben. Sie werden für verschiedenste Bürstenarten genutzt, im kosmetischen Bereich ebenso wie als Spül- oder Toilettenbürsten. Besonders weiche Borsten verarbeitete man früher zu hochwertigen Samtbürsten. Die meisten Schweineborsten kommen heutzutage aus China, da europäische Zuchtschweine mittlerweile so früh geschlachtet werden, dass sie gar keine Zeit haben, die langen, begehrten Rückenborsten auszubilden. Die hochwertigsten, kräftigsten Borsten liefern jedoch die Wildschweine. Da sie seltener, besser und somit teurer als normale Schweineborsten sind, werden sie vor allem zu edlen Bürsten verarbeitet. Wildschweinborsten sind unterschiedlich hart – die weicheren dienen etwa als Besatz für Kleiderbürsten.

Auch das Hausschwein liefert seit jeher Borsten für Besen und Bürsten, unübertroffen sind allerdings die des Wildschweins.

Eine haarige Angelegenheit: Rosshaar

Rosshaar, das für Besen und Bürsten verwendet wird, stammt überwiegend aus der Mähne und dem Schweif von Pferden. Besonders kräftig ist das so genannte Stutzhaar. Zu seiner Gewinnung werden die Schweife der Tiere regelmäßig geschnitten. Die Qualität der Haare ist abhängig von Rasse und Geschlecht der Tiere, ihrer Haltung und dem Klima, in dem sie leben. Zudem sind im Winter gewonnene Haare kräftiger als Sommerhaar.

Das Pferd dient dem Menschen seit Urzeiten in ganz verschiedenen Funktionen. So wird Rosshaar für Matratzen, aber auch für hochwertige Bürsten und Besen verwendet.

Bürsten, Leder & Co.

Bürsten gehörten einst zum unabdingbaren Inventar eines Haushalts. Sie waren in großer Vielfalt erhältlich und wurden für unterschiedlichste Arbeiten verwendet. Mit Bürsten hat man die Böden geschrubbt, Teppiche gesäubert, Möbel, Matratzen und Kleider gereinigt. Je nach Einsatzbereich kamen verschiedene pflanzliche oder tierische Besatzmaterialien zum Einsatz. So ganz können auch wir nicht auf die traditionsreichen Haushaltshelfer verzichten.

Die gute alte Scheuerbürste

Auch im Zeitalter der Hightech-Haushalte ist Großmutters Scheuerbürste ein Muss. Wie sonst sollte man einen stark verschmutzten Steinboden sauber kriegen? Außerdem können Sie, wie früher üblich, auch Tischplatten und Arbeitsflächen aus unbehandeltem Hartholz mit Bürsten scheuern. Unsere heutigen Bürsten haben vorwiegend Nylonbesatz, doch auch die klassischen Scheuerbürsten mit natürlichen Borsten sind immer noch im Handel erhältlich. Besonders hart sind Bürsten mit Mischbesatz oder mit Borsten aus Reiswurzeln. Die dürfen nur nass verwendet werden, zeigen sich dafür aber besonders elastisch.

Eine Wissenschaft für sich – Putztücher

Das klassische Putztuch zum nassen Ab- und Aufwischen ist auch in modernen Haushalten unverzichtbar. Früher begnügte man sich mit alten Kleidungsstücken oder Tüchern aus Lumpen, dann kamen spezielle Putztücher aus Baumwolle oder Kunstschwamm auf den Markt. Mittlerweile hat die Mikrofaser ihren Siegeszug angetreten. Doch was macht ein ideales Putztuch aus? Ganz einfach: Es muss den Schmutz ablösen, aber auch aufnehmen und festhalten. Andernfalls würde es ihn ja nur verteilen. Besonders wirksam sind die neuartigen, dicken Mikrofasertücher mit plüschiger Oberfläche. Durch ihren »Pelz« aus Millionen Fasern haben sie eine große Oberfläche und können Schmutz besser aufnehmen als Tücher mit fest verwobener Außenseite.

Klopfen und Bürsten: Teppichreinigung

Vor der Erfindung des Staubsaugers waren sie zur Reinigung von Teppichen unabdingbar: Bürsten und Klopfer. Die Bürsten hatten meist einen festen Besatz etwa aus Kokosfaser. Das anstrengende Teppichklopfen mit dem traditionellen Klopfer aus geflochtenem Rohr war alle paar Monate nötig und noch in der zweiten Hälfte des 20. Jahrhunderts üblich, als sich der Staubsauger längst allgemein durchgesetzt hatte. Dem trug man auch im Wohnungsbau Rechnung: In den 1960er-Jahren gehörte zu einem neu gebauten Mehrfamilienhaus ganz selbstverständlich die Teppichstange.

Schnelle Polsterreinigung

Sie stehen immer noch hoch im Kurs: Bürsten mit Borstenbesatz zum Entfernen von Flecken, Krümeln und Fusseln. Die Putzhelfer erweisen sich besonders dann als äußerst praktisch, wenn kein Strom zur Verfügung steht, etwa beim Säubern von Autositzen.

Großmutter wusste es: Schuhpflege erfordert eine große Sorgfalt bei der Auswahl der Bürsten und Reinigungsmittel.

Vielerlei Bürsten für Ihre Schuhe

Schuheputzen ist eine echte Wissenschaft für sich. Für die verschiedenen Schuhtypen und Putzarbeiten braucht man natürlich auch die jeweils geeigneten Bürsten. Zum Entfernen von grobem, hartnäckigem Schmutz an robustem Schuhwerk verwenden Sie kräftige Bürsten, etwa mit einem Besatz aus Fibre; feineres Leder verlangt nach weicheren Bürsten. Um die Schuhcreme aufzutragen, nehmen Sie ein Bürstchen mit Griff und weicheren Borsten, etwa Schweineborsten. Für den richtigen Glanz schließlich sorgen Bürsten mit einem dichten, weichen Besatz, beispielsweise aus Rosshaar.

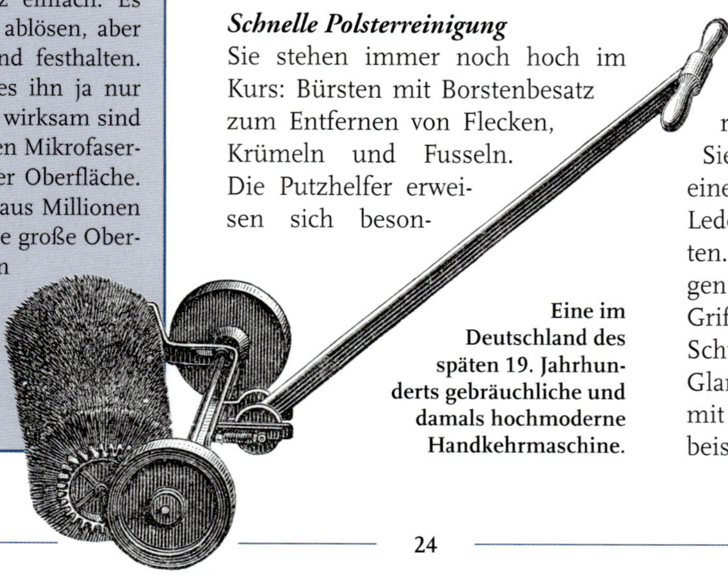

Eine im Deutschland des späten 19. Jahrhunderts gebräuchliche und damals hochmoderne Handkehrmaschine.

Für eine gepflegte Erscheinung – Kleiderbürsten

Vor der Erfindung der Waschmaschine waren die Hausfrauen verständlicherweise bemüht, die Wäscheberge so klein wie möglich zu halten. Bei trockenen Flecken griffen sie deshalb zu einer Kleiderbürste mit festen Borsten. Auch Fussel lassen sich mit solchen Bürsten gut entfernen.

Lederspezialisten

Zur Pflege von Kleidung oder Einrichtungsgegenständen aus Nubuk- und Veloursleder griffen unsere Großmütter zur Bürste mit Wildschweinborsten. Sie entfernten damit Flecken und rauten den Lederspeck wieder auf. An der Methode hat sich bis heute nichts geändert. Seit einigen Jahrzehnten leisten auch Krepp- und genoppte Gummibürsten bei der Lederreinigung gute Dienste.

Staubspezialisten

Mit zweierlei Borsten besetzt und häufig auch gebogen – so sehen Staubbürsten für Bücher, Nippes, Bilderrahmen, geschnitzte Objekte aus. Häufig sind sie vorne mit kräftigeren Borsten – etwa Schweineborsten – besteckt, mit denen man den Staub löst. Mit dem hinteren feineren Besatz, häufig aus Ziegenhaar, wird der Staub dann aufgenommen.

Ergänzen den Geschirrspüler: Spülbürsten

Auch im Zeitalter der Geschirrspülmaschinen braucht man Bürsten, um Angebranntes aus Töpfen oder angetrocknete Speisereste von Tellern zu schrubben. Dafür können Sie wie zu Großmutters Zeiten Spülbürsten mit Besatz aus kräftigen Pflanzenfasern benutzen. Kostbare Kristallvasen, die Sie nicht in die Spülmaschine geben sollten, oder Flaschen befreien Sie von unansehnlichem Belag mit einer Rundbürste mit langem Griff und Schweineborsten. Wenn sie mit einer Baumwollspitze versehen ist, erreicht man mit einer solchen Bürste auch den Boden von engen Gefäßen.

Sorgt für Durchblick: das Fensterleder

Besonders haltbar und effizient sind die sämisch gegerbten Fensterleder, die Großmutters ganzer Stolz waren. Sie sind noch immer im Handel erhältlich und unterscheiden sich – allein schon im Preis, aber vor allem in der Leistung – deutlich von Fensterledern aus Kunstleder.

Fenster in die Vergangenheit

Die Kunst der Bürstenmacher *ist uralt: Schon seit Jahrtausenden helfen Bürsten bei der Arbeit in Haus und Hof, im alten China und in Ägypten ebenso wie im antiken Rom. In unseren Breiten waren Bürsten sicher schon seit dem Mittelalter im Gebrauch. Hier genoss das seit dem 16. Jahrhundert weit verbreitete, auch für das Besenbinden zuständige Handwerk der Bürsten- und Pinselmacher einen exzellenten Ruf. Seine Erzeugnisse wurden bis in ferne Länder gehandelt. Die besten Borsten kamen seinerzeit aus Osteuropa, wo große Schweineherden in Wäldern gehalten wurden. Deren Borsten wurden vor der Verarbeitung gekämmt, gereinigt, in der Sonne gebleicht und häufig mit Naturfarben gefärbt. Zum Einsatz kamen aber auch weitere Tierhaare, etwa von Pferden, Dachsen und Ziegen.*

Als sich Ende des 19. Jahrhunderts die maschinelle Produktion von Bürsten durchsetzte, nahm die Bedeutung der handwerklich gefertigten rapide ab. Die große Vielfalt an Bürsten mit verschiedensten Besätzen und Formen, die früher in Haushalten selbstverständlich war, findet sich heute fast nur noch im industriellen Bereich.

Eine Vielfalt von hochwertigen Bürsten war für unsere Vorfahren das A und O beim gründlichen Reinigen im Haushalt wie im Arbeitsleben.

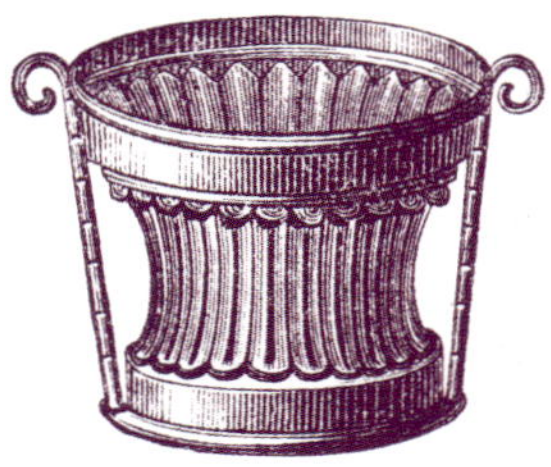

Haushaltsgegenstände mit traditionellen Methoden pflegen

Topf und Bratspieß, Schöpfkelle, Messer und Feuerstelle – in alten Zeiten war mit dieser Grundausstattung die Kücheneinrichtung so gut wie perfekt. Eine moderne Küche nimmt sich dagegen mit ihren Elektrogeräten fast wie ein Hightech-Labor aus. Und was man heute so an Porzellan und Familiensilber, Kochgeschirr, Besteck und Küchenutensilien in den Schränken stehen hat, war früher nur in den Häusern des Adels und der Reichen vorhanden.

Elektrogeräte pflegen

Herd und Backofen, Waschmaschine und Trockner, Geschirrspüler und Kühlschrank, Bügeleisen, Eierkocher, Kaffeemaschine... Kaum ein Haushalt kommt heute noch mit geringem oder gar ganz ohne elektrisches Equipment aus. Auch wenn die Geräte im Vergleich immer preiswerter in der Anschaffung werden, lohnt es sich doch – schon aus ökologischen Überlegungen –, sie gut zu pflegen und somit ihre Lebensdauer zu verlängern. Für Reinigung und Pflege kann man auf Mittel und Methoden aus einer Zeit zurückgreifen, die von all unseren Gerätschaften noch nicht einmal geträumt hat.

Gerüche im Backofen? Zitrusfrüchte helfen

Wenn sich im Backofen, beispielsweise nach dem Reinigen mit intensiv duftenden Putzmitteln, unerwünschte oder gar unangenehme Gerüche sammeln, hilft ein einfaches Mittel: Stellen Sie die Schalen von ungespritzten Orangen oder Zitronen auf einem hitzebeständigen Teller oder auf einem Stück Alufolie in die Röhre und erhitzen Sie den Backofen kurz auf etwa 170 Grad. Auf diese Weise können Sie die Gerüche effektiv neutralisieren.

Backofen und Backbleche reinigen – mit Krepp, Salz, Kaffeesatz

Groben Schmutz entfernen Sie am besten mit Küchenkrepp, solange der Ofen noch warm ist. Backröhren lassen sich aber auch mit Salz reinigen: Man verstreut es im Ofen und erhitzt diesen so lange, bis es braun wird. Das Salz entfernen, dann das Rohr wie üblich feucht auswischen. Diese Prozedur empfiehlt sich auch für Backbleche. Ein anderer alter Trick: Ofen und Bleche mit Kaffeesatz reinigen, der wie ein natürliches Scheuermittel wirkt.

Kampf den Krusten im Backofen – mit Salz, Essig, Zitrone, Wasser

Wer kennt sie nicht, die lästigen harten Krusten aus verbranntem Zucker, Fruchtsaft oder Käse, die Obstkuchen, Auflauf und Co. trotz Backpapier im Backofen und auf dem Backblech hinterlassen können? Wer nicht über einen modernen, selbstreinigenden Backofen verfügt, für den gilt auch hier die gute alte Devise: Je schneller man dem Übel zu Leibe rückt, desto geringer fällt der Aufwand beim Schrubben aus. Chemische Putzhelfer sind nicht unbedingt vonnöten; erprobte Hausmittel wie Salz, Essig und Zitrone sind häufig genauso effektiv.

Ist etwas auf das Backblech oder in die Backröhre übergelaufen, bestreuen Sie die Bescherung sofort mit Salz. Dies verhindert, dass Zucker oder Bratenfett einbrennen.

Wenn der Ofen oder das Blech abgekühlt ist, lässt sich das Ganze einfach entfernen und Sie müssen nur noch wie üblich nachwischen.

Mit etwas Geduld wird man eingebrannten Resten im Backofen auch

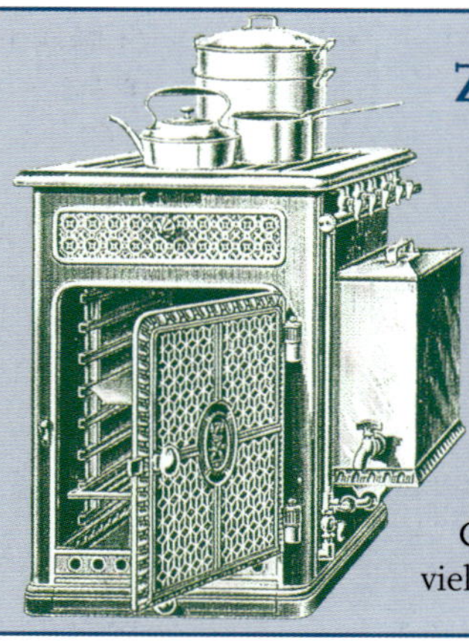

Zeitungspapier tut's auch!

Die Reinigung von Backofen und -blechen ist oft eine fettige Angelegenheit. Man greift lieber zum Küchenkrepp, statt Lappen und Tuch zu verschmutzen. Auch wenn etwas umgeschüttet wurde, ist Küchenkrepp schnell zur Hand – als Helfer in der Not, der danach im Abfall landet. Wie hat man das eigentlich früher gemacht, als es die Küchenrolle noch nicht gab? Ganz einfach: Zeitungspapier ist saugfähig und vielseitig einsetzbar.

Sogar moderne Küchentechnologie wie Ceranfelder lassen sich ohne moderne chemische Mittel gut reinigen – Großmutters Zitrone tut's auch.

auf folgende Weise Herr: Tränken Sie ein Baumwolltuch in Essig und legen Sie es über Nacht auf die betroffenen Stellen. Am nächsten Morgen können Sie den eingebrannten Schmutz mit klarem Wasser wegwischen.

Sind auf dem Blech dicke Krusten vom Obstkuchen verblieben, können Sie sich das anstrengende Scheuern durch eine besonders simple Methode erleichtern: Stellen Sie das Blech in einen feuchten Raum oder einfach nachts ins Freie. Die Feuchtigkeit weicht die Krusten auf, so dass sie am folgenden Morgen ganz einfach mit Papier entfernt werden können.

Simples Einweichen tut's übrigens auch. Bei allem, was eingebrannt ist (auf dem Blech oder im Backrohr) kann man sich das Prinzip des Ablöschens zunutze machen: Sie schütten auf das heiße Blech oder in den heißen Backofen kaltes Wasser und schaben sofort mit einem Holzschaber die Verkrustungen ab. Falls nötig, sollten Sie das mehrmals wiederholen.

Glänzende Herdplatten dank Backpulver, Bullrichsalz, Essig

Und wieder gilt: Verkrustungen, die man sofort aufweicht, müssen nicht später mit viel Aufwand gescheuert werden. Hat sich aber schon übergekochtes, verschüttetes und verspritztes Gargut in den Rillen der Herdplatten eingebrannt, hilft Backpulver, das man auf die leicht erwärmte Herdplatte streut. Nach kurzer Einwirkungszeit wird sie kreisförmig mit der rauen Seite eines Küchenschwamms abgerieben. Anschließend wischt man mit einem Putztuch feucht nach und reibt dann die Platten gut trocken. Achtung: Dies sollten Sie allerdings niemals bei Ceranfeldern durchführen. Bewährt hat sich aber auch Bullrichsalz, das man zusammen mit Wasser zur Reinigung verwenden kann, oder Essig: Das Allzweckmittel unserer Vorfahren aus der Speisekammer entfernt etwa angebrannte Milch perfekt. Sie müssen nur mit einem feuchten Tuch nachwischen. Der dabei entstehende Geruch ist allerdings nicht jedermanns Sache!

Fenster in die Vergangenheit

Obgleich pflegeleichter als seine Vorgänger, erforderte dieser Küchenherd aus dem England der 1890er-Jahre immer noch viel Mühe in der Reinhaltung.

Herdpflege in früheren Zeiten *war mühsam: In der Vergangenheit verursachte das Kochen mit Holz und später Kohle erheblich mehr Schmutz als mit heutigen Öfen. Geschlossene Küchenherde waren erst Mitte des 19. Jahrhunderts verbreitet, die zuvor offenen Herde sorgten für Rußflocken, die durch die ganze Küche flogen. Bei den geschlossenen Herden fing sich der Ruß im Rauchfang, der häufig und mit viel Anstrengung zu reinigen war. Die Herdpflege nahm viel Zeit und Mühe in Anspruch: Täglich mussten der Feuerschacht geleert und die Asche entsorgt und die Metallgriffe poliert werden. Die Herdflächen behandelte man mit flüssiger, graphithaltiger Ofenschwärze, um Rostbildung vorzubeugen. Auch der Frühjahrsputz hat in der Herdpflege seinen Ursprung: Am Ende des Winters galt es, den Ofen zu reinigen. Mindestens zweimal jährlich musste zudem der Kaminkehrer die Schornsteine fegen.*

Ceranfelder säubern

Ceranfelder sind aufgrund ihrer glatten Oberfläche besonders leicht zu säubern. Dies gilt vor allem für Herde mit Induktionstechnik, da bei dieser Technologie die Hitze nur in Pfannen und Töpfen entsteht und das Kochfeld kalt bleibt – es kann also nichts einbrennen. Doch auch Ceran- oder Glaskeramik-Felder brauchen gründliche Reinigung und Pflege. Was sie vor allem gar nicht mögen, ist Zucker. Wenn also versehentlich Zucker auf dem Ceranfeld verschüttert wurde, unbedingt sofort abwischen: Falls er einbrennt, können dauerhafte Schäden entstehen.

Wenn Gargut eingebrannt ist, kann man es mit einer Rasierklinge abschaben. Steckt man dabei die Klinge in einen alten Korken, ist sie leichter zu handhaben. Gegen Eingebranntes hilft aber auch Zitronensaft: Reiben Sie das kalte Ceranfeld mit dem Saft ein und lassen ihn einwirken. Zum Schluss müssen Sie das Ganze nur noch mit warmem Wasser wischen.

Die Waschmaschine wäscht – und will auch selber mal gereinigt werden. Zum Entkalken eignen sich Essig und Wasser.

Mikrowellengeräte reinigen

Auch Mikrowellengeräte lassen sich ohne moderne Chemie säubern. Füllen Sie dazu eine mikrowellentaugliche Schüssel halb voll mit warmem Wasser und dem Saft einer ausgepressten Zitrone oder frischen Zitronenscheiben und stellen Sie sie in das Gerät. Lassen Sie nun die Mikrowelle fünf Minuten bei 500 oder 750 Watt laufen. Die durch den Dampf aufgeweichten Verschmutzungen lassen sich dann leicht mit einem Schwamm abwischen. Ein angenehmer Nebeneffekt der Methode: Die Mikrowelle duftet nach der Prozedur ausgesprochen gut.

Was tun gegen Kühlschrankgerüche?

Am besten vermeidet man natürlich unangenehme Gerüche, indem man alle Lebensmittel im Kühlschrank gut abdeckt, das Gerät regelmäßig reinigt und danach noch mit Zitronenwasser auswischt. Besonders wirksam ist auch eine gründliche Säuberung mit in Wasser aufgelöstem Backpulver. Da das darin enthaltene Natriumbicarbonat üble Gerüche neutralisiert, kann man dem Kühlschrankmief wirksam vorbeugen, indem man eine kleine Schale oder eine Untertasse mit Backpulver in das Gerät stellt und dies etwa alle zwei Wochen erneuert. Gegen unangenehme Kühlschrankgerüche helfen aber auch Vanillestangen oder Apfelhälften, die man wöchentlich austauschen muss.

Energie sparen – Gummidichtungen an Kühlgeräten pflegen

Je besser die Gummidichtungen an Kühl- und Gefriergeräten abdichten, desto weniger Energie verbrauchen

Auch Profi-Kaffeemaschinen lassen sich mit alten Hausmitteln reinigen.

die Geräte. Reiben Sie deshalb die Dichtungen besonders von älteren Geräten regelmäßig mit Talkumpuder ein (in der Apotheke erhältlich), damit sie nicht spröde werden.

Abtauen leicht gemacht!

Zur richtigen Pflege von Kühlgeräten gehört auch das regelmäßige Abtauen. Mit einem recht einfachen Trick kann man diese Prozedur erheblich erleichtern: Bestreichen Sie die Innenwände der abgetauten Gefrierfächer und Tiefkühltruhen dünn mit Glyzerin. Dadurch bilden sich neue Eisschichten sehr viel langsamer und lassen sich zudem auch beim nächsten Abtauen leichter entfernen.

Waschmaschinen pflegen

Auch Waschmaschinen leben länger und arbeiten besser, wenn sie gepflegt werden. Kalk und Seifenrückstände entfernt man wirksam mit Essig. Lassen Sie dazu die Maschine mit warmem Wasser voll laufen, gießen Sie etwa vier Liter Essig hinzu und lassen Sie dann ein ganzes Waschprogramm durchlaufen.

Das sollten Sie allerdings nur bei maximal 30 Grad durchführen, sonst kommt es zu Geruchsbelästigung.

Wirksame Bügeleisenpflege

Da sich beim Bügeln feine Fasern, Kalk- und Appreturreste einbrennen, wird bei jedem Bügeleisen die Sohle mit der Zeit stumpf. Das Gerät läuft dann nicht mehr leicht. Sie dürfen die Bügeleisensohle niemals abkratzen, scheuern oder gar mit einem Metallpflegemittel reinigen, da so die empfindliche Lauffläche beschädigt würde. Auch sollte man sie nie nass reinigen, sondern nur mit einem weichen, nicht fusselnden Tuch abreiben.
Ein alter, aber wirksamer Trick hilft gegen stumpfe Laufflächen: Lassen Sie etwas Kerzenwachs auf der Sohle des Bügeleisens schmelzen oder nehmen Sie ein hitzebeständiges Tuch, legen Kerzenreste darauf und bügeln diese. Reiben Sie anschließend das Bügeleisen mit einem Tuch wieder gründlich ab.
Stärkereste entfernt man mit einem weichen Tuch, wenn das Bügeleisen noch warm ist. Um teflonbeschichtete Bügeleisensohlen zu reinigen, fährt man einfach mit dem Eisen über ein Stück Alufolie. Kalkreste lassen sich dagegen mit einem weichen, in Essig getränkten Tuch wirksam ablösen. Für die Reinigung der feinen Dampfdüsen eignen sich am besten mit Essigwasser getränkte Wattestäbchen. Und auch die klebrigen Reste von Kunstfasern, die man versehentlich zu heiß gebügelt hat, lassen sich entfernen: Fahren Sie einfach mit dem heißen Eisen über ein grobes feuchtes Tuch oder Küchenkrepp.

Kaffeemaschinen entkalken

Kaffeemaschinen müssen regelmäßig entkalkt werden, damit sie ordentlichen Kaffee produzieren und nicht kaputtgehen. Am besten verwendet man hierzu eine Mischung aus drei Teilen Wasser und einem Teil Essig. Füllen Sie mit dem Essigwasser das Wasserfach der Kaffeemaschine und lassen Sie die Mischung durchlaufen. Damit keine den Geschmack beeinträchtigenden Gerüche zurückbleiben, lassen Sie anschließend noch zwei- bis dreimal eine ganze Füllung mit klarem Wasser durchlaufen.
Achtung: Je »professioneller« eine Kaffeemaschine, desto wahrscheinlicher enthält sie Kupferrohre im Inneren. Diese dürfen keinesfalls mit Essig gereinigt werden, da sich Grünspan bildet. Bei Unsicherheit fragen Sie den Hersteller. Als Alternative zu Essig bietet sich kalt angewandte Zitronensäure an.

Wasserkocher – Kampf dem Kalk

Auch Wasserkocher müssen vor den Kalkablagerungen regelmäßig geschützt werden, damit sie ökonomisch arbeiten. Kochen Sie dazu im Gerät Wasser auf, dem Sie je nach Grad der Verkalkung mehr oder weniger Essig beifügen. Gießen Sie das Wasser ab, wenn sich der Kalk gelöst hat, und spülen Sie dann das Gerät gründlich mit klarem Wasser aus.

Damit die Kaffeemaschine ordentlich funktioniert, sollte sie regelmäßig gereinigt werden. Auch bei unseren modernen Geräten können alte Hausmittel helfen!

Heiß oder kalt – das ist hier die Frage!

In Regionen mit hartem, kalkhaltigem Wasser bilden sich nicht nur an Wasserhähnen und Duschköpfen, sondern auch in Geräten, die Wasser erhitzen – Wasserkocher, Kaffeemaschinen, aber auch Waschmaschinen und Geschirrspüler – in kurzer Zeit unansehnliche Kalkschichten. Diese sollten regelmäßig entfernt werden, da sie beispielsweise die Heizstäbe und metallenen Leitungen der Geräte angreifen und darüber hinaus den Energieverbrauch erhöhen.
Altbewährte Mittel gegen Kalkablagerungen sind Zitronensäure und Essig beziehungsweise Essigessenz. Zitronensäure kommt in der Regel beim kalten Entkalken etwa von Tauchsiedern, aber auch von Töpfen, Armaturen und so weiter zum Einsatz, da sie empfindliches Chrom und Kupfer nicht angreift. Für das heiße Entkalken beispielsweise von Kaffeemaschinen oder Wasserkochern eignet sich hingegen Essigwasser, das man aus handelsüblichem Essig oder – noch preiswerter – aus Essigessenz bereitet.

Vom Lagerfeuer zur Hightech-Küche: die Geschichte der Haushaltsgeräte

Für Küchengeräte gilt wie für andere technische Innovationen: Ihre Erfindung, Akzeptanz und Verwendung, aber auch ihre Ablehnung sind stets eng mit den sozialen und kulturellen Gegebenheiten und Veränderungen einer Gesellschaft verbunden. Besonders deutlich wird dies im 19. Jahrhundert, als Industrialisierung und Verstädterung neue Haushaltsformen erzwangen, diese aber auch erst ermöglichten.

Als die Menschen sesshaft wurden, zog auch das seit Urzeiten genutzte Lagerfeuer in die Behausungen mit ein. Es brauchte Jahrtausende, um die offenen Feuerstellen sicherer und effektiver zu gestalten. Bis vor wenigen Jahrhunderten waren sie in vielen Bauernhäusern nicht einmal an einen Kamin angeschlossen und die Räume dementsprechend verräuchert. Das war zwar einerseits äußerst lästig und verursachte viel Schmutz, andererseits stellte der Rauch, der durch ein Loch im Dach abzog, einen wirksamen Schutz vor Ungeziefer dar und wurde zum Räuchern von Lebensmitteln genutzt.

So macht Kochen Spaß – es war allerdings ein weiter Weg von der primitiven Feuerstelle bis zur modernen, mit allen technischen Raffinessen ausgestatteten Küche.

Von der Feuerstelle zum Elektroherd

Die einfache Feuerstelle entwickelte sich im Lauf des Mittelalters zur immer noch offenen, aber bereits gemauerten Feuerstelle mit Kamin. Als ab dem 10. Jahrhundert in Burgen und Städten zunehmend mehrgeschossig gebaut wurde, musste der Rauch durch Schächte nach außen geleitet werden. Die Feuerstelle legte man aus praktischen Gründen unter den Rauchfang. Auf den massiv aufgemauerten Herdblöcken der Küchen platzierte man oft ein Feuer für den Eintopf und Glut zum Grillen und Braten, der Rauch zog über den Kaminhut zum Kamin ab.

Probleme bereiteten bei der Nutzung der offenen Flammen stets der hohe Holzverbrauch und die mit dem Feuer verbundenen Gefahren. Im 16. Jahrhundert konstruierte deshalb ein findiger Konstanzer Ratsherr eine »Holzerspahrungskunst« genannte Feuerstelle, in der das Feuer holzsparend in einer dreiseitigen Ummauerung mit Abdeckplatte brannte. Noch sicherer war der im Jahr 1735 erfundene Castrolherd mit seiner geschlossenen Feuerkammer.

Ab Mitte des 19. Jahrhunderts waren dann geschlossene gusseiserne Herde weit verbreitet, die in England *kitchener*, in Deutschland »Sparherde« oder »Kochmaschinen« hießen. Auf ihnen konnte man mit Holz und Steinkohle in den Mietskasernen der Städte relativ gefahrlos kochen.

Gusseiserne Gasherde traten in Deutschland erst nach 1900 ihren Siegeszug an, als in den Städten eine ausrei-

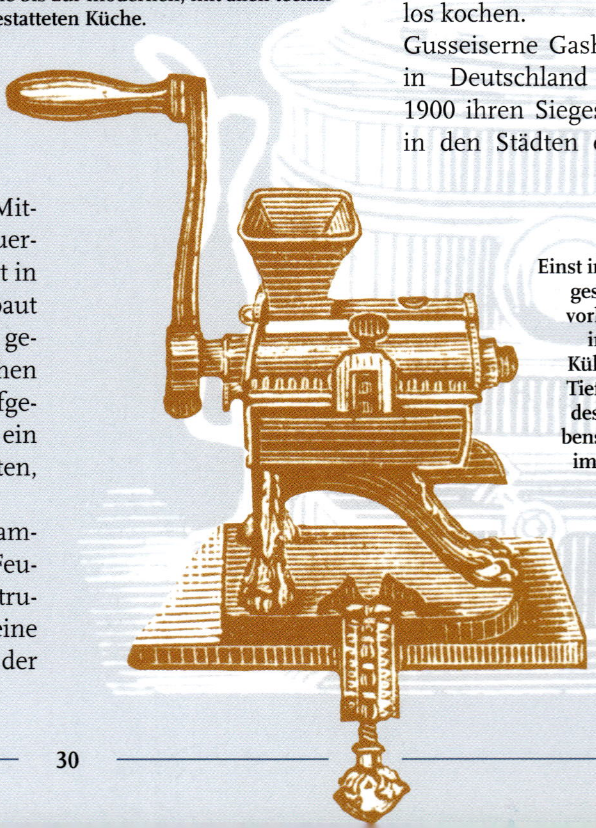

Einst in jeder gut ausgestatteten Küche vorhanden, heute, im Zeitalter des Kühlschranks, der Tiefkühltruhe und des modernen Lebensmittelhandels, im Privathaushalt kaum mehr zu finden: der Fleischwolf.

Mahlen und Dreschen von Getreide wie vor Jahrtausenden. Die Frauen im Senegal zerkleinern ihr Getreide selbst, und zwar mit einfachen, aber durchaus effizienten Geräten.

chende Gasversorgung installiert worden war. Elektroherde wurden in den 1920er-Jahren marktfähig, allgemein verbreitet fand man sie gar erst ab den 1950er-Jahren. Eine verbesserte Technologie bieten die um 1975 eingeführten Glaskeramikfelder und die seit einigen Jahren verbreiteten Induktionsherde.

Praktische Koch-Helfer

Vereinzelt schon vor dem Ersten Weltkrieg, verstärkt jedoch ab den 1920er-Jahren ergänzten Kleingeräte wie etwa Kaffeemaschinen den Herd bei der Zubereitung für heiße Getränke. Die passenden elektrischen Kaffeemühlen gab es spätestens in den 1940er-Jahren. Einen regelrechten Siegeszug durch die Haushalte traten im frühen 20. Jahrhundert die praktischen elektrischen Wasserkessel an, die es bald in allen erdenklichen Designs gab.
Aber auch beim Kochen verlor der Herd seine Monopolstellung. Wie die Kochplatten, die ab den 1920er-Jahren als Ergänzung zu den üblichen Kohleherden genutzt wurden, dienen auch die seit den 1980er-Jahren beliebten Mikrowellengeräte nicht als Ersatz, sondern als Ergänzung der üblichen Küchenherde.

Kühlen mit Eis und Schnee

Die Vorratshaltung und besonders die Aufbewahrung von leicht verderblicher Nahrung stellten in alter Zeit eine große Herausforderung dar. In China wurden Lebensmittel schon vor rund 4000 Jahren mithilfe von Schnee und Natureis gekühlt. Auch das alte Europa nutzte dieses Verfahren, und zwar bis ins 20. Jahrhundert hinein: Im Winter geschnittenes Eis wurde in großen Blöcken in Eiskellern aufbewahrt. Daneben kamen, für kleinere Haushalte, vor 1850 Eisschränke – mit Zinkblech, Schieferplatten und Filz isolierte Holzkisten – in Gebrauch, in denen verderbliche Lebensmittel zusammen mit Natureis aufbewahrt wurden.
Ungefähr 100 Jahre ließ die Weiterentwicklung auf sich warten: Es gab lediglich hölzerne, mit Zinkblech und Porzellan isolierte Eisschränke mit zwei Fächern. Vom oberen Fach, in dem man das Eis aufbewahrte, sank die kalte Luft zu den darunter gelagerten Lebensmitteln hinab. Die wärmere Luft aus dem Lebensmittelfach stieg wiederum auf und brachte das Eis langsam zum Schmelzen.
Bereits im Jahr 1905 existierten zwar die ersten elektrischen Kühlgeräte für Privathaushalte. Wirklich durchgesetzt hat sich die – sehr kostspielige – Nutzung der »künstlichen Kälte« jedoch zunächst nur in der Industrie. Zur Massenware für Privathaushalte wurden elektrische Kühlschränke erst ab den 1950er-Jahren.

Kleingeräte in der Küche

Elektrische Kleingeräte wie etwa Toaster verbreiteten sich schon im frühen 20. Jahrhundert. Weite Nutzung fanden auch Tauchsieder zum Erhitzen von Wasser – aber auch von Bier. Röhrenförmige Bierwärmer gab es früher in vielen Gaststätten!
Ab Mitte der 1950er-Jahre hielten in deutschen Küchen elektrische Kleingeräte für Arbeiten Einzug, die zuvor manuell mit Fleischwolf, Rührlöffel, Hackmesser usw. erledigt wurden. Es schlug nun die Stunde der Küchenmaschinen, die Teig kneteten, Gemüse zerkleinerten, Würste stopften, Nudeln bereiteten oder auch Kaffee mahlten. Wem diese Multitalente zu kompliziert waren, der schaffte sich zumindest Handrührgerät und Pürierstab an. Vom steigenden Wohlstand im Wirtschaftswunder-Deutschland zeugten auch die vielen Spezialgeräte, die immer mehr in den Küchen einzogen: Eierkocher und Fritteuse, Joghurt- und Espressomaschine, Reiskocher, Waffeleisen und viele andere Haushaltshelfer mehr.

Töpfe, Pfannen und Besteck pflegen

Töpfe, Pfannen und Besteck aus verschiedenen Metalllegierungen und mit diversen Beschichtungen sind in jedem Haushalt vorhanden. Je nachdem, aus welchem Material sie bestehen, müssen sie auf unterschiedliche Weise gepflegt werden. Dabei kann man getrost auf altbewährte Mittel zurückgreifen, mit denen schon Urgroßmutter ihre Gerätschaften blitzblank hielt. Sie sind billiger und umweltfreundlicher als die »chemische Keule« und stehen meist sowieso im Vorratsschrank.

Angebrannte Speisereste entfernen

Angebrannte Speisereste in Töpfen lassen sich mit Backpulver leicht entfernen: Sie spülen den Topf aus, gießen etwas heißes Wasser hinein und lösen darin einen Esslöffel Backpulver auf. Nun das Ganze aufkochen. Danach lassen sich die eingebrannten Stellen leicht säubern. Mühseliges Scheuern ersparen Sie sich aber auch, wenn Sie anstelle der Backpulverlösung gesalzenes Sprudelwasser aufkochen.

Mit Essig gegen Kesselstein

Lästigen Kesselstein in Töpfen kann man mühelos mit Essig entfernen: Einfach Essig in den Topf gießen und einige Tage darin stehen lassen. Eine ebenso traditionelle Alternative ist das Ausspülen mit einer Mischung aus Essig, Wasser und Salz.

Aluminiumtöpfe aufhellen

Kaum jemand weiß es noch: Dunkle Aluminiumtöpfe werden wieder hell und tadellos sauber, wenn man darin Apfelschalen, Rhabarber oder Rhabarberblätter kocht.

Das Auge isst mit – edles Geschirr und Silberbesteck tragen ganz entscheidend zum gepflegten Genuss bei. Sie erfordern allerdings auch eine besonders sorgfältige Pflege.

Neuer Glanz beim Edelstahl

Töpfe und Bestecke aus rostfreiem Edelstahl glänzen schön und laufen nicht so schnell wieder an, wenn Sie sie nach dem Abwaschen mit rohen Kartoffelschalen, mit Zitronenschalen oder Essig abreiben. Danach alles mit klarem Wasser abspülen und anschließend mit einem weichen Tuch polieren.

Gusseiserne Töpfe und Pfannen reinigen und pflegen

Passionierte Köche und Köchinnen, die noch – oder wieder – Töpfe und Pfannen aus Gusseisen benutzen, können sie auch auf althergebrachte Weise reinigen: Salz in Topf oder Pfanne streuen, auf der Herdplatte erhitzen, dann das Salz mit Küchenkrepp gut einreiben. Spülen Sie anschließend die Töpfe und Pfannen gründlich aus. Damit sie glänzen und vor Rost geschützt sind, sollte man sie nach dem Säubern mit etwas Speiseöl einreiben und polieren. Im Schrank legt man zwischen die gestapelten Töpfe und Pfannen am besten schützendes Küchenpapier. **Achtung:** Sie dürfen niemals Wasser in einem gusseisernen Topf stehen lassen und auch den Topf oder die Pfanne nicht in Wasser einweichen – ansonsten kommt es zu Rostbildung.

Kupfer – mit Zitrone oder Sauerkraut gegen Flecken

In Kupferkesseln wird seit Jahrhunderten gekocht und geschmort, heute ist kupfernes Kochgeschirr innen meist mit Edelstahl beschichtet. Wenn Kupfer fleckig oder angelaufen ist, bringt man es mit Zitronensaft oder dem Sud von Sauerkraut wieder zum Glänzen. Am besten tragen Sie den Saft oder Sud mit einem Schwamm auf. Ein paar Minuten einwirken lassen, den Belag abreiben und dann unbedingt alles heiß abspülen, trockenreiben und mit einem weichen Tuch glänzend polieren.

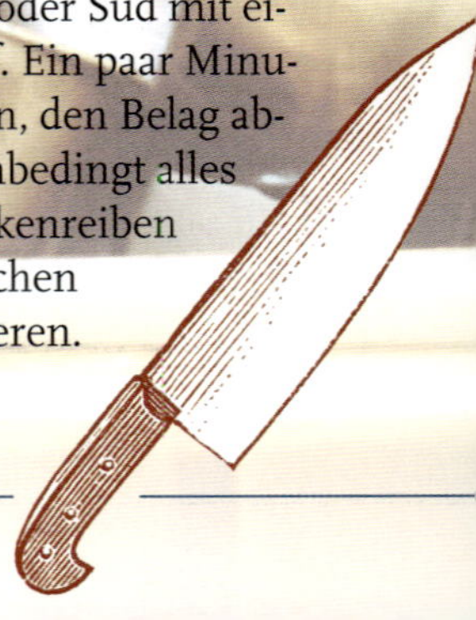

Der Schwerpunkt-Tipp

Tafelsilber putzen

Silberbesteck ist schön und edel und war früher Bestandteil jeder besseren Aussteuer. Es steht darüber hinaus in dem Ruf, antibakteriell zu wirken. Tatsache ist, dass Silber Erreger abtöten kann; in der persischen Antike nutzte man diesen Effekt und verwendete etwa silberbeschichtete Gefäße.

Benutzen und polieren!
Das alte Leid: Das edle Metall verliert schnell seinen Glanz. Denn Silber und das in Silberlegierungen enthaltene Kupfer reagieren mit Sauerstoff und Schwefel, etwa in eiweißhaltigen Speisen, und laufen dadurch dunkel an. Diesem chemischen Prozess können Sie ein Schnippchen schlagen, indem Sie eine Schulkreide in den Besteckkasten legen. Die beste Vorbeugung gegen das Anlaufen ist jedoch der regelmäßige Gebrauch; dann korrodiert das weiche Edelmetall nicht. Und nach dem Spülen immer mit einem weichen Tuch polieren!

Neuer Glanz
Recht mühelos und noch dazu unter optimaler Ausnutzung von Ressourcen lässt sich angelaufenes Silber folgendermaßen putzen: Übergießen Sie das Tafelsilber mit heißem Wasser, in dem vorher Salzkartoffeln oder Kartoffelklöße gekocht wurden. Lassen Sie das Besteck einige Zeit darin liegen und spülen Sie es anschließend mit heißem Wasser gründlich ab. Zum Schluss mit einem weichen Lappen trockenreiben.
Eine andere schonende Variante: Legen Sie eine flache, nicht metallene Schale gut mit Aluminiumfolie aus, die nicht mit Kunststoff beschichtet sein darf. Gießen Sie kochendes Wasser, in dem Sie Kochsalz und Soda aufgelöst haben, hinein; nehmen Sie als Richtwert je einen Teelöffel Soda und Salz auf zwei Liter Wasser; bei einer reinen Kochsalzlösung ohne Soda kann der Salzgehalt höher sein. Legen Sie dann das Besteck so in die Schüssel, dass alle Teile mit der Folie in Berührung kommen. Diese Methode basiert auf einer elektrochemischen Reaktion, die kurz gesagt so abläuft: Zwischen dem Silber und dem Aluminium fließt Strom: Der Silbersulfidbelag wird dabei wieder in Silber und Schwefel zurückverwandelt. Wundern Sie sich also nicht, wenn es nach Schwefel riecht! Danach das Tafelsilber gründlich abspülen, trocknen und polieren.

Empfindliches Edelmetall
Mit einem Wattebausch oder einer Zahnbürste wird Zahnpasta auf das Silber aufgetragen und möglichst in kreisenden Bewegungen eingerieben. Die Schlämmkreide in der Zahnpasta poliert das Besteck wieder hell. Anschließend das Silber heiß spülen und gründlich trockenpolieren. Diese mechanische Silberreinigung sollte jedoch nicht allzu häufig vorgenommen werden, da das weiche Metall empfindlich ist. Das gilt besonders für Bestecke, die im Gegensatz zum massiven Tafelsilber (mit einer 800er- oder 835er-Legierung) nur versilbert sind (erkennbar an dem Stempel 90). Die dünne Silberschicht könnte leicht Schaden nehmen.

Kunsthandwerk in Vollendung und Erinnerungsstück, das von Generation zu Generation weitergereicht wird – wertvolles Silberbesteck war und ist immer mehr als nur ein praktischer Gebrauchsgegenstand.

Geschirr und Gläser pflegen

In alten Zeiten blieben Glas und Porzellan – heute auch in Form billiger Massenware für jeden erschwinglich – den Wohlhabenden vorbehalten. Noch bis zur Mitte des 20. Jahrhunderts waren schöne Gläser und ein vielteiliges Service als Teil der Aussteuer junger Frauen Anschaffungen fürs Leben, die man selbstverständlich sorgsam pflegte.

Porzellan – Teeflecken entfernen

Da auch der Geschirrspüler hartnäckige Verschmutzung nicht immer gründlich entfernt, sind wir dankbar für Großmutters Wissen. Bei Verfärbungen durch Tee bieten sich mehrere Vorgehensweisen an: Vermischen Sie Backpulver mit heißem Wasser und lassen Sie diese Lösung in den Tassen einige Zeit einwirken. Die Flecken sollten sich lösen oder zumindest leicht mit einem Schwamm zu entfernen sein. Effektiv wirkt aber auch Salz oder eine Mischung aus Essig und Salz, mit der Sie die verfärbten Stellen einreiben. Danach wird das Porzellan normal gespült.

Ohne Geruch und Tadel – Küchenutensilien aus Holz

Hartnäckige Gerüche etwa von Zwiebeln und Fisch können bei Brettchen, Kochlöffeln oder anderen hölzernen Küchenutensilien ein Problem darstellen. Ein bewährter Geruchshemmer ist Natron, das Sie entweder ins Spülwasser geben oder zum Abreiben verwenden. Gute Dienste im Kampf gegen Gerüche, Flecken und Fettrückstände leistet aber auch unverdünnter Essig.

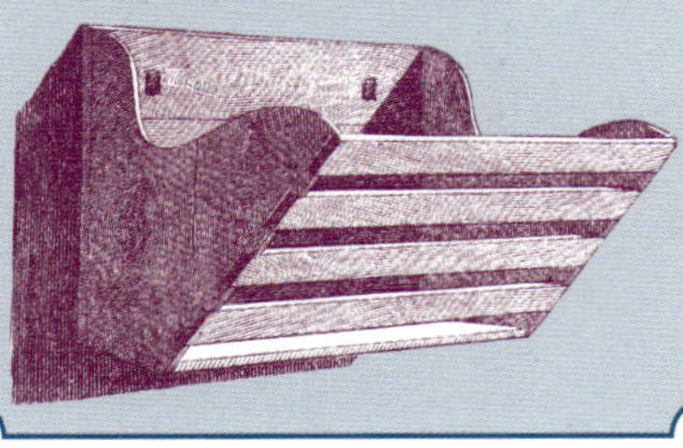

Porzellan – Nikotinflecken beseitigen

Nicht nur Nichtraucher ärgern sich über Teer- und Nikotinflecken, die Zigaretten auf Porzellan hinterlassen können. Mit Salz lassen sie sich entfernen. Am besten tauchen Sie einen feuchten Korken in Salz, mit dem Sie dann den Verfärbungen zu Leibe rücken.

Wie neu – Kaffeekannen reinigen

Mit folgendem altbewährten Trick können Sie Kaffeekannen wieder »verjüngen«: Füllen Sie die Kanne mit einer Mischung aus heißem Wasser und Natron oder Backpulver und lassen Sie das Ganze mindestens einige Stunden einwirken. Spülen Sie danach die Kanne gründlich aus, damit sie wieder blank glänzt.

Gar nicht so einfach – Thermoskannen innen säubern

Jeder kennt das Problem, dass Thermoskannen innen nur schwer zu säubern sind. Hier hilft die altbewährte Mischung aus heißem Wasser und Natron oder Backpulver beim Entfernen der bräunlichen Ablagerungen. Nach einer Stunde Einwirkzeit müssen Sie die Kanne selbstverständlich gründlich ausspülen. Aus alten Haushaltsbüchern stammt ein weiterer Trick: Sie füllen die Kanne mit zerkleinertem Zeitungspapier und etwas Wasser, verschließen sie gut und schütteln sie kräftig. Danach die Kanne gut ausspülen! Anstelle der Zeitungsschnipsel können Sie auch Reiskörner verwenden.

Hochwertige Gläser und Karaffen für den Wein bieten nicht nur etwas fürs Auge, sie tragen vor allem zur Steigerung des Geschmacks bei.

Im wahrsten Sinne kristallklar

Funkelnde Kristallgläser bilden einen Blickfang auf jedem festlich gedeckten Tisch. Sie waren der Stolz unserer Großmütter. Auch im modernen Haushalt sollten kostbare Gläser immer mit der Hand gespült werden. Für Hochglanz sorgen Zusätze im Spülwasser, nämlich die altbewährten, schonenden Reinigungsmittel Borax, Natron, Zitronensaft und Essig.

Trübe Gläser zum Strahlen bringen

Guter Wein in trüben Gläsern? Das wäre Großmutter nie passiert! Sie hatte ihre Methoden: Indem Sie trübe Gläser mit Zitronenschalen abreiben, bringen Sie sie wieder zum Glänzen. Oder Sie füllen die Gläser mit Wasser, in das Sie etwas Salmiakgeist geben. Lassen Sie die Lösung einige Stunden wirken und spülen Sie sie anschließend gut ab. *Achtung:* Sie müssen die Gläser ganz mit der Lösung füllen, weil sonst ein hässlicher Rand entsteht.

Gepflegter Lebensstil im 19. Jahrhundert – dazu gehörte für unsere Vorfahren nicht zuletzt gut gestaltetes und edles Kaffeegeschirr. Damit es seinen Wert erhielt, braucht es eine sorgfältige, liebevolle und regelmäßige Pflege.

Was tun bei engen Vasen, Flaschen und Karaffen?

Ein altbekanntes Problem sind Vasen und Flaschen mit so engen Hälsen, dass man sie innen nicht richtig reinigen kann. Großmutter spülte sie mit einer warmen Essig- oder Natronlösung aus – oder mit zerkleinerten Eierschalen: Die geben Sie in das zu reinigende Gefäß und schütten eine heiße Lösung aus Wasser und Essig oder Natron dazu. Wenn Sie nun die Vase kräftig schütteln, lösen die Schalen mit Unterstützung der Essiglösung die Beläge von den Vasenwänden ab. Wer nicht auf die nächste Omelette-Mahlzeit warten will, kann anstelle der Eierschalen auch Kartoffelschalen oder Reiskörner nehmen. Auf ähnliche Weise entfernen Sie hartnäckige Alkoholrückstände aus Karaffen: Schwenken Sie das Gefäß mit einer Mischung aus Essig, Salz und Reiskörnern aus und spülen Sie die Karaffe anschließend gründlich aus.

Gerüche neutralisieren

Besonders hartnäckige Zwiebel- und Fischgerüche lassen sich von Geschirr und Händen entfernen, wenn Sie beim Abspülen mit der Hand etwas Natron oder Zitronensaft in das Spülwasser geben.

Fenster in die Vergangenheit

Bemalung von Porzellan in der Königlichen Porzellanmanufaktur in Kopenhagen. Auch diese Manufaktur geht auf das sächsische Vorbild zurück.

Europäische Porzellanmanufakturen *haben unsere Tischkultur nachhaltig beeinflusst. Noch vor wenigen Jahrhunderten war die Produktion des Porzellans ein sorgfältig gehütetes Geheimnis, das seinem Besitzer großen Reichtum versprach und in China wohl schon im 7. oder 8. Jahrhundert bekannt war. Importiertes Porzellan war im Spätmittelalter und in der Frühen Neuzeit im Abendland äußerst begehrt – und sehr teuer. Überall suchten Fürsten dem Geheimnis der Porzellanproduktion auf die Spur zu kommen. In diesem Wettrennen siegte der sächsische Kurfürst August der Starke: 1694 gelang es in Dresden, Hartporzellan herzustellen. 1696 entstand im nahen Meißen die bis heute berühmte Porzellanmanufaktur, deren hochkünstlerische Figuren beim europäischen Adel großen Anklang fanden. Nachdem in regelrechter Industriespionage das Meißener Porzellangeheimnis gestohlen wurde, entstanden im 18. Jahrhundert in vielen Ländern weitere Porzellanmanufakturen nach dem sächsischen Vorbild.*

Altes Wissen vom Hausputz

Ein gemütliches und gastliches Zuhause ist nicht zuletzt sauber und gepflegt. Das fand schon Großmutter, und wer würde ihr nicht Recht geben? Zur Unterstützung beim Hausputz machen wir uns ihre bewährten Mittel und Methoden zunutze. Von Bad und Toilette über Böden, Wände und Decken bis hin zu den Heimtextilien gibt es zahlreiche Bereiche des Hauses, in denen sich altes Wissen vom Hausputz effizient und umweltschonend anwenden lässt. Zudem sind Großmutters Hausmittel meist auch preisgünstig.

Bad und Toilette – gründlich sauber mit bewährten Haushaltstipps

Im sensiblen sanitären Bereich greift man heute allzu schnell zur »chemischen Keule«. Doch die Umwelt wird es Ihnen danken, wenn Sie sich an die alte Devise »weniger ist mehr« halten. Die Sauberkeit muss darunter nicht leiden!

Gerade alte Armaturen lassen sich mit altbewährten Mitteln gründlich und schonend reinigen.

Gerüche aus dem Abfluss bannen

Bei hartnäckigem Geruch empfehlen alte Haushaltsbücher, kochende Natron-Wasser-Lösung in den Ausguss zu schütten. Doch bei modernen Installationen mit Kunststoffrohren ist Vorsicht geboten: Lassen Sie die Lösung vor dem Eingießen etwas abkühlen!

Das gehört nicht in den Abfluss!

Damit Abflüsse nicht verstopfen, beherzigen Sie einige einfache Grundregeln. Dann können Sie fortan auf chemische Rohrreiniger verzichten, die nicht nur die Umwelt belasten, sondern auch die Abflussrohre angreifen: Installateure raten von ihrem Gebrauch ab! Also: In den Abfluss gehören keine festen Stoffe, keine Essensreste, vor allem kein warmes flüssiges Fett, da es im Rohr erkaltet und Klumpen bildet.

Abflüsse reinigen

Zur regelmäßigen Reinigung von Abflüssen hat Großmutter eine Mischung aus drei Esslöffeln Backpulver oder Natron und einem Esslöffel Essigessenz im Abfluss einwirken lassen.

Cola bei drohender Verstopfung

Kündigt schwer ablaufendes Wasser eine Verstopfung an, können Sie

Neue Materialien erforderten eine besondere Pflege: eine damals hochmoderne, ganz aus Porzellan gefertigte US-amerikanische Badewanne aus den 1880er-Jahren.

möglicherweise mit Cola oder heißem Wasser, das Sie in den Abfluss gießen, das Schlimmste abwenden.

Freier Abfluss durch Saugpumpe und Spirale

Wehren Sie den Anfängen! Wenn das Wasser langsamer als sonst abläuft, nehmen Sie die gute alte Gummisaugglocke zur Hand. Wichtig ist, dass sie luftdicht auf dem Becken sitzt (etwas Wasser einlaufen lassen!) und dass Sie den Überlauf am Becken mit einem nassen Tuch luftdicht abdichten. Nur dann entsteht beim Pumpen der notwendige Unterdruck im Rohr. Eine andere mechanische Methode funktioniert mit einer speziellen Metallspirale aus dem Haushaltswarengeschäft. Damit bohren Sie sozusagen ein Loch in die Verstopfung, durch das immer mehr Wasser abfließt, bis es wieder richtig gurgelt.

Armaturen schonend reinigen und pflegen

Verchromte Armaturen sind besonders empfindlich, da die glänzende Nickel-Chrom-Schicht extrem dünn ist. Deshalb dürfen Sie beim Putzen nicht scheuern und keine ätzenden oder säurehaltigen Reinigungsmittel wie Essig verwenden. Am besten reinigen Sie mit Seifenlauge. Rostansatz verhindern Sie mit der bewährten Vaseline: einreiben und dann mit warmem Wasser abspülen. Zum Polieren eignen sich hervorragend Flanelltücher! Oder Sie greifen auf Omas Polier-Trick zurück: Bestäuben Sie das Tuch mit etwas Mehl.

Badewannen und Waschbecken reinigen und pflegen

Auch bei neuen Werkstoffen bewähren sich alte Haushaltstipps: Empfindliche Kunststoffbadewannen und -becken reinigen Sie schonend mit einer Mischung aus Geschirrspülmittel und Zitrone oder mit Wasser und Natron. Kalkflecken entfernen Sie mit Essig oder Zitronensaft. Auf hartnäckigen Verkrustungen lassen Sie ein mit Essig getränktes Tuch einwirken. Besonderen Glanz verleiht Großmutters Methode: Reiben Sie Wanne und Becken mit Buttermilch ein. Kurz einwirken lassen, abspülen, trockenreiben – das glänzt wie neu!

Duschköpfe entkalken

Einen verkalkten Duschkopf legen Sie für einige Zeit in eine Schale mit Zitronensäure und spülen ihn anschließend gründlich ab.

Ein reines Duschvergnügen

Bei milchig gewordenen Glastüren von Duschkabinen helfen Großmutters Putztipps: Reiben Sie die Türen einfach mit Essig ab. Hässliche Stockflecken an Duschvorhängen entfernen Sie mit Salzwasser oder einer Mischung aus Zitronensaft und Natron.

Glänzende Fliesen

In der Regel reicht es, Fliesen mit warmem Wasser und Neutralreiniger zu säubern. Ablagerungen lassen sich mit einer Mischung aus Wasser und etwas Salmiakgeist oder Spiritus entfernen. Kalkflecken bekommen Sie mit Essig weg, den Sie etwas einwirken lassen. Zum Polieren nehmen Sie Zeitungspapier oder Fensterleder. Besonders glänzend werden Fliesen, wenn man sie mit etwas Leinöl einreibt.

Ein sauberes, gepflegtes Bad – Voraussetzung für Körperhygiene und Vergnügen bei der Körperpflege

Vorsicht Fuge!

Die Fugen zwischen den Fliesen sind in der Regel aus Zement und deshalb säureempfindlich. Sollten Sie Ihre Kacheln mit säurehaltigen Reinigern behandeln, dürfen Sie diese nicht auf die Fugen einwirken lassen, da die Säure den Zement angreift.

Fugen reinigen

Zur gründlichen Reinigung der Zementfugen zwischen Fliesen empfiehlt Großmutter Schlämmkreide oder eine Paste aus Natron beziehungsweise Backpulver und Wasser: Sie tragen die Paste mit einer alten Zahnbürste auf, lassen sie einige Zeit einwirken und spülen sie anschließend gründlich mit klarem Wasser ab.

Hygiene rund um die Toilette

Das »stille Örtchen« muss blitzsauber sein. Das schaffen Sie mit Großmutters Patentrezepten!

Omas WC-Reiniger

Mischen Sie einen guten Schuss Spülmittel mit zehn Tropfen Zitronenöl und verrühren das Ganze mit einer Lösung aus einem halben Liter destilliertem Wasser und 50 Gramm Zitronensäure.

Gegen Kalk und Urinstein

Bei hartnäckigen Ablagerungen – Kalk und Urinstein – in der Toilettenschüssel lassen Sie eine starke Essiglösung mehrere Stunden (am besten über Nacht) einwirken. Die Alternative: Sie lassen eine Mischung aus Borax und Zitronensaft eine Stunde lang auf die angefeuchteten Ablagerungen einwirken. Und dann wird kräftig geschrubbt!

Zuerst die Klobrille!

Wegen des möglichen Hautkontakts muss vor allem die WC-Brille hygienisch sauber sein. Deshalb wird sie immer vor dem WC-Becken geputzt, es sei denn, Sie nehmen zwei verschiedene Schwämme beziehungsweise Lappen.

Reinigung von Böden und Flächen aus natürlichen Materialien

Böden und Arbeitsflächen werden enorm beansprucht und müssen deshalb nicht nur gereinigt werden. Großmutter wusste, dass sie auch regelmäßige Pflege brauchen, um möglichst lange ansehnlich zu bleiben. Mit Böden und Flächen aus Naturmaterialien kannte sie sich aus. Da ist sie heute noch eine verlässliche Ratgeberin.

Vergleichsweise pflegeleicht – der Fliesenboden. Hier kommt am besten der gute alte Wischmopp zum Einsatz.

Parkett – erst kehren!

Parkett ist ausgesprochen pflegeleicht, muss aber oft gekehrt werden, damit Sand oder harte Schmutzteilchen keine Kratzer in der Versiegelung hinterlassen. Auch vor dem Wischen sollten Sie deshalb kehren. Ausgesprochen schädlich für Parkett ist Wasser. Deshalb wischen Sie feucht, aber nicht nass und sorgen für rasches Abtrocknen, damit das Parkett nicht aufquillt.

Kratzer und Druckstellen im Parkett

Kratzer im Parkett reiben Sie mit dem bewährten Leinöl ein. Es verleiht neuen Glanz und schützt das Holz vor Feuchtigkeit. Kleine Druckstellen, etwa von Möbelbeinen, verschwinden meist durch feuchtes Wischen. Sollte dies nicht genügen, feuchten Sie die betreffende Stelle mit einem Schwamm oder Tuch an. Solange die Holzfasern nicht gebrochen sind, sollten sich die Dellen wieder glätten. Hässliche Absatzspuren radieren Sie mit einem handelsüblichen Radiergummi einfach weg.

Natürlicher Schutz für unversiegeltes Holz

Mit unversiegeltem Holz holen Sie sich die Natur ins Haus. Solche Böden und Arbeitsflächen – in Küchen werden sie immer beliebter – wirken positiv auf das Raumklima, weil das Holz atmen kann und Feuchtigkeit aufnimmt. Deshalb reagiert es aber auch empfindlich auf Wasser und Laugen, kann aufquellen und grau werden. Am besten lassen Sie unbehandeltem Holz ab und an eine imprägnierende Behandlung mit Leinöl oder Bienenwachs angedeihen, wie Großmutter es gemacht hat.

Bewährte Glanzkur für Edelstahl

Den modernen Edelstahlflächen in Ihrer Küche verleihen Sie mit altbewährten Hausmitteln den optimalen Glanz: Vermischen Sie Schmierseife und Schlämmkreide zu gleichen Teilen zu einer Paste und reiben Sie die angefeuchteten Stahlflächen damit ab. Anschließend poliert, glänzen die Flächen wie neu; auch kleine Kratzer sind verschwunden. Die können Sie ansonsten auch mit sehr feiner Stahlwolle entfernen.

Zu viel Wasser verträgt der Parkettboden überhaupt nicht, man wischt ihn am besten nur »nebelfeucht«.

Bohnern – Schwerstarbeit für Großmutter

Großmutter betrieb keinen Sport. Für Körperertüchtigung sorgten Garten- und Hausarbeit. Ins Schwitzen brachte sie vor allem das wöchentliche Bohnern des Holzbodens. Zuerst wurde der Boden mit einem weichen Tuch eingewachst, und zwar sparsam: Das Wachs soll nur einen hauchdünnen Film bilden. Großmutters Bohnerwachs auf der Basis von Bienenwachs ist heute noch erhältlich, aber womöglich kommen Sie mit einer modernen Holzbodenpflege – ohne Lösungsmittel! – besser zurecht. Nach dem Einwachsen musste früher Schwerstarbeit geleistet werden, beim Polieren des Bodens mit dem Blocker, einem schweren Eisengerät mit Bürstenrollen. Heute geht das einfacher mit einer Einscheibenmaschine, die Sie im Baumarkt ausleihen können.

Wieder im Kommen: Linoleum

Das einstmals weit verbreitete Linoleum ist ein Naturprodukt, das aufgrund seiner Umweltverträglichkeit derzeit eine kleine Renaissance erlebt. In der Regel ist es leicht zu pflegen – kehren, saugen und nicht zu feucht wischen reicht meist aus. Und wie bei Holzböden leistet der

Radiergummi bei Absatzabrieben gute Dienste. Auch bei stärkeren Verschmutzungen sollten Sie nie säurehaltige Reinigungsmittel verwenden – probieren Sie Ihr Glück lieber mit ungesalzenem Kochwasser von Kartoffeln. Für glänzendes Linoleum nahmen unsere Großmütter zudem eine Mischung, die zu gleichen Teilen aus Milch und Wasser bestand.

Unkomplizierte Korkböden

Korkböden sind entweder mit Acryllack oder Hartwachsöl, das meist auf Leinöl basiert, versiegelt. Sie sind somit äußerst pflegeleicht. Grundsätzlich können Sie beide Arten trocken kehren und saugen – besonders zu empfehlen sind hierfür die guten alten Mopps. Wie Holzböden sollten Sie auch Korkbeläge zudem stets nur nebelfeucht, aber nie nass wischen. Mit Wachs versiegelte Korkböden dürfen nicht mit Mikrofasertüchern gereinigt werden, da diese dem Boden das Fett entziehen. Abrieb von Gummisohlen beseitigen Sie mit einem trockenen Putzlappen oder einem Radiergummi.

Noch mehr als heute galt der Hausputz in der »guten alten Zeit« als eine anstrengende Angelegenheit – da war die kleine Pause mehr als verdient!

Elastisches Material aus der Rinde der Korkeiche

Die dicke Borke der Korkeiche ist das Grundmaterial für alle Produkte aus Kork. Das elastische, nahezu wasserundurchlässige Material besteht aus den abgestorbenen Rindenzellen der vor allem in Spanien und Portugal beheimateten mediterranen Korkeiche. Für die Korkgewinnung werden die immergrünen Laubbäume erstmals geschält, wenn sie etwa 15 bis 20 Jahre alt sind, danach rund alle zehn Jahre. Insgesamt können Korkeichen 150 Jahre genutzt werden. Beim Schälen wird vorsichtig darauf geachtet, die noch lebende innere Rindenschicht nicht zu verletzen. Die geernteten Korkflächen werden zur Weiterverarbeitung geschrotet und heiß gepresst, wobei die im Kork enthaltenen Harze als Bindemittel dienen.

Naturstein – unverwüstlich bei richtiger Pflege

Bei Böden und Arbeitsflächen erfreut sich Naturstein in den letzten Jahren steigender Beliebtheit. Auch wenn Stein mehr oder minder unverwüstlich ist, so gibt es doch Unterschiede in der Säurebeständigkeit und Saugfähigkeit. Bei der Pflege sollten Sie dies beachten – und allgemeinen Reinigungstipps zu Natursteinen mit Vorsicht begegnen. So wusste Großmutter beispielsweise, dass Marmor relativ säureempfindlich ist, und hat ihn nie mit Essig gereinigt. Für alle Böden und Flächen gilt jedoch, dass man Substanzen, die hartnäckige Flecken verursachen können, am besten sofort entfernt, damit sie nicht in die Poren der unversiegelten Steinflächen eindringen. Bei hartnäckigen Flecken empfehlen alte Haushaltsbücher eine wirkungsvolle Paste aus Waschbenzin und Schlämmkreide, die Sie eine Zeit einwirken lassen und anschließend abwischen. Für schwarz glänzende Schieferplatten kannten unsere Großmütter ein besonderes Rezept: Stellen Sie ein Pflegeöl aus einem Teil Leinöl und sechs Teilen Terpentin selbst her. Reiben Sie damit die Platten nach dem Reinigen sparsam ein.

Amerikanischer Zimmerwischer der Zeit um 1900

Großmutters Stolz: der gepflegte Teppich

In alter Zeit dienten Teppiche, ob nun geknüpft, gewebt und gewirkt, in unserer Kultur fast ausschließlich als Wandbehänge oder Überwürfe für Möbel. Seit dem 19. Jahrhundert gehören sie als Schmuck und Schutz des Bodens zum bürgerlichen Wohnen. Beim Hausputz richtete Großmutter ihr besonderes Augenmerk auf die Teppiche, vor allem auf den Orientteppich – eine Anschaffung fürs Leben! Die bewährten Mittel und Methoden zu Reinigung und Pflege eignen sich übrigens auch für moderne Teppichböden aus Naturfaser.

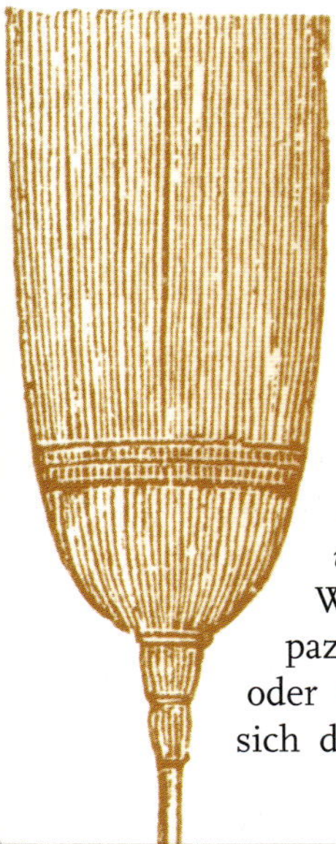

Einseitige Belastung vermeiden

Wo Ihr Teppich stark strapaziert wird, etwa vor Türen oder unter dem Tisch, tritt sich der Flor auch bei bester Qualität mit der Zeit ab. Und durch Sonneneinwirkung verblassen die Farben. Deshalb machen Sie es wie Großmutter und drehen den Teppich – wenn er beidseitig benutzbar ist – mindestens einmal im Jahr, so dass er gleichmäßig belastet wird.

Besser saugen als klopfen

Staub und lose Schmutzteilchen reiben sich am Flor und können sogar das Grundgewebe dauerhaft beschädigen, wenn sie nicht regelmäßig entfernt werden. Früher war es eine Plackerei: Der Teppich musste auf Knien gebürstet oder ins Freie geschleppt und geklopft werden. Da nimmt uns der Staubsauger heute nicht nur viel Arbeit ab. Experten empfehlen das Saugen auch als schonendere Methode.

Reinigung mit Schnee

Ein alter Pflegetipp hat noch immer Gültigkeit und wird von Experten auch für hochwertige oder empfindliche Teppiche gerne empfohlen: Bürsten Sie Ihren Teppich mit frischem Pulverschnee ab, auch von der Unterseite. Das muss allerdings schnell gehen, damit sich der Teppich nicht mit Feuchtigkeit voll saugt. Deshalb bringen Sie ihn auch niemals direkt aus dem warmen Wohnzimmer in den kalten Schnee, sondern lassen ihn zunächst im Freien auskühlen. Dann schmilzt der Schnee nicht bei der Berührung mit dem Teppich.

Verblasste Farben – behutsam auffrischen

Mit Skepsis sollten Sie so manchem herkömmlichen Ratschlag zur Farbauffrischung Ihres Teppichs begegnen: Kaffeesatz, Teeblätter oder Sauerkraut verkleben den Flor! Ein anderer Großmutter-Trick wird jedoch von Experten heute noch empfohlen: Um verblasste Farben aufzufrischen, reiben Sie Ihren Teppich mit einem Tuch ab, das Sie mit einer Lösung aus zehn Teilen Wasser und einem Teil Essig befeuchtet und ausgewrungen haben. Unliebsame Überraschungen vermeiden Sie mit der Probebehandlung an einer unauffälligen Stelle, um die Farbechtheit des Teppichs zu testen.

Soforthilfe bei verschütteter Flüssigkeit

Großmutter kannte die wichtigste Regel für alle Textilien, also auch Teppiche: Flecken nie eintrocknen lassen! Deshalb tupfen Sie verschüttete Flüssigkeit sofort mit einem weichen, saugfähigen Tuch auf, und zwar von außen nach innen, damit sich die Flüssigkeit nicht verteilt. Wenn Spuren auf dem Teppich zurückbleiben, nehmen Sie zum Säubern zunächst kaltes Wasser ohne

Teppiche auf dem Basar im türkischen Bodrum – nicht nur im Orient, auch in unserer Wohnkultur spielen Teppiche seit Jahrhunderten eine große Rolle.

Fenster in die Gegenwart

Heute ist die Teppichhygiene dank des Staubsaugers kein Thema mehr. Da war die Teppichpflege in der »guten alten Zeit« schon schwieriger.

Teppichböden – aus medizinischer Sicht *sind sie besser als ihr Ruf. Die in den 1970er- und 1980er-Jahren sehr beliebten Teppichböden wurden in letzter Zeit aus hygienischen und gesundheitlichen Gründen scharf kritisiert. Tatsächlich verlangt es einiges an Mühe, um sie – auch in den Ecken – immer sauber und gepflegt zu halten. Doch die Befürchtungen bezüglich einer verstärkten Belastung der Atemwege hat eine vom Deutschen Allergie- und Asthmabund im Jahr 2005 in Auftrag gegebene Studie widerlegt: »Bei Verwendung eines glatten Bodenbelags steigt das Risiko deutlich, eine erhöhte Feinstaubbelastung im Innenraum vorzufinden, während die Verwendung eines Teppichbodens dieses Risiko mindert.«*

Zusätze: Eiweißhaltige Flüssigkeiten dürfen nicht mit warmem oder gar heißem Wasser in Berührung kommen, weil sie dann unter Umständen bleibende Flecken bilden. Was bei verschüttetem Rotwein zu tun ist, wissen Sie: Sofort viel Salz darüber schütten, das den Rotwein aufsaugt! Wenn Sie Flecken mit Flüssigkeit behandeln, müssen Sie die Stelle anschließend gut trockenreiben – aber mit Fingerspitzengefühl, um den Flor nicht zu beschädigen.

Hausmittel gegen hartnäckige Flecken

Wenn Bier, Wein, Kaffee, Kakao, Obst, Blut oder Urin auf dem Teppich eingetrocknet waren, rückte Großmutter den Flecken mit einer sanften Seifenlauge zu Leibe. Sie geben Waschmittel oder Neutralseife in warmes Wasser und reiben den Fleck mit einem Tuch oder weichen Schwamm gut, aber mit Gefühl ab, um den Flor nicht zu beschädigen. Das sonst so beliebte Mittel gegen Flecken, der unverdünnte Essig, ist bei Woll- und Seidenteppichen tabu! Seide und Wolle enthalten Eiweiß und vertragen deshalb keine Säure.

Bei Farb- und Wachsflecken hilft Bügeln

Flüssiges, warmes Wachs und Paraffin, besonders aber Lacke und Ölfarben hinterlassen auf Teppichen fatale Flecken. Dagegen hilft nur die altbewährte Methode des Ausbügelns: Sie legen ein Löschblatt über den Fleck und bügeln mit dem warmen Eisen darüber; das Löschblatt saugt die nun flüssige Substanz auf. Eventuell wiederholen Sie die Prozedur mit einem neuen Löschblatt. Den verbleibenden Fettfleck entfernen Sie mit Spiritus und einem weichen Lappen. Anschließend trockenreiben!

Mit Eis gegen Kaugummi

Verklebten Kaugummi und auch Wachs entfernen Sie von Ihrem Teppich, indem Sie Eiswürfel oder beispielsweise auch eine gefrorene Gemüsepackung auf den Fleck pressen. Durch die Kälte werden Kaugummi und Wachs bröckelig und können danach vorsichtig mit einem Messer abgekratzt werden. Kleine Teppiche können Sie auch in die Gefriertruhe legen.

Einfach ausbügeln: Abdrücke von Möbeln

Jeder kennt die unliebsame Überraschung: Schwere Möbel hinterlassen mit der Zeit unschöne Abdrücke auf dem Teppich, die von alleine nicht vergehen. Durch einen alten Trick richtet sich der Flor wieder auf: Sie legen ein feuchtes Tuch darauf und bügeln mit dem Eisen darüber. Das funktioniert auch mit dem Dampfbügeleisen: Auf Dampfstufe stellen und den zerdrückten Flor aus etwa zwei Zentimeter Abstand dämpfen.

Einfach bürsten: Läufer und Matten aus Pflanzenfasern

Um verschmutzte Läufer und Matten aus Kokos- oder anderen Pflanzenfasern wieder auf Vordermann zu bringen, bürsten Sie sie in bewährter Art mit Salz- oder Natronwasser ab. Anschließend sollten Sie die Teppiche etwa über ein Geländer hängen, damit sie schnell trocknen.

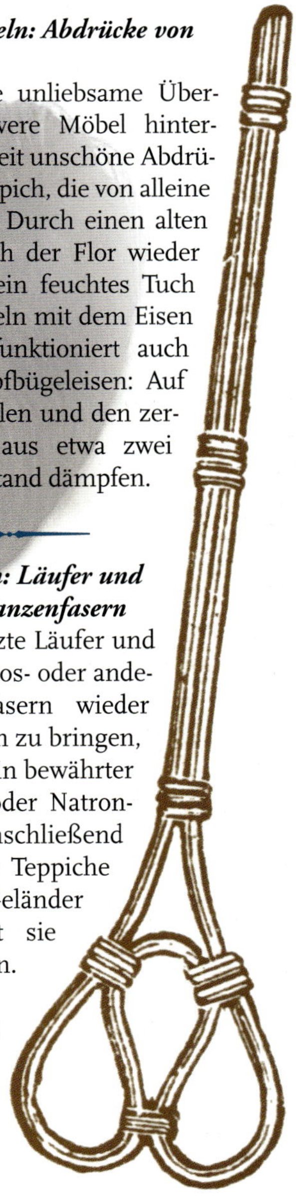

Klassischer Teppichklopfer – Staubsaugen ist schonender!

Fenster, Türen und auch Wände – so sauber wie bei Großmutter

Auch wenn Großmutter ihren Haushalt selbstverständlich nicht nach dem Prinzip »außen hui, innen pfui« führte, war es ihr doch besonders wichtig, dass die Fenster immer blank geputzt waren. Auch die Türen hinterließen nur den besten Eindruck. Sogar wenn es darum geht, das Streichen der Wände noch einmal hinauszuschieben, kann man sich auf ihr altes Wissen heute noch verlassen.

Fenster putzen auf die klassische Art

Sie wollen auch nach dem ersten Regen noch einen klaren Blick durch Ihre Fenster haben? Dann verzichten Sie auf die modernen Glasreiniger, deren Duftstoffe einen Film auf der Scheibe hinterlassen können, der bei Regen verschmiert. Stattdessen nehmen Sie wie Großmutter reichlich warmes Wasser, eventuell mit einem Schuss Spülmittel, und putzen das Fenster gründlich mit einem nassen Lappen oder Fensterleder. Der letzte Putzgang erfolgt mit klarem Wasser. Dann wird mit dem ausgewrungenen Fensterleder oder einem trockenen, fusselfreien Tuch sorgfältig trockengerieben, wobei Sie immer wieder die Richtung ändern, um Streifen zu vermeiden. Wenn sich dennoch Streifen zeigen, geben Sie etwas Brennspiritus ins Wasser und putzen noch einmal nach. Den perfekten Glanz erreichen Sie durch abschließendes Polieren mit Zeitungspapier.

Alte Hausmittel – bei Schimmel ohne Chance

Schimmelpilze in Innenräumen können starke allergische Reaktionen mit verschiedensten Symptomen auslösen. Die Ursachen für Schimmelbefall liegen unter anderem in einer zu hohen Raumfeuchtigkeit, die meist durch bauliche Mängel oder falsches Lüften auftritt. Behandelt man nun Schimmelflecken oberflächlich, indem man sie etwa mit Essigwasser entfernt, verschwindet nur das Symptom – die Schimmelpilze sind noch immer da! Bei Schimmelbildungen sollten Sie deshalb stets Experten zu Rate ziehen, die entsprechende Maßnahmen gegen die gesundheitsschädlichen Pilze einleiten können.

Stark verschmutzte Fenster

Für die Reinigung von stark verschmutzten Fenstern gibt es einige alte Hausmittel: Fügen Sie dem Putzwasser Essig-Essenz oder Zitronensaft zu, auch Salmiakgeist oder Spiritus werden empfohlen. Die mühsamere Alternative: Streuen Sie etwas Natron auf einen feuchten Lappen und reiben Sie damit das Fenster ab; anschließend mit klarem Wasser nachwischen. Extrem verschmutzte Fenster reiben Sie mit der Schnittfläche einer halben Zwiebel ab. Klare Sicht durch blinde Fenster verspricht die »Ölkur«: Sie verreiben Speiseöl mit einem weichen Lappen auf der Scheibe. Nach einer Stunde nehmen Sie es mit einem saugfähigen Tuch sorgfältig wieder ab; danach das Fenster putzen.

Lackierte Türen sauber halten

Für die Reinigung der Türen und Türstöcke nahm Großmutter eine milde Seifenlauge, wischte anschließend mit klarem Wasser noch einmal nach und rieb dann mit einem fusselfreien Tuch alles gut trocken. Gegen Verschmutzung können Sie mit etwas Soda in warmer Seifenlauge angehen. Bei Abdrücken von fettigen Kinderhänden oder wenn sich schon ein gelblicher Belag auf der Tür gebildet hat, fahren Sie Sodalauge (ein Esslöffel auf einen Liter Wasser) als stärkeres Geschütz auf. Dabei unbedingt Gummihandschuhe tragen, da Soda Fett löst, auch das der Haut. Lackierte Türen sollten Sie nie mit Kratzschwämmen behandeln: Die Kratzer können bleiben! Weiß lackierte Türen brachte Großmutter zum Glänzen, indem sie sie mit Kartoffelkochwasser abwischte.

Beim Reinigen des Fensters können Sie getrost auf moderne Glasreiniger verzichten und auf alte Hausmittel zurückgreifen.

Glänzende Türklinken und Beschläge

Beim Reinigen von Edelstahl, Messing, Bronze oder Kupfer sollten Sie auf Säuren (etwa Essig) oder Poliermittel wie Salz verzichten, da diese das Metall angreifen. Stattdessen nahm Großmutter eine milde Seifen- oder Salmiaklösung, rieb dann gut trocken und polierte mit einem weichen Tuch nach.

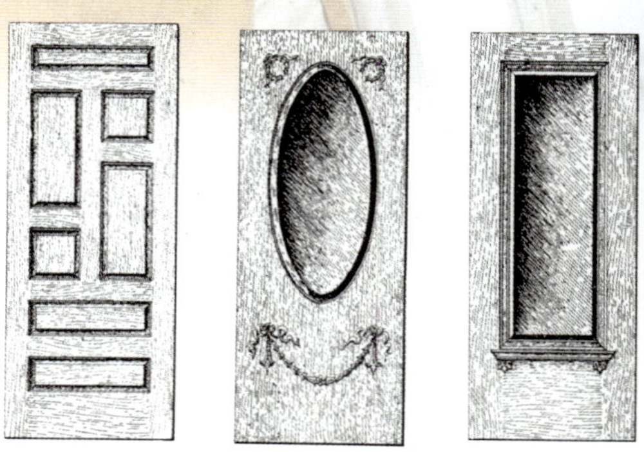

Sicher nicht ganz pflegeleicht – edle amerikanische Türen der Jahre um 1900

Der Schwerpunkt-Tipp

Wände säubern – und die Renovierung noch einmal aufschieben

Sie wollen Ihre Wohnung erst im nächsten Jahr streichen? Dann können Ihnen einige altbewährte Tipps helfen, die Zeit zu überbücken.

Radiergummi gegen hässliche Ränder
Meistens sieht man die dünne Schicht, die Staub, Fett und Tabakqualm im Lauf der Zeit auf Decken und Wänden hinterlassen, erst beim Verschieben eines Möbelstücks oder Abhängen eines Bildes. Da die meisten Wandfarben wasserlöslich sind, also nicht feucht behandelt werden können, müssen Sie mit dem Radiergummi ran. Der sollte nicht zu hart und nicht farbig sein. Radieren Sie großzügig, nicht nur den hässlichen Rand, den Möbel oder Bild hinterlassen hat, und achten Sie auf den sanften Übergang zu der Fläche, die Sie nicht abradieren. Auch Tapeten können Sie mit dem Radiergummi behandeln.

Mit viel Gefühl – Tapeten säubern
Die meisten Tapeten (Ausnahmen: Textil- und Metalltapeten sowie mit Wandfarbe gestrichene Raufasertapeten) vertragen bis zu einem gewissen Grad Feuchtigkeit, so dass Sie ihnen bei Flecken und Rändern mit einem angefeuchteten Schwamm oder einem mit Waschbenzin getränkten Wattebausch zu Leibe rücken können – allerdings mit Fingerspitzengefühl, das heißt: nicht rubbeln, um die Oberfläche nicht zu beschädigen! Ratsam ist ein »Testlauf« an einer unauffälligen Stelle. Außerdem sparen Sie nach Möglichkeit die Nähte der Tapetenbahnen aus, da diese bei zu viel Feuchtigkeit aufquellen und sich lösen können.

Fettflecken auf der Tapete
Bei frischen Fettflecken raten alte Haushaltsratgeber zu Löschpapier und Bügeleisen. Legen Sie das Papier über die betroffene Stelle und bügeln Sie nicht zu heiß darüber. Wiederholen Sie die Prozedur so lange mit einem jeweils neuen Löschpapier, bis der Fleck entfernt ist. Bei alten Fettflecken ist die Methode überliefert, den Fleck mit einem Brei aus Ton und Wasser zu bestreichen, diesen über Stunden trocknen zu lassen und dann abzukratzen. Auch hier empfiehlt sich der Test an unauffälliger Stelle.

Regelmäßig entstauben
Das turnusmäßige Entstauben Ihrer Wände sollten Sie sich als vorbeugende Maßnahme angewöhnen: Sie legen ein sauberes, weiches Tuch über den Besen oder eine Bürste und fahren damit ohne Druck (!) über die Flächen und in die Ecken, um den Staub nicht einzureiben.

Mit dem Staubwedel lassen sich nicht nur Möbel und Gegenstände entstauben, mit ihm befreit man auch schwer erreichbare Ecken von unschönen Spinnweben und sonstigem Schmutz.

Wände, Türen und Fenster – bei der nicht immer einfachen Reinigung dieser Bereiche des Haushalts ließ Großmutter besondere Sorgfalt walten.

Werte bewahren – Möbel pflegen

Möbel waren früher eine Anschaffung fürs Leben. Deshalb sind Tipps zur Möbelpflege in alten Ratgebern für die Hausfrau reich gesät. Viel Sachverstand ist da zu erkennen, viel Erfahrungswissen, dem wir heute noch vertrauen dürfen, wenn es um unsere »besten Stücke« geht. Die finden sich auch in den modernen Zeiten der Billigmöbel in jeder Wohnung.

Holzmöbel regelmäßig abstauben

Das A und O bei der Pflege von nicht lackierten Holzmöbeln ist die Reinigung von Staub, mit Staubtuch, Staubbürste, wenn nötig auch mit einem Pinsel für Rillen. Ebenfalls bestens geeignet ist ein sehr gut ausgewrungenes, fast trockenes Fensterleder. Denn Holz behält seine natürliche Schönheit nur, wenn sich in den Poren kein Staub festsetzen kann: Das Holz muss atmen! Besonders grobporige Holzarten wie Eiche oder Ulme (Rüster) sollten Sie möglichst nur trocken abstauben, da sich feuchter Staub mit dem Holz verbindet.

Als edler Blickfang dominiert bisweilen auch ein Klavier die Einrichtung. Es erfordert eine ähnlich sorgfältige Pflege und Reinigung wie hochwertige Holzmöbel.

Reinigen mit dem Lappen – nicht nass, höchstens feucht

Falls es sich nicht vermeiden lässt, unlackierte Holzmöbel mit einem feuchten Lappen zu reinigen, wischen Sie immer mit der Richtung der Maserung. Lackierte Holzmöbel können Sie dagegen unbedenklich mit einem feuchten Tuch reinigen, auch mit milder Seifenlauge, deren Rückstände Sie sorgsam wieder entfernen. Doch unverzichtbar ist das abschließende Trockenreiben! Auch lackierte Holzflächen mögen es nicht nass.

Neuer Glanz für Ihre Möbel

Für unlackierte Holzmöbel hatte Großmutter ihre besonderen Pflegemittel: Eichenmöbel bringen Sie zum Glänzen, indem Sie sie mit hellem Bier abreiben, Mahagoni dagegen mit kaltem schwarzem Tee und Nussbaumholz mit Milch. Nicht vergessen: Die Möbel zuvor abstauben und nach der »Spezialbehandlung« sofort mit einem Tuch gründlich trockenreiben. Zum Schluss wird mit einem weichen Tuch poliert. Mit Öl eingelassene Möbel frischen Sie durch eine dünne (!) Ölschicht auf. Stumpfe Oberflächen von gewachsten Holzmöbeln behandeln Sie mit Bienenwachs. Tragen Sie das Wachs hauchdünn auf und bürsten Sie es anschließend mit einer Bürste glänzend. Dabei verschwinden auch kleine Kratzer und Risse.

Hilfe bei Wasserflecken auf Holz

Auch Großmutters strenges Gebot, keine feuchten Gläser oder Flaschen auf ihren Holzmöbeln abzustellen, wurde nicht immer beherzigt. Die Folge: hässliche Wasserränder und -flecken! Da kann Petroleum helfen, das Sie in geringer Menge mit einem weichen Tuch auf den betroffenen Stellen auftragen. Anschließend gut polieren! Bei gewachsten Holzflächen können Sie den weißen Wasserflecken auch mit Fön oder Bügeleisen zu Leibe rücken: Sie erhitzen die betroffene Stelle und reiben anschließend mit einem weichen Tuch nach.

Damit das Vergnügen an den edlen Ledermöbeln von Dauer ist, sollte man sie schonend behandeln und gut pflegen.

Was tun gegen Kerzenwachs?

Mit Wärme können Sie Kerzenwachs von Holz und den anderen Möbelmaterialien entfernen: Fönen Sie die betroffene Stelle so lange, bis das Wachs weich wird, und entfernen Sie es dann mit Küchenpapier.

Schleiflackmöbel – wie neu

Für glänzend saubere Schleiflackmöbel empfehlen alte Ratgeber entweder die Reinigung mit Kartoffelkochwasser oder mit einer Lauge aus Kernseife. Danach reiben Sie die Flächen mit einem weichen Tuch oder Fensterleder ab.

Selbst gemacht – Politur für Holzmöbel

Für dunkles Holz mischte Großmutter ganz einfach schwarzen Tee und Speiseöl, für helle Hölzer zu gleichen Teilen Terpentin, Essig, Weingeist und Leinöl.

Salzwasser für Korbmöbel

Damit Ihre Korbmöbel lange schön bleiben, ist regelmäßiges Abstauben oder Absaugen Voraussetzung, auch einmal das Abbürsten mit einer trockenen, nicht zu harten Bürste. Bei stärkeren Verschmutzungen nehmen Sie zum Abbürsten warmes Salzwasser, dessen Rückstände Sie dann mit klarem Wasser entfernen. Sorgen Sie für einen luftigen Ort, an dem feuchte Korbmöbel gut abtrocknen. Gegen das Knarren der Korbmöbel hatte Oma einen Trick: Sie schmierte die jeweiligen Stellen mit Vaseline ein.

Seifenlauge für Rohrmöbel

Für die Reinigung von Rattan- und Bambusmöbeln hat sich eine Mischung aus Seifenlauge mit Salz oder Borax bewährt: Sie bürsten die Möbel damit ab, wischen mit klarem Wasser nach und reiben schließlich alles gut trocken.

Kein Problem: Glastische

Sei es Kristall- oder Bronzeglas, Rauch- oder Spiegelglas – hartnäckigen Verschmutzungen der Platte Ihres Glastisches können Sie vorsichtig mit der rauen Seite Ihres Haushaltsschwamms oder ganz feiner Stahlwolle zu Leibe rücken.

Edle Patina – Ledermöbel pflegen

Als Bezugsmaterial für Polstermöbel – aber auch in anderer Verwendung – ist Leder ein Klassiker, der niemals aus der Mode kommt. Mehr noch: Gut behandeltes Leder wird im Alter durch seine edle Patina noch schöner. Für alle Ledermöbel gilt bei der Pflege als Grundregel, niemals aggressive Mittel wie etwa Waschbenzin oder Terpentin zu benutzen. Auch die manchmal empfohlene Schuhcreme ist tabu. Bei der Standardpflege halten Sie sich an Großmutters Grundprinzip: Regelmäßig abstauben! Dafür nehmen Sie bei empfindlichem pigmentiertem und Anilinleder ein weiches Tuch. Bei Rauleder (Nubuk- und Veloursleder) entfernen Sie Staub und losen Schmutz mit der Bürste oder dem Staubsauger.

Auch ganz moderne Möbel lassen sich mit Großmutters Hausmitteln hervorragend auf Hochglanz bringen.

Fenster in die Vergangenheit

Mahagonimöbel verleihen einer Wohnung ein ganz besonderes Flair und beschwören eine vergangene Wohnkultur herauf.

Mahagoni und britische Wohnkultur – *das gehörte einst zusammen. Das rötliche Holz mit der unverkennbaren Maserung aus Mittel- und Südamerika zeichnet sich durch hohe Witterungsbeständigkeit aus. Wenige Jahre, nachdem dieses exotische Edelholz erstmals aus der Karibik in England eingeführt worden war, begann um 1740 die »Ära des Mahagoni«. Sie sollte bis etwa 1770 dauern. Das Holz erfreute sich bald größter Beliebtheit und löste als Modeerscheinung das bis damals weit verbreitete Walnussholz ab. Mahagoni wurde anfänglich vor allem massiv zu Stühlen und Tischen verarbeitet, später auch als Furnier für Kommoden und Schränke eingesetzt. Um 1750 war es das führende Hartholz im englischen Möbelbau. Einer der berühmtesten Vertreter des »Age of Mahogany« war der Londoner Möbelbauer Thomas Chippendale. Die Entdeckung des schwer zu bewirtschaftenden Mahagonis als Möbelholz im 18. Jahrhundert hatte allerdings einen Raubbau zur Folge, der sich im 20. Jahrhundert beschleunigte und dazu führte, dass heute ein Großteil der Bestände verschwunden ist.*

Alte Reinigungsmethoden für alte Lederbezüge

Für neue Ledermöbel eigen sich alte Reinigungsmethoden nur bedingt, da Leder heute anders gegerbt und dünner verarbeitet wird. Folgendes Hausmittel wenden Sie bei altem, pflanzengegerbtem Leder an: Sie verrühren ein Eiweiß in eine Mischung aus je 150 Milliliter Wasser und Milch, tragen die Flüssigkeit dünn auf das gründlich entstaubte Leder auf und polieren danach gut mit einem weichen Tuch nach. Testen Sie diese Lederpflege jedoch besser vorab an einer kleinen, unauffälligen Stelle.

Seifenlauge zur Reinigung von Glattleder

Bei angetrocknetem Schmutz auf empfindlichem Anilin- und pigmentiertem Leder greifen Sie auf die gute alte Kernseifenlauge zurück. Damit befeuchten Sie ein weiches Tuch und reiben den Fleck behutsam ab. Achten Sie unbedingt darauf, dass die Feuchtigkeit nicht in das Leder eindringt. Abschließend reiben Sie mit einem saugfähigen Tuch gut trocken – aber nicht rubbeln!

Die bürgerliche Wohnkultur des 19. Jahrhunderts wurde vor allem durch edle Möbel bestimmt, die eine aufwändige Pflege erforderten.

Flecken auf Glattleder entfernen

Alle Flüssigkeiten, Fett oder verkleckerte Speisen tupfen Sie so schnell wie möglich ab oder wischen sie vorsichtig ab und behandeln dann den Fleck mit Kernseifenlauge. Wenn Fettflecken nicht verschwinden, verzweifeln Sie nicht: In der Regel ziehen sie mit der Zeit in das Leder ein.

Einfach aufrauen – Pflege von Rauleder

Angetrockneter Schmutz lässt sich von Velours- und Nubukleder am besten mit einer Bürste entfernen. Für speckige Stellen gilt heute wie zu Großmutters Zeiten: Rauen Sie sie mit einer Gummibürste oder feinkörnigem Schleifpapier auf.

Flecken auf Rauleder entfernen

Verschüttete Flüssigkeit saugen Sie sofort mit Löschpapier oder einem saugfähigen Tuch auf, auch Speisen oder Fett müssen schnellstmöglich entfernt werden. Flecken beseitigen Sie mit einer Kernseifenlauge und achten darauf, dass das Leder nicht durchfeuchtet und schnell gut trocknet. Keine Panik bei Fettflecken: Sie ziehen erfahrungsgemäß mit der Zeit ins Leder ein.

Möbel aus modernen Materialien mit herkömmlichen Mitteln reinigen

Massive Kunststoffmöbel, Möbel mit Folienbeschichtung oder Schichtstoffplatten reinigen Sie durch Abstauben und nebelfeuchtes Wischen, bei stärkeren Verschmutzungen nehmen Sie eine dünne Kernseifenlösung oder eine Essiglösung aus zehn Teilen Wasser und einem Teil Essig. Danach gut trockenreiben! Behandeln Sie Kunststoffmöbel lieber nicht mit Möbelpolitur: Das ist nicht nur völlig wirkungslos, sondern fördert das schnellere Verschmutzen. Tabu sind Kratzschwämme, Scheuermilch oder -pulver, auch Zahnkrem: Kratzer oder aufgeraute Stellen in Kunststoffoberflächen bleiben für immer. Auf Plexiglas dagegen können Sie Kratzer mit einem alten Hausmittel entfernen: Weiße Zahnpasta wird mit einem Baumwolltuch in kreisenden Bewegungen aufgetragen, danach mit Seifenlauge abgewaschen, zu guter Letzt wird trockenpoliert.

Polstermöbel regelmäßig entstauben

Großmutters Grundsatz für Polstermöbel lautete: regelmäßig entstauben. Dafür nehmen Sie den Staubsauger oder eine Kleiderbürste. Damit der Staub beim Bürsten nicht unkontrollierbar aufwirbelt, empfehlen alte Ratgeber folgenden Trick: Tränken Sie ein Tuch mit Essig, legen Sie es auf das Polster und klopfen Sie nun mit einem Teppichklopfer darauf. Der so gelöste Staub fliegt nicht herum, sondern wird in dem Tuch aufgefangen. Waschen Sie dabei den Staub immer wieder aus dem Tuch aus.

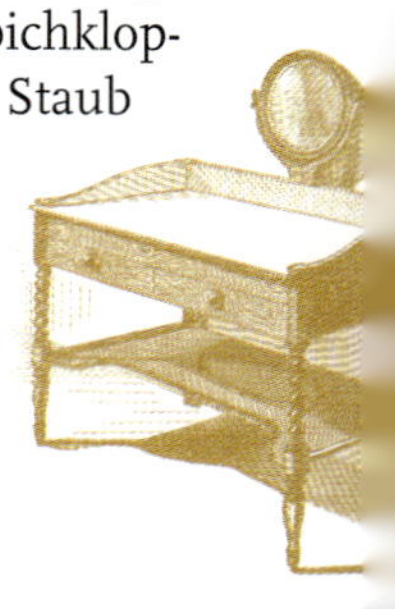

Der Schwerpunkt-Tipp

Flecken auf Polstermöbeln entfernen

Ein Malheur kann immer passieren! Mit Großmutters altem Wissen von der Fleckenentfernung ist der Schaden schnell behoben:

Stets zuerst: Probedurchgang!
Testen Sie ein Fleckenmittel immer zuerst an einer verdeckten Stelle, die Sie dann gut abtrocknen lassen. Erst dann ist zu erkennen, ob durch die Behandlung Farben verblassen oder der Stoff angegriffen wird.

Grundregeln
Verschüttete Flüssigkeiten saugen Sie sofort mit einem Tuch auf, alle festen Verschmutzungen nehmen Sie mit einem Messer vom Polster ab. Dabei gehen Sie von außen nach innen vor, was für jede Fleckenbehandlung gilt. Und Sie nehmen immer ein weißes Tuch zum Reinigen, um etwaige Verfärbungen zu verhindern. Grundsätzlich sollten Sie Bezüge immer so trocken wie möglich reinigen und die Möbel erst wieder benutzen, wenn die behandelte Stelle völlig abgetrocknet ist. Wenn Sie ein Fleckenmittel einreiben, rubbeln Sie nicht zu stark, um den Bezug nicht zu beschädigen.

Erste Hilfe – kaltes Wasser und Kernseife
Gegen Flecken aller Art ging Oma zuerst einmal mit kaltem Wasser und Kernseife an. Das empfiehlt sich schon deshalb, weil Sie damit nichts falsch machen können: Sie befeuchten ein Tuch mit der Kernseifenlösung, reiben den Fleck gut ein und entfernen die Kernseife anschließend mit klarem Wasser. Stark kalkhaltiges Wasser kann Ränder auf den Polstern bilden, weshalb Sie gegebenenfalls destilliertes oder abgekochtes Wasser nehmen. Mit der kalten Kernseifenlösung sollten Sie sogar frischer Blut-, Ei-, Kot- und Urinflecken Herr werden.

Blut und Urin – eingetrocknet
Bei eingetrocknetem Blut hat sich eine Lösung aus einem Esslöffel Zitronensäure und 0,1 Liter Wasser bewährt. Urin beseitigen Sie mit einer Natronlösung.

Fettflecken
Fettflecken werden nicht nur durch fetthaltige Speisen, Öl und Milch verursacht, sondern beispielsweise auch durch Lippenstift oder Schuhcreme. Hier brauchen Sie als wirksames Fleckenmittel das gute alte Waschbenzin. Wenn nötig, behandeln Sie den Fleck mit warmem Kernseifenwasser nach.

Polstermöbel – der Inbegriff von gepflegter Gemütlichkeit. Die Freude ist aber schnell vorbei, wenn man unschöne Flecken verursacht. Großmutter wusste hier immer Rat.

Fettarme Flecken
Lauwarmes Kernseifenwasser kommt bei Flecken durch fettarme Getränke (etwa Bier, Wein oder Limonade), klare Suppen, Filzstifte und Kugelschreiber zum Einsatz. Ist die behandelte Stelle getrocknet, können Sie unter Umständen noch mit Waschbenzin darüber gehen.

Kerzenwachs
Getrocknetes Kerzenwachs hat Großmutter zunächst mit einem Messer so gut wie möglich entfernt – ohne das Wachs in den Bezug einzureiben! Gegen die verbleibenden Reste hilft Waschbenzin.

Kaugummi
Kaugummi muss frieren, um spröde zu werden und sich dann gut entfernen zu lassen. Deshalb drücken Sie einen mit Eiswürfeln gefüllten Plastikbeutel oder eine Gemüsepackung aus dem Tiefkühlfach auf den klebrigen Gummi.

Bewährte Methoden zur Pflege von Heimtextilien

Dekostoffe, Vorhänge, Decken, Kissen – Heimtextilien erfüllen praktische Funktionen und verleihen jeder Wohnungseinrichtung Individualität und Gemütlichkeit. Häufig bedürfen sie aufgrund ihrer Größe, des Materials oder der Verarbeitung spezieller Pflege. Wirksame und hilfreiche Tipps finden sich in alten Haushaltsratgebern.

Vorhänge und Gardinen – öfter entstauben, seltener waschen

Die Bekleidung der Fenster wird zwar weniger beansprucht als Ihre eigene, aber Pflege braucht sie dennoch. Dabei bewährt sich das alte Haushaltsprinzip: Regelmäßiges Entstauben spart Arbeit! Deshalb bürsten Sie Vorhänge und Gardinen immer einmal wieder mit einer Kleiderbürste ab. Auf diese Weise haben schon unsere Großmütter den nächsten Gardinenwaschtag um einige Zeit hinausgezögert.

Vorhänge und Gardinen – Handwäsche

Empfindliche Stoffe werden Sie nach Großmutterart mit der Hand waschen: Sie spülen Gardine oder Vorhang zuerst in der Badewanne kalt aus, schwenken sie dann kräftig, ohne zu reiben, in einer Kernseifenlauge. Bei starker Verschmutzung müssen Sie die Lauge eventuell einmal erneuern. Die Stoffe gut in klarem Wasser ausspülen und abtropfen lassen. Nicht auswringen!

Gardinen stärken

Mit einem alten Hausmittel können Sie Ihre Gardinen stärken, was den angenehmen Nebeneffekt hat, dass sie nicht so schnell wieder verschmutzen: Sie geben beim letzten Spülgang – bei der Handwäsche oder in der Waschmaschine – eine Zuckerlösung zu (ein Teil Zucker auf drei Teile heißes Wasser). Als Resteverwerterin nahm Großmama zum Stärken der Gardinen auch das Wasser, in dem sie Reis gekocht hatte.

Nachgedunkelte Vorhänge und Gardinen aufhellen

Wenn helle Vorhänge und Gardinen unerwünscht nachdunkeln, lassen sie sich mit bewährten Hausmitteln wieder aufhellen. Eine ganz einfache Methode ist die Zugabe von Salz zum Waschwasser. Bei der Maschinenwäsche können Sie auch das Waschpulver um die Hälfte reduzieren und stattdessen ein Päckchen Backpulver oder Natron dazu geben. Bei stark nachgedunkelten Gardinen hilft nach der Wäsche ein etwa zweistündiges Bad in einer stärkeren, handwarmen Backpulver- oder Natronlösung, die Sie anschließend gut ausspülen.

Abtropfen und feucht aufhängen

Nach dem Waschen hat Oma ihre Vorhänge nur abtropfen lassen: Auswringen kann das Gewebe verziehen. Außerdem erleichtern Sie sich das Bügeln. Das Bügeln sparen können Sie sich bei vielen Gardinen, wenn Sie sie noch feucht aufhängen. Bei sehr dünnen Gardinen empfiehlt es sich, handelsübliche, in heißem Wasser aufgelöste Speisegelatine in den letzten Spülgang zu geben.

Alter Spitzenwaschapparat

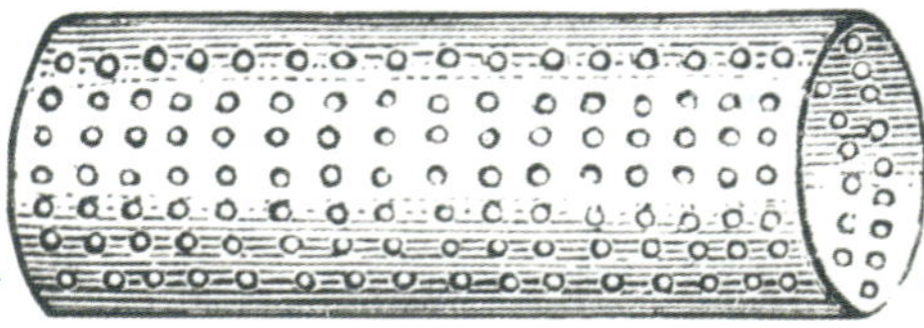

Allergiker – Was tun, wenn das geliebte Kuscheltier nicht waschbar ist?

Plüschtiere stehen bei Kindern hoch im Kurs. Für Allergiker und Asthmatiker sind sie aber höchst bedenklich, weil sich darin gern Milben oder Motten einnisten, die nicht nur das Kuscheltier zerstören, sondern vor allem auch stark allergieauslösend sind. Falls ausgerechnet der heiß geliebte Teddy nicht waschbar ist, hilft ein Blick in alte Haushaltsratgeber. Da wird empfohlen, von Ungeziefer befallene Textilien bei Schnee und Frost ins Freie zu legen – für Motten und andere Schädlinge ist das meist tödlich. Heute müssen Sie nicht mehr auf den Winter warten, um Milben & Co. den Garaus zu machen. Sie stecken das Plüschtier in eine Plastiktüte, verschließen sie fest und legen sie einige Tage in den Gefrierschrank. Danach bürsten oder wischen Sie es feucht ab. Mit dieser einfachen und umweltschonenden Methode können sich auch Allergiker lange an ihren kuscheligen Freunden erfreuen.

Woll- und Naturhaardecken – natürlicher Schutz gegen Schmutz

Ob Alpaka und Merino oder Kamelhaar und Kaschmir – Naturhaardecken sind durch den natürlichen Restfettgehalt in den Fasern praktisch immun gegen Schmutz. Großmutter hat ihre Wolldecken ab und an für einige Stunden in die feuchte Nachtluft gehängt, damit die Wolle »atmen« und wieder frisch werden konnte. Wenn Sie keine Möglichkeit haben, Wäsche im Freien aufzuhängen, können Sie sich anders behelfen: Hängen Sie die Decke im Badezimmer auf, wenn Sie duschen oder ein Bad nehmen – die Raumfeuchtigkeit wirkt Wunder. Auf die so genannten Auffrischungstücher, die man zusammen mit der (trockenen) Decke in den Wäschetrockner gibt, sollten Sie verzichten. Die Decke riecht zwar anschließend angenehm, doch bereits das kalte Programm des Trockners kann, verbunden mit der heftigen Mechanik, der die Decke ausgesetzt ist, zu viel des Guten sein: Das Gewebe verfilzt.

Damit die Freude an ihnen bestehen bleibt, sollten Sie Ihre hochwertigen Vorhänge schonend reinigen.

Hilfe gegen Flecken in Woll- und Naturhaardecken

Flecken auf Naturhaardecken entfernen Sie behutsam mit kaltem, klarem Wasser. Bei hartnäckigerer Verschmutzung hat sich eine Behandlung mit Gallseife bewährt – oder einer Lösung aus einem Teil Salmiakgeist und acht Teilen Wasser.

Mit Fingerspitzengefühl – Spitzen waschen

Handgeklöppelte Spitzen zu waschen ist eine Kunst, weil sie sich nass hoffnungslos verziehen. Deshalb wickeln Sie die Spitzen um eine Flasche und schwenken sie so in einer lauwarmen Seifenlauge. Als Weißmacher geben Sie etwas Salz dazu. Nach dem Spülen in klarem, lauwarmem Wasser drücken Sie sie vorsichtig aus – keinesfalls wringen! – und legen sie auf ein Handtuch zum Trocknen. Um die gewaschenen Spitzen zu stärken, empfehlen alte Ratgeber, sie noch feucht in dünnes Zuckerwasser zu tauchen.

Fenster in die Vergangenheit

Die Brüsseler Spitzen sind weltberühmt – hier ein reichhaltiges Angebot in einem Geschäft im flandrischen Brügge.

Spitze – ein Name verpflichtet. *Der Ursprung der feinen Textilspitzen liegt im Italien der Renaissance. Dort entwickelte sich im 16. Jahrhundert als eine Volkskunst die Nadelstickerei. Der durchbrochen gearbeitete, neuartige Textilschmuck fand bald großen Gefallen und verbreitete sich in ganz Europa. Zentren der Spitzenproduktion waren erst Spanien und Frankreich, im 18. und 19. Jahrhundert dann Flandern und die Metropole Brüssel.*

Die berühmten Brüsseler Spitzen werden nicht wie die Nadelspitzen genäht, sondern geklöppelt. Bei dieser Technik, die auf dem Prinzip des Flechtens beruht, werden Fadenpaare nach einer Mustervorlage – dem »Klöppelbrief« – verdreht und verkreuzt. Handgearbeitete Spitzen waren stets Luxusware, die sich nur die Reichen leisten konnten. Mit der Einführung der industriellen Spitzenherstellung in der zweiten Hälfte des 19. Jahrhunderts ist der hübsche Textilschmuck für die breite Bevölkerung erschwinglich geworden.

Stoffe aus Naturfasern – seit ältester Zeit genutzt

Die Produktion von Textilien aus Pflanzenfasern und tierischen Produkten zählt nicht nur zu den wichtigsten, sondern auch zu den ältesten Kulturtechniken der Menschheit. Wo die ersten Stoffe gewebt und die ersten Garne gesponnen wurden, wissen wir nicht. Es geschah jedenfalls in prähistorischen Zeiten.

Zunächst dienten textile Stoffe hauptsächlich dazu, den nackten Körper vor Kälte und Hitze, Regen und Schnee zu schützen. Aber wir können davon ausgehen, dass Kleidung sehr früh auch schon schmückende Funktion hatte und als Prestigeobjekt galt.

Steinzeitfaser Leinen

Leinen gewinnt man aus der Kulturpflanze Lein (Flachs), die in Europa schon in der Jungsteinzeit angebaut wurde. Archäologische Ausgrabungen in der Schweiz brachten über 10 000 Jahre alte Gewebe zutage. Mehrere 1000 Jahre altes Leinen hat man auch in Ägypten gefunden, wo die Mumien mit Leintüchern umwickelt wurden. Kleidung aus Leinen ist heute vor allem im Sommer sehr beliebt: Es sieht edel aus, ist luftdurchlässig, angenehm kühl, sehr saugfähig und haltbar und lädt sich nicht elektrostatisch auf.

Für die Leinenproduktion werden zunächst die bis zu einem Meter langen, abgeernteten Pflanzen auf den Feldern oder im Wasser ausgelegt, damit sich der holzige Anteil von den Fasern in den Stängeln löst. Die Werg genannten kurzen, verknoteten Fasern dienen vorwiegend als Polstermaterial, aus den langen Fasern spinnt man Garne, die aufgrund ihrer Zugfestigkeit vielfältigste Verwendung finden: in Seilen, Fischernetzen, Zwirnen oder Leinengeweben. Qualitativ hochwertige Leinfasern stammen heute etwa aus Frankreich, Belgien und Osteuropa.

Warum Wolle kratzt

Von den Wollfäden stehen Fasern ab, die in die Haut einstechen. Diese Fasern sind jedoch notwendig, weil sie jene winzige Distanz zwischen Kleidungsstück und Haut herstellen, die als isolierendes Luftpolster die Wärme speichert. Die Kunst der Wollproduktion liegt also darin, einen Mittelweg zwischen allzu kratziger und nicht mehr wärmender Wolle zu finden.

Die Raupe des Seidenspinners (ganz oben) liefert den Rohstoff, der dann – wie hier in einer Seidenspinnerei im Japan des 19. Jahrhunderts – zu Seide gesponnen wird.

Weit verbreitet: Tuche aus Schafwolle

Schafwolle hat man wohl zuerst in Kleinasien zu Stoffen verarbeitet. Im antiken Rom wurden Textilien überwiegend aus Schafwolle gefertigt; mit Ausweitung des Römischen Reiches gelangten die entsprechenden Techniken in die damals bekannte Welt. Zentren der mittelalterlichen Woll- und Textilproduktion gab es auf den Britischen Inseln, in Frankreich und Deutschland; vor allem Oberitalien und Flandern waren berühmt für ihre Tuche. In deutschen Städten bestanden schon Anfang des 13. Jahrhunderts einflussreiche Zünfte der Tuchmacher. Und noch Mitte des 18. Jahrhunderts gehörte in unseren Breiten die Schafhaltung für die Wollproduktion zu den wichtigsten Erwerbszweigen in der Landwirtschaft. Heute ist Australien weltweit Spitzenreiter in der Schafwollproduktion, gefolgt von Neuseeland, Südafrika und Argentinien.

Naturprodukt von fein bis rau

Schafwolle ist leicht, nimmt Feuchtigkeit gut auf und hält vor allem warm. Die stark gekräuselten Fasern verfügen über hervorragende Spannkraft, die typischen Oberflächenschuppen können sich aber miteinander verhaken und verfilzen – was man sich bei der Filz- und Lodenproduktion zunutze macht. Die Beschaffenheit der Wolle hängt von der Schafrasse ab, auch von der Region, in der die Schafe gezüchtet werden, und von den Zuchtbedingungen. Weltweit sind die wichtigsten Zuchtrassen Merinoschafe, die eine feine Wolle liefern, sowie Crossbredschafe, deren Vliese rauer sind.

Uralte Nutzpflanze: Baumwolle

Baumwolle, eine Nutzpflanze aus der Gattung der Malvengewächse, hat man schon vor 7000 Jahren in Mexiko und vor mindestens 5000 Jahren in Indien gekannt. In China und in Ägypten stand sie bereits im Altertum hoch im Kurs. Baumwollfasern lassen sich leicht verspinnen und färben, sie sind fest, saugfähig und pflegeleicht. Deshalb zählt Baumwolle trotz der steigenden Konkurrenz der synthetischen Fasern auch heute weltweit zu den wichtigsten Textilrohstoffen. Zu den Weltmarktführern gehören die USA, weitere bedeutende Produktionszentren liegen in China, Indien und der Türkei.

Den Rohstoff Baumwolle gewinnt man aus Lint, so heißen die weißen Samenhaare der Fruchtkapseln, die zwischen einem und sechs Zentimeter lang sind. Je länger, dicker, kräftiger und glatter die Samenhaare, desto höher wird ihre Qualität eingestuft. Wichtige Kriterien sind zudem ihr Glanz und die – möglichst helle – Farbe. Aus Baumwollpflanzen gewinnt man aber nicht nur Baumwolle. Aus den Linters – den Haaren, die direkt aus den Samen wachsen – werden beispielsweise Polstermaterial, Putztücher und Zelluloseprodukte wie die Kunstseide Reyon hergestellt.

Edler Stoff der Könige: Seide

Seide sieht wunderschön aus und ist überaus angenehm zu tragen. Sie ist leicht und formbeständig, hält im Winter warm und im Sommer kühl. Die von jeher begehrte Faser wird aus den Kokons gewonnen, in denen sich die Raupen des Maulbeerseidenspinners verpuppen. Rund 5500 solcher Schmetterlingspuppen sind nötig, um ein Kilogramm Rohseide zu produzieren. Ursprünglich stammt die Seide aus China, wo sie bereits vor knapp 5000 Jahren produziert wurde. Das Reich der Mitte konnte das Geheimnis ihrer Herstellung rund 3000 Jahre lang hüten, dann verbreitete es sich auch in Korea, Japan und Indien. Seide war der Stoff der Reichen und Mächtigen und kam schon in der Antike über die Seidenstraße nach Europa. Hier konnte sich die Seidenspinnerei erst nach einem Fall von »Industriespionage« etablieren: Im 6. Jahrhundert ließ der oströmische Kaiser Justinian I. von Mönchen Maulbeersamen und Seidenraupeneier nach Byzanz schmuggeln. In den folgenden Jahrhunderten stiegen erst Italien und dann Frankreich zu den europäischen Zentren der Seidenproduktion auf. Heute sind die weltweit wichtigsten Erzeugerländer China, Japan, Vietnam, Brasilien und Thailand.

Moschee im nordafghanischen Balch, das an der Seidenstraße lag und dessen Blüte nicht zuletzt auf dem über diese berühmte Route abgewickelten Handel beruhte.

Vielfalt der Naturfasern

Neben Wolle, Seide, Leinen und Baumwolle gibt es weitere traditionsreiche tierische und pflanzliche Naturfasern für Stoffe aller Art. Mohair, die Wolle der Angora-Ziege, wird für Bekleidung und Möbelbezug verwendet, während die Kaschmirziege das feine Kaschmir für edle Wollstoffe liefert. Rauere Stoffe werden aus Alpaka, der Wolle des südamerikanischen Alpakas, hergestellt. Aus Kamelhaar entstehen Mäntel, Decken und Hüte, aus Angora, der Wolle des Angorakaninchens, feine Wollstoffe. Von den pflanzlichen Naturfasern sind vor allem Sisal für Teppiche und Seile sowie Jute für Säcke, Tischdecken und Vorhänge zu erwähnen. Die ostasiatische Pflanzenfaser Ramie wird für Kleidung und Tischwäsche verwendet.

Schlafen Sie gut! Traditionelle Pflegetipps rund ums Bett

»Wie man sich bettet, so liegt man«, weiß der Volksmund. Und um besonders gut zu liegen, muss man sein Bett entsprechend pflegen. Dies gilt für klassische Federbetten und Federkernmatratzen genauso wie für moderne Mikrofasern und Schaumstoffe. Da man früher guten Schlaf genauso zu schätzen wusste wie heute, sind einige altbewährte Empfehlungen zu diesem Thema überliefert – und auch heute noch gültig.

Das tun Sie Ihrem Federbett nicht an!

Was schon in der Vergangenheit unsere Großmütter beherzigten, gilt heute noch: Um die empfindlichen Federkiele und das Inlett, den Baumwollbezug des Plumeaus, nicht zu beschädigen, dürfen Feder- und Daunenbetten nicht geklopft werden. Sie sollten sie auch nicht mit dem Staubsauger absaugen. Falls Betten im Bettkasten oder Schrank verstaut werden – nicht zu stark pressen!

Feder- und Daunendecken aufschütteln und abbürsten

Großmutter hat Bettdecken und Kissen täglich gut aufgeschüttelt. Auf diese Weise wird die Füllung gelockert, und es bilden sich neue Lufträume, die für den Klimaausgleich nötig sind. Hin und wieder tut es Ihrem Oberbett gut, mit einer weichen Bürste abgebürstet zu werden.

Feder- und Daunendecken lüften

An folgende Regel hielt man sich früher streng: Betten müssen gründlich gelüftet werden, damit die Feuchtigkeit entweichen kann. Daunen- und Federbetten dürfen jedoch nicht in die pralle Sonne, da die Füllung ihre Elastizität verliert und brüchig wird. Genauso schädlich sind Nebel und Feuchtigkeit: Die Füllung wird klamm und klumpt. Da uns für ein langes Auslüften der Feder- und Daunenbetten oft Gelegenheit und Zeit fehlen, hat sich eine moderne Variante bewährt: Fönen Sie sie einfach frisch! Öffnen Sie dazu die Naht des Inletts ein paar Zentimeter und pusten Sie die Füllung mit einem Fön kräftig auf – aber nur mit Kaltluft!

Die beste Füllung des Plumeaus sind die Flaumfedern, die Daunen der Gans. Sie erfordern eine ganz besondere Pflege.

Oberbetten aus Naturhaar und Naturfasern pflegen

Um Werterhaltung bemühte Ratgeber wissen auch dies schon lange: Oberbetten aus Naturhaar und Naturfasern sollten nie geschüttelt, sondern nur gelüftet werden, damit sie nicht geknickt oder zerrieben werden. Gerade Materialien wie Schafwolle haben eine hohe Selbstreinigungskraft, so dass die Decken nur alle zwei bis vier Jahre gereinigt werden müssen.

Bettdecken – Füllmaterialien und ihre Eigenschaften

Oberbetten mit *Feder- oder Daunenfüllung* sind kuschelig warm, zudem leiten diese Füllungen besonders gut Feuchtigkeit weiter. Die Wärmewirkung steigt mit dem Anteil der Daunen.

Schafwolle ist extrem feuchtigkeitsbindend, die Fasern nehmen zudem viel Luft auf und können so gut isolieren. Diese Füllung schafft ein trockenwarmes Schlafklima, das etwa bei Menschen mit rheumatischen Beschwerden günstig ist.

Kamelhaar und Alpaka sind leicht und transportieren hervorragend Feuchtigkeit. Solche Decken eignen sich gut für Menschen, die stark schwitzen oder unter rheumatischen Beschwerden leiden. *Angora* als Füllung bewirkt eine besonders trockene Wärme, als wärmende Füllung ist auch *Kaschmir* bestens geeignet, das zudem hervorragend Feuchtigkeit aufnimmt.

Baumwolle kann gut Feuchtigkeit aufnehmen, ist aber nicht so wärmend und empfiehlt sich deshalb für den Sommer. Gleiches gilt für *Leinen,* das oft mit Schurwolle verarbeitet wird, sowie für *Wildseide,* die ausgesprochen kühlend wirkt und extrem viel Feuchtigkeit aufnimmt.

Immer beliebter werden als Bettfüllungen hochwertige, pflegeleichte *Chemiefasern* in den verschiedensten Varianten. Sie sind auch für Allergiker gut geeignet. Chemiefasern nehmen Feuchtigkeit nicht auf, sondern geben sie – wie auch die überschüssige Körperwärme – an die Luft ab. Sie müssen also stets locker und bauschig sein, damit sich Wärme und Feuchtigkeit nicht stauen.

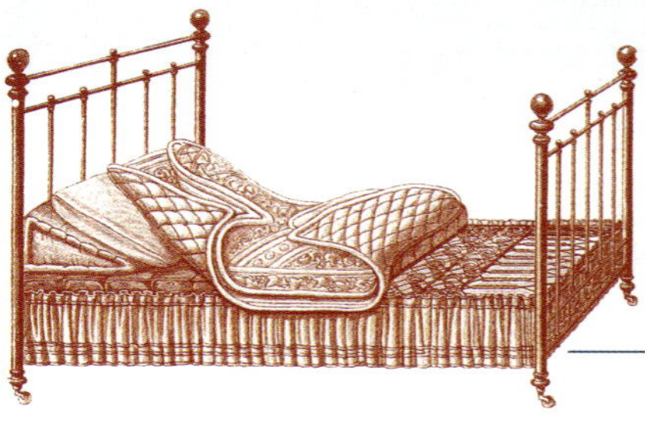

Der Schwerpunkt-Tipp

Matratzen richtig pflegen

Ganz entscheidend für einen hohen Schlaf- und Ruhekomfort ist die Qualität der Matratze. Kommt dann noch die richtige Pflege hinzu, sind beste Voraussetzungen für den gesunden Schlaf gegeben.

Um lange Zeit einen wirklich hohen Schlafkomfort zu bieten, bedürfen Matratzen der regelmäßigen und gründlichen Pflege. Dabei geht es vor allem auch darum, durch Hygiene gesundheitsschädlichen Staubmilben, Pilzen und Bakterien das Leben schwer zu machen. Allerdings hat eine Matratze selbst bei bester Pflege eine begrenzte Lebensdauer. Nach etwa zehn Jahren sollte sie durch eine neue ersetzt werden.

Regelmäßig lüften und aufstellen

Noch Mitte des 20. Jahrhunderts war es üblich, Matratzen mehrmals im Jahr im Freien bei schönem Wetter auszulüften und gründlich auszuklopfen. Auch heute empfiehlt sich diese altbewährte Hygienevorschrift unserer Eltern und Großeltern. Lassen Sie also Ihre Matratze mindestens einmal jährlich Frischluft schnuppern. Dabei setzen Sie sie allerdings keiner direkten Sonnenbestrahlung aus, da heute vielfach Füllmaterial verwendet wird, dem dies schadet. Sie tun Ihrer Matratze zudem einen großen Gefallen, wenn Sie sie in regelmäßigen Abständen tagsüber vom Bett abnehmen und einfach seitlich aufstellen, damit sie im Zimmer auslüften kann.

Bitte wenden

Früher waren Matratzen kaum einmal breiter als 90 Zentimeter – Ehebetten hatten zwei Matratzen inklusive »Besucherritze« – und somit recht handlich. Sie wurden häufiger gelüftet als die heutigen in Überbreite und dadurch automatisch auch häufiger gewendet. Das zumindest sollten Sie sich ebenfalls angewöhnen: Wenden Sie alle paar Wochen Ihre Matratze, um einer Muldenbildung vorzubeugen.

Mit Bürste entstauben

Matratzen müssen regelmäßig gründllich entstaubt und vor allem von Hautschuppen befreit werden. Früher verwendete man dafür weiche Bürsten, die auch heute noch zu empfehlen sind, da viele Matratzenarten weder abgesaugt noch geklopft werden sollten.

Flecken schonend entfernen

Bewährt hat es sich bis heute, den Matratzenbezug noch einmal mit einem Schonbezug zu schützen. Der große Vorteil besteht darin, dass dieser bei jeglichen Malheuren separat gewaschen werden kann. Sollte sich dennoch ein Fleck auf Ihrer Matratze breit machen, stellen Sie sie zur Fleckenbehandlung erst einmal seitlich auf. Achten Sie bei der Fleckenbehandlung darauf, aus welchem Material Ihre Matratze besteht – Naturlatex etwa darf nicht mit chemischen Reinigungsmitteln behandelt werden. Für die zwei häufigsten Fleckenarten haben sich allgemein die folgenden Rezepte bewährt: Nehmen Sie für Urinflecken eine kalte Kernseifenlösung und waschen Sie die betroffene Stelle mit kaltem Wasser nach. Bei Blutflecken greifen Sie besser zu kaltem Salzwasser und waschen auch hier gründlich mit kaltem Wasser nach. Achten Sie unbedingt darauf, die Matratze nicht zu sehr zu durchfeuchten, und beziehen Sie sie erst wieder, wenn sie auch im Inneren und nicht nur an der Oberfläche völlig getrocknet ist.

Ungebetene Gäste – Ungezieferbekämpfung

Der Kampf gegen Ameise, Schabe & Co. war vor der Erfindung von Staubsauger, Waschmaschine und manchem chemischen Helfer weitaus schwieriger als heute. Doch hat man die Ungezieferbekämpfung schon immer sehr ernst genommen. Heute geht es oft darum, das Kind nicht mit dem Bade auszuschütten: Mancher vermeintliche Schädling, Spinnen zum Beispiel oder Florfliegen, ist ausgesprochen nützlich.

Vorbeugende Maßnahmen

Am besten verfahren Sie wie unsere Großmütter und achten darauf, dass sich Ungeziefer gar nicht erst in Ihrem Haushalt einnistet. Grundvoraussetzung hierfür ist, alle Wohnräume regelmäßig und gründlich zu reinigen, damit keine Krümel oder Speisereste als Nahrungsquelle Ungeziefer anlocken. Durchforsten Sie auch immer wieder Ihre Vorräte nach verdorbenen oder von Ungeziefer befallenen Lebensmitteln. Schaffen Sie diese Vorräte sofort in einer fest verschlossenen Mülltüte aus der Wohnung und werfen Sie sie weg. Bewahren Sie Ihre Vorräte übersichtlich in fest verschließbaren Behältern auf. Lagern Sie sie nicht zu lange und möglichst kühl und trocken.

Kampf den Ameisen – mit Kampfer

Ameisen lieben Zucker und zuckerhaltige Lebensmittel, aber auch süße Pflanzensäfte von Zimmerpflanzen und Blattläuse. Lassen Sie zur Vorbeugung also nichts Süßes offen herumliegen. Und wenn die Ameisenstraße schon gebaut ist, dann legen Sie Tomatenblätter und -stiele darauf aus, der Geruch schreckt die Tiere ab; auch Kampfergeruch hat diese Wirkung. Alte Ratgeber empfehlen zudem, in Wasser gelöste Hefe oder Backpulver auf die Ameisenwege zu geben. Auf der Terrasse lassen sie sich mit kochendem Wasser bekämpfen.

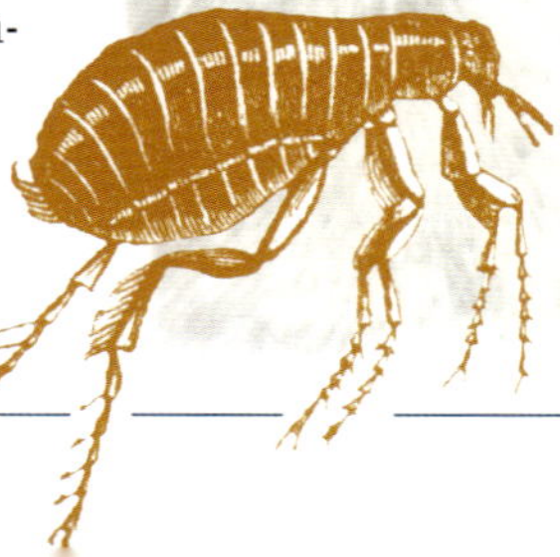

Floh

Bei Küchenschaben versagen Hausmittel

Küchenschaben, auch Kakerlaken genannt, werden in der Regel als besonders ekelhaft empfunden. Diese etwa 25 Millimeter langen schwarzbraunen Insekten mit den kurzen Flügeln sind nur bei Dunkelheit aktiv. Deshalb werden sie oft erst entdeckt, wenn schon das ganze Haus befallen ist. Zögern Sie nicht, sofort einen Experten zu rufen, sobald Sie auch nur eine Schabe entdecken! Mit Hausmitteln sollten Sie erst gar nicht anfangen. Selbst wenn es Ihnen gelingen sollte, eine Generation zu vernichten – die nächste wartet schon und wird bald ausschlüpfen. Als vorbeugende Maßnahmen empfiehlt es sich, Fugen, in denen sich das Ungeziefer einnisten könnte, abzudichten und zudem keine Essensreste oder Abfälle offen stehen zu lassen.

Gefräßige Gäste: Dörrobst- und Mehlmotten

Die gefräßigen Raupen der Dörrobst- und Mehlmotten befallen pflanzliche Lebensmittel. Sie erkennen sie an den Gespinsten, die die winzig kleinen Raupen vor der Verpuppung in den befallenen Lebensmitteln hinterlassen. Zur Vorbeugung bewahren Sie Lebensmittel wie Mehl, Haferflocken oder Nudeln wie Großmutter in verschließbaren Gläsern auf. Und falls sich die Motten schon eingenistet haben, entsorgen Sie die befallenen Lebensmittel sofort und saugen den Vorratsschrank gründlich auch in den Ritzen und Fugen aus. Dann wischen Sie ihn feucht aus und trocknen ihn am besten mit einem Fön.

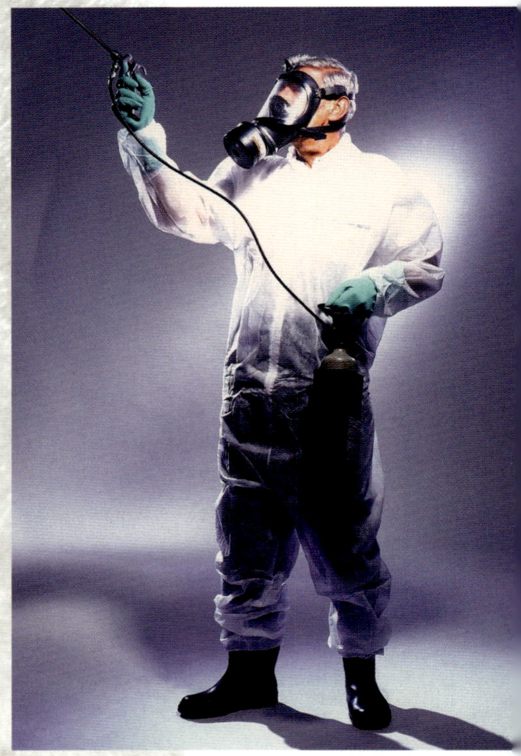

Bei Ungeziefer wie Küchenschabe oder Wanze (rechts unten) sollten Sie lieber gleich den Experten rufen.

Essig hilft gegen Fliegen

Die kleinen Taufliegen halten Sie sich am besten vom Leibe, indem Sie Abfälle schnell beseitigen. Lebensmittel, vor allem Obst, sollten Sie immer zugedeckt aufbewahren, Flaschen mit Bier, Saft oder Limonade verschließen. Gegen die geruchsempfindliche Stubenfliege kannte Großmutter weitere Tricks: Fliegen mögen keinen Essiggeruch, lassen Sie also hin und wieder in der Küche etwas Essig verdampfen. Für Wohn- und Schlafräume können Sie zu diesem Zweck Lavendel- oder Lorbeeröl verwenden. Weil Fliegen auch keinen Tomatengeruch mögen, helfen zudem Tomatenpflanzen am Fenster gegen die unerwünschten Eindringlinge.

Der Schwerpunkt-Tipp

Kleiderkiller: Motten erfolgreich bekämpfen

Nicht die fliegenden Motten sind die Verursacher der ärgerlichen Fraßlöcher in Kleidungsstücken, sondern ihre gelblich weißen Larven, die sich in Textilien und Kleiderschränken einnisten. Die Nahrung der Larven besteht aus Tierhaaren – also Wolle, Pelz und Seide –, die ihnen noch besser schmecken, wenn sich daran Schweiß- und Schmutzrückstände befinden. Pflanzliche und synthetische Gewebe werden von ihnen dagegen verschmäht.

Zur Vorbeugung

Für Großmutter war es selbstverständlich, die Kleiderschränke regelmäßig gründlich zu entstauben – auch in den Ritzen. Mit dem Staubsauger ist das heute kein Problem mehr. Weitere bewährte Vorbeugemaßnahmen: Hängen Sie keine verschwitzten, verschmutzten oder feuchten Textilien in den Schrank. Bürsten Sie gefährdete Kleidungsstücke (Wolle, Seide, Pelze) regelmäßig ab und lüften Sie sie regelmäßig, möglichst bei direkter Sonnenbestrahlung – das vertragen Motteneier nicht. Besonders teure Stücke, die Sie selten tragen, schützen Sie am besten, indem Sie sie in einem Leinen- oder Plastiksack aufbewahren.

Abwehrende Gerüche

Eine alte Weisheit: Motten mögen den Duft von Lavendel nicht. Deshalb halten Sie es wie Großmutter und deponieren Säckchen mit getrockneten Lavendelblüten in Kleiderschränken und Kommoden. Wenn Sie das lieber riechen: Salbei, Thymian, Gewürznelken und Schwarzer Pfeffer wirken auch, außerdem Zedern-, Niembaum- oder Zirbelkieferholz oder Steinklee. Weniger wohlriechend, aber ebenfalls wirksam gegen Motten ist Kampfer. Alte Ratgeber empfehlen darüber hinaus, in die Taschen von Anzügen und Mänteln Panamarinde zu stecken. Bevor Großmutter gefährdete Kleidung für längere Zeit verstaute, hat sie sie gebügelt und zwischen Stoff und Eisen ein in Essig getränktes Tuch gelegt.

Wenn sich Motten eingenistet haben

Waschen Sie die befallenen Textilien so heiß wie möglich oder frieren Sie sie einige Tage ein – Temperaturen ab minus fünf Grad können die Larven nicht überleben. Gegebenenfalls müssen Sie die Prozedur wiederholen, wenn nicht alle Tiere getötet wurden. Großmutter hat auch den Schrank gut ausgewaschen und Essig darin verdampfen lassen. Ein alter Ratgeber empfiehlt zudem den Bau einer Mottenfalle: Sie schneiden in eine Schachtel Löcher (Durchmesser etwa drei Zentimeter) und legen Wollreste hinein, denen die Motten nicht widerstehen können.

Die Motte – nicht sie, sondern ihre gefräßigen Larven sind es, die vor allem Wolltextilien gefährlich werden. Mit ihrem zerstörerischen Werk im Kleiderschrank haben sie schon so manchen zur Verzweiflung getrieben.

Kleidung und Schuhe – immer tipptopp mit altbewährten Methoden

Das Schuheputzen erledigen wir noch immer per Hand. Doch früher half selbst beim Waschen der Kleidung keine Maschine. Wert auf ein gepflegtes Äußeres legte man damals gleichwohl genauso wie heute. Dafür sorgte die tüchtige Hausfrau mit altbewährten Mitteln und Methoden.

Kleidung waschen und pflegen

Dank moderner Fasern kann man heute viele Kleidungsstücke zum Waschen und Trocknen einfach in die Maschine stecken. Dennoch bleibt rund um die Pflege einiges zu tun. Textilien aus Naturmaterialien erfordern manchmal eine besondere Behandlung und hartnäckige Flecken sind heute genauso ärgerlich wie vor hundert Jahren. Ein Blick in alte Ratgeber für den Haushalt hilft weiter.

Strahlend weiße Baumwolle

Weiße Hemden oder Blusen aus Baumwolle oder Leinengemischen neigen dazu, mit der Zeit zu vergilben. Großmutter wusste hier Rat und weichte solche Kleidungsstücke vor dem Waschen einen Tag lang in Salzwasser ein. Zudem gibt es weitere bewährte Mittel, um zu erreichen, dass die Wäsche weiß bleibt: Sie fügen dem Waschwasser etwas Waschbenzin oder Zitronensaft bei.

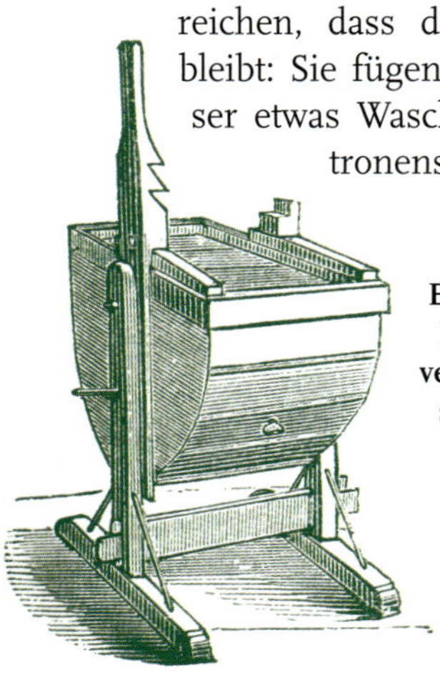

Erleichterung für die Hausfrau: Eine sehr verbreitete Waschmaschine war um 1900 die so genannte Schwingmaschine.

Wolle schonend waschen

Auf bewährte Weise waschen Sie Ihren Wollpulli mit der Hand in handwarmem Wasser, in das Sie ein Wollwaschmittel geben. Fügen Sie etwas Glyzerin oder Borax hinzu, damit der Pullover nicht einläuft. Und achten Sie beim Waschen darauf, ihn nur sanft zu kneten und nicht durch Reiben zu beschädigen. Ein Tipp für Resteverwerter: Sie können Wollsachen schonend mit dem Kartoffelwasser, das beim Reiben von rohen Kartoffeln verbleibt, waschen.

Wolle klar spülen

Nach dem Waschen spülen Sie Wollsachen gut in lauwarmem Wasser. Früher hat man oft die Zugabe von Essig, der die Wolle weich macht, empfohlen. Allerdings beruht dieser »Weichspüler-Effekt« darauf, dass die Säure des Essigs – noch gefährlicher: Zitronensäure! – das in den Wollfasern enthaltene Eiweiß angreift. Das macht die Wolle tatsächlich »weich«, bei häufiger Wiederholung aber auch kaputt. Dagegen können Sie wie Großmutter ins letzte Spülwasser etwas Glyzerin geben, das besonders die empfindliche Angorawolle wieder flauschig macht.

Schwarze Wolle waschen

Damit schwarze Wollsachen auch tiefschwarz bleiben, empfiehlt sich heute wie damals der Griff zur Gallseife. Sie können aber auch dem Waschwasser etwas Salz beigeben.

Gut in Form – Wolle trocknen

Machen Sie es wie Großmutter und drücken Sie nasse Wollsachen nur mit den Händen aus, ohne sie zu wringen. Dann schlagen Sie das Kleidungsstück in ein Frottiertuch

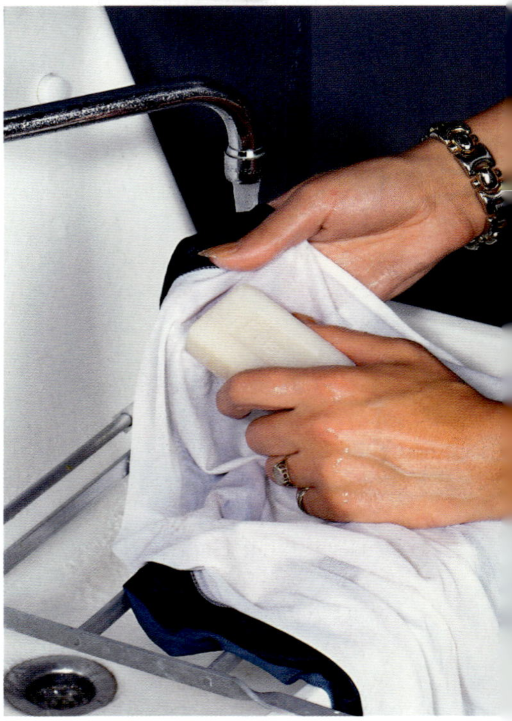

Handwäsche mit der Gallseife – heute wie zu Großmutters Zeiten eine hervorragende Wahl zur Fleckenbekämpfung.

Fenster in die Vergangenheit

Eigentlich war's harte Arbeit, auch wenn in Theodor van der Beeks Gemälde »Versteckspiel« (1884) der Waschtag eher als pittoreske Genreszene erscheint.

Waschtag ohne Waschmaschine, *so war in der »guten alten Zeit« das Wäschewaschen Schwerarbeit. Die große Wäsche zog sich über mehrere Tage hin und wurde »in den besseren Kreisen« Dienstboten und Wäscherinnen überlassen. Zunächst weichten sie die weiße Wäsche über Nacht in Sodalauge im Waschkessel ein. Am zweiten Tag wurden alle Wäschestücke eingeseift, dann rund eine Stunde lang im Waschkessel in Sodalauge gewaschen und schließlich in klarem Wasser gespült. Es folgte das Schrubben auf dem Waschbrett, darauf das ebenfalls sehr anstrengende Auswringen. Und wieder kam die Wäsche über Nacht in den Kessel, diesmal in klarem Wasser. Am dritten Tag wurden die Wäschestücke schließlich ausgewrungen und getrocknet. Im Sommer ließ man weiße Wäsche erst noch mehrere Stunden im Gras bleichen, wusch sie noch einmal aus und hängte sie dann erst zum Trocknen auf.*

ein und klopfen vorsichtig darauf, damit das Frottier so viel Nässe wie möglich aufsaugt. Aufhängen dürfen Sie Wollsachen nicht, sonst geraten sie aus der Form. Stattdessen legen Sie sie auf dem Wäscheständer auf ein trockenes Frottiertuch – niemals an der Heizung oder in der prallen Sonne! Gegebenenfalls müssen Sie bei sehr dicken Wollsachen den Trockenprozess unterstützen, indem Sie sie wenden und ein neues trockenes Frottiertuch unterlegen.

Seide schonend waschen

Für edle Seide empfehlen alte Ratgeber folgende schonende Behandlung: Drücken Sie die Seide nur vorsichtig im handwarmem Seifenwasser mit der Hand durch. Rohseide sollten Sie in warmem Seifenwasser schwenken, dem Sie etwas Borax zugeben. Nachdem Sie die Seide in klarem Wasser gut gespült haben, können Sie ins letzte Spülwasser eine Prise Zucker oder etwas aufgelöste Gelatine geben: Das ist die perfekte Glanzkur!

Für seidene Unterwäsche und Strümpfe findet sich in alten Büchern folgender Rat: Kochen Sie Efeublätter aus, seihen Sie die Blätter ab und waschen Sie die Sachen in dem lauwarmen Sud. Ins klare Spülwasser geben Sie dann Salz und Essig.

Seide trocknen

Nasse Seide drücken Sie nur aus – keinesfalls wringen, sonst wird die Seide auch beim Bügeln nicht mehr ganz glatt. Oma wusste auch, dass man Seide nicht zum Trocknen aufhängt. Stattdessen schlagen Sie sie in ein trockenes Frottiertuch ein, rollen das Tuch ein und drücken die Feuchtigkeit aus. Notfalls wiederholen Sie die Prozedur mit einem neuen trockenen Frottiertuch. Dann kommt sofort das Bügeleisen dran, denn völlig trockene Seide lässt sich nicht mehr glatt bügeln. Rohseide sollten Sie ebenfalls nie auswringen und immer halbfeucht bügeln.

Borax zusetzen – damit Satin glänzend bleibt

Auch früher wusste man feine, glatte Satintextilien zu schätzen. Damit das angenehm anschmiegsame Gewebe beim Waschen nicht den charakteristischen Glanz verliert, setzten unsere Großmütter dem letzten Spülwasser etwas Borax zu.

Buttermilch für frische Farben bunter Stickereien

Farbige Stickereien, die auf weißem Grund angebracht sind, stellen ein besonderes Problem bei der Reinigung dar. Dazu findet man in manchen alten Ratgebern folgende Waschempfehlung: Weichen Sie das Kleidungsstück mit den Stickereien einige Stunden lang in Buttermilch ein, bevor Sie es in lauwarmem Seifenwasser mit der Hand gründlich waschen. So bleiben die Farben schön und färben nicht ab.

Damit die große Wäsche die richtige Form bekam – eine so genannte Familienwäschemangel des späten 19. Jahrhunderts.

Handwäsche am Fluss (eine Nomadenfrau im Iran) – eine Praxis, die es auch im Europa des 20. Jahrhunderts noch gab.

Bunte Kleidung waschen

Einerseits sollen bunte Stoffe beim Waschen sauber werden, andererseits ihre schönen Farben nicht verlieren. Deshalb dürfen sie weder zu heiß noch mit zu starker Seifenlauge gewaschen werden. Großmutters Allheilmittel bei starker Verschmutzung war das Einweichen vor dem Waschen. Auch gegen das ärgerliche Ineinanderlaufen der Farben beim Waschen bunter Stoffe wusste sie Rat: Geben Sie dem letzten Spülwasser Salz zu – heute gilt das für den letzten Spülgang in der Maschine. Und natürlich sollten Sie die alte Grundregel für das Trocknen beherzigen: Bunte Kleidung niemals in der Sonne trocknen, da die Farben sonst ausbleichen.

Bunte Stoffe auffrischen

Allgemein können Sie die Farbe von Kleidung aus verschiedensten Stoffen (Ausnahme: Wolle) auffrischen, indem Sie dem Spülwasser etwas Essig oder Zucker beigeben; der Essig fungiert zudem als Weichspüler. Eine Lösung aus zwei Teilen Wasser und einem Teil Essig empfiehlt sich, wenn durch das Waschen eine Farbe verändert wurde. Tief rote oder blaue Stoffe behalten ihre Farbe, wenn Sie sie wie früher in einer schwachen Sodalösung spülen. Und wie frischt man verschossene oder verblichene Stoffe wieder auf? Auch hierfür kannte Oma einen Trick: Sie dämpfte das Kleidungsstück mit einem in Salmiakgeist getränkten, ausgewrungenen Tuch.

Flecken entfernen – vier Grundregeln

Ein Universalmittel gegen Flecken gab es damals wie heute nicht, denn unterschiedliche Fleckensubstanzen auf verschiedenen Stoffen erfordern jeweils andere Gegenmittel. Weite Verwendung fand jedoch Gallseife, die auch heute noch meist das Mittel der Wahl ist.

Bei der Fleckenbehandlung ging man auch damals möglichst gewebeschonend vor und beachtete vier grundlegende Regeln: Wenn ein Malheur passiert ist, so schnell wie möglich reagieren; das erhöht die Chance, den Flecken problemlos zu entfernen. Flecken werden immer von außen nach innen behandelt, um sie nicht zu vergrößern. Flecken sollte man nicht abreiben, sondern abtupfen, weil die Reibungswärme die Fleckensubstanz noch schneller mit dem Gewebe verbindet. Zu guter Letzt: Mittel zur Fleckenentfernung werden immer erst an einer unauffälligen Stelle ausprobiert; das gilt vor allem bei empfindlichen oder farbigen Stoffen.

Blutflecken

Blutflecken sollten Sie mit kaltem Wasser ausspülen, dem Sie bei farbempfindlichen Stoffen etwas Salz, ansonsten etwas Salmiakgeist zugeben. Bei empfindlichen Geweben hat sich auch bewährt, aus Stärke und Wasser einen Brei anzurühren, diesen dann auf dem Fleck trocknen zu lassen und zum Schluss vorsichtig abzuklopfen.

Fettflecken

Ein Klassiker gegen Fettflecken ist Waschbenzin, das Sie mit einem Wattebausch auftupfen. Bei empfindlichen Stoffen hat Großmutter stattdessen einen Brei aus Kartoffelmehl und Benzin auf den Fleck gegeben, trocknen lassen und dann abgebürstet. Da Fettflecken schon früher die schlechte Angewohnheit hatten, wieder aufzutauchen, wenn man sie nicht gründlich entfernt hat, gibt es auch dafür einen guten Rat: Befeuchten Sie den Fleck und reiben ihn mit trockener Kernseife ein. Nach zehn Minuten Einwirkungszeit waschen Sie die Kernseife mit warmem Wasser aus.

Grasflecken

Grasflecken hat Großmutter erst behandelt, wenn sie getrocknet waren. Bei allen farbechten oder hellen Stoffen, die keine Wolle enthalten, können Sie den getrockneten Fleck mit Zitronensaft behandeln, bei Wollstoffen mit lauwarmem Wasser und Seife, bei Seide mit Waschbenzin. Einen Grasfleck auf Leinen reiben Sie mit Butter ein, die Sie dann mit siedend heißem Seifenwasser auswaschen.

Flecken von Kaffee, Kakao, Schokolade und Tee

Bei empfindlichen Stoffen greifen Sie zu einer Mischung aus Glyzerin und warmem Wasser, bei robusteren Geweben rücken Sie dem Fleck direkt mit Glyzerin zu Leibe und waschen anschließend die betroffene Stelle mit heißem Wasser aus. Großmutters Alternative war in diesem Fall eine starke Salzwasserlösung. Wenn die Flecken ein-

Plätteisen – für die perfekte und vor allem praktische Wäschepflege zu Großmutters Zeiten

Einst die wichtigsten Gerätschaften beim Waschen: Zuber und Waschbrett in der Wäschekammer des Heimatmuseums in Montafon-Schruns (Österreich)

getrocknet sind, hat sich das Einweichen in Buttermilch bewährt. Anschließend waschen Sie das Kleidungsstück wie gewohnt.

Lippenstiftflecken

Lippenstiftflecken auf weißen Stoffen betupfen Sie am besten rechtzeitig mit Glyzerin. Waschen Sie die betroffene Stelle danach gründlich aus.

Obstflecken

Bei den meisten Geweben können Sie Obstflecken mit Zitronensaft beträufeln und dann mit Seifenwasser auswaschen. Bei Seide und Synthetikstoffen sollten Sie hingegen lauwarmes Boraxwasser verwenden. Pfirsich- und Apfelsinenflecken behandeln Sie am besten direkt mit Glyzerin. Spülen Sie die Stelle dann mit lauwarmem Wasser aus.

Rotweinflecken

Die altbekannte Methode: Auf frische Rotweinflecken streuen Sie schnellstmöglich reichlich Salz, das die Flüssigkeit aufsaugt. Lassen Sie das Salz einige Zeit einwirken und waschen Sie dann die betroffene Stelle gründlich aus. Weinflecken kann man aber auch in sehr heiße Milch tauchen und sie dann mit warmem Seifenwasser waschen.

Rußflecken

Ruß sollten Sie nie feucht abwaschen, weil Sie ihn dadurch nur verschmieren. Stattdessen reiben Sie ihn wie Großmutter mit frischem Brot ab oder streuen dick Salz darüber. Das lassen Sie eine Viertelstunde einwirken und bürsten es dann gut aus.

Schweißflecken

Über Schweißflecken müssen Sie sich nicht lange ärgern, wenn Sie sie – allerdings nicht bei Wolle – schnell mit Essig auswaschen.

Großmutter hing ihre Wäsche an der Wäscheleine auf, in den großbürgerlichen Haushalten gab es dafür durchaus derartig aufwändig gestaltete Trockengestelle.

Textilien mit natürlichen Mitteln färben

So manche heimische Pflanze enthält Farbstoffe, die man schon in alter Zeit auch zum Färben von textilen Geweben benutzte. Das kann heute noch – für weiße oder helle Stoffe aus natürlichen Materialien – empfohlen werden.

Farbecht

Je nach Farbe und Rezeptur bereiten Sie aus bestimmten Pflanzenteilen durch Kochen einen Sud, den Sie abseihen und mit Essig versetzen. Darin wird der Stoff eingelegt, erhitzt oder gekocht – abhängig davon, welche Temperatur das Gewebe erlaubt. Grundsätzlich sollten Sie so heiß wie möglich färben. Am haltbarsten wird die Farbe, wenn Sie die Textilien darin kochen. Falls das nicht möglich ist, legen Sie sie nach dem Färben einen Tag lang in Milch ein. Auch damit verhindern Sie, dass sich der Stoff schon beim ersten Waschen wieder entfärbt.

Braun

Von jeher hat man in unseren Breiten Textilien mit unreifen, noch grünen Walnüssen braun gefärbt. Sie schneiden die weichen Außenschalen der Nüsse klein und legen sie ein bis zwei Tage in Wasser ein. So erhalten Sie Ihre Farblösung. Anstelle von Walnuss- können Sie auch Tabaksud verwenden.

Rot

Eine rote Farblösung erhalten Sie durch Kochen von geschälten Roten Beten oder roten Zwiebelschalen.

Grün

Eine grüne Farblösung erhalten Sie durch Kochen von Spinat oder Petersilie.

Gelb

Eine gelbe Farblösung erhalten Sie durch Kochen von braunen Zwiebelschalen oder Birkenblättern. Kräftiger gelb färben die exotischen Gewürze Safran und Kurkuma.

Violett

Eine violette Farblösung erhalten Sie durch Kochen von Heidelbeeren, Holunder oder Rotkohlblättern.

Eine kleine Geschichte der Waschmittel und Seifen

Wann haben wohl die ersten Menschen begonnen, sich an schmutziger Kleidung zu stören? Diese Fragen können uns weder Archäologen noch Historiker beantworten. Doch sicher hat man schon in grauer Vorzeit die »zweite Haut« aus Fellen, Leder und ersten textilen Geweben von Verschmutzungen gereinigt, zunächst durch Schütteln, Klopfen, Reiben, irgendwann wohl auch mit Hilfe von Wasser.

Die mechanische Säuberung von feuchten Geweben mit Keulen, Sand oder rauen Steinen ist uralt und hat sich über die Jahrtausende erhalten. Noch bis ins 20. Jahrhundert hinein wurde verschmutzte Wäsche geklopft und auf dem Waschbrett gerieben. Und selbst moderne Waschmaschinen machen sich dieses grundlegende Prinzip zunutze; denn durch die Bewegung der Trommel wird die Wäsche aneinander gerieben und somit auch mechanisch gesäubert.

Erste Waschzusätze

Dass bestimmte Zusätze die Waschkraft des Wassers steigern, wusste man bereits in den frühen Hochkulturen des Altertums. Etwa 4500 Jahre alt ist das erste überlieferte Seifenrezept, verzeichnet in sumerischer Keilschrift auf einer Tontafel. Die verwendeten Rohstoffe waren ein Teil Öl und fünfeinhalb Teile Pottasche, die man durch das Verbrennen von bestimmten Pflanzen gewann. Die Mischung wurde mehrere Stunden gekocht; abgekühlt besaß sie eine schmierige bis zähflüssige Konsistenz. Die alten Ägypter nutzten das Natursoda aus Natronseen und im antiken Griechenland wurde die Wäsche mit Holzlauge gereinigt. Dieses Mittel nutzten auch die Römer, die für ihre meist aus feiner Wolle bestehende Kleidung einen weiteren Waschzusatz kannten, nämlich vergorenen Urin. Er bildet bei der Gärung Ammoniak, das sich mit dem Fett der Schmutzwäsche zu einer Seifenlösung verbindet.

Moderne chemische Waschmittel erleichterten Großmutter seit der zweiten Hälfte des 19. Jahrhunderts das Wäschewaschen – Werbezettel für das berühmte Sunlight/Sunlicht-Waschmittel der Firma Lever Brothers Ltd.

Seifensiedereien des Mittelalters

Im 7. und 8. Jahrhundert stellten die Araber erstmals feste Seifen her. Mit den arabischen Eroberern kamen sie auch ins Abendland, und zwar zunächst nach Spanien, wo die ersten Produktions- und Handelszentren für Seife auf europäischem Boden entstanden. In Italien und Frankreich zog man langsam nach. Besonders im Mittelmeerraum waren die Rohstoffe für die Seifensiederei ja leicht erhältlich: Olivenöl und Soda aus den Aschen von Meerespflanzen sowie Duftstoffe aus Pflanzen, allem voran Lavendel. So entwickelte im 9. Jahrhundert Marseille eine führende Rolle in der Seifensiederei. Erst fünf Jahrhunderte später war man auch in deutschen Landen so weit, dass sich eine heimische Seifenproduktion im größeren Stil lohnte. 1324 bildete sich eine erste Seifensiederzunft in der damaligen Weltstadt Augsburg. Im 15. Jahrhundert waren die italienischen Städte Venedig, Genua und Savona die europäischen Seifenzentren. Und überall, ob in Deutschland oder anderswo, waren die Produktionsstätten an den Rand der Städte verbannt: Keiner wollte den üblen Geruch der Seifensiederei in seiner Nachbarschaft!

Auch wenn es bereits moderne Waschmittel gab, mussten die Hausfrauen in der zweiten Hälfte des 19. Jahrhunderts noch mit der Hand waschen – die Waschmaschine kam erst später auf.

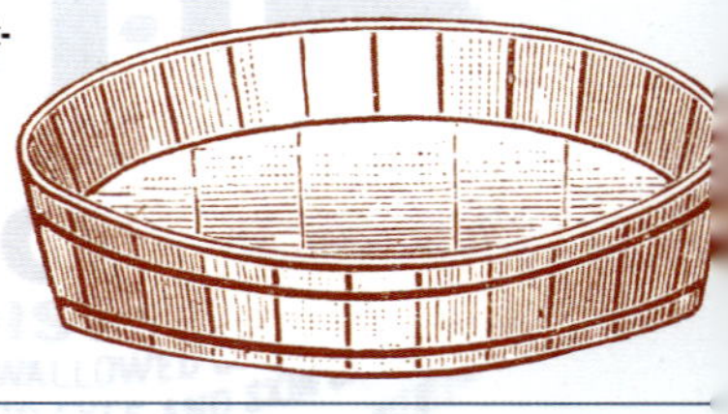

Asche, Talg und Öl

Feste Seifen waren jahrhundertelang ein Luxusgut, das sich nur die Reichen leisten konnten. Und auch in den höchsten Kreisen wurde sie niemals zum Wäschewaschen benutzt. Bis ins 19. Jahrhundert hinein war es absolut gebräuchlich, Waschmittel selbst herzustellen. So ließ man Wasser durch Holzasche laufen und seihte es anschließend mit einem Tuch ab: Fertig war die Lauge zum Einweichen von Wäsche. Vielfach wurde auch nur Holzasche in Leinensäckchen gefüllt und diese zusammen mit der Wäsche in heißem Wasser »ausgelaugt«. Um Seife herzustellen, versetzte man die Lauge mit Fett. Einem gängigen Rezept zufolge wurde dazu ein halber Liter Lauge mit zwei Pfund geschmolzenem, sauberem Talg oder mit einem Liter Öl vermischt. Das Ganze musste dann einige Stunden bei schwacher Hitze sieden. Wenn die Masse abkühlte, kam Salz hinzu, damit sie aushärtete. Nach Wunsch wurde die noch flüssige Masse mit Pflanzen, etwa den Wurzeln von Roten Beten, gefärbt. Lavendel und andere Kräuter sorgten für angenehmen Duft. Da die Rohstoffe Talg und Pflanzenöl früher kostspieliger waren als heute, ging man mit Seife sehr sparsam um.

Deutsche Seifensiederei um 1840 – bis weit ins 19. Jahrhundert hinein wurde Seife für Wäsche und Körperpflege aus Naturprodukten wie Öl, Kräutern und Holzasche in Handwerksbetrieben hergestellt.

Die »Soda-Revolution«

Im 19. Jahrhundert wurde unter anderem durch den Aufschwung der Textilindustrie der Bedarf an Seife immer größer. Die handwerklichen Seifensiedereien kamen mit der Produktion nicht mehr nach. Holzasche und – der meistens verwendete – Rindertalg waren als Rohstoffe für den wachsenden Bedarf nicht schnell und ausreichend genug herzustellen. Die Holzasche wurde deshalb durch Natriumcarbonat (Soda) ersetzt, das beispielsweise aus den Natronseen Afrikas gewonnen wurde. Im Jahr 1861 entwickelte ein belgischer Wissenschaftler das nach ihm benannte Solvay-Verfahren, durch das Soda billig chemisch hergestellt wurde. Seife konnte nun in unbegrenzten Mengen und preiswert produziert werden.

Waschmittel aus Pflanzen

Schon früh war bekannt, dass bestimmte Pflanzen Stoffe enthalten, die die Waschkraft einer Lauge verbessern. Die so genannten Saponine verringern wie auch synthetische Tenside die Oberflächenspannung des Wassers, können diese also auch ersetzen. Saponine sind beispielsweise im Seifenkraut vorhanden, das getrocknet und zu Asche verbrannt vor allem im Mittelalter als Laugenzusatz verwendet wurde. Noch in den 1930er-Jahren empfahl man in Haushaltsratgebern Rosskastanien – geschält, getrocknet und pulverisiert – als Waschpulver. In jüngster Zeit finden die Früchte des tropischen Soapnut-Baums immer mehr Verwendung: »Waschnüsse«, die beim Waschen in einem Säckchen mit in die Maschine kommen. Ihre Schalen enthalten Saponine in hoher Konzentration.

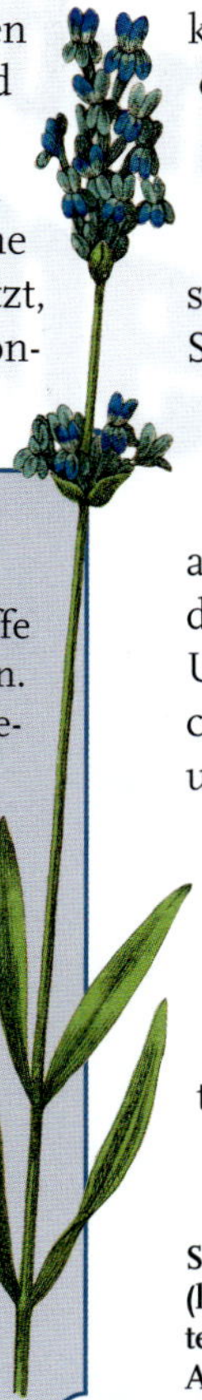

Moderne Waschmittel

Ein erstes Waschmittel aus geriebener Seife und Wasserenthärter gab es 1880 zu kaufen. 1907 schlug dann die Stunde des ersten Vollwaschmittels: Der deutsche Kaufmann Fritz Henkel brachte ein Waschmittel auf den Markt, das Seife, Soda als Wasserenthärter sowie Perborat und Silikat als Bleichmittel enthielt: Persil. Weil es auch ohne viel Schrubberei wirkte, wurde es von den dankbaren Hausfrauen Alleinwaschmittel genannt.

Um die unterschiedlichsten Verschmutzungen und Flecken zu bewältigen, sind in heutigen Waschmitteln auch unterschiedlichste Substanzen enthalten. Neben Enzymen, optischen Aufhellern und Duftstoffen sind dies vor allem die Tenside. Sie verringern die Oberflächenspannung des Wassers und haben mittlerweile die Seife in Waschmitteln ersetzt.

Sauber und wohlriechend – Lavendel (links) und Vanille (rechts) bildeten über Jahrhunderte wichtige Ausgangsprodukte für die Seifenherstellung.

Großmutter hat nichts weggeworfen! Kleidung schonen und instand setzen

Früher war Kleidung vergleichsweise teuer und musste deshalb lange halten. Man hat sie geschont und kleine Schäden selbst ausgebessert. Einen Strumpf auszumustern, nur weil er ein Loch hat, wäre Großmutter nie eingefallen. Da denkt unsere Wegwerfgesellschaft anders. Trotzdem lohnt sich die Unterrichtsstunde bei Großmutter, allein schon für das Lieblingsstück, das auch heute nicht so schnell entsorgt wird.

Das gehört in den Nähkorb

Der wohlgefüllte Nähkorb war vor nicht allzu langer Zeit für jeden Haushalt obligatorisch. Seinen wichtigsten Inhalt bringen Sie sogar in einer Keksdose unter: ein Nadelkissen mit Nähnadeln verschiedener Stärke und Stopfnadeln, ein Schächtelchen mit Stecknadeln, eins mit Sicherheitsnadeln, Nähseiden, Näh- und Stopfgarne, Fingerhut und Stopfpilz, außerdem eine kleine und eine große Schere, die Sie nur zum Nähen verwenden. Wenn Sie öfter Papier damit schneiden, verlieren sie ihre Schärfe.

Schäden früh beheben!

Vor jedem Waschen hat Großmutter die Kleidung auf Schäden kontrolliert, da der Waschvorgang Kleidung beansprucht und deshalb kleine Löcher und Risse zu größeren macht. Das gilt auch für das Tragen von beschädigter Kleidung. Deshalb nähen Sie den abgerissenen Saum auf, bevor er sich ganz löst. Auch lockere Knöpfe sollten neu angenäht werden, bevor sie abreißen – womöglich in einer peinlichen Situation – und verloren gehen. Eine Laufmasche können Sie stoppen, indem Sie etwas transparenten Nagellack oder etwas Klebstoff am unteren Ende auftragen. Mit angefeuchteter Seife funktioniert das sogar auf der Restaurant-Toilette, falls Ihnen das Malheur unterwegs passiert.

Um Kleidung auszubessern, bedarf es keiner großen Investitionen – einige grundlegende Utensilien genügen.

Knöpfe sichern

Damit Knöpfe nicht so schnell abreißen, kannten unsere Großmütter wirksame Tricks: Bei stärker beanspruchten Kleidungsstücken reiben Sie die Knopffäden mit Kerzenwachs ein, um sie zu verstärken. Knöpfe mit vier Löchern nähen Sie mit zwei verschiedenen Fäden an; falls der eine Faden reißt, hält noch immer der andere.

Ein Steg für den Knopf

An dicken schweren Stoffen, etwa von Mänteln, müssen Knöpfe etwas Abstand vom Gewebe haben, damit sie sich leichter knöpfen lassen und nicht so schnell abreißen. Diesen so genannten Steg zwischen Stoff und Knopf erhalten Sie am einfachsten, indem Sie beim Annähen eine Stricknadel oder ein Streichholz zwischen Stoff und Knopf stecken. Wenn der Knopf angenäht ist, festigen Sie den Steg, indem Sie ihn mit den Nähfaden besonders oft umwickeln. Zuletzt vernähen Sie alle Fäden gut.

Konfektion statt Maßanzug

Selbstverständlich gibt es in Deutschland noch das alte Handwerk der Schneiderei, mit Lehrzeit, Gesellenprüfung und Meisterbrief. Doch die Schneiderwerkstatt für die Dame und den Herrn ist selten geworden. Noch vor wenigen Jahrzehnten nahmen auch Durchschnittsbürger ihre Dienste in Anspruch. Mittlerweile ist Maßschneiderei eine Sache der Begüterten und alle anderen kaufen Konfektionsware. Die moderne Textilindustrie ist hauptsächlich geprägt von den rasch wechselnden Moden. Und deren Linie geben vor allem die Designer vor, die in Paris, London und Mailand bei den großen Prêt-à-porter-Shows ihre Kollektionen vorstellen. Eher rückläufig ist der Einfluss der Haute Couture (Französisch: »Hohe Schneiderkunst«), die in der ersten Hälfte des 20. Jahrhunderts nicht nur die Dame von Welt einkleidete, sondern mit ihren wechselnden Stilvorgaben auch den Modegeschmack der Massen prägte.

Ein maßgeschneidertes Stück mag zwar teuer sein, dafür bekommt man aber auch Qualität, die lange hält.

Löcher stopfen
Beim Stopfen eines Lochs in Wirkgewebe, etwa in Strümpfen und Pullovern, geht es darum, durch das Spannen von Längs- und Querfäden neues Gewebe zu erzeugen. Sie brauchen dafür eine Stopfnadel (relativ dick, mit großer Öse und stumpfer Spitze), Stopfgarn in passender Farbe, Qualität und Stärke sowie einen Stopfpilz, über dessen gewölbte Oberfläche Sie das Loch stülpen. Das neue Gewebe entsteht, indem Sie zunächst die Längsfäden – einen nach dem anderen und immer schön parallel – über dem Loch spannen; dabei stechen Sie jeweils im unversehrten Gewebe am Rand des Lochs ein. In einem weiteren Arbeitsgang »verweben« Sie die Querfäden mit den bereits vorhandenen Längsfäden: Sie nehmen mit der Nadel immer nur jeden zweiten Längsfaden auf, und zwar in jeder Reihe abwechselnd, so dass ein stabiles Gewebe entsteht. Anfang und Ende des Garns werden nicht verknotet, weil das beim Tragen drücken würde. Um Unebenheiten auszugleichen, klopfen Sie das fertig gestopfte Loch mit der Rückseite der Schere glatt.

Gut organisiert – Großmutters Nähtisch

Schonender Umgang mit teuren Feinstrümpfen

Mitte des 20. Jahrhunderts zählten Nylonstrümpfe zu den begehrtesten, aber auch zu den empfindlichsten Kleidungsstücken. Sündhaft teure Feinstrümpfe und Strumpfhosen gibt es auch heute. Die sollten Sie wie in alter Zeit mit Samthandschuhen anfassen.

Tatsächlich trugen manche Großmütter beim Anziehen der Nylonstrümpfe dünne, glatte Lederhandschuhe, um im feinen Gewebe keine Fäden zu ziehen – die Vorstufe der Laufmasche. So weit müssen Sie nicht gehen, aber achten Sie darauf, dass Haut und Nägel an Händen und Füßen glatt sind.

Kaufen Sie Strumpfhosen nie sehr eng: Je mehr das Gewebe gespannt wird, desto eher entstehen Laufmaschen.

Unterziehen Sie Ihre Strümpfe vor dem ersten Anziehen dem Kälteschock: Sie legen sie feucht in eine Plastiktüte und frieren sie einen Tag ein. Nach dem Auftauen sind die Strümpfe gut gegen Laufmaschen gefeit.

Das sanfteste Waschmittel für Ihre kostbaren Feinstrümpfe ist Haarshampoo. Einen besonderen Glanz erhalten sie, wenn Sie dem Spülwasser etwas Essig beifügen.

Feste Stoffe nähen
Um zu verhindern, dass die Nadel beim Nähen von dicken und derben Stoffen abbricht, rieb Großmutter sie mit Seife ein, so dass sie leichter durch den Stoff gleitet. Größere Haltbarkeit der Nähte erreichen Sie, indem Sie den Faden mit etwas Paraffin einwachsen.

Fingerhut als Schutz
Mit dem Fingerhut nähen ist zwar etwas gewöhnungsbedürftig, aber absolut zu empfehlen, wenn Sie sehr dichtes, widerstandsfähiges Material nähen, beispielsweise Jeansstoff. Das machen auch Profis so, um sich nicht zu stechen und die empfindlichen Fingerkuppen zu schonen.

Säume nähen
Wenn Sie Röcke oder Hosen kürzen möchten oder ein Saum aufgegangen oder ausgefranst ist, empfiehlt sich die folgende altbewährte Methode: Schlagen Sie den Stoffrand zweimal um, so dass ein etwa drei Zentimeter hoher Saum entsteht. Nun nähen Sie im Hexenstich den oberen umgeschlagenen Innenrand des Saums an den Oberstoff. Damit die Stiche am Oberstoff nicht zu sehen sind, fassen Sie nur einzelne Fäden auf und stechen nicht ganz durch. Wichtig ist auch, dass Sie den Nähfaden nicht fest anziehen, sondern eher locker lassen: Der Saum soll »schweben«. Durch anschließendes sorgfältiges Bügeln beziehungsweise Dämpfen erreichen Sie den perfekten Sitz.

Warum gleich wegwerfen? Manches gute Stück wird nach der Reparatur noch lange gute Dienste leisten.

Schuhe pflegen und putzen nach altbewährter Art

Ursprünglich dienten Schuhe lediglich dazu, die Füße vor Kälte, Nässe und Verletzungen zu schützen. Rein praktisch gesehen erfüllen sie diesen Zweck noch immer. Doch Schuhe stehen auch für Lebensart und Lebensstil. Großmutter sagte: »Wer seine Schuhe pflegt, der hält auf sich!« Darüber hinaus garantiert die richtige Lederpflege mehr Tragekomfort und verleiht dem Schuh eine längere Lebensdauer. Darauf legte man früher, vor den Zeiten billiger Massenware, größten Wert. Aber auch heute kosten gute Lederschuhe noch ein kleines Vermögen.

Nur mit dem Schuhlöffel

Einfach so, ohne Schuhlöffel, in die Schuhe schlüpfen? Dabei durfte man sich von Oma nicht erwischen lassen. Mit gutem Grund: Bei festen Schuhen knickt dabei die Ferse des Schuhs um, was zum schnelleren Verschleiß des Leders führt. Bei weichem Leder wird die Ferse mit der Zeit faltig und sieht schlampig aus. Deshalb gehört der Schuhlöffel, der früher in keinem Haushalt fehlte, auch in Ihren Schuhschrank.

Ein Schuhputzer im syrischen Aleppo verrichtet ein Handwerk, dessen perfekte Ausübung gar nicht so einfach ist.

Atempause für das Leder

Mindestens ein Schnapsglas Feuchtigkeit saugt der Schuh von der Haut auf, wenn er einen ganzen Tag getragen wird. Falls Sie zum Schwitzen neigen, kann es noch bedeutend mehr sein. Wechseln Sie deshalb Ihre Schuhe mindestens täglich, damit das Leder austrocknen und wieder atmen kann.

Schuhspanner

Oft sind hölzerne Schuhspanner heute teurer als ein neues Paar Billigschuhe. Doch für Lieblingsschuhe lohnt sich die Investition. Mit diesen altbewährten Leisten bleiben sie länger in Form, und das Leder wird nicht brüchig, da das Holz Schweiß absorbiert: Das Leder kann atmen! Deshalb sollten Sie sich angewöhnen, gleich nach dem Ausziehen die Spanner in die Schuhe zu geben und sie darin zu belassen, bis Sie sie wieder anziehen.

Nasse Schuhe trocknen

Nasse Schuhe trocknen Sie so, wie Großmutter es tat: Sie werden mit Zeitungspapier ausgestopft. Das Papier saugt die Feuchtigkeit auf und das Leder wird nicht hart. Trocknen Sie nie Schuhe neben der Heizung, denn Hitze macht Leder brüchig. Eine Empfehlung aus einem alten Ratgeber hat sich bis heute bewährt: Schuhe mit Ledersohlen, die feucht geworden sind, sollten Sie beim Trocknen auf die Seite legen, damit auch die Sohlen gut austrocknen.

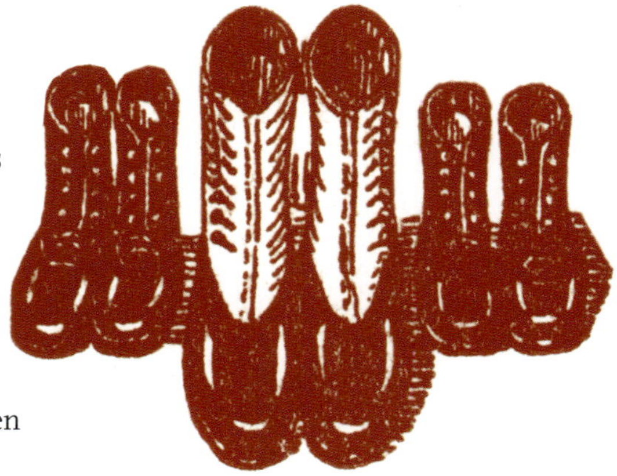

Schuhkrem und Lederöl

Viele Experten raten von den modernen Schnellpflegemitteln ab, weil sie den Schuh mit einer dichten Schicht überziehen, was Struktur und Atmungsfähigkeit des Leders beeinträchtigt. Deshalb greifen Sie zur guten alten Schuhkrem! Denken Sie auch an die Pflege lederner Sohlen, die Sie mit etwas Lederöl einreiben können oder, wie man es früher machte, mit Leinöl. So wird die Sohle geschmeidig und hält länger.

Glattlederschuhe putzen

Neben Schuhkrem zur optimalen Lederpflege und Lederöl zur Pflege der Sohle brauchen Sie: eine Bürste mit festen, aber nicht zu rauen Borsten, um den Schmutz zu entfernen; ein fusselfreies Tuch oder ein Handbürstchen zum kreisförmigen (!) Auftragen der Schuhkrem; eine weiche Bürste oder einen Lappen zum abschließenden Polieren. Wenn Schuhe besonders glänzen sollen, gibt es einen altbewährten Trick: Polieren Sie mit einem ausgedienten Nylonstrumpf! Durch die Reibungshitze entsteht eine hochglänzende und dennoch luftdurchlässige Schicht. Entscheidend ist beim Schuheputzen jedoch, dass Sie die Schuhkrem vor dem Polieren gut einwirken lassen, mindestens eine halbe Stunde, es darf auch über Nacht sein.

Glattlederschuhe nass reinigen

Wasser kann Glattlederschuhen nichts anhaben, manchmal brauchen sie sogar eine nasse Reini-

Fenster in die Vergangenheit

Eine historische Schusterwerkstatt, wie es sie heute nicht mehr gibt, im baden-württembergischen Freilichtmuseum Neuhausen ob Eck

Schuster bleib bei deinem Leisten *ist ein Sprichwort, das jeder kennt, doch kaum einer versteht noch seinen historischen Hintergrund: Bis um 1870, als der Siegeszug der industriell produzierten Schuhe begann, wurde alles Schuhwerk von Hand gefertigt. Und dafür brauchte der Schuhmacher einen Leisten: das hölzerne Modell des Fußes. Das uralte Handwerk der Schuhmacherei ist heute im Aussterben begriffen, mit Ausnahme des Orthopädiebereichs. Auch die Flickschusterei – so nannte man früher den Schuster, der Schuhe nicht herstellte, sondern reparierte – gibt es kaum noch. Dabei war bis vor 50 Jahren an jeder Ecke eine Schusterwerkstatt zu finden. Doch im Zeitalter der geklebten Billigware hat dieses Handwerk seinen niemals wirklich »goldenen Boden« ganz verloren. Einfache Arbeiten wie Absätze erneuern übernehmen jetzt Hilfskräfte an Serviceständen in Kaufhäusern.*

gung. Dadurch entfernen Sie die Schuhkremreste, die das Leder nicht aufgesogen hat. Zusammen mit Staub verbinden diese sich mit der Zeit zu einer Schicht, die das Leder am Atmen hindert. Großmutter verwendete zum Schuhewaschen Sattelseife, eine spezielle milde Lederseife, die Sie im Fachhandel bekommen. Nach dem Waschen lassen Sie die Schuhe gut trocknen.

Wasserränder auf Glattleder – Petroleumwachs hilft

Für Wasserflecken auf unempfindlichen Glattlederschuhen empfehlen alte Ratgeber die Reinigung mit Petroleumwachs. Bei leichten Wasserspritzern reicht es, sie mit dünnem Essigwasser abzureiben.

Raulederschuhe reinigen

Raulederschuhe lassen sich am besten mit einer Wildlederbürste, einem Sandradiergummi oder feinem Sandpapier reinigen. Die Sohlenränder pflegen Sie mit einer Schuhkrem, die zur Lederfarbe passt.

Raulederschuhe baden

Bei stärkeren Verschmutzungen oder Wasserrändern können Sie Raulederschuhe unbesorgt nass reinigen, und zwar im altbewährten »Bad«: Sie legen den Schuh etwa zehn Minuten in lauwarmes Wasser und reiben ihn anschließend mit Sattelseife oder einem milden Shampoo ab. Danach spülen Sie ihn einige Minuten gründlich unter kaltem Wasser ab. Sie schütteln den Schuh gut aus und lassen ihn etwas vortrocknen, bevor Sie die hölzernen (!) Leisten einspannen. Jetzt kommt die Wildlederbürste zum Einsatz: Sie bürsten immer mit dem Strich des Leders. Am besten lassen Sie die Schuhe über Nacht an einem luftigen warmen Ort (nicht an der Heizung!) ganz trocknen. Das trockene Leder rauen Sie mit einem Sandradiergummi auf und bürsten es mit der Wildlederbürste.

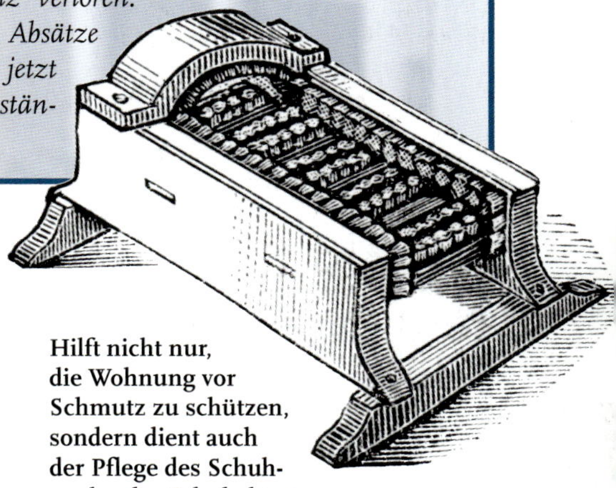

Hilft nicht nur, die Wohnung vor Schmutz zu schützen, sondern dient auch der Pflege des Schuhwerks: der Schuhabtreter.

Lackschuhe pflegen

Die eleganten Lackschuhe – echtes Lackleder, kein Plastikimitat! – waren Großmamas ganzer Stolz. Natürlich kannte sie das beste Pflegemittel – Milch! Tatsächlich richten Sie mit Schuhkrem und Bürste nur Schaden an: Das Lackleder wird stumpf. Damit es elastisch bleibt, empfehlen Profis das Einreiben mit Glyzerin, das ist zum Beispiel in den meisten Handkrems enthalten. Wenn Sie im Winter die Schuhe nicht eiskalt, sondern leicht angewärmt anziehen, vermeiden Sie Sprünge im Lack.

Gerber, Sattler, Täschner, Riemer – Berufe und Gewerbe rund ums Leder

Leder ist ein seit Urzeiten verwendeter Werkstoff, der vor allem für Kleidung, Taschen und Möbel, aber auch für vieles andere mehr verwendet wird. Seine Herstellung und Verarbeitung zählt zu den ältesten handwerklichen Fertigkeiten der Menschheit, schon früh entstanden entsprechende Berufe wie der des Gerbers, Sattlers oder Täschners.

Schon die Steinzeitmenschen haben vor rund 10 000 Jahren Tierhäute gegerbt. Das heißt: Mit Hilfe von tierischen Fetten und pflanzlichen Stoffen oder durch langes Räuchern wurden frische Häute so präpariert, dass sie nicht verfaulten, sondern lange haltbar blieben. Mit der Zeit lernte der Mensch, die gegerbten Häute in vielfacher Weise für den Alltag zu nutzen. So wurde aus Leder Bekleidung hergestellt, außerdem Zelte und unterschiedliche Behältnisse, auch für Wasser. Leder erwies sich als ausgesprochen praktisches Material, auch weil es Wind und Wetter trotzte und in puncto Haltbarkeit jedem textilen Gewebe überlegen war.

Ein deutscher Gerber in der Mitte des 19. Jahrhunderts. Auch seine, viele Jahrhunderte lang sehr wichtige Tätigkeit der Lederverarbeitung gehört heute zu den verschwundenen Handwerken.

Am Anfang stand die Gerberei

Da das Material für die verschiedensten Gebrauchsgegenstände verwendet wird, muss es auch unterschiedlich gegerbt werden. Hartes, widerstandsfähiges Leder für Schuhsohlen oder – im Mittelalter – gar für lederne Schutzpanzer der Ritter erfordert eine andere Behandlung als butterweiches Leder für Handschuhe. Es ist also ein breites Wissen erforderlich, um Leder für die ganz unterschiedlichen Ansprüche herzustellen. Als »zünftiges« Handwerk etablierte sich die Gerberei in deutschen Landen im Mittelalter. Der Bedarf an Leder war beträchtlich, so dass teilweise sehr große Gerbereien mit vielen Gesellen und Arbeitern entstanden. Da die Arbeit des Gerbens mit intensiven, unangenehmen Gerüchen einherging, mussten sich die Betriebe in der Regel am Stadtrand ansiedeln.

Global Player – die moderne Lederindustrie

Aus der seit Urzeiten bekannten Lederproduktion und Lederverarbeitung hat sich eine globale Industrie mit Milliardenumsätzen entwickelt. Die derzeit größten Lederproduzenten sind China, Italien und Indien, in zweiter Linie Brasilien und die USA. Rund eine halbe Million Menschen finden in der Lederindustrie weltweit Arbeit – Tendenz steigend. Insgesamt produzieren und verwerten sie pro Jahr eine unvorstellbare Menge: Fast zwei Milliarden Quadratmeter Leder gehen in den Handel und werden zu unzähligen Lederwaren verarbeitet. Ungefähr 65 Prozent des Leders, das rund um den Globus produziert wird, verbraucht die Schuhindustrie. Sie stellt jährlich etwa elf Milliarden Schuhe her.

Vom mittelalterlichen Handwerk…

Im Mittelalter war der islamische Kulturraum, vorwiegend der Vordere Orient und Nordafrika, führend in der Lederproduktion und -verarbeitung, nicht nur was die Menge anbelangt, sondern auch die Qualität. Doch auch im christlichen Abendland haben sich damals rund um das Leder verschiedene, teilweise hoch spezialisierte Handwerke ausgebildet. Die meisten noch heute gültigen Berufsbezeichnungen, von denen sich auch weit verbreitete Familiennamen ableiten, stammen aus dem Mittelalter: Schuster, Gerber, Sattler, Täschner, Riemer. Verschie-

dene Lederarten durften nur in bestimmten Regionen oder Städten hergestellt werden, etwa Rossleder in Holstein, farbige Leder in Offenbach und im Taunus, Lackleder in Worms und Mainz.

... zur Lederindustrie

Mitte des 19. Jahrhunderts war das Lederhandwerk der drittgrößte Gewerbezweig in Deutschland. Als um 1880 die Industrialisierung auch die Berufszweige rund um das Leder erfasste, ersetzten mehr und mehr Fabriken die kleinen Handwerksbetriebe. Doch die deutsche Gerberindustrie blühte: Rund 60 000 Menschen arbeiteten in den 1920er-Jahren in dieser Branche. Das hat sich durch kostengünstigere Importe aus dem Ausland radikal geändert. In den 1990er-Jahren waren es nur noch 3000.

Sattler und Riemer

In der guten alten Zeit, als das Pferd Fortbewegungsmittel Nr. 1 war und Ochsen, nicht Traktoren den Pflug zogen, hatte ein Handwerker immer Arbeit: der Sattler. Die Sattlerei gab es schon im Mittelalter, heute ist die Sattlerei in Deutschland als Ausbildungsberuf offiziell anerkannt. Sattler fertigen, wie der Name nahe legt, von jeher Sättel und Zaumzeug für Reitpferde, Fahrgeschirre für Kutschpferde oder starke Kummets für Zugtiere. Dazu kommen die modernen Aufgaben im Auto- und Bootsbau, wo man Ledersitze und -bänke braucht, Sonnenblenden, Lenkradbezüge, Verkleidungen für Türen und Armaturenbretter. Anders als das Sattlerhandwerk ist der Beruf des Riemers ausgestorben. Riemer fertigten früher Riemen und Gurte etwa für Zuggeschirre und Dreschflegel, aber auch Gürtel und lederne Wassereimer.

Beutler und Täschner

Im Mittelalter unterschied man den Sattler, der grobes Leder verarbeitete, vom Beutler, der aus feinem Leder Beutel und Taschen fertigte. Den Beruf des Täschners – auch Portefeuiller genannt – gibt es bis heute. Er stellt Kleinlederwaren her, Portemonnaies, Etuis und Brieftaschen, außerdem Handtaschen, Reise- und Aktentaschen sowie Gürtel.

Säckler, Handschuhmacher und Kürschner

Die traditionsreichen Handwerke Säckler, Handschuhmacher und Kürschner sind in Deutschland anerkannte Lehrberufe. Säckler stellen Lederbekleidung vom Schnitt bis zur Ausfertigung her, reparieren Lederkleidung und verbrämen sie mit Pelz. Das Spektrum der erzeugten Stücke reicht von Trachtenlederhosen über Motorradanzüge und

Die Lederhose – wenn sie nicht industriell hergestellt wird, dann kommt sie aus der Hand des Säcklers, eines Handwerkers, der Lederbekleidung herstellt.

modische Lederkleidung bis zu lederner Berufskleidung, etwa den Schutzanzügen für Schweißarbeiten. Sie stellen aber auch Accessoires wie Gürtel her. Handschuhmacher entwerfen, fertigen und reparieren Handschuhe. Und im Gegensatz zu den Lederberufen verarbeitet der Kürschner Tierfelle zu Pelzkleidung.

Die alte Technik des Gerbens

Durch das Gerben wird zunächst der Fäulnisprozess der Rohhaut unterbunden. Um das widerstandsfähige, wasserabweisende Leder daraus zu machen und es für die vielfältigen Verwendungszwecke vorzubereiten, bedarf es weiterer Arbeitsschritte. Wie breit gefächert das Wissen rund um die Lederproduktion schon im Mittelalter war, beweist das Spektrum der zu jener Zeit bekannten Gerbarten. So unterschied man zwischen der Rot- oder Lohgerbung mit pflanzlichen Gerbstoffen, der Sämischgerbung mit tierischen Gerbstoffen und der Weißgerberei mit den mineralischen Stoffen Alaun und Salz. Auch wusste man bereits Glacéleder mit Alaun, Salz, Mehl und Eidotter zu gerben. Jahrhunderte blieben die Arbeitsvorgänge gleich, bis um 1900 die Chromgerberei, bei der Chromsulfat als Gerbstoff zum Einsatz kommt, entdeckt wurde: Sie verkürzte den Gerbungsprozess, der vorher über ein Jahr gedauert hatte, auf mehrere Stunden. Die Kosten für Leder sanken damit enorm und der entscheidende Schritt zur Industrialisierung der Gerberei war getan.

Schmuck auf traditionelle Weise pflegen

Historische Ratgeber für die Hausfrau halten zahlreiche wirksame Tipps für die Pflege und Reinigung von Schmuck bereit. Auch Zierrat aus Edelmetallen und Gebrauchsgegenstände aus nicht ganz alltäglichen Materialien wie Horn oder Elfenbein erfahren viel Aufmerksamkeit. Man achtete eben auf schöne, kostbare Dinge, die Erbstücke waren oder zu solchen werden sollten.

Schmuck und Zierrat richtig aufbewahren, reinigen, pflegen

In früheren Zeiten war sie eine Selbstverständlichkeit für jede Dame: Die hübsche Schmuckschatulle – oft selbst ein Schmuckstück – mit zahlreichen Fächern und Unterteilungen und einer gepolsterten Samtauskleidung. Denn die sorgfältige Aufbewahrung ist das A und O der Schmuckpflege, damals wie heute. Dazu kommt die sachkundige Reinigung, die alle kostbaren Dinge immer einmal wieder nötig haben.

Schmuckstücke einzeln aufbewahren
Am besten orientieren Sie sich an Großmutter, die jedes Schmuckstück liebevoll in Seidenpapier einwickelte und erst dann in das dafür vorgesehene Fach ihrer Schmuckschatulle legte. Die getrennte Aufbewahrung einzelner Stücke ist absolut notwendig, da harte Materialien, wie Edelsteine oder Gold, die weicheren verkratzen und beschädigen können.

Ketten nicht verknoten lassen
Für hochwertige Colliers gibt es spezielle Schatullen, in denen die guten Stücke liegend aufbewahrt werden, nicht verrutschen und sich deshalb nicht verknoten können. Wichtig ist, dass sich Ketten nicht verknoten! Deshalb sollten Sie weniger wertvolle Stücke, auch Modeschmuck, immer hängend aufbewahren – wegen der Raumfeuchtigkeit allerdings nicht im Bad, sondern besser beispielsweise im Schlafzimmer. Nur Perlenketten sollten Sie nicht aufhängen, sondern immer liegend auf weichem Material aufbewahren.

Obacht bei Ringen und Ohrsteckern
Kleine Schmuckstücke, die ja leicht verloren gehen, bedürfen bei der Aufbewahrung der besonderen Aufmerksamkeit. Darüber hinaus sind Ringe oft mit harten Edelsteinen geschmückt, die anderen Schmuck beschädigen können. Deshalb bewahren Sie einen Ring immer aufgesteckt in seiner kleinen Schatulle auf. Das gilt auch für Ohrstecker, die oft so fein gearbeitet sind, dass sie leicht verbiegen.

Der Ring geht nicht ab!

Sicher kennen Sie das Problem: Die Finger sind angeschwollen, der Ring lässt sich nicht mehr abziehen. Dafür hatte Großmutter mehrere Lösungen: Halten Sie den Finger in eiskaltes Wasser, je kälter desto besser; die Schwellung geht zurück und der Ring ab. Oder Sie seifen den Finger tüchtig ein, dann rutscht der Ring besser auf der Haut. Das funktioniert auch mit Handkrem oder Speiseöl!

Wertvoller Schmuck erfordert Pflege, die von der Aufbewahrung über das richtige Anlegen bis hin zum Reinigen reicht.

Silberschmuck liebt Kreide
Um die unerwünschte Oxidation des Materials zu vermeiden, sollten

Sie Silberschmuck stets lichtgeschützt in luftdicht verschließbaren Behältern aufbewahren. Großmutter kannte außerdem einen besonderen Trick: Sie legte zum Silber immer ein Stück Schulkreide, die die Feuchtigkeit aufnimmt.

Das tägliche Pflegeprogramm für Ihren Schmuck

Wer seinen Schmuck liebt, nimmt ihn vor dem Schlafengehen ab und reibt dann kurz mit einem feinen Fensterleder (oder Mikrofasertuch) Hautschuppen, Parfüm oder Puder ab. Wenn Sie den Schmuck am nächsten Morgen wieder anlegen wollen, deponieren Sie ihn über Nacht auf einem weichen Tuch. Die harte Glas- oder Porzellanablage im Bad ist jedenfalls nicht der richtige Ort.

Vorsicht Abfluss!

Hoffentlich ist Ihnen dieses Malheur noch nie passiert: Beim Ablegen Ihres Schmucks vor dem Badezimmerspiegel ist er Ihnen aus der Hand gerutscht und im Ausguss verschwunden. Sie können sich das Abschrauben des Siphons sparen, indem Sie sich angewöhnen, Schmuck niemals über dem Waschbecken abzunehmen, das gilt selbstverständlich auch für das Reinigen.

Lauwarmes Bad für Bernstein und Koralle

Bernstein sowie die organische Substanz Koralle sind besonders empfindlich, müssen aber regelmäßig gereinigt werden – vor allem Bernstein, da er sonst blind wird. Zur Reinigung legen Sie Ihren Bernsteinschmuck für zehn Minuten in lauwarmes Wasser, bürsten ihn dann vorsichtig mit einer weichen Bürste (Ziegenhaar) ab, spülen ihn mit warmem Wasser ab und legen ihn auf ein weiches Tuch zum Trocknen. Abschließend können Sie ihn mit einem weichen fusselfreien Tuch polieren. Auch Korallen reinigen Sie so, nur werden sie nicht abgebürstet, sondern nur mit einem Leinenläppchen abgewischt.

Damit Bernstein, das fossile Harz von Nadelbäumen, seine Farbe und Transparenz behält, muss er regelmäßig gereinigt werden. Nach einem Wasserbad wird der Schmuck schonend abgebürstet, gespült und schließlich zum Trocknen auf ein Tuch gelegt.

Brotkrümel für Horn

Als schonende Reinigungsmethode für das empfindliche organische Material Horn hat sich Folgendes bewährt: Sie legen die Objekte – etwa Schmuckstücke und Knöpfe oder auch Besteck mit Horngriff – für einige Stunden, am besten über Nacht, in einen Behälter mit Brotkrümeln, so dass sie ganz bedeckt sind. Die Brotkrümel saugen das unerwünschte Fett von der Oberfläche des Horns auf. Danach reiben Sie das Horn mit Mandelöl ein, das Sie mehrere Stunden einwirken lassen. Schließlich entfernen Sie die Ölreste mit einem weichen Leder. Die »Krümelkur« eignet sich auch für Bernstein und Korallen; Letztere dürfen Sie allerdings nicht mit Mandelöl einreiben, sondern nur mit einem sauberen Tuch blank polieren.

Perlmutt pflegen

Das seidig schimmernde Naturmaterial Perlmutt ist empfindlich und verlangt eine schonende Behandlung! Für die Reinigung hat Großmutter einen Wattebausch genommen und ihn in Milch getränkt. Damit säubern Sie die Oberfläche gründlich, aber behutsam. Nicht rubbeln!

Vorsicht Grünspan

Er bildet sich, wenn Kupfer und kupferhaltige Legierungen wie Messing oder Bronze mit Fruchtsäure in Kontakt kommen – Grünspan, der nicht nur hässlich aussieht, sondern auch giftig ist! Deshalb ist das sonst so beliebte säurehaltige Reinigungsmittel Essig für solche Materialien völlig ungeeignet.

Standardreinigung für Gold- und Silberschmuck

Für alle Schmuckstücke aus Gold oder Silber, auch vergoldete und versilberte, empfiehlt sich – sofern sie nicht mit Perlen oder anderen empfindlichen Materialien bestückt sind – ein einfaches Hausmittel: das Bad in einer milden, lauwarmen Seifen- oder Schmierseifenlösung. Bürsten Sie Ihre Schmuckstücke dabei mit einer weichen Zahnbürste vorsichtig ab. Seifen- und Fettreste entfernen Sie mit einem weichen Tuch, das Sie in einer milden Spirituslösung (fünf Teile Wasser, ein Teil Spiritus) tränken. Getrocknet werden die Schmuckstücke mit einem fusselfreien Baumwolltuch. Eine noch gründlichere Alternative ist das Trocknen in Sägespänen, die Sie im Backrohr kurz erhitzt haben (nicht verbrennen!). Sie legen den Schmuck für einige Zeit in die Sägespäne, die alle Fettreste aufsaugen.

Die Kombination verschiedener Materialien bei Schmuck erfordert auch eine jeweils eigene Pflege.

Goldmünzen mit Radiergummi säubern

Vorsicht ist bei der Reinigung von Goldmünzen geboten. Am besten radieren Sie Schmutz- und Fettablagerungen mit einem weichen Radiergummi ab und polieren die Münze danach mit einem weichen Lederläppchen.

Wenn Silber angelaufen ist

Angelaufener Silberschmuck (ohne Schmucksteine oder Perlen!) glänzt wieder wie neu, wenn Sie sich an folgenden Hausfrauentrick halten: Nehmen Sie eine unbeschichtete Aluminiumfolie und legen Sie damit eine flache, nicht metallene Schale gut aus. Gießen Sie kochendes Salzwasser – etwa 200 Gramm Salz pro Liter Wasser – hinein. Legen Sie dann den Silbergegenstand (das funktioniert nicht nur bei Schmuck!) auf die Alufolie in der Schüssel. Es ergibt sich eine elektrochemische Reaktion, die den Silbersulfidbelag wieder in Silber und Schwefel zurückverwandelt. Sobald das Silber wieder glänzt, nehmen Sie es aus der Schüssel, spülen es gründlich mit klarem Wasser ab und reiben es mit einem weichen Tuch trocken. Danach können Sie es noch mit einem weichen Leder polieren.

Satinierten Silberschmuck bürsten

Silberobjekte mit satinierter Oberfläche behandeln Sie mit einer Bürste oder der rauen Seite eines Putzschwammes in Strukturrichtung, so bleibt das spezifische, matte Aussehen erhalten.

Eine tunesische Braut in einem traditionellen goldbestickten und mit Schmuckstücken verzierten Hochzeitsgewand

Seifenlauge für harte Schmucksteine

Brillanten gehören zu den härtesten Materialien überhaupt, auch Aquamarinen, Saphiren, Rubinen, Zirkonia und Citrinen können Sie einiges zumuten. Deshalb bürsten Sie die jeweiligen Stücke einfach in einer milden Seifenlauge mit einer weichen Zahnbürste ab, spülen sie mit klarem, lauwarmem Wasser ab und reiben sie mit einem weichen, fusselfreien Tuch trocken.

Opale brauchen Feuchtigkeit

Opale enthalten Wasser, das austrocknen kann, wenn man die Steine trockener Hitze aussetzt oder in die Sonne legt. Dann bilden sich Risse und der Stein geht kaputt. Damen früherer Zeiten hielten ihren Opalschmuck von Zeit zu Zeit unter fließendes klares Wasser. Sie können ihn auch in regelmäßigen Abständen einige Stunden lang in ein feuchtes Tuch wickeln. Reinigen Sie Opale jedoch nie mit Seifenlauge oder irgendwelchen säurehaltigen Mitteln – die Steine sind zu empfindlich.

Der Schwerpunkt-Tipp

Sanfter Glanz – Perlen pflegen und reinigen

Was schon unsere Großmütter predigten, ist auch heute noch richtig: Perlen behalten ihren typischen Schimmer (»Lüster«) nur, wenn Sie sie regelmäßig tragen; denn Perlen brauchen Körperwärme und Hautkontakt, um nicht trocken und spröde zu werden. Allerdings sind Perlen auch hochempfindlich. Nur bei richtiger Pflege können sie »zum Erbstück« werden.

Was Perlen schadet

Perlen mögen weder Sonneneinstrahlung noch Hitze, nicht Schweiß, Sand oder Sonnenkrem: Am Strand, beim Sonnenbad oder bei der Gartenarbeit sind sie also vollkommen fehl am Platz. Weitere »Perlen-Feinde« sind Seife, Duschgel und Ähnliches, außerdem Parfüm, Haarspray und Kosmetika; davon werden die Perlen blind und spröde. Lassen Sie die guten Stücke gar nicht erst ins Badezimmer und legen Sie Ihre Perlen erst an, wenn Sie Ihre Toilette beendet haben.

Am seidenen Faden

Perlenketten, die an einem Seidenfaden aufgezogen sind, müssen Sie vor Wasser schützen: Wasser kann den Seidenfaden aufquellen lassen, was ihn porös macht und leicht reißen lässt. Außerdem können Perlen bei zu viel Feuchtigkeit von innen heraus verfaulen. Auch wenn Sie alle Regeln beachten, sollten Sie Ihre Perlenkette in regelmäßigen Abständen neu knüpfen beziehungsweise aufziehen lassen, da Seidenschnüre mit der Zeit ausleiern und nicht unbegrenzt haltbar sind.

Perlen aufbewahren

Im Gegensatz zu anderen Ketten sollten Sie Perlenketten immer liegend aufbewahren, am besten in einer ausgepolsterten Schmuckschatulle. Legen

Perlen – ein kostbares Geschenk der Natur, das seit Menschengedenken für Schmuck verwendet wird. Echter Perlenschmuck ist allerdings hochempfindlich und erfordert eine sehr sorgfältige Pflege.

Sie Ihre Perlen immer vorsichtig ab, und zwar auf einer weichen Unterlage, weil sonst die Perlmutterschichten beschädigt werden können: Die Perlen verlieren ihren Lüster.

Perlen säubern

Nach jedem Tragen sollten Sie Ihre Perlen trocken abreiben, um sie von Verschmutzungen und Fettrückständen zu befreien. Dazu eignen sich glatte Seidentücher, feines Fensterleder oder weiche Flanelltücher, aber auch sehr weiche Bürsten.

So behält Bronze ihren edlen Schimmer

Für das gründliche Reinigen von Bronzeschmuck und Bronzegegenständen geben alte Haushaltsratgeber verschiedenste Empfehlungen, die allerdings teilweise recht kompliziert sind. Großmutter wandte gerne zwei einfache Methoden mit Erfolg an: Sie können Bronzegegenstände in einer milden Seifenlauge abwaschen oder auch mit Spiritus reinigen, den Sie mit einem weichen Tuch oder einem Pinsel auftragen. Entscheidend für die erfolgreiche Reinigung ist das anschließende gründliche Abspülen mit klarem Wasser. Zum Trocknen nehmen Sie ein fusselfreies Baumwolltuch oder den Fön, zum abschließenden Polieren ein weiches Leder.

Statussymbol, Schutz und Zierde – eine Kulturgeschichte des Schmucks

Ausgrabungsfunde aus aller Welt zeigen, dass die Menschen schon seit Urzeiten Schmuck trugen. Vielerorts wurden Schmuckstücke als derart bedeutend erachtet, dass sie den Toten ins Grab gelegt und so auf ihrer Reise ins Jenseits mitgegeben wurden. Früher waren Schmuckstücke Unikate, doch hat auch in der Goldschmiedekunst die Industrialisierung ihre Spuren hinterlassen. Seit rund 120 Jahren werden in einer Kombination aus Maschinen- und Handarbeit Schmuck und Ziergegenstände als Massenware hergestellt.

Bereits in der Altsteinzeit fertigten die Menschen Schmuck an, beispielsweise einfache und mehrgliedrige Halsketten. Als Materialien verwendeten sie unter anderem Muscheln und Schneckengehäuse, Knochen, Steine, Perlen und Bernstein. Ursprünglich dienten am Körper getragene Schmuckobjekte wahrscheinlich als Amulett, das vor Gefahren schützen oder als Talisman Glück bringen sollte. Als die Materialien kostbarer, die Verarbeitungstechniken aufwändiger wurden, bekam Schmuck die Funktion eines Statussymbols und Prestigeobjekts. Heute ist er vor allem Zierde.

Der Jugendstil erwies sich als außerordentlich produktiv für die Schmuckgeschichte. Seine Formensprache ließ sich – wie auch hier bei diesem Anhänger – besonders eindrucksvoll im Kunsthandwerk einsetzen.

Meisterhaft: Schmuck in der Antike

Schon vor Jahrtausenden erreichte die Metallbearbeitung in Ägypten und Mesopotamien einen hohen Stand. Man verstand es, Metalle zu gravieren, zu ziselieren, zu löten, zu treiben und mit Intarsien zu versehen. Schmuck, etwa Armreife, Ketten, Ringe, Ohrringe und Diademe, wurde meist aus Silber und Gold gefertigt. Über 4000 Jahre alt sind die fein gearbeiteten Schmuckstücke aus dem berühmten »Schatz des Priamos«, den Heinrich Schliemann bei seiner Suche nach dem antiken Troja fand. Das Altertum arbeitete bei der Schmuckherstellung auch schon mit Halbedelsteinen, mit Glas oder Email. Bei den alten Römern, die gerne zahlreiche auffällige Ringe trugen, kamen große Schmucksteine wie Granate und der »germanische« Bernstein in Mode. Im spätantiken Reich von Byzanz erreichte die Liebe zu Gold und Edelsteinen einen Höhepunkt. Die Vornehmen schmückten sich mit juwelenbesetzten Anhängern und farbenprächtigen Emailarbeiten.

Deutsche Tracht um 1520 – Bekleidung und Schmuck waren in der Geschichte der Mode immer eng aufeinander abgestimmt.

Europäische Schmuckmoden

Das mittelalterliche Abendland führte in der Schmuckgestaltung das christliche Motiv des Kreuzes ein, das auch bei uns noch ausgesprochen populär ist. Auch trug man aufwändig gearbeitete Fibeln, die seit der Antike üblichen Spangen, um Umhänge und Gewänder zusammenzuhalten, die ja noch nicht auf den Leib geschneidert waren. Daraus entstand unsere Brosche. Zum wichtigen modischen Accessoire wurde Schmuck in der Renaissance, als man auch die Kleidung reich mit Perlen und Edelsteinen bestickte. Sogar berühmte Künstler wie Hans Holbein der Jüngere und Albrecht Dürer entwarfen damals Schmuck.

Im 17. Jahrhundert wurden neue Schleifverfahren entwickelt, die Edelsteine erst richtig zum Funkeln brachten. Damals trat der Diamant seinen Siegeszug als begehrter Schmuckstein an. Ab dem 18. Jahrhundert fertigte man neben kostbaren Geschmeiden schon preiswerteren Schmuck aus weniger wertvollen Materialien. Im 19. Jahrhundert wurden etwa Glas, Stahl und Gusseisen zu Schmuck verarbeitet.

Sich wandelnde Vorlieben in der Moderne

Schmuck spiegelt auch immer das Lebensgefühl einer Zeit wider. So kamen etwa in den 1920er Jahren die verzierten Steckkämme aus der Mode – weil die Frauen kurze Haare trugen. Und dass Männer mittlerweile mehr Schmuck als noch vor wenigen Jahrzehnten tragen, mag auch Ausdruck eines neuen Rollenverständnisses sein. Frauen tragen Modeschmuck heute ganz selbstverständlich auch zur Abendgarderobe: Es kommt auf die Wirkung an, nicht auf den materiellen Wert.

Die Haarnadeln, die Fibel zum Schließen des Gewands und die Brosche wurden von fränkischen Goldschmieden im siebten Jahrhundert aus Gold und Edelsteinen hergestellt. Die »barbarischen« Germanen kannten eine hoch entwickelte kunsthandwerkliche Tradition, die nicht zuletzt römische und byzantinische Einflüsse aufnahm.

Asiatische Schmucktraditionen der Jahrtausende

Gold und Perlen wurden im Indus-Tal bereits vor rund 3500 Jahren zu Schmuck verarbeitet und bis heute ist die indische Goldschmiedekunst weltweit hoch angesehen. Silber war ein bevorzugter Werkstoff der Schmuckfertigung im chinesischen Kaiserreich. Damit es nicht anlief, wurde es nicht selten vergoldet. Darüber hinaus war – wie in Persien – emailliertes Gold beliebt. Als besonders kostbarer Schmuckstein galt Jade. Mit Edelsteinen verzierter Gold- und Silberschmuck diente in China als Rangzeichen von politischen Würdenträgern und als Statussymbol. Buddhistische Symbole oder Drachendarstellungen auf Schmuckstücken sollten hingegen Glück bringen.

Gold und Federn: Altamerikanischer Schmuck

In den Anden finden sich einige der größten Gold- und Silbervorkommen der Welt – und dort begann auch die Metallbearbeitung im alten Amerika. Erhalten sind beispielsweise kunstvolle Goldschmiedearbeiten aus Peru, die die Mochica in den Jahrhunderten nach der Zeitenwende gefertigt haben. Häufig wurden Gold und Silber zu kultischen Masken gegossen oder getrieben und mit Edelsteinen besetzt. Darüber hinaus hat man Ohrringe, Armreife und Halsketten aus Naturmaterialien wie Muscheln und Perlen hergestellt. Der Türkis, bis heute in »indianischem« Silberschmuck verarbeitet, gehörte in Süd- und Nordamerika zu den bedeutendsten Schmucksteinen. Mit prächtigen Federn war der fantastische Kopfputz der Würdenträger geschmückt.

Der Mythos Eldorado

Als »Eldorado« (Spanisch: der Vergoldete) bezeichneten die spanischen Eroberer Südamerikas jenes sagenhafte Goldland, das sie vergebens suchten. Womöglich geht der noch heute gängige Begriff auf einen altamerikanischen Ritus zurück: Der Überlieferung zufolge bestrich der Häuptling der Musica alljährlich zu Ehren des Sonnengottes seinen Körper mit Goldstaub und wusch ihn in einer Zeremonie im See von Guatavita ab.

Gold und Elfenbein: Schmuck aus afrikanischen Königreichen

Um das Jahr 1000 galt der König des damaligen Reiches Ghana (im heutigen Mauretanien gelegen) als reichster Mann der Welt: Gold war im Überfluss vorhanden! Besonders in Westafrika hat die Goldschmiedekunst schon vor Jahrhunderten höchste Meisterschaft erreicht. Berühmt sind etwa der prächtige Goldschmuck der Ashanti im heutigen Ghana, der als Rangabzeichen und Statussymbol dient, oder die goldenen Pektorale (Brustschmuck) der Baule aus der Region der Elfenbeinküste. Silberschmuck ist vor allem aus Nordafrika bekannt. Zu Schmuck in allen erdenklichen Formen und Ausführungen wurden zudem seit Urzeiten Perlen, später dann Glasperlen, Holz, Elfenbein, Messing und Bronze verarbeitet.

Deutsche Tracht des Jahres 1640 – ein für die frühe Barockzeit eher dezentes Kleid findet seinen Abschluss in einer ebenso dezenten Kette.

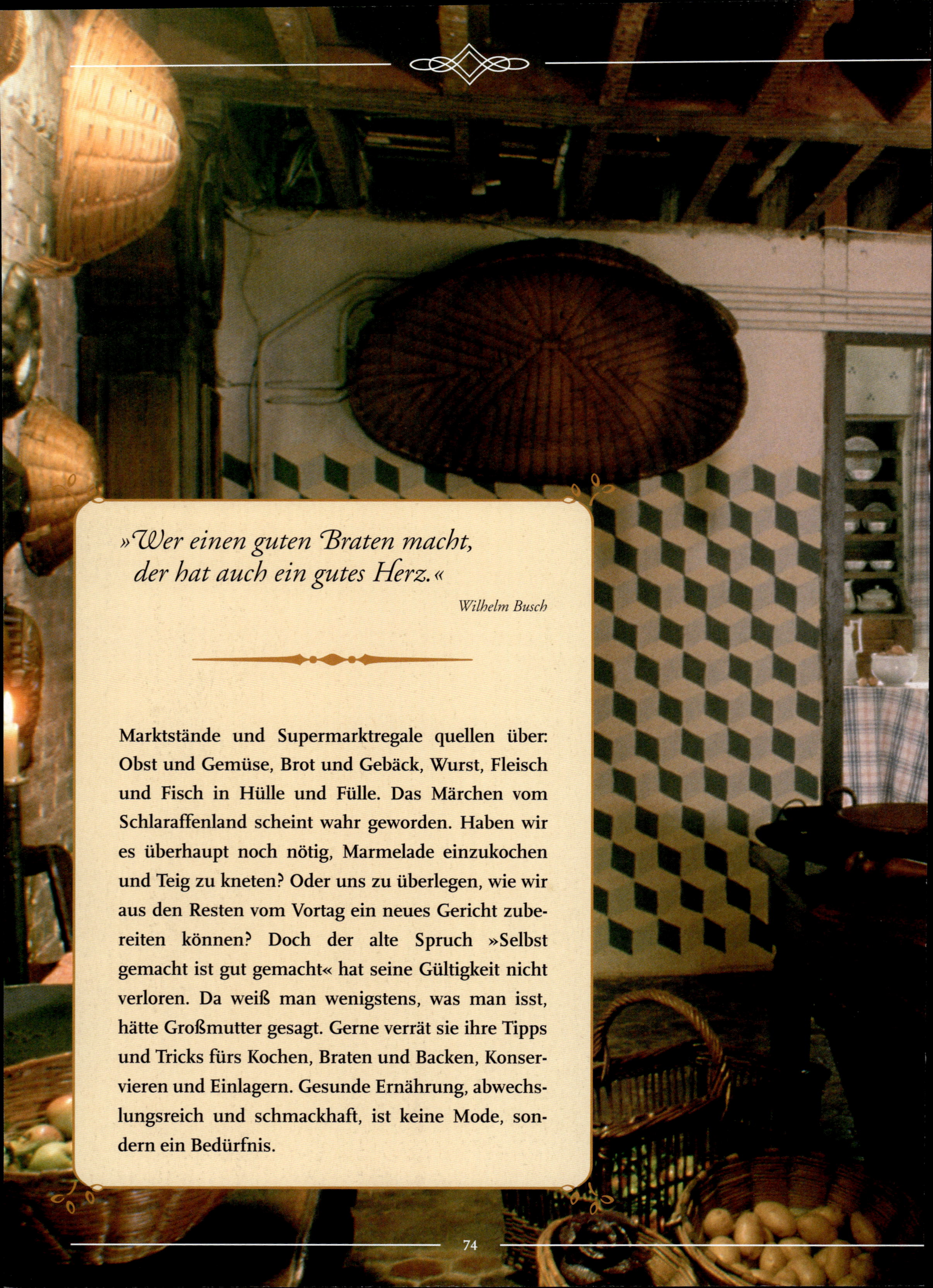

»Wer einen guten Braten macht,
der hat auch ein gutes Herz.«

Wilhelm Busch

Marktstände und Supermarktregale quellen über: Obst und Gemüse, Brot und Gebäck, Wurst, Fleisch und Fisch in Hülle und Fülle. Das Märchen vom Schlaraffenland scheint wahr geworden. Haben wir es überhaupt noch nötig, Marmelade einzukochen und Teig zu kneten? Oder uns zu überlegen, wie wir aus den Resten vom Vortag ein neues Gericht zubereiten können? Doch der alte Spruch »Selbst gemacht ist gut gemacht« hat seine Gültigkeit nicht verloren. Da weiß man wenigstens, was man isst, hätte Großmutter gesagt. Gerne verrät sie ihre Tipps und Tricks fürs Kochen, Braten und Backen, Konservieren und Einlagern. Gesunde Ernährung, abwechslungsreich und schmackhaft, ist keine Mode, sondern ein Bedürfnis.

Altes Wissen neu entdeckt

Küche und Keller

Einkaufen wie zu Großmutters Zeiten

Mit Einkaufszettel, Einkaufskorb, dem abgezählten Geld in der Börse, und das nicht öfter als zweimal in der Woche: So ging man einst zum Einkaufen. Bargeld war knapp, und eine ordentliche Hausfrau wirtschaftete sparsam. Das setzte Warenwissen voraus. Vom Einkaufsverhalten unserer Großmütter können wir nur profitieren. Denn Brot, Eier, Fleisch, Fisch, Gemüse, Butter, Obst, all diese Produkte machen auch heute noch einen Großteil beim Einkaufen aus.

Am besten direkt beim Erzeuger

Was in der legendären guten alten Zeit auf den Tisch kam, stammte zum überwiegenden Teil aus eigener Hände Arbeit: Ein Nutzgarten, groß genug auch zur Haltung von ein paar Hühnern, wurde bewirtschaftet und damit die Grundversorgung gesichert. Zusätzliche Lebensmittel kaufte man beim Krämer, Bäcker und Metzger, Luxusprodukte wie Kaffee oder Safran gab es beim Kolonialwarenhändler. Die zentrale Einkaufsstätte war aber der Markt: Hier wurde feilgeboten, was auch wir gerne kaufen, nämlich frische und schmackhafte Ware.

Landwirtschaft im Einklang mit der Natur ist ein Garant für hochwertige Lebensmittel. Ein Einkauf auf dem Land direkt beim Erzeuger ist außerdem immer ein Erlebnis!

Zurück zur Natur

Auf dem Markt, in guten Spezialgeschäften oder direkt beim Biobauern finden sich heute naturbelassene, gesunde Produkte in einer Sortenvielfalt, die an Substanz und Geschmack dem entsprechen, was in die Einkaufskörbe unserer Vorfahren kam. Wer heute direkt beim Erzeuger kauft, ist nicht unbedingt auf der Suche nach einem nostalgischen Einkaufserlebnis. Meist ist er es ganz einfach leid, »industrialisierte« Lebensmittel, in Folie eingeschweißt und künstlich haltbar gemacht, nach Hause zu bringen.

Vertraute Geschäftsbeziehung aufbauen

Werden Sie Stammkunde, so wie Oma es im »Tante-Emma-Laden« war! Wenn der Metzger, Gemüsehändler oder Bäcker Sie gut kennt, entsteht daraus ein Vertrauensverhältnis. Damit ist eine sichere Basis für einen qualitätvollen Einkauf geschaffen, denn einen guten Kunden will kein Händler verprellen.

Kontrolliert einkaufen

Nach alten, keineswegs überholten Empfehlungen kauft richtig ein, wer ein- bis zweimal pro Woche Obst, Gemüse, Frischmilchprodukte, Eier und dunkles Brot – hält länger frisch als Weißbrot! – besorgt. So ist wertvolle Ernährung garantiert. Darin liegt auch der Grund, warum seit alten Zeiten zweimal in der Woche, zumeist Dienstag und Freitag/Samstag, der Grünmarkt abgehalten wurde und bis heute in den größeren Städten abgehalten wird. Bei Fleisch genügt einmal in der Woche der Gang zum Metzger. Jahreszeitlich bedingt sind Einkaufsfahrten zu Direktvermarktern wie etwa zu Kartoffel- oder Obstbauern, es sei denn, Sie lassen sich die Waren nach Hause liefern.

Optischer Eierprüfer des späten 19. Jahrhunderts

Der Schwerpunkt-Tipp

So erkennen Sie frische Ware!

In Zeiten, als es noch keine Kühlschränke gab, war es wichtig, absolut frische Ware einzukaufen. Wer sich mit der Frische nicht auskennt, kauft aber auch heute schlecht ein. Es gibt einfache Erkennungsmerkmale, die früher jeder erfahrenen Hausfrau geläufig waren.

Gemüse und Obst

Achten Sie auf folgende Frische-Kennzeichen: *Mais:* eng anliegende, saftige Hüllenblätter • *Spargel:* Spitzen geschlossen, Schnittfläche weiß und feucht • *Spinat und Blattsalate:* sattgrüne, knackige Blätter • *Lauch:* pralle dunkelgrüne Außenblätter und Stangen • *Sellerie:* harte Knollen; Stangensellerie: knackige Blattstiele • *Zucchini:* glänzende Schale, fester Körper, je kleiner, desto aromatischer • *Möhren:* fester Körper mit kräftigem Grün • *Fenchel:* weiße, feste Knolle ohne braune Flecken, junges Blattgrün, weiße Schnittstelle • *Tomaten:* dunkelrote, glatte Haut, elastische Fruchtkörper • *Gurken:* fester Körper, glänzende Schale • *Erdbeeren:* saftige grüne Kelchblätter • *Ananas:* fest an der Frucht sitzende Blätter, starkes Duftaroma • *Melonen:* Duft am Blütenansatz, helle Stelle dort, wo die Frucht auf dem Boden lag • *Pflaumen und Weintrauben:* feinpudriger Duftfilm • *Äpfel:* knackige Schale

Fleisch

Geruch, Oberfläche und Färbung verraten die Frische und Qualität: Alle Fleischsorten sollten neutral-mild bis leicht säuerlich riechen, keinesfalls süßlich. Die Farbe der Ware sollte niemals ins Gräuliche abweichen. Genussfrisches *Rindfleisch* erkennt man an einer dunkelroten Färbung, Rindfleisch von jungen Tieren ist kräftig rot und das Fett weiß. *Lamm* ist hellrot bis rot mit leichter Fettmarmorierung, *Schweinefleisch* rosa und hell glänzend, *Wild* rötlich bis dunkelbraun. Die Oberfläche von *Geflügelfleisch* darf nicht schmierig glänzen und keine Druckstellen aufweisen. Verdacht auf verdorbene *Wurst* besteht bei glitschiger Haut und Geruchs- und Farbveränderungen im Anschnitt.
Bitte beachten Sie stets: Fleisch darf sich nicht schwammig weich anfühlen oder zu stark eindrücken lassen, sondern muss fest sein. Das zeigt Frische und Qualität an.

Bioprodukte dort zu kaufen, wo sie entstehen, umgeht den Frischeverlust durch lange Lieferwege.

Vorform moderner Intensiv-Landwirtschaft – Geflügelhof im späten 19. Jahrhundert.

Fisch

Fisch enthält hochwertiges Eiweiß, das leicht verderblich ist, deshalb ist Frische ein absolutes Muss! Frischen Fisch erkennen Sie an hellroten, feuchten Kiemen, festem, durchscheinendem Fleisch, metallisch glänzender Haut, die mit einer wasserklaren Schleimschicht überzogen ist, fest sitzenden Schuppen und dem frischen Geruch nach Seetang. Die Augen sind prall und klar. Das elastische Fleisch gibt auf Druck leicht nach.
Was für ganze Fische gilt, ist auch bei Fischfilets zu beachten: silbriger Glanz, saftiges Fleisch. Ist es mattweiß, milchig, glanzlos oder trocken, sind die Filets nicht wirklich frisch.

Der Einkauf tierischer Produkte

Der Einkauf tierischer Produkte muss auch in Zeiten der Massentierhaltung kein Glücksspiel sein. Gewusst wo und gewusst wie, und Sie haben das im Einkaufskorb, was auch die strenge Hausfrau früherer Generationen zufrieden gestellt hätte. Moderne Gourmets wissen das längst!

Güte des Fleisches erkennen

Gutes Schweinefleisch stammt von sieben bis acht Monate jungen Mastschweinen. Das hellrote Fleisch ist saftig, feinfaserig und darf ruhig etwas fett sein. Die Güte von Kalbfleisch erkennt die erfahrene Köchin daran, dass an verhältnismäßig kleinen Knochen viel hellfarbiges Fleisch mit dichtem, feinem Gewebe angesetzt ist. Bei Rind genügt nur Fleisch von ausgewachsenen, noch jungen Ochsen allen Anforderungen. Es ist von lebhaft roter Farbe, mit weißlichem Fett umgeben und zart marmoriert; Fleisch von zu alten Ochsen ist dunkel mit gelblichem Fett. Beim Einkauf ab Hof lohnt der Blick auf die lebenden Tiere, denn die Fleischqualität hängt entschieden von Fütterungszustand und Haltung ab.

Ein halbes Schwein, ein Viertel Rind…

So lange ist es nicht her, dass Familien auf dem Land ein Schwein hielten, um sich nach der Hausschlachtung selbst monatelang mit Fleisch und Wurst zu versorgen. Ähnlich können Sie es heute machen, wenn Sie beim Biobauern ein halbes Schwein oder ein Viertel Rind kaufen. Teilweise werden auch portionierte Mengen, sozusagen kühltruhengerecht zerlegt, angeboten. Doch das Filet oder die flache Schulter als Separat-Angebot ist selten.
Mit einem halben Schwein kaufen Sie verschiedenste Stücke: Backen, Nacken, Schulter, Bug, Kotelett, Filet, Schinken, Vorder- und Hinterschinken, Bauch, Brust. Es sind also die »teuren« Teile ebenso dabei wie die »billigen«. Beim Rind gilt dasselbe: Wer das vordere Viertel kauft, erhält Kamm, Nacken, Fehlrippe, Spannrippe, Vorder- und Hinterhesse, Brust, Bug, Schulter, Blatt, Kronfleisch. Damit gibt es also kräftiges Muskelfleisch für feine Braten genauso wie preiswertere Stücke, die für Suppen oder Gulasch und Eintöpfe geeignet sind. Aus übrig gebliebenen Abschnitten haben die Köchinnen früher vorzügliche Fonds zubereitet oder sie zu Pasteten und Farcen verarbeitet.

Bester Gouda und Edamer – das holländische Alkmaar ist berühmt für seinen traditionsreichen Käsemarkt.

Die gute Butter

Großmutter hätte sich von keinem Ernährungsexperten der Welt die Butter vom Brot nehmen lassen. Denn die traditionelle feine Küche ist undenkbar ohne gute Butter. Butter, aus Sauer- oder Süßrahm hergestellt, gibt sich vielfältig. Beim Einkaufen ist es gut zu wissen, mit welchem Aroma man rechnen kann. Sauerrahmbutter hat einen herzhaften Geschmack, Süßrahmbutter ist milder und wird von jeher gern zum Kochen etwa für Soßen verwendet. Das Stallfutter im Winter führt dazu, dass der Anteil an ungesättigten Fettsäuren sinkt. Je mehr gesättigte Fettsäuren im Rahm enthalten sind, desto härter wird die Butter. Deshalb ist Winterbutter blasser und fester, Sommerbutter gelber – und leichter aufzustreichen.

Milchkühler des späten 19. Jahrhunderts

Abgehangenes Fleisch

An einem kühlen Ort abgehangenes Fleisch schmeckt einfach besser, es behält bei der Zubereitung seinen Saft. Bei Schweinefleisch genügen zur Reifung von der Schlachtung an zwei bis acht Tage, Rindfleisch zum Braten sollte mindestens 14 Tage, besser drei bis vier Wochen abgehangen sein, dann ist es geschmackvoller, saftiger und mürber. Wildbret und Mastgeflügel können bei frostigen Temperaturen sogar bis zu drei Wochen abliegen.

Fischkauf, gewusst wo und wann

Fische schmecken am besten, wenn sie bis kurz vor dem Gebrauch lebend im Wasser waren. Wer keinen Angler in der Familie hat, kauft heimische Fische beim Züchter oder im Fischgeschäft. Teichfische verlieren ihren manchmal etwas modrigen Geschmack, wenn man sie vor dem Verzehr noch einige Tage in frischem Wasser schwimmen lässt. Kaufen Sie Ihren Karpfen im Direktbezug – dann müssen Sie ihm nicht Ihre Badewanne überlassen!

Für den richtigen Einkauf von Seefisch empfiehlt sich das Nachschlagen in Großmutters Marktkalender: Makrelen kauft man am besten im Frühling und Spätsommer, den alten Seebarsch (Branzin) im April, den jungen im Oktober/November, Goldbrasse, Steinbutt und Seezunge von Dezember bis Januar, Kabeljau von Anfang Oktober bis Mitte Januar und dann wieder im April und Mai, wenn auch die Sardellen am feinsten schmecken.

Wildbret

Wild war anno dazumal als attraktive Bereicherung der Herbst- und Wintermahlzeiten (Hirschkalb, Reh, Hasen) geschätzt. Beim Jäger oder beim Forstamt bekommen Sie zur Jagdzeit ganze Tiere »in der Decke« oder auch in küchenfertigen Teilstücken. Achten Sie bei der Ansicht von Keule, Blatt oder Rücken auf den sauberen Einschuss. Mit Schrot durchsetztes Fleisch, wie es etwa bei Wildkaninchen manchmal vorkommt, macht wenig Freude! Wildbret sollte nur leicht marmoriert und je nach Fleischsorte dunkelrot bis rötlich-braun erscheinen und frisch riechen. Junge Tiere erkennt man so: Das Rücken- oder Sattelstück (»Ziemer«) junger Rehe und Hirsche ist recht schmal, die Schlegel und Keulen klein und die Häute um einzelne Muskelpartien sind zart-weißlich. Junge Hasen wiegen bis zu vier Kilo, ihre Ohren lassen sich leicht einreißen, so wie die Schwimmhäute bei jungen Wildenten. Junge Rebhühner erkennt man an den schwefelgelben Ständern (Füßen), Fasane an den kurzen, runden, weichen Sporen.

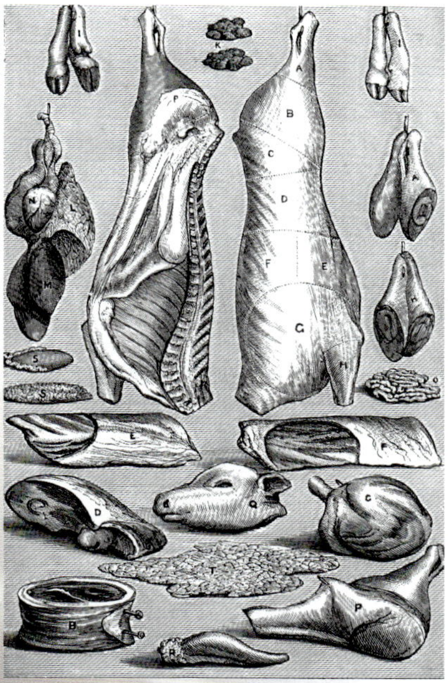

Früher kannte die erfahrene Hausfrau die einzelnen Teile des Kalbs und wusste genau, welche Stücke sich für welche Gerichte am besten eignen.

Fenster in die Gegenwart

Eine traditionsreiche, seit dem 18. Jahrhundert gezüchtete Rasse, die von Gourmets geschätzt wird, ist das aus Frankreich stammende Charolais-Rind.

Alte Hausrassen *waren einst weit verbreitet. Wer kennt sie noch, das Bunte Bentheimer Schwein oder das Limpurger Rind? Das Ramelsloher Huhn? Das Rauwollige Pommersche Landschaf? In den Regionen Deutschlands wurde über Jahrhunderte eine Vielzahl Nutztierrassen gezüchtet, die hervorragend an ihre Umgebung angepasst waren und sich durch besondere Fruchtbarkeit oder einen hohen Fettanteil auszeichneten. Diese alten Landrassen wurden im Zuge sich wandelnder Ernährungsgewohnheiten verdrängt durch aus Kreuzungen entstandene Neuzüchtungen mit höherem Fleischanteil und wenig Fett. Heute wissen wir, dass damit Geschmacksintensität und ein wichtiges genetisches Potenzial mit Eigenschaften wie Genügsamkeit oder Widerstandsfähigkeit gegenüber Krankheiten verloren gingen. Heute widmen sich Züchter wieder der Sicherung der genetischen Vielfalt im Haustierbereich in Deutschland – als Beispiel sei hier die Züchtervereinigung Schwäbisch-Hällisches Schwein e. V. in Wolpertshausen bei Schwäbisch Hall genannt.*

Alte Obst- und Gemüsesorten in all ihrer Vielfalt

Es waren die alten Römer, die in Europa den Anbau von Nutzpflanzen verbreiteten. Im Mittelalter wurde er in den Klostergärten kultiviert. Später hegten die Menschen in Küchen- und Bauerngärten ihre vielfältigen Nutzpflanzen. Leider hat sich die einstige Vielfalt heimischer Obst- und Gemüsesorten nicht in unsere Zeit gerettet. Ein Blick in das berühmte Gartenbuch »Le jardin potager« von Vilmorin-Andrieux (1885) zeigt neben den rund 30 heute gebräuchlichen Gemüsearten noch rund 60 weitere.

Guter Heinrich, Erdmandel, Blaue Schweden, Knollenziest, Sauerklee und Zuckerwurz: traditionelle Nutzpflanzen, verwendet als Salat oder Gemüse, roh oder gekocht, kaum jemand baut sie noch an. Kein Wunder, man kennt sie ja nicht mehr. Das Gleiche gilt für Obst. Wer weiß noch, wie diese köstlichen alten Apfelsorten schmecken: Westfälischer Gülderling, Schafsnase, Rheinischer Bonapfel, Danziger Kant, Dülmer Rosenapfel, Geheimrat Oldenburg, der Sommerzimtapfel und die Wintergoldparmäne? Und die Gute Graue Birne? Oder die Bunte Julibirne? Wir verdanken es einzelnen Idealisten, dass diese Sorten nicht völlig aussterben. Sie spüren den alten Nutzpflanzen nach, treiben deren Saatgut wieder auf, bauen sie an, ernten und vermehren sie.

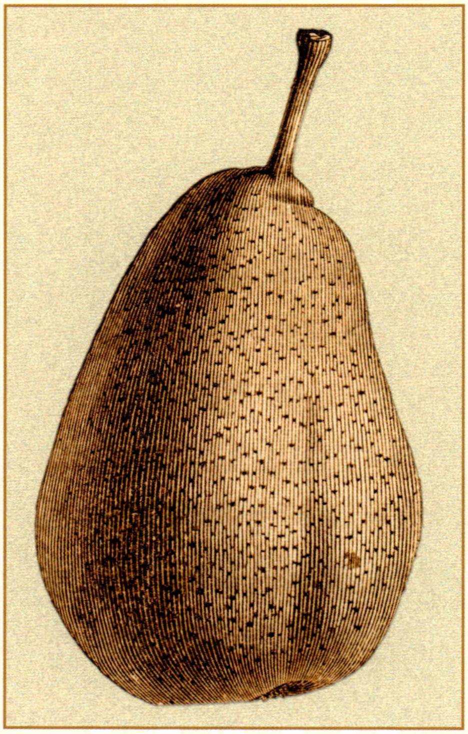

Die Pastorenbirne wird seit dem 18. Jahrhundert gezüchtet und zählt zu den alten, vergessenen Obstsorten, die in unseren Zeiten von Liebhabern wiederentdeckt werden.

Verdrängt von neuen Züchtungen

Heute sind die alten Gemüsesorten weitgehend von hochgezüchteten Produkten verdrängt. Diese neuen Sorten sind meist krankheitsresistent, küchenfreundlich (wenig Putzarbeit!) und wachsen schnell. Auch würfelförmige Melonen werden bereits gezüchtet, weil sie sich besser stapeln lassen als die natürlichen runden. In den Supermärkten liegen sie, all die Riesen-Möhren, die »schönen« langen Gurken ohne Kerne, die maschinell gut zu erntenden Zwiebeln, die »überwiegend festkochenden« Kartoffeln, die außen knallroten, innen wässrigen Tomaten … kurz: Gemüse in Einheitsgröße und Einheitsfarbe. Und die Salate? Aufgrund der langen Wege, die sie meist schon hinter sich haben, bevor sie in der Gemüseabteilung landen, dürfen sie vor allem nicht schnell verderben! So überschwemmen haltbare Sorten wie Radicchio und Chicorée den Markt.

Doch in so manchen heimlichen Reservaten wachsen Sorten, die die Jahrhunderte überdauert haben: nicht nur in botanischen Gärten, sondern zuweilen auch in einem alten Bauern- oder Schrebergarten.

Krumme Gurken und dicke Bohnen

Im Garten eines Barockschlösschens baut die »Arche Noah«, eine Gesellschaft für die Erhaltung der Kulturpflanzenvielfalt im österreichischen Schiltern, an die zwanzig verschiedene Gurkensorten in allen Größen, Farben und Formen an: Es gibt dort runde, ovale, krumme und warzige Gurken, Gurken in unterschiedlichsten Farben, in Weiß, Grün und Zitronengelb. Jede Sorte hat ihren ganz eigenen Geschmack, ihre eigene Konsistenz. Viele von ihnen besitzen enorm viel Samen, die man früher zu schätzen wusste: Gurkenkerne galten als probates Mittel gegen Infektionskrankheiten.

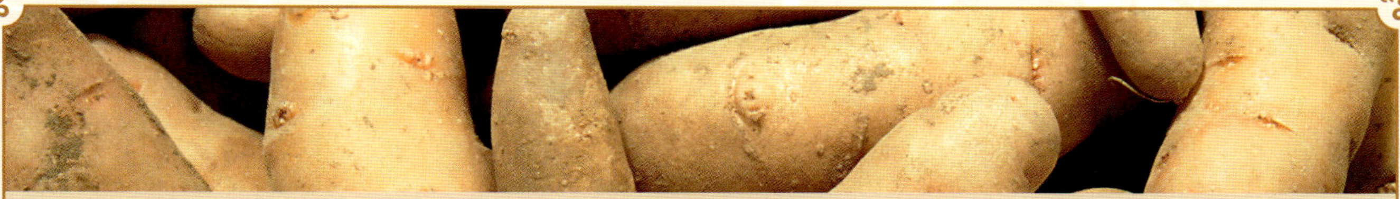

Die tolle Knolle

1948/49 wurden in Deutschland pro Kopf und Nase 219 Kilogramm Kartoffeln gegessen, 2005/06 waren's nur noch 66,5. Die vitamin- und nährstoffreiche Ackerfrucht scheint den Kampf gegen ihr Image als bloße Sättigungsbeilage zu verlieren. Andererseits kommen alte Kartoffelsorten wieder in Mode, dank ambitionierter Köche, die für eine »Küche der vergessenen Genüsse« werben. In der Tat: Wer einmal den Geschmack von Bamberger Hörnchen oder der Inkakartoffel auf der Zunge gehabt hat, fragt sich, warum es sie kaum noch zu kaufen gibt. Zum Glück spezialisieren sich einige Erzeuger wieder auf die Anpflanzung alter Sorten. Die Raritäten von Ökolandhöfen gibt es nur im Direktvertrieb, aber der Einkauf lohnt. Sie werden überraschende Geschmackserfahrungen mit den beinahe vergessenen Feldfrüchten machen.

Alte Kartoffelsorten in Auswahl

Odenwälder Blaue: von 1908, violette Schale, hellgelbes Fleisch • *Blaue Schweden:* sehr alte deutsche, festkochende Sorte, schon vor 1800 bekannt, Schale und Fleisch violett, rund-ovale Knollen mit kräftigem Geschmack • *Vitelotte:* Delikatesse, auch Trüffelkartoffel genannt, in Südfrankreich schon vor 1830 angebaut, langovale, kleine Knollen mit schwarzblauer Schale und blauweiß marmoriertem Fleisch, sehr erdiges Aroma • *Peru Azul:* alte peruanische Landsorte, Wildform der Kartoffel, festkochend, mit blauer Schale und hellerem, gesprenkeltem Fleisch, nussiger Geschmack • *La Ratte:* französische Sorte von 1872, längliche Knollen mit hellgelbem Fleisch, Nuss-Aroma • *Pink Fir Apple:* englische Sorte von 1850, auch Rosa Tannenzapfen genannt, festkochend, mit gelblichem, würzigem Fleisch

Das heute übliche Bohnensortiment kommt einem dürftig vor im Vergleich zu dem, was früher an Stangen, Zäunen oder anderen Pflanzen emporkletterte. Im Genpool der »Arche Noah« lagern annähernd 2000 Bohnensorten. Bis zum 17. Jahrhundert zählte die Dicke Bohne, auch Sau-, Puff- und Pferdebohne genannt, zu den wichtigsten Nahrungspflanzen Europas. Alte Sorten sind meist nicht fadenfrei, dafür aromatischer und haben eine monatelange Erntezeit. Viele sind doppelt nutzbar: frisch als grüne und ausgereift als trockene Bohnen. Haus- und Hofsorten, die in bestimmten Regionen eine besondere Zubereitung erfahren, sind etwa Käferbohne, Feuerzunge, Körnerbohne, Brienzer und Meienbohne.

Unsere Vorfahren kannten sehr viel mehr Apfelsorten, von denen inzwischen viele – wie der Apfel Jonathan – verdrängt worden sind. Manche dieser alten Sorten werden heute allerdings wiederentdeckt.

Wieder auf den Geschmack gekommen

Etliche alte Blattgemüse sind aus dem kommerziellen Anbau völlig verschwunden. Einfach deshalb, weil sie schwer zu ernten sind, uneinheitlich reifen und – was für den Markt entscheidend ist – sich in den Regalen der Geschäfte nicht lange genug halten. Eine Salatart, die man auch als Gemüse verwenden kann, ist der Winterportulak, auch Postelein, Westindischer Spinat oder Kubaspinat genannt. Diese Kulturpflanze, die nach der Entdeckung Amerikas zu uns gelangte, kann wie Spinat gekocht werden. Weil er Frost verträgt, zählte der Winterportulak zu den wenigen Salaten, die früher auch im Winter erhältlich waren. Heute wird er langsam wiederentdeckt.

Einkaufen – Gemüse, Obst und pflanzliche Produkte

Für frühere Generationen spielte Gemüse, nicht Fleisch, die Hauptrolle bei der Ernährung. Dabei war der Speiseplan abhängig von der Region, in der man lebte, und vom Wechsel der Jahreszeiten. Denn auf den Tisch kam immer das, was gerade reif war, aus dem eigenen Garten oder vom Marktstand. Und für den Winter ließ man sich vom Bauern lagerfähiges Gemüse wie Kartoffeln oder Kohl liefern.

Nur reif schmeckt gut.

Vor der »Globalisierung« von Obst- und Gemüsehandel hat man sich überall auf der Welt sozusagen durch die Jahreszeiten gegessen. Kein schlechtes Vorbild! Denn jedes Gemüse, jedes Obst hat seine Saison, in der es im Freiland gedeiht. Und nur dort entwickelt es das charakteristische, natürliche Aroma. So sollten wir es auch einkaufen: wohlschmeckend und mit der gesamten Palette wertvoller Inhaltsstoffe. Wenn Früchte unreif geerntet werden – was heute wegen der langen Transportwege häufig zutrifft –, verlieren sie Geschmack und Gehalt. Vor allem betrifft das empfindliches Obst wie Beeren, aber auch Gemüsepaprika und – man möchte es nicht glauben – Zitrusfrüchte. Andere Früchte können dagegen bei Zimmertemperatur zu vollem Aroma nachreifen. Das wussten auch unsere Großeltern: Äpfel und Birnen schmecken bei richtiger Lagerung den ganzen Winter über.

Das ganze Jahr über

Essig- und Salzgurken, auch Sauerkraut, hat die tüchtige Hausfrau früher selbst produziert, um das ganze Jahr über eine schmackhafte und vitaminreiche Beilage zu haben. Auch heute ist man nicht allein auf Industrieprodukte angewiesen. Beim Metzger gibt es offenes Sauerkraut und auf dem Markt die herrlichsten, in Öl oder sauer eingelegten Gemüse, ganz wie hausgemacht. Keine Saison kennen, wie eh und je, auch getrocknete Hülsenfrüchte: Erbsen, Linsen und Bohnen sind reich an Eiweiß, Kalk und Spurenelementen – und sehr preiswert. Allerdings kam bei Großmutter der schwere Linseneintopf im Hochsommer nicht auf den Tisch. Da Suppenwurzeln wie Möhren, Pastinaken, Sellerie und Petersilienwurzeln im Keller überwintern, sind auch sie immer erhältlich. Frische Kräuter im Winter? Nur Schnittlauch und Petersilie! Ansonsten greift man außerhalb der Saison zu getrockneten Kräutern. Gut verschlossen gelagert, bewahren sie ihr Aroma lange.

Schnaps, Kuchen, Kompott, Saft, Mus, Gelee… alles ist möglich rund um den Apfel. Oder man genießt ihn einfach so!

Pflanzliche Speiseöle

Die traditionelle Küche besorgte sich ihre Zutaten fast ausschließlich aus regionaler Erzeugung. So auch das Speiseöl für den Salat. Je nach Anbaumöglichkeit wurde aus Disteln, Erdnüssen, Mohn und Weizenkeimen, aus Oliven, Raps, Leinsamen und Walnüssen, aus Trauben-, Sonnenblumen- oder Kürbiskernen Öl gewonnen. Schonend kalt gepresstes und zentrifugiertes Öl enthält ungesättigte Fettsäuren und viele Vitalstoffe und Vitamine.

Diese sehr gesunden, oft naturtrüben Öle sind geschmacklich unendlich ausdrucksstark und werden am besten direkt beim Erzeuger oder, da sie sehr empfindlich und nur befristet lagerfähig sind, bei vertrauenswürdigen Händlern bezogen.

Obst und Gemüse bieten neben dem kulinarischen Genuss durchaus ein weiteres sinnliches Vergnügen, machen diese Schätze der Natur doch auch optisch etwas her!

Der Schwerpunkt-Tipp

Einkaufen nach dem Kalender

Wo Menschen leben, sorgt die Natur auch das ganze Jahr über für ihre Ernährung. Nicht alles wächst zu jeder Zeit überall. Aber gerade in unseren Breitengraden fällt es nicht schwer, heimische Produkte nach dem Kalender einzukaufen und sich trotzdem immer ausgewogen und abwechslungsreich zu ernähren.
In der kalten Jahreszeit versorgt uns die regionale Landwirtschaft mit winterharten Gemüsen wie Rosen- und Grünkohl, Feldsalat und Lauch. Auch Lagergemüse wie Weißkohl, Möhren, Sellerie oder Rote Bete sind den ganzen Winter über zu haben. Alle heimischen Gemüse haben eine lange Tradition. Auch fast vergessene Sorten wie Pastinaken oder Schwarzwurzeln gibt es wieder zu kaufen.

Saisongemüse

Das klassische Frühjahrsgemüse ist der junge Spinat, andere Vitaminlieferanten im Vorfrühling waren Kresse, Radieschen oder Zichorien, wie man einst zum Radicchio sagte. Der erste Sonntag im Mai ist der Stichtag für die Spargelsaison, die gegen Ende Juni ausläuft. In der warmen Jahreszeit bot der Speiseplan von jeher die meiste Abwechslung: Mangold, Erbsen, Gurken und Tomaten, knackige grüne Bohnen und zarte Kohlrabi. Kraut und Rüben sind die Herbstfavoriten, und zwar in allen Sorten: Grünkohl, Chinakohl, Rotkohl, Wirsing, Blumenkohl, Brokkoli, Weißkraut, Rote Bete und weiße Rübchen. Pilzliebhaber erfreuen sich im Herbst an Maronen, Pfifferlingen und Steinpilzen.

Wer heimisches Obst und Gemüse kauft, muss sich nach dem Rhythmus der Jahreszeiten richten. Dafür bekommt er allerdings auch frische und vitaminreiche Ware. Spargel ist die Saisonware schlechthin. Es gibt ihn nur im Frühjahr, umso mehr genießt man dann das delikate Gemüse!

Salate

Salate sind ausgesprochene Saisonware. Heute haben wir das vergessen, weil sie von weit her aus Folientunnel-Plantagen importiert werden. Aber jeder Salat hat auch seine natürliche Jahreszeit, und dann ist er wesentlich preisgünstiger und besser! Die ersten grünen Frühjahrssalate aus Löwenzahn und Feldsalat sind eine Delikatesse. Kopfsalat ist ab April frisch im Handel, im Mai folgen Eichblatt- und Eisbergsalat. Ab Ende Oktober liefern Feldsalat und Endivie den ganzen Winter über frische Salat-Vitamine.

Beerenobst vom Feld

Für üppigen Beerengenuss empfiehlt sich die Ernte auf dem Pflückfeld. Sehr viele Beerenarten haben nur eine kurze Reifezeit, da heißt es, die Sonnentage zu nutzen. Körbe voll Erdbeeren und Beeren frisch von Sträuchern (Johannis-, Stachel-, Him-, Heidel- und Brombeere) haben noch nichts von ihrem Vitamin-C-Gehalt und ihrem feinen Aroma verloren. Ein Herbstausflug zu einem Winzer mit Einkauf von Weintrauben und Federweißem gehört zu den jahreszeitlichen Einkaufserlebnissen, die man nicht verpassen sollte.

Obstbaum-Plantagen

Eine heimische Gartenbautradition waren einmal die Streuobstwiesen. Diese mit Obstbäumen bestandenen Bauernwiesen wurden gehegt und gepflegt und sind ein Teil unserer Kulturlandschaft. Im Zuge der Mechanisierung der Landwirtschaft und der Billigimporte wurden seit Mitte des 20. Jahrhunderts viele Obstbäume gerodet. Heute kümmern sich in ganz Deutschland verschiedene Initiativen um den Erhalt des Erbes. So bietet etwa die Arbeitsgemeinschaft Streuobst e. V. in Königslutter bei Braunschweig und anderen niedersächsischen Orten Obst und Saft an. Der Genuss von frischem, naturtrüb gepresstem Apfelsaft im Oktober war immer schon ein wirksamer Vitaminstoß vor dem Winter!

Vorratshaltung und Konservierung wie in alten Zeiten

Früher war man in hohem Maße auf Vorratswirtschaft angewiesen. Nicht nur für ein paar Tage sollte die ganze Familie aus der Speisekammer versorgt werden können. Man musste vorausdenken: Im Sommer an den Winter, wenn es kein frisches Gemüse und Obst mehr gab. Bei der Schlachtung traf man Vorsorge für die Zeiten ohne frisches Fleisch. Großmutter war sehr einfallsreich, wenn es galt, Lebensmittel für »magere Zeiten« zu lagern und zu konservieren.

Lebensmittelvorräte richtig aufbewahren und lagern

Fast automatisch kommt Frischware heute sofort nach dem Einkaufen in den Kühlschrank; nicht immer ist das der richtige Ort. Wenig sinnvoll ist es auch, täglich einkaufen zu gehen. Doch wie werden die verschiedenen Lebensmittel richtig aufbewahrt und gelagert? Das wusste Großmutter und nutzte Eisschrank, Speisekammer, Keller und viele wirksame Techniken, die mittlerweile fast vergessen sind.

Wurde einst in vielen Haushalten gelagert: frisch geschlachtetes Geflügel.

Hackfleisch und Fisch – schnell verbrauchen

Früher hat die Köchin ihr Fleisch selbst durch den Wolf gedreht. Heute kaufen wir Hackfleisch fertig und dürfen es höchstens einen Tag im Kühlschrank lagern. Das gilt auch für ganze Fische, die außerdem ausgenommen und innen trockengetupft sein sollten. Ein alter Trick: In nasse Essigtücher gewickelt, bleibt Fisch schön frisch.

Fleisch einlegen

»Fleisch wäscht man nicht!«, mahnt die kluge Hausfrau. Sie dürfen es vor der Aufbewahrung im Kühlschrank bei Bedarf nur mit einem reinen Tuch trocknen. Rindfleisch können Sie nach bewährter Art in ein Ölbad, Kalbfleisch und Leber in ein Milchbad legen.

Geflügel zuerst ausnehmen

In der kühlen Jahreszeit hat Großmutter fettes Geflügel wie Enten oder Gänse – trocken gerupft und ausgenommen! – an einem kalten Ort auch einmal länger aufbewahrt. Es wird dabei nur mürbe. Vor Frost sollten Sie es allerdings schützen, denn gefroren verliert Geflügel Saft und Geschmack.

Wild mit Wacholderbeeren einreiben

Ihr Wildbret trocknen Sie »nach Waidmannsart« mit Tüchern ab, reiben es mit gestoßenen Wacholderbeeren und etwas Salz ein und legen es mit Lorbeerblättern und Thymiansträußchen in ein Holz- oder Tongeschirr, dessen Deckel mit Gewichten beschwert wird. An einem kühlen Ort hält sich Wildbret so recht lange frisch.

Gemüse mag es dunkel und kühl

Die meisten Gemüsearten können Sie bei dunkler, kühler Lagerung problemlos mehrere Tage aufbewah-

Der Käse und das Holz

Ein Tipp aus Omas Trickkiste: Legen Sie Käse zur Vorratshaltung auf unbehandelte Fichtenbretter (antibakterielle Wirkung!) und stürzen Sie einen Tonblumentopf darüber. Käse muss vor Fremdschimmel geschützt werden – deshalb der Tontopf, den Sie durch Erhitzen im Backrohr (etwa eine halbe Stunde bei 220 Grad) von eventuell vorhandenen Schimmelpilzsporen reinigen können. Um Ihren Käse vor Hefepilzen zu schützen, sollten Sie ihn nicht neben Brot lagern, auch nicht auf Holzbrettern, auf denen gerade Brot geschnitten wurde.

ren. Im Kühlschrank lagern Sie Salat, Spinat, Paprika, Gurken, Erbsen, Bohnen, Kohlrabi und andere heimische Sorten. Gemüse aus dem Süden wie Avocados, Tomaten oder Zucchini fühlt sich wohl bei Zimmertemperatur.

Grüne Erbsen in der Schote aufbewahren
Falls Sie Ihre grünen Erbsen nicht sofort verbrauchen, sollten Sie sie in der Schote belassen. Der natürliche Schutzmantel hält sie mehrere Tage saftig und zart.

Spargel in feuchten Tüchern
Großmutters Methode, Spargel, aber auch Feldsalat und Kräuter vor dem Austrocknen oder Welken zu bewahren, war das Einschlagen in ein feuchtes Tuch.

Obst auf Schadstellen untersuchen und verbrauchen
Nach dem Einkaufen oder der Ernte im Garten sollten Sie alles Obst auf Druckstellen und Fäulnis untersuchen und die schadhaften Früchte von den anderen trennen. Überreifes Obst wird sofort verbraucht. Alles andere Obst können Sie gut mehrere Tage bei Zimmertemperatur aufbewahren, nur Beeren kommen in den Kühlschrank.

Eingemachtes oder frisches Gemüse in geeigneten Behältnissen und am richtigen Ort – dann ist die Aufbewahrung von Lebensmitteln kein Problem.

Obst aus dem Süden – vor Kälte schützen
Süd- und Zitrusfrüchte lagern Sie kühl, aber nicht kalt. Im Kühlschrank verlieren sie an Geschmack. Bananen vertragen weder plötzliche Temperaturschwankungen noch Temperaturen unter minus zwei Grad.

Fenster in die Vergangenheit

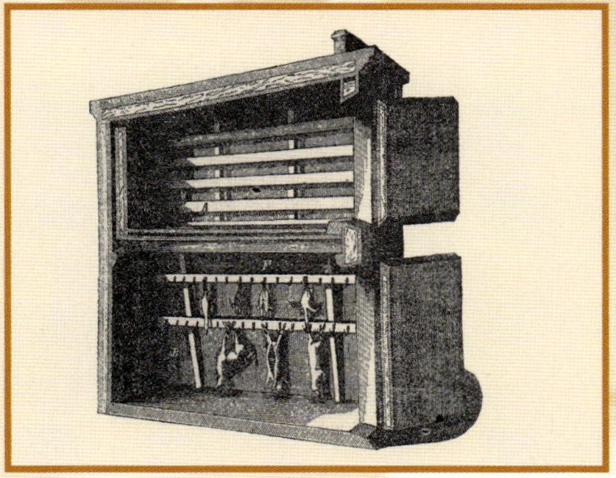

Was nicht in die Speisekammer kam, wurde einst im Eishaus aufbewahrt – eine Vorrichtung, die im 19. Jahrhundert ständig verbessert wurde.

Großmutters Schlaraffenland *war die Speisekammer. Vor dem Bauboom und der Modernisierungswelle der 1960er-Jahre verfügten noch sehr viele Häuser und Wohnungen über eine nordseitig gelegene, oft fensterlose Speisekammer. Auf dem kalten Steinboden lagerte Großmutter in Kisten Gemüse, von der Decke hingen Fleischkäfige, in denen – vor Mäusen und Fliegen geschützt – Fleisch und Speck aufbewahrt wurden. In den Regalen standen Steinzeugkrüge mit eingelegtem Gemüse, irdene Gefäße mit getrockneten Bohnen und Erbsen, Gläser mit Marmeladen und Kompotten, Blechdosen mit Gebäck, Tee und Zucker, Gurkenfässchen, Schmalztöpfe. An den Regalen hingen Netze mit Obst und Nüssen und Leinensäckchen mit getrockneten Kräutern … Großmutters Speisekammer war ein Schlaraffenland, in das sich die Kinder recht gerne einmal »verirrten«.*

Der Vorratskeller – einst neben der Speisekammer der wichtigste Ort der Aufbewahrung von Lebensmitteln. Aber auch in Zeiten des Kühlschranks und der Tiefkühltruhe bleibt er ein idealer Ort für die Lagerung von Obst, Kartoffeln und anderen Nahrungsmitteln.

Brot gehört in den Brotkasten

Frisches Brot bewahren Sie wie Großmutter im Brotkasten auf. Achten Sie darauf, dass er gut schließt! Dann bleiben Weißbrot und Brötchen bis zu zwei Tage, Vollkornbrot bis zu zehn Tage weich.

Frischmilch – haltbar durch Erhitzen

Bei Frischmilch droht auch im Kühlschrank Sauerwerden. Dagegen hilft nur die traditionelle Kurzzeiterhitzung: Sie erhitzen die Milch für 15 bis 30 Sekunden auf 72 bis 75 Grad, dann bleibt sie im Kühlschrank acht Tage haltbar.

Butter vor Sauerstoff schützen

Großmutter wusste, dass man Butter mehrere Wochen aufbewahren kann, vorausgesetzt sie lagert kühl und luftgeschützt. Die gute alte Butterdose hat schon ihren Sinn; denn Sauerstoff verursacht Ranzigwerden.

Obst und Gemüse trennen

Da die so genannten Reifegase von Früchten Ihr Gemüse schneller altern lassen, sollten Sie Obst und Gemüse immer getrennt lagern.

Die Käseglocke

Schon wegen seines »raumfüllenden« Dufts sollten Sie reifen Käse unter der Käseglocke aufbewahren. Und zwar an einem Ort mit hoher Luftfeuchtigkeit! Sonst trocknet er rasch aus. Ganze Käselaibe hat man für die Lagerung früher in einen gesalzenen und feucht gehaltenen Lappen gewickelt.

Kartoffeln, Rüben und Kohl überwintern im Keller

Haben Sie einen »altmodischen« Keller ohne Heizung? Wenn Sie ihn dann noch vor Lichteinstrahlung schützen – eventuell Fenster verdunkeln, damit die Knollen nicht grün werden – und für gute Luftfeuchtigkeit sorgen, können Kartoffeln hier überwintern. Zur Lagerung empfehlen sich Lattenkisten oder Roste, die auch von unten Luftzirkulation zulassen. Großmutter lagerte so auch, ohne große Qualitätsverluste, gelbe und rote Rüben (bis zu fünf Monate) und Kohl (zwei Monate).

Achtung: Das Gemüse immer wieder auf Fäulnis kontrollieren!

Meerrettich – in sandiger Erde

Bevor Sie Meerrettichwurzeln zur Lagerung in Kistchen mit sandiger Erde geben, sollten Sie die Faserwurzeln wegschneiden, weil er sonst treibt und die Schärfe verliert.

Zwiebel- und Knoblauchzöpfe

Großmutter legte Zwiebeln und Knoblauch nach der Ernte zum Trocknen aus und flocht dann aus dem dürren Laub Kränze oder Zöpfe, die an einem kühlen, trockenen Ort aufbewahrt wurden.

Äpfel und Birnen mögen es dunkel und kühl

Früher gab es in den Häusern immer einen ungeheizten Raum, in dem es wunderbar nach Äpfeln und Birnen duftete. Tatsächlich sind das ausgesprochene Lagerfrüchte: Sie legen sie einzeln nebeneinander – die Äpfel auf dem Stiel, die Birnen auf der »Blume« – und können sie so bei einer Temperatur von unter fünf Grad monatelang aufbewahren.

Einst zum Schutz von Lebensmitteln unabdingbar – der Fliegenschrank

Der Schwerpunkt-Tipp

Der eiserne Vorrat

Da die Einkaufsmöglichkeiten früher bedeutend begrenzter waren als heute, hatte Großmutter immer einen eisernen Vorrat zu Hause. Ein solcher empfiehlt sich auch für den modernen Haushalt. Am besten lagern Sie ihn in einem Schrank an einem kühlen Platz oder in der Speisekammer.

Die gute, alte Speisekammer – der ideale Ort für den eisernen Vorrat

Gute Gründe

Häufiges Einkaufen kostet viel Zeit – und Geld. Auch wer »nur rasch« etwas holen geht, erliegt im Nu den Verführungskünsten der Supermärkte und bringt Dinge mit nach Hause, die er gar nicht braucht. Darüber hinaus liefern überraschende Besucher, eine exponierte Wohnlage, eine Krankheit oder schlechte Witterung genügend gute Gründe für einen eisernen Vorrat.

Verbrauchen und erneuern

Der eiserne Vorrat besteht aus begrenzt haltbaren Lebensmitteln, die Sie regelmäßig verbrauchen und wieder ergänzen. Viele gute und nahrhafte Gerichte erfordern keine Frischprodukte, sondern werden aus den eisernen Reserven gekocht.

Das gehört zum eisernen Vorrat

Wer folgende Nahrungsmittel – eine bewährte Mischung von Süßem, Salzigem und Saurem – immer zu Hause hat, kommt nie in Verlegenheit:

Grundnahrungsmittel: 1 kg Reis • 1 kg Zucker • 1 kg Mehl • 1/2 kg Salz • 2–3 kg Kartoffeln • 1 Glas Pulverkaffee • 1 Dose löslicher Kakao • 1 Packung Tee • Zwieback; Knäckebrot.

Fette: 1 kleine Flasche Olivenöl • Pflanzenfett oder Margarine 1 Tube Mayonnaise.

Tierische Produkte: 2–3 Dosen kondensierte Milch • Frühstücksspeck in der Dose • 1 Dose Würstchen • 1 Dose Corned Beef • 1 Dose Leberwurst • 10 Eier • je 1 Dose Hühner- oder Ochsenschwanzsuppe • 1 Dose Ölsardinen • 1 Dose Thunfisch • 2 Dosen Gulasch.

Gemüse: 2 Zitronen • 1/2 kg Zwiebeln • 2 Gläser Mixed Pickles 1 Dose gebackene Bohnen • 1 Dose grüne Erbsen • 1 Glas Spargel 1 Glas Gewürzgurken • 1 Glas Oliven • 1 Glas Silberzwiebeln 1 Dose Sauerkraut • je eine Packung getrocknete Linsen, Erbsen und Bohnen.

Süße Vorräte: 1 Dose Pfirsiche • 1 Dose Aprikosen • 1 Glas Apfelmus • 1 Dose Grapefruitsaft • 2 Tafeln Schokolade • 2 Gläser Marmelade • 1 Glas Honig • 1 Flasche Fruchtsirup.

Würz- und Backmittel: 1 Dose Tomatenmark • 1 Tube Senf • 1 Glas Meerrettich • verschiedene Brühwürfel • Puddingpulver • Backpulver • 1 Flasche Essig.

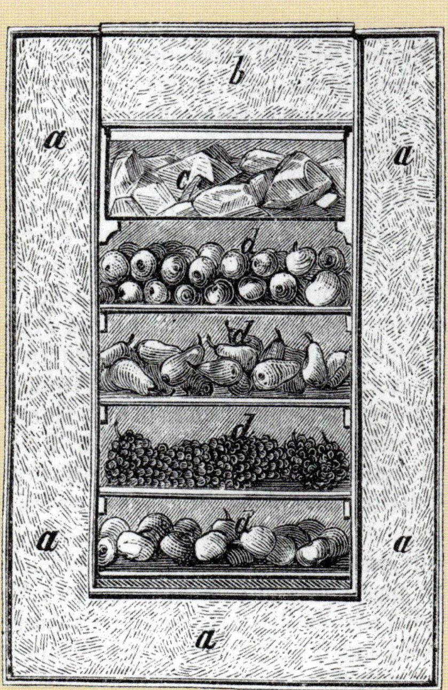

Ein aufwändig konstruierter Obstkonservierungskasten des 19. Jahrhunderts mit verschiedenen Fächern zur längerfristigen Aufbewahrung von Obst

Alte Konservierungs-methoden

Trocknen, Säuern, Pökeln, Räuchern, Einmachen, Einsieden ... Großmutters bewährte Methoden, Nahrungsmittel haltbar zu machen, sind zwar durch die Technik des Tiefkühlens und ganzjährig verfügbare Frischprodukte in den Hintergrund getreten, haben aber nicht ihre Bedeutung verloren. Nach wie vor werden in vielen Haushalten Lebensmittel eingemacht oder auf eine andere traditionelle Weise konserviert. Das schmeckt eben oft nicht nur besser – man weiß auch, was drin ist!

Früher eine wichtige Möglichkeit, Obst auf Dauer zu konservieren, heute vor allem eine Methode, eine gesunde Nasch-Alternative herzustellen: das Trocknen von Früchten.

Kräuter und Pilze trocknen

Petersilie aus dem eigenen Garten im Winter? Durch Trocknen ist das möglich. Bei kleinblättrigen Kräutern zupfen Sie die Blätter zum Trocknen am besten mit dem Stiel ab. Fein geschnitten werden großblättrige Kräuter wie Borretsch, aber auch Karotten und Sellerie für das Suppengrün. Pilze müssen Sie, weil sehr leicht verderblich, in feine Scheiben schneiden, damit sie möglichst schnell austrocknen. Die so vorbereiteten Kräuter und Pilze breiten Sie zum Trocknen auf glattem Papier aus, und zwar an einem lichtgeschützten Ort mit warmer, trockener, frei zirkulierender Luft. Wenn Ihr Trockengut hörbar knistert, ist es trocken genug, um in gut verschließbare Gläser abgefüllt zu werden.

Was passiert bei der Lufttrocknung?

Dörrfleisch und getrockneter Fisch sind uralte Nahrungsmittel, die schon bei Naturvölkern die regelmäßige Versorgung mit tierischem Eiweiß sicherten. Bei der Lufttrocknung von Lebensmitteln wird durch die Reduktion des Wassergehalts unerwünschten Bakterien der Nährboden entzogen. Deshalb verderben getrocknete Lebensmittel wesentlich später als frische.

Luftgetrockneter Schinken

Obst trocknen und dörren

Äpfel schneiden Sie zum Trocknen in Scheiben, die Sie nebeneinander auf glattes Papier legen – an einem lichtgeschützten Ort mit warmer, trockener, frei zirkulierender Luft. Kleine Birnen, Pflaumen und Aprikosen werden üblicherweise im Ganzen getrocknet beziehungsweise gedörrt. Früher gab es dafür einen Dörrofen, heute legen Sie die Früchte für etwa sechs Stunden ins Backrohr bei 50 Grad. Geduld ist besonders bei saftreichen Früchten wichtig, weil sie sonst zwar außen hart und trocken, innen aber noch nass und zäh sind. Unter Ihr selbst hergestelltes Trockenobst, aber auch unter gekaufte Rosinen oder Feigen, sollten Sie sehr fein geschnittene Safranwurz *(Curcuma longa)* mengen. Das hält Wurmbefall fern.

Sauerkraut selbst gemacht

Wie wär's mit selbst gemachtem Sauerkraut? Unter fünf Kilo Weißkohl sollten Sie allerdings gar nicht anfangen, sonst gelingt es nicht. Sie hobeln den rohen Kohl – ohne Strunk und die äußeren Blätter –, wiegen und salzen ihn (auf ein Kilo Kohl 20 Gramm Salz), geben Kümmelkörner und getrocknete Wacholderbeeren dazu. Das alles wird vermengt durchgeknetet, dann in eine Gärkruke (ein Gärgefäß) oder ein gut verschließbares Behältnis gegeben. Darin müssen Sie die Masse mit den Fäusten fest stampfen. Jetzt tritt bereits Saft aus. Sie schließen Gärkurke und Gefäß so ab, dass der Saft über der Abdeckung steht, und beschweren die Abdeckung. Damit die Gärung schnell in Gang kommt, lassen Sie das Gefäß mit dem Kraut zunächst drei Tage bei Zimmertemperatur stehen, danach stellen Sie es in den Keller. Nach vier bis sechs Wochen ist Ihr Sauerkraut fertig.

Gemüse sauer einlegen

Ein typisches Großmutter-Rezept sind sauer eingelegte Gemüse wie Gurke oder Kürbis. Zunächst ko-

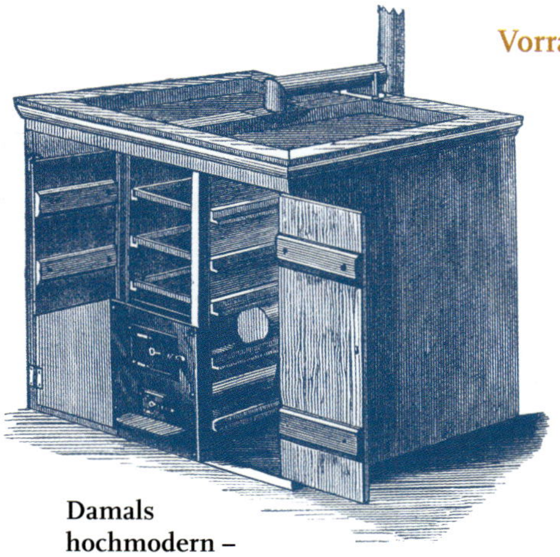

Damals hochmodern – eine Obstdarre aus dem späten 19. Jahrhundert. Früher gab es diese besonderen Öfen zum Trocknen des Obstes, ein gewöhnlicher Backofen oder die Sonne tut's aber auch.

chen Sie einen Sud aus Essigwasser mit Gewürzen und Kräutern (Eichenblätter halten Gurken knackig!), in den Sie dann das Gemüse einlegen. Das Hinzufügen von nicht pasteurisierter Molke und Salzlake, die kein Jod enthält, bewirkt den Gärvorgang, der sich durch ein deutliches Blubbern bemerkbar macht. Jetzt stellen Sie den Topf in den kühlen, dunklen Keller. Nach einigen Wochen ist die Lake vergoren. Eingelegte Gemüse sollten von Zeit zu Zeit kontrolliert werden; wenn sie nicht gut riechen oder angeschimmelt sind – wegwerfen!

Fleisch pökeln

Beim Pökeln geht es darum, dem Fleisch Flüssigkeit zu entziehen, um so die Haltbarkeit zu erhöhen. Sie legen das Fleisch in Salzlake oder bedecken es rundum mit Salz. Die Verwendung des umstrittenen Nitritpökelsalzes, das dem Fleisch seine schöne rote Farbe gibt, ist nicht zwingend notwendig. Wichtig: Abliegen macht das Gepökelte weich und zart! Danach wird es luftgetrocknet oder geräuchert.

Fleisch und Fisch räuchern

Was in einer Räucherkate geschieht, ähnelt dem Lufttrocknen. Der Rauch von Holzfeuern imprägniert die äußere Schicht gegen Bakterien und Fäulniserreger und gibt Fleisch, Fisch und auch Käse ein besonderes Aroma, das durch die Beigabe von Wacholderbeeren, Kümmel oder Kiefernzapfen nuanciert wird. Wer diese uralte Konservierungsmethode einmal ausprobieren will, findet im Fachhandel praktische Mini-Räuchergeräte. Die Konservierungsdauer hängt von der Stärke der Räucherung ab. »Heiß geräuchert« (60–100 Grad) werden Brät- und Fleischwürste, die für den baldigen Verzehr gedacht sind. Das »Kalträuchern« bei 16 bis 26 Grad wird bei tierischen Produkten angewandt, die länger haltbar gemacht werden sollen, beispielsweise Speck, Dauerwurst, Räucherlachs oder Hering.

Bestes Fleisch und ein traditionsreiches Verarbeitungsverfahren lassen eine echte Spezialität entstehen: Schinken aus Hochsavoyen in der Räucherkammer.

Fenster in die Gegenwart

Chemische Konservierungsstoffe sind weit verbreitet. E 200, E 210, E 233, E 385 ... Das alles und noch viel mehr enthalten Lebensmittel, die heute über die Scannerkasse in unsere Einkaufstüten gelangen. Der Chemiker erkennt diese Ziffercodes als die chemischen Konservierungsstoffe Sorbinsäure, Benzoesäure, Thiabendazol, Calciumdinatriumethylendiamintetraacetat. Nicht alle dieser Stoffe werden synthetisch im Labor erzeugt; die Sorbinsäure (E 200) etwa ist in der Vogelbeere enthalten. Aber die Entstehung einer globalen Lebensmittelindustrie und der Erfolg von Fertignahrung wurden erst durch eine Vielzahl moderner chemischer Konservierungsstoffe möglich. Jeder einzelne dieser Stoffe ist nach strengen Kriterien als nicht gesundheitsschädlich eingestuft. Doch in Summe? Benzoesäure (E 210), enthalten in Fertig-Mayonnaisen und Gemüsekonserven, kann Allergien hervorrufen, ebenso E 385, zu finden in Fischdosen. E 233, das Zitrusfrüchte und Bananen haltbar macht, hat im Tierversuch Nierenschäden und Blasenkrebs verursacht. Kontrollieren Sie also die Zusatzstoffe, die Sie mit Fertiggerichten, Getränken und Süßigkeiten regelmäßig zu sich nehmen. Sicherer ist es, den Genuss dieser Produkte einzuschränken und auf Selbstgemachtes zurückzugreifen.

Neue Formen der Konservierung im 19. Jahrhundert

Schon die portugiesischen Weltentdecker suchten nach Methoden, um Proviant für lange Seereisen zu konservieren. Aber erst die Ernährungsproblematik von Napoleons *Grande Armee* auf ihren Feldzügen quer durch Europa leitete Anfang des 19. Jahrhunderts die Erforschung der Hitzekonservierung ein. Zum Meilenstein wurde die Pasteurisierung, eine Entwicklung des großen Chemikers und Bakteriologen Louis Pasteur. Konservendosen und Weckgläser eroberten die Haushalte. Und dank neuartiger Trocknungs- und Extrahierungsverfahren wurden in den Kaufmannsläden und Warenhäusern nun Lebensmittel angeboten, die vorher völlig unbekannt waren.

Es war der Pariser Konditor François Nicolas Appert, der 1809 den von Napoleon ausgeschriebenen Wettbewerb gewann, wie Soldaten mit haltbarem Proviant versorgt werden könnten. Er füllte Lebensmittel in Glaskrüge und stellte diese leicht verschlossen in kochendes Wasser. Danach wurden die Krüge luftdicht versiegelt. Eigentlich kann Appert als Erfinder des Einsiedeglases gelten, doch folgte dieser Methode der Hitzekonservierung 1810 zunächst einmal das Patent für die Konservendose.

Kaufte man vor hundert Jahren »Liebig's Fleischextrakt«, bekam man ein liebevoll gestaltetes historisches Sammelbild – eine wegweisende Form der Kundenbindung, die uns auch heute noch vertraut ist.

In früheren Zeiten nicht ungefährlich: Konservendosen

Eingereicht hat das Patent der Engländer Peter Durand, der Dosen aus verzinntem Stahl- und Eisenblech fertigte. Die industrielle Herstellung lief erst nach der Londoner Weltausstellung von 1851 an, auf der sich die Besucher davon überzeugen konnten, dass die Speisen aus einer 38 Jahre alten Konservendose nichts an Wohlgeschmack eingebüßt hatten. In wohlhabenden Kreisen wurde es daraufhin schick, Gästen aus Konserven komponierte Menüs aufzutischen. Auch in Deutschland blieben Konserven zunächst nur für die betuchten Schichten erschwinglich. In diesem Fall waren die Armen die Glücklichen; denn das noch nicht ausgereifte industrielle Verfahren wies Mängel auf, die besonders bei Fleischkonserven oft zu lebensgefährlichen Vergiftungen führten. Tragisch war das Schicksal der britischen Polarexpedition unter Sir John Franklin Mitte des 19. Jahrhunderts, deren Ausstattung dem neusten Stand der Technik entsprechen sollte. Deshalb nahm man zur Versorgung der Mannschaft die damals hochmodernen Konservendosen an Bord. Niemand kehrte aus dem ewigen Eis zurück. Alle starben – an Bleivergiftung.

Erst in unserer Zeit haben sich diese gravierenden Probleme erledigt: Heutige Konservendosen sind meist inwendig mit einem Kunststofffilm versehen, der Oxidation verhindert. Außerdem werden Gemüse und Früchte schon wenige Stunden nach der Ernte verarbeitet, so dass – trotz der Hitzeeinwirkung beim Konservieren – der Vitamingehalt oft sogar höher ist als bei zu lange gelagerter Frischware.

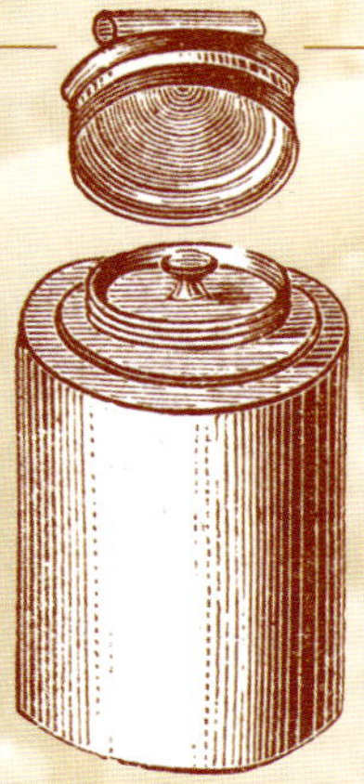

Milch in Dosen

Die erste industriell hergestellte Kondensmilch – hocherhitzte Milch, die bei Unterdruck eingedickt wird – kam 1856 in den USA in den Handel, in Deutschland wurde sie, gezuckert, erstmalig 1886 von »Pfunds Molkerei« in Dresden angeboten. Noch heute im Handel ist die »Bärenmarke«, ursprünglich ein Produkt der 1892 gegründeten Berner Alpen Milchgesellschaft. Sie brachte 1912 in Deutschland die erste ungezuckerte, zehnprozentige Kondensmilch auf den Markt. Das Etikett zierte – und ziert – das Wahrzeichen von Bern, der Bär.

Der Siegeszug des Weckglases

Schon um 1700 experimentierte der Franzose Denis Papin mit der Konservierung von Gelees und Kochfleisch in abgedichteten Kupfertöpfen. Doch erst sein Landsmann, der große Chemiker Louis Pasteur (1822–1895), schuf mit einem neuartigen Verfahren zur Abtötung von Mikroorganismen durch Hitze – »Pasteurisierung« – die wissenschaftliche Basis für die Hitzekonservierung. 1880 ließ der Gelsenkirchner Chemiker Rudolf Rempel Gläser patentieren, deren Ränder glatt geschliffen und die mit Gummiringen und Blechdeckel verschließbar waren. Er konstruierte auch Apparate, die die Gläser während des Einkochens geschlossen hielten.

Zu Rempels ersten Kunden gehörte Johann Weck (1841 bis 1914), der im Jahr 1895 das Alleinverkaufsrecht an den Gläsern und Geräten erwarb. Fünf Jahre später gründete Weck im baden-württembergischen Öflingen die

Fleischkonservenfabrik im uruguayischen Montevideo 1920. Die Erfindung der Konservendose im 19. Jahrhundert bedeutete eine Revolution in der Nahrungsmittelkonservierung. In der Folge entstanden vielerorts entsprechende Fabriken.

Firma J. Weck u. Co – der Siegeszug des Einweckens begann. Bis in die 1960er-Jahre kochten 90 Prozent aller deutschen Haushalte in Weckgläsern und Weckflaschen Obst, Gemüse und Pilze ein.

Der Gesundheitsapostel und die Cornflakes

Zwei ungleiche amerikanische Brüder – der Arzt John Harvey Kellogg, in dessen Sanatorium alle Genussmittel strikt verboten waren, und der deutlich weniger prinzipienfeste Will Kellog – entwickelten Ende des 19. Jahrhunderts eines der erfolgreichsten Lebensmittel unserer Zeit: die Cornflakes. Weizen wurde gekocht, gepresst und wärmegetrocknet, danach lag er in dünnen Knusperstückchen vor. Dass Will heimlich Zucker beimischte, konnte ihm der fanatisch asketische Bruder nicht verzeihen. Es kam zum Bruch. Doch die gezuckerten Flocken erfreuten sich größter Beliebtheit. So gründete Will, der clevere Geschäftsmann, 1906 »Kellog's Cornflakes«. Berühmt ist auch die paradoxe Geschichte vom Lieferengpass des jungen Betriebs. Die Anzeige »Essen Sie bitte 30 Tage keine gerösteten Cornflakes« hatte nämlich den gegenteiligen Effekt: Die Nachfrage explodierte.

Schnelle Küche mit Liebigs Fleischextrakt

Welche Erleichterung es für die Hausfrau des 19. Jahrhunderts darstellte, Fleisch nicht mehr kochen zu müssen, um eine Suppe auf den Tisch zu bringen, können wir uns heute, da Fertigprodukte den Lebensmittelmarkt überschwemmen, nicht mehr vorstellen. Am Anfang der schnellen Küche stand »Liebigs Fleischextrakt« – »nur echt mit dem blauen Namenszuge quer durch die Etiquette«, wie es in alten Kochbüchern heißt. Zunächst vertrieb der Chemiker Justus von Liebig (1803–1873) sein »Fleischinfusum« über Münchner Apotheken. Zum Massenprodukt wurde »Liebigs Fleischextrakt« erst nach 1862, nachdem der Ingenieur Georg Christian Giebert die Lizenz zur Großproduktion in Südamerika erworben hatte, wo riesige Rinderherden den nötigen Rohstoff lieferten. Pures Rindermuskelfleisch – 30 Kilo für ein Kilo Extrakt – ohne weitere Zutaten enthält bis heute »Liebigs Fleischextrakt«, der in der feineren Küche noch immer zur Bouillonzubereitung Verwendung findet.

Die im 19. Jahrhundert entstandenen Weckgläser und andere in der Folge auf den Markt gekommene Formen von Einmachgläsern – hier ein Produkt der Firma Rex – erleichterten den Hausfrauen das Einmachen von Lebensmitteln.

Gezuckerte Früchtchen auf Vorrat: Marmeladen, Gelees, Kompotte

Hausgemacht liegt im Trend! Mittlerweile werden wieder 50 Prozent der in Deutschland verzehrten Marmeladen selbst hergestellt. Wie wäre es mit einer Erweiterung des süßen Repertoires? Großmutter hat aus Zucker und Obst noch sehr viel mehr haltbare Köstlichkeiten gezaubert, mit denen sie ihre Lieben das ganze Jahr über verwöhnte.

Farbechte Marmeladen

Vielleicht kennen Sie das Problem: Nach wenigen Monaten sind Ihre selbst eingekochten Himbeer- und Erdbeermarmeladen nicht mehr rot, sondern braun. Damit Marmelade ihre frische, schöne Farbe behält, muss sie vor allem dunkel gelagert werden. Außerdem sollten Sie sich exakt an die überlieferten Rezepturen halten und die klein geschnittenen Fruchtstücke erst dann in den Topf geben, wenn sich der mit Wasser aufgesetzte Zucker am Topf weiß und grießartig trocken ansetzt.

Feinste Gelees

Die Zierde auf Großmutters Frühstückstisch war das Geleetöpfchen, und wenn es etwas ganz Besonderes sein sollte, war es aus Brombeeren, Hagebutten, Quitten oder Holunder gemacht. Zwar ist die Zubereitung von Gelee aufwändiger als die von Marmelade, aber dafür ist das Geschmackserlebnis nicht zu übertreffen. Gelee wird durch Aufkochen von Fruchtsaft mit Zucker zubereitet, am besten eignen sich nicht ganz ausgereifte Früchte säuerlichen Charakters. Den Fruchtsaft gewinnen Sie auf viererlei Weise: durch Auspressen mit einer Fruchtpresse, durch Erhitzen der Früchte im Wasserbad und anschließendes Durchseihen, durch Kochen mit Wasser und anschließendes Filtern, durch Einzuckern der Früchte. Wie auch immer, das Grundrezept lautet schlicht und einfach: ein Kilo Zucker auf einen Liter Saft. Unverzichtbar ist die Gelierprobe: Sie lassen einige Tropfen vom Kochlöffel auf einen Teller rinnen. Wird die Masse sofort fest, kann der Topf vom Feuer genommen und das Gelee in Gläser abgefüllt werden.

Extratipp: Der Saft von einer Zitrone auf einen Liter Fruchtsaft ergänzt fehlende Säure und erhöht die Gelierfähigkeit.

Kompott – hohe Schule des Einweckens

Nie ging Großmutter ohne Einsiedekalender und Sterilisiertabelle (mit genauen Angaben zum Verhältnis von Menge, Hitze und Kochzeit) an die Arbeit. Einmachen erfordert Sachverstand, Sorgfalt und Reinlichkeit. Hier einige Tipps, die für jedes Rezept gelten: Die Gläser, Gummiringe und Deckel werden in heißem Sodawasser gespült und gestürzt an der Luft getrocknet. Nehmen Sie nur festfleischige, rohe Früchte, die Sie zunächst, um Verfärben zu verhindern, mit mildem Zitronenwasser vorbehandeln. Ungeschältes Obst wird, damit es beim Sterilisieren nicht aufplatzt oder später hochsteigt, »gestupft«: Sie stechen die Haut mit Stecknadeln

Ein wunderbares Vergnügen am Morgen – selbst gemachte Marmelade ist die Krönung eines gelungenen Frühstücks.

Schaum abschöpfen

Den Schaum, der sich beim Einkochen von Marmeladen oder Gelees auf der kochenden Frucht-Zucker-Masse (»Salse«) bildet, schöpfen Sie am wirkungsvollsten mit einem Silberlöffel ab. So wird die Marmelade klar, und es bilden sich, abgefüllt im Glas, auf der Oberfläche keine weißlichen Ablagerungen, die zwar harmlos sind, aber nicht appetitlich aussehen. Um eine glänzende Oberfläche zu erhalten, können Sie vor dem Verschließen des Glases auch ein akkurat zugeschnittenes, in Rum getauchtes Pergamentpapier einlegen.

Marmeladen, Gelees, Eingemachtes, Kompotte ... Obst bietet vielfältige Möglichkeiten des Einmachens. Die Mühe lohnt sich, sind doch die Resultate sehr wohlschmeckend!

ein. Wenn Sie die Früchte in die Gläser geben, dann möglichst dicht und bis zum Rand! Nachdem Sie die Gläser mit der Zuckerlösung aufgefüllt haben, müssen Sie alle Rückstände auf dem Glasrand beseitigen. Auf den trockenen Glasrand legen Sie den trockenen Gummiring.

Die Dauer des Sterilisierens im Wasserbad richtet sich nach Art und Größe der Früchte. Während des Erhitzens dehnt sich die Luft im Glas aus, beim Abkühlen entsteht ein starker Unterdruck, der den Deckel dauerhaft auf das Glas presst. Ist die Prozedur beendet, stellen Sie die Gläser auf einen Holzrost und lassen sie abkühlen. Wenn sie ganz kalt sind, überprüfen Sie den Verschluss, ob er auch wirklich fest sitzt. Das zeigt an, dass Unterdruck im Glas ist und von außen keine Luft eindringen kann. Erst zwei bis drei Tage später, nach wiederholtem Prüfen, stellen Sie die Kompottgläser auf die Vorratsregale. Kühl und dunkel gelagert, bleibt Eingekochtes Monate, sogar Jahre haltbar.

Omas Rumtöpfchen

Dem Rumtopf galt Großmutters besondere Liebe und monatelanges Augenmerk. Wie der Name schon sagt, brauchen Sie dazu einen Topf – am besten aus Steingut – und jede Menge Rum, außerdem Zucker und verschiedene Früchte, die ihrer Reifezeit entsprechend Schicht auf Schicht in den Topf kommen: zuerst Erdbeeren, dann Kirschen, Johannisbeeren, Himbeeren, Pfirsiche, Aprikosen, Sauerkirschen ... Vor dem Einlegen reinigen und entkernen Sie die Früchte, schneiden größere in mundgerechte Stücke, schälen und überdünsten harte Früchte wie beispielsweise Quitten – und wiegen sie; denn auf 100 Gramm Obst kommen 100 Gramm Zucker. Wenn Sie eine Schicht Obst eingelegt und den Zucker darüber gestreut haben, wird mit Rum aufgegossen. Die Früchte müssen immer vollständig mit Rum bedeckt sein, sollten aber nicht darin schwimmen! Nach jeder Füllung wird der Rumtopf mit Pergamentpapier bedeckt, zugebunden und an einen kühlen, dunklen Ort gestellt. Und wenn die kalte Jahreszeit da ist, kann der Rumtopf genossen werden.

Vorsicht: Die Früchte sind süß, aber prall gefüllt mit Alkohol, also nicht für Kinder geeignet! Nutzen Sie den Rumtopf, um »Erwachsenen-Desserts« das gewisse Etwas zu verleihen. Auch wenn Obst beim Einlegen in konzentrierte Alkohollösungen an Eigengeschmack und Nährwert verliert, so bleiben Omas alkoholisierte Früchtchen doch eine ganz besondere Köstlichkeit.

Ein Traditionsaufstrich: Latwerg

Latwerg ist ein Obstmus, das in der Regel aus Pflaumen hergestellt wird. In rheinhessischen Dörfern hing im Spätsommer der Duft von gekochten Pflaumen in der Luft. Das Obst wurde in riesigen Mengen stundenlang in großen Kesseln bei niedriger Hitze gerührt. Das Pflaumenmus musste schließlich für alle reichen. So nennen alte Rezepte Maßangaben von zweieinhalb Zentner Obst, 15 bis 20 Pfund Zucker und 50 Liter Wasser, dazu kamen meist Gewürze, die man von der Weihnachtsbäckerei kennt: Zimt, Anis, Koriander, Muskat, Ingwer. Eine beliebte Alternative zum Pflaumen- war Birnenlatwerg: Zu 250 Gramm geschälten und geputzten Birnenstücken geben Sie 250 Gramm Zucker und rühren das Ganze auf kleiner Flamme gleichmäßig und ausdauernd, bis die Masse eine fast schwärzliche Farbe annimmt. Stilgerecht füllen Sie das Birnenmus in Steintöpfchen und bewahren es an einem kühlen Ort auf.

Apfelgelee nach Großmutters Art

Kochen und Ernährung – Wissensschatz aus alten Zeiten

In allen Zeitaltern haben Völker auf allen Kontinenten ihre eigene Kochkunst entwickelt. Landesküchen waren Ausdruck des Wohlstands einer Gesellschaft, mehr noch: Spiegel einer ganzen Kultur. Heute kommen wir in den Genuss »globaler« Gaumenfreuden, doch daneben kann die traditionelle deutsche Küche durchaus bestehen. Es lohnt sich, ihre von Generation zu Generation überlieferten Geheimnisse zu entdecken.

»Eigener Herd ist Goldes wert«

Noch in der Zeit von Goethe und Schiller war ein Kochherd nur eine aufgemauerte offene Feuerstelle. Der Kochtopf hing an einem eisernen Haken über dem Feuer oder stand auf einem Dreifuß mitten in den Flammen. Ab Mitte des 19. Jahrhunderts setzte sich die geschlossene Feuerung mit Holz oder Kohle durch, an der Wende zum 20. Jahrhundert zumindest in den Städten der Gasherd. In den heutigen Küchen dominiert der mit allen Schikanen ausgestattete Elektroherd.

Heute wird man wohl nur noch selten auf solch historischem Gerät Speisen zubereiten, doch ist es ein echtes Erlebnis, einmal mit Holzfeuerung zu kochen.

Kochen… mit Holzfeuerung

In alten Bauernhäusern oder Berghütten gibt es ihn noch, den mit Holz beheizten Küchenherd, der für unsere Urgroßmütter zum Alltag gehörte. Er verströmt eine einzigartige Behaglichkeit – vorausgesetzt das Heizen wird beherrscht. Wichtig ist der gute Zug. Deshalb müssen Sie den Feuerraum unter der Herdplatte vor dem Heizen von Asche und Schlacken befreien, ebenso von der Flugasche, die sich im hinteren Bereich ansammelt. Auch diese beeinträchtigt das Erhitzen des Bratrohres und des Wasserkessels. Zunächst fachen Sie mit dünnen, trockenen Holzspänen und wenig Papier ein kleines Feuer an, dann kommen die größeren Holzscheite darauf. Immer soll der ganze Rost mit Brennmaterial bedeckt sein, um überflüssige Luftzufuhr zu vermeiden und die gesamte Herdplatte zu erhitzen.

… mit Gas

So lästige Begleiterscheinungen wie fauliger Geruch oder unsauberes Gas, unter denen unsere Großmüt-

Urgroßmutters raffinierter Kohleherd

Bis vor rund 100 Jahren wurde zwar durchweg mit Kohle oder Holz geheizt, doch die damaligen Herde waren, zumindest in den großbürgerlichen Haushalten, bereits ausgesprochen raffiniert: Sie verfügten über eine große Glühplatte, weniger heiße »Kochfelder« am Rand, ein oder zwei Bratröhren, eine Bratspießvorrichtung, einen Wasserkessel mit Zapfhahn, diverse Wärmefächer zum Vorwärmen von Tellern und Schüsseln sowie zum Warmhalten der fertigen Speisen. Und von der Abhitze dieser zumeist gusseisernen Herde konnte noch ein Nebenzimmer beheizt werden.

ter zu leiden hatten, sind heute überhaupt kein Thema mehr. Kochprofis halten Gasherde sogar für das einzig Wahre. Die schnelle, stufenlose Hitzeregulierung ist in jedem Fall ein Vorteil. Beim Kochen mit Gas sollten Sie darauf achten, dass die Flamme nicht größer ist als der Boden des Topfes oder der Pfanne. Sonst verschwenden Sie nur Energie, ohne zusätzlichen Nutzen. Auch Verdunsten oder Verdampfen von Wasser ist unnötiger Wärmeverlust. Ein gut sitzender, schwerer Topfdeckel und aufmerksames, rechtzeitiges Kleinstellen der Flamme sind Voraussetzungen für perfektes Kochen mit Gas. Flache, weite Kochgefäße sind höheren vorzuziehen. Besonders gut leiten Töpfe und Pfannen mit Kupfer oder aus Gusseisen die Wärme.

... oder mit Strom

Elektroherde mit Kochplatten rufen fast schon nostalgische Gefühle wach. Heutzutage sind Cerankochfelder längst Standard. Ökologisch gesehen ist Elektrizität als Energieträger für das Kochen keine besonders gute Wahl. Aber Elektroherde sind nun einmal sicher und enorm praktisch. Beim Stromsparen können wir von Großmutter lernen. Mit der Garziehmethode – Kartoffeln beispielsweise werden nur angekocht und danach mit der Restwärme der abgeschalteten Platte fertig gegart – oder mit der Verwendung von Dampfdrucktöpfen können Sie bis zu zwei Drittel Strom einsparen. Wichtig ist auch schweres Kochgeschirr, das völlig eben auf der Platte aufliegt, damit keine Wärme verloren geht.

Der altbewährte Gasherd ist eine echte Option auch für die moderne Küche, nicht zuletzt für ambitionierte Köche.

Fenster in die Vergangenheit

Die Kochkiste – hier eine Fotographie aus dem Jahr 1911 – war eine Erfindung für Notzeiten, die heutzutage nicht zuletzt aus ökologischen Gründen interessant ist.

Die Kochkiste *wurde von dem badischen Forstmeister und Erfinder Karl Drais (1785–1851), auf den auch die Draisine und weitere bedeutende Erfindungen wie die Schreibmaschine zurückgehen, entwickelt. Sie erlaubte es, nur mit Sonnenenergie warme Speisen zuzubereiten, und unsere Vorfahren griffen gerne dann auf die Vorrichtung zurück, wenn Brennmaterial Mangelware war. Aber auch heute noch findet die Kochkiste als »Solarofen« Anwendung, etwa bei Trekkingtouren, Expeditionen oder anderen längeren Aufenthalten in freier Natur.*

In der Kochkiste wird unter Verwendung unterschiedlicher Spiegelkonstruktionen, die die Sonneneinstrahlung potenzieren, Wärme erzeugt. Die Hitze, die an einem gewöhnlichen mitteleuropäischen Sonnentag, egal zu welcher Jahreszeit, in der Kiste entsteht, reicht aus, um innerhalb von einer Viertelstunde einen Liter kaltes Wasser zum Kochen zu bringen. Selbstverständlich sind auch andere Kochvorgänge möglich. Gemüse, Reis, Bohnen oder Kartoffeln werden in der Kiste ohne anzubrennen gar.

Eine Variante ist die traditionelle Garkochkiste, eine dick isolierte Holzkiste ohne Spiegelkonstruktion, in der auf dem Kohle- oder Holzherd nur leicht angekoche Speisen energiesparend fertig gegart werden können.

Traditionelle Koch- und Brattechniken

Im Römertopf oder auf dem heißen Stein, am Spieß, im Rohr oder in der Pfanne, mit Fett oder im eigenen Saft, im brodelnden Wasser oder bloß im heißen Dampf ... Es gibt unzählige Methoden, Nahrungsmittel zu garen. Die Zubereitung von warmen Mahlzeiten ist eine individuelle Geschmacksfrage, bei der alte Techniken eine durchaus wertvolle Inspiration sein können.

Braten am Spieß
Für diese Garmethode mit mittelalterlichem Flair eignen sich große Fleischstücke wie Haxen, Rücken, Keulen oder ein ganzes Stück Geflügel. Abfließendes Fett wird in einer Tropfwanne gesammelt. Während das Fleisch am Bratspieß rotiert, bestreichen Sie es immer wieder mit Öl. Spanferkel werden appetitlich gebräunt durch wiederholtes Bestreichen mit Bier. In alten Küchen hat man zum Reflektieren der Hitze auf der dem Feuer abgewandten Seite des Spießes Ofenschirme aus Weißblech aufgestellt.

Fleisch – kurz gebraten
Wenn Großmutter wenig Zeit zum Kochen hatte, gab es das »schnelle« Stück Fleisch aus der Pfanne. Weißes Fleisch wird von jeher langsam durchgebraten. Beim Rindersteak bestimmt der individuelle Geschmack die Garstufen von »durch« über »medium« und »englisch« bis »bleu« (blutig). Die Garzeiten hängen von der Qualität und der Dicke des Fleischstücks ab. Deshalb sollten Sie während des Bratens prüfen, entweder durch Fingerdruck – je mehr das Fleisch nachgibt, umso weniger durch ist es – oder mit der Nadelprobe, bei der die Farbe des austretenden Safts die Garstufe angibt. Prüfen Sie nie mit der Gabel, weil sonst zu viel Saft austritt.

Sonntagsbraten aus dem Rohr
Der traditionelle kulinarische Höhepunkt der Woche braucht große Sorgfalt und Zeit. Große Braten werden auf gehackte Knochen gebettet, mit Fett bestrichen, gewürzt und forciert bei sehr hoher Hitze angebraten. Dann reduzieren Sie die Temperatur stark. Vergessen Sie während des Bratens nicht, mit Wasser oder Fond immer schwach zu untergießen und den Braten mit dem Bratensatz zu übergießen. Vor dem Servieren sollten Sie den Braten unbedingt etwa 15 Minuten ruhen lassen, damit das Fleisch mürber wird.

Turmkochen

Eine Energiesparmaßnahme, die früher am Herd gang und gäbe war! Sie brauchen dazu Töpfe, die sich übereinander stapeln lassen. Im untersten, größten Topf kochen Lebensmittel mit langer Garzeit, etwa Kartoffeln. Darauf wird ein kleinerer Topf gesetzt, in den Zutaten kommen, die eine kürzere Garzeit bei geringerer Temperatur haben, zum Beispiel grüne Bohnen. Im kleinsten und obersten Topf können Sie Speisen aufwärmen. Die traditionelle arabische Küche verwendet den zweiteiligen Couscous-Kochtopf: Im unteren Behälter kochen in einer Bouillon Fleisch, Fisch oder Gemüse, darüber steht ein perforierter Topf mit Grieß, der im Wasserdampf der Bouillon gart.

Herd der 1890er-Jahre

Die klassischen Zutaten Rindfleisch, Zwiebeln und Paprika, vor allem aber eine altbewährte Kochtechnik – langes und am besten wiederholtes Köcheln –, machen ein Gulasch zum Hochgenuss.

Mit Wasser gekocht
Kochen und Sieden unterscheiden sich voneinander durch die Menge der Flüssigkeit, die zum Garen bei über 100 Grad Verwendung findet. Teigwaren kochen in großen Wassermengen, Fleisch siedet gerade nur mit Wasser bedeckt. Wollen Sie Fleisch als Tellergericht servieren, geben Sie es in kochendes Wasser: Sofort schließen sich die Poren, es wird nicht ausgelaugt, bleibt saftig und zart. Suppenfleisch hingegen setzen Sie in kaltem Wasser auf, damit alle wertvollen Mineralien und Nährstoffe in die Suppe gelangen. Ebenfalls in kaltem Wasser aufgesetzt werden Kartoffeln, Hülsenfrüchte, Suppenknochen. Beim Kochvorgang halten Sie die Flüssigkeit stets schwach wallend, womit Sie der Trübung der Suppe oder des Suds vorbeugen.

Dämpfen im Topf
Anders als beim Kochen kommen die Nahrungsmittel beim schonenderen Dämpfen nicht mit Flüssigkeit in Verbindung. Sie garen in einem Behältnis über Wasserdampf. Großmutter benutzte dafür Gittereinsätze, in der traditionellen asiatischen Küche verwendet man Bastkörbe, die in mehreren Etagen in den Dampf gestellt werden. Der Dampfkochtopf ermöglicht es, ohne Fett zu kochen und den delikaten Eigengeschmack wie auch die wichtigsten Nährstoffe von Fisch oder Gemüse zu erhalten.

Vor den Zeiten von Fastfood, Instant-Küche und Convenience-Food war den Hausfrauen die ganze Vielfalt verschiedenster Koch- und Brattechniken vertraut.

Schmoren lassen
Der gute alte Schmortopf (Kasserolle) aus Gusseisen, Steingut oder Emaille ist nach wie vor aktuell. Im eigenen Saft, unter Zugabe von wenig Flüssigkeit, garen bei mittlerer Backrohrtemperatur vor allem die billigeren Fleischstücke oder Gemüseeintöpfe. Je nach Gericht braten Sie das Fleisch entweder vor dem Schmoren kurz an oder geben es roh in den Topf. Ragouts, Rouladen, Sauerbraten – für die Klassiker aus Omas Rezeptbuch ist der Schmortopf unverzichtbar.

Dunstgaren im Römertopf
Der Römertopf, ein Naturprodukt aus Ton, ist etwas aus der Mode gekommen. Dabei schont das Dunstgaren der Speisen nicht nur den Magen des Essers, sondern auch die Nahrungsmittel: Im Römertopf bleiben Aromastoffe, Vitamine und Mineralstoffe weitgehend erhalten! Außerdem sparen Sie überflüssiges Fett. Leichter kann Kochen nicht sein: Zutaten vorbereiten, in den Topf geben, und ab geht´s in den Backofen.

Pochieren
Zu Omas Küchenlatein gehört das Pochieren, das man einfacher als Ziehen bezeichnet. In heißer, aromatisierter Flüssigkeit, deren Temperatur je nach Produkt 79 bis 95 Grad nicht überschreiten darf, werden Eier, Krustentierschwänze oder auch ganze Fische langsam gar. Ganz entscheidend ist die Flüssigkeitsmenge. Eier, Maultaschen oder Grießnocken müssen schwimmen, Fischtranchen ziehen in wenig Gemüsesud.

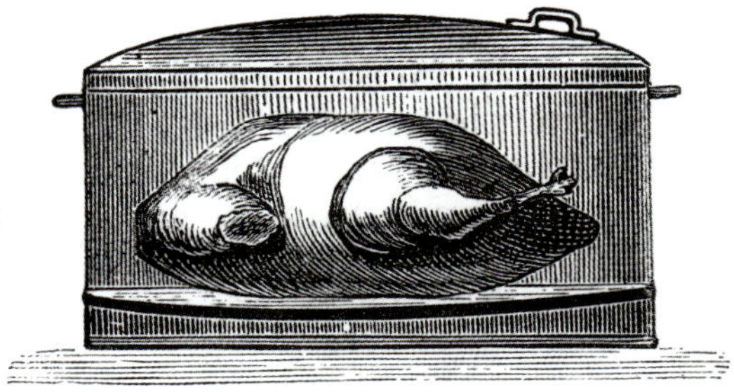

Braten in Kombination mit Dampf – eine besondere Art, Fleisch zuzubereiten, bot dieser Dampf-Bratapparat des späten 19. Jahrhunderts.

Garen im Wasserbad
Viele Spezialitäten aus Großmutters Küche – Flammeries, Charlotten, Eistiche, Parfaits, Terrinen – müssen Sie im Wasserbad garen. Sie füllen die Speise in eine große oder mehrere kleine Formen aus Kupfer, Blech, Porzellan oder Steingut und stellen sie in ein größeres, mit Wasser gefülltes Behältnis. Dieses erhitzen Sie entweder bis 95 Grad auf der Herdplatte oder im vorgeheizten Backrohr (150–190 Grad). Außerdem ist das Wasserbad ein bewährtes Hilfsmittel zum Warmhalten von Reis, Saucen, Gemüsen oder Ragouts.

Braten auf dem heißen Stein

Der Brutzelspaß für gesellige Runden ist ein gesundes Vergnügen: fettlos, vitaminschonend und sehr aromatisch. Im Grunde verkörpert dieser Gaumenschmaus die zeitgenössische Variante einer uralten Kochtechnik, die von vielen Naturvölkern bekannt ist. Brennende Scheite unter einem Steinlager erhitzen die Steine stundenlang, so dass darauf Essen zubereitet werden kann. So einfach geht's: Sie legen Fleisch, Fisch oder Gemüse auf den heißen Stein, lassen kurz – etwa 20 Sekunden von jeder Seite – anbraten, damit sich die Poren schließen. Danach schneiden Sie alles in mundgerechte Stücke. Wie beim Fondue kann dann jeder Gast seine Bissen auf dem Stein fertig brutzeln.

Ein Teller gute Suppe

Die Suppe kam früher täglich auf den Tisch, allein schon aus Gründen der Sparsamkeit: Sie stillt den »ersten Hunger«, so dass es beim Fleischgang nicht schwer fällt, weniger zu essen. Und sie bereitet nicht nur den Magen, sondern den ganzen Menschen auf das Essen vor: Beim langsamen Löffeln der heißen Suppe fällt Stress ab. Darüber hinaus ist sie leicht verdaulich und gleicht Flüssigkeits- und Mineralstoffverluste unmittelbar aus.

Brotsuppen

Brot wegzuwerfen war früher verpönt. Deshalb kennt unsere Küche viele Rezepte für Brotsuppen. Meist wird altbackenes Brot in Fett angeröstet und mit Flüssigkeit aufgekocht. In unseren Breiten bestand die Arme-Leute-Brotsuppe aus Brotresten, Schmalz, Salz und Wasser. Sie können sie durch Bouillon statt Wasser und durch Butter statt Schmalz verfeinern und etwas Knoblauch, geröstete Zwiebeln oder ein Ei dazugeben. Fürstlich kommt die Brotsuppe mit Trüffelspänen daher.

Gebundene Suppen

»Gemachte Suppen« kommen ohne Rinderbrühe aus, waren für die Hausfrau aber nicht nur eine Verlegenheitslösung. Denn diese wohlschmeckenden Suppen bieten viele Abwechslungsmöglichkeiten für den Speisezettel. Basis ist eine meist helle Einbrenne (Mehl und Fett zu gleichen Teilen). Und so vermeiden Sie die gefürchteten Klümpchen: In die erhitzte Einbrenne geben Sie nach und nach kalte Flüssigkeit – Wasser, Milch, Rahm, Wein, sogar Bier – und verrühren alles glatt. Erst dann gießen Sie mit der heißen, separat gekochten Gemüsebrühe auf und lassen die Suppe aufkochen.

Schaum abschöpfen?

Der beim Kochen von Rinder- oder Hühnersuppe aufsteigende Schaum soll abgeschöpft werden, um die Suppe klar zu machen. So steht es in vielen neuen Kochbüchern. Mit dem Trübwerden von Suppe hat er aber nichts zu tun. Im Gegenteil gewinnt die Suppe an Kraft, wenn man ihn ruhig versieden lässt.

Preisgünstig, nahrhaft und wohlschmeckend – der Suppenkasper des »Struwwelpeter« war von letzterer Eigenschaft der Suppe wohl nicht zu überzeugen – mit für ihn schrecklichen Folgen!

Klare Rinderbrühe

Für eine klassische Bouillon setzen Sie Rindsknochen und klein geschnittenes Rindfleisch in kaltem Salzwasser auf. Lichtes Fleisch von jungen Tieren gibt nie eine kräftige Suppe, nehmen Sie dunkles, mit Fett durchzogenes Fleisch. Ein altes Küchengeheimnis: Brühe erhält eine schöne goldene Farbe durch Mitkochen von Zwiebelschalen. Nach knapp zwei Stunden Kochzeit – nur wallend, nicht brodelnd kochen – geben Sie das Suppengrün dazu und lassen es noch eine halbe Stunde mitkochen. Bei Bedarf können Sie die Suppe durch Zusatz von Fleischextrakt kräftiger machen. Klößchen, Nocken, Flädle, Nudeln, Strudel, Backerbsen – alte Kochbücher zählen Dutzende von Einlagen für klare Suppen auf. In jedem Fall sollten Sie vor dem Servieren etwas Schnittlauch über die Suppe streuen.

Klare Hühnerbrühe

Sie legen das rohe, ausgenommene Suppenhuhn als Ganzes in einen ausreichend großen Topf, geben eine halbe, an der Schnittstelle geröstete Zwiebel dazu, eine zerteilte Tomate und das Suppengrün. Füllen Sie nun den Topf mit kaltem Wasser auf, so dass alles gut bedeckt ist. Sie bringen das Wasser – zunächst ohne Deckel – zum Kochen, stellen dann auf niedrige Temperatur und lassen das Suppenhuhn bedeckt bis zu drei Stunden leise vor sich hin köcheln. Hühnerbrühe kräftigt, ohne den Magen zu belasten. Deshalb wurde sie gern als Krankenspeise gereicht. Wenn Sie daraus eine wohlschmeckende Magerkost machen wollen, stellen Sie die fertige Brühe einfach über Nacht in den Kühlschrank. Das Fett lagert sich oben ab, so dass Sie es als Schicht einfach abheben können.

Der Schwerpunkt-Tipp

Suppe mit dem dicken Plus: der Eintopf

Warme, leicht flüssige Gerichte, die aus verschiedenen Zutaten in einem einzigen Topf zubereitet werden, haben eine jahrtausendealte Vergangenheit und sind auf der ganzen Welt verbreitet. All diese traditionsreichen Gerichte unterscheiden sich durch die regionaltypischen Zutaten, nicht aber durch ihre Zubereitung in einem Topf. Im Grunde war der Eintopf das Standardgericht der alten Küche, in der es eben meist nur eine Feuerstelle gab.

Problemlose Zubereitung

Auch Großmutter schätzte preiswerte, kräftige Eintopfgerichte, nicht zuletzt weil sie am nächsten Tag wieder aufgewärmt sogar noch besser schmecken. Das Zusatzplus: Sie machen wenig Arbeit! Schneiden Sie alle Zutaten in mundgerechte Stücke, die Sie zusammen mit Salz und Gewürzen in einen großen Topf geben. Falls Sie ausschließlich Zutaten verwenden, die keine eigene Flüssigkeit ziehen, sollten Sie ein wenig (bloß nicht zu viel!) Wasser oder Brühe dazugießen. Das ideale Kochgeschirr für Eintöpfe – ob Kupferkessel, Gusseisen-Topf oder feuerfeste Keramikterrine – hat einen schweren Boden und einen ebenso schweren Deckel, der nichts vom Schmordampf entweichen lässt. Einmal aufgekocht, braucht der Eintopf nur noch geringe Hitze. Sie können ihn zugedeckt auch ins Rohr stellen, bis er gar ist. Denn ein Eintopf will keine Aufmerksamkeit, sondern Ruhe, bis sich die einzelnen Zutaten zu einem schmackhaften Ganzen vereint haben. Das bedeutet: Wenig oder gar nicht umrühren!

Das komplette Gericht

Wintergemüse sind ideale Zutaten für Eintopfgerichte. Bei der Zusammenstellung der Zutaten sind Ihrer Phantasie keine Grenzen gesetzt. So verbinden sich etwa in einem Kohleintopf Blumenkohl, Rosenkohl, Weißkraut, Wirsing und Kartoffeln zu einem herzhaft aromatischen Genuss. Kartoffeln passen übrigens in praktisch jeden Gemüseeintopf »nach Hausfrauenart«. Für einen sämigen Eintopf wählt man am besten mehlige Kartoffelsorten, die sich ganz verkochen. Wenn Sie dagegen beim Essen noch den Biss spüren wollen, nehmen Sie festkochende Kartoffeln. Ob Speck, Hackfleisch, Geflügel, Hammel, Wildschwein oder Pökelfisch – Fleisch und Fisch, auch in sparsamen Mengen, verliehen dem Eintopf schon zu alten Zeiten das gewisse Etwas. Klassisch sind Kochfleischstücke aus Schulter, Brust und Hüfte vom Rind, Würste, Speck und Bauch vom Schwein, auf See oder an der Küste natürlich Meeresfrüchte aller Art. Bei den weiteren Zutaten achten Sie auf geschmackliche Harmonie: Deftiges zu Deftigem, also Linsen zum Speck, und Sanftes zu Sanftem, etwa Reis zum Geflügel.

Suppenterrine des 19. Jahrhunderts – prächtiges Utensil für die hoch entwickelte Suppen- und Eintopfküche

Fleisch, Gemüse, Kräuter – die wohl wichtigsten Ingredienzien zur Herstellung eines schmackhaften Eintopfs

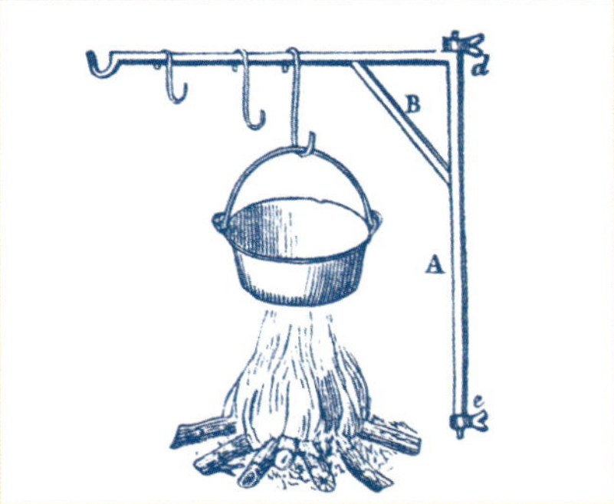

Olla-podrida-Kessel über dem Feuer – der berühmte spanische Eintopf mit Fleisch und Gemüse findet schon im »Don Quijote« des Miguel de Cervantes Erwähnung.

Das gesunde Geheimnis der mediterranen Küche

Bereits Anfang der 1950er-Jahre starteten Wissenschaftler Untersuchungen, um Ernährungsweisen in verschiedenen Ländern der Erde zu erforschen. Das Ergebnis, das sich seither immer wieder bestätigt hat: Die traditionelle Mittelmeerkost gehört zu den gesündesten. Erkrankungen der Gefäße wie Arteriosklerose, aber auch Herz- Kreislaufprobleme und Krebs treten in diesen Teilen Europas wesentlich seltener auf als in Deutschland. Auch die Lebenserwartung ist in den Mittelmeerländern deutlich höher.

Jeder kennt die mediterrane Küche aus dem Urlaub im Süden und vom »Italiener« oder »Griechen« um die Ecke. Sie ist längst Inbegriff von Genuss und Lebensfreude. Mediterrane Küche, das sind Spaghetti, Paella oder ein griechischer Salat – Speisen, die vielfältigen und intensiven Geschmack bieten. Ärzte preisen die fünf Grundsäulen der Mittelmeerkost: Getreide, Gemüse, Obst, Fisch und Olivenöl. Auch das Glas Rotwein, wie es in den Mittelmeerländern traditionell zum Essen genossen wird, ist eine Wohltat für Körper und Geist.

Viele Kohlehydrate

Dank des großen Anteils an pflanzlicher Nahrung und der damit verbundenen erhöhten Zufuhr von Kalium trägt die Mittelmeerküche dazu bei, Bluthochdruck zu vermeiden beziehungsweise zu senken. Kalium kommt vorwiegend in Obst, Gemüse, Hülsenfrüchten, Kartoffeln, Reis und Getreide vor. Das seit Jahrtausenden geschätzte Heilmittel Knoblauch trägt ebenfalls zu diesem gesundheitsfördernden Effekt bei. Warum Südländer meist um einiges schlanker sind als wir Mitteleuropäer, erklärt sich vor allem aus der ballaststoffreichen, lange sättigenden Wirkung von Obst und Gemüse. Der Pro-Kopf-Verbrauch an Gemüse ist in Deutschland immer noch deutlich niedriger – gerade die Hälfte – als am Mittelmeer. Auch vom Fehlglauben, Pasta sei der Dickmacher schlechthin, sollten wir uns endlich verabschieden, vorausgesetzt, wir essen italienische Nudeln aus Hartweizengrieß. Sie enthalten im Vergleich zu deutschen Nudeln ausschließlich Kohlenhydrate und Ballaststoffe, jedoch kein Fett und Cholesterin.

Die Artischocke spielt in der mediterranen Küche vor allem im Vorspeisenbereich eine wichtige Rolle, es gibt aber auch eine lange Tradition der medizinischen Anwendung.

Kleine Frucht, große Wirkung

Flüssiges Gold – so wird Olivenöl genannt. Oliven werden auf vielerlei Arten genossen, nicht nur als Öl im Salat, doch geschieht dies bei uns viel zu selten; denn sie schützen vor Herzinfarkt und Gefäßverstopfung. Keine andere Ölfrucht enthält so viele der guten einfach ungesättigten Fettsäuren wie die Olive! Außerdem steckt in kaltgepresstem Olivenöl das hochwirksame Vitamin E, das vor Krebs schützen soll.

Wein als Lebenselixier

Im Süden sagt man traditionellerweise, dass Fisch dreimal schwimmen sollte: zuerst im Wasser, dann in Öl und zu guter Letzt in Wein. An diese Empfehlung halten sich Franzosen wie Italiener, Griechen wie Spanier nur zu gerne. Oft wird der Wein – wie es bei den alten Römern üblich war – mit Wasser gemischt, besonders wenn man ihn mittags genießt und anschließend noch einen klaren Kopf braucht. Rotwein, in Maßen und zu Mahlzeiten genossen, ist gesund. Er ver-

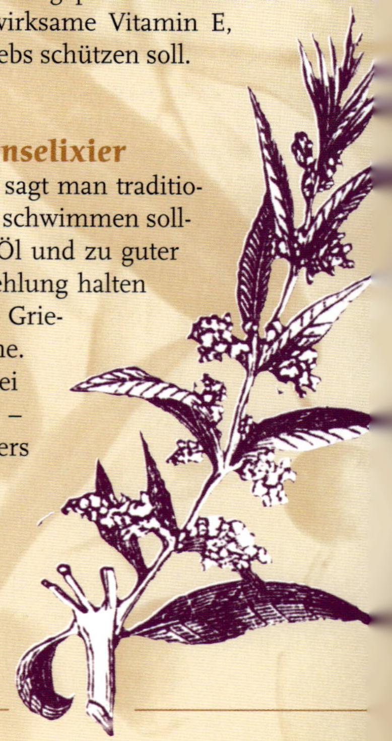

Die Welt des Mittelmeers hält alles bereit, was das Herz begehrt: Fisch, Fleisch, Obst, Gemüse, Kräuter. Die Menschen des Südens haben aus der großen Vielfalt der Nahrungsmittel das Beste gemacht und im Laufe der Jahrtausende eine höchst verfeinerte Kochkultur entwickelt.

ringert das Risiko von Blutgerinnseln, schützt somit vor Herz-Gefäß-Erkrankungen und unterstützt die Eisenaufnahme im Körper.

Sich Zeit nehmen und genießen

Die mediterrane Ernährung sollte nicht für sich alleine betrachtet werden. Ebenso bedeutend ist ein gelassenes, positives Lebensgefühl und vor allem die Fähigkeit, die schönen Seiten des Lebens zu genießen. Und dazu zählt nicht zuletzt die Esskultur, die in den Ländern des Südens einen wesentlich höheren Stellenwert als bei uns einnimmt. Dabei geht es nicht allein um hohe Kochkunst, sondern auch um den sozialen und kulturellen Rahmen des Essens, um die Tischkultur. Besonders deutlich zeigt sich dies am Abendessen. Es bildet in vielen Mittelmeerländern die eigentliche Hauptmahlzeit und wird am liebsten im Kreis der Familie oder mit Freunden eingenommen. Es dient nicht bloß der Sättigung und dem kulinarischen Genuss, sondern bedeutet geselliges Beisammensein, Entspannung und anregendes Gespräch. Daran sollten wir uns in Deutschland ein gutes Beispiel nehmen. Genießen Sie die Tischrunde und machen Sie aus dem Essen ein kleines Fest der Sinne.

Das Geheimnis der Küche Kretas

Die Küche auf Kreta scheint alle Zutaten für ein langes Leben zu enthalten. Denn auf der griechischen Mittelmeerinsel werden überdurchschnittlich viele Leute weit über 100 Jahre alt, und das häufig bei guter Gesundheit. Viel Obst und Gemüse, Hülsenfrüchte wie Bohnen und Kichererbsen, fangfrischer Fisch, Brot und Joghurt gehören zu den Grundnahrungsmitteln der Kreter. Süßspeisen werden ausschließlich mit Honig hergestellt. Und zu den Mahlzeiten gibt es stets ein Glas Wein – allerdings bleibt es wirklich bei dem einen! Ausschlaggebend für die erstaunliche Robustheit der Kreter, so vermuten die Wissenschaftler, ist das Olivenöl der Insel. Denn die Oliven Kretas sind eine Besonderheit. »Koroneiki-Oliven« heißen sie und werden von Hand geerntet. Die kleinen schwarzen, schrumpeligen Früchte haben zwar einen geringeren Fruchtanteil als die meisten anderen Oliven, dafür aber eine höhere Konzentration an Vitaminen und Enzymen. Auf Kreta wird kaltgepresstes Olivenöl zum Kochen, Braten und Backen verwendet, es ist die Seele der kretischen Küche. Fleisch kommt eher selten auf den Tisch, dafür stehen auf dem Speiseplan regelmäßig Fisch und Meeresfrüchte, die den Körper mit wichtigen Omega-3-Fettsäuren und Eiweiß versorgen. Milchprodukte stammen zumeist von Schaf und Ziege. Die wichtigsten Würzmittel sind Meersalz und frische Kräuter.

Nicht nur im Urlaub

Die gesunde mediterrane Kost lässt sich durchaus in den mitteleuropäischen Alltag integrieren. Wenn Sie Ihre Ernährungsweise langfristig umstellen wollen, genügt es für den Einstieg, das tägliche Abendessen und die Mahlzeiten am Wochenende à la Kreta zu gestalten. »Fortgeschrittene« ersetzen Süßspeisen und Pausensnacks komplett durch frisches Obst und Nüsse und senken den Anteil tierischer Produkte auf einmal Fisch und einmal Fleisch wöchentlich. Den weiteren Eiweißbedarf decken Sie durch Hülsenfrüchte und Getreideprodukte. Herkömmliche Fette und Butter ersetzen Sie, wo möglich, durch Olivenöl und salzen nur noch mit naturbelassenem Meersalz. Und sonst? Frische Gemüse, frische Salate, frische Kräuter, ein Glas Wein!

Die traditionelle Fleischküche

Heute geht das flott: Salzen und pfeffern – und schon brutzelt das Kotelett in der Pfanne. Die traditionelle Fleischküche dagegen brauchte ihre Zeit. Aber es lohnt sich, ihre Geheimnisse wiederzuentdecken. Weil sie köstliche Gerichte auf den Tisch bringt und dafür nicht einmal die teuersten Stücke benötigt.

In Marinaden und Beizen verfeinern

Bevor der Kühlschrank die Haushalte eroberte, gab es mehrere Methoden, Fleisch haltbar zu machen. Eine davon war das Marinieren, auch Beizen genannt. Das Fleisch wurde für mindestens 48 Stunden in eine Essig-Wein-Mischung eingelegt. Sie können für eine Marinade oder Beize aber auch andere säurehaltige Flüssigkeiten wie Zitronensaft oder Joghurt verwenden. Wichtig ist die Säure, weil sie die Vermehrung von Bakterien hemmt und – der heute bedeutendere Effekt! – die Fleischfasern sowie das lederartige Bindegewebe und Sehnen zersetzt, wodurch auch zähes Fleisch mürbe wird. Durch die Zugabe von Gewürzen und Kräutern oder auch Honig erzielen Sie unterschiedliche Geschmacksvarianten. Allerdings sollten Sie bedenken, dass jede Marinade oder Beize dem Fleisch viel von seinem Eigengeschmack nimmt. Nie hätte Großmutter ein hochwertiges Stück eingelegt! Außerdem hat sie mariniertes Fleisch immer gut abgetupft, bevor es gebraten oder geschmort wurde.

Fleisch schonend klopfen

Klopfen dient dazu, weniger abgehangene Fleischtranchen (Schnitzel) mürbe und feinfaserig zu machen – ohne die Fasern zu zerstören! Deshalb ist vom elektrischen Fleischzermürber beim Metzger abzuraten. Stattdessen klopfen Sie Ihr Fleisch wie Großmutter entweder mit der Hand, mit einem ungerippten Holzschlegel oder mit dem schweren Plattiereisen.

Mariniertes Rindfleisch: der Sauerbraten

Zu den deutschen Traditionsgerichten gehört der Sauerbraten. Dafür marinieren Sie ein Stück Rinderschmorbraten in einer Beize aus etwa vier Anteilen Rotwein und einem Anteil Rotweinessig. Dazu kommen Wacholderbeeren, Nelken, Senfkörner, Wurzelgemüse, Zwiebeln und ein Lorbeerblatt. Die Beize verleiht dem Fleisch eine dunkelviolette Färbung und den typischen süß-säuerlichen Geschmack.

Essig- oder Milchbeize für Wild

Um den ziemlich starken Eigengeschmack von Wild zu dämpfen und das Fleisch zarter zu machen, kannte Großmutter zwei Beizen: den Essigsud aus Wurzelgemüse, Zwiebeln, Lorbeerblättern, Pfefferkörnern, Thymian und Wacholderbeeren sowie die mildere Milchbeize, bei der Buttermilch den Essig ersetzt. Noch ein Geheimtipp: Legen Sie ein wenig Tannenreisig bei, um den Wildgeschmack abzurunden.

Saftiges Fleisch durch Spicken

Große und dabei magere Bratenstücke vom Rind hat man in der traditionellen Küche mit Speckstreifen gespickt, um sie saftiger zu machen. Dafür brauchen Sie eine Spicknadel, mit der Sie die Speckstreifen in das Fleisch einbringen – eine Technik, die einige Übung erfordert. Je kälter und fester der Speck ist, umso leichter können Sie ihn durch das Fleisch ziehen. Großmutter hat auch ganze Süßwasserfische, etwa Hecht und Wels, gespickt: Sie lösen am Rücken auf die gesamte Länge einen Strang Haut ab und ziehen in das frei gelegte Fleisch alle zwei Zentimeter einen Streifen Räucherspeck ein. Schmeckt wunderbar!

Der traditionelle Gänsebraten mit Füllung – wer verbindet mit ihm nicht nostalgische Erinnerungen an stimmungsvolle weihnachtliche Familienessen?

Schweinsnetz gibt Halt

Großmutter hat das aus dem Bauchfell des Schweins stammende so genannte Netz benutzt, um Gerichte wie Hackbraten, Rouladen oder Pasteten vor dem Auseinanderfallen zu bewahren. Das Schweinsnetz löst sich im Lauf des Garens beinahe vollständig auf. Heute muss man es beim Metzger vorbestellen, da es in der Regel nicht vorrätig ist. Oder Sie benutzen einen modernen Bratschlauch beziehungsweise Alufolie, die den selben Zweck erfüllen.

Eine Brat- und Backpfanne des späten 19. Jahrhunderts

Teigmantel gegen das Austrocknen

Großmutter hat an Festtagen gerne »Schinken im Brotteig« serviert, zum Kindergeburtstag gab es »Würstchen im Schlafrock«. Für die Hülle eignet sich, je nach Geschmack, der einfache Rührteig genauso wie der feine Blätterteig oder der würzige Brotteig. Eigentlicher Zweck der Teighülle ist ja, das Fleisch während des Bratens vor dem Austrocknen zu bewahren. Bei großen Stücken stellen Sie das Backrohr auf eine mittlere Temperatur (etwa 175 Grad), damit der Teig nicht verbrennt, bevor sein Inhalt »durch« ist.

Knusprige Hülle, saftiges Fleisch – Panieren

Zu den klassischen Fleischgerichten mit Panade gehört das beliebte Wiener Schnitzel. Aber Großmutter hat nicht nur Kalbsschnitzel, sondern auch Schweine- und Putenschnitzel, Hühnerteile, Fischfilets und ganze Forellen paniert. Der Mantel aus einer dünnen (!) Mehlschicht, verrührtem Ei und Semmelbröseln beziehungsweise Paniermehl verhindert den Austritt von Fleischsaft während des Bratens. Bei den geschmacklichen Variationen sind Ihrer Phantasie kaum Grenzen gesetzt: Reiben Sie Parmesan ins Ei, ersetzen Sie die Semmelbrösel durch Kokosraspeln, fein geschnittene Mandeln oder Sesammehl... Doch immer gilt: Vor (!) dem Panieren würzen und bei mittlerer Hitze langsam braten.

Die hohe Kunst des Füllens

Was wäre Großmutters Gänsebraten ohne die Kastanien im Bauch, ihre Rinderroulade ohne das »speckige« Innenleben? Viele Traditionsgerichte erfordern eine Füllung, etwa die Kalbsbrust, die Sie sich am besten schon vom Metzger quasi als Tasche für Ihre Fülle aus eingeweichten Brötchen, fein gehackten Zwiebeln, Petersilie und Speck vorbereiten lassen. Bei Geflügel stecken Sie einfach Äpfel oder Kastanien, Brotfülle oder Graupen in den ausgenommenen Leib und nähen die Öffnung zu. Wesentlich aufwändiger und heute fast vergessen ist die Geflügelfülle zwischen Haut und Fleisch. Zunächst lösen Sie die Haut vom Fleisch, indem Sie – beim Hals beginnend – die Hand dazwischen schieben. In den Zwischenraum kommt eine fein gehackte Füllung aus Kalbfleisch, Gänseleber oder Krebsen – auf raffiniertere Großmutter-Art können Sie Ihre Lieben kaum verwöhnen.

Die hohe Schule der Kochkunst: Der Braten wird mit einer feinen Marinade gewürzt, ehe er in das Ofenrohr kommt.

Fenster in die Vergangenheit

Beim Schlachtfest geht es hoch her: Als Höhepunkt kommt – neben dem Fleisch – die frische Wurst der geschlachteten Sau auf den Tisch.

Schlachttag und Wurstküche *waren einst geläufige Begriffe: Wer kein eigenes Schwein hielt, kaufte sich ein gemästetes beim Bauern. Denn in der Vorweihnachtszeit wurde geschlachtet, bis vor gar nicht allzu langer Zeit war das Tradition auf dem Land. Am Schlachttag, wenn der Metzger kam, halfen alle mit, sogar die Kinder. Da musste das frische Blut gerührt, das Fleisch abgekocht und von den Knochen gelöst werden. Die einen schnitten Speckwürfel für die Blutwürste, die anderen putzten Därme für die Wurstpelle. Überall roch es nach Wellfleisch und brutzelndem Schmalz. Aus den Innereien wurden – gut mit Salz, Pfeffer und Majoran gewürzte – Bratwürste gemacht. Frische Blut- und Leberwürste brauchte man für die abendliche Metzelsuppe – den Höhepunkt des Schlachtfests.*

Die alte Kunst der Resteverwertung

Ein Grundsatz in Großmutters Küche war es, nichts verkommen zu lassen. Die Reste vom Vortag hat sie nicht nur aufgewärmt, sondern daraus völlig neue Gerichte komponiert. Von der früher hoch geschätzten Sparsamkeit der Hausfrau und dem Erfindungsreichtum traditioneller Kochkunst können auch wir profitieren.

Eine Fasanenpastete – warum bei der Verwertung der Reste eines Festschmauses nicht kulinarische Höchstleistungen vollbringen und eine Pastete herstellen?

Aufwärmen

Bisweilen hat Großmama dem Großpapa klammheimlich das Essen vom Vortag aufgetischt, ohne dass er etwas merkte. Sie kannte sich eben aus mit dem Aufwärmen: Gebundene Suppen, Saucen, Pürees im Wasserbad; Klöße, Knödel, Nocken, Spätzle, Teigwaren über dem Wasserdampf; Gemüse langsam auf kleiner Flamme; geschnittener Braten ebenfalls langsam in etwas Sauce. Für alle Reste gilt: Nicht noch einmal kochen, sondern schonend wärmen, damit Aroma und Substanz nicht zu sehr leiden.

Bauernfrühstück

Kartoffeln, Wurst, Fleisch, aber auch Klöße und Knödel von gestern schneiden Sie in Scheiben, braten alles mit Zwiebelringen in der Pfanne und gießen schließlich noch gerührtes Ei darüber. Ein Salat dazu, und Sie haben eine perfekte schnelle Mahlzeit.

Aus Gemüse wird Suppe

Gemüsereste können Sie mit Brühe zu einer Suppe strecken und durch Pürieren und Legieren mit Ei und Sahne verfeinern.

Was tun mit Brot- und Kuchenresten?

Weißbrot schneiden Sie wie Großmutter zu Knödelbrot oder Suppencroûtons, auch können Sie daraus süße Aufläufe zubereiten, etwa den heißgeliebten Scheiterhaufen: Weißbrotscheiben werden in eine verquirlte Masse aus Milch, Eiern, Zucker und Zimt getunkt und abwechselnd mit Apfelscheiben in eine Auflaufform geschichtet. Sehr hartes Weißbrot können Sie reiben und als Paniermehl »recyceln«. Süße Brösel zum Ausstreuen von Backformen gewinnen Sie aus Kuchenresten. Und aus in Fett gerösteten Scheiben von altem Misch- oder Graubrot zaubern Sie unter Zugabe von Brühe eine herzhafte Brotsuppe.

Sülzen und Aspikgerichte

Die »kalte Mamsell« des 19. Jahrhunderts bewies ihre Qualität als Vorspeisenköchin durch feinste Gemüse-, Pilz- oder Fleisch-Sülzen, Eier, Fisch oder Crevetten in Aspik. Die gallertartige Sülze ähnelt in ihren Bestandteilen dem Aspik, der das feinere, oft mit Madeira aromatisierte Produkt ist. Die für das Stocken zuständige Gelatine wird durch stundenlanges Kochen von Kalbs- oder Schweinefüßen sowie Schwarten, Suppengrün und Gewürzen gewonnen. Wer sich den Aufwand ersparen will, kann Gelatine in Blattform kaufen. Voraussetzung für das Gelingen einer Sülze ist eine absolut fettfreie Form. Auch sollten Sie Aspike und Sülzen niemals einfrieren, nur kühl stellen.

Pasteteneisen

Pikante Salate oder Aufläufe

Nudeln, gekochte Kartoffeln, Suppenfleisch, Gemüse und Reste von gekochtem Fisch können Sie mit Mayonnaise, Senf oder verschiedenen Dressings zu pikanten Salaten kombinieren. Für einen einfachen, aber delikaten Rindfleischsalat – auch als »Katergericht« zu empfehlen – schneiden Sie kaltes Suppenfleisch in dünne Scheiben und lassen es eine Zeit in einer Ma-

Pilzgerichte und Spinat – Aufwärmen verboten?

Uneingeschränkt gilt Großmutters Aufwärmverbot für Pilzgerichte, die Sie übrigens auch nicht zu lange warm halten sollten; denn Pilze enthalten viel Eiweiß und Aminosäuren, die sich bei der Zubereitung schnell in unbekömmliche Harnsäure, Ammoniak und sogar giftige Aminosäuren verwandeln.

Spinat dürfen Sie unter gewissen Voraussetzungen wieder aufwärmen: Sie müssen ihn nach der ersten Zubereitung sehr schnell abkühlen, damit das an sich ungefährliche Nitrat im Spinat keine Zeit hat, sich in das schädliche Nitrit umzuwandeln. Deshalb sollten Sie Spinatreste noch warm in ein gekühltes, sauberes Gefäß umfüllen und sofort in den Kühlschrank stellen.

Fenster in die Gegenwart

Fett ist nicht gleich Fett, *das wusste schon Großmutter. Hausmannskost, ob frisch zubereitet oder als Resteverwertung, ist zweifellos keine Schlankheitskost. Besonders tierisches Fett wird heute als Dickmacher Nummer Eins verteufelt. Andererseits hat Fett auch lebensnotwendige Aufgaben: Es ist Bestandteil unserer Körperzellen, reguliert den Blutdruck, vermindert Wärmeverluste, schützt Nieren, Leber und Gehirn. Es löst Vitamine, ist Geschmacksträger und verlängert auch das Sättigungsgefühl. Doch in unserer Ernährung ist ein Missverhältnis in der Verteilung der Fettsäuren zu beobachten: Der Anteil an gesättigten Fettsäuren aus tierischen Lebensmitteln sowie festen und gehärteten Pflanzenfetten ist zu hoch. Dagegen kommen ausgesprochen erwünschte Fettbestandteile zu kurz, nämlich einfach ungesättigte Fettsäuren aus Oliven- und Rapsöl sowie bestimmte mehrfach ungesättigte Fettsäuren – die so genannten Omega-3-Fettsäuren –, die vor allem in Meeresfischen sowie in Walnuss- und Leinöl enthalten sind.*

Ersetzen Sie einfach die üblichen Pflanzenfette und Pflanzenöle durch Oliven- und Rapsöl und bringen Sie zweimal die Woche Meeresfisch statt Fleisch auf den Tisch – und schon stimmt die Fettsäureverteilung in Ihrer Ernährung fast automatisch.

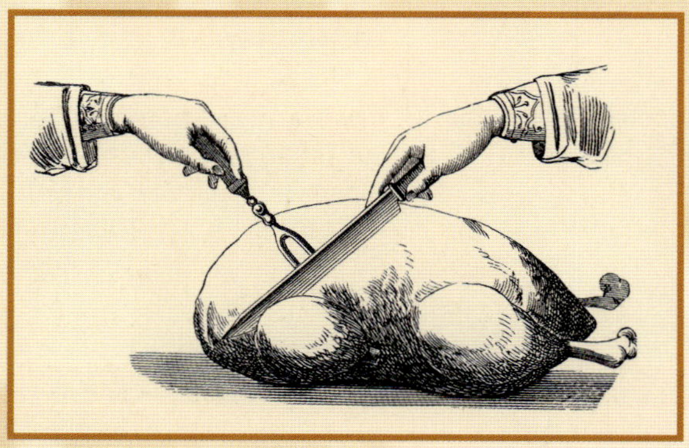

Ob als Braten oder bei der Resteverwertung – die Gans ist immer ein großer Genuss. Allerdings sollte man fette Fleischkost nur in Maßen genießen.

rinade aus Essig, Salz, Pfeffer und etwas Zucker ziehen. Anschließend mischen Sie Zwiebelringe und fein geschnittene Essiggurken darunter und geben Salatöl dazu. Genauso gut eignen sich alle möglichen Reste für warme Aufläufe. Hier ein Beispiel aus der ungarischen Nationalküche: Sie schichten lagenweise Sauerkraut, Kartoffelscheiben und Fischreste in eine feuerfeste Form, übergießen alles mit Sauerrahm und backen den Auflauf im Rohr.

Frikadellen von gekochten Fleischresten

Reste von gekochtem Suppenfleisch, trockenem Schweinebraten, Schinken und Speck drehte Großmutter durch den Fleischwolf, um daraus mit einer gehackten Zwiebel, Petersilie, Eiern, Salz, Pfeffer, Muskat und angerösteten Weißbrotstückchen ihre begehrten »Reste-Frikadellen« zuzubereiten.

Ein vergessenes Fleischpüree: Salmis

Abgelöste Fleischreste von gebratenem Wildgeflügel können Sie zu einem köstlichen Fleischpüree weiterverarbeiten, das in der feinen Küche früherer Tage als Füllung von Blätterteigpasteten diente. Sie verwenden dazu auch den Speck, in dem der Fasan, die Wildente oder die Tauben gebraten wurden, außerdem im Bratenfett geröstete Croûtons. Sie bestäuben das Ganze mit etwas Mehl und gießen mit der Brühe, die Sie durch Auskochen des Geflügelgerippes gewonnen haben, und Rotwein auf. Dann würzen Sie mit Limonenschalen, Neugewürz (Piment) und Pfeffer, passieren alles durch die Flotte Lotte, die Passiermühle, und kochen es dick ein.

Die Resteküche – von sparsamen und erfinderischen Hausfrauen in Zeiten der Knappheit ersonnen – bietet so manchen kulinarischen Hochgenuss.

Nahrhafte Beilagen – typisch für die Hausmannskost

Wer auf die schlanke Linie achtet, gibt sich mit Salat zufrieden. Doch früher sollte Essen vor allem satt machen. Folglich hat die Hausmannskost, die immer auch eine regionale Küche ist, ein üppiges Beilagen-Repertoire entwickelt – reich an Kohlehydraten, mit einigem Arbeitsaufwand, aber geringen Kosten verbunden. Und diese Beilagen schmecken so köstlich, dass auch moderne Kalorienzähler schwach werden können.

Spätzle, Nudeln, Kartoffeln, Knödel, Reis... was ist ein Gericht ohne eine Beilage? Unsere Küchentradition hält eine große Vielfalt an leckeren Rezepten bereit.

Spätzle, Knöpfle, Nocken

Für die schwäbischen Traditionsgerichte brauchen Sie griffiges Mehl, das besonders quellfähig ist und nicht klumpt, außerdem Eier (fünf auf 500 Gramm Mehl) und eine Prise Salz. Daraus rühren Sie unter Zugabe von Wasser einen festen Teig – und dann heißt es üben. Vor allem das Spätzle-Schaben von Hand will gekonnt sein! Die einfachere Alternative sind die Knöpfle, die durch ein spezielles Sieb gepresst werden. Ganz simpel wird es bei den Nocken: Sie lassen den Teig vom Kochlöffel tropfen – direkt in das kochende Wasser, was auch für Spätzle und Knöpfle gilt. Um einen hohen Eiergehalt vorzutäuschen, gaben sparsame Großmütter Maismehl zum Teig. Kluge Großmütter rührten den Teig mit kohlesäurehaltigem Mineralwasser an. Das Ergebnis sind besonders luftige Spätzle.

Eine runde Sache – der Knödel

Im alten Bayern kam der Semmelknödel mit schönster Regelmäßigkeit auf den Tisch: Sie überbrühen das Knödelbrot (geschnittene alte Brötchen) mit etwas warmer Milch, geben dann Eier dazu (auf zehn Brötchen drei bis vier Eier) und kneten einen Teig, der nicht klebrig, sondern möglichst geschmeidig sein sollte. In der alten böhmischen Küche dominierte der Serviettenknödel, so genannt, weil der gesamte Semmelteig zu einem »Brot« geformt und dann zum Garen im kochenden Wasser fest in ein Geschirrtuch eingebunden wird. Zur k. u. k.-Küche gehörten auch Knödel aus Hefeteig (griffiges Mehl verwenden!) mit viel gerösteten Weißbrotstückchen. Wenn Sie Ihre Semmelknödel nach traditioneller Art aufwerten wollen, mischen Sie dem Teig Petersilie bei, ggf. auch geröstete Speck- und Zwiebelwürfel, Käsewürfel oder Spinat.

Kartoffelvariationen

Die Kartoffel bietet schier grenzenlose Möglichkeiten der Zubereitung. Doch Großmutter wusste, dass es auf die Wahl der richtigen Sorte ankommt. Kartoffelklöße gelingen am besten mit einer mehligen Sorte: roh gerieben (für »grüne Klöße«) oder am Vortag gekocht und gepresst oder halb und halb. Auch Püree braucht eine mehlige Sorte, dagegen nehmen Sie für Salat eine speckige, für Salzkartoffeln, Gratins und fast alle anderen Zubereitungsarten eine festkochende. Die empfiehlt sich auch bei Bratkartoffeln, für die Sie die Kartoffeln in der Schale – so behalten sie übrigens

Semmelknödel kochen

Weil Semmelknödel beim Garen noch aufgehen, brauchen sie viel Platz im Topf. Geben Sie die schön rund geformten Knödel – am besten funktioniert das Drehen mit feuchten Händen – also in reichlich kochendes, leicht gesalzenes Wasser, lassen Sie sie einmal aufkochen und dann nur noch ziehen (etwa 20 Min.). Fertige Knödel sollten Sie sofort servieren, nur so haben sie die gewünschte lufig-leichte Konsistenz.

auch ihre wertvollen Nährstoffe – vorkochen und erst völlig ausgekühlt in der Pfanne braten. Zur Abwechslung können Sie einmal Zwiebelringe mitbraten oder mit Kümmel oder Majoran würzen. Übrigens: Neue Kartoffeln setzen Sie in kochendem Wasser an, alte dagegen in kaltem Wasser.

Reis – lang oder rund

Reis wird in zwei Grundsorten, Langkorn und Rundkorn, unterteilt. Langkornreis, die perfekte Beilage für Saucengerichte, lassen Sie nach kurzem Aufkochen in Salzwasser nur noch zugedeckt dämpfen. Beim richtigen Verhältnis (ein Teil Reis auf zwei Teile Wasser) nimmt der Reis das Wasser vollständig auf. Rundkornreis eignet sich für Aufläufe und Milchreis; als klassischen Risotto-Reis braten Sie ihn zunächst kurz in Olivenöl an, gießen dann unter Rühren immer wieder kleine Mengen Brühe oder Salzwasser nach, bis er gar ist. Dunkelfarbiger Naturreis besteht aus ungeschälten Körnern und verfügt über einen hohen Gehalt an Mineralstoffen und Vitaminen, ist aber nur begrenzt lagerfähig. »Wilder Reis« ist übrigens kein Reis, sondern der Samen einer wild wachsenden Grasart.

Kartoffel ist nicht gleich Kartoffel – Großmutter wusste ganz genau, welche Sorte sich für welches Gericht besonders gut eignet.

Der Schwerpunkt-Tipp

Welche Nudel zu welchem Gericht?

Wie so oft in alltäglichen Küchenfragen orientieren wir uns am Erfahrungsschatz der Großmütter, in diesem Fall der italienischen. Obwohl Teigwaren in der deutschen Hausmannskost nicht wie in Italien als eigenständiges Gericht serviert werden, lassen sich die italienischen Grundprinzipien gut auf die deutsche Beilagen-Tradition übertragen. Aus der riesigen Auswahl von rund 300 Pasta-Sorten hier einige Beispiele:

Breit und hohl für cremige Saucen

Makkaroni und *Penne* (kurze Röhren) • *Cataneselle* (leicht gebogene Röhren) • *Tagliatelle* (Bandnudeln) • *Parpadelle* (breite Bandnudeln) – Hohle sowie breitflächige Nudeln begleiten schwere und cremige Saucen.

Gedreht zum Ragout

Rotini und *Radiatore* (Räder) • *Orecchiette* (Öhrchen) • *Cellentani* (Locken) • *Conchiglie* (Muscheln) *Chifferi* (Hörnchen) • *Creste di Gallo* (Hahnenkämme) • *Farfalle* (Schmetterlinge) – Alle gedrehten oder geriffelten Pasta-Formen passen zu Ragouts und Saucen mit Fleisch-, Gemüse- oder Fischstücken.

Die Kleinsten in die Suppe

Filini • *Grattini* • *Stellione* • *Risoni* – Fadendünne oder winzig kleine Nudeln gehören in den Suppentopf.

Nudeln gibt es in allen nur denkbaren Variationen, die sich im Geschmack, aber vor allem auch durch ihr Aussehen unterscheiden. Manche wirken gar wie kleine Kunstwerke!

Traditionelle Diät- und Schonkost

In der gar nicht so guten alten Zeit, als eine Krankenversicherung noch keine Selbstverständlichkeit war, ging man nur in besonders schweren Fällen zum Arzt. Die Pflege von Kranken und Alten, das Hochpäppeln von Genesenden und die Gesundheitsvorsorge fielen meist der Hausfrau zu. Deshalb finden sich, zur Verwunderung heutiger Leser, in alten Kochbüchern immer auch große Kapitel zu Diät- und Schonkost, zur Aufbau-Ernährung nach Krankheit und zur Wöchnerinnenkost.

Rohkost – Abnehmen wie vor hundert Jahren

Die ausschließliche Ernährung mit nicht erhitzten Naturalien steht in Zusammenhang mit der Reformbewegung des ausgehenden 19. Jahrhunderts und deren Sehnsucht nach einem einfachen, ursprünglichen Leben. Heute nutzen wir die traditionsreiche Rohkostdiät gerne zur Gewichtsreduktion. Sie ist reich an Vitaminen und Mineralien, aber arm an Fett und Eiweiß, weshalb Sie sie langfristig nur unter ärztlicher Aufsicht durchführen sollten. Erlaubt ist praktisch alles, was nicht gekocht wird: rohes Obst, rohes Gemüse, rohe Salate, Kräuter, Nüsse sowie verschiedene Getreide, die durch ein spezielles Verfahren so präpariert sind, dass sie mit ihren aufgeschlossenen Bestandteilen leicht verdaut werden können. Ein Beispiel sind die Haferflocken. Um eine gewisse Ausgewogenheit zu garantieren, sollten Sie die Rohkost durch Milch, Rahm, Quark, Käse, Eier, Butter und Schwarzbrot ergänzen. Süßen dürfen Sie mit Honig oder braunem Zucker.

Mit besten Zutaten zubereitet, ist Rohkost nicht nur gesund, sondern auch ein Gaumenschmaus.

Leicht verdaulich: Schonkost für Kranke und Alte

Wer nicht bei Kräften ist, braucht eine nahrhafte, dabei leicht verdauliche Kost. Verzichten Sie also auf fettes Rind- und Schweinefleisch, blähendes Gemüse, frische Hefespeisen und Käse; nur Quark ist erlaubt. Außerdem verbieten sich allzu saure, scharf gewürzte oder erregende Speisen und Getränke. Großmutter wusste das und servierte am Krankenbett bevorzugt kräftige Rinder- oder Hühnerbrühe, auch mit Gemüse-, Fleisch- und Nudeleinlage. Vitamine lieferten Kompotte und Pürees von allerlei Gemüsen. Es gab helles Fleisch, also Kalb und Geflügel, sowie weich gekochte Eier. Als Fett verwendete Großmutter – sparsam! – Butter und Pflanzenöl. Kranke Kinder wurden mit leichten Grieß- und Reisaufläufen und Biskuit verwöhnt. All diese Gerichte sind auch für alte Menschen gut bekömmlich und mühelos zu essen.

Salzarm bei hohem Blutdruck

Dass zu viel Salz den Blutdruck erhöhen kann, ist seit langem bekannt. Großmutter ging mit einer salzarmen Ernährung dagegen an, die auch heute noch zur Unterstützung der medikamentösen Behandlung angezeigt ist. Durch Würzen mit Kräutern erreichen Sie, dass Ihre salzarme Blutdruckdiät nicht nach fader Krankenkost schmeckt. Da Sie auch versteckte Salze meiden sollten, werden Sie auf Fertiggerichte verzichten und lieber nach klassischer Hausfrauenart selbst kochen.

Eierbier zur Stärkung

Ein beliebtes Hausmittel für Erschöpfte, Kranke und Genesende war das Eierbier: Sie rühren zwei Eidotter mit drei Teelöffeln Zucker schaumig und geben die Masse langsam unter ständigem Rühren in einen guten Viertelliter aufgekochtes Bier. Danach wird das Ganze nochmals erhitzt und unter Schlagen abgekühlt.

Nicht mehr aktuell – Leberkur bei Anämie

Blutarmut oder Anämie ist mit Eisenmangel verbunden und betrifft hauptsächlich Frauen im gebärfähigen Alter. Heute gibt man Eisenpräparate und empfiehlt eine ausgewogene Ernährung mit viel Vitamin C, das die Aufnahme von Eisen im Magen-Darm-Trakt verbessert. Zu Großmutters Zeiten jedoch wurden Blutarme mit einer »Leberkur« traktiert: Alte Kochbücher listen Dutzende von Rezepten für Rinder- und Kalbsleber auf! Das ist heute nicht mehr aktuell. Doch die eisenhaltigen Nahrungsmittel Spinat, Äpfel, Rettich und Tomaten, die auch früher schon empfohlen wurden, tun noch immer ihre Wirkung.

Gegen die Wohlstandskrankheit Gicht

Schon die Antike kannte die Gicht als »Wohlstandskrankheit«, weshalb der griechische Arzt Hippokrates grundsätzliche Mäßigung beim Essen und Trinken empfahl. Auch Großmutter begegnete dem zu hohen Harnsäurespiegel der Gichtkranken mit einer »Diät des Verzichts«, die bis heute gültig ist. Verzichtet wird vor allem auf Alkohol (besonders schädlich: Bier), Innereien, fettreiche Fischgerichte wie Ölsardinen oder Sardellen, Hülsenfrüchte, Nüsse und Körner. Stattdessen kommt gekochtes oder gedünstetes helles Fleisch auf den Teller oder fettarmer frischer Fisch, dazu Kartoffeln und grünes Gemüse.

Hafertag für Diabetiker

Diabetiker müssen einen genauen, vom Arzt entwickelten Speiseplan befolgen. Dabei hat der Hafer seinen festen Platz – von alters her. In der »guten alten Zeit«, als es noch kein Insulin gab, legten Diabetiker regelmäßig einen Hafertag ein, der auch heute noch empfohlen wird. An diesem Karenztag gab es außer einem Ei nur eine Hafermehlsuppe oder Haferbrei.

Rettich für die Galle

Gallenkranken verordnete Großmutter täglich ein Schälchen mit geriebenem Rettich – ein Hausmittel, das medizinisch durchaus anerkannt ist.

Die Natur bietet uns reiche Schätze für eine gesunde, ausgewogene und schonende Ernährung – Großmutter kannte die entsprechenden Rezepte.

Fenster in die Vergangenheit

Das Birchermüesli *geht zurück auf den Schweizer Arzt Maximilian Bircher-Benner (1867–1939). Er hielt den Dickdarm für den Hort allen Unwohlseins. Fleisch – damals die bevorzugte Nahrung des gutsituierten Bürgertums – war für ihn der größte Unheilbringer im Verdauungstrakt. Sonnenlichtnahrung nannte der Doktor dagegen alle roh genießbaren Pflanzenteile. Seiner Lehre zufolge haben diese den höchsten Nährwert, weil sie das Sonnenlicht direkt aufnehmen und aus anorganischen Stoffen organische Moleküle herstellen. Birchers Theorien entsprachen dem Zeitgeist des jungen 20. Jahrhunderts, in dem allerlei so genannte Naturheilanstalten mit vegetarischem Essen, Alkoholabstinenz, Bewegung im Freien und antibürgerlicher Lebensweise in Mode kamen. In Birchers Sanatorium »Lebendige Kraft« am Zürichberg – von Thomas Mann spöttelnd »ein hygienisches Zuchthaus« genannt – probten Menschen in eleganter Kleidung das einfache Leben. Und sie kauten, nach strenger Anweisung des Erfinders, sein Müsli, das bis heute ein Standardrezept der Rohkosternährung ist.*

Für ein original Birchermüesli brauchen Sie:

8 EL Haferflocken, 8 EL Wasser, 4 EL gezuckerte Kondensmilch oder Rahm, Honig oder Zucker nach Belieben, Saft von 2 Zitronen, 8 Äpfel.

Und so wird es nach dem historischen »Berner Kochbuch« zubereitet: »Kurz vor dem Essen die Haferflocken mit dem Wasser, der Kondensmilch und dem Zitronensaft vermischen. Die von Stiel und Fliege befreiten, gewaschenen Äpfel hineinreiben und alles … vermischen und servieren … Nach Belieben 2–3 Löffel geriebene Mandeln oder Haselnüsse darüber streuen.«

Eine kleine Geschichte des Fastens und der Fastenspeisen

Fasten und Fastenzeiten finden wir in allen Religionen und Kulturkreisen. Die Juden halten den Versöhnungstag Jom Kippur als strengen Fasttag, Muslime achten den Fastenmonat Ramadan. Und dass für die katholischen Christen am Aschermittwoch die 40-tägige vorösterliche Fastenzeit beginnt, ist wohl zumindest noch bekannt.

Betrachtet man die Kulturgeschichte des Fastens, so wird deutlich, dass sich entsprechende Bräuche und Speisen immer wieder dem Lebensstil ihrer Zeit angepasst haben. Religiöses oder spirituelles Fasten verstand sich von jeher als Bußübung und Reinigung von Körper, Geist und Seele. Diese Bedeutung der freiwilligen Einschränkung bei der Ernährung – nichts anderes versteht man unter Fasten – ist mittlerweile weitgehend vergessen. Ziel des »Fastens«, so wie es heutzutage überwiegend praktiziert wird, ist nicht ein »reiner« Körper, sondern eher ein »knackiger«. Ob dabei Geist und Seele eine Erneuerung erfahren?

Kirchliche Gebote

Die kirchlichen Fastengebote, von Papst Gregor dem Großen im Jahr 590 eingeführt, untersagten in den Fastenzeiten vor den Hochfesten Ostern und Weihnachten den Genuss von warmblütigen Tieren und die mehrmalige Sättigung pro Tag. Auch tierische Produkte wie Milch, Butter, Käse und Eier waren von der Kirche bis 1490 verboten. Noch 1918 kannte das katholische Kirchenjahr 148 Fasttage, die in manchen Gegenden sogar durch Polizeiverordnungen durchgesetzt wurden. So lautet ein Paragraph von 1829: »Gastwirte, Traiteurs und Garküchen sind verpflichtet, an Fasttagen für ihre Gäste in der Regel Fastenspeisen zuzubereiten, und nur als Ausnahme ist es ihnen gestattet, auf besonderes Verlangen, jedoch in einem abgesonderten Zimmer oder wo es an Gelegenheit hierzu mangelt, wenigstens auf einem abgesonderten Tisch, auch Fleischspeisen abzureichen.«

Lebendige Traditionen

Auch wenn sich das Fastengebot der katholischen Kirche mittlerweile nur noch auf den Aschermittwoch und den Karfreitag bezieht und der Protestantismus das Fasten als religiöse Übung kaum praktiziert, haben sich einige Essgewohnheiten aus alter Zeit bis heute erhalten: Der Karpfen gehört nach wie vor zu Heiligabend, der Heringsschmaus zum Aschermittwoch. Und an Ostern essen wir die in der Fastenzeit verbotenen Speisen Schinken und Eier. Wenig fromm geht es in Münchner Bierkellern in der Starkbierzeit zu – auch sie im Grunde eine Fastentradition. Denn in der vorösterlichen Fastenzeit brauten die Mönche ihr Bier stärker als sonst, um genügend Nährstoffe aus dem »flüssigen Brot« zu schöpfen.

Der heilige Hugo im Refektorium der Kartäuser von Grenoble, Gemälde von Francisco de Zurbarán (1598–1664). Maßvolles Essen und Fasten zählen zu den Grundlagen der klösterlichen Lebensweise.

Fastenspeise Karpfen

Heute sind die Teiche aus Deutschland so gut wie verschwunden, doch im Mittelalter gehörten sie zu jedem Dorf, zu jeder Stadt, zu jedem Kloster. Denn Fisch war ein Grundnahrungsmittel, unverzichtbarer Eiweißlieferant in

den langen Fastenzeiten. Verbreitet war vor allem der fette Karpfen, der im stehenden Gewässer der Teiche gezüchtet wurde. So entstanden wahre Teichlandschaften – heute noch beispielsweise in der Oberpfalz rund um Tirschenreuth zu finden – mit Tausenden von künstlich angelegten Gewässern für die Fischzucht. Dabei taten sich vor allem die Klöster des 1098 gegründeten Zisterzienserordens hervor, der die Kultivierung des Landes zu seinen Hauptaufgaben zählte. Die Teichwirtschaft wird bis heute als Teil der Landwirtschaft betrachtet. So spricht man auch von Ernte, wenn vor dem ersten starken Frost die Teiche abgefischt werden. Daraus erklärt sich der Karpfen als typische »Fastenspeise« für Heiligabend; denn da war er noch ganz frisch.

Obst, Gemüse, Salat – wenn die Produkte hochwertig und gut zubereitet sind, dann kann auch das Fasten Spaß machen!

Phantasievolle Köchinnen

Hausfrauen, die ihre Lieben auch in der Fastenzeit nicht darben lassen wollten, übten sich im sozusagen kreativen Umgang mit dem kirchlichen Fastengebot. Unterstützt wurden sie dabei von »Profis« wie Anna Dorn, die in ihrem Kochbuch von 1827 im Kapitel Fisch- und Fastenspeisen schreibt: »Zu den Fischspeisen rechnet man außer den wirklichen Fischgattungen auch Tiere wie Biber und Fischotter, Tauchenten, Rohrhühner, weil der Aufenthalt und die hauptsächliche Nahrung ihr Fleisch in Verwandtschaft mit jenem wirklicher Fische bringt.« Auf trickreiche Weise umgingen sogar Pfarrersköchinnen die strengen Vorschriften, und der Hochwürdige Herr ließ es sich gerne gefallen. So finden sich in alten Rezeptheften die herrlichsten Delikatessen für die Fastenzeit. Bier und Wein wurden bei den Suppen reichlich verwendet, auch formte man dicke Breie aus Graupen oder Grieß wie die verbotenen Fleischspeisen. Außerdem verdanken wir die warmen Mehlspeisen den Fastengeboten.

Delikate Fastensuppen

Ganz besonderer Beliebtheit erfreuten sich in Omas Jugendzeit Fastensuppen, die meist aus dem Kochsud von Erbsen zubereitet wurden. Als Einlagen gab es Fischstücke, Austern, Krebse, Muscheln, Schildkröten, Schnecken, die dem schalen Erbsenwasser das gewisse Etwas verliehen. Krebse galten übrigens früher nicht als Luxus, da sie in den heimischen Bächen und Flüssen sehr verbreitet waren. Von den zahllosen Suppen-Spezialitäten sind heute noch gerade in der Fastenzeit Rahmsuppe, Brotsuppe, Graupensuppe und vor allem die Kohlsuppe populär.

Fasten für die Linie

Der moderne Mensch lässt sich vom kirchlichen Fastengebot nicht mehr beeindrucken. Und doch wird in unserer Zeit des Überflusses wahrscheinlich mehr »gefastet« denn je. Beginnend mit dem Wirtschaftswunder der 1950er-Jahre, als es nach Hungerzeiten endlich wieder genug zu essen gab, machte sich unter den Deutschen langsam die Volkskrankheit Übergewicht breit. Mittlerweile ist Otto Normalverbraucher nicht nur dick, sondern auch zum Feinschmecker geworden, während das aktuelle Schönheitsideal eigentlich den Hungerkünstler erfordert. Die Medien, vor allem die Frauenzeitschriften, unterstützen nach Kräften beide Trends: die Völlerei durch tolle Kochrezepte, die Askese durch ständig neue Diäten mit »garantierter« Gewichtsreduktion: Trennkost, Brigitte-Diät, Weight-Watchers, Low-Fat, Low-Carb und wie sie alle heißen. Auch ältere, teilweise extreme Diäten wie das 1935 von Dr. Otto Buchinger eingeführte »Heilfasten« erleben heute eine nie da gewesene Popularität. Ein nie da gewesenes Ausmaß erreichen leider auch die pathologischen Formen des Strebens nach dem fettfreien Körper mit den Krankheitsbildern Magersucht und Bulimie.

Schlemmen beim Fasten

Zu den meistgekauften Kochbüchern gehörte einst das »Süddeutsche Kochbuch« der Katharina Prato, das 1912 bereits in der 50. Auflage erschien. Ihr Vorschlag für eine Mittagstafel in der Fastenzeit liest sich wie ein Schlemmermenü: Fisch-Suppe mit Champignons • Falsche Austern • Erdäpfelkrapferl mit Käse • Garnierter Fisch mit Eier-Sauce • Spargel • Backfisch mit Salat • Schwarzes Schokoladekoch • Mandeltorte • Gefrorenes • Kleines Backwerk • Früchte

Kräuter- und Gewürzgeheimnisse aus aller Welt

Während heimische Kräuter, wild wachsend oder kultiviert, auch den einfachen Leuten in der Küche und als Heilmittel zur Verfügung standen, waren exotische Gewürze wie Pfeffer oder Safran in alter Zeit eine kaum erschwingliche Luxusware. Heute ist das Angebot an Gewürzen aus aller Herren Länder fast unüberschaubar.

Würzige Kostbarkeiten

Die »Goldwaage«, auf die der Gewürzhändler im Mittelalter die Pfefferkörner legte, steht im übertragenen Sinn auch für die Verwendung von Gewürzen und Kräutern in der Küche. Sie verleihen jedem Gericht das gewisse Etwas, können aber, wenn zu viel des Guten getan wird, den Eigengeschmack der Speisen erdrücken. Vor allem in der traditionellen deutschen Küche geht es oft nur sozusagen um den Hauch oder die Spur eines Gewürzes.

Volles Aroma

Wenn möglich, sind frische Kräuter immer getrockneten vorzuziehen, da der Trockenprozess das Aroma reduziert. Den selben negativen Effekt hat zu viel Hitze. Deshalb geben Sie frische Kräuter, aber auch Muskat und Safran, erst kurz vor dem Anrichten in die Speisen. So bleiben mehr Geschmacks- und Nährstoffe erhalten. Aus diesem Grund hat Großmutter grüne Kräuter zum Waschen nur kurz unters Wasser gehalten, niemals im Wasser liegen lassen. Kräuter und Gewürze sind nun einmal empfindlich, sogar das altvertraute Paprikapulver hat seine Eigenheiten. Erfahrene Köchinnen wissen, dass man es nur in mäßig heißes Fett streut und dann sofort mit Wasser ablöscht.

Frisch gestoßen und gemahlen

Wer gerne würzt, sollte Großmutters Mörser in seiner Küche einführen: Gewürze wie Koriander oder Sternanis kaufen Sie im Ganzen und zerstoßen sie bei Bedarf. Das gilt auch für die Muskatnuss, für die Sie sich eine kleine Reibe zulegen, und ganz besonders für Pfefferkörner. Eine gute Pfeffermühle gehört zu den lohnenden Investitionen. Nur frisch gemahlen entfaltet Pfeffer seinen Geschmack. Fertiges Pfefferpulver ist einfach nur scharf.

Vor der Blüte ernten

Beim Bärlauch, der vielerorts wild wächst, endet mit der Blüte die Erntezeit. Wer Vorsorge für später treffen will, kann Bärlauchblätter fein gehackt mit Olivenöl als Pesto einmachen. Um Großmutters Waldmeisterbowle oder Großvaters Maiwein genießen zu können, müssen Sie mit der Jahreszeit gehen: Waldmeister entfaltet seinen charakteristischen Duft nur vor der Blüte.

Veilchendüfte

Großmutter lutschte Veilchenpastillen gegen Nervosität, reichte kandierte Veilchenblüten als Festtagskonfekt und mit den Blüten von Duftveilchen aromatisierte sie Zucker, Likör, Honig und Kuchen. Süßspeisen können Sie mit Veilchenwurzel (im Fachhandel erhältlich) parfümieren.
Aber Vorsicht: In zu großen Dosen wirkt sie als Brechmittel!

Gewürzhändler im indischen Bundesstaat Rajasthan. Der sagenhafte Ruf des Ostens beruhte nicht zuletzt auf dem Gewürzreichtum der Länder Asiens.

Gewürzmischungen selbst hergestellt

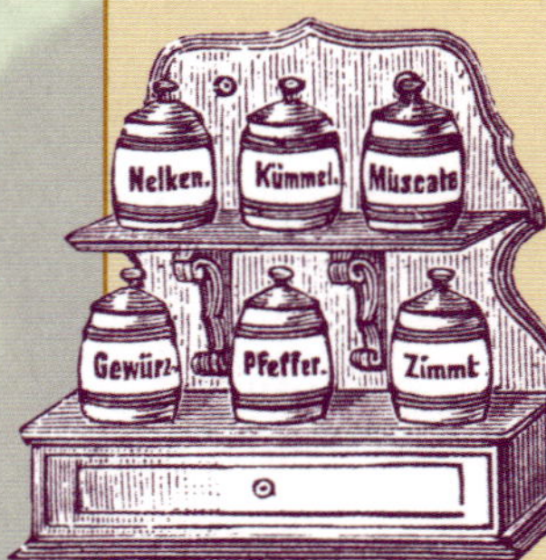

Fines herbes, die Kräutermischung der klassischen französischen Küche, mischen Sie aus Thymian, Estragon, Schnittlauch, Kerbel, Petersilie, Schalotten und klein gehackten Champignons. Für Großmutters »Pastetengewürz« brauchen Sie Koriander, Majoran, Thymian, Muskat, gemahlene Nelken, Pfeffer, Ingwer, Basilikum, Lorbeer und wenig Zimt, dazu Salbei, Bohnenkraut, Sternanis und Rosmarin. Für das traditionelle »Bouquet garni«, das bei Fleisch- und Fischgerichten mitgekocht oder mitgedünstet wird, binden Sie Petersilienstängel, Thymian, ein kleines Lorbeerblatt, nach Wunsch Lauch, Selleriegrün oder Knoblauch zusammen. Für die berühmte asiatische Würzmischung »Curry« nehmen Sie Kurkumawurzel (Gelbwurz), Ingwer, Kalmus, Pfeffer, Chili, Kardamom, Koriander, Kreuzkümmel, Mukat, Zimt und Bockshornkleesaat.

Der Schwerpunkt-Tipp

Knoblauch – intensiv und gesund

Der deftige Verwandte von Zwiebel und Bärlauch verleiht den verschiedensten Traditionsspeisen in aller Welt einen typischen Geschmack. Es gibt nur wenige Küchenpflanzen, die weiter verbreitet sind – und gesünder! In früheren Zeiten zählte der Knoblauch zu den wichtigsten Heilmitteln. Und das zu Recht: Nachweislich verbessert er die Fließeigenschaften des Blutes, senkt den Blutdruck und stärkt das Immunsystem.

Die einen lieben Knoblauch aufgrund seines intensiven Geschmacks, mit dem sich so viele Gerichte auf unvergleichliche Weise verfeinern lassen, andere wiederum machen aus Gründen, die wohl jeder kennt, einen großen Bogen um seine Knolle.

Geruch neutralisieren

Trotz aller kulinarischen Vorzüge des Knoblauchs hat so mancher Zeitgenosse mit der Küchenpflanze ein großes Problem, und das heißt: Geruch. Man riecht es ganz einfach sofort, wenn jemand Knoblauch gegessen hat, und das fällt oft unangenehm auf. Allerdings nur in nördlicheren Ländern wie Deutschland, wo Knoblauch nicht zur Alltagskost gehört. Denn den intensiven Geruch nimmt nur derjenige wahr, der selbst keinen Knoblauch gegessen hat.

Als Mittel gegen die Ausdünstung wird traditionellerweise empfohlen, viel Petersilie oder anderes Grünzeug zu essen, weil das im Blattgrün enthaltene Chlorophyll über geruchsneutralisierende Eigenschaften verfügt.

Roher Knoblauch für Saucen und Salate

Das türkische Cacik, eine erfrischende Kaltschale aus Joghurt, Gurken, Pfefferminze und Knoblauch, kennen Sie vielleicht aus dem Urlaub – ganz sicher aber das sehr ähnliche, dickflüssigere Tsatsiki vom Griechen an der Ecke. Beide Gerichte werden mit rohem Knoblauch zubereitet. Das trifft auch auf die »schnellsten Spaghetti der Welt« zu: Aglio e Olio – Sie mischen Olivenöl mit gehacktem Knoblauch und etwas Petersilie, darunter kommt die frisch gekochte Pasta.
Beim Kochen mit Knoblauch sollten Sie auf zwei Dinge achten: Bei zu großen oder nicht mehr ganz frischen Zehen entfernen Sie die »ausgewachsene« bittere Mitte. Außerdem wird Knoblauch nicht gepresst, sondern geschnitten, um alle wertvollen Stoffe zu erhalten. Rohe Knoblauchzehen können Sie in Olivenöl oder eine Essigmarinade eingelegen, wodurch sie milder werden. Wenn Sie auf dem Markt frischen Knoblauch sehen – Sie erkennen ihn an der prallen Knolle und dem grünlichen Schaft –, unbedingt zugreifen: Das sanfte Aroma ist unübertrefflich! Und der Lauch des frischen Knoblauchs, fein gehackt, kommt als köstliche Würze in Ihre Blattsalate.

Knoblauch zu Fleisch und Fisch

Fleisch mit Knoblauch zu würzen ist vielerorts üblich. Zum Lammbraten gehört er ganz einfach dazu und auch gegrillte Fische werden in den Mittelmeerländern gerne mit reichlich Knoblauch serviert. Großmutters »Hauch« von Knoblauch, etwa am Rinder- oder Schweinebraten, erreichen Sie durch Einreiben des Bratgeschirrs mit einer Knoblauchzehe. Etwas intensiver, aber keineswegs aufdringlich wird der Geschmack, wenn Sie eine Zehe von Anfang an mitgaren. Je länger Knoblauch erhitzt wird, desto sanfter schmeckt er. Vorsicht ist allerdings bei Kurzgebratenem angesagt: Angebrannter Knoblauch kann Ihnen das ganze Gericht verderben.

Die richtige Zusammenstellung der Speisen

Ob Sie ein mehrgängiges Festmenü für einen größeren Kreis planen oder nur eine Mahlzeit für sich selbst zubereiten, mit der Sie einen langen Arbeitstag beschließen: Immer stellt sich die Frage nach der richtigen Zusammenstellung der einzelnen Komponenten. Großmutters Prinzip der Ausgewogenheit ist kein schlechter Ratgeber, auch in modernen Zeiten.

Ausgewogene Ernährung

Damit sich der menschliche Organismus erhalten kann, benötigt er Nähr- und Brennstoffe: Eiweiß, Fette, Kohlenhydrate, Vitamine, Mineralstoffe, Salze, Spurenelemente und Ballaststoffe. Eine ausgewogene Ernährung liefert dem gesunden Körper alles, was er braucht. Indem Sie unterschiedliche Nahrungsmittel in einer Mahlzeit, aber auch in den verschiedenen Mahlzeiten des Tages kombinieren, vermeiden Sie einseitige Ernährung.

Die harmonische Mahlzeit

Die traditionelle deutsche Hausmannskost zeichnet sich insbesondere dadurch aus, dass mehrere Speisen zusammen serviert werden: Fleisch oder Fisch, sättigende Beilagen und meist auch ein Salat werden nicht – wie etwa in Italien, wo die Pasta vorneweg schon einmal den ersten Hunger stillt – nacheinander gegessen, sondern kommen gleichzeitig auf den Tisch.
Umso wichtiger ist bei der Zusammenstellung einer sozusagen typisch deutschen Kombi-Mahlzeit die geschmackliche Harmonie der einzelnen Bestandteile. Eine Komponente – in der bürgerlichen Küche meist das Fleisch – dominiert und wird durch Beilagen ergänzt. Zum Braten mit reichlich Sauce etwa hat Großmutter Klöße oder Teigwaren serviert, zum gekochten Rindfleisch dagegen Gemüse in sahniger Sauce, zum fettreichen panierten Schnitzel verschiedene Salate.

Suppe, Hauptgericht, Nachtisch

Traditionell galt für ein Sonntagsmittagessen die Speisenfolge Suppe, Hauptgericht, Nachtisch. Für die Zusammenstellung eines Dreigänge-Menüs haben sich einige Grundregeln bewährt: Eine gehaltvolle Speise wird durch zwei leichte Speisen ergänzt, die fette Gans also durch eine feine Brühe davor und ein Kompott danach. Wenn bei Vor- und Hauptgericht »gespart« wurde, durfte das Dessert umso üppiger ausfallen. Auch sollten alle drei Gänge ein ähnliches Niveau haben, also keine deftige Gulaschsuppe vor dem eleganten Spargel-Hauptgang. Falls Sie dennoch rustikal und fein kombinieren wollen, dann kommt immer der feine Gang zuerst.

Klassische Reihenfolge bei vier Gängen

Bei einem Viergänge-Menü bleibt Ihnen die Wahl zwischen zwei Vorspeisen, wobei traditionell eine warme auf eine kalte folgt, oder zwei Hauptgerichten. Bei zwei Fleischgerichten reichte

Hase, Wachtel, Rebhuhn, Fasan, Auerhahn ... Mit Kleinwild als Höhepunkt der Speisefolge lassen sich nach alten Rezepten herrliche Menüs zusammenstellen.

Großmutter früher zuerst das helle, zarte Fleisch (Geflügel, Kaninchen, Kalb), dann das dunkle, herzhafte (Rind, Schwein, Lamm, Wild). Bei einem Fisch- und einem Fleischhauptgang kommt immer zuerst der Fisch auf den Tisch.

Abwechslung beim Menü

Geschmackliche Vielfalt zeichnete von jeher die großen Festtagsmenüs der versierten Köchin aus. So verlangen die einzelnen Gänge nach ganz verschiedenen Saucen: Den Vorspeisensalat machen Sie mit leicht säuerlicher Marinade an, das Fleischgericht wird von einer sahnigen Sauce begleitet, zum Kuchendessert gibt es ein süß-fruchtiges Püree. Außerdem kommt nach einer alten Regel nichts zweimal auf den Tisch: Ein Eiersalat als kalte Vorspeise verbietet die Eischaumcreme zum Nachtisch, Teigwaren als warme Vorspeise – etwa Maultaschen – verlangen nach einer anderen Beilage zum Hauptgang. Perfektionisten gehen manchmal sogar so weit, keine Rinderbouillon vor einem Fleischgericht zu servieren.

Der Schwerpunkt-Tipp

Ernährung im Einklang mit dem Biorhythmus

Gänsebraten mit Knödel und Blaukraut oder leichte mediterrane Kost – Ernährung, die sich im Einklang mit Biorhythmus, Jahreszeit und Klima befindet, ist nicht nur gesund und bekömmlich, sondern auch ein besonderer Genuss!

Schon vor 100 Jahren entdeckte der Berliner Arzt Wilhelm Fliess (1858–1928), dass es gewisse Schwankungen im körperlich-geistigen Befinden gibt, denen jeder einzelne Mensch unterworfen ist. Seither bestätigten zahlreiche wissenschaftliche Untersuchungen diesen individuellen Biorhythmus. Darüber hinaus sind wir alle geprägt von Rhythmen der Natur, den jahreszeitlichen und den klimatischen.

Morgenmuffel und Nachteule?

Bereits die einfache Frage Frühaufsteher oder Langschläfer liefert Anhaltspunkte über das genetisch festgelegte, individuelle Zeitprogramm. Was das Ganze mit Ernährung zu tun hat? Im Lauf von 24 Stunden gibt es Leistungshochs und Leistungstiefs. Wenn Sie sich selbst und Ihren persönlichen Bio-Rhythmus besser kennen lernen, wird es Ihnen gelingen, »Durchhänger« mit flinken Energiespendern – etwa ein paar Nüsse, ein Glas Milch, eine Banane – auszugleichen. Zwei bis drei Stunden nach dem Aufstehen, nach einem werthaltigen Frühstück, haben die meisten Menschen ihr tägliches Leistungshoch. Unter dem Gesichtspunkt des Wechselspiels zwischen Leistungsfähigkeit und Ruhebedarf steht auch die alte Weisheit »Frühstücken wie ein Kaiser, Mittagessen wie ein Bürger, Abendessen wie ein Bettelmann«.

Frühjahrsmüdigkeit

Chronobiologen haben festgestellt, dass unser Zeitprogramm nicht beliebig verstellbar ist. Im Lauf der Menschheitsgeschichte haben wir uns dem täglichen und jahreszeitlichen Wechsel von Hell und Dunkel, Wärme und Kälte in der Natur angepasst. Jeder kennt das Phänomen der Frühjahrsmüdigkeit: Unser Körper reagiert auf den Lichtwechsel in der Natur. Erst aber muss das Müdigkeitshormon Melatonin, das unser Körper in der dunklen Winterzeit eingelagert hat, abgebaut werden. Das dauert einige Wochen. Instinktiv verlangt uns in dieser Zeit nach Luft und Licht, nach frischen Vitaminen und leichter Kost. Diesem gesunden Bedürfnis sollten Sie nachgeben.

Traditionelles Backen – Brot und Kuchen

Das Grundnahrungsmittel Brot galt in unserer Kultur immer als geradezu heilig. Niemals hätte Großmutter Brot weggeworfen! Und zu den hohen kirchlichen Festtagen gehören auch heute noch süße Backwaren wie Weihnachtsstollen oder Osterfladen in der Form von Broten. Das Brotbacken erlebt zwar derzeit eine gewisse Renaissance, doch geht es meist um Kuchen, wenn in der modernen Küche die Backutensilien hervorgeholt werden.

Es muss nicht immer Brot sein! Auch wer nicht über einen so schönen alten Holzofen verfügt, kann seine Gäste zum Beispiel mit frischen selbst gebackenen Brezeln überraschen.

Selbst gebackenes Brot

Für die Herstellung eines Brotteigs brauchen Sie das richtige Mehl: Weizenmehl (Type 550 oder 1050) für Weißbrot, Roggenmehl (Type 1150) für Graubrot, Vollkornmehle für Vollkornbrot – oder eine Mischung. Das Mehl wird mit etwas Salz vermischt. Dazu kommen Wasser (auf 100 Teile Mehl 70 Teile Wasser) und ein Teigauflockerungsmittel, nämlich Hefe oder Sauerteig oder Backpulver. Diese Mittel zerfallen unter Hitzeeinwirkung, bilden dabei Gase und erzeugen so die kleinen Bläschen, die den Teig locker machen und aufgehen lassen. Das Aufgehen verlangt Zeit: Sie sollten Ihren Brotteig mindestens (!) eine Stunde ruhen lassen. Und beim Backen braucht Brot viel Hitze (200–290 Grad).

Treibmittel Sauerteig

Schon in der Bibel lesen wir vom Sauerteig. Es handelt sich dabei um einen gegorenen Roggenmehlteig, den Sie bei der Herstellung von Brotteig als Treib- bzw. Lockerungsmittel verwenden können. Er sorgt auch für den typischen leicht säuerlichen Brotgeschmack. Sauerteig stellen Sie selbst her, indem Sie ganz einfach Mehl und Wasser verrühren und so lange stehen lassen, bis der Teig gegoren ist: Er hat sich ausgedehnt und an der Oberfläche Schaum gebildet. Oder Sie greifen zu Teigsäuerungsmitteln, die im Handel erhältlich sind. Einen kleinen Teil ihres Sauerteigs bewahrte Großmutter immer an einem kühlen Ort in einem Tongeschirr mit locker sitzendem Deckel auf. Darin vermehrt sich der Sauerteig von selbst, so dass immer etwas zur Verfügung steht, wenn Brot gebacken wird.

Hefeteig – süß oder herzhaft

Ob Sie einen Zwiebelkuchen oder einen Gugelhupf backen wollen, die Grundregeln für einen kompakten, dennoch lockeren Hefeteig sind immer gleich. Sie verwenden als biologisches Teiglockerungsmittel Hefe. Sie muss frisch sein: hellgrau-weißlich, fein duftend, elastisch in der Substanz. Die Hefe lassen Sie zunächst, vermischt mit etwas Wasser und Mehl, an einem warmen Ort zugedeckt gehen. Auch den Teig ließ Großmutter noch dreimal gehen: zuerst in der Schüssel, dann nach dem Ausarbeiten und Formen und schließlich noch kurze Zeit im Backgeschirr. Aber Vorsicht: Wenn Sie den Hefeteig zu lange gehen lassen, fehlt ihm nach dem Einschieben in das Backrohr der nötige Nachtrieb. Außerdem wesentlich für das Gelingen: Hefeteig immer energisch kneten, auch »schlagen«, um ihn so dicht wie möglich zu bekommen.

Kuchen statt Brot

Ein Grund für den Pariser Volksaufstand von 1789, mit dem die Französische Revolution begann, war der hohe Brotpreis. Viele hungerten, weil sie sich kein Brot mehr leisten konnten. Was Königin Marie Antoinette überhaupt nicht verstand: »Wenn sie kein Brot haben, sollen sie doch Kuchen essen.«

Altbewährte mineralische Backtriebmittel

Natron, Pottasche, Hirschhornsalz sind Backtriebmittel, die Großmutter noch ganz selbstverständlich auf Vorrat hatte. Für ein Pfund Mehl benötigen Sie sechs Gramm Natron, das als Pulver oder in Tablettenform erhältlich ist. Die feine, weiße Pottasche ist das Kaliumsalz der Kohlensäure (Kaliumcarbonat). Sie wird für flache, feste Gebäcke wie etwa Lebkuchen oder Aachener Printen verwendet. Hirschhornsalz enthält die chemische Substanz Ammoniumcarbonat. Sie macht schwer knetbare Teige wie Honigkuchenteig elastisch. Gebäck mit Hirschhornsalz ist lange haltbar, da sich durch die Säure keine Schimmelpilze ansiedeln können. Das Salz riecht leicht stechend nach Ammoniak. Der Geruch verflüchtigt sich beim Backen, die Backwaren erhalten einen typischen würzigen Geschmack.

Frisches selbst gebackenes Brot – ein schlichter, aber zugleich auch grandioser Genuss für Gaumen und Nase, wie ihn der Mensch seit Jahrtausenden kennt!

Der Mürbeteigboden
Obwohl sich der Mürbeteig besonders gut für Obstbeläge eignet, weil er nicht schnell durchweicht, ist seine Zubereitung gerade im Sommer besonders heikel: Er mag es nämlich ausgesprochen kühl! Deshalb kühlen Sie alle Zutaten, bevor Sie beginnen. Da die Butter nicht weich werden darf, müssen Sie den Teig schnell verkneten. Selbstverständlich geschieht das nach Großmutter-Art mit den Händen. Das heißt: Auch die Hände werden immer wieder unter kaltem Wasser gekühlt. Den fertigen Teig legen Sie, zur Kugel geformt und mit Folie vor dem Austrocknen geschützt, mindestens eine halbe Stunde in den Kühlschrank. Dann klebt er nicht beim Ausrollen.

Selbst gezogener Strudelteig
Strudelteig braucht glattes Mehl (Typ 700 – 1050) und lauwarmes Wasser. Der weiche Teig, der anfangs an Hand und Brett klebt, wird so lange abgearbeitet, bis er Blasen bekommt, wobei Sie Ihre Hände immer wieder mit Mehl »trocknen«. Danach bestreichen Sie den Teig mit lauwarmem Wasser und lassen ihn eine halbe Stunde ruhen, bevor Sie ihn hauchdünn ziehen.

Lockerer Biskuit
Großmutter richtete sich nach drei Grundregeln, um ihren Biskuit für Torten und Rouladen so herrlich locker zu bekommen, wie er sein soll: Als Erstes wird der Backofen vorgeheizt, weil der Teig sofort ins Rohr muss, wenn er fertig ist. Die Butter lassen Sie schmelzen, bevor Sie sie zum Teig geben. Und die Rührschüssel steht im warmen Wasserbad, während Sie Eigelb und Zucker so lange schaumig rühren, bis sich der Zucker vollständig aufgelöst hat.

Fenster in die Gegenwart

Auch Großmutter verwendete Backpulver, das seit einigen Generationen auf dem Markt ist und das Backen erheblich vereinfacht hat.

Eine Erfindung aus dem Chemielabor *ist das Backpulver. Es fehlt in keiner Backstube und in keiner Küche – seit gut 100 Jahren. Die Erfolgsgeschichte dieses synthetischen Lockerungsmittels für fett- und zuckerreiche Teige begann im Labor des großen deutschen Chemikers Justus von Liebig (1803–1873), dessen geschäftstüchtiger Schüler Eben Norton Horsford Mitte des 19. Jahrhunderts in England Backpulver patentieren ließ. Liebig war mit diesem Produkt nicht zufrieden und führte, als Ende der 1860er-Jahre in Ostpreußen Hungersnot herrschte, weitere Laborversuche mit Backpulver durch. Aber erst der Apotheker August Oetker (1862–1918) vermarktete das von ihm weiterentwickelte Pulver – eine Mischung aus doppelkohlensaurem Natron und einem Säuerungsmittel (Zitronen- oder Weinsäure) – im großen Rahmen. Seine Klientel waren backende Hausfrauen, und davon gab es viele in Deutschland. Ab 1893 vertrieb Oetker sein »Backin«, das bis heute in unveränderter Rezeptur hergestellt wird.*

Süße Verführer mit Tradition

Je näher man im Supermarkt zur Kasse vorrückt, desto dichter wird das Angebot an Süßigkeiten. Sie sind die großen Verführer, denen keiner widerstehen kann. Das war schon immer so. Nur gab es früher nicht den heutigen Überfluss. Marzipan, kandierte Früchte, Karamell waren kostbare Genüsse für besondere Gelegenheiten. Nach Großmutter-Art selbst gemacht, stehen solche Klassiker heute wieder höher denn je im Ansehen.

Wer mag sie nicht, die süßen Köstlichkeiten. Stammen sie gar aus Eigenproduktion, dann schmecken sie umso besser.

Honigkuchen

Honig war in Europa bis ins 19. Jahrhundert hinein das übliche Mittel, um Speisen zu süßen. Gesundheitsbewusste tun es heute wieder, denn Bienenhonig gehört zu unseren wertvollsten Nahrungsmitteln. Mit Honig zu backen ist uralte Tradition, deren Ausübung sich aber bereits zu Zeiten unserer Großmütter hauptsächlich auf Weihnachten beschränkte. Wenn Sie Honigkuchen, Lebkuchen, Aachener Printen oder Ähnliches backen, sollten Sie den Teig immer zwei Tage lang zugedeckt ruhen lassen, bevor Sie ihn – bei milder Hitze – in den Backofen geben. Die fertigen, sehr harten Backwaren legen Sie mindestens eine Woche in eine Blechdose, damit sie weicher werden; ein Stück Apfel unterstützt den Prozess. Geriebene Lebkuchen dienten in der alten Küche auch als Würz- und Bindemittel, etwa für Bratensaucen.

Aus Zucker wird Karamell

Im 19. Jahrhundert begann man bei uns, Zucker aus Rüben zu gewinnen. Nun konnte sich praktisch jedermann das Süßungsmittel leisten, das vorher, als Rohrzucker, teuer importiert werden musste. Bald entwickelten sich Küchentechniken wie das Karamellisieren, die aus Streuzucker süße Verführer machten. Um Früchte, Nüsse oder Backwaren – etwa Windbeutel – nach alter Art zu karamellisieren, lösen Sie Zucker in wenig Wasser und köcheln ihn bei sanfter Hitze unter ständigem Rühren so lange, bis er sich hellbraun färbt. Je heißer Sie ihn werden lassen, desto dunkler wird er. Die Karamellmasse muss schnell verarbeitet werden; denn beim Erkalten härtet sie sich.

Krokant

Was wäre Großmutters Frankfurter Kranz ohne den Krokantmantel? Mit selbst gemachtem Krokant schmeckt er noch viel besser! Und das geht ganz einfach: Sie karamellisieren Zucker, geben zerkleinerte Haselnüsse oder Mandeln in die heiße, bräunliche Zuckermasse, rühren gut und lassen das Ganze schließlich erkalten. Nun können Sie den Krokant so klein brechen, wie Sie ihn für die Weiterverwendung brauchen.

Ein kunstvoll geformtes Schokoladenpraliné, dessen Herstellung aus Mandelcreme und Schokolade in einem alten Haushaltsbuch beschrieben wird.

Karamellbonbons selbst gemacht

Ein nostalgisches Konfekt, das sogar Kinder mit ein wenig Hilfe selbst herstellen können: Sie bringen einen Becher Schlagsahne mit 125 Gramm Zucker in einer Pfanne zum Kochen. Unter ständigem Rühren mit einem Kochlöffel wird die Masse bei starker Hitze langsam eingedickt. Dann geben Sie einen guten Esslöffel Butter und einen Teelöffel Honig dazu. Und wieder heißt es: rühren und nochmals rühren, so lange, bis sich die strenge, geschlossene Masse leicht aus der Pfanne lösen lässt. Sie streichen die Masse auf ein Backblech oder großes Brett – am besten mit einer Lage Backpapier darunter – und lassen sie erkalten. Dann schneiden Sie mundgerechte Stücke daraus.

Glasierte Maronen

Für das Glasieren (Überglänzen) von Früchten und Gemüsen – in der traditionellen Küche oft Frühlingszwiebeln oder junge Möhren – brauchen Sie Zucker, den Sie in einer heißen Pfanne unter ständigem Rühren in Butter schmelzen (nicht bräunen!). Großmutters Herbst-Favoriten waren glasierte Maronen, die sie als Beilage zu Wild oder Gans reichte oder zum Dessert, etwa heiß zu Eis. Die Maronen bereiten Sie so vor: Schale etwas einritzen, dann eine Viertelstunde in Wasser kochen, bis sie platzt, die edlen Kastanien herausnehmen und schälen. Zum Glasieren wenden Sie die Maronen in der Butter-Zucker-Pfanne, bis sie rundum schön glänzen.

Auch wenn sie nicht so perfekt wie hier aussehen: Selbst gemachte Pralinen sind ein Hochgenuss und nicht zuletzt ein wunderbares Geschenk.

Kandierte Früchte

Das Kandieren von Obst mit Zucker ist im Grunde nichts anderes als eine alte Konservierungsmethode, die sich jedoch in der feinen Küche wie eh und je größter Beliebtheit erfreut; denn glasierte Früchte sehen nicht zuletzt ungeheuer dekorativ aus. Man kennt vor allem Orangeat und Zitronat, die aus den Backstuben nicht wegzudenken sind. Doch Großmutter hat nicht nur Orangen- und Zitronenscheiben kandiert, sondern mit Vorliebe auch Kirschen und Erdbeeren, allerlei exotische Früchte wie Ananas, sogar Ingwerstäbchen. Besonders raffinierte Köchinnen kandierten Veilchen und andere kleine Blüten. Allerdings verlangt das Kandieren viel Zeit! Es geht nämlich darum, dass sich die Früchte vollständig mit Zucker voll saugen – und das verlangt die bis zu fünfmalige Wiederholung des selben Ablaufs: Sie legen die Früchte in eine starke, aufgekochte Zuckerlösung (mit Wasser oder Saft), lassen sie eine Weile darin ruhen. Dann müssen sie abtropfen und trocknen. Steinobst entkernen Sie vorher, harte Früchte werden vorher blanchiert, Früchte mit fester Schale mit einer Nadel mehrfach angestochen, damit der Zucker eindringen kann.

Marzipan

Die orientalische Delikatesse aus Zucker, Mandeln und Rosenwasser bereitete Großmutter mit relativ wenig Aufwand selbst zu. Sie kannte auch das Geheimnis des Gelingens: das genaue Verhältnis von einem Drittel feinst geriebener Mandeln – Großmutter mischte unter die Süßmandeln einige wenige Bittermandeln, das bricht dem zu Süßen die Spitze! – und zwei Dritteln Zucker. Dazu kommt ein Hauch Rosenwasser. Diese Mischung rühren Sie auf kleinster Flamme so lange, bis Ihr Finger nicht mehr kleben bleibt, wenn Sie ihn auf die Masse drücken.

Früher färbte man weihnachtliches Marzipankonfekt mit rotem Breton: Der granatrot-violette Wein aus Rioja hat ein feines Aroma von reifen Kirschen und Pflaumen.

Fenster in die Vergangenheit

Kakao, eines der kulinarischen Geschenke des alten Amerika an die Welt, eroberte seit dem 16. Jahrhundert Europa.

Mexikos Götter naschten Xocolatl: *Die Geschichte des Kakaos ist über 3000 Jahre alt. Für die Mayas und Azteken war der Kakaobaum eine heilige Pflanze. Aus seinen gemahlenen Bohnen bereiteten sie ein schaumiges Getränk, das auch bei religiösen Ritualen eine wichtige Rolle spielte und meist für Krieger und Adelige reserviert war. Sie würzten dieses »Bitterwasser«, das sie Xocolatl nannten, mit Honig, Vanille oder auch Chili. Als Kolonialware kam der Kakao nach Europa. Und hier profilierte sich die Schweiz als »Schokoladenland«. Die große Innovation: Die Schweizer gaben Milch und Zucker zum Kakao und formten die Schokolade zu Tafeln. Mit der Gründung der Schokoladenmanufaktur Cailler bei Lausanne im Jahr 1819 begann der europäische Siegeszug des nun süßen Verführers. Rodolphe Lindt kreierte durch langes Rühren den zarten Schmelz. Kenner wissen: Feine Schokolade sollte vor dem Genuss wie Wein bei Zimmertemperatur »atmen«, um ihr Aroma zu entfalten.*

Getränke aus Omas Küche

Der Getränke-Maschinenpark im modernen Haushalt kommt schon unserer Elterngeneration fremd vor: Auf Knopfdruck und portioniert sprudeln Cappuccino oder Kräutertee in die Tassen, pressen motorisierte Küchenhelfer Orangen und Karotten zu gesunden Frühstücksdrinks. Die Kunst, einen guten Kaffee oder Tee zuzubereiten, ist jedoch eine alte Kultur-Errungenschaft. Und früher gab es noch eine Menge anderer leckerer Getränke, die es wert sind, wiederentdeckt zu werden.

Kaffee-Ernte im mittelamerikanischen Guatemala

Kaffee, frisch gebrüht

Kein heißes Getränk ist weltweit so verbreitet wie Kaffee in seinen verschiedenen Zubereitungsarten. Das Lieblingsgetränk auch der Deutschen wurde schon von Großmutter hoch geschätzt. Sie hat ihn wohl auf typisch deutsche Art zubereitet, nämlich mit dem Filter, den die Hausfrau Melitta Bentz aus Dresden 1908 erfand. Selbstverständlich wurden die frisch gebrannten Bohnen aus der Kaffeerösterei selbst gemahlen und dann, wenn die Freundinnen schon am Kaffeetisch saßen, mit sprudelnd kochendem Wasser frisch aufgebrüht – von Hand, nicht mit der Maschine, damit das Wasser möglichst schnell das Kaffeepulver passiert. So entfaltet deutscher Filterkaffee nach wie vor sein schönstes Aroma.

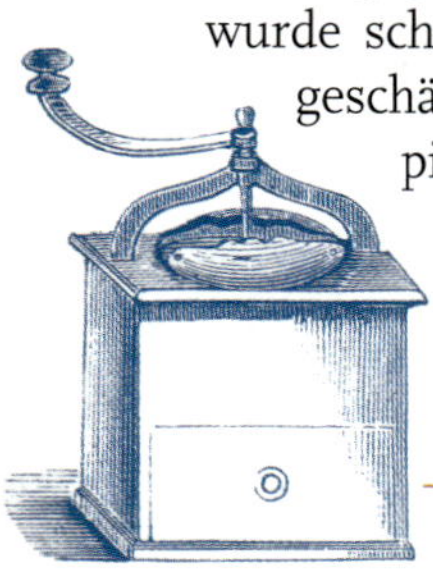

Delikate Mandelmilch

Mandelmilch herzustellen setzt eine langwierige Prozedur voraus, vielleicht ist dieses so köstliche Getränk deshalb fast vollkommen vergessen. Frisch geriebene Mandeln – am besten eine Mischung aus Süßmandeln mit wenigen Bittermandeln oder Bittermandelaroma – lassen Sie in einem dreiviertel Liter Milch oder Wasser drei Stunden ziehen. Danach seihen Sie die Flüssigkeit durch ein Filtertuch oder Haarsieb ab und schmecken sie noch mit Zucker und einigen Tropfen Orangenblütenwasser ab. Die Mandelrückstände können Sie getrocknet zu Gebäck weiterverarbeiten.

Limonade hausgemacht

Mit hausgemachter Limonade verwöhnte Oma die Enkel: Zunächst musste aus der Drogerie kristallisierte Weinsteinsäure besorgt werden. Saft und sehr fein geschnittene Schale von 20 Apfelsinen (heute ungespritzt) wurden dann mit einer Wasser-Säure-Mischung aufgegossen und mussten 36 Stunden lang ruhen. Auf zwei Liter der abgeseihten Flüssigkeit kam dann ebenso viel Zucker. Das Ganze wurde so lange verrührt, bis der Zucker sich restlos aufgelöst hatte. Danach hieß es wieder abwarten, sich bildender Schaum musste mit dem Schaumlöffel abgenommen werden. Erst die klare Flüssigkeit war dann fertig für den Genuss.

Das alte Stövchen?

Kaffee und Tee schmecken nur frisch gebrüht. Deshalb warnen Kenner vor dem gemütlichen Stövchen. Denn durch die Hitze der Kerzenflamme kochen Tee oder Kaffee in der Kanne nach und verändern innerhalb kürzester Zeit ihren Geschmack, und zwar eindeutig zum Nachteil. Ähnlich wirkt auch die Wärmeplatte von Kaffee- und Teemaschinen.

Fruchtbowle mit Alkohol

Das Bowlenrezept für einen nostalgischen Sommerabend: Sie nehmen ein Pfund gemischte reife Früchte – Aprikosen, Pfirsiche, Erdbeeren, Himbeeren und geschälte Tomaten (!) –, zerdrücken die Hälfte davon und lassen sie in gesüßtem Wein ziehen. Danach seihen Sie diesen Fruchtstand ab und geben die übrigen Früchte, in mundgerechte Stücke zerteilt, dazu. Aufgegossen wird mit gezuckertem Zitronenwasser (zwei Liter Wasser, 125 Gramm Zucker, zwei Achtel Liter Zitronensaft), abgerundet mit Rosen- oder Jasminwasser. Eisgekühlt servieren!

Eistee von anno dazumal

In alten Kochbüchern finden wir ein einfaches Rezept, das bedeutend billiger ist als die Eistees aus dem Tetrapack und ohne chemische Zusätze auskommt: zwei Liter schwarzer Tee, 40 Gramm Zucker, Zitronensaft nach Geschmack. Das Ganze kühlen Sie mit gestoßenem Eis ab.

Kremige Trinkschokolade

Wenn Sie in die heiße Flüssigkeit nach Großmutters Geheimrezept ein mit wenig Milch oder Sahne verquirltes Eigelb einschlagen, wird der Kakao oder die Trinkschokolade besonders kremig – und nahrhaft.

Der Schwerpunkt-Tipp

Die richtige Teezubereitung

Wer in einem englischen Haushalt zu Gast ist, sieht alle Klischees bestätigt. Es wird tatsächlich ständig frischer Tee aufgebrüht. Und irgendeiner findet sich immer, der gerade eine gute Tasse Tee braucht, um zu entspannen oder um wieder neue Kraft zu schöpfen.
In der Teezubereitung sind die Briten Europas Experten: ein Erbe ihrer einstigen Kolonialherrschaft auf dem indischen Subkontinent.

Die Teekanne

Metall, Keramik, Gusseisen, Porzellan oder Glas – darüber werden nicht nur in England regelrechte Glaubenskriege geführt. In jedem Fall gilt: Die Teekanne bleibt ausschließlich dem Tee vorbehalten. Je länger sie in Gebrauch ist, umso besser. Teekannen sollten Sie niemals mit Seifenlösungen spülen.

Tee, Wasser, Portionierung, Zubereitung und Geschirr – alles muss stimmen. Die richtige Zubereitung ist für Teespezialisten fast schon eine Religion.

Das Wasser

Die Queen führt angeblich immer ihr eigenes Wasser für die Teezubereitung im Reisegepäck mit sich. Und tatsächlich spielt die Wasserqualität für die Güte des Tees eine tragende Rolle: Kalk – Teefeind Nummer Eins – verursacht die Trübung der Oberfläche und zerstört jedes zarte Aroma, weil hartes Wasser Bitterstoffe bindet. Das Teewasser soll für schwarzen Tee kochend heiß sein, für grünen Tee aber nur 60 Grad.
Wichtig: Sie geben nicht den Tee ins Wasser, sondern gießen das Wasser vielmehr über den Tee, weil sich die durch das Aufgießen eingesprudelte Luft positiv auf die Entfaltung der Geschmacksstoffe auswirkt.

Welcher Tee?

Guter Tee ist vor allem frischer Tee, gekennzeichnet als »Neue Ernte«. Spitzenqualität kennzeichnet Blatttee, der anders als so genannter Broken-Tea von Hand gepflückt wird. Die ganzen Blätter enthalten alle Inhaltsstoffe und geben die Gerbstoffe (Tannine) nicht so schnell ab. Broken-Teas werden also wesentlich schneller bitter.
Was die kaum überschaubare Fülle der zahllosen Teesorten anbelangt, sollten Sie sich im Fachhandel beraten lassen. Nach einigem Ausprobieren werden Sie Ihre Lieblingssorten für die verschiedenen Tageszeiten entdecken.

Tee portionieren

Der Löffel gibt die Maßeinheit vor. Man rechnet für jede Person einen Teelöffel und »für die Teekanne« einen weiteren. Den Tee gibt man direkt in die Kanne.
Schwarzer Tee schmeckt immer kräftiger als grüner Tee, dieser wiederum kräftiger als Weißer Tee. Mit der Menge an Teeblättern hat das nichts zu tun. Ebenso ergibt bei gleicher Menge Broken Tea einen stärkeren Aufguss als Blatttee.

Ziehen lassen

Nach altem Brauch gießen Sie die Teeblätter zunächst nur mit einer geringen Wassermenge auf, so dass die Teeblätter anschwellen können. Danach gießen Sie so viel siedendes Wasser nach, wie Sie für die einmalige Füllung der Tassen brauchen. In der zugedeckten Kanne zieht der Tee dann rund vier Minuten. In einem Samowar auf einem Nebentisch halten Sie siedendes Wasser für einen zweiten Aufguss vorrätig.

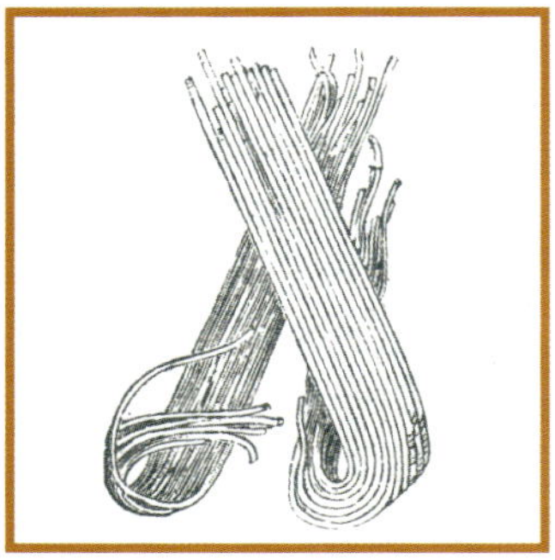

Eigene Herstellung von Nahrungsmitteln

In unseren Zeiten der industriell hergestellten Fertigprodukte ist »hausgemacht« zu einer Art Ehrentitel geworden. Natürlich haben Sie weniger Arbeit, wenn Sie Senf, Säfte, allerlei pikante Saucen ganz einfach im Supermarkt kaufen. Aber die Mühe des Selbermachens wird aufgewogen durch die Freude am Besonderen.

Pikante Leckereien und Nudeln selbst gemacht

Kochen ist Liebe. Ganz besonders gilt dieser Satz für all die kleinen Delikatessen, die nicht unbedingt notwendig sind für den täglichen Ernährungsplan, einer Speise aber den außergewöhnlichen Akzent verleihen. Und wenn Sie selbst gemachte Nudeln präsentieren, wird aus einem Alltagsessen ein Luxusgericht.

Es ist gar nicht so schwer – warum nicht einmal die Lieben oder die Gäste mit selbst zubereiteter Mayonnaise überraschen?

Chutney

Die würzige, einer Marmelade ähnliche Beilage zu Fisch und Fleisch kommt aus der traditionellen indischen Küche und wurde von englischen Kolonialherren nach Europa gebracht. Chutneys sind von musiger Konsistenz und enthalten mitgekochte Frucht- oder Gemüsestücke. Die Kombination von Zucker und Essig sorgt für den süß-sauren Charakter, neben Salz und Pfeffer sind auch Gewürze wie Kreuzkümmel, Kurkuma und Koriander unverzichtbare Bestandteile. Probieren Sie einmal ein Quitten-Chutney mit grünen Feigen (zusätzliche Ingredienzien sind Äpfel, Zwiebel, Tomaten, Knoblauch) oder ein Zwetschgen-Trauben-Chutney (ebenfalls mit Äpfeln, Zwiebeln und Tomaten).

Großmutters Ketschup

Ketsiap nannten die Chinesen ihre kalt-pikante Fischsauce. Doch es war Henry John Heinz, Sohn deutscher Einwanderer aus dem pfälzischen Kallstadt, der die chinesische Speise neu »definierte« und 1876 mit seiner süß-pikanten Tomatensauce eine sagenhafte amerikanische Erfolgsstory begründete. Die Original-Rezeptur von »Heinz Tomato Ketchup« ist natürlich streng geheim. Aber Großmutters »Mus von Paradiesäpfeln« (Tomaten) können Sie nachmachen: Kleine, reife Tomaten übergießen Sie mit Wasser, lassen sie 24 Stunden stehen, seihen sie ab und entfernen die Kerne. Diesen Tomatenstand lassen Sie wiederum, mit einem Glas Rum versetzt, 24 Stunden ziehen. Danach geben Sie Zucker darüber, lassen den Tomatenbrei wieder ziehen und kochen ihn schließlich unter Zugabe von Pfeffer, Salz, Essig, Paprika, Nelkenpulver, Ingwer und Aprikosen zu einer dickflüssigen Sauce ein.

Was tun, wenn Mayonnaise gerinnt?

Rühren Sie mit einem Dotter etwas Essig und tropfenweise Öl eine neue Mayonnaise an und fügen Sie löffelweise die geronnene Masse unter ständigem Rühren zu. Manchmal genügt auch das Unterrühren von etwas heißem Wasser und die Mayonnaise emulgiert wieder richtig.

Mayonnaise, frisch zubereitet

Großmutter war es gewohnt, Mayonnaise selbst zu machen – alles eine Frage der Übung und eine Mühe, die sich auch heute lohnt; denn frisch zubereitete Mayonnaise ist ein

Fenster in die Vergangenheit

5000 Jahre alt *ist er, der Senf. Großmutters Rezepte für süßen Weißwurstsenf oder pikanten Kräutersenf sind »Spätgeborene« in der langen Geschichte des Gewürzklassikers. Denn der erste Hinweis auf ihn datiert aus China aus der Zeit um 3000 v. Chr. Die Schärfe der gemahlenen Samenkörner des weißen, braunen und des schwarzen Senfs, einer Pflanze aus der großen Kohlfamilie, wurde auch im alten Ägypten geschätzt. Die Griechen entdeckten ihn dort und brachten ihn nach Europa. Der berühmte griechische Arzt Pedanios Dioskurides (1. Jh. n. Chr.) pries seine heilsamen Wirkungen, der römische Feinschmecker Lucullus (117–57 v. Chr.) dagegen bevorzugte ihn als Würzpaste. Den alten Römern verdanken wir auch das erste überlieferte Senfrezept: Zerstoßene Senfkörner wurden mit Honig, Olivenöl und Essig vermischt. Sogar die Wirkung eines Aphrodisiakums schrieb man dem Senf zu. Auch im Mittelalter war der Senf hoch geschätzt, so befahl Karl der Große 795 in seinem Reich den Senfanbau. 1634 wurden im burgundischen Dijon die ersten Bestimmungen zur Senfherstellung erlassen. Dort kam man auf die Idee, den seit der Römerzeit üblichen Essig im Senf durch Traubenmost zu ersetzen. Das Resultat war ein besonders scharfer Senf, der berühmte Dijon-Senf.*

Festbankett im 15. Jahrhundert v. Chr. im alten Ägypten, in dem bereits der Senf geschätzt wurde

Gedicht und überdies die Basis für viele kalte Saucen der traditionellen Küche, wie Grüne Sauce, Sauce Tatare oder Remouladensauce. Grundregel für gutes Gelingen: Ei und Öl müssen Zimmertemperatur haben. Statt ausschließlich roher Dotter können Sie auch ein oder zwei hart gekochte Dotter zum Anrühren mit einigen Tropfen Öl nehmen. Gewürze (Senf, Salz, Pfeffer, Zitronensaft) verwenden Sie anfangs nur in sparsamster Menge. Dann rühren Sie tropfenweise Öl ein, bis unter stetem Rühren die gewünschte Menge und Festigkeit erreicht ist. Sie können Ihre Mayonnaise auch mit kalter Bechamelsauce, Sauerrahm oder Joghurt strecken. Großmutter nahm Zitrone und Essiggurkenwasser zum Säuern.

Streichfester Sirup

Aus zuckerhaltigen Flüssigkeiten – Fruchtsäften, aber auch Pflanzenextrakten – bereitete Großmutter durch stundenlanges Einkochen Sirup. Durch seinen hohen Zuckergehalt ist Sirup auch ohne Kühlung lange haltbar. Manche dieser Dicksäfte spielten als Hausmittel bei allerlei Wehwehchen eine Rolle; ein Beispiel ist der Magensirup aus Fenchelsamen. Sie dienten aber auch als Brotaufstrich, zur Getränkezubereitung, für Süßspeisen und als aromatische Essenz für warme Gerichte: Was wäre die westfälische Hausmannskost ohne Zuckerrübensirup auf Möppkenbrot?

Selbst gemachte Nudeln

Der Geschmack von selbst gemachten Nudeln ist ein Erlebnis. Der klassische Nudelteig besteht nur aus Mehl, Eiern und Salz. Nudeln aus Hartweizenmehl bleiben beim Kochen bissfest. Weichweizenmehl ist heikler, es führt leichter zum Zerfallen der Nudeln beim Kochen. Für die Zubereitung sollten die Eier Zimmertemperatur haben. *Faustregel:* Ein Ei auf 100 Gramm Mehl. Der Teig wird weicher, wenn Sie nicht sofort das ganze Mehl einarbeiten, sondern es nach und nach zu den Eiern geben. Der Teig muss so lange geknetet werden, bis er weich und elastisch ist. Großmutters Probe: Das Loch, das ein Finger in den Teig eindrückt, muss sich von selbst wieder schließen. Sie rollen den Teig auf einem mehlbestäubten Brett mit ebenso präpariertem Nudelholz dünn aus und lassen ihn eine Viertelstunde antrocknen. Danach können Sie die Streifen für Bandnudeln oder beliebige andere Formen schneiden beziehungsweise ausstechen. Ab ins kochende Salzwasser – fertig!

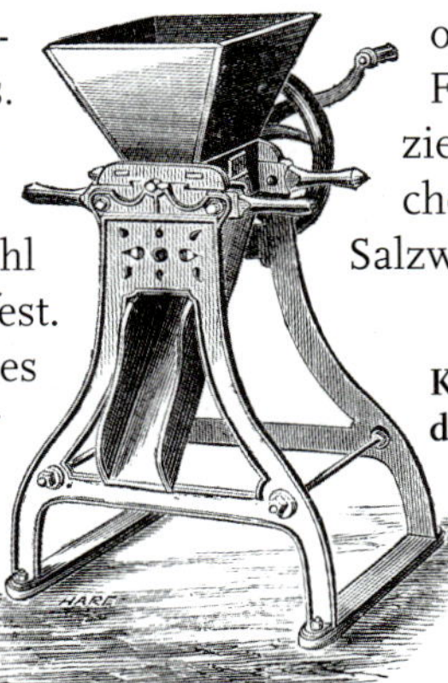

Käse- und Quarkmühle des 19. Jahrhunderts

Lebensmittel aus Klöstern – Geschichte und Gegenwart

»Erst dann sind sie wirklich Mönche, wenn sie von der Arbeit ihrer Hände leben.« So steht es in den Regeln des heiligen Benedikt von Nursia (um 480 – 547) für den Benediktinerorden. In alter Zeit waren Klöster unabhängig von der Außenwelt. Mönche und Nonnen sorgten selbst für alles, was sie zum Leben brauchten, mit Ackerbau, Viehzucht, Weinbau, Brauereien und den Heil- und Küchenkräutern aus dem Klostergarten. In dieser Tradition stehen bis heute der berühmte Kräuterlikör »Chartreuse« der Kartäusermönche, Weine wie der »Rüdesheimer Klosterberg« oder Andechser Biere vom »Heiligen Berg« der Bayern.

Da sich jedes Benediktinerkloster wirtschaftlich selbst tragen und finanzieren muss, haben Mönche und Nonnen ihre Produkte von jeher auch verkauft. Heute gibt es die Klosterläden, in denen Sie in stilvollem Ambiente nicht nur Rosenkränze, Votivkerzen und fromme Bücher erwerben können, sondern auch Brot, Wurst, Honig, Schnäpse und allerlei andere Delikatessen aus klösterlicher Eigenproduktion. Oft sind sie nach jahrhundertealten Rezepten hergestellt.

Das schweizerische Benediktinerinnenkloster Müstair. Auch hier ist die Tradition der Klosterlandwirtschaft – mit einem Obst- und Gemüsegarten – lebendig geblieben.

Wein für das Messopfer

Als rituelles Getränk beim Messopfer hat der Wein große Bedeutung für das Christentum. Nicht von ungefähr also unterhielten Klöster, wenn es das Klima erlaubte, Weinberge. Im Rheingau lebten in früheren Jahrhunderten viele Klöster vom Weinbau. Auf ihrem Arbeiten und Forschen fußt bis heute die hohe Weinkultur dieser Region. Noch immer gehört zur Benediktinerinnenabtei St. Hildegard in Bingen ein Klosterweingut. Diese Tradition reicht zurück in die Zeit der Gründeräbtissin, der heiligen Hildegard von Bingen (1098–1179). Die Nonnen bewirtschaften auch heute noch einige Hektar Rebfläche mit Riesling und Spätburgunder.

Starkbier für die Fastenzeit

In Gegenden mit Getreide- und Hopfenanbau verlegten sich Mönche und auch Nonnen – ein modernes Beispiel ist die Schwester Braumeisterin im niederbayerischen Kloster Mallersdorf – auf das Bierbrauen. Auch Weihenstephan, die älteste noch bestehende Brauerei der Welt, wurde von Benediktinern gegründet und jahrhundertelang geführt. Als Ausbildungsstätte für Braumeister genießt Weihenstephan Weltruf. Ebenfalls vor den Toren Münchens liegt das berühmte Kloster Andechs, in dessen Biergarten und Stüberl das Klosterbier heute nicht mehr in mönchisch-bescheidenen Maßen, sondern in Massen fließt. In der 40-tägigen Fastenzeit vor Ostern, in der kirchliche Gebote die Ernährung streng beschränkten, wurde das Bier einst zum nahrhaften »flüssigen Brot« der Mönche. Diese heute noch angebotenen Starkbiere mit über 16 Prozent Stammwürze – der »Andechser Doppelbock« weist mindestens 18 Prozent auf – wurden früher speziell für die Fastenzeit gebraut.

Gesundes aus Kräuter- und Gewürzgärten

Der heilige Benedikt ist auch der Vater der Klostermedizin, denn die Krankenpflege gehörte zu den vornehmsten Pflichten seines Ordens. So pflanzten Mönche und Nonnen in ihren Gärten heilkräftige Kräuter an. Und in Klosterbibliotheken finden sich sehr alte medizinische

Zwei alte Waffeleisen – in Klöstern entstanden und entstehen auch allerlei süße Leckereien.

Klosterweinkeller im tschechischen Leitmeritz. Lebensmittel, Bier, Wein – in den abendländischen Klöstern wurde im Lauf der Jahrhunderte vieles geerntet und produziert, was das Herz begehrt.

Schriften wie etwa das Lorscher Arzneibuch aus der Zeit um 800. Einen besonderen Ruf als »Apotheke Gottes« hatte das im 8. Jahrhundert auf einer Insel im Chiemsee gegründete Kloster Frauenwörth. Die Rezepte der Nonnen galten als so wirksam, dass sogar der Bayernherzog Ludwig der Reiche 1470 um ein Heilmittel bat. Heute verstehen wir unter Klostermedizin ein ganzheitliches Gesundheitsprogramm, das Krankheiten mit Heilpflanzen kuriert und Körper und Seele in Einklang bringt. Doch mancher nimmt sich auch nur ein traditionsreiches Heilmittel aus dem Klosterladen mit nach Hause. So versorgen sich Wanderer nach dem Fußmarsch zur Barockkirche von Kloster Ettal mit dem Arnika-Einreibemittel der Mönche, das Muskelkater lindert. Andere schwören auf Arquebuse: Dieses Reindestillat aus über 30 Kräutern und Wurzeln der Klosterdestille von St. Joseph im niederbayerischen Furth soll bei Rheuma, Katarrh, Verdauungs- und Kreislaufstörungen sowie Kopfschmerzen wahre Wunder bewirken. Bekanntlich kann auch ein Gläschen Kräuterlikör nie schaden: Die Nonnen von der Fraueninsel bieten ihn in ihrem Klosterladen an, außerdem Lebkuchen und Marzipan aus eigener Produktion.

Unser tägliches Brot

Den klostereigenen Ländereien mit Feldern zur Aussaat von Dinkel, Roggen, Weizen, Hafer und Gerste standen die Klostermühlen zur Seite. Und in Klosterbackstuben wurde besonders gutes Brot gebacken. Über 800 Jahre alt ist die Backstube von St. Peter in Salzburg, dem ältesten Kloster im deutschsprachigen Raum. Das Holzofenbrot aus reinem Natursauerteig ist weit über die Grenzen der Stadt hinaus berühmt. Auch München war im 8. Jahrhundert eine Siedlung der Benediktiner, wie der Mönch im Stadtwappen zeigt. Kloster Andechs liefert heute sein gesamtes Brotgetreide an die Hofpfisterei, eine Bäckerei, die jahrhundertelang Münchens Getreidemühle und Hofbäckerei war.

Tradition und Ökologie

Kaum ein Wallfahrer zur Mutter Gottes von Orcival in der Auvergne versäumt es, sich für den Rückweg mit der berühmten armdicken Kräutersalami zu stärken. Auch im württembergischen Kloster Beuron, das vor fast 1000 Jahren im Tal der jungen Donau gegründet wurde, hält man es mit den Würsten. Mit ihren Bioprodukten liegt die Klostermetzgerei voll im Trend, dabei ist alles drumherum wie in alter Zeit: In gesunder Natur werden gesunde Tiere in Stroh- und Weidehaltung artgerecht aufgezogen und stressfrei geschlachtet. Die Klostermetzgerei von Bruder Burkhard, Metzgermeister mit Diplom, ist berühmt für ihre fränkischen Wurstwaren. In Dosen konserviert, werden sie auf Bestellung an Abnehmer in ganz Deutschland, Österreich und der Schweiz verschickt.

Online einkaufen im Klosterladen

Lebensmittel und Arzneien aus Klöstern waren bis vor gar nicht allzu langer Zeit ein Souvenir, das man nur vor Ort erstehen konnte. Doch auch die Mönche und Nonnen gehen mit der Zeit. So können Sie mittlerweile einfach von zu Hause aus »online« einkaufen. Viele Klosterläden informieren auf einer eigenen Website über Warenangebot und Preise. Ihre Bestellung wird jederzeit entgegengenommen.

Ein Gläschen in Ehren – Obstweine, Liköre und Digestifs eigenhändig hergestellt

Früher hatte jede Hausfrau und erst recht jede Bäuerin ihren »Haustrunk«, den sie Gästen aus dem Krug ausschenkte, meist ein Gemisch aus vergorenem Trauben-, Apfel- und Birnensaft. Aber auch aus vielen anderen Gartenfrüchten können Sie süffige und aromatische Lieblingsgetränke der guten alten Zeit gewinnen. Natürlich darf auch der sämige Eierlikör nicht fehlen!

Obstwein

Für die Hauswein-Zubereitung aus Gartenfrüchten nahm Großmutter den Saft von Erdbeeren, Johannisbeeren, Brombeeren oder Sauerkirschen, dazu Wasser und Zucker. Der erste Schritt ist die Gewinnung des Fruchtsafts: Sie waschen und zerkleinern die Früchte und erhitzen sie auf 50 Grad. Danach entsaften Sie den Fruchtbrei mit einer Presse oder Zentrifuge beziehungsweise drücken ihn ganz einfach durch ein Tuch. Den Saft gießen Sie in eine Ballonflasche mit Gäraufsatz, setzen Wasser und Zucker zu und lassen das Ganze bei Zimmertemperatur stehen, bis die Gärung abgeschlossen ist. Den Abschluss des Gärvorganges erkennt man daran, dass die Flüssigkeit nicht mehr blubbert. Während der Gärung müssen Sie den Ballon immer wieder schwenken. Den gegorenen Wein ziehen Sie vom Bodensatz ab und füllen ihn in einen sauberen Ballon. Überhaupt ist bei der Obstweinherstellung Sauberkeit höchstes Gebot! Sie lassen Ihren Obstwein nun einige Wochen kühl und dunkel ruhen, filtern ihn dann und füllen ihn in Flaschen, die Sie anschließend verkorken.

Selbst gebrannter Obstschnaps aus dem Berchtesgadener Land – eine ganz besondere Köstlichkeit!

Hausgemachte Liköre

Sie brauchen keinen Destillierapparat, wenn Sie Ihre Liköre wie Großmutter im Auszugsverfahren herstellen. Für einen Kräuterlikör legen Sie ganz einfach ein Säckchen mit einer Kräutermischung für einige Wochen in ein Gemisch, das zu gleichen Teilen aus Branntwein und Wasser besteht. Danach geben Sie je nach Geschmack Zucker dazu und lagern die Mischung bis zu drei Monate, in denen sie ausreift. Früher hat man den Prozess das »Ausbrennen von Kräutern« genannt. Danach kommt schon die Abfüllung in Flaschen. Heute kaum noch bekannt und deshalb etwas ganz Besonderes ist der Quittenlikör: Sie raspeln ungeschälte Quitten grob und entsaften sie. Den Quittensaft lassen Sie mit Zucker aufkochen. Abgekühlt, füllen Sie ihn zusammen mit Branntwein oder Korn und einer Spur Koriander zur Geschmacksabrundung in Flaschen. Nun muss die Mischung zwei Monate ruhen, danach filtern Sie sie ab: Ihr Quittenlikör ist fertig. Großmutters Spruch in Bezug auf Obstliköre war : »Je oller, je doller.« Tatsächlich können Sie Ihren Obstlikör länger lagern, er schmeckt dann umso intensiver. Und wenn Sie in die Flasche mit dem selbst gemachten Kräuterlikör noch ein Kräuterzweiglein einlegen, haben Sie ein ausgesprochen attraktives Geschenk.

Der selbst hergestellte Obstwein aus dem Fass im Keller – eine Köstlichkeit, mit der unsere Vorfahren ihre Gäste bewirteten.

Omas Liebling: Eierlikör

Eierlikör ist nur begrenzt haltbar und muss kühl aufbewahrt werden! Seinen sämigen Charakter verdankt er dem Vanillepudding als Grundsubstanz. Der erkaltete Pudding wird mit Eidottern und wenigen rohen Eiern sowie Honig gut verrührt. Anschließend rühren Sie Korn oder Branntwein unter die Masse und füllen Ihren Eierlikör in Fläschchen.

Zum Wohl! Anis-Likör

Raki, Ouzo, Pastis... mit Früchten der Anispflanze aromatisierte Spirituosen sind in südlichen Ländern traditionelle Verdauungshilfen. Gegen Husten, Blähungen, Krämpfe und natürlich auch vorbeugend hilft ein Löffelchen Anis-Likör: Sie lassen eine Mischung aus Kornbranntwein, frisch gestoßenem Anis, einem Stückchen Zimtrinde und wenig Limonenschalen sechs bis acht Tage lang verschlossen stehen, fügen dann aufgekochten Zucker dazu. Nach einer weiteren Ruhephase von einem Tag können Sie Ihren Anis-Likör filtern und abfüllen.

Der gute alte Kümmel

Der althergebrachte Verdauungsschnaps unserer Breiten ist der Kümmelgeist: Sie geben zwei Teelöffel Kümmel in einen Viertelliter heißes Wasser. Nach dem Erkalten mischen Sie den Sud mit je einem halben Liter kaltem Wasser und feinstem Weingeist. Die Mischung muss nun an einem warmen Ort sechs Tage lang bei wiederholtem Aufschütteln stehen bleiben. Danach setzen Sie 400 Gramm in Wasser aufgelösten Zucker zu und lassen das Ganze vier bis sechs Wochen in verkorkten Flaschen bei Zimmertemperatur ruhen. Ihr Kümmel ist nun trinkfertig.

Das Schnäpschen aus Nüssen

Als wohltuender Digestif nach üppigem Festtagsschmaus oder als herbe Hausmacher-Spirituose für die Herrenrunde – Omas selbst gemachter Nussschnaps bekam immer Applaus. Grundlage sind in der ersten Juli-Hälfte abgenommene grüne Nüsse, deren innere Schale noch weich ist. Die Nüsse werden mit einer dicken Nadel angestochen, man rechnet 20 Stück auf drei Liter Korn. Dazu geben Sie noch einige Nelken, Zimtrinde, Stern-Anis, eine Vanilleschote und etwa ein Kilo Kandiszucker. Alles kommt zusammen in ein großes Glasgefäß, das Sie an einem Fensterplatz für vier bis sechs Wochen stehen lassen. Während der Zeit rühren Sie immer einmal wieder um. Noch ein Tipp: Tragen Sie bei der Zubereitung Handschuhe, sonst gibt es braune Finger!

Es gibt zahlreiche Möglichkeiten, mit Alkohol, Obst und Gewürzen einen guten Tropfen zu produzieren.

Fenster in die Vergangenheit

Der Holzstich nach einer Zeichnung von Wilhelm von Lindenschmit (1829–1895) zeigt ein altgermanisches Gastmahl, bei dem der Met reichlich floss.

Nektar der Germanen *nannte man den Met. Seit ältesten Zeiten stellten die Germanen, die dank riesiger Wälder über ausreichend wilden Honig verfügten, das Getränk her. Es war Göttergabe – der unbezwingbare Krieger Olaf soll das Geheimnis des Honigweins von den Göttern erhalten haben –, aber auch Göttertrank. Im Mittelalter verlor sich die mythische Bedeutung, Met wurde zum Alltagsgetränk, das nicht nur wegen des süßen Geschmacks und der berauschenden Wirkung geschätzt wurde, sondern auch, weil man die natürlichen Heilkräfte des Honigs kannte. Und Großmutter genehmigte sich das eine oder andere Gläschen zur Stärkung von Leib und Seele, im Winter gerne auch als Warmgetränk. Sie wusste noch, wie wichtig die Honigsorte bei der Herstellung von Met ist: Zwar eignet sich im Grunde jeder echte Bienenhonig, doch die Qualität beeinflusst entscheidend Farbe und Geschmack des daraus vergorenen Weins.*

Essen ist fertig!

Vielen Kindern ist sie heute fremd, die uralte Gepflogenheit, dass sich die ganze Familie regelmäßig zum Essen um den Tisch versammelt. Stattdessen schnappt sich jeder etwas aus der Küche und setzt sich damit vor den Fernseher. Das kann manchmal gemütlich sein, hat aber mit Esskultur und ihrer wichtigen Funktion im sozialen Leben nichts zu tun. Denn die Zugehörigkeit zu einer Gemeinschaft, und sei es »bloß« die Familie, hat sich von jeher auch in der Tischgemeinschaft gezeigt. Dass sich um dieses Ritual so viele Gebote und Verbote entwickelt haben, beweist nur seine Bedeutung.

Das Auge isst mit – der gedeckte Tisch

Mit dem Kochen allein ist es nicht getan. Essen als Augenschmaus wird von jeher hoch geschätzt. In prunkliebenden Epochen wie dem Barock erreichte die Tafelkultur extravagante Höhepunkte. So weit wollen wir nicht gehen, aber unsere Gäste sollen sich willkommen fühlen. Ein sorgfältig gedeckter Tisch trägt dazu bei. Auch unsere Alltags-Mahlzeiten im privatesten Kreis sollten wir gepflegt, in Ruhe und mit Genuss einnehmen. Hier können uns die Regeln früherer Generationen ein echtes Vorbild sein.

Zu einem perfekten Festessen gehört nicht nur die gute Küche, auch der äußere Rahmen muss stimmen!

Zuerst das Tischtuch

Wählen Sie eine Tischwäsche, die von Material und Farbe zum Stil Ihrer Einrichtung passt. Die Farbe sollte, außer bei einer betont rustikalen Mahlzeit, zurückhaltend sein. Pastelltöne sind ideal oder ein gebrochenes Weiß. Reines Weiß ist klassisch, in den eigenen vier Wänden aber eigentlich nur bei sehr festlichen Ereignissen am Platz, weil es immer ein wenig nach Restaurant aussieht. Lebhaft gemusterte Tischtücher kombinieren Sie am besten nur mit einfarbigen Servietten und Gedecken. Unter das Tischtuch legte Großmutter eine Molton-Unterlage, ein auf beiden Seiten gerautes, weiches Baumwollgewebe: Das wollige Baumwolltuch verhindert, dass das Tischtuch verrutscht, und dämpft Geräusche von Besteck und Gläsern auf der Tischplatte.

Wo liegt das Besteck?

Pro Person werden Sie etwa 60 bis 80 Zentimeter an Ihrer Tafel reservieren. Den Platz markieren Sie mit einem Teller, bevor Sie dann das Besteck eindecken. Es sollte nämlich nicht vom Tellerrand verdeckt sein, außerdem liegt es ein bis zwei Zentimeter von der Tischkante entfernt. Für jeden Gang gibt es ein extra Besteck, wobei Sie zu Anfang, um den Tisch nicht zu überfrachten, nie für mehr als vier Gänge inklusive Suppe eindecken.

Die Messer gehören immer rechts vom Teller mit der Schneide nach links, die Gabeln links vom Teller, wobei das Besteck für den ersten Gang das äußerste ist: Man isst sich sozusagen von außen nach innen. Den Suppenlöffel legen Sie auf die rechte Seite parallel zu den Messern. Dessert- und Käsebesteck platzieren Sie über dem Gedeck, wobei Gabeln nach rechts, Löffel und Messer nach links ausgerichtet sind.

Beleuchtung bei Tisch

Kerzenleuchter, die allein dem Gebrauch bei Tisch dienten, entstanden in der Zeit des Barocks. Oft waren sie Teil eines einheitlichen Tafelservices. Seit Einführung der Elektrizität besitzt die Lampe über dem Esstisch absolute Priorität – doch Vorsicht vor zu grellem Licht! Große, opulente Tafeln erfordern eine besonders glanzvolle Ausleuchtung. In einem abgedunkelten Esszimmer vermittelt Kerzenlicht eine besondere, festliche, intime Stimmung.

Das Einstellen der Gläser

Die großbürgerliche Hausfrau kannte den richtigen Platz für jedes Glas: Das Wasserglas steht über der großen Messerspitze, das Weißweinglas rechts neben dem Wasserglas, etwas zur Tischkante hin versetzt, das Rotweinglas zwischen Wasser- und Weißweinglas nach oben versetzt. Sollte zur Vorspeise Champagner oder Sekt gereicht werden, steht der Sektkelch rechts vom Weißweinglas.

Gebrochene Servietten

Gestärkte Stoffservietten sind bei einer festlichen Einladung ein Muss. Sie sollten ein Mindestmaß von 40 mal 40 Zentimeter aufweisen und werden, einfach gefaltet, auf den Teller oder links neben das Gedeck gelegt. Gestärkte Servietten lassen sich brechen, also falten, und zwar zu Bischofsmütze, Stehendem Fächer, Lilie oder einer der anderen komplizierten Formen, die die etwas pompöse gehobene Tischkultur vergangener Zeiten entwickelte. Falls Sie sich für eine dieser anspruchsvollen Serviettenformen entscheiden, können Sie beim Falten einen Gaze-Handschuh tragen. Dann bleibt die Serviette steif und rein.

Blumenschmuck

Es gilt die bewährte Devise vornehmer Zurückhaltung: Den Esstisch zieren zarte Gestecke mit nicht duftenden Blumen, die so niedrig gehalten sind, dass jeder sein Gegenüber am Tisch sieht. Dieses Dekor darf niemals Selbstzweck sein, sondern soll die Gesamtoptik nur unterstützen.

Andere Tischutensilien

Nicht fehlen dürfen Utensilien wie Salz- und Pfefferstreuer. Ebenso der Wasserkrug. Im bürgerlichen Haushalt kam auch eine Menage mit Essig- und Ölfläschchen zum individuellen Abschmecken von Salat dazu. Je nachdem, welche Gerichte aufgetragen werden, findet ein entsprechendes Vorlegebesteck in der Mitte des Tisches Platz. Suppenkellen, Saucenschöpfer, Gemüselöffel, Reisschaufel und Tranchierbestecke aus alter Zeit sind oftmals kleine Kunstwerke für sich und eine Zierde jeder Tafel.

Fenster in die Vergangenheit

Gestell für eine Frucht- und Dessertpyramide – die bürgerliche Festtafel kannte ganz besonderes, aufwändig gestaltetes Geschirr.

Messerbänkchen waren Pflicht: *Aufwändig gestaltete Terrinen, dekorative Tafelaufsätze mit Gewürzstreuern und Kerzenleuchtern, Spiegelplatten, in denen sich das Licht der Kerzen vervielfacht, Etageren für Konfekt, Gestelle für Fruchtpyramiden, große Silberplatten, zierliche Vorlegegabeln mit Elfenbeingriff ... Neben dem einheitlichen Speiseservice aus kostbarem Porzellan und funkelnden Kristallgläsern für jedes Getränk gehörten solche Accessoires einst zur gehobenen Tischkultur. Selbstverständlich verfügte der gutbürgerliche Haushalt über Serviettenringe, oft mit Monogramm, in die Familienmitglieder nach dem Essen ihre Stoffservietten steckten, um sie noch einmal zu benützen. Wenn Fisch oder Austern serviert wurden, kamen die kleinen versilberten Pressen für die Zitronenspalten zu Ehren. Messerbänkchen dienten dazu, gebrauchte Messer darauf zu legen, um das Tischtuch nicht zu beflecken. Heute feiern sie ein Comeback in ihrer asiatischen Variante zum Ablegen der Essstäbchen.*

Von der Hand in den Mund? Tischkultur im alten Europa

Bei allen Völkern und zu allen Zeiten zählten gemeinsame Mahlzeiten zu den wichtigsten Ritualen. Doch jede Gesellschaft hat dafür ihr eigenes festes Regelwerk von Geboten und Verboten herausgebildet. In diesen Tischsitten spiegeln sich die jeweiligen materiellen, politischen und sozialen Verhältnisse einer Epoche. Allerdings geht es bei der historischen Betrachtung von Esskultur vor allem um die Wohlhabenden. Wo Hunger der Koch war, kannte man kein Tafelsilber und meist auch nicht die dazu passenden Manieren.

Während sich die Tische der Reichen bogen, galt für die meisten Menschen sogar das »tägliche Brot« als Luxus. Was hauptsächlich gegessen wurde, und zwar von vorgeschichtlicher Zeit bis ins 18. Jahrhundert hinein, war Getreidebrei. Und dafür reichte ein Topf auf dem Tisch, aus dem sich jeder mit der Hand oder einem Holzlöffel bediente. Ein wenig erinnert das an unser vergnügtes Silvester-Fondue, bei dem sich eine Tischrunde um einen einzigen Topf versammelt.

Gelage im alten Rom

Noch heute bezeichnen wir ein großes Fest mit exzessivem Essen und Trinken als Gelage. Im alten Rom lagen die Vornehmen und Reichen tatsächlich bei Tisch. Die Liegen im *triclinium*, dem Esszimmer, waren mit Kissen und Decken ausgestattet und boten bis zu drei Männern Platz. Die Frauen saßen auf Stühlen oder Hockern neben den Liegenden. Gegessen hat man mit der Hand oder, bei flüssigen Speisen, mit einem Löffel. Sklaven servierten, verteilten Servietten und wuschen den Gästen nach dem Essen die Hände. In abgewandelter Form galt das auch im Mittelalter, als es zu den ehrenvollen Pflichten gegenüber einem höher Gestellten gehörte, ihm bei Tisch Wasser und Handtuch zu reichen. In der Redensart »jemandem nicht das Wasser reichen können« klingt dieser Brauch bis heute nach.

Mittelalterliche Tischgemeinschaft

An den deutschen Höfen des Mittelalters waren der mit der Aufsicht über die Tafel betraute Truchsess und der für die Getränke zuständige Mundschenk hohe Ehrenämter. Dennoch scheint es bei den alten Rittersleuten für unsere Begriffe recht leger zugegangen zu sein, sonst hätte der Nürnberger Dichter Hans Sachs nicht noch anno 1534 gepredigt, dass man bei Tisch nicht spucken und schmatzen und auch nicht

Der heilige Thomas von Aquin und König Ludwig der Heilige von Frankreich beim Mahl (Gemälde von Manuel Niklaus, 1484–1530).

die fettigen Finger am Tischtuch abwischen dürfe. In der Tat gaben sich im Mittelalter auch die Vornehmen bei Tisch nicht in unserem Sinne kultiviert. Doch muss man sich vor Augen halten, dass die Tischgemeinschaft damals auch eine wirkliche Gemeinschaft war: Keiner hatte einen Teller für sich, oft nicht einmal ein eigenes Trinkgefäß. Da gingen Bier und Wein im großen Humpen rundum. Im 15. Jahrhundert wurden Teller aus Holz, später aus Zinn oder Silber gebräuchlich. Speiseporzellan konnten sich sogar die Reichen erst ab dem 18. Jahrhundert leisten, als es nicht mehr aus China importiert, sondern in heimischen Manufakturen hergestellt wurde.

Die Tischzuchten

Was heute als Ausdruck guter Tischmanieren gilt, hat eine lange Vorgeschichte, die bis ins Mittelalter zurückreicht und ihren Ursprung in der klösterlichen Lebens-

form und ihrer Mäßigung der fleischlichen Gelüste hat. Für junge Kleriker wurden seit dem 12. Jahrhundert Anleitungen zu maßvollem Leben verfasst, die auch »Zucht und Ordnung« bei Tisch betrafen: Man hatte sich vor dem Essen die Hände zu waschen – eine wichtige hygienische Maßnahme in Zeiten, in denen hauptsächlich mit den Händen gegessen wurde. Außerdem sollte man gut kauen, nicht mit vollem Mund sprechen und bei Tisch, wenn überhaupt, nur gesittete Gespräche führen. Und natürlich war ein Zuviel an Essen und Trinken verboten.
In Renaissance und Humanismus, als sich ganz allgemein ein erstes Interesse an der Erziehung junger Menschen regte, entstanden die so genannten Tischzuchten. Sie waren Anstandslehren über das richtige Verhalten bei Tisch in Form von Büchern oder illustrierten Blättern. Eine Blütezeit erlebten die »Tischzuchten« im 16. und 17. Jahrhundert. Im 18. Jahrhundert kamen, auch als Folge der Aufklärung, regelrechte Benimmbücher heraus. Sie waren weniger für Adelige geschrieben als für Bürgerliche, die sich in den »besseren Kreisen« zurechtfinden wollten.

Prunk und Pomp

An den barocken Fürstenhöfen, die ganz auf Repräsentation ausgerichtet waren, wurde auch die Tafel zur Bühne, das Essen zum Spektakel. Fast möchte man die Fürsten des Absolutismus bemitleiden, die bei offiziellen »Schauessen« häufig an einem eigenen Tisch saßen, beobachtet von den aufmerksamen Höflingen. Prunkbuffets und Tafelzeremoniell bedingten einander und waren auch noch lange nach Ende des 18. Jahrhunderts, als die Französische Revolution der »galanten Zeit« ein Ende bereitete, in Adelskreisen üblich. Was man an Zubehör nicht hatte, wurde kurzerhand ausgeliehen. Bei der Hochzeit Kaiser Ferdinands II. mit Eleonora von Gonzaga zu Innsbruck im Februar 1622 etwa stellten die reichen Fugger aus Augsburg ihr Tafelsilber zur Verfügung. Bezüglich Speise und Trank galt die Regel, ein Mehrfaches dessen aufzutischen, was verzehrt werden konnte. Dieser Überfluss an Gaumenfreuden wurde durch Augen- und Ohrenschmaus noch gesteigert, mit Tafelmusik, Feuerwerk, Tischbrunnen und den Kunstwerken von Konditoren und anderen Spezialisten, die Skulpturen aus Marzipan, aus Eis, aus Pasteten oder Früchten kreierten.

Eine Familie des 19. Jahrhunderts beim Verspeisen von Kartoffeln, dem vielleicht wichtigsten Nahrungsmittel der Zeit. Das Loblied auf die Knolle stammt von Matthias Claudius (1740–1815).

Eine alpenländische Bauernfamilie in den 1950er-Jahren bei der Mahlzeit. Das gemeinsame Essen aus einer Schüssel war im ländlichen Bereich bis in die jüngste Vergangenheit hinein noch üblich.

Neue Zeiten, alte Sitten

Das bürgerliche Zeitalter des 19. und beginnenden 20. Jahrhunderts orientierte sich an den Tischsitten der adeligen Gesellschaft, nur in bescheidenerem Rahmen. Das Speisezimmer als eigener Raum, früher den Schlössern vorbehalten, hielt im Biedermeier Einzug in die großbürgerliche Wohnung. Die Industrialisierung revolutionierte selbst die Herstellung von Porzellan, so dass das Speiseservice bald selbstverständlicher Bestandteil der Aussteuer eines jeden wohlhabenden Fräuleins war. Wer auf sich hielt, besaß dazu ein Kaffee- oder Teeservice, um seinen Gästen – wie es im 18. Jahrhundert nur in adeligen Kreisen üblich gewesen war – die »kolonialen« Modegetränke zu servieren.

Die Gabel – lange keine Selbstverständlichkeit

Bis in die Neuzeit hinein gab es als Besteck, wenn überhaupt, einen Löffel und ein spitzes Messer, mit dem man die vom Fürschneider portionierten Fleischstücke aufspießte und zum Mund führte. Die Gabel war in Europa zwar bekannt – eine byzantinische Prinzessin erregte im Jahr 995 in Venedig größtes Aufsehen, als sie bei ihrer Hochzeit mit dem Sohn des Dogen mit einer Gabel aß! –, blieb aber jahrhundertelang ein extravaganter Luxusgegenstand. Erst ab dem 16. Jahrhundert setzte sie sich bei Tisch langsam durch. Noch 1735 befasste sich ein Artikel in »Zedler's Universallexikon« mit ihrem Gebrauch: »Gabel heisset insbesonderheit dasjenige Instrument, welches man nebst dem Messer über der Mahlzeit zum Speisen gebraucht, solche Theils bequem zu zerlegen, Theils zum Genuss damit zum Munde zu führen.«

Gäste kommen – Anrichten und Servieren nach bewährten Regeln

Auch wenn das Essen fertig ist: Anrichten und Servieren sind, zumal bei einer größeren Tischrunde und mehreren Gängen, noch einmal komplexe Vorgänge, die ihre Zeit brauchen – und ein gewisses Gewusst-wie. In der Gastronomie gibt es dafür Profis. Doch wenn Sie sich nach altbewährten Regeln richten, klappt es auch bei Ihnen zu Hause.

Vorkochen für das große Fest

Wenn es früher ein großes Fest zu feiern gab, herrschte bereits Tage vorher in der Küche ein reger Hochbetrieb. Daran sollten auch Sie sich halten: Wählen Sie den Speisenplan so aus, dass Sie mehrere Gerichte vorkochen können. Suppen eignen sich dafür sehr gut, kalte Saucen, Aspikgerichte, Desserts wie rote Grütze oder Cremes. Vor allem werden Sie alle Gerichte meiden, die auf die Minute fertig und sofort serviert werden müssen. Deshalb gibt es statt Klößen ein Kartoffelgratin, statt Steak einen Braten, der bei kleiner Hitze schon Stunden vorher ins Rohr kann.

Letzte Kontrolle

Die letzte Kontrolle findet nicht in letzter Minute statt. Dann wäre es zu spät, um noch das Besteck zu polieren, die Getränke kalt zu stellen oder die vergessene Petersilie zu besorgen. Den Tisch decken Sie am Tag des Festes frühzeitig, so dass Sie in letzter Minute, bevor Sie sich selbst für Ihre Gäste schön machen, nur noch einen Kontrollblick darauf werfen.

Warmhalte-Vorrichtungen

Vorgewärmte Schüsseln und Platten halten die Speisen in der Regel warm genug. Suppenterrinen sollten Sie auf jeden Fall vorwärmen. Gemüse, Fische, zartes Fleisch werden in der Küche über Dampf warm gehalten, nicht in heißem Wasser! Fertig ausgebackene Speisen dürfen Sie bis zum Servieren nicht zudecken, stattdessen werden sie in einer Pfanne ohne Fett heiß gehalten. Rechaud und Wärmeplatten auf dem Tisch sorgen dafür, dass der »Nachschub« auch bei angeregter Unterhaltung nicht erkaltet.

Hilfe für eine größere Gesellschaft

Für ein Festessen zu Hause, mit einer größeren Teilnehmerzahl, werden Sie sich wie früher üblich von einer Servierhilfe unterstützen lassen. Sie sollten sie rechtzeitig so

Schwedisches Cabaret – früher servierte man damit stilvoll kleine Speisen, Gewürze oder auch Tee und Kaffee.

einweisen, dass sie dann beim Fest selbständig servieren kann. Denn bei einem offiziellen Essen bleiben Sie am Tisch bei Ihren Gästen sitzen! Der Tradition folgend bittet die Gastgeberin zu Tisch, wenn alle Gäste anwesend sind, und eröffnet damit das Diner. Der Gastgeber hat die Pflicht, als Erster das Glas zu erheben.

Servierregeln

Nach alter Tischsitte bekommt zuerst der Ehrengast beziehungsweise die »ranghöchste« Dame die Speisen, danach wird im Uhrzeigersinn weiterserviert. Fertig angerichtete Portionen, wie Vorspeisen und Suppen, werden von rechts serviert. Beim Hauptgericht werden in der Reihenfolge zuerst Fleisch und Saucen, danach Gemüse, Beilagen und Salate gereicht, hier darf zweimal zugegriffen werden. Vorspeisen und Suppen dagegen kommen nur einmal auf den Tisch. Das Dessert dürfen Sie erst anbieten, wenn alle am

Vier klassische Arten des Servierens

① **Service à la francaise:** Beim »französischen Service« steht der Kellner links vom Gast und richtet ihm von einer großen Platte die Speisen am Teller an. Dabei gibt es Platzierungsvorschriften: die Garnitur in den oberen Bereich des Tellerspiegels, Fleisch oder Fisch im unteren Bereich, Gemüse rechts und Sättigungsbeilage links.

② **Englischer Service:** Der Kellner richtet die Speisen vom Beistelltisch aus auf den Tellern an.

③ **Grand service à la russe:** Beim »russischen Service« werden die Gerichte den Gästen sehr zeremoniell auf Platten gezeigt, dann auf dem Beitisch auf den Tellern proportioniert und so serviert.

④ **Deutsche Methode:** Man richtet die Speisen in der Küche auf Platten und in Schüsseln an, die dann auf dem Tisch eingesetzt werden. Der Gast bedient sich selbst.

Fenster in die Vergangenheit

Alt ist er, der Kellnerberuf: *Was seit zwanzig Jahren der Ausbildungsberuf Restaurantfachmann/Restaurantfachfrau ist, hat weit zurückliegende Ursprünge. Das Wort selbst gibt uns einen ersten Hinweis: »Kellner« geht vermutlich zurück auf das lateinische »cellarius« in der Bedeutung von »Vorsteher des Vorratshauses« beziehungsweise »Kellermeister«. Diener, die Speisen und Getränke servierten, hat es im gehobenen Milieu immer gegeben. Sie waren Bedienstete des Hauses, der Gast hatte ihnen keine Anweisungen zu erteilen. Der heutige Beruf des Kellners entstand erst mit der Geburt der modernen Gastronomie im Jahr 1765 in Paris: Es soll ein Suppenverkäufer namens Boulanger gewesen sein, der seine kraftvolle Brühe »restaurant« nannte (von Französisch »restaurer« – wiederherstellen, stärken). In seiner Gaststätte konnte man erstmals aus einer Anzahl von Gerichten eine individuelle Auswahl treffen und bekam die Speisen an den Tisch serviert: Das Restaurant war geboren. Der berühmte Gourmet Jean-Athelme Brillat-Savarin lobte die freundliche Bedienung des 1782 eröffneten ersten Pariser Luxusrestaurants »La Grande Taverne de Londres«. Als die Französische Revolution bald darauf dem feudalen Leben ein abruptes Ende bereitete, wurden zahlreiche Küchenchefs und Diener von Adelshäusern arbeitslos. So mancher machte sich selbständig: 1804 gab es in Paris bereits mehr als 500 Restaurants. Die Bezeichnungen der verschiedenen Ränge des Kellnerberufs haben sich damals herausgebildet und sind bis heute in der gehobenen Gastronomie üblich: Mâitre d'hôtel (1. Oberkellner) • Chef de rang (Stationskellner) • Demichef de rang (Stellvertretender Stationskellner) • Commis de rang (Jungkellner).*

Tisch sitzenden Personen mit dem Essen fertig sind und auch alle Teller und Bestecke einschließlich Salz- und Pfefferstreuer abgeräumt sind. Das Abräumen geschieht immer von rechts.

Servieren von Wein und Sekt

Ihre Gäste sollen wissen, was sie trinken! Deshalb werden Wein und Sekt im Kreis der Gäste entkorkt, und zwar so, dass das Etikett zu sehen ist. Falls Sie Rotwein aus der Karaffe servieren, halten Sie auch die leere Flasche bereit, damit sich interessierte Gäste informieren können. Unter Kennern liefert Wein ja immer auch Gesprächsstoff, verstecken Sie Ihren guten Tropfen also nicht! Wenn die Flasche entkorkt ist, kosten Sie den ersten Schluck oder überlassen den Test einem Ihrer Gäste. Für das Eingießen aus Karaffe oder Flasche wird das Glas auf dem Tisch belassen, die Getränke werden von rechts eingeschenkt.

Der Hausherr ist gefragt – Zerlegen von Fleisch

Das Zerlegen (Aufschneiden) von Fleisch war in alten Zeiten ein Privileg. In der bürgerlichen Familie stand es dem Hausherrn zu. Selbstverständlich hat dieser höchstpersönlich den Sonntagsbraten oder die Gans tranchiert! Und er hat gewusst, dass man Rind- und Kalbfleisch grundsätzlich gegen die Faser schneidet. Den großen Braten können Sie bei Ihrem Festessen am Tisch aufschneiden. Geflügel sollten Sie besser in der Küche tranchieren, da Saftspritzer unvermeidlich sind.

Perfekt zubereitet, perfekt angerichtet und genau zum richtigen Zeitpunkt. So kam der Lammbraten in bürgerlichen Haushalten früherer Zeiten auf den Tisch!

Altes Wissen neu entdeckt

Reparieren und Renovieren

*»Wer die Dachrinne nicht repariert,
muss bald sein ganzes Haus reparieren.«*

Englisches Sprichwort

In Haus und Wohnung gibt es immer etwas zu tun. Die Türe quietscht, die Schublade klemmt, die Fliesen im Bad sind unansehnlich geworden. Wohl dem, der sich selbst zu helfen weiß. So wie Großvater, der gerne alles in Ordnung hielt, allein schon, um größere Ausgaben zu vermeiden. Sein Wahlspruch »Nur nichts verkommen lassen!« ist nicht altmodisch geworden. Denn aus kleinen Mängeln werden oft große Schäden, wenn man sie nicht rechtzeitig behebt. Deshalb stehen traditionelle Handwerkstechniken – allesamt ohne kostspieligen »Maschinenpark« durchzuführen – hoch im Kurs. Und natürliche Werkstoffe werden wiederentdeckt: unbedenklich für Gesundheit und Umwelt und zeitlos schön.

Auf traditionelle Art – so werden Fußböden wieder wie neu

Die Kompletterneuerung von Fußböden ist mit viel Aufwand und hohen Kosten verbunden. Da empfiehlt sich doch eher die Renovierung beziehungsweise die Reparatur schadhafter Stellen. Beides ist bei vielen herkömmlichen Bodenbelägen möglich und mit handwerklichem Geschick auch selbst zu bewerkstelligen.

Holzböden reparieren und renovieren – Terrakottafliesen behandeln

Holz gehört zu den traditionsreichsten Bodenbelägen. Und zum Holzboden geht auch der aktuelle Wohntrend. Wer das Glück hat, einen Holzboden zu haben, wird auch darum bemüht sein, ihn fachgerecht zu reparieren oder renovieren. Fachgerecht heißt in diesem Fall: mit natürlichen Mitteln. Bei den ebenfalls beliebten Terrakottafliesen aus gebranntem unglasierten Ton – im Mittelmeerraum ein uralter Baustoff – geht es eher darum, rechtzeitig vorzubauen, um Schäden zu verhindern.

Robust, pflegeleicht, gesundheitlich unbedenklich und ansprechend – Dielen haben viele Vorteile, so dass es sich lohnt, einen in die Jahre gekommenen Boden wieder herzurichten.

Knarrende Holzböden

Genagelte massive Dielen- und Parkettböden können knarren, weil sich Holzteile aneinander reiben: Mit der Zeit verliert das verlegte Holz in trockenen und zu warmen Wohnungen langsam an Volumen und schwindet. So entstehen kleinste Zwischenräume, von denen unter Druck Geräusche ausgehen. Knarrende Holzböden sind zwar nicht kaputt und deshalb auch nicht reparaturbedürftig, doch kann das Geräusch durchaus so lästig werden, dass man gerne etwas dagegen unternimmt. Zwei herkömmliche Methoden bieten sich an: Entweder füllen Sie in die Ritzen etwas Schmierseife oder Talkumpuder ein. Entsteht das Knarren, weil sich etwa die Dielen- oder Parkettnägel gelockert haben, hilft nur eins: nachnageln.

Knarrende Holztreppen

Knarrende Holztreppen verstummen dank einer kleinen, altbewährten Konstruktion: Montieren Sie von unten massive Holzkeile in die Ecken der waagrechten Trittstufe und der senkrechten Setzstufe. Extremes Knarren kann aber auch ein Zeichen für Schäden in der Statik sein – womöglich, weil das Holz beim Bau der Treppe nicht genügend ausgetrocknet war. Lassen Sie Ihre Treppe in diesem Fall von einem Fachmann prüfen.

Dieser aufwändige Entwurf der englischen Arts-and-Crafts-Bewegung für ein Parkett entstand in den 1880er-Jahren.

Der Schwerpunkt-Tipp

Holzböden renovieren

In älteren Häusern sind unter Teppichböden oder anderen Bodenbelägen häufig schöne Dielen- oder Parkettböden versteckt. Auch wenn ein gewisser Aufwand damit verbunden ist, lohnt es sich meist, diese alten Böden zu renovieren. Oft sind sie noch aus Massivholz gefertigt.

Erster Schritt – Abschleifen

Ein grundlegender Arbeitsschritt für die Bodenkur ist das Abschleifen. Dafür leihen Sie sich aus dem Baumarkt eine spezielle Maschine aus. Nach dem ersten Grobschliff reparieren Sie Fugen und Risse. Beim letzten Feinschliff achten Sie auf eine möglichst homogene, glatte Oberfläche. Jetzt muss der Boden gründlich gereinigt werden, am besten mit dem Staubsauger.

Das blanke Holz?

Prinzipiell müssen Sie Holzböden nicht behandeln, Sie können sie einfach blank lassen. Bis ins 19. Jahrhundert hinein war das durchaus üblich. Damals wurden die Holzböden mit Bürsten, Seife und Sand gescheuert. Besonders wirksam ist es, wenn Sie solche Böden von Zeit zu Zeit mit Natron ablaugen. So behandelte Holzböden bilden über die Jahre eine besonders schöne Oberflächenstruktur aus.

Oberflächenbehandlung mit Schmierseife

Um die positiven Eigenschaften von Holz zu erhalten, sollten Sie bei der Oberflächenbehandlung auf eine Versiegelung auf Kunstharzbasis verzichten. Stattdessen greifen Sie auf natürliche Produkte zurück, die sich in Jahrhunderten bewährt haben. Sie können Ihren abgeschliffenen Holzboden beispielsweise mit reiner Schmierseife einfetten. Dieser widerstandsfähige Fettfilm kann mit Schmierseifenwasser geputzt und so auch ständig erneuert werden. Je öfter Sie das machen, desto dichter und pflegeleichter wird der Boden!

Oberflächenbehandlung mit Leinöl

Im 19. Jahrhundert wurde meist pflanzliches Öl – vor allem Leinöl – zur Bodenbehandlung verwendet. Es dringt beim Auftragen einige Millimeter tief in die Holzoberfläche ein und bildet einen guten Schutz gegen Verschmutzung und Verschleiß. Leinöl erlebt seit einigen Jahren eine Renaissance, auch, weil es umweltschonend und gesundheitlich unbedenklich ist. Sie tragen das leicht erwärmte Leinöl auf den frisch geschliffenen, von allen Schleifpartikeln gereinigten Boden mit einem Pinsel oder einem Lappen auf, bei großen Flächen bietet sich eine Malerrolle an. Nach zehn bis 15 Minuten wischen Sie das überschüssige Öl mit einem fusselfreien Lappen ab. Lassen Sie nun das Öl ein bis zwei Tage ganz austrocknen. In der Regel ist ein zweiter Anstrich nötig, den Sie mit Leinölfirnis (oxidiertes Leinöl) durchführen. Eine noch glänzendere und strapazierfähigere Alternative ist Hartöl (speziell aufbereitetes Leinöl). Als Vorbereitung schleifen Sie den Boden erneut mit einer sehr feinen Körnung oder einem Schleifvlies an und befreien ihn von allem Staub. Die Verarbeitung gleicht der Grundierung: Auftrag – Abtrag – Trocknung!

Beim Abschleifen eines alten Holzbodens mit einer entsprechenden Maschine sollten Sie unbedingt einen Mund- und Nasenschutz anlegen, entstehen doch bei der Arbeit feinste Staubpartikel, die die Lunge schädigen.

Dellen in Holzböden ausbügeln

Schwere Gegenstände hinterlassen in Holzböden Dellen, die mit einer einfachen, seit langem bekannten Methode »ausgebügelt« werden können: Tropfen Sie auf die betroffene Stelle etwas Wasser, damit sich die eingedrückten Holzfasern damit voll saugen. Legen Sie ein Stück Stoff darüber und bearbeiten Sie die Stelle mit dem warmen Bügeleisen. Durch die Kombination von Feuchtigkeit und Wärme stellen sich die nun elastischen Fasern wieder auf, die Delle verschwindet. Achten Sie allerdings darauf, dass das Bügeleisen nicht zu heiß ist. Sonst könnte das Holz versengt werden.

Ist der Parkettboden mit Öl eingelassen, können Sie kleinere Beschädigungen wie etwa Dellen oder Kratzer selbst ausbessern.

Geölte Holzböden ausbessern

Geölte Holzböden sind besonders vorteilhaft, weil sie im Gegensatz zu versiegelten Böden bei Beschädigungen oder Verschmutzungen teilweise renoviert werden können. Dazu schleifen Sie die betroffene Stelle ab. Entfernen Sie dann gründlich allen Staub und reiben Sie die gesäuberte Stelle mit Öl ein – möglicherweise müssen Sie es zwei- oder mehrmals auftragen. Das Öl muss außer bei sehr saugfähigen Holzarten wie etwa Buche zwischen den einzelnen Durchgängen und nach der gesamten Behandlung ein bis zwei Tage austrocknen. Anfangs werden Sie den Unterschied zwischen den frisch geölten Stellen und dem Rest des Bodens noch erkennen. Doch mit der Zeit passt sich die neue Farbe dem alten Boden an.

Umdrehen – alte Dielenböden aufarbeiten

In Altbauwohnungen findet man häufig Dielenböden, die zwar noch robust sind, aber restauriert werden müssen, weil sie beispielsweise durch unschöne Lackschichten verschandelt wurden. Diese Arbeit kann man sich mit einem altbewährten Trick erheblich erleichtern. Da die Dielenbretter in der Regel ohnehin entfernt werden müssen, um Risse und Spalten zu bearbeiten, kann man sie einfach umgedreht wieder verlegen. Die unlackierte Unterseite lässt sich mit erheblich weniger Aufwand schleifen und bearbeiten. Heben Sie dazu die Bretter an und entfernen Sie vorsichtig alle Nägel. Raspeln Sie dann die Bretter an den Seiten ab, damit sie sich mit möglichst wenigen Ritzen wieder verlegen lassen. Die umgedrehten Dielen müssen nun noch gründlich abgeschliffen werden, da sie häufig etwas nach oben gewölbt sind. Anschließend können Sie sie nach Wunsch weiter bearbeiten.

Holzböden mit Holzstaub reparieren

Wenn Sie Holzböden abschleifen, sollten Sie einen Teil des anfallenden feinen Holzstaubs einsammeln und in einem fest verschließbaren Behälter aufbewahren. Mit Holzleim vermischt, ergibt der Holzstaub eine ideale Füllung für kleinere Schäden –

Dielen, Parkett und Fertigparkett

Bei Holzböden unterscheidet man nicht nur die verschiedenen Oberflächenbehandlungen (Versiegelung, Öl und Wachs), sondern auch zwischen den diversen Belagarten. Massive Holzdielen findet man häufig in alten Wohnungen. Sie bestehen aus bis zu 40 Millimeter dicken Holzbrettern, die auf einer Balkenlage oder auf Lagerhölzern festgenagelt sind. So genannte Landhausdielen sind hingegen aus übereinander geleimten Holzschichten gefertigt. Massives Stab-Parkett besteht aus etwa 25 Millimeter starken Holzstäben, die in verschiedensten Mustern verlegt werden können. Beim Fertig- oder Mehrschichtparkett ist hingegen die bis zu vier Millimeter starke Nutzschicht aus Massivholz auf einer Trägerschicht, meist Spanplatten, aufgebracht. Die häufigsten Parkettformen weisen ein Würfel-, Schiffsboden- und Fischgrätmuster auf. Doch gibt es auch aufwändigere Flechtmuster oder wertvolle Intarsienmuster aus unterschiedlichen Holzarten.

Fugen, Risse und Löcher –, die zudem genau der Bodenfarbe entspricht. Die Masse verstreichen Sie vorsichtig mit einem Spachtel auf der betroffenen Stelle. Lassen Sie sie gut durchtrocknen und schleifen Sie sie anschließend so ab, dass sie mit dem Boden plan ist. Bearbeiten Sie den Boden dann entweder mit Versiegelung, Wachs oder Öl nach.

Einzeln vorgehen – Terrakottafliesen erneuern und verfugen

Schadhafte Terrakottafliesen können Sie mit etwas Geschick einzeln erneuern. Entfernen Sie dazu mit einem Meißel vorsichtig die Fugenmasse rund um die betroffenen Fliesen. Um diese nun abheben zu können, müssen Sie sie richtig zertrümmern – dann können Sie die Einzelteile ausstemmen. Danach meißeln Sie wenn nötig den Untergrund ab, damit die neu verlegte Fliese nicht höher als der restliche Boden liegt. Wenn Sie die neue Fliese verlegt haben, müssen Sie sie neu verfugen. Dabei können Sie auf eine Methode zurückgreifen, die im Mittelmeerraum altbewährt ist und sich auch gut für große Terrakottaflächen eignet: Lassen Sie die Fugen mindestens einen Zentimeter tief und saugen oder bürsten Sie sie gut aus. Mischen Sie dann einen Teil feinen Sand in dem gewünschten Farbton mit drei Teilen natürlichem, staubfein gemahlenem hydraulischen Kalk. Verrühren Sie das Ganze mit Wasser zu einer dünnflüssigen Mischung. Feuchten Sie die Kacheln mit Wasser nur leicht an und streichen Sie den dünnen Sand-Kalk-Brei mit einer Kelle in die Fugen. Lassen Sie das Ganze rund eine Stunde trocknen und fegen Sie dann überschüssiges Fugenmaterial weg. Zum Schluss wischen Sie die Fliesen mit klarem Wasser, in das Sie auch etwas Natron auflösen können, oder mit Schmierseifenlauge.

Gerade im Freien verlegte Terrakottafliesen brauchen einen besonderen Schutz. Hier eignet sich Fußbodenhartöl.

So werden Terrakottafliesen strapazierfähig

Damit unbehandelte Terrakottafliesen strapazierfähiger werden, können Sie sie mit Fußbodenhartöl einlassen. Dieses dringt in die Poren ein, imprägniert die Fliesen und wirkt auf diese Weise schmutz- und wasserabweisend. Vor dieser Behandlung müssen Sie den Boden gut kehren und von Schmutzpartikeln und allem Staub befreien (am besten mit dem Staubsauer). Lassen Sie dann den Terrakottaboden als ersten Grundanstrich mit dem Öl ein, das Sie satt und gleichmäßig mit einem Lappen oder einem Pinsel auftragen. Perfekt eignet sich dafür auch eine weiche Lammfellrolle. Danach entfernen Sie überschüssiges Öl mit einem fusselfreien Lappen und lassen den Anstrich trocknen. Die Oberfläche sollte gleichmäßig aussehen. Bilden sich an einigen Stellen feuchte, später klebrige Ölüberstände, können Sie diese mit warmem Wasser, in dem Sie etwas Natron aufgelöst haben, entfernen. Ist der Grundanstrich getrocknet, führen Sie den zweiten Anstrich aus. Besonders schonend ist eine anschließende Behandlung mit Carnaubawachs, das Sie im Fachhandel für Heimwerker erhalten und mit der Bürste einreiben. Dieses Wachs aus brasilianischen Palmen galt früher als hochwertigstes Bohnerwachs und findet heute noch in der Kosmetikindustrie breite Verwendung.

Terrakottafliesen lassen sich auf traditionelle Weise mit einem Mörtel aus Kalk und Sand verlegen und ausbessern.

Was ist Laminat?

Auch wenn es so aussieht: Laminat hat mit echtem Holz nicht das Mindeste zu tun! Laminatböden bestehen aus mehreren mittelhoch- oder hochverdichteten Faserplatten (MDF- oder HDF-Platten) beziehungsweise aus Spanplatten, auf die ein imprägniertes Dekorpapier aufgebracht ist. Darüber ist eine transparente Deckschicht aus Kunstharz aufgetragen. Laminatböden wirken zwar oft täuschend echt und sind pflegeleicht, doch verfügen sie nicht über die positiven raumklimatischen Eigenschaften von richtigen Holzböden. Die verwendeten Herstellungsmaterialien sind aus baubiologischer Sicht nicht unbedenklich und können durch Ausgasung zu gesundheitlichen Schäden führen. Durch Kratzer und durch die Elementfugen kann Feuchtigkeit eindringen und dies führt zu weiteren Schäden der Elemente.

Wohnkomfort im alten Rom

Vor 2000 Jahren lösten Ingenieure im Römischen Reich schon so manche baulichen Probleme, mit denen wir auch heute noch zu kämpfen haben. Tatsächlich erreichten Bautechnik und Wohnkultur im alten Rom ein Niveau, das erst viele Jahrhunderte später wieder erreicht werden sollte und uns heute noch in Erstaunen versetzt.

In der Antike war die Stadt Rom nicht nur wegen ihrer politischen Bedeutung als Hauptstadt einer Weltmacht von Bedeutung, sondern auch wegen ihrer gigantischen Bauten, der Tempel und Paläste, der mehrstöckigen »Wohnblocks«, der Kunstschätze und Bibliotheken. Rom war eine kosmopolitische Metropole, in der zur Kaiserzeit etwa eineinhalb Millionen Menschen lebten – eine städtebauliche Herausforderung, die teilweise meisterhaft und mit verblüffender Technologie gelöst wurde. Doch mit dem Untergang Roms in der Völkerwanderung gerieten viele Errungenschaften in Vergessenheit.

Villa, Domus, Insula – altrömische Haustypen

Ganz allgemein unterschied die römische Kultur zwischen drei Haustypen: Die *villa* war das Landhaus der reichen Städter, die oft auch über viel Grundbesitz auf dem Land verfügten. *Insula* nannte man die Mietskasernen der einfachen Bevölkerung in den Städten. Das Herrschaftshaus hieß *domus*. Dessen Räume waren entweder um ein Atrium oder um einen Gartenhof angeordnet. In diesen mit bunten Wandfresken und kostbaren Bodenmosaiken geschmückten Häusern genoss man jeden erdenklichen Komfort.

Die *insulae* waren mehrstöckige Häuserblöcke, die sich aus dem rechtwinkligen Straßennetz der römischen Städte ergaben. Bisweilen verlief um die Häuser ein Säulengang, in dem Geschäfte und Werkstätten untergebracht waren. Die *insulae* boten beengte Lebensverhältnisse und waren nicht besonders komfortabel. Vom Luxus in den Häusern der Reichen – Toilette oder gar Heizung oder Bad – konnten ihre Bewohner nur träumen.

Perfekte Wasserversorgung

Antike Aufzeichnungen berichten, dass die riesige Arena des Kolosseums in Rom in relativ kurzer Zeit überflutet werden konnte. Dann wurden dort zum Gaudium des Publikums richtiggehende Seeschlachten ausgetragen. Die hierfür notwendigen gigantischen Wassermengen flossen tagtäglich über ein komplexes Netz von teilweise mehrstöckigen Aquädukten in die Stadt. Rund 500 Liter frisches, sauberes Wasser standen einem Römer im Durchschnitt täglich zur Verfügung – mehr als den Bewohnern in den vielen modernen Großstädten. Diese unglaublichen Wassermengen wurden hauptsächlich in den bisweilen riesigen öffentlichen Bädern verbraucht, in denen man sich wusch, bei einem Schwätzchen entspannte oder Sport trieb. Die Becken dieser öffentlichen Thermen müssen den Vergleich mit heutigen Schwimmbädern nicht scheuen.

Eines der eindrucksvollsten Zeugnisse der römischen Wohnkultur sind die Ruinen der Casa del Fauno in Pompeji. Das Gebäude wurde in der ersten Hälfte des 2. Jahrhunderts v. Chr. erbaut und in der Folgezeit erweitert. Es war das größte und prächtigste Privathaus der Stadt – mit zahlreichen Zimmern, Innenhöfen und Säulengängen.

Kalt, lauwarm, heiß – Badefreuden

Reiche Römer waren auf diese öffentlichen Einrichtungen nicht angewiesen, sondern hatten schöne Bäder im eigenen Haus. Diese bestanden aus drei Räumen: *frigidarium*, *tepidarium* und *caldarium*. Im *frigidarium* stand nur kaltes Wasser zur Verfügung, mit dem man sich vor dem eigentlichen Badegang grob vorreinigte oder sich tagsüber die Hände wusch. Das lauwarme *tepidarium* diente der gründlichen Reinigung vor dem eigentlichen Badegang im *caldarium*. Dieses warme Bad wurde in Luxushäusern über eine Wand- und Fußbodenheizung beheizt, deren Wärme auch ins *tepidarium* abstrahlen konnte. Das *caldarium* entsprach etwa unserem heutigen Badezimmer. Hier konnte man in einer Wanne ein heißes Bad genießen und entspannen.

Hochmodern – die Hypokaustenheizung

Die Hallen in den öffentlichen Thermen in Rom und anderen Städten waren riesige Räume, aber angenehm warm. Dies ermöglichte ein zentral befeuertes Heizungssystem, das hochmodern anmutet und auch in die Wohnhäuser der wohlhabenden Bürger Einlass fand. Das Prinzip dieser antiken Form der Zentralheizung hatte man wahrscheinlich aus dem Orient übernommen. Für den durchschnittlichen Römer war diese Heizungsart nicht erschwinglich – in den Wohnungen der *insulae* verströmten Kohlebecken rauchige Wärme.

Im Prinzip funktionierte die so genannte Hypokaustenheizung (von griechisch *hypokauston*, »von unten geheizt«) relativ einfach. Die Fußböden der Häuser lagerten auf 30 bis 90 Zentimeter hohen Pfeilern, so dass sich unter ihnen Hohlräume ergaben. In diese wurde von einer außerhalb des Hauses gelegenen Heizkammer, in der auch der Heißwasserkessel stand, heiße Luft geleitet, die die darüber liegenden Fußböden und Räume erwärmte. Da zudem in den Wänden spezielle Hohlziegel verbaut wurden, ergaben sich Kanäle in den Wänden, durch die die heiße Luft nach oben strömen und schließlich durch Kaminöffnungen unter der Traufe austreten konnte. Auf diese Weise wurden die Räume auch von den Wänden her beheizt.

Römisches Mosaik im antiken Bulla Regia, heute Hammam Dardji in Tunesien

Zum Geschäftemachen – die Toilette

Nicht nur in Rom, sondern allgemein in Städten des römischen Reiches gab es Großlatrinen, in denen mehrere Dutzend Personen Platz fanden. Der Gang zur Toilette war für die Römer unverzichtbarer Teil der Gesundheitspflege, und man fand nichts dabei, diese Notwendigkeit in Gesellschaft zu verrichten. In den oft prächtig mit Bodenmosaiken, Wandmalereien und Marmorwänden ausgestatteten Gemeinschaftstoiletten trafen sich auch bevorzugt Geschäftsleute, um im

Die Gebäude wohlhabender Römer waren im Inneren oft mit Mosaiken und Wandmalereien verziert. Einer der berühmtesten und schönsten Freskenzyklen befindet sich in der Villa dei Misteri in Pompeji.

doppelten Sinne des Wortes ein »Geschäft zu machen«. In den Großlatrinen saß man auf Holz oder Marmorsitzen über einer Abwasserrinne, in der ständig das Überlaufwasser aus Thermen, Brunnen und Aquädukten lief und die Fäkalien sofort wegspülte.

Diese Form der Wasserspülung kannte man auch in luxuriösen Privathäusern. Von dort führten die Abflussrohre in eine Klärgrube oder in die damals bereits ansatzweise vorhandene Kanalisation. Die Bewohner der Mietshäuser mussten auf diesen Komfort verzichten. Sie waren auf Nachttöpfe und öffentliche Latrinen angewiesen.

Leuchtend bunte Kunstwerke – antike Mosaiken

Mosaiken wurden bereits vor über 5000 Jahren in Mesopotamien als Wandschmuck verwendet, eine bedeutende Rolle spielten sie später in der griechischen, besonders aber in der römischen und byzantinischen Kunst. Im Römischen Reich schmückten die faszinierenden Bilder nicht nur öffentliche Bauten, sondern auch Privathäuser, wie etwa die gut erhaltenen Mosaiken in Pompeji zeigen. Die anfänglich einfachen geometrischen Muster – später auch figurativen Darstellungen – wurden ursprünglich aus kleinen Natursteinchen zusammengesetzt, dann aus geschnittenem Marmor, aus Glas- oder glasierten Tonsteinchen. Für besonders kostbare Mosaiken verwendete man auch Steinchen aus hellem Glas, die mit Blattgold oder -silber überzogen wurden. Diese Metallschicht schmolz man in einem weiteren Arbeitsgang in Glas ein. Die einzelnen Mosaiksteine wurden in feuchtem Mörtel ausgelegt, in dem eine Skizze des Bildes vorgezeichnet war.

Kork, Linoleum, Teppich – Bodenbeläge aus natürlichen Materialien reparieren

Heute bestehen Bodenbeläge aus den unterschiedlichsten Materialien und sind in verschiedensten Ausführungen und Farben erhältlich – der gestalterischen Freiheit sind kaum Grenzen gesetzt. Für welchen Belag man sich letztendlich entscheidet, hängt nicht nur vom Wohnstil ab. Wichtig ist auch die Auswirkung des Bodens auf das Raumklima, weshalb der Trend wieder zu altbewährten, schadstoffunbelasteten Naturmaterialien geht. Gerade solche Böden – Kork, Linoleum, Teppich – können Sie auch relativ einfach reparieren: ein Vorteil, den man bei der Wahl des Bodenbelags nicht außer Acht lassen sollte!

Natürliche Bodenbeläge aus Kork oder Linoleum erfreuen sich aufgrund ihrer guten Verträglichkeit wieder zunehmender Beliebtheit. Linoleum bietet zudem den Vorteil, dass es pflegeleicht ist und in allen erdenklichen Farben und Mustern hergestellt werden kann.

Frischekur für abgenutzte Korkböden

Tritt-elastische, warme Korkböden sind als Alternative zu Holzböden schon lange beliebt. Was nicht jeder weiß: Bei entsprechender Dicke – mindestens vier Millimeter! – können auch abgenutzte, unansehnlich gewordene Korkböden abgeschliffen und wieder neu eingelassen werden. Zur Imprägnierung nach dem Abschleifen reicht es völlig aus, die Oberfläche dieser Naturböden wie früher üblich mit Öl und Wachs einzulassen. Dadurch können sie »atmen« und ihre positiven raumklimatischen Eigenschaften bewahren, die durch eine Versiegelung mit Lack unterbunden würden. Beachten Sie jedoch, dass eine solche Frischekur nur bei ungefärbten Korkböden möglich ist.

Korkböden abschleifen

Ein Korkboden wird nicht mit dem Parkettschleifer bearbeitet, sondern mit dem Schwingschleifer, den Sie sich im Baumarkt ausleihen können. Nach dem ersten Grobschliff kontrollieren Sie den Boden auf etwaige schadhafte Stellen, die Sie ausbessern, bevor Sie sich an den Feinschliff machen. Nach dem Feinschliff sollte die Fläche ganz glatt sein, notfalls müssen Sie Unebenheiten durch

Reine Natur: Linoleum

Nicht jedem ist bekannt, dass Linoleum ein Naturprodukt aus nachwachsenden Rohstoffen wie Leinöl, Holz- und Korkmehl, Kalksteinmehl und Jute ist. Der angenehme Bodenbelag wurde vor über 150 Jahren in England erfunden, wo er bereits wenige Jahrzehnte später weit verbreitet war. In Deutschland erlebte Linoleum seine Glanzzeit in den 1920er-Jahren. Heute erfährt der klassische Bodenbelag dank seiner dämmenden, antibakteriellen und antistatischen Eigenschaften, seiner Pflegeleichtigkeit und Wärme eine Renaissance. Zudem ist er gut für Allergiker geeignet. Linoleum ist sehr schwierig zu verlegen, weshalb Sie in diesem Fall nur bei großer handwerklicher Erfahrung selbst aktiv werden sollten. Auf jeden Fall müssen Sie darauf achten, dass der verwendete Kleber ungiftig ist. Empfohlen werden Naturkleber auf Kautschukbasis, wie sie schon vor hundert Jahren gang und gäbe waren.

nochmaliges Schleifen ausgleichen. Zum Schluss säubern Sie den Boden von Schleifpartikeln und Staub. Gehen Sie dabei sehr gründlich vor, am besten mit dem Staubsauger.

Korkböden imprägnieren

Den abgeschliffenen, sauberen Korkboden lassen Sie zur Imprägnierung wie früher üblich mit Leinöl oder dem so genannten Hartöl ein. Hartöl ist ein speziell verkochtes Leinöl, das noch strapazierfähiger ist. Tragen Sie das Öl im Erstanstrich satt auf den Boden auf, mit einem Pinsel oder einem Lappen, bei großen Flächen bietet sich eine Malerrolle an. Wischen Sie anschließend das überschüssige Öl mit einem fusselfreien Lappen gut ab. Jetzt müssen Sie das Öl ein bis zwei Tage austrocknen lassen. Machen Sie die Fingerprobe: Wenn es auch nur ein bisschen klebt, warten Sie lieber noch, bevor Sie den zweiten, dünnen Anstrich aufbringen. Danach wieder gut austrocknen lassen! Kontrollieren Sie, ob die Fläche vollkommen glatt und geschlossen ist, denn möglicherweise empfiehlt sich noch ein dritter Leinölanstrich. Zum Abschluss können Sie den getrockneten Boden mit Wachs einlassen und mit einer Bürste polieren; empfehlenswert sind Produkte aus Carnaubawachs, die im Fachhandel für Heimwerker erhältlich sind.

Auspinseln – Kratzer in Korkböden

Ärgerliche Kratzer in Korkböden, durch die ein andersfarbiger Untergrund sichtbar wird, können Sie auf einfache Weise kaschieren. Mischen Sie mit Wasserfarben die richtige Farbtönung zusammen, die Sie dann auf die beschädigte Stelle mit einem feinen Pinsel auftragen. Wenn die Farbe getrocknet ist, sehen Sie, ob der Farbton auch wirklich passt. Noch können Sie alles mit einem feuchten Lappen wieder abwischen! Nach dem Abtrocknen der Farbe imprägnieren Sie die ausgebesserte Stelle mit Leinöl (gut trocknen lassen!) und Wachs.

Wieder wie neu – Korkböden, die im Laufe der Zeit unansehnlich geworden sind, kann man abschleifen und neu einlassen.

Fenster in die Vergangenheit

Der Kelim zeichnet sich dadurch aus, dass er auf beiden Seiten das gleiche Muster ausbildet.

Orientalische Teppiche *sind textile Kunstwerke. Das Weben und Knüpfen von Teppichen ist ein uraltes Handwerk, das in verschiedenen Regionen Asiens schon vor Jahrtausenden ausgeübt wurde. Der älteste geknüpfte Teppich, der bislang gefunden wurde, stammt aus einem skythischen Hügelgrab aus Südsibirien. Dieser so genannte Pazyryk-Teppich ist rund 2500 Jahre alt und äußerst kunstfertig geknüpft. Es ist also anzunehmen, dass in jener Region schon damals die Teppichproduktion auf eine lange Tradition zurückblickte. Orientteppiche werden noch heute mit denselben Techniken und im selben Stil wie vor Jahrhunderten gefertigt – diese Kontinuität stellt im Kunsthandwerk ein einzigartiges Phänomen dar. Heute unterscheidet man sechs große teppichproduzierende Regionen: Persien, Türkei, Kaukasien, Turkestan, Indien und China. Ein wichtiges Unterscheidungsmerkmal sind die für die jeweiligen Regionen typischen floralen oder geometrischen Muster sowie die verwendeten Knoten. Dabei unterscheidet man zwei Grundtypen: den türkischen oder Gördes-Knoten sowie den persischen Senneh-Knoten. Der Gördes-Knoten wird um zwei Kettfäden geschlungen, der Senneh-Knoten um einen Kettfaden und dazu noch halb unter den folgenden. Teppiche, die mit dem um vier Kettfäden geschlungenen so genannten Dschufti- oder falschen Knoten geknüpft werden, sind gröber und weniger haltbar als die mit traditionellen Knoten dicht geknüpften Teppiche.*

Aufschneiden – Furnierblasen in Korkböden

Wenn Ihr Korkboden so genannte Furnierblasen wirft, was in seltenen Fällen passieren kann, gehen Sie so vor: Schneiden Sie die Blase mit einem scharfen Teppichmesser über Kreuz auf. Heben Sie die Ecken behutsam an und tragen Sie an der Unterseite etwas Holzleim auf. Dann drücken Sie die Ecken auf dem Boden wieder an; die Schnittkanten müssen exakt aneinander liegen. Pressen Sie sie nun ein paar Minuten an, damit sie ankleben können. Dann wischen Sie den Holzleim, der durch das Andrücken aus den Kanten gequollen ist, gründlich mit einem feuchten, nicht fusselnden Lappen ab. Zum Schluss müssen Sie die Schnitte mit einem feinen Leinölanstrich und Wachs imprägnieren.

Englisches Linoleum des späten 19. Jahrhunderts, das mit farblicher Gestaltung eine besondere Struktur vortäuscht

Nahtfugen im Linoleum ausbessern

Wenn unsauber geschnittene Kanten zwischen zwei Bahnen oder eingelegten Mustern nicht ganz so bündig abschließen, wie es wünschenswert wäre, können Sie die Nahtfugen mit einem bewährten Verfahren füllen. Dafür brauchen Sie ein Reststück, das vom Verlegen des Linoleums übrig geblieben ist. Hoffentlich bewahren Sie, wie Großmutter, solche Dinge immer auf! Jedenfalls schaben Sie mit einer groben Raspel oder einem scharfen, gebogenen Messer vom Reststück die oberste Schicht mit den Farbpigmenten ab. Diese Teilchen müssen Sie sehr fein zermahlen, um sie dann mit Leim zu einem Brei zu vermischen, den Sie mit einer Spachtel in die Nahtstelle einfügen. Überschüssigen Brei, der über die Ränder quillt, wischen Sie sofort mit einem sauberen, nicht fusselnden Tuch ab, damit er nicht an der Oberfläche kleben bleibt. Lassen Sie anschließend die Nahtstelle durchtrocknen – sie wird nicht mehr auffallen.

Löcher und Kratzer im Linoleum mit Paraffin ausgießen

Linoleum ist zwar strapazierfähig, dennoch können sehr schwere, spitze oder scharfkantige Gegenstände, die auf den Bodenbelag fallen, Druckstellen, unschöne Kratzer oder gar Löcher hinterlassen. In alten Ratgebern wird oft empfohlen, Risse und Löcher mit erwärmtem Hartparaffin auszugießen. Wenn das Paraffin erhärtet ist, können Sie die feste Masse mit einer Rasierklinge abziehen.

Wiederentdeckt – der Lehmfußboden

Derzeit erlebt der uralte Baustoff Lehm dank seiner hervorragenden klimatischen Eigenschaften in der alternativen Bauwirtschaft eine kleine Renaissance. Teilweise wird Lehm auch wieder zu Fußböden verarbeitet, wie sie jahrtausendelang bekannt waren. Auch in unseren Breiten waren Lehmstampfböden im bäuerlichen Umfeld bis ins 20. Jahrhundert durchaus üblich. Solche Böden – feuchter Lehm, vermischt mit organischen Materialien wie etwa Stroh oder Getreidespreu – sind aufgrund ihrer feuchtigkeitsregulierenden Eigenschaften besonders geeignet für Räume, in denen Sie Nahrungsmittel lagern wollen: Lehm nimmt Feuchtigkeit aus der Luft auf und gibt sie bei Trockenheit wieder ab.

Textiler Bodenbelag aus dem England des späten 19. Jahrhunderts. Das kunstvolle Muster imitiert einen teuren Teppich.

Schadhafte Stellen im Linoleum neu beschichten

Risse, Löcher und andere schadhafte Stellen im Linoleum reparieren Sie mit einem altbewährten Kniff: Zunächst kratzen Sie die beschädigte Stelle mit einem scharfen Tapeziermesser etwas aus und reiben sie dann mit Spiritus ab, den Sie gut trocknen lassen. In der Zwischenzeit nehmen Sie ein Reststück des Linoleums, das beim Verlegen übrig geblieben ist, und schaben mit einer groben Raspel oder einem scharfen, gebogenen Messer dessen obere Farbschicht ab. Die so gewonnenen Späne kleben Sie nun schichtweise in die schadhafte Stelle. Lassen Sie die Masse ganz durchtrocknen und schleifen Sie sie dann feucht mit feinem Sandpapier ab.

Die Blätter der Kokospalme liefern den Rohstoff für einen strapazierfähigen textilen Bodenbelag.

Fenster in die Gegenwart

In der Teppichproduktion – hier ein Teppichknüpfer im pakistanischen Feridabad – spielt Kinderarbeit eine zentrale Rolle.

Gegen Kinderarbeit *in Teppichfabriken kann und muss man etwas tun. Die Billigangebote von handgeknüpften Teppichen aus dem Fernen Osten sind meist Produkte von Fabriken, in denen Kinder wie Arbeitssklaven gehalten werden. Dagegen haben sich 1995 Teppichhersteller, Handelshäuser und die Hilfsorganisationen terre des hommes, Misereor, Brot für die Welt und UNICEF zur RUGMARK-Initiative zusammengeschlossen, die mittlerweile 65 Prozent der Teppichproduktion in Nepal und 25 Prozent in Indien kontrolliert. Das RUGMARK-Siegel bekommen nur Teppiche, deren Herstellungsbedingungen den heutigen sozialen Standards genügen! »Jeder kann etwas gegen Kinderarbeit tun. Werfen Sie vor dem Kauf einen Blick unter den Teppich und achten Sie auf das RUGMARK-Zeichen«, sagte UNICEF-Botschafterin Sabine Christiansen beim zehnjährigen Jubiläum der Initiative.*

Ob Kork, Linoleum oder Teppich – das Teppichmesser ist bei der Reparatur dieser Bodenbeläge ein unverzichtbares Arbeitsinstrument.

Löcher im Teppichboden mit Flicken reparieren

Besonders bei fest verlegten Teppichböden sind hartnäckige Flecken, die jedem Fleckenmittel widerstehen, oder gar Brandlöcher ausgesprochen ärgerlich. Da hilft nur eins: Sie müssen den Teppich mit einem Flicken reparieren. Für den Flicken brauchen Sie einen Teppichrest, der beim Verlegen übrig geblieben ist. Zunächst stanzen Sie die beschädigte Stelle im Teppichboden mit einem speziellen Locheisen aus oder schneiden sie mit einem scharfen Teppichmesser sauber aus. Nun schneiden Sie aus dem Teppichrest einen Flicken, der exakt in das gestanzte oder geschnittene Loch passt. Wählen Sie dabei den Flicken so aus, dass der Florverlauf nach dem Einpassen der Florrichtung des restlichen Teppichbodens entspricht. Achten Sie bei gemusterten Teppichböden auch auf Farbe und Muster. Bei größeren Schadstellen legen Sie den Teppichbodenrest auf die betroffene Stelle und schneiden Flicken und Teppichboden gleichzeitig aus. Dies gewährleistet, dass die Kanten exakt zusammenpassen. Sie können aber auch einen so genannten Kreisschneider verwenden. Kleben Sie nun den Flicken ein, indem Sie die Kanten des Flickens und des Teppichlochs mit Klebstoff bestreichen. Wenn er getrocknet ist, bürsten Sie mit einer Teppichbürste den Flicken und das umliegende Gewebe, damit sich die Fasern des Flors miteinander verbinden und die geflickte Stelle somit nicht mehr auffällt.

Teppichlöcher mit Flusen stopfen

Kleinere Löcher im Teppichboden reparieren Sie so: Sie zupfen Flusen an einer unauffälligen Stelle aus dem Teppichboden. Diese kleben Sie vorsichtig in das Loch. Wenn der Kleber trocken ist, bürsten Sie die Stelle: Die Flusen müssen gut kleben, sonst ist das Loch beim nächsten Saugen schon wieder zu sehen!

Wachs- oder Öltuch war der Vorläufer des Linoleums: Dieses kunstvoll gemusterte Exemplar entstand im 19. Jahrhundert als Unterlage für einen Ofen.

Wände und Decken traditionell gestalten und erhalten

Unsere »vier Wände«, ergänzt durch die nicht minder wichtige Decke, bieten uns Schutz und Geborgenheit. Im übertragenen Sinn stehen sie für das Zuhause, das zu erhalten und möglichst angenehm zu gestalten ein uraltes zivilisatorisches Bedürfnis ist.

Altbewährte Putze und Anstriche

Klassisch weiß, einfarbig, mit Mustern oder schlicht, rau oder glatt – vordergründig wirken Putze und Anstriche von Wänden und Decken vor allem durch ihre Gestaltung. Dabei dienen sie auch dem ganz praktischen Zweck, das Mauerwerk zu schützen. Außerdem können sie zu einem gesunden Raumklima beitragen. All das erreichen Sie mit schönen, traditionellen Materialien, die Mauern nicht versiegeln, sondern »atmen« lassen.

Seit Jahrtausenden bekannt: Kalkputz

Luftkalkmörtel (Luftkalkputz) ist ein natürliches Material und wird seit Jahrtausenden in verschiedensten Regionen der Welt erfolgreich verwendet. Der Mörtel besteht aus drei Teilen fein gesiebtem Sand und einem Teil Kalk, die Sie unter Zugabe von Wasser gründlich vermischen, so dass eine streichfähige glatte Masse entsteht. Der stark basische Kalk ist ätzend, schützen Sie bei der Verarbeitung also stets Haut und Augen!

Jeglicher Putz kann sich nur mit der Wand verbinden, wenn diese staubfrei ist. Deshalb müssen Sie die Wände gründlich abstauben und anfeuchten, bevor Sie mit dem Verputzen beginnen. Werfen Sie nun den Mörtel mit Schwung mit Hilfe einer Maurerkelle an die Wand und ziehen Sie ihn im Anschluss mit einer Kartätsche oder einem Brett bündig ab. Da es angebracht ist, zwei oder mehrere Putzschichten aufzubringen, lassen Sie die erste Lage trocknen und bringen dann die zweite wie die erste auf. Bei der letzten Lage bearbeiten Sie die Oberfläche mit einem Reibe- oder Schwammbrett. Wenn der neue Putz ganz durchgetrocknet ist, können Sie ihn weiter bearbeiten.

Rosa Kalkputz in englischer Tradition

Kalkputz wird in der Regel mit strahlendem Weiß assoziiert, wie es etwa im Mittelmeerraum unverzichtbarer Teil der traditionellen Architektur ist. In der englischen Grafschaft Suffolk jedoch wird der Kalkmörtel seit Jahrhunderten mit Ockerpigmenten vermischt. Diese Mischung ergibt das berühmte *Suffolk Pink*, in dem Cottages auf dem Land noch immer leuchtend strahlen. Die Palette dieser regionaltypischen Farbgebung – von Zartrosa über kräftiges Pink bis hin zu hellem bräunlich getöntem Rot – können Sie Ihrem Geschmack entsprechend selbst mischen. Das Ergebnis ist eine höchst individuelle Wandgestaltung im Innen- und – mit baurechtlichen Einschränkungen – im Außenbereich.

Unbedingt empfehlenswert – der Anstrich mit natürlicher, schadstofffreier und preisgünstiger Leimfarbe

Wiederentdeckt: Lehmputz

Der uralte Baustoff Lehm erlebt heute vor allem aufgrund seiner positiven raumklimatischen und die Feuchtigkeit regulierenden Eigenschaften auch als Verputzungsmaterial eine kleine Renaissance. Das reine Naturprodukt besteht aus Ton und Sanden, die mit Wasser vermischt sowohl als Grund- und Oberputz als auch als dekorativer Streich- oder Strukturputz verwendet werden. Lehmputze kann

Der Kalkkreislauf

Bei diesem chemischen Vorgang wird im Grunde genommen der Kalkstein erst verflüssigt und dann wieder zu Stein. Den Anfang bildet das Brennen, bei dem der im Steinbruch abgebaute Rohstoff Kalkstein in speziellen Öfen mehrere Tage lang auf Temperaturen von über 1000 Grad erhitzt wird. Dabei entweicht aus dem Stein Kohlendioxid, Ergebnis ist der Branntkalk *(Calciumoxid)*. Diese weißliche, poröse Substanz wird im nächsten Schritt gelöscht, das heißt: mit Wasser vermischt, wobei sich große Hitze entwickelt. Der gelöschte Kalk *(Calciumhydroxid)* ist ein weißes Pulver, das auf Baustellen verarbeitet wird. Lagert man es hingegen für mindestens ein Jahr in Gruben in Wasser, entsteht daraus Sumpfkalk, eine breiartige Masse, die man mit Wasser zur so genannten Kalkmilch verdünnen und als Wandfarbe verwenden kann. Als Wandanstrich trocknet die Kalkmilch und reagiert mit dem Kohlendioxid in der Luft: Sie wird wieder zu Kalkstein.

man ökologisch einwandfrei und ohne Zusätze im Fachhandel kaufen. Beim Verputzen mit Lehm »klebt« der Ton als Bindemittel die Sande an der Wand fest. Wenn diese gründlich austrocknen, werden sie hart und reiben nicht ab.
Lehmverputze sind zwar wasserlöslich, sie können aber auch im Bad angebracht werden. Vermeiden sollte man nur jene Stellen, die häufig mit Wasser in Kontakt kommen.

Verputzen mit Lehm

Die Verarbeitung von Lehmputz ist relativ einfach: Rühren Sie das fertig erhältliche Ton-Sand-Mehl mit Wasser in einem Eimer zu einer festen, aber noch streichfähigen Masse an. Diese tragen Sie beim Unterputz in mehreren Schichten bis zu einer Stärke von 30 Millimeter mit der Kelle auf und glätten sie mit der Kartätsche. Bei dünneren Dekorputzen verwenden Sie einen Glätter oder eine Lasurbürste. Lehm hat eine schöne Eigenfarbe – es gibt ihn von mattem Weiß über Ockertöne bis zu Grau und Olivgrün. Weißen Lehm können Sie durch den Zusatz von Farbpigmenten farblich abtönen.

Amerikanischer Entwurf aus dem Jahr 1892 für eine aufwändige Deckendekoration, die als Schablonenmalerei auszuführen war

Auf die Würze kommt es an: Bierlasur

Sie muten heute ungewöhnlich an, waren früher jedoch weit verbreitet – Wandlasuren aus Bier. Dieser preiswerte, atmungsaktive Wanddekor wurde früher aus dem abgestandenen Tropfbier der Schänken bereitet. Auch wenn Sie heute das Bier frisch kaufen, bleibt diese Lasur, die auf weiße Anstrichfarbe oder direkt auf den Putz aufgetragen wird, doch eine preiswerte Alternative: Mit einem Liter Bier können Sie rund 20 Quadratmeter Fläche bearbeiten. Zum Herstellen der Bierlasur rühren Sie einfach Farbpigmente in den Gerstensaft. Dabei gilt: Je höher die Stammwürze, desto besser bindet das Bier die Pigmente. Achten Sie zudem darauf, dass das Bier ganz abgestanden ist. Die angerührte Mischung tragen Sie mit einem Schwamm auf die Wand auf – je unregelmäßiger dessen Poren sind, desto interessanter werden die Effekte. Sobald die Lasur getrocknet ist, verschwindet auch der Biergeruch. Wenn Sie Bierlasuren einsetzen, sollten Sie daran denken, dass diese Anstriche nicht abriebfest sind.

Vor- und Nachteile von Leimfarbe

Das Ärgerliche zuerst: Leimfarbe kann nur bedingt überstrichen und nicht mit Tapeten überklebt werden. Bei einer Renovierung kann es Ihnen also blühen, dass Sie die alte Leimfarbe erst mühselig mit Wasser abwaschen müssen, bevor Sie die Wände neu streichen oder tapezieren können. Auch ist Leimfarbe nicht gut für Feuchträume geeignet. Ansonsten ist dieser aus Leim, Kreide, Wasser und Pigmenten bereitete traditionelle Anstrich uneingeschränkt empfehlenswert: umweltfreundlich und ungiftig, atmungsaktiv, preiswert und sogar selbst herzustellen. Am besten hält Leimfarbe auf kalkigem, rauem Untergrund oder auf Raufasertapeten. Zudem sollte man Leimfarbe stets in warmen Räumen verarbeiten.

Vor dem Anstrich müssen die Wände auf Unebenheiten geprüft und gegebenenfalls mit Gips ausgebessert werden.

Auch mit traditionellen natürlichen Farben wie etwa Leimfarbe lassen sich Räume in kräftigen bunten Farben gestalten.

Leimfarbe selbst herstellen

Für einen deckenden Anstrich verrühren Sie 120 Gramm Leim in einem Liter warmem Wasser. Falls Sie nur eine zarte Lasur wünschen, erhöhen Sie die Wassermenge. Jedenfalls wärmen Sie nach rund zwei Stunden Quellzeit die Leim-Wasser-Mischung leicht an und mischen dann 1,5 Kilogramm Champagnerkreide gründlich darunter. Geben Sie einen bis zwei Esslöffel Leinöl dazu, damit die Leimfarbe geschmeidiger wird. Für einen farbigen Anstrich mischen Sie Farbpigmente unter.

Anstrich aus dem Kühlschrank – Quarkfarbe

Einen klassischen und äußerst preiswerten Anstrich können Sie aus Quark herstellen. Denn in Quark ist der Eiweißstoff Kasein (Käsestoff), der auch zur Herstellung von Klebstoffen benutzt wird, hoch dosiert enthalten. Kaseinmalerei war seit dem 14. Jahrhundert auf trockenem Mauerputz gebräuchlich. Kaseinfarbe ist umweltfreundlich, hundertprozentig ungiftig und ergiebig. Wenn Sie Quarkfarbe anfertigen, rechnen Sie mit etwa 100 Gramm Quark für einen Quadratmeter Wandfläche. Für einen strapazierfähigen Anstrich stellen Sie zuerst das erforderliche Bindemittel her. Dazu lösen Sie 20 Gramm Borax in einem Zehntelliter kochendem Wasser auf. Diese Lösung verrühren Sie gründlich mit 500 Gramm handelsüblichem Magerquark (wenig Fett ist wichtig!). Lassen Sie die glatt verrührte Mischung rund eine Stunde ruhen und mischen Sie dann einen Esslöffel Speiseöl unter. Dadurch wird der Anstrich wischbeständiger. Sie können nun diese Mischung als Lasur auf die Wand auftragen oder aber Pigmente untermischen, um eine nach Wunsch mehr oder weniger deckende Farbe zu erhalten. Für einen weißen Anstrich verquirlen Sie beispielsweise Kreide- und Marmormehl mit Wasser zu einem ganz glatten Brei, in den Sie den Kaseinanstrich unterrühren. Die Konsistenz der so angerührten Farbe können Sie durch Zugabe von Wasser verdünnen.

Entwurf für die farbliche Gestaltung einer Decke aus dem England des frühen 20. Jahrhunderts

Gifte in Farben

Als die chemische Industrie im späten 19. Jahrhundert ihren Siegeszug antrat, entwickelte sie auch eine Vielzahl von synthetischen Farben und Anstrichen, die teilweise preiswerter, leichter zu verarbeiten und auch haltbarer als die herkömmlichen Naturprodukte waren. Mittlerweile ist die Begeisterung für synthetische Anstriche wieder abgeflaut, da die Inhaltsstoffe in diesen »Chemiecocktails« nicht selten ökologisch und gesundheitlich bedenklich sind. In der Kritik stehen vor allem die in den Farben und Lacken vorhandenen Lösungsmittel, die giftig und krebserregend sein können. Aus diesem Grund stieg die Nachfrage nach Anstrichen ohne giftige Lösungsmittel. Darüber hinaus greifen immer mehr Verbraucher auf die traditionellen Naturanstriche zurück – der Umwelt und der eigenen Gesundheit zuliebe.

Der Schwerpunkt-Tipp

Gut getüncht mit Kalkanstrich

Für Großvater war das althergebrachte Tünchen mit Kalkfarbe – einer Mischung aus Wasser als Lösungsmittel und Kalk *(Calciumhydroxid)* als Bindemittel – eine Selbstverständlichkeit, allein schon weil sich auf diesem Anstrich keine Schimmelpilze festsetzen. Und langsam kommt das reine Naturprodukt aufgrund seiner desinfizierenden und raumklimatischen Eigenschaften wieder in Mode. Kalkfarbe lässt sich am besten auf Kalk- und Lehmputzen verarbeiten, haftet aber nicht auf Dispersionsfarben oder Tapeten. Und schützen Sie beim Mischen und Anstreichen Haut und Augen: Kalk ist ätzend!

Grundregeln

Tünchen Sie stets einen ganzen Raum am Stück, um unregelmäßige Übergänge zu vermeiden. Mischen Sie die Kalkmilch immer perfekt durch, ansonsten sinkt der Kalk auf den Eimerboden ab und Sie verstreichen nur die dünne Wasserlösung. Denken Sie daran, dass Kalkanstriche langsam trocknen müssen – bei Raumtemperaturen über 20 Grad trocknet der Kalk zu schnell und verfärbt sich. Vermeiden Sie beim Kalken zudem Zugluft, die ebenfalls ein zu schnelles Trocknen bewirken kann. Alle Kalkarbeiten führen Sie immer im Schatten und nicht in der Hitze oder bei Frost durch.

Auf feuchtem Putz: Freskotechnik

Bei dieser Technik wird Kalkfarbe in mehreren Anstrichen auf dem frisch aufgetragenen, schon festen, aber noch feuchten Putz-Untergrund aufgebracht. Für den ersten Anstrich mischen Sie einen Teil Kalk mit zwei Teilen Wasser. Tragen Sie die Kalkfarbe am besten mit einem Quast in kurzen Kreuzstrichen oder »Endlos-Achtern« auf. So fangen Sie die herablaufende Farbe auf und verstreichen sie weiter. Lassen Sie die Farbe höchstens zwölf Stunden trocknen. Rühren Sie dann den zweiten Anstrich aus einem Teil Kalk und etwa drei Teilen Wasser auf. Der dritte Anstrich wird aus einem Teil Kalk und vier bis fünf Teilen Wasser bereitet.

Auf trockenem Putz: Seccotechnik

Trockenen Untergrund müssen Sie zunächst mit klarem Wasser gründlich nässen und säubern. Dann tragen Sie sofort den ersten, sehr dünnen Anstrich aus einem Teil Kalk und etwa sechs Teilen Wasser in waagrechten Bahnen mit dem Quast auf. Nach dem Trocknen erfolgt der zweite Anstrich aus einem Teil Kalk und zwei Teilen Wasser, nach neuerlichem Trocknen der dritte wieder dünnere Anstrich aus einem Teil Kalk und vier Teilen Wasser.

Kalkanstrich ist aufgrund seiner guten Verträglichkeit langsam wieder im Kommen. Allerdings lässt sich Kalk nicht so verarbeiten wie herkömmliche Farben, vielmehr müssen einige besondere Regeln beachtet werden.

Kalkanstriche abtönen

Mit natürlichen mineralischen Pigmenten, die Sie gründlichst in den Sumpfkalk mischen, können Sie Kalkanstriche zart abtönen. Je nachdem, wie viel Wasser Sie hinzugeben, erreichen Sie eher deckende oder eher lasierende Aufträge. Testen Sie am besten Ihre Mischung an einer Probefläche: Gut trocknen lassen! Sonst können Sie die Wirkung nicht realistisch einschätzen.

Eine kurze Geschichte der Tapete von der Papierbahn zur Raufasertapete

Im Mittelalter schützte und schmückte man seine Wände mit textilen Wandbehängen und Teppichen, mit aufwändigen Bespannungen aus geprägtem Leder, mit Holzverkleidungen und Vertäfelungen. Und wie seit Urzeiten wurden die Wände mit Bildern und Mustern bemalt. Doch dann ermöglichten die Fortschritte in der Papierherstellung eine völlig neue Art der Wandgestaltung.

Sie wurde im 16. Jahrhundert geboren: die Tapete. Und nach einigen Anlaufschwierigkeiten machte sie Furore. Groß war die Nachfrage unter den französischen Adeligen. Und bald folgten auch die Engländer der neuen Mode.

Wandbilder und Schablonenmuster

Die frühesten französischen und englischen Tapeten waren handbemalt, wie Wandbilder, aber auch den Rapport – die regelmäßige Musterwiederholung – gab es schon, per Hand mit Schablonen aufgemalt. Ab dem 17. Jahrhundert wurden die Muster mit handgeschnitzten Druckstöcken in ihren einzelnen Farbkomponenten auf die Papierbahnen gedruckt. Damals kamen auch schon »beflockte« Tapeten auf: Man strich die Papierbahnen mit einem langsam trocknenden Klebstoff ganz oder in Mustern ein und streute darauf Wollfasern oder Metallstaub. Die älteste noch erhaltene Tapete dieser Art wurde um 1680 im englischen Worcester gefertigt.

In Europa wurden erste Tapeten – so genannte Dominotiers – im 17. Jahrhundert von englischen und französischen Papiermanufakturen hergestellt. Man arbeitete mit handgeschnitzten Druckstöcken – eine Technik, die vom Textildruck übernommen wurde. Die Tapeten wiesen durchlaufende Muster, aber auch dekorative Einzelmotive auf.

Dekorative Kunstwerke – Tapeten aus China

Ob Papiertapeten, wie es oft heißt, in China erfunden wurden, konnte die historische Forschung bislang nicht eindeutig klären. Jedenfalls kamen chinesische Tapeten ab dem 17. Jahrhundert, möglicherweise schon früher, mit den Schiffen der ostindischen Handelskompanien nach Europa. Es war die Zeit, als alles Chinesische – zuvorderst das Porzellan – als überaus schick galt und selbstredend auch überaus teuer war. Die chinesischen Manufakturen stellten sich auf den europäischen Geschmack ein, schließlich wollte man gute Geschäfte machen. So entstanden den aufwändig gestaltete Papiertapeten mit handkolorierten szenischen Darstellungen, speziell für den europäischen Markt. Einige dieser dekorativen Kunstwerke sind noch heute in englischen Herrenhäusern zu bewundern.

Frankreichs Papier- und Tapetenindustrie

Ab dem 18. Jahrhundert trat die Papiertapete ihren Siegeszug durch ganz Europa an. Dabei blieb Frankreich – kultureller Trendsetter der Epoche – führend, sowohl was die Designs als auch das Herstellungsverfahren anbelangt. Ursprünglich waren die bunten Papierbahnen vor allem als preiswerter Ersatz für kostspielige Wandteppiche und Vertäfelungen angesehen worden. Diesen Ersatz-Charakter dokumentieren auch die Dekors, die beispielsweise Wandverkleidungen aus Marmor vortäuschten. Langsam begann man aber, die breiten dekorativen Möglichkeiten des papiernen Wandschmucks höher zu schätzen.

Einen ersten Schritt zur Massenproduktion unternahm Jean-Baptiste Réveillon, der als Erster ganze Papierrollen

In der zweiten Hälfte des 19. Jahrhunderts wurden Tapeten wie diese aus schottischer Produktion für breitere Bevölkerungsschichten erschwinglich.

in einem Stück bedruckte. Im Übrigen ging er auch in die Geschichte der Luftfahrt ein: Er fertigte die Hülle des Ballons, mit dem die Brüder Montgolfier 1783 in die Lüfte aufstiegen – aus Leinwand und kunstvoll bemalten, verstärkten Tapetenbahnen. Im selben Jahr entwickelte der deutsch-französische Kattundrucker und Textilfabrikant Christophe-Philippe Oberkampf die erste Maschine zum Bedrucken von Tapeten und 1798 läutete Nicholas-Louis Robert mit der Erfindung der Papiermaschine die Ära der Papierindustrie ein. Etwa gleichzeitig gründete Johann Christian Arnold in Kassel – heute Sitz des Deutschen Tapetenmuseums – die erste bedeutende Tapetenfabrik diesseits des Rheins. Aus der Wohnkultur des deutschen Biedermeiers war die Tapete nicht wegzudenken.

Massenproduktion und Moderne

Durch die Industrialisierung des 19. Jahrhunderts wurden maschinell gefertigte und bedruckte Tapeten für breitere Schichten erschwinglich. Die Massenproduktion bewirkte aber auch den Niedergang der Tapetengestaltung. So wie sich die Möbel in der Gründerzeit an historischen Vorbildern orientierten, so auch die Tapeten: Es waren die alten Muster, nur eben nicht mehr handwerklich, sondern industriell gefertigt. Dagegen forderten Künstler, Handwerker und Designer – etwa die 1907 gegründeten genossenschaftlichen »Wiener Werkstätten« – die Rückbesinnung auf das alte Handwerk und gleichzeitig eine der neuen Zeit entsprechende Wohnkultur. Den Durchbruch der Moderne in der Innenarchitektur brachte in den 1920er-Jahren das Weimarer Bauhaus, dessen Vertreter die Versöhnung von Technik und Kunst propagierten.

Seidentapete im Blauen Zimmer von Schloss Rundale. Der berühmte Landsitz des Herzogs von Kurland wurde im 18. Jahrhundert errichtet, er liegt in der Nähe der lettischen Stadt Bauska.

Solche Ideen führten auch im Tapetendesign zu künstlerischer Innovation und in der industriellen Fertigung zum Bemühen um Qualität.

Textile Bilder: Tapisserien

Die Bildwirkerei, mit dem französischen Fremdwort auch als Tapisserie bezeichnet, ist eine seit dem Altertum bekannte textile Kunst. Verwandt ist das Wirken mit dem Weben, allerdings bedeutend komplizierter; denn die Fäden werden nicht auf der ganzen Breite verwebt, sondern nur in teilweise winzig kleinen Farbfeldern, die dann ein Muster oder ein Bild ergeben. Dafür braucht der Wirker den so genannten Karton als Vorlage, auf dem das gewünschte Bild in Originalgröße exakt vorgezeichnet ist. Solche kostbaren Bildteppiche wurden meist als Wandbehang genutzt. Berühmte mittelalterliche Beispiele sind drei Wirkteppiche des 12. Jahrhunderts aus dem Dom zu Halberstadt. Blütezeiten erlebte diese textile Kunst im Spätmittelalter vor allem in Flandern und im 17./18. Jahrhundert in Frankreich. Der Name der berühmten Pariser Manufaktur Gobelin wurde gar zum umgangssprachlichen Sammelbegriff für alle gewirkten Wandteppiche.

Nie gekannte Vielfalt

Die technische Entwicklung ab den 1960er-Jahren führte in der Tapetenproduktion zu einer nie gekannten Vielfalt. Tapeten aus Natur- und Textilfasern kamen auf den Markt, aus Glasfasern, Metallkaschierungen und Kunststoffen, mit Strukturen und Prägungen, in unzähligen Mustern, Farben und Designs. Zu einem wahren Klassiker hat sich die Raufasertapete entwickelt – in Deutschland die mit Abstand am meisten verwendete Tapete. Sie besteht in der Regel aus zwei Papierschichten, zwischen denen sich Holzspäne befinden, ist deshalb atmungsaktiv und dampfdurchlässig und kann in jeder erdenklichen Farbe gestrichen werden.

Trotz industrieller Massenproduktion von Tapeten entstanden im 19. Jahrhundert qualitätvolle Entwürfe, wie dieses schottische Beispiel von 1892 zeigt.

Tapezieren – alte Methoden auch für neue Materialien

Obwohl Tapeten mittlerweile nicht mehr nur aus bedrucktem Papier bestehen, sondern auch mit unterschiedlichsten Beschichtungen – Textil- oder Glasfasern, auch Kunststoff – angeboten werden, hat sich am Handwerk des Tapezierens seit Jahrhunderten kaum etwas geändert. Die alten Regeln für ein optimales Ergebnis gelten immer noch!

Beim Einkleistern der Tapete kommt es vor allem darauf an, dass der Klebstoff gleichmäßig verteilt wird.

Lästige Vorbereitung – alte Tapeten entfernen

Großvater wusste, dass die richtige Vorbereitung des Untergrunds das A und O des Tapezierens ist. Deshalb hat er sich die Mühe gemacht, vorher die alten Tapeten zu entfernen. Zunächst probieren Sie das trocken. Bei schlecht verklebten Tapeten können Sie womöglich ganze Bahnen im Stück ablösen. Andernfalls müssen Sie die Tapete mit warmem (!) Wasser einweichen, indem Sie die Wände komplett mit einem Schwamm oder einer Kleisterbürste nässen. Sie können die Wände auch mit der Gartenspritze einsprühen. Jedenfalls lassen Sie die Feuchtigkeit einwirken, damit sie zur Kleisterschicht vordringt, und ziehen dann die Tapete eventuell mit Hilfe eines breiten Spachtels ab. Unter Umständen müssen Sie hartnäckige Stellen noch einmal nass machen. Hilfreich kann auch die Zugabe von Essig oder Spülmittel (ersetzt den handelsüblichen Tapetenlöser) zum warmen Wasser sein.

Nicht leicht zu lösen: Raufaser- und beschichtete Tapeten

Mehrmals überstrichene Raufasertapeten lassen sich in der Regel nur schwer abziehen. Sie erleichtern sich die Arbeit, wenn Sie die Tapeten mit einer Nagelwalze aufreißen, bevor Sie sie mit warmem Wasser, eventuell unter Zugabe von Essig oder Spülmittel, nässen. Die Feuchtigkeit kann so besser zu den Kleisterschichten vordringen und sie auflösen. Genauso gehen Sie bei beschichteten, Wasser abweisenden Tapeten vor.

Spaltbare Tapete: Trägerschicht bleibt an der Wand

Spaltbare Tapeten bestehen aus einer bedruckten Oberschicht und einer darunter liegenden Trägerschicht aus dünnem, maschinenglattem Papier. Die Oberschicht lässt sich in der Regel trocken abziehen. Wenn die Trägerschicht fest und blasenfrei auf dem Untergrund haftet, belassen Sie sie als Untertapete (Makulatur) für die neue Tapete an der Wand. Das spart Zeit und Kosten.

Wandanstrich prüfen

Wenn Sie gestrichene Wände tapezieren wollen, stellt sich die Frage, ob der alte Anstrich die Tapete tragen wird. Das stellen Sie fest, indem Sie ein größeres Stück Klebeband fest an die Wand drücken und mit einem Ruck abreißen: Falls die Farbe daran hängen bleibt, müssen Sie sie entfernen. Wandanstriche, auf denen Ihre Tapete ganz sicher nicht halten wird, sind Leimfarbe, die Sie vor dem Tapezieren abwaschen, sowie Lack- und Ölfarbe, die Sie anschleifen und ablaugen müssen.

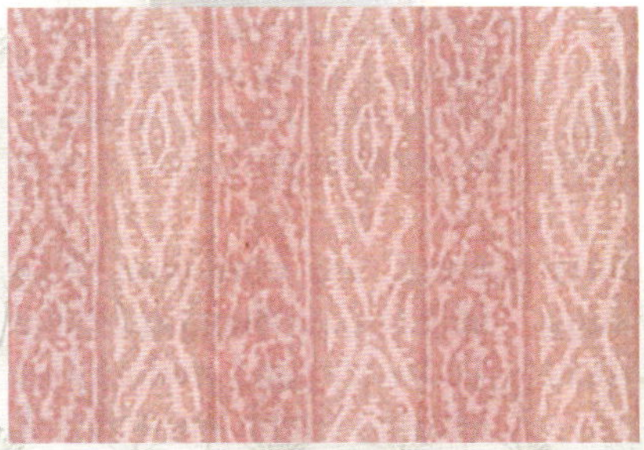

Im frühen 20. Jahrhundert waren in England Tapeten sehr beliebt, die eine textile Struktur imitierten.

Untergrund testen

Falls der Untergrund nicht stimmt, wird Ihnen Ihre neue Tapete über kurz oder lang wieder entgegenkommen, und alle Mühe war umsonst. Deshalb prüfen Sie sorgfältig, ob die Wand trocken, glatt und sauber ist und außerdem den richtigen Grad an Saugfähigkeit aufweist. Den testen Sie auf altbewährte Art, indem Sie ein Stück Wand mit Wasser benetzen: Der Untergrund ist zum Tapezieren geeignet, wenn das Wasser langsam einzieht. Er ist ungeeignet, wenn es abperlt oder sofort einzieht. In diesem Fall braucht die Wand eine Makulatur. Risse, Löcher und Un-

Blasen in der Tapete

Da blieb Großvater zunächst einmal ganz ruhig; denn meist ziehen Blasen in der Tapete von selbst ein, wenn diese ganz getrocknet ist. Falls nicht, schneiden Sie die Blase mit einer scharfen, spitzen Schere kreuzweise ein, geben Tapetenkleister hinein und streichen die Stelle unter Druck glatt.

ebenheiten im Untergrund glätten Sie vor dem Tapezieren mit Gipsspachtel; gut austrocknen lassen!

Für ein optimales Ergebnis: Makulatur

Falls die Prüfung des Untergrunds negativ ausgefallen ist, braucht er vor dem Tapezieren eine Makulatur oder Untertapete. Bei teuren Tapeten hat Großvater grundsätzlich eine solche Zwischenschicht angebracht, indem er Zeitungspapier glatt an die Wand kleisterte. Heute gibt es fertige Makulatur zu kaufen, als Rollenmakulatur (statt Zeitungspapier) oder Flüssigmakulatur, die Sie aber nach altbewährter Methode auch selbst herstellen können: Sie vermengen zerkleinertes Altpapier gründlich mit Tapetenkleister und tragen diese Mischung mit einem Quast flächig auf der Wand auf. Lassen Sie jede Makulatur stets gut durchtrocknen, bevor Sie mit dem Tapezieren beginnen. Ein zusätzlicher Vorteil: Auf Makulatur verklebte Tapeten lassen sich bei »Tapetenwechsel« wieder leichter abziehen.

Gleichmäßig einkleistern

Dass Sie die zugeschnittenen Tapetenbahnen unbedingt vollständig und gleichmäßig einkleistern sollten, hat nicht nur mit dem Klebeeffekt zu tun. Denn das im Kleister enthaltene Wasser macht die Papiertapete (oder die Papierträgerschicht von beschichteten Tapeten) nass, wodurch sie sich etwas ausdehnt – von 53 Zentimeter Bahnbreite (Euro-Norm) im trockenen Zustand auf immerhin 54 Zentimeter. Um eine gleichmäßige Ausdehnung zu erreichen, heißt es also: gleichmäßig einkleistern und dann gut durchweichen lassen, je nach Qualität der Tapete zwischen acht und zwölf Minuten.

Was tun, damit die Tapete nicht zu schnell trocknet?

Alte Tapeziererweisheit: Der Kleister muss schneller trocknen als die Tapete. Er muss die gesamte Tapetenbahn fest und unter Spannung (deshalb mit einer Bürste die verklebten Bahnen gut ausstreichen!) mit der Wand verbunden haben, bevor sich die nasse Tapete wieder zusammenziehen

Schwer abzulösende Tapeten sollten Sie nässen, ehe Sie ihnen – gegebenenfalls mit einem Spachtel – zu Leibe rücken.

kann. Andernfalls entstehen Lücken zwischen den auf Stoß verklebten Tapetenbahnen. Damit die Tapete nicht zu schnell trocknet, vermeiden Sie Zugluft und eine zu hohe Raumtemperatur (keinesfalls über 20 Grad). Großvater hat beim Tapezieren die Fenster geschlossen, um die Luftfeuchtigkeit im Raum zu halten.

Fenster in die Vergangenheit

Etwas aufs Tapet bringen – *diese Redensart hat durchaus etwas mit der Tapete zu tun. Wenn einer solches tut, meinen wir damit: »Er bringt es zur Sprache.« Hat das irgendetwas mit unserer Tapete zu tun? Tatsächlich haben beide Wörter, Tapet wie auch Tapete, ihren Ursprung im lateinischen »tapetum« für Teppich. Teppiche dienten im Mittelalter ja hauptsächlich als Wandbehang, aber auch als Überwurf über Möbel, insbesondere Tische. So wurde im 16. Jahrhundert die Decke des Tisches, um den man sich zum Gespräch versammelte, als Tapet bezeichnet. Wenn also einer ein Thema aufs Tapet brachte, brachte er es in der Tischrunde zur Sprache.*

Eine intensiv gemusterte Tapete mit entsprechendem (vergrößertem) Fries aus einem englischen Katalog des Jahres 1914.

Nach den Regeln des alten Handwerks – Decken reparieren und renovieren

Als große Flächen prägen Geschossdecken – neben ihrer statischen Funktion – den ästhetischen Charakter eines Raumes und wirken durch ihre Beschaffenheit erheblich auf das Raumklima. Der obere Belag einer Geschossdecke, also der Fußboden der nächsthöheren Etage, wurde früher meist aus Holz gefertigt. Die untere Schale, die Decke des unteren Geschosses, wurde glatt verputzt oder auch mit Stuck geschmückt.

Eine alte, freigelegte Balkendecke erhöht einen Raum optisch. Zudem ist sie noch ein echter Blickfang und schafft eine ganz besondere, gemütliche Atmosphäre.

Unbedingt erhalten: alte Lehmwickel

In älteren Häusern sind Geschossdecken in den meisten Fällen als Holzbalkendecken ausgeführt, bestehen also aus tragenden Holzbalken mit einem Belag und Oberbelag sowie einer unteren Schale. Diese bildet die Decke der unteren Etage. Die Hohlräume zwischen den einzelnen Balken füllte man zur Stabilisierung bis in die 1950er-Jahre häufig mit Lehmwickeln, auch Wellerhölzer genannt. Da diese Art der Deckenfüllung einen exzellenten Brandschutz bietet und sich aufgrund der feuchtigkeitsregulierenden Wirkung des Lehms äußerst positiv auf das Raumklima auswirkt, sollte man bei Renovierungen diese Füllung wenn irgend möglich erhalten.

Neue Lehmwickel einbauen

Um neue Lehmwickel einzubauen, müssen Sie nach Maß geschnittene Staken (auch Staketen oder Stakhölzer genannt) mit einer Mischung aus Lehm und Stroh umwickeln und mit einer Lehmschlämme abdichten. Mit den noch feuchten Lehmwickeln bauen Sie dann die Einschubböden. Je nach Deckenkonstruktion schieben Sie sie dabei auf eine Balkennut oder befestigen Sie auf Leisten. Damit sich die einzelnen Lehmwickel beim Trocknen gut miteinander verbinden, schieben Sie sie eng zusammen. Sind alle Lehmwickel eingebaut, werden sie an der Unterseite mit Lehmputz verputzt. Mit dem Aufbau des Fußbodens können Sie erst beginnen, wenn die Wickel ganz und gar durchgetrocknet sind.

Stuck – der klassische Wand- und Deckenschmuck

Der Werkstoff Stuck, ein seit der Antike bekanntes Dekorelement für Wände und Decken sowie Außenfassaden, wird mit Wasser oder Leim aus Sand, Kalk und Gips angerührt. Die breiige Masse lässt sich feucht mit der Hand oder mit Modeln formen und härtet schnell aus. Vorgefertigte Stuckelemente für den Innenbereich können Sie heute auch kaufen. Für den Außenbereich empfehlen sich spezialisierte Handwerker.
Seine Glanzzeit erlebte der Stuck in Barock und Rokoko. Noch im 17. Jahrhundert waren Stuckarbeiten eine Domäne der Italiener, danach zählten auch süddeutsche Stuckateure zu den Meistern des Fachs. Zunächst hat man hauptsächlich Kirchen und Schlösser mit Stuck geschmückt, im 19. Jahrhundert dann auch großbürgerliche Villen und Stadthäuser.

Aus den USA übernommen: Strohballenhäuser

In den USA ist diese schnelle, praktische und kostengünstige Art des Hausbaus schon seit 100 Jahren bekannt, bei uns begann das »Strohfieber« erst in jüngerer Zeit. Beim Bau von Strohballenhäusern werden die stark gepressten Strohballen entweder wie Ziegel aufgemauert oder zwischen Holzkonstruktionen vermauert. Strohballen haben hervorragende wärmedämmende Eigenschaften, weshalb diese Häuser den Vergleich mit Niedrigenergiehäusern aus modernsten Materialien keinesfalls zu scheuen brauchen. Da die Strohballen relativ dick sein müssen, wirken die Häuser sehr massiv. Das muss noch kein Nachteil sein, allerdings gilt es zu bedenken, dass so dicke Mauern viel Grundfläche verbrauchen. Außerdem reagiert der pflanzliche Rohstoff Stroh empfindlich auf Feuchtigkeit. Deshalb sollte man sich beim Strohballenbau grundsätzlich an eine Faustregel halten: Nur in Regionen, in denen Holz ein problemloser Baustoff ist, empfehlen sich auch Strohballen.

Statt entsorgen aufbewahren: Lehm und Bauschutt

Wenn bei Renovierungsarbeiten Lehmreste, Kalk und Putz anfallen, sollten Sie diese – wie früher üblich – unbedingt aufbewahren und trocken lagern. Sie können sie bei künftigen Reparaturen an der Decke gut gebrauchen! Bauschutt aus Lehm können Sie beispielsweise später wieder anfeuchten und dann verarbeiten. Der reine Kalkputz als Mörtelrest oder Bauschutt eignet sich zum Düngen in Garten und Landwirtschaft.

Ein weiß gestrichener, offener Dachstuhl lässt einen lichten und originell wirkenden Raum entstehen.

Pflanzenmatten als Putzträger

Früher war es weit verbreitet, an die untere Verschalung von Holzbalkendecken Schilf- oder Rohrmatten anzubringen, die als Putzträger dienten. Diese natürlichen Baustoffe sind praktisch und wirken sich ausgesprochen positiv auf das Raumklima aus. Beim Renovieren Ihrer Decken sollten Sie also diesen traditionellen Deckenaufbau möglichst nicht entfernen, sondern wie früher üblich reparieren: Sie entfernen zunächst den gesamten Putz. Dann nageln Sie Matten, die sich gelöst haben, wieder an und/oder ersetzen kaputte Matten durch neue. Nachdem Sie alle Schadstellen repariert haben, können Sie die Decke mit Lehm- oder Kalkputz neu verputzen.

Decken optisch anheben – Balken freilegen

Nicht alle Altbauten haben die begehrten hohen Räume, manche erreichen nicht einmal die heutigen Normhöhen. Allerdings können Decken nur unter erheblichem konstruktiven und finanziellen Aufwand angehoben werden. Deshalb bietet sich – bei Holzbalkendecken – ein zumindest optischer Effekt an, den Sie mit einem altbewährten Verfahren erzielen: Sie legen die Balken frei, indem Sie die untere Schale der Geschossdecke, also die Deckenverkleidung samt Putz, abtragen. Die freigelegten Balken müssen Sie nun von allen Materialresten befreien, durch Abwaschen, Abbürsten, Abkratzen oder auch Abschleifen.

Decken und Wände mit Lehm verputzen

Ein traditioneller Verputz von Decken- und Wandflächen ist der Lehmputz. Dafür brauchen Sie eventuell einen Putzträger – in der Regel an die untere Verschalung der Geschossdecke angenagelte Rohr- oder Schilfmatten. Auf diesen Putzträger bringen Sie dann den ein bis zwei Zentimeter starken Grund- oder Unterputz auf. Diesen mit Sand und groben Strohhäckseln versetzten Putz dürfen Sie nicht glatt aufziehen, da der folgende Oberputz nur mechanisch haften kann. Der Oberputz – mit feineren Sanden und Roggenstrohanteilen – kann nach Belieben mit dem Schwammbrett oder mit Kellen behandelt werden. Feinere oder farbige Putze und Strukturputze aus Lehm können Sie gut darauf aufbauen. Oder Sie lassen den Oberputz und streichen ihn mit Kalk- oder Kaseinfarbe. Hier können sich Ihre Phantasie und Ihre Handwerkskunst frei entfalten. Grundregel bei mehrlagigen Putzen: Unterputze dick und grob – darauf immer feiner und dünner werden!

Mit Stuck verzierte Decken und Wände sind sehr empfindlich und sollten nur vom Fachmann renoviert werden.

Fenster und Türen auf traditionelle Weise instand halten

Wenn ein modernes Kunststofffenster kaputtgeht, muss es meist ausgetauscht werden. Und gegen den Kratzer in der »Plastiktür« hilft rein gar nichts. Dagegen kann man herkömmliche Fensterrahmen und Türen aus Holz nach bewährten Handwerkerregeln lange funktionsfähig und schön erhalten.

Klassische Holzfenster renovieren und erneuern

Für das Raumklima sind die klassischen Holzfenster ideal und auch in puncto Lebensdauer haben sie sich als unschlagbar erwiesen. Allerdings nur bei richtiger Behandlung, das heißt: mit traditionellen Mitteln und Methoden.

Nagelprobe – Faulstellen finden

Damit Holzfenster lange halten, müssen Sie sie regelmäßig auf Schäden überprüfen. Besonders an den Rahmenecken, den unteren Rahmenteilen sowie an den so genannten Wetterschenkeln, den unteren Holzleisten des Fensterflügels, kann Holz zu faulen beginnen. Als Test drücken Sie den Fingernagel senkrecht auf das Holz: Fauliges Holz ist weich und leistet weniger Widerstand als gesundes.

Das Holzfenster mit besonderer Sprosseneinteilung und Lamellenläden entstand im England des frühen 20. Jahrhunderts.

Traditionelle Holzfenster verleihen einem Haus eine besondere Atmosphäre. Allerdings bedürfen sie – vor allem außen – einer regelmäßigen Pflege.

Ölfarbe – der richtige Anstrich für Fensterrahmen

Der Anstrich verhindert, dass schädliche Feuchtigkeit in das Holz des Fensterrahmens eindringt und es auf Dauer zerstört. Andererseits soll er nicht – wie die modernen Lackanstriche auf Kunstharzbasis – die Holzporen zu dicht abschließen, weil dann das Holz nicht mehr atmen kann und zu faulen beginnt. Um die Lebensdauer Ihrer Holzfenster deutlich zu verlängern, empfiehlt sich die Rückkehr zu umweltfreundlichen Ölfarben, die noch vor einigen Jahrzehnten für die Behandlung der inneren und äußeren Fensterrahmen weithin üblich waren. Diese Anstriche werden aus erhitzten Ölen (so genannten Standölen) hergestellt, meist auf Basis von Leinöl. Früher wurde den Ölanstrichen giftiges Bleiweiß zugesetzt, heute verwendet man unproblematisches weißes Zinkoxid. Deckende Erd- und Mineralpigmente kolorieren den Ölanstrich und erhöhen seine Wetterfestigkeit. Dabei ist die Ölschicht so dünn, dass sie weder spröde wird noch abblättert. Solche altbewährten, gesundheitlich völlig unbedenklichen Anstriche sind also auch pflegeleicht, müssen allerdings nach zwei bis fünf Jahren (je nach Witterung) mit Leinölfirnis aufgefrischt werden. Aber es lohnt sich: Holzfenster können, gut behandelt, Generationen überdauern!

Neuanstrich der Fenster sorgfältig vorbereiten

Leinölfarben haften nur auf sauberen und fettfreien Untergründen. Gegebenenfalls müssen Sie deshalb zunächst die Holzteile Ihrer Fenster gründlich abschleifen, um auch alle Lackreste zu entfernen. Sind Lackierungen bereits aufgesprungen und abgeblättert, können Sie diese häufig einfach mit einer harten Bürste kräftig abbürsten oder mit einem scharfen Stechbeitel abziehen oder abdrücken. Denken Sie daran, auch verwitterte Holzteile vollständig abzuschleifen. Danach braucht das rohe Holz einen Schutz gegen Pilz- und Schädlingsbefall, bewährt hat sich dafür Borsalzlösung. Damit streichen Sie alle Holzteile satt in mehreren Arbeitsgängen nass in nass mit einem Pinsel ein. Bevor Sie das Holz weiter behandeln, muss es gut austrocknen, am besten an einem vor Feuchtigkeit und direkter Sonneneinstrahlung geschützten Ort.

Leinölfarbe in zwei Schichten auftragen

Ein Neuanstrich Ihrer hölzernen Fensterrahmen mit Leinölfarbe verlangt zwei Schichten. Nach jedem Anstrich nehmen Sie nach etwa 20 Minuten das überschüssige Öl mit einem fusselfreien Lappen ab und warten dann, bis der Anstrich gut abbindet, also völlig vom Holz aufgenommen ist, so dass es sich nicht mehr ölig anfühlt. Je nach Luftfeuchtigkeit müssen Sie sich eventuell in Geduld üben! Nun zum Streichen: Für den Voranstrich verwenden Sie reines Leinöl oder auch Halböl, das Sie aus Leinölfirnis und Balsamterpentinöl zu gleichen Teilen selbst mischen können. Dieses ungiftige Lösungsmittel wird aus dem Holz bestimmter Baumarten destilliert. Bewährt hat sich aber auch ein Voranstrich aus Leinölfarbe, die Sie zu gleichen Teilen mit Balsamterpentinöl verrühren. Achten Sie darauf, den Grundanstrich dünn, aber sorgfältig aufzutragen. Nach dem Abbinden kommt der sehr dünne Schlussanstrich mit unverdünnter Leinölfarbe.

Für den Fensteranstrich empfehlen sich traditionelle, umweltfreundliche Leinölfarben, die das Fenster atmen lassen.

Fenster in die Vergangenheit

Dieses Buntglasfenster aus dem 18. Jahrhundert findet sich in Palma de Mallorca.

Die Kunst der Buntglasfenster *reicht bis ins frühe Mittelalter zurück. Seit der Romanik schmückte man Kirchen mit Buntglasfenstern, auch Glas- oder Lichtmalerei genannt, die in den Innenräumen ein phantastisches Lichtspiel bewirken. Deshalb sollte man solche Kirchen möglichst bei Sonnenschein besichtigen! Die ältesten figürlichen Glasmalereien in Deutschland, zu bewundern im Augsburger Dom, stammen aus der Mitte des 12. Jahrhunderts. Zu dieser Zeit begann in Frankreich – in Deutschland etwa ein halbes Jahrhundert später – die Epoche der gotischen Kathedralen und damit die Glanzzeit der Glasmalerei. Berühmt ist die Kathedrale von Chartres, in der 176 Buntglasfenster das Licht verzaubern. Ein herrliches Beispiel aus dem 20. Jahrhundert sind die Glasmalereien von Marc Chagall im Chor der Kathedrale von Reims.*

Auch heute wird die alte Kunst, farbige Glasplatten mit Hilfe von Bleistreifen zu einem Gesamtbild zusammenzufügen, noch manchmal ausgeübt. Die Technik hat sich seit Jahrhunderten nicht geändert: Zunächst fertigt man auf Papier eine Vorlage in der Originalgröße an. Nach diesem Entwurf werden mit einem heißen Eisen farbige Glasplatten in den gewünschten Formen zurechtgeschnitten und dann zum Bild zusammengesetzt. Umrisse und Verzierungen können nachträglich mit schwarzer Farbe aufgetragen, Ornamente mit harten Werkzeugen in das Glas radiert werden.

Spröden Fensterkitt entfernen

Für Schäden an hölzernen Fensterrahmen sind häufig abgebrauchte Kitte verantwortlich. Der traditionell verarbeitete Leinölkitt wird im Lauf der Zeit spröde, reißt, bricht aus und dichtet nicht mehr ab. An den so freigelegten Stellen kann Feuchtigkeit eindringen, die das Holz verfaulen lässt. Prüfen Sie deshalb bei Ihren Holzfenstern in regelmäßigen Abständen die Kittfalze. Bei Schäden müssen Sie den alten Kitt gründlich – aber vorsichtig, um Scheibe und Holzrahmen nicht zu beschädigen – mit einem geeigneten Werkzeug entfernen. Bei hartnäckigen Stellen hilft nur das bewährte »Wärme-Verfahren«; denn erwärmt wird alter, harter Leinöl-Fensterkitt weich und lässt sich dann leichter entfernen. Sie können der spröden Masse mit einer Löt- oder Wärmelampe zu Leibe rücken oder auch mit warmer Luft aus dem Haarföhn.

Englische Fenster mit Außenjalousien und Markisen aus den 1870er-Jahren

Bei der Farbgestaltung von Fenstern und Fassaden lassen sich reizvolle farbliche Kontraste und Kombinationen erzielen.

Leinölkitt erneuern

Der klassische, seit dem 18. Jahrhundert bekannte Fensterkitt lässt sich problemlos auch selber anrühren: Sie vermengen Schlämmkreide und Leinöl im Gewichtsverhältnis 85 zu 15 sorgfältig zu einer Paste. Falls Sie den Leinölkitt nicht sofort verwenden, müssen Sie ihn in einem luftdicht verschließbaren Behälter aufbewahren, damit er nicht eintrocknet. Zum Verarbeiten kneten Sie den Leinölkitt gründlich mit den Händen durch, bis er handwarm ist. Streichen Sie ihn dann mit einem Kittmesser in den Falz ein. Leinölkitt braucht in der Regel Wochen, bis er so trocken ist, dass er weiter bearbeitet – etwa überstrichen – werden kann. In dieser Zeit können Sie das Fenster jedoch problemlos benutzen.

Frischen Leinölkitt entfernen

Beim Verkitten ist es unvermeidlich, dass Kitt auf die Fensterscheibe gelangt. Solange er weich ist, putzen Sie Leinölkitt einfach ab und entfernen die verbleibenden öligen Flecken, indem Sie etwas Schlämmkreide darauf streuen, die das Öl bindet. Die gesättigte Schlämmkreide fegen Sie mit einem Pinsel ab. Bereits eingetrockneten Kitt hat Großvater vorsichtig mit einer Rasierklinge oder scharfkantigen Münzen von der Scheibe geschabt.

Gegen Zug und Schimmel – altbewährte Anschlussdichtungen

Bei der Reparatur von Fenstern sollten Sie stets der kritischen Fuge zwischen Fenster und Mauerwerk besondere Beachtung schenken. Sie muss mit einem relativ elastischen Dämmmaterial geschlossen sein, das den temperaturabhängigen Volumenänderungen des Holzes nachgeben kann. Erfüllt das verwendete Dämmmaterial diese Anforderung nicht, entstehen Lücken und möglicherweise sogar Risse im Putz. Durch diese Lücken kann einerseits kalte Zugluft von außen eindringen, andererseits die im Vergleich zur Außen-

Kunststoffdichtungen – manchmal zu dicht

Die modernen Baumaterialien haben es möglich gemacht, dass unsere Fenster immer dichter wurden. Ein neuer Trend geht jedoch wieder zum weniger dichten Fenster mit Holzrahmen, das einen geringfügigen, aber stetigen Luftwechsel der Wohnungen gewährleistet: Verbrauchte Luft, die mit einer latent vorhandenen Feuchte belastet ist, wird ohne technische Finessen abtransportiert. Das ist bei neuen, hermetisch dichten Fenstern nicht mehr möglich. Außerdem haben moderne Baustoffe oft eine geringe Haltbarkeit und können gesundheitsschädliche Gase oder Fasern abgeben. Durch ungünstige Strukturen kann bei Kunststoffdichtungen Feuchtigkeit kondensieren und innerhalb der Anschlüsse nicht mehr ablüften. Dann kann gefährlicher Schimmel entstehen.

Der Schwerpunkt-Tipp

Glasscheiben in Holzfenstern ersetzen

Ein Fenster ist zu Bruch gegangen? Das kommt vor. Bei einfachen Holzfenstern können Sie den Schaden mit etwas Geschick in der traditionellen Handwerkstechnik der Glaser selbst beheben.

Vorbereiten und grundieren

Im ersten Schritt entfernen Sie die gesamte Glasscheibe mit allen Splittern sowie sämtliche Kittreste – der Holzrahmen muss ganz sauber sein. Dann grundieren Sie die Kittfalze mit Schellack oder Halböl, das Sie zu gleichen Teilen aus Leinölfirnis und Balsamterpentinöl zusammenmischen. Lassen Sie die Grundierung mindestens einen Tag trocknen.

Glasscheibe einbauen

Zum Verglasen legen Sie den Fensterflügel flach hin und spannen ihn fest. Kneten Sie nun den Leinölkitt, bis er weich und gut zu verarbeiten ist. Bringen Sie ihn dann als so genanntes Kittbett etwa fünf Millimeter hoch in den Falz ein. Drücken Sie dann die neue Glasscheibe mit flach aufgelegten Händen äußerst vorsichtig und mit gleichmäßigem Druck in das Kittbett hinein. Die Scheibe sollte zum Rahmen rundum zwei Millimeter Spiel haben. Damit sie nicht mehr verrutschen kann, fixieren Sie die Scheibe an allen Ecken mit je zwei kleinen Hölzchen; gut geeignet sind Streichhölzer.
Anschließend müssen Sie die Scheibe im ganzen Rahmen mit Glaserecken fixieren: Sie legen die Glaserecken – ersatzweise auch kleine Drahtstifte oder Nägel mit abgezwickten Köpfen – flach auf die Scheibe und klopfen sie im Abstand von etwa 20 Zentimetern vorsichtig in das Holz ein. Halten Sie dabei etwa fünf Zentimeter Abstand von den Ecken.

Das Ersetzen der Glasscheiben bei Sprossenfenstern ist aufwändig, lediglich bei einem punktuellen Bruchschaden erweisen sich kleinteilige Fenster beim Glasaustauch als Vorteil. Das Schiebefenster mit großen und kleinen Feldern entstand im England des frühen 20. Jahrhunderts.

Fenster verkitten

Im nächsten Schritt verkitten Sie die Fenster. Dazu drücken Sie den Leinölkitt mit einem Glasermesser, einer Spachtel oder einem Stechbeitel auf beiden Seiten der Scheibe fest in den Falz und ziehen ihn zum Schluss glatt ab. Achten Sie darauf, dass im Kitt keine Lufteinschlüsse bleiben. Nachdem der Kitt einige Wochen getrocknet hat, können Sie ihn weiter bearbeiten.

temperatur wärmere Raumluft kondensieren. Dann sammelt sich Feuchtigkeit in der Wand, die wiederum gesundheitsschädliche Schimmelpilze anzieht.
Wenn Sie Heizkosten sparen und ein gesundes Raumklima erzielen möchten, sollten Sie deshalb ungeeignete Dämmmaterialien aus der Fensterfuge entfernen und durch traditionelle Materialien aus pflanzlichen Rohstoffen ersetzen. Altbewährte Fensteranschlussdichtungen, die hervorragende dämmende Eigenschaften aufweisen, sind Flachsfasern, Hanfseile oder Sägespäne, auch gefaltete Zeitungsseiten hat man früher verwendet. Wenn Sie die bisherigen Dämmstoffe sorgfältig aus der Fensterfuge entfernt haben, drücken Sie in den mindestens fünf Millimeter breiten und 50 Millimeter tiefen Spalt das neue Dämmmaterial fest mit einer Spachtel ein. Sobald die gesamte Fuge lückenlos ausgefüllt ist, können Sie wie gewohnt darüber verputzen.

Schmiedeeiserner Fensterreiber zum Öffnen und Schließen des Fensters aus dem frühen 19. Jahrhundert

Geschmolzener Sand – die Geschichte des Glases

Der Werkstoff Glas begleitete die Menschheit schon in den frühesten Zivilisationen. Bereits in der Jungsteinzeit wurde für Werkzeuge, Waffen und Schmuck das harte vulkanische Gesteinsglas Obsidian verwendet, und schon vor über 4500 Jahren entdeckte man, wie der begehrte Rohstoff künstlich produziert werden kann. Die Verarbeitung des vielseitigen Materials perfektionierten schließlich römische Kunsthandwerker vor rund 2000 Jahren.

Wann und wo die Kunst der Glasherstellung ihren Anfang nahm, kann die moderne Forschung nicht sagen. Jahrtausendealte Glasuren auf ägyptischen Keramiken lassen vermuten, dass die Glasmacherei nicht erfunden, sondern eher zufällig bei der Herstellung von Keramiken entdeckt wurde, als Sand, Soda und Kalk unabsichtlich in die heißen Öfen gelangten und zu Glas verschmolzen.

Älteste Glaskunst

Die erste schriftliche Aufzeichnung zur Glasproduktion wurde, nach heutigem Kenntnisstand, im 7. Jahrhundert v. Chr. auf einer assyrischen Tontafel niedergelegt. Zu jener Zeit war das Verfahren der Glasproduktion aber schon lange bekannt. Dies beweisen die ältesten erhaltenen Glasobjekte, die in Ägypten gefunden wurden. Ausgrabungen brachten dort Glasperlen und Amulette aus der Zeit um 2500 v. Chr. zutage. Archäologen gehen davon aus, dass Handwerker aus asiatischen Regionen das Verfahren der Glasherstellung in Ägypten einführten. Die ältesten Gefäße aus Glas, die man dort fand, wurden um 1500 v. Chr. gefertigt. Auch wenn die Glasproduktion in den folgenden Jahrhunderten am Nil und im Zweistromland an Umfang und Kunstfertigkeit zunahm, blieben Glasobjekte seltene Kostbarkeiten.

Trotz modernster Herstellungsverfahren gibt es auch heute noch die traditionelle Glasbläserei mit dem Mund – ein Verfahren, mit dem sich Gläser allerhöchster Qualität herstellen lassen.

Zugang zu einer Loggia – diese englische Glastür entstand im frühen 20. Jahrhundert.

Im 1. Jahrtausend v. Chr. kam die Glasmacherkunst vor allem im heutigen Syrien zur Blüte. Aber die ägyptische Konkurrenz schlief nicht, auch Alexandria war ein erfolgreiches Zentrum der Glasproduktion. Von hier aus verbreitete sich die Technologie im Mittelmeerraum und gelangte nach Rom. Um das 2. Jahrhundert v. Chr. entdeckten schließlich findige syrische Handwerker ein Verfahren, das die Glasfabrikation in der Folge revolutionieren sollte: die Glasbläserei.

Perfektion des Handwerks im alten Rom

Die Glasbläserei ermöglichte, Glas auf relativ einfache Weise in jede beliebige Form zu bringen. Diese uralte Technik hat bis heute Bestand. Zuvor hatte man Glas auf verschiedenste Weise gestaltet, in Formen gepresst oder aus Blöcken geschnitten. Man verschmolz auch verschiedenfarbige Glasstäbe, die dann in Scheiben geschnitten und weiter verarbeitet wurden. Bei der Produktion von kleinen Glasgefäßen legte man einen Lehmkern um einen Metallstab, umwickelte diese Form mit Glasfäden oder tauchte sie in heißes Glas.

Die Kunst der Glasbläserei und des Glasdekors haben römische Handwerker zu höchster Blüte gebracht. Glas wurde in jeglicher Form geblasen, bemalt, graviert und geschliffen; Flaschen und Trinkgläser konnten durch den Einsatz von Formen in immer höheren Stückzahlen erzeugt werden. Als äußerst kostbar galt möglichst dünnes, farbloses Glas. Besonders kunstvoll waren unter anderem die berühmten Kameengläser mit den farbig abgesetzten Reliefdekors. Auch wurden schon erste Fensterscheiben für die Luxusvillen der Reichen produziert.

Die Glasbläser von Murano

Nach dem Untergang des Römischen Reiches erlebte die europäische Glaskunst erst in Romanik und Gotik wieder einen Höhepunkt. Für die neuen riesigen Kathedralen schufen Künstler farbenprächtige Glasfenster. Ab dem 15. Jahrhundert stieg Venedig zur führenden europäischen »Glasmacht« auf – dank der Kunstfertigkeit der Glasbläser von Murano. Diese hatten unter anderem ein besonders streckbares, durchsichtiges Glas entwickelt, das auf dem europäischen Markt Furore machte: das *cristallo*. Ab dem 17./18. Jahrhundert musste Venedig seine Vormacht jedoch an deutsche und vor allem englische Glasproduzenten abgeben, deren Erzeugnisse lange Zeit als die besten galten.

Moderne Glasindustrie

Im 19. Jahrhundert ergaben sich durch den technologischen Fortschritt für die Glasproduktion bislang ungekannte Möglichkeiten. Glas konnte nun nicht nur industriell gefertigt, sondern auch in Industrie und Forschung als Werkstoff eingesetzt werden. Preiswertes Pressglas wurde für jedermann erschwinglich. Zur gleichen Zeit entdeckte man auch die historischen Techniken wieder, die in der Glaskunst etwa des Jugendstil übernommen und weitergeführt wurden.

Glas ist heute ein allgegenwärtiger Werkstoff, der uns in verschiedensten Formen und Funktionen begegnet. Bei der Isolierverglasung werden etwa die Zwischenräume zwischen Fensterscheiben mit Luft oder Edelgasen gefüllt. Diese Verglasungen dienen dem Wärmeschutz, können aber auch Sonnenhitze und Lärm abhalten. Unter Verbundglas versteht man hingegen Glasflächen, die mit Hilfe von Spezialfolien miteinander verbunden sind. Durch die Kombination von verschiedenen Gläsern und Folien gewinnen diese Verglasungen besondere Eigenschaften. Als Sicherheitsgläser sind sie besonders fest und zerfallen, ohne zu splittern, bei spezieller Aufbereitung widerstehen sie sogar Schusswaffen und Sprengsätzen. Verbundgläser werden beim Schallschutz eingesetzt – als Lärmschutzfenster bringen sie Anwohnern stark frequentierter Straßen die ersehnte Ruhe. Aber nicht nur für Fenster braucht man Glas. Ohne die moderne Glastechnologie gäbe es beispielsweise keine Ceranfelder bei Elektroherden und keine Erzeugung von Solarstrom.

In der Renaissance wurde Venedig zur unbestrittenen Hochburg der europäischen Glasherstellung: Hier entstanden – wie die schönen Beispiele es demonstrieren – die besten und kunstvollsten Gläser.

Die Lithographie zeigt eine Glashütte im Schwarzwald um 1830. Die Stätten der Glasherstellung befanden sich oft in waldreichen Gebieten, da für das Schmelzen der Rohstoffe sehr viel Holz benötigt wurde.

Bis heute gültig – König Assurbanipals Rezept

»60 Teile Sand, 180 Teile Asche aus Meerespflanzen und fünf Teile Kreide« – aus der Tontafelbibliothek des assyrischen Königs Assurbanipal (668 – um 627 v. Chr.) stammt das älteste überlieferte Rezept zur Herstellung von Glas. An den Zutaten hat sich im Grunde nichts geändert: Glas wird heute wie damals aus Quarzsand (Siliciumdioxid) gefertigt, den man mit basischen und sauren Oxiden vermischt und schmilzt. So sind die Grundzutaten für unsere heutigen Gebrauchsgläser, etwa für Fenster und Flaschen, Quarzsand, Natriumkarbonat (Soda) und Kalk, den man aus Kreide, Kalkspat oder Marmor gewinnt. Optische Gläser bestehen dagegen vorwiegend aus Quarzsand, Kaliumcarbonat (Pottasche) und einer Kalkkomponente. Beim kostbaren Bleikristall ersetzt Bleioxid den Kalk, Spezialglas für Geschirr und Laborgeräte enthalten hingegen neben Quarzsand unter anderem Bor- und Aluminiumoxid.

Holztüren auf herkömmliche Art reparieren und renovieren

Die Tür quietscht, das Schloss schnappt nicht mehr richtig ein. Da wusste sich Großvater mit einfachen Mitteln zu helfen. Auch wenn es darum geht, Holztüren zu renovieren, können Sie sich auf altbewährte Techniken verlassen.

Wie bei Fenstern empfiehlt sich bei Türen für einen vollkommen deckenden Anstrich umweltfreundliche Leinölfarbe.

Türen abbeizen

Um Türen von alten Lackanstrichen zu befreien, mischte Großvater eine Abbeize, die sich vor allem für Weichhölzer empfiehlt: 50 Gramm Soda, zehn Gramm Schmierseife und ein Liter Wasser werden gut vermengt. Bevor Sie die Lösung auf die Türe auftragen, sollten Sie an einer unauffälligen Stelle prüfen, ob sich das Holz durch die Abbeize verfärbt. Besonders gefährdet sind Hölzer mit hohem Gerbsäureanteil, etwa Eiche, Robinie, Kirsche oder Nussbaum, außerdem helle Laubhölzer mit feinen Poren wie Birke. Eventuelle Verfärbungen können Sie mit Essigwasser behandeln.

UV-Schutz für Haustüren

Abgebeizte und sauber abgeschliffene Haustüren aus Massivholz können Sie mit einer elastischen Holzlasur auf Leinölbasis anstreichen, die das Holz schützt und trotzdem atmen lässt. Zusätzlich können Sie das so behandelte Holz gegen UV-Strahlen schützen, die dafür verantwortlich sind, dass Holz mit der Zeit seine Farbe verliert und ergraut. Für den UV-Schutz mischen Sie zehn Teile Lasur und einen Teil Erdfarbenpigmente. Soll die Lasur einen deckenden Anstrich ergeben, erhöhen Sie ihren Pigmentanteil im Zwischenanstrich auf rund 50 Prozent. Lassen Sie diesen trocknen, schleifen Sie ihn danach leicht an und bringen Sie dann den Schlussanstrich an, der höchstens 30 Prozent Pigmente enthalten darf.

Wie man Haustüren vor Holzschädlingen schützt

Großvaters Holzschutzmittel gegen schädliche Pilze und Insekten war Borsalz. Dieses reine, ungiftige Naturprodukt wird in den Salzwüsten Nordamerikas abgebaut. Um Ihre Haustüre zu schützen, mischen Sie eine Borsalzlösung in lauwarmem Wasser an. Diese tragen Sie in mehreren Schichten mit einem Pinsel satt auf das rohe beziehungsweise abgebeizte Holz nass in nass auf. Danach sehr gut austrocknen lassen, am besten an einem luftigen, vor Sonneneinstrahlung und Witterung geschützten Ort. Erst nach dem Trocknen der Borsalz-Schutzschicht können Sie das Holz weiter behandeln.

Künstliche Holzmaserungen mit Bierlasur

Heute kennt man dieses Verfahren kaum mehr, doch früher war es weit verbreitet, preiswerte Hölzer mit einer künstlichen Holzmaserung zu veredeln. Diese Technik kam bei Möbeln und Innenraumtüren, aber auch bei Paneelen – etwa in Gasthöfen oder in Schiffskabinen – zur Verwendung und ist mit etwas Geschick leicht zu erlernen. Mischen Sie als Untergrundfarbe einen Ölanstrich

Haustüren aus Massivholz

Haustüren aus massivem Holz können Generationen überdauern. In der Regel brauchen sie nicht einmal einen Holzschutz, wenn sie durch ein Vordach oder gar einen Windfang vor direkten Witterungseinflüssen und durch eine Schwelle vor Spritzwasser geschützt sind. Besonders gilt dies für Türen aus Eiche, Lärche und Robinie – Hölzer, die mit der Zeit eine silberne Patina ausbilden, die als edle Schutzschicht wirkt. Bei lackierten Haustüren besteht vor allem im Außenbereich die Gefahr, dass die Lackschicht an einzelnen Stellen aufplatzt und sich dahinter Feuchtigkeit sammelt. Dann beginnt das Holz zu faulen. Das vermeiden Sie, indem Sie die Lackschichten abtragen und durch eine atmungsaktive Ölbehandlung ersetzen.

aus Leinöl und hellen Erdfarbenpigmenten, tragen Sie ihn auf das Holz auf und lassen Sie ihn gut trocknen. Für die Bierlasur mischen Sie abgestandenes (!) Bier mit dunkleren Erdfarbenpigmenten: auf 0,2 Liter Bier 20 Gramm Pigmente. Das reicht für rund vier Quadratmeter Fläche. Diese Lasur tragen Sie nun in schmalen Bahnen auf das Holz auf. Bevor sie trocknet, ziehen Sie mit einem speziellen Maserierungskamm ohne Absetzen von oben nach unten gleichmäßig ein Muster hinein. Durch Bewegen des Handgelenks können Sie auch Effekte erzielen, die wie Herzmaserung oder Astknoten aussehen.

Schnappschlösser wie geschmiert

Damit Schnappschlösser sicher und leicht im Schloss einschnappen, können Sie in das Schloss Grafitstaub als Schmiermittel pusten. Großvater hat es sich leichter gemacht und den Schnapper mit grafithaltigem Bleistift eingerieben.

Schwergängige Türschlösser behandeln

Fast jeder kennt den Trick, bei schwergängigen Schlössern etwas Öl auf den Schlüssel zu träufeln und diesen im Schloss mehrmals hin und her zu drehen. Auf diese Weise verteilt sich das Öl und das Schloss wird geschmiert. Ein ausgezeichnetes Schmiermittel ist aber auch Grafit, das Sie beispielsweise durch das Spitzen von Bleistiften erhalten. Blasen Sie das Grafit mit einem kleinen Röhrchen in das Schloss hinein und verteilen Sie es anschließend mit dem Schlüssel darin. Doch Vorsicht: Verwenden Sie nicht beide Mittel gleichzeitig, das ist kontraproduktiv!

Fett statt Öl – wie Sie quietschende Türangeln schmieren

Wenn Türangeln quietschten oder nicht mehr reibungslos funktionierten, hat Großvater sie mit Fett oder Vaseline geschmiert. So macht man das: Sie hängen die Türen aus und bestreichen die so freigelegten Bänderstifte, gegebenenfalls auch die vorhandenen Fitschenringe. Schwere Türen müssen Sie nicht unbedingt aushängen, sondern können sie auch mit einem Holzkeil anheben. Öl ist zum Schmieren nicht ganz so gut geeignet, da es schneller trocknet.

Englische Türe des frühen 20. Jahrhunderts: Innenfelder heller als den Rahmen zu streichen, war damals recht beliebt.

Fenster in die Vergangenheit

Bei der Herstellung von Schlössern und Riegeln ließen Schmiede in der Vergangenheit ihre ganze Kunstfertigkeit walten.

Schloss und Schlüssel *gibt es schon seit Jahrtausenden. Die ersten Türschlösser hatten – vor 5000 Jahren – die Ägypter: ein durch Bolzen arretierter hölzerner Riegel, der mit einem passenden Holzschlüssel geöffnet werden konnte. Später wurden solche Konstruktionen aus Metall gefertigt, im alten Rom gab es schon recht raffinierte. Im mittelalterlichen Abendland begann man erst ab dem 12./13. Jahrhundert, genügend Münzen und Wertgegenstände anzuhäufen, dass es sich lohnte, das Eigentum mit – teuren – Schlössern zu sichern. Es war vor allem das Handel treibende Bürgertum, für das die Schmiede kunstvolle Schlösser mit oft riesigen Schlüsseln entwickelten. Erste modern anmutende Türschlösser mit handlichen Schlüsseln wurden im 17. Jahrhundert montiert. Auch sie entsprachen häufig nicht nur dem Sicherheitsbedürfnis, sondern auch ästhetischen Anforderungen, waren aus Messing und Eisen gefertigt und zeugen bis heute von der Handwerkskunst der damaligen Schmiede. Das erste moderne Zylinderschloss, wie es in verbesserter Form noch immer verwendet wird, hat Mitte des 19. Jahrhunderts ein Amerikaner erfunden.*

Küche und Bad – reparieren mit altbewährten Methoden

Die Küche, wie sie heute für uns selbstverständlich ist, mit Elektrogeräten und Platz sparenden Einbaumöbeln, war noch vor 50 Jahren kaum die Regel. Und die modernen Badezimmer mit bis zur Decke gefliesten Wänden – wer hatte früher schon so viel Luxus? Gerade was Küche und Bad anbelangt, ist innerhalb von zwei Generationen eine wahre Revolution der Wohnkultur vonstatten gegangen. Doch nicht immer ist das Neue das Beste.

In der Küche reparieren und neu gestalten

In der Küche wird gekocht und gespült, werden Haushaltsutensilien und Vorräte aufbewahrt. Wenn sie groß genug ist für einen Tisch, ist sie auch der bevorzugte Essplatz. Gerade dann sollte sie nicht nur ein funktioneller Arbeitsraum sein, sondern auch gemütlich.

Wenn der Wasserhahn tropft

Das kratzt nicht nur an den Nerven! Durch einen tropfenden Wasserhahn können täglich rund 40 Liter Wasser ungenutzt im Abfluss verschwinden. Die häufigste Ursache sind defekte Dichtungen. Bei einem »altmodischen« Wasserhahn mit Drehgriffen können Sie das Übel selbst beheben: Zuerst verschließen Sie die Eckventile für den Kalt- und Warmwasserzulauf. Möglichen Überdruck lassen Sie entweichen, indem Sie die beiden Drehgriffe des Wasserhahns etwas aufdrehen. Ziehen Sie anschließend die Griffe ab. Das darunter liegende Ventiloberteil lösen Sie mit einem Sechskantschlüssel oder einer Zange, indem Sie es nach links drehen. An dessen Unterseite ist die Dichtung des Wasserhahns – ein Gummiplättchen – mit einer Mutter befestigt. Öffnen Sie gegebenenfalls die Mutter und ersetzen Sie diese Dichtung, wenn sie deformiert ist. Bauen Sie nun den Wasserhahn wieder zusammen und drehen Sie abschließend die Wasserzufuhr auf.

Eine funktionierende und ergonomisch gestaltete Küche ist die unabdingbare Voraussetzung für das Kochvergnügen.

Gefahren durch Wasserrohre aus Blei

Blei ist ein giftiges Schwermetall, das vor allem das Nervensystem schädigt. Wenn Wasser zu lange in Bleirohren steht, etwa über Nacht, nimmt es die Giftstoffe auf. Deshalb müssen Wasserleitungen aus Blei, die es noch in einigen Altbauten gibt, ersetzt werden (Trinkwasserverordnung). An sichtbaren Leitungen – etwa im Keller beim Wasserzähler – können Sie den »Blei-Test« machen: Blei ist dunkler und weicher als der unbedenkliche Stahl. Wenn Sie die Außenfläche der Rohre mit einem Messer leicht anritzen können, besteht der Verdacht auf Blei. Dann sollten Sie einen Fachbetrieb des Sanitärhandwerks um Rat fragen.
Bei hartem Wasser mit niedrigem pH-Wert (häufig bei Hausbrunnen) sind auch Kupferrohre nicht ganz unbedenklich. Im Zweifelsfall sollten Sie Ihr Wasser in einem Labor auf Schadstoffe untersuchen lassen.

Wenn das Wasser nicht mehr gleichmäßig läuft

Wenn der Wasserhahn spritzt oder nur noch ein armseliges Rinnsal freigibt, ist meist der am Ende der Abflussöffnung aufgeschraubte Strahlregler verkalkt. Den können Sie abschrauben. Dann legen Sie seine Bestandteile (auch den Gummiring!) zum Entkalken in eine Schale mit Essig oder dem Saft einer ausgepressten Zitrone und schrauben danach alles in der richtigen Reihenfolge wieder auf.

Der Schwerpunkt-Tipp

Zurück zur echten Feuerstelle – Holzherde und Allesbrenner installieren

Traditionelle Holzherde und Allesbrenner kommen langsam für die Küche wieder in Mode. Ein wichtiger Grund sind natürlich die explodierenden Energiekosten, bei denen Holz vergleichsweise gut abschneidet. Aber auch die ökologische Bilanz dieses nachwachsenden Rohstoffes, der im Übrigen mit äußerst niedrigen Emissionen verbrennt, lässt sich durchaus sehen. Hinzu kommt, dass ein munter loderndes Holzfeuer schlicht der Inbegriff von Behaglichkeit ist.

Alte Kamine nutzen

In den Küchen von Altbauten ist meist noch ein (irgendwann einmal zugemauerter) Kamin vorhanden, den Sie für den Anschluss einer gemütlichen Feuerstelle mit Holzherd oder Allesbrenner nutzen können. Beachten Sie dabei unbedingt, dass der Umbau und Einbau von Kaminen und Öfen stets absolut fachgerecht vorgenommen werden müssen – Sie riskieren sonst nicht nur den Schutz Ihrer Brandschutzversicherung, sondern im schlimmsten Fall auch Ihr Leben und das Ihrer Mitbewohner. Deshalb sollten Sie sich unbedingt vorher beim zuständigen Bezirksschornsteinfegermeister informieren.

Schornsteine mit keramischem Innenteil

Zunächst muss die Art des Kamins geprüft werden. Mehrschalige Schornsteine haben ein Innenteil aus Keramik. Daran kann man Öfen nur mit einem passenden keramischen Anschlussstück anschließen. Und das ist die Arbeit von ausgebildeten Fachkräften! Versuchen Sie auch nie, solche Schornsteine anzubohren oder Löcher auszuschlagen – das gesamte »Innenleben« könnte springen und müsste mit erheblichem Aufwand repariert werden.

Einschalige Kamine

Bei einschaligen Schornsteinen können Sie den Anschluss selber legen. Wenn Sie die Anschlussstelle zwischen Ofen und Kamin ermittelt haben, schlagen Sie dort ein Loch in der angemessenen Größe durch die Wandung des Kamins. Dann vermauern Sie mit Hilfe von Mörtel und feuerfestem Gips in das Stemmloch ein so genanntes Doppelwandfutter aus Stahl. In dieses Verbindungsstück zum Schornstein stecken Sie das Ofenrohr. Um einen optimalen Abzug der Abluft zu gewährleisten, darf das Doppelwandfutter niemals in den Kamin hineinragen. Außerdem müssen Sie darauf achten, dass keine Mörtelreste den Umfang des Rohres verengen.

Bei der Küchenergonomie gilt das individuelle Maß

Bei der Einrichtung Ihrer Küche sollten Sie die Erkenntnisse der Ergonomie berücksichtigen, jener Wissenschaft, die sich mit der Anpassung der Arbeitsbedingungen an den Menschen befasst. Dabei ist das A und O in der Küche die Höhe der Arbeitsflächen. Als Faustregel gelten folgende Verhältnisse: Bei einer Körpergröße von 160 Zentimeter sollte die Arbeitsfläche 90 Zentimeter hoch sein, bei 170 Zentimetern 95 Zentimeter, bei 180 Zentimeter einen Meter. Experten empfehlen zudem, Spülen etwa 15 Zentimeter höher zu planen, damit sich der Spülbeckengrund auf optimaler Arbeitshöhe befindet, Herde dagegen niedriger zu halten: Hier gilt der obere Topfrand als Maß aller Dinge. Außerdem sollten sich auf beiden Seiten des Spülbeckens Abstellflächen befinden, wobei die Hauptarbeitsfläche am besten über 120 Zentimeter breit ist.

Es muss ja nicht gleich ein Riese wie dieser alte Herd der 1870er-Jahre sein, aber ein traditioneller Allesbrenner kann durchaus eine Option für die Küche darstellen.

Revolution im Wohnbereich – die erste Einbauküche

Zwischen 1926 und 1930 entstanden unter der Leitung des renommierten Architekten und Stadtplaners Ernst May mehrere Wohnsiedlungen am Stadtrand von Frankfurt am Main. Deren Sachlichkeit und Funktionalität entsprachen dem Neuen Bauen, wie es das Bauhaus propagierte. In die Architekturgeschichte gingen diese Siedlungen als »Das Neue Frankfurt« ein. Die speziell dafür entworfene »Frankfurter Küche« gilt heute als Prototyp der modernen Einbauküche.

Dem Credo der modernen Architektur entsprechend, stand bei der Planung der Frankfurter Siedlungen die Funktionalität im Vordergrund, ohne jeden Schnickschnack. So sollte auch die zeitgemäße Küche sein, für deren Gestaltung eine Frau zuständig war: die Wiener Architektin Grete Schütte-Lihotzky. Ihre Idee, die einzelnen Elemente der Kücheneinrichtung fest einzubauen und streng nach den Prinzipien der Arbeitsrationalisierung anzuordnen, kam einer Revolution gleich: Die heimische Küche wurde zum »industriellen« Arbeitsplatz.

Ein Blick in die von Grete Schütte-Lihotzky entwickelte so genannte Frankfurter Küche, in der sich auf engstem Raum alle Küchentätigkeiten durchführen ließen und die sich durch eine außerordentlich hohe Funktionalität auszeichnete.

Siedlungen gegen die Wohnungsnot

Frankfurt am Main hatte sich im 19. Jahrhundert zu einer wichtigen Industrie- und Handelsstadt entwickelt. Die Aussicht auf Arbeit lockte Tausende von Menschen in die Metropole, deren Bevölkerungszahl sich in wenigen Jahrzehnten vervielfachte. Ein drängendes Problem der Stadt war nach dem Ersten Weltkrieg die extreme Wohnungsnot. Dieser sollte in einem groß angelegten Wohnungsbauprogramm unter der Federführung von Stadtbaurat Ernst May begegnet werden. So entstanden bis Ende der 1920er-Jahre rund 15 000 Sozialwohnungen. Die Ziele und die architektonischen Prinzipien des innovativen Bauvorhabens formulierten May und seine Mitstreiter in der Zeitschrift »Das Neue Frankfurt«.

Funktionale und hygienische Standards

Die Kleinflächigkeit der sehr preiswerten Wohnungen, die in den neuen Frankfurter Siedlungen entstanden, wollte man durch einen optimierten Grundriss aufwerten. Der Herausforderung, auf engstem Raum höchste Funktionalität zu erreichen, musste sich auch Grete Schütte-Lihotzky stellen. Einerseits galt es, die Küchen so zu gestalten, dass darin sämtliche Arbeitsvorgänge mit geringstmöglichem Aufwand erledigt werden konnten, andererseits sollten sämtliche funktionalen Einheiten einer Küche auf möglichst wenig Platz untergebracht werden. Ein wichtiger

Ganz einfach verschwunden – die gute alte Speisekammer

Im Wohnungsbau des 20. Jahrhunderts ist nicht nur die geräumige Wohnküche verschwunden, sondern auch die Speisekammer, die sich früher als so praktisch erwiesen hatte. Doch mittlerweile wird bei Neu- oder Umbauten immer häufiger auch wieder eine Speisekammer eingeplant. Sie braucht nicht viel Platz, sollte an der kühlen Nordseite liegen und über ein kleines (!) Fenster verfügen: Direkte Sonneneinstrahlung ist zu vermeiden, eine Belüftungsmöglichkeit aber notwendig, um die Luftfeuchtigkeit möglichst niedrig zu halten.

Alte Küchen wie diese entsprechen zwar nicht mehr unseren modernen Ansprüchen, für ihre Zeit aber wiesen sie durchaus schon einen hohen Grad von praktischer Nutzbarkeit auf.

Aspekt war zudem die Errichtung und Einhaltung hygienischer Standards – zu jener Zeit erinnerte man sich noch gut an die Cholera-Epidemien des 19. Jahrhunderts. Und die katastrophalen Verhältnisse in den dunklen Mietskasernen der Gründerzeit machten die Lungentuberkulose zur Volkskrankheit der Armen.

Geringer Raum – höchste Funktionalität

Die winzigen, nur sechseinhalb Quadratmeter großen Küchen waren extrem kompakt. Wie in einem Labor sollten der Architektin zufolge sämtliche benötigten Gegenstände leicht erreichbar sein. Praktische Einbaumöbel, die sinnvoll an den Wänden angeordnet waren, vergrößerten den Stauraum. Zur Ausstattung gehörten unter anderem eine bewegliche Lampe, die bei verschiedenen Tätigkeiten beste Beleuchtung gewährleistete, ein klappbares Bügelbrett, Oberschränke über der Spüle mit platzsparenden verglasten Schiebetüren, Unterschränke mit klappbaren Arbeitsflächen, Schubläden für Besteck und Utensilien sowie Abstellroste für Töpfe und Pfannen. Eine Besonderheit war die so genannte Kochkiste am Herd. In sie konnte man energie- und zeitsparend Töpfe mit Speisen stellen, die langsam weitergaren oder warm gehalten werden sollten. Die Vorratshaltung optimierte ein Regal, in dem Lebensmittel in 18 so genannten Schütten aus Aluminium aufbewahrt wurden. Diese von Ernst Haarer entworfenen Schubladen dienten als Behälter für lose gelagerte Lebensmittel wie Grieß oder Bohnenkerne. Durch die spezielle Form der Schütten mit Ausgießnase konnten die jeweiligen Lebensmittel direkt in den Topf oder die Schüssel geschüttet werden.

Die Gestaltungsprinzipien der »Frankfurter Küche« entsprachen dem modernen Zeitverständnis – bis heute.

Die Erfinderin der Einbauküche

Das Leben von Grete Schütte-Lihotzky (1897 – 2000) war wie ihre Architektur: konsequent und revolutionär. Als erste Frau schloss sie an der Kunstgewerbeschule in Wien ein Architekturstudium ab, und bevor sie in Frankfurt mit Ernst May zusammenarbeitete, hatte sie sich bereits in Wien mit Arbeitersiedlungen und Kindergartenbau beschäftigt. 1930 bis 1937 arbeitete die überzeugte Kommunistin für die sowjetische Regierung als Spezialistin für kindgerechtes Bauen, 1938 bis 1940 im türkischen Exil als Architektin von Landschulen.

1940 wurde Schütte-Lihotzky als Widerstandskämpferin gegen den Nationalsozialismus in Österreich verhaftet und bis Kriegsende im Zuchthaus inhaftiert. Nach dem Krieg war sie unter anderem in Österreich, Bulgarien, Kuba und Deutschland tätig, Studienreisen führten sie bis nach China. Zu ihren zahlreichen Auszeichnungen gehörten die 1977 erhaltene Joliot-Curie-Medaille für ihre Leistungen im Dienst der Weltfriedensbewegung und 1980 der Architekturpreis der Stadt Wien.

Vorbild für den modernen Wohnungsbau

Ein Prinzip der »Frankfurter Küche«, die Trennung von Wirtschafts- und Wohnraum, wurde im Wohnungsbau der folgenden Jahrzehnte übernommen. Nicht jeder hat dies als positiv empfunden, da mit dem Ende der traditionellen Wohnküche auch ein Verlust von Wohnqualität einherging – die modernen Wohnungen verloren sozusagen ihr Herz. Hinsichtlich Platz- und Arbeitsoptimierung war die »Frankfurter Küche« jedoch wegweisend und durch ihre konsequente Funktionalität auch ästhetisch ansprechend.

Die Wohlfühl-Oase – moderne Badezimmer mit traditionellen Materialien renovieren

In unseren Breiten muss man weit in die Vergangenheit zurückblicken, um positive Anregungen aus einer traditionellen Badekultur zu erhalten – bestes Vorbild sind noch immer die Bäder der römischen Antike. Wie im alten Rom war der Luxus eines Privatbades bis ins 20. Jahrhundert in ganz Europa der Oberschicht vorbehalten. Und zwischen den Nasszellen der 1950er-Jahre und Bädern, die auch ein reicher Römer akzeptiert hätte, liegen ganze (Bade-)Welten.

Natürliche Materialien gegen hohe Luftfeuchtigkeit

Um die nicht zu vermeidende hohe Luftfeuchtigkeit verkraften zu können, verfügten klassische Badeanlagen über ein großes Luftvolumen und waren aus jenen wenigen Materialien gefertigt, die den Wechsel von Wärme und Kälte und die hohen Feuchtefrachten auszuhalten vermögen. Das waren von Anbeginn Holz, Lehm und Kalkprodukte. Wenn Sie Ihr Badezimmer renovieren wollen, hier einige grundlegende Informationen: Dickes Holz kann gut mit Feuchte umgehen, muss aber durch Luftzufuhr gut trocknen können und es darf kein Wasser darauf stehen bleiben. Lehm vermag Feuchtigkeit gut aufzunehmen und auch wieder gut abzugeben. Traditioneller Kalkputz kann aufgrund seiner Eigenschaften mit Wasser perfekt umgehen: Hohe Feuchtigkeit wird aufgenommen und ohne Gefügeänderung wieder abgegeben.

Klassische Kalkwände

Auch wenn sich hässliche schwarze Schimmelflecken mit Hausmitteln wie Essigwasser oder Salmiakgeist immer wieder beseitigen lassen: Schimmelpilze sollten Sie der Gesundheit zuliebe langfristig bekämpfen. Bearbeiten Sie deshalb auch Ihre Badezimmerwände mit altbewährtem und mehrlagigem Kalkputz und Kalkanstrichen. Mit dieser

Leicht verstopfte Abflüsse lassen sich mit dem guten alten Saugnapf (»Pümpel«) wieder frei bekommen.

»Haut« können Wände optimal Feuchtigkeit aufnehmen und wieder abgeben. Zudem bietet das alkalische Milieu Schimmelpilzen und anderen Bakterien keine Lebensgrundlage – sie verhungern schlicht. Entsorgen Sie jegliche Putze mit zementären oder gipsähnlichen Bei-

Fenster in die Gegenwart

Schimmelparadies Fliesenbad *heißt es jedenfalls dann, wenn Sie nichts dagegen tun. Neben Hausstaubmilben gehören Schimmelsporen zu den wichtigsten Auslösern für allergische Reaktionen, sie können zudem schwerste Erkrankungen verursachen. Schimmel ist also vor allem ein gesundheitliches Problem, dem man sofort zu Leibe rücken sollte. Wie immer gilt auch hier die alte Regel, dass Vorbeugen besser als Heilen ist. Wenn keine baulichen Mängel vorhanden sind, bildet sich Schimmel in Badezimmern vor allem bei ungenügender Belüftung und mangelhafter Hygiene. Ein besonderes Problem stellt auch die seit einigen Jahren gängige Mode dar, Badezimmer bis unter die Decke zu fliesen. Früher hat man dies aus Kostengründen, aber hauptsächlich aus einem anderen guten Grund nicht gemacht: Mit lückenlosem Fliesenpanzer versehen, können die Wandflächen nicht mehr feuchtigkeitsregulierend wirken. Das Wasser lagert sich ab und der Schimmelbildung sind Tür und Tor geöffnet. Falls Sie also ein Schimmelproblem haben oder es vermeiden wollen, sollten Sie gegebenenfalls Ihre Badezimmerfliesen entfernen. Experten raten, Fliesen nur, wie früher, in den Bereichen mit Spritzwasser zu verwenden. Auch da muss es allerdings nicht unbedingt Fliese sein. Mit hinterlüfteten Glaswänden oder klassischem Tadelakt – eine alte Kalkglättetechnik – können Sie ebenfalls dem Wasser Paroli bieten, und zwar auf eine edle, elegante und nachhaltige Art und Weise.*

Der Schwerpunkt-Tipp

In finnischer Tradition: Holzverkleidung fürs Bad

Im »Raum aus Holz«, das bedeutet nämlich der Begriff Sauna auf Finnisch, badet man in Finnland schon lange mit heißer Luft und Wasserdampf. Holz ist also nicht nur ein ästhetisch ansprechender, sondern auch ein bestens geeigneter Werkstoff für Badezimmer. Statt die Wände Ihres Badezimmers zu fliesen, können Sie sie folglich auch mit Holz verkleiden. Dabei sollten Sie auf einige bewährte Regeln achten:

Unbehandeltes Holz

Für die Verkleidung nehmen Sie am besten zweieinhalb Zentimeter dicke Profilhölzer, und zwar aus unbehandeltem Holz. Deckende Lackschichten oder chemische Holzschutzmaßnahmen sind nicht nur unnötig, sondern sogar oft ungesund und schädlich. Lieber behandeln Sie das Holz mit »atmungsaktivem« Wachs oder Leinöl. Aber nicht einmal das muss sein! Sie können die Profilhölzer auch unbehandelt belassen, wodurch sie mit der Zeit eine ansprechende natürliche Patina bekommen.

Wichtig: Hinterlüftung

Montieren Sie nun aus Holzlatten eine Unterkonstruktion für die Holzverkleidung an die Wand. Wichtig ist, dass die Holzverkleidung nicht direkt auf der Wand aufliegt, sondern einige wenige Zentimeter Distanz hält. Nur dann ist die Hinterlüftung sicher gewährleistet, die den gefürchteten Feuchtigkeitsstau (Schimmelbildung!) zwischen Wand und Holz verhindert.

Senkrecht verarbeiten

Bei der Montage der Profilhölzer auf die Unterkonstruktion denken Sie daran, dass Holz zwar feuchte Luft gut verkraftet, aber stehende Nässe nur bedingt verträgt. Deshalb bringen Sie die Profilhölzer senkrecht an, so dass Wasser schneller abtropfen kann.

mengungen von den Wänden und Decken. Dann arbeiten Sie mehrlagig den Kalkputz auf: grobkörnig unten – feinkörnig als Finish. Darauf tünchen Sie mit Kalk- oder Kalk-Kaseinfarben.

Lehm reguliert Feuchtigkeit

Ein wahrer Feuchtepuffer im Badezimmer sind lehmverputzte Wände, da Lehm hervorragende feuchtigkeitsregulierende Eigenschaften besitzt. Bringen Sie dazu den Lehmputz auf traditionelle Weise mehrlagig auf und bearbeiten Sie ihn dann nach dem Austrocknen mit einem geeigneten Kalkanstrich weiter. Lehmputze können auch verfliest werden, allerdings sollte das nur im Bereich des Spritzwassers erfolgen, sonst geht die Feuchtigkeitsregulierung verloren.

Untergrund ausgleichen – Fliesen im Dickbett

Die traditionelle Verlegung von Fliesen im Dickbett, also mit einer dicken Mörtelschicht, ist sinnvoll, wenn Sie auf einem unebenen Untergrund fliesen wollen. Dabei müssen Sie gegebenenfalls einen Untergrund, der stark Wasser aufnimmt, vornässen, damit der Mörtel nicht zu schnell trocknet. Tauchen Sie nun die jeweils zu verlegende Fliese in sauberes Wasser ein. Tragen Sie dann den Verlegemörtel gute zwei Zentimeter dick auf und schrägen Sie die Kanten mit der Kelle an. Drücken Sie die Fliese an der Wand an, bis sie sich in der richtigen Position befindet – das dicke Mörtelbett bietet genügend Spielraum, um Unebenheiten im Untergrund auszugleichen.

Ein luxuriöses englisches WC von 1885. Den hoch hängenden Spülkasten gab es damals erst seit wenigen Jahren.

Sauna und Schwitzhütte – Badekultur in aller Welt

Die reinigende, entspannende und heilende Wirkung des Wassers wird in vielen Kulturen seit Urzeiten genutzt und geschätzt. Gemauerte Badewannen kannte man in Mesopotamien bereits vor rund 6000 Jahren. Und die Ruinen römischer Thermen legen bis heute Zeugnis ab von der hochstehenden antiken Badekultur. Im mittelalterlichen Abendland fanden gemeinsame Badefreuden im einfachen Holzzuber statt. Doch in der Neuzeit wusch man sich am liebsten gar nicht mehr. Die Vornehmen überdeckten Körpergerüche mit Parfüms und all die anderen schienen sich nicht daran zu stören.

Im Hinduismus, im Judentum und im Islam gilt die rituelle Waschung als Voraussetzung für die Teilnahme an kultischen Handlungen. Dieser religiöse Aspekt findet sich bereits vor 4000 Jahren auch in Ägypten, wo das Baden in warmem und kaltem Wasser aber auch eine wichtige Rolle in puncto Körperpflege und Heilkunde spielte. Ähnliches gilt für die alte Induskultur im heutigen Pakistan: Bei ihren Ausgrabungen haben Archäologen jahrtausendealte Bäder, Becken und Einrichtungen für rituelle Waschungen entdeckt.

Saunabesuche stärken das Immunsystem. Meist unternimmt man mehrere, jeweils etwa eine Viertelstunde dauernde Saunagänge, nach denen stets eine Abkühlung mit kaltem Wasser erfolgt. Im hochwinterlichen Lappland gibt es dafür ganz besondere Möglichkeiten.

Römische Badekultur

In der griechischen Antike reinigte und pflegte man sich vor allem in öffentlichen, saunaähnlichen Schwitz- und Dampfbädern. Diese Sitte übernahmen, wie so vieles andere aus der griechischen Kultur, die Römer – und entwickelten sich sozusagen zu den Bademeistern der Weltgeschichte. Im Römischen Reich glich so manche öffentliche Badeanstalt einem Palast, ausgestattet mit Marmor, geschmückt mit Mosaiken. Warmes Wasser war eine Selbstverständlichkeit, auch in den einfachen öffentlichen Badestuben für die Armen. Denn die gründliche Körperreinigung gehörte ganz einfach zur römischen Zivilisation. Zudem waren die öffentlichen Thermen soziale Begegnungsstätten, in denen man sich mit Freunden und Geschäftspartnern traf. Reiche Römer leisteten sich aber auch ihre private, mit mehreren Becken und Ruhezonen ausgestattete Badeanlage, die wie die öffentlichen Thermen mit raffinierten Hypokaustenheizungen beheizt wurde. Zur Ausstattung gehörte meist auch ein saunaähnliches Schwitzbad, das *sudatorium*.

Die hochstehende antike Badekultur verbreitete sich im ganzen Römischen Reich, auch in den Provinzen im jetzigen Deutschland: Wo einst die Römer waren, finden sich noch heute die Ruinen ihrer Thermen – Überreste einer großartigen Zivilisation, die in der Völkerwanderung unterging.

Dieses Kastendampfbad war im 19. Jahrhundert in öffentlichen Badeanstalten gebräuchlich.

Entspannung im Hamam – türkische Badekultur

Im Osmanischen Reich besaß die körperliche Reinheit große Bedeutung, nicht zuletzt weil rituelle Waschungen zur Religionsausübung im Islam gehören. Es entwickelte sich eine eigene öffentliche Badekultur, die vor allem auf der Tradition von Schwitzbädern basiert und mittlerweile auch bei uns viele Freunde hat. Ein türkisches Bad, Hamam genannt, besteht aus unterschiedlich warmen bis heißen Räumen, in denen man im Dampf sitzt und schwitzt und sich regelmäßig abduscht. Zuvor wird der Körper gründlich gereinigt und massiert. Türkische Bäder waren von jeher auch soziale Begegnungsstätten – allerdings streng nach Geschlechtern getrennt.

Sitzdampfbad für den Hausgebrauch, wie es in einem medizinischen Ratgeber des 19. Jahrhunderts zur Entspannung und Belebung empfohlen wurde

Onsen, sentô und ofuro – japanische Badekultur

Die körperliche und seelische Reinigung spielt in der japanischen Kultur eine wichtige Rolle, und für viele Lebenssituationen – etwa Tod oder Geburt – gibt es spezielle Reinigungsriten. Entscheidende Impulse gingen vom Buddhismus und seiner mönchischen Badekultur aus. Öffentliche Badehäuser *(sentô)* gibt es in Japan mindestens seit dem 13. Jahrhundert, das gemeinschaftliche Baden in heißen Quellen *(onsen)* ist sehr viel älter. Heute verfügen die meisten japanischen Wohnungen über ein Badezimmer *(ofuro)*. Dennoch hat sich das Baden als Gemeinschaftserlebnis erhalten, mit Familie, Freunden oder Kollegen, in Badehäusern oder in natürlichen heißen Quellbädern, die häufig in herrlicher Landschaft liegen. Da man gemeinsam in die Wanne oder das Becken steigt, findet die eigentliche Reinigung des Körpers zuvor statt. Gewöhnlich badet man in sehr heißem Wasser (bis zu über 50 Grad), wodurch sich völlige Entspannung einstellen soll. Für das Wohlbefinden sorgen in den öffentlichen Bädern zudem Wellness- und Therapieangebote.

»Baden« in trockener Hitze – die finnische Sauna

Das finnische Wort *sauna* bedeutet »Raum aus Holz«. Und traditionell wird diese hölzerne Schwitzstube in Finnland auch nur mit Holz geheizt. »Gebadet« wird in der Sauna in trockener Hitze. Sie regt den Körper zum Schwitzen an, was zu äußerlicher und innerlicher Reinigung führt. Der regelmäßige Saunagang hat heute Anhänger in der ganzen Welt. Man richtet sich eine private Sauna ein oder besucht eine öffentliche. Den gesellschaftlichen Aspekt hat das gemeinsame Saunieren in Finnland seit jeher. Gleiches gilt für die russische Variante der Sauna, die *banja*.

Badefreuden im mittelalterlichen Abendland

Im europäischen Mittelalter entwickelte sich ab dem 12. Jahrhundert eine bürgerliche Stadtkultur, zu der auch das öffentliche Badehaus gehörte. In diesen Gemeinschaftseinrichtungen hielt man sich oft stundenlang auf. Männer, Frauen und Kinder saßen zusammen in den mit warmem Wasser gefüllten Holzzubern, es wurde gegessen, getrunken und musiziert. Für das Beheizen der Badestuben, das warme Wasser, die Vorbereitung duftender Wasser mit Essenzen und Kräutern, Massagen sowie die Bedienung der Gäste waren Badeknechte und -mägde zuständig. Die in den Badestuben tätigen Bader arbeiteten als Wundärzte, ließen zur Ader oder setzten Schröpfköpfe. Der Kirche war die lockere, sinnenfrohe Atmosphäre – so manche Badestube glich tatsächlich einem Bordell oder einer Spielhölle – ein Dorn im Auge. Dazu kamen ab dem 15. Jahrhundert medizinische Bedenken. Man sah in den Badestuben Ansteckungsherde für Infektionskrankheiten wie Syphilis, Pest und Cholera und ging außerdem davon aus, dass Baden an sich der Gesundheit schade. Diese Annahme basierte auf der Vorstellung, beim Baden würden durch die geöffneten Hautporen krankheitserregende Stoffe in den Körper eindringen. In der Folge wurden die Badehäuser geschlossen und schließlich spielte das Wasser in der Körperhygiene nur mehr eine untergeordnete Rolle.

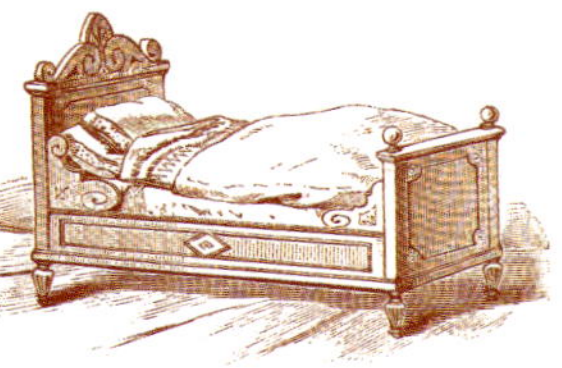

Möbel herrichten – ganz wie früher

Erbstücke und Schnäppchen vom Trödelmarkt, aber auch Lieblingsmöbel, die sich abgenutzt haben – alten Möbelstücken wieder neuen Glanz zu verleihen oder kleine Schäden zu beheben lohnt sich fast immer. Und das Beste ist: Für die altbewährten Verfahren zur Reparatur und Restaurierung von Möbeln brauchen Sie wahrlich keinen großen Heimwerker-Maschinenpark. Den hatten unsere Vorfahren auch nicht.

Die Klassiker – Möbel aus Holz reparieren

In unseren Breiten ist Holz seit Urzeiten das wichtigste Material im Möbelbau. Dank seiner Vielfalt in Farbe, Struktur und Festigkeit macht dieser klassische Werkstoff alle Möbelstile mit und kommt gleichzeitig nie aus der Mode. Hölzerne Möbel, die nach allen Regeln der Kunst geschreinert sind, können über Generationen hinweg genutzt – und mit etwas Geschick auch selbst ausgebessert oder repariert werden.

Werkzeugpflege

Erfolgreiches Reparieren beginnt mit dem richtigen Werkzeug, das gut gepflegt sein sollte. Am besten bewahren Sie Ihr Werkzeug in einem trockenen Raum auf, damit es nicht rostet. Die Alternative: Sie legen, vorbeugend gegen Rost, ein Stück Holzkohle oder Kreide in die Werkzeugkiste. Selten verwendete Metallwerkzeuge können Sie zusätzlich in Ölpapier wickeln. Erste Anzeichen von Rost sollten Sie sofort mit einem mit Petroleum getränkten Lappen gut abreiben und die betroffene Stelle danach mit Zeitungspapier trockenreiben.

Schwergängige Schubladen behandeln

Hören Sie nicht auf den häufigen Ratschlag, schwergängige Holzschubladen mit Seife (oder Schmierseife) zu behandeln! Dadurch wird alles nur schlimmer; denn Seife zieht Feuchtigkeit an und bindet zudem Staub, wodurch das Holz aufquellen kann. Stattdessen greifen Sie lieber zu den bewährten Schmiermitteln Kerzenwachs (Paraffin) oder Talkumpuder und reiben damit die Schubladenführung ein.

Wenn die Schublade klemmt

Wenn eine Schublade klemmt, stellt sich regelmäßig die Frage, an welcher Stelle sich das Holz verzogen hat. Das finden Sie mit einer einfachen Methode heraus: Sie färben die Seitenwände der Schublade mit Kreide ein und ziehen sie mehrmals auf und zu. Dort, wo die Schublade reibt, ist die Kreide verschwunden. Schleifen Sie diese Stellen zuerst mit grobem, dann mit feinem Sandpapier vorsichtig ab. Je nach Bedarf bearbeiten Sie sie sogar stärker mit einer Raspel oder einem Hobel. Allerdings sollten Sie immer wieder ausprobieren, ob die Schublade noch klemmt, damit Sie nicht zu viel wegnehmen.

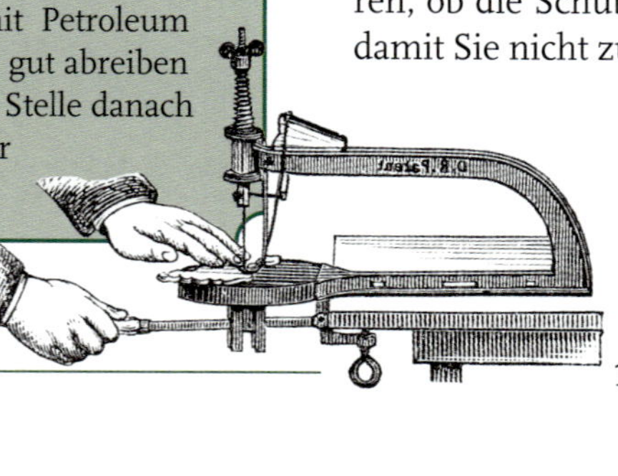

Laubsäge des späten 19. Jahrhunderts zur Durchführung feiner Holzarbeiten

Unbehandelte Holzmöbel können Sie mit einer schützenden, natürlichen Lasur auf Leinölbasis versehen.

Schmiermittel für Scharniere

Jeder weiß, dass man quietschende Scharniere von Möbeltüren mit Fett oder Öl behandelt. Dazu heben Sie die Türe leicht an, damit die Scharnierstifte eingeschmiert bzw. beträufelt werden können. Altbewährt ist auch folgende Vorgehensweise: Reiben Sie die Scharnierstifte einfach mit einer Bleistiftspitze ein; das darin enthaltene Grafit ist ein hervorragendes Schmiermittel. Sie können natürlich auch Grafitstaub nehmen.

Der Schwerpunkt-Tipp

Kratzer im Holz – was tun?

Bei Holzmöbeln, die viel benutzt werden, kommt es immer einmal wieder zu Kratzern. Das war früher nicht anders, weshalb es gerade für dieses Problem alle möglichen bewährten Lösungen gibt.

Mit Essig und Öl einreiben

Wenn nur die Oberfläche etwas verkratzt ist, empfehlen alte Ratgeber folgende Methode: Sie tränken ein weiches, fusselfreies Tuch mit einer Mischung aus Speiseöl und Essig (im Verhältnis eins zu eins) und reiben damit die verkratzten Stellen ein, gegebenenfalls mehrmals. Bei dunklen Möbeln können Sie den Essig durch Rotwein ersetzen.

Mit Nüssen kaschieren

Ein altes Hausmittel zum Ausbessern von Kratzern in Nussbaumholz sind frische Walnusskerne. Sie schneiden die Nüsse auseinander und reiben mit der Schnittfläche das verkratzte Holz ein. Achten Sie darauf, immer in Richtung der Maserung vorzugehen. Für helles Holz hat man früher frische Haselnusskerne genommen; die Vorgehensweise ist dieselbe.

Mit Schellack reparieren

Zum Reparieren von tieferen Kratzern und kleinen Löchern eignet sich Schellack, der in Stangenform und in verschiedensten Farben im Restaurierungsfachhandel erhältlich ist. Dazu erhitzen Sie eine Messerklinge und schmelzen mit der Spitze von der Schellackstange einen Tropfen ab, den Sie mit der Messerspitze auf das beschädigte Holz drücken. Dann wischen Sie die Messerklinge ab und ziehen sie über die reparierte Stelle, um überschüssigen Schellack zu entfernen und eine glatte Oberfläche herzustellen.

Leichte Kratzer verschwinden von einem mit Öl, Wachs, Lack oder gar nicht behandelten Möbelstück fast vollständig, wenn Sie es mit einer Mischung aus Speiseöl und Essig einreiben.

Mit Holzkitt auffüllen

Bei tiefen Kratzern und (auch von Holzwürmern herrührenden) Löchern empfiehlt sich die Begradigung der Oberfläche mit dem klassischen Holzkitt. Zunächst schleifen Sie die betroffene Stelle leicht an und säubern sie dann gründlich von Staub und Schmutz. Anschließend tragen Sie den Kitt mit einem Spachtel auf die Schadstelle auf. Unter Umständen müssen Sie bei tiefen Löchern den Füllvorgang mehrmals wiederholen. Achtung: Jede Schicht muss gründlich austrocknen, bevor die nächste aufgetragen wird. Wischen Sie überschüssigen Kitt sofort ab; sobald er hart ist, müssen Sie ihn abschleifen. Wenn die Schadstelle gefüllt und abgetrocknet ist, schleifen Sie sie glatt, entfernen sorgfältig den Staub und behandeln die Oberfläche mit Wachs, Öl oder Lack.

Druckstellen kann man ausbügeln

Dellen in geölten oder gewachsten Massivholz-Möbeln sind kein Problem, wenn man folgenden alten Trick kennt: Legen Sie ein feuchtes, zusammengerolltes Tuch über die Stelle und drücken Sie ein auf mittlere Temperatur erhitztes Bügeleisen darauf. Achten Sie darauf, dass das Eisen nicht direkt mit dem Möbel in Berührung kommt, damit es das Holz nicht versengt. Der so erzeugte heiße Dampf lässt die eingedrückten Holzfasern aufquellen, wodurch sie sich wieder aufstellen. Möglicherweise müssen Sie den Vorgang mehrmals wiederholen, bis die Delle verschwindet. Ist das Holz mit Lack oder Politur behandelt, müssen diese unter Umständen erneuert werden.

Achtung: Bei furnierten Oberflächen ist von dieser Methode abzuraten, weil sich unter der feuchten Wärme das aufgeleimte Furnier lösen könnte.

Das Herrichten eines schönen, alten Küchenschranks lohnt sich.

Die Herstellung wertvoller Intarsienmöbel erreichte in Europa im Rokoko einen kaum übertroffenen Höhepunkt.

Abgenutzte Oberflächen abschleifen

Starken Verschmutzungen oder auch Abnutzungen werden Sie bei Massivholz am besten Herr, indem Sie sie abschleifen. Beim Schleifen gilt grundsätzlich: immer in Richtung der Holzfaser! Zunächst arbeiten Sie mit einem groben Schleifpapier vor, entfernen dann den Staub und befeuchten die Oberfläche mit einem Schwamm. Schon Großvater wusste, dass sich dadurch die Holzfasern aufrichten und dann besser fein geschliffen werden können. Schleifen Sie nun mit einem feineren Schleifpapier ab. Wahrscheinlich müssen Sie mehrmals »wässern« und schleifen, bis das Holz wirklich ganz glatt ist. Um das zu überprüfen, nehmen Sie eine alte Feinstrumpfhose und streichen damit über das Holz. Wo sie Fäden zieht, ist das Holz noch nicht glatt genug. So entdecken Sie raue Stellen, die mit dem bloßen Auge gar nicht zu sehen sind. Wenn Sie mit der Oberfläche des Holzes zufrieden sind, säubern Sie das rohe Holz mit einer Lauge aus Pflanzenseife. Wenn es wieder trocken ist, können Sie es weiterbehandeln.

Alte Möbel verleihen einer Wohnung ein ganz besonderes Flair. Gerade bei ihnen kommen für Reparatur und Restauration alte Handwerkstechniken zum Einsatz.

Möbel mit Schellackoberfläche herrichten

Alte Möbelstücke mit stumpfer oder abgenutzter Schellackoberfläche hat Großvater mit folgender Kur aufgefrischt: Lösen Sie zuerst den Schellack in Alkohol auf. Säubern Sie dann die Oberfläche des Möbels mit heißem Wasser, in das Sie etwa zehn Prozent Spiritus geben. Diese reiben Sie, solange sie noch feucht ist, in kreisenden Bewegungen mit einem fusselfreien Tuch ab. Fertigen Sie nun einen Polierballen an, indem Sie Baumwollwatte oder Strickwolle auf ein Leinen- oder fusselfreies Baumwolltuch legen. Wenn die behandelten Flächen vollständig getrocknet sind, tränken Sie den Ballen mit der angesetzten Schellackpolitur und schlagen das Tuch darum. Schlagen Sie den Ballen auf eine Fläche, damit sich die Politur gleichmäßig darin verteilt, und tragen Sie sie schnell – Schellack trocknet rasch – erst mit ununterbrochenen (!) kreisenden Bewegungen, dann in Achtern und schließlich in parallelen Bewegungen auf. Beim Auftragen verdunstet der Alkohol und der Schellack überzieht das Holz als hauchdünner Film. Lassen Sie die aufgetragene Schicht trocknen, schleifen Sie sie anschließend mit feinstem Lackschliffpapier ab und beginnen Sie die Prozedur von neuem. Diesen Vorgang wiederholen Sie einige Male, dann lassen Sie die behandelte Fläche einige Stunden gut durchtrocknen und wiederholen den Vorgang noch mehrmals, bis das gewünschte Ergebnis erreicht ist.

Intarsien und Marketerien

In der Kunstschreinerei unterscheidet man zwischen zwei Ornamenttechniken, die für den Laien auf den ersten Blick nicht unbedingt zu unterscheiden sind: Intarsien und Marketerien. Beide Zierelemente entwickelten sich in der Renaissance. Intarsien sind echte Einlegearbeiten, das heißt, dass ein aus relativ dickem Furnier ausgesägtes Ornament in das massive, andersfarbige Vollholz eines Möbels eingepasst wird. Dazu wird aus dem Holz eine entsprechende Vertiefung ausgestemmt und das vorbereitete Zierelement hineingeleimt. Weniger aufwändig und deshalb auch nicht so kostbar sind die Marketerien – aus verschiedenfarbigen Holzfurnieren zusammengesetzte Ornamente, die wie jedes andere Furnier auf das fertige Möbelstück geleimt werden. Für Intarsien wie auch Marketerien wurden ab der Barockzeit neben Holz auch andere Materialien verwendet, etwa Perlmutt, Metall oder Horn.

Repräsentatives Buffet des 19. Jahrhunderts für ein großbürgerliches Speisezimmer

Der Schwerpunkt-Tipp

Für jede Arbeit das richtige Werkzeug

Die Möbelschreinerei ist ein Handwerk mit langer Tradition, das verschiedene Grundtechniken entwickelt hat und für jeden Arbeitsvorgang das richtige Werkzeug verwendet. Daran orientiert sich auch der Freizeit-Tischler.

Schleifen

Da der schwierige Umgang mit Ziehklingen – ein uraltes Werkzeug zum feinen Abtragen von Spänen und Entfernen von Lackschichten, Polituren und Verschmutzungen – heute nicht einmal mehr von jedem gelernten Schreiner beherrscht wird, nehmen Sie für diese Arbeiten Schleifpapier. Grundsätzlich führen Sie dieses nur dann direkt mit der Hand, wenn Sie schwer zugängliche Stellen abschleifen. Ansonsten wickeln Sie es um einen Schleifklotz aus leichtem Holz oder Kork. Achten Sie darauf, immer in Richtung der Holzfaser abzuschleifen; Ausnahme sind Marketerien (s. S. 174), die Sie mit kreisenden Bewegungen abschleifen. Für das Anschleifen nehmen Sie grobes Schleifpapier, für den letzten Feinschliff feines.

Auch was das Schreinerwerkzeug betrifft, muss es nicht immer der letzte Schrei sein. Gut gepflegt, lässt sich Großvaters Werkzeug hervorragend einsetzen.

Hobeln

Mit Hobeln in verschiedensten Größen und Ausführungen werden Holzflächen geglättet und in Form gebracht. Zur Vorbehandlung rauer Oberflächen brauchen Sie den Schlichthobel. Danach kommt der Doppelhobel und für den Endstrich der Putzhobel zum Einsatz. Mit dem Profil- oder Kehlhobel hobeln Sie konkave und konvexe Profile. Mit Nut-, Falz- oder Grathobel stellt man die entsprechenden Formen her.

Verleimen

Damit sich verleimte Holzteile haltbar verbinden, müssen sie unter Druck »abbinden«, also trocknen. Um den Druck herzustellen, spannen Sie die verleimten Teile in Schraubzwingen, die es in verschiedenen Größen gibt. Damit sie keine Abdrücke im Holz hinterlassen, legen Sie immer eine Einlage, etwa ein Holzbrett, zwischen Zwinge und Holz.

Ausstechen und Ausstemmen

Zum Ausstechen und -stemmen von Beschädigungen im Holz, die dann besser repariert werden können, verwendet man an der Spitze einseitig geschärfte Eisen: die Stechbeitel und die Stemmeisen. Zunächst spannen Sie das Werkstück fest ein. Beim Ausstemmen von lochartigen Beschädigungen fangen Sie in der Mitte der Vertiefung an. Zum Abstemmen von Spänen gehen Sie wenn möglich stets in Faserrichtung vor. Den Druck auf das Eisen können Sie mit Holzhammerschlägen verstärken.

Sägen

Bei Handsägen unterscheidet man zwischen gespannten und ungespannten Sägen. Zu den Spannsägen gehören mittelgroße Handsägen für kleinere Schnitte, Laubsägen zum Sägen von kleinen Ersatzteilen mit schwierigen Formen sowie sehr fein gezahnte Gehrungssägen, die in Führungsschlitzen laufen. Ungespannte Sägen sind der Fuchsschwanz für mittelstarke Schnitte etwa durch Platten, kleinere Feinsägen für feine Schnitte etwa durch Leisten, Stichsägen für Löcher, Rundungen und Kurven und spezielle Sägen für Furniere. Sägeblätter, die zum Schutz gegen Rost mit Öl eingerieben wurden, müssen vor der Verwendung abgewischt werden, damit sie keine Flecken hinterlassen. Mit Kernseife eingerieben, laufen sie leichter durch das Holz.

Vom Schreiner zum Designer – Berufe rund um den Möbelbau

Von der einfachen Bretterkiste über die kunstvoll geschnitzte Rokoko-Kommode bis zum prächtig verzierten afrikanischen Thronsessel: Trotz ihres von wirtschaftlichen Gegebenheiten, Moden und Materialien abhängigen Designs hat sich die wesentliche Funktion von Möbeln über die Jahrtausende nie verändert: In einen Schrank muss man etwas verstauen, auf einem Stuhl sitzen, in einem Bett liegen können. An diesen Grundvoraussetzungen mussten sich die Möbelbauer aller Zeiten orientieren.

Das deutsche Wort Möbel stammt von dem lateinischen Adjektiv *mobilis*, beweglich. Damit ist schon eine entscheidende Eigenschaft von Möbeln benannt: Sie sind nicht an einen bestimmten Platz gebunden. Holz, Metall und pflanzliche Stoffe waren jahrtausendelang die Materialien, aus denen die »beweglichen Güter« der Haushalte gefertigt wurden. Erst im 20. Jahrhundert erfand die chemische Industrie neue Werkstoffe, die auch im Möbelbau übernommen wurden und eine Revolution im Möbeldesign auslösten. Trotz aller Neuerungen werden viele handwerkliche Tätigkeiten rund um den Möbelbau bis heute auf herkömmliche Weise ausgeführt.

Der Holzschnitt entstand an der Wende vom Mittelalter zur Frühen Neuzeit und zeigt einen Schreiner in seiner Werkstatt bei der Arbeit. Als zu dieser Zeit in Deutschland die ersten Schreinerzünfte entstanden, hatte der Beruf bereits eine lange Tradition.

Tischler oder Schreiner

In vielen Regionen werden die Tischler auch Schreiner genannt – an ihrer Tätigkeit im Holzmöbelbau ändert dies nichts. Nur noch ein geringer Anteil an Möbeln wird heutzutage noch komplett in Handarbeit geschreinert, in vielen Betrieben wird der Tischler von modernen, computergesteuerten Maschinen unterstützt. Außerdem hat er nicht mehr nur mit Holz zu tun, sondern auch mit holzanteiligen Werkstoffen wie Spanplatten und mit Kunststoffen.

Tischler- bzw. Schreinerzünfte bildeten sich in Deutschland, wenn überhaupt, erst relativ spät, etwa in Bremen, Hamburg und Berlin im 16. Jahrhundert. In der Barockzeit hatten die »Kistler« – wir würden sagen: Kunstschreiner – gut zu tun. Sie schnitzten und fertigten das so genannte Beiwerk – Ornamente oder Zierrahmen –, durften jedoch keine figürlichen Plastiken schnitzen. Auf die Einhaltung dieser Trennung wurde beispielsweise in Bayern genau geachtet. Heute ist Tischler ein Ausbildungsberuf im Handwerk.

Dieser Stuhl ist mehr als 3000 Jahre alt und gehörte zum berühmten Grabschatz des ägyptischen Pharaos Tutanchamun.

Polsterer und Raumausstatter

Viele Jahrhunderte sorgten auf harten Holzstühlen und -bänken lose Kissen für Bequemlichkeit. So genannte Polstermöbel, also Sitzmöbel mit einer fest verbundenen Auflage, kennt man in Europa erst seit dem späten 16. Jahrhundert. Zu den frühesten Polstermaterialien gehörte Stroh, später wurden Sprungfedern, Rosshaar oder Wolle raffiniert verschnürt und so in Form gebracht. Heute gehört es zum Berufsbild der Polsterer und Raumausstatter, Polster für Möbel zu fertigen und zu reparieren sowie mit Stoff oder Leder zu bespannen. Bei alten Stücken werden sie auch restauratorisch tätig. Hier gilt es, traditionelle Materialien sachkundig zu verarbeiten und den authentischen Stil des Werkstücks zu respektieren.

Anschauungsmaterial für die spätere Berufswahl: Das Schulwandbild aus der Zeit um 1900 zeigt die verschiedenen handwerklichen Tätigkeiten in einer Tischlerwerkstatt.

Hoch spezialisiert: Möbelrestauratoren

Restauratoren gibt es nicht nur für Bauten und Kunstwerke, sondern auch für Möbel. In Deutschland führt der Weg zu diesem spezialisierten Beruf entweder über einen Tischler-Meistertitel mit Zusatzausbildung oder über verschiedene Studiengänge, die Akademien und Hochschulen anbieten.

Die Kunst und Aufgabe des Restaurators liegt darin, so wenig wie möglich an einem originalen Objekt zu verändern, es jedoch mit so viel Aufwand wie nötig zu erhalten. Dabei kann man zwischen restauratorischen und konservatorischen Tätigkeiten unterscheiden. Beim Restaurieren werden Möbelstücke so weit wie möglich in ihren ursprünglichen Zustand zurückversetzt. In diesem Zusammenhang können beispielsweise auch spätere Veränderungen wieder rückgängig gemacht werden. Beim Konservieren geht es vor allem darum, das betroffene, unter Umständen auch beschädigte Möbelstück so zu behandeln, dass es nicht weiter Schaden nimmt. Bei beiden Vorgängen kommen zur Alters-, Echtheits- und Schadenbestimmung modernste Verfahren zur Anwendung – zur eigentlichen Behandlung des Objektes hingegen die traditionellen handwerklichen Techniken und Werkzeuge sowie die alten Materialien. Dazu zählen beispielsweise nach überlieferten Rezepturen hergestellte Leime aus Naturmaterialien oder Schellack als Lacküberzug.

Meister der Tischlerzunft

Zu den berühmtesten französischen Kunsttischlern zählt André Boulle (1642 – 1732), Hoflieferant des »Sonnenkönigs« Ludwig XIV. und ein Meister der Marketerie. Noch heute bezeichnet man die Technik, Furniere aus verschiedenfarbigen Hölzern wie Intarsien zu gestalten, als Boulle-Arbeit. Den ersten spezifisch englischen Möbelstil entwickelte Thomas Chippendale (1718 – 1779), dem es gelang, Rokoko-Elemente und klassizistische Formensprache zu einem beschwingt und doch solide wirkenden Mobiliar zu vereinen. Einer der berühmtesten deutschen Kunsttischler und Möbelfabrikanten war Michael Thonet (1796 – 1871), der ein Verfahren zur Herstellung von Bugholzmöbeln entwickelte. Dabei werden Rundhölzer mit Hilfe von Dampf und Leimwasser in die gewünschten Formen gepresst. Thonets »Kaffeehausstühle« – seit Mitte des 19. Jahrhunderts industriell gefertigt und bis heute millionenfach produziert und imitiert – sind wahre Klassiker.

Möbeldesigner - die Kosten stets im Blick

Kreativität und handwerkliches Geschick sind von jeher die unverzichtbaren Fähigkeiten des Möbeldesigners, heute kommt noch die Beherrschung der Computertechnik dazu. Denn die meisten Entwürfe entstehen mittlerweile mit Hilfe spezieller Computerprogramme und auch die Fertigung in den Fabriken ist weitgehend computergesteuert. Beim Möbeldesign geht es ja nicht mehr um Unikate, sondern in der Regel um Alltagsobjekte von der Lampe über den Bürostuhl bis zur Toilettenschüssel, die in Serie produziert werden sollen. Neben Funktionalität und Ästhetik stehen also Machbarkeit und Herstellungskosten im Mittelpunkt. Daran orientierten sich bereits in den 1920er-Jahren die Design-Pioniere des Bauhauses. Heute gelten diese Sachzwänge für die angestellten Designer von Möbelfabriken wie auch für die gefeierten Stars der Branche aus Skandinavien und Italien. In diesem Beruf finden sich Industriedesigner und Innenarchitekten, aber auch Holztechniker. Als ideale Ausbildung gilt eine handwerkliche Lehre in Kombination mit einem Designstudium an einer Hochschule.

Auch Afrika kennt eine große Tradition der Schreinerei: Der Königsstuhl der westafrikanischen Akan befindet sich heute im Nationalmuseum in Abidjan (Elfenbeinküste).

Für drinnen und draußen – Möbel aus verschiedenen Materialien reparieren

Die Gartenbank braucht dringend eine Frühjahrskur, um sich inmitten der Blütenpracht sehen lassen zu können. Und Großmutters Korbsessel hat auch schon bessere Zeiten erlebt. Oder ist es der durchgesessene Polsterstuhl, den Sie mit etwas Geschick und altem handwerklichen Wissen wieder auf Vordermann bringen wollen?

Durchgesessene Polster lassen sich mit einfachen Mitteln wieder herrichten.

Stuhlgurte erneuern

Wenn sich bei einem viel benutzten Polsterstuhl die unter dem Polster liegende Gurtung gelockert hat, machen Sie es wie Großvater und besorgen sich fünf Zentimeter breite Polstergurte, etwa aus Jute, einen Gurtspanner, Tapeziernägel und einen Hammer. Entfernen Sie in einem ersten Schritt das Stuhlpolster und die alte Gurtung und messen dann die Mitte der hinteren Stuhlzarge aus. Hier nageln Sie mit den Tapeziernägeln den ersten, einfach umgeschlagenen Gurt fest, spannen ihn dann mit dem Gurtspanner straff nach vorne und nageln ihn dort mittig an der Zarge an. Schneiden Sie den Gurt mit einigen Zentimetern Überlänge ab und nageln Sie diesen Gurtrest ebenfalls an. Achten Sie beim Vernageln stets darauf, die Nägel versetzt einzuschlagen – auf diese Weise kann die Zarge nicht so leicht springen! Diesen Vorgang wiederholen Sie je nach Breite des Stuhles mehrmals, bis die Fläche mit senkrechten Gurten bespannt ist. Nageln Sie im Anschluss den ersten waagrechten Gurt an einer Seitenzarge an und führen Sie ihn wie beim Flechten abwechselnd über und unter den senkrecht gespannten Gurten zur gegenüberliegenden Zarge, wo Sie ihn straff gespannt festnageln. Das Endergebnis ist eine verflochtene Gurtung, auf der die Polsterung angebracht werden kann.

Korb- und Rohrmöbel straffen

Ob sie nun aus Peddigrohr, Bambus, Rattan oder Weide gefertigt sind – Korb- und Rohrmöbel tendieren mit der Zeit dazu, die Spannung zu verlieren. Wollen Sie sie wieder in ihren alten Zustand bringen, empfiehlt sich eine altbewährte Methode: Feuchten Sie die Möbel einfach mit heißem Wasser an und lassen Sie sie an einem warmen Ort oder in der Sonne trocknen. Auf diese Weise bekämpfen Sie auch das lästige Knarren.

Unbehandelte Korbmöbel bleichen

Weidengeflechte werden mit der Zeit dunkler. Wenn Sie diesen natürlichen Effekt stoppen oder rückgängig machen wollen, waschen Sie das Material mit Salzwasser ab und lassen es so trocknen. Anschließend können Sie die Korbmöbel noch mit Zitronenöl abreiben, auch das ein Bleichmittel, das schon Großmutter gerne verwendete.

Schwerwiegend: Gartenmöbel aus Gusseisen kamen im 19. Jahrhundert in Mode.

Korbmöbel haben ihre Spannung verloren? Das Problem ist einfach behoben: anfeuchten und dann warm trocknen lassen.

Tropenholz – Plantagenholz

Gartenmöbel aus massivem Tropenholz sind widerstandsfähig, schön und ein regelrechter Klassiker. Doch leider stammen die begehrten Hölzer nicht selten aus gefährdeten Regenwäldern. Um deren Zerstörung nicht zu unterstützen, kaufen viele bewusste Verbraucher Möbel aus Holz, das in Plantagen angebaut wurde. Genau betrachtet, ist aber auch das kein Beitrag zum Umweltschutz. Denn diese Plantagenhölzer werden in Monokulturen erzeugt, die den Boden auslaugen und weitere erhebliche ökologische Schäden bewirken. Es bleibt also zu überlegen, ob man auf Edles à la Teak & Co. nicht doch besser verzichtet und auf Möbel aus heimischen Hölzern zurückgreift.

Der Schwerpunkt-Tipp

Jedes Frühjahr wieder – Schönheitskur für Ihre Gartenmöbel

Gartenmöbel müssen in unseren Breiten so einiges aushalten: Nässe, Trockenheit, erhebliche Temperaturschwankungen, die UV-Strahlung des Sonnenlichts. Darüber hinaus werden sie in der Regel die Hälfte des Jahres eingelagert. Deshalb hat Großvater den Gartenmöbeln vor jeder neuen Saison eine Frühjahrskur gegönnt.

Gründlich säubern

Da steht zuerst das gründliche Säubern an. Dafür nehmen Sie warmes Wasser, Schmierseife und eine Bürste. Anschließend wischen Sie die Möbel mit klarem Wasser ab und lassen sie gründlich austrocknen, bevor Sie sie weiter behandeln.

Holz behandeln – ja oder nein?

Es kommt auf die Holzart an: Je weicher das Holz, desto dringender muss es behandelt werden, um Witterungseinflüssen und Schädlingen zu widerstehen. Am härtesten sind Tropenhölzer, weshalb sie trotz Bedenken des Umweltschutzes noch immer sehr weit verbreitet sind. Teakholz etwa ist absolut witterungsfest und widersteht sogar den gefräßigen Termiten! Sie müssen es also nicht behandeln, auch nicht aus ästhetischen Gründen; denn mit der Zeit bildet es eine feine grausilbrige Patina, die ihm eine edle Note verleiht.

Vor Schädlingen schützen

Wenn heimische Hölzer zu lange feucht bleiben, droht Schädlingsbefall. Zum Schutz pinseln Sie die Möbel mit einer fünfprozentigen Borsalzlösung ein, die Sie vor einer weiteren Behandlung gut eintrocknen lassen.

Neu lackieren

Wenn Lackierungen aufgeplatzt und abgeblättert sind, müssen sie vollständig abgeschliffen und neu lackiert werden. Denn falls Sie die Schadstellen einfach überstreichen, kann sich hinter der Versiegelung Feuchtigkeit stauen, die das Holz verfaulen und Metallteile rosten lässt. Wenn Metall bereits rostige Stellen aufweist, müssen Sie den Rost vor dem Lackieren vollständig abschleifen, weil er sich sonst unter der Lackschicht weiterfrisst.

Gartenmöbel bedürfen aufgrund ihrer großen Belastung einer besonderen Behandlung gegen Feuchtigkeit und Schädlinge. Der beste Schutz besteht natürlich darin, sie möglichst wenig im Freien zu belassen.

Mit Leinöl behandeln

Zum Erhalt hölzerner Gartenmöbel können Sie natürliche Leinölprodukte verwenden. Das Leinöl dringt in das Holz ein und lässt Wasser abperlen, so dass das Holz vor Feuchtigkeit geschützt ist. Allerdings sollten Sie die Behandlung mit Leinöl jedes Jahr wiederholen: Zuerst schleifen Sie das Holz mit einem feinen Schleifpapier an, dann tragen Sie mit einem Pinsel oder einer Malerrolle den ersten Anstrich auf. Wenn er gründlich durchgetrocknet ist, führen Sie mit einem feinen Schleifvlies einen Zwischenschliff aus und tragen dann den zweiten Anstrich auf. Wenn Sie Ihren Holzmöbeln einen neuen Farbton geben wollen, können Sie dem Leinöl Erd- oder Mineralpigmente in der gewünschten Farbe beimischen. Da sich das Ergebnis erst in trockenem Zustand zeigt, sollten Sie an einer unauffälligen Stelle einen Farbtest machen und gut trocknen lassen, bevor Sie das ganze Möbelstück behandeln.

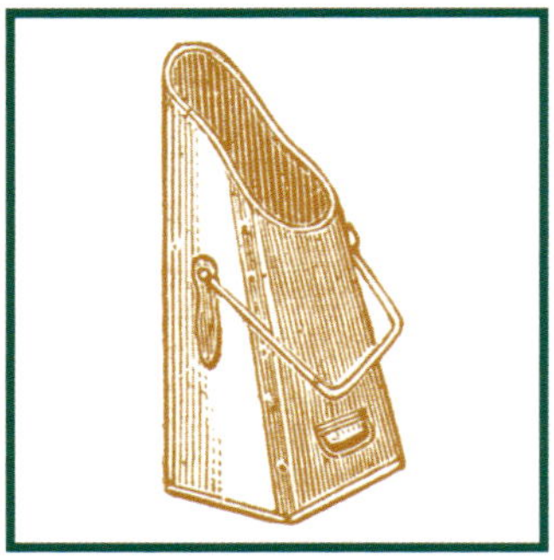

Der Keller – die Basis des Hauses

In einem Punkt gleichen Häuser uns Menschen: Sind ihre Füße längere Zeit nass und kalt, können sie erkranken, also Schaden nehmen. Die Bauteile im Erdreich – sprich Keller, Fundamente und Sockel – haben aber nicht nur eine ganz entscheidende Funktion für die Substanz eines Hauses, sie sind auch besonders anfällig. Deshalb hat man dem Keller von jeher große Aufmerksamkeit gewidmet und bewährte Methoden entwickelt, ihn auf Dauer zu schützen.

Der Keller – trocken und hygienisch mit traditionellen Methoden

Großvater ist nicht nur in den Keller gegangen, um eine Flasche Wein heraufzuholen. Nach dem Prinzip »Wehret den Anfängen« hat er in regelmäßigen Abständen das Raumklima dort kontrolliert und wenn dieses zu feucht war, altbewährte Gegenmaßnahmen ergriffen. Großmutters Hauptanliegen waren die im Keller gelagerten Nahrungsmittel. Da mussten ungebetene »Mitesser« schnellstens vertrieben werden!

Schimmel im Keller – sofort handeln!
In Kellern, die als Vorratslager dienen, ist kühle Feuchtigkeit bis zu einem gewissen Grad erwünscht, da trockene Wärme den meisten Nahrungsmitteln nicht bekommt. Wenn die Luftfeuchtigkeit aber überhand nimmt – ab etwa 65 Prozent – und sich sogar Schimmel bildet, müssen Sie sofort etwas unternehmen – Ihrer Gesundheit und Ihrem Haus zuliebe. Waschen Sie in einem ersten Schritt die Wände mit verdünntem Salmiakgeist oder Spiritus gründlich ab. Auf diese Weise entfernen Sie jedoch nur die Symptome, nicht die Ursache der gesundheitsschädigenden Pilze. Suchen Sie also in einem zweiten Schritt den Grund für die zu hohe Feuchtigkeit in Ihrem Keller, den Sie in einem dritten Schritt beseitigen.

Gefahrenpunkte durch verstopfte Regenrinnen
Eine häufige Ursache für übermäßige Feuchtigkeit im Keller ist Oberflächenwasser, etwa Schlagregen oder Schnee, das nicht richtig ablaufen kann. In der Folge tritt es durch Öffnungen ein oder staut sich am und im Mauerwerk. Ein besonderer Gefahrenpunkt sind Regenrinnen und Fallrohre: Sind sie kaputt oder verstopft, läuft das Wasser direkt an der Hausmauer ab und wird nicht über das Fallrohr in die Kanalisation geleitet. Es sickert somit ins Erdreich und durchfeuchtet möglicherweise die Kellermauer. Prüfen Sie also regelmäßig Regenrinnen und Fallrohre auf Schäden und Verstopfungen durch Blätter, Äste oder andere Fremdkörper, um den sicheren Ablauf des Regenwassers zu gewährleisten.

Keller richtig lüften
Zu feuchte Kellerwände, auf denen sich sogar Schimmel bildet, können eine Folge von zu viel Frischluft sein. Tatsächlich ist für Keller mit kühlem, feuchtem Klima gerade die vermeintlich gute, feuchtwarme sommerliche Frischluft eher problematisch. Das mag für den Laien paradox klingen, lässt sich aber plausibel erklären: Die Feuchtigkeit der einströmenden wärmeren Luft kondensiert an den kälteren Kellerwänden zu Wasser. Die so entstehende Feuchtigkeit bildet ideale Lebensbedingungen für Schimmel, Schwamm & Co. Um dies zu vermeiden, sollten Sie sich an Großvaters Grundregel halten: Der Keller wird möglichst nur gelüftet, wenn die Temperatur der Außenluft spürbar unter der Temperatur der Kellerwände liegt. Im Sommer sollten Sie deshalb die Fenster geschlossen halten und gegebenenfalls nur am frühen Morgen Frischluft einlassen.

Ein richtig gelüfteter Felsenkeller – wie hier im Aostatal (Italien) – ist ein hervorragender Lagerungsort für Lebensmittel.

Fenster in die Vergangenheit

Berg-, Fels und Erdkeller *waren in der Vergangenheit weit verbreitet. So wurden etwa in Berge oder Hänge waagerecht unterirdische Höhlungen gebaut und dann ausgemauert – oder aber man trieb einen Keller direkt in den festen Fels hinein. Auch ließen sich natürliche Höhlen nutzen. Eine andere Möglichkeit bestand darin, einen zumindest zum Teil oberirdischen Raum zu errichten und ihn anschließend dick mit Erde zu bedecken. Bei richtiger Belüftung erwiesen sich diese mehr oder weniger natürlichen, vom Haus unabhängigen Keller als idealer Lagerungsort für verschiedenste Güter. Weiterhin boten sie den großen Vorteil, dass sie in der Regel ebenerdig zugänglich waren, was es natürlich enorm erleichterte, dort Güter zu lagern. Zudem ließen sie sich bei entsprechender Notwendigkeit ausbauen.*

Oberirdisch errichteter, dann mit Erde bedeckter und ebenerdig zugänglicher Keller in Schweden

Mauern müssen atmen – Kellerwände kalken

Nicht immer lässt es sich vermeiden, dass wärmere Luft in kühle Keller dringt. Dies gilt besonders in den Eingangsbereichen zum Keller und in Kellerfluren. Um übermäßige Feuchtigkeit an den Wänden zu vermeiden, sollten Sie deshalb Putz und Tünche verwenden, die das Mauerwerk atmen lassen. Bewährt haben sich seit langem Luftkalkputz und Kalktünche – Werkstoffe, die die Kapillartrocknung (die Trocknung der feinen Haarröhrchen des Mauerwerks) zulassen und sie nicht verstopfen. Darüber hinaus hat Kalk einen weiteren Vorteil: Er ist ein regelrechter Schimmelkiller.

Bevor Sie den Kalkputz anbringen, müssen Sie den Untergrund von altem, möglicherweise mit Schimmel durchsetztem Putz, von alten Anstrichen sowie von jeglicher Verschmutzung befreien. Außerdem braucht Kalkputz einen feuchten, nicht zu saugfähigen Untergrund, sonst haftet er nicht gut.

Reguliert Feuchtigkeit: Lehmboden

Noch Anfang des 20. Jahrhunderts hatten Keller häufig einen gestampften Lehmfußboden – aus gutem Grund: Die feuchtigkeitsregulierenden Eigenschaften des Lehms wirken sich positiv auf das Klima im Keller aus, da sie für kühle Temperaturen sorgen. Wenn ein Belag für den Lehmboden erwünscht war, nahm man atmungsaktive – also weder abgedichtete noch imprägnierte – Ziegelplatten.

Feuchtigkeit ist der größte Feind des Kellers, nicht zuletzt, weil er einen idealen Nährboden für Schimmel bildet.

Gerade in Hochwasserregionen, in denen Wasser in den Keller eindringen kann, haben sich Lehmböden jahrhundertelang bewährt. Wenn Sie einen solchen Altbau besitzen, sollten Sie dem Rat der Experten folgen und den Lehmboden belassen. Möglicherweise ist er auch unter einer Betonschicht begraben, die sich auf das Kellerklima weniger günstig auswirkt. Gegebenenfalls sollten Sie diese entfernen lassen und zum Altbewährten zurückkehren.

Der perfekte Lagerkeller

Für ein gutes Raumklima im Keller sorgen natürliche Baumaterialien – Natursteine, gebrannte Ziegel, Kalkmörtel, Kalkputz und Stampflehmböden – und die traditionelle Bautechnik: Die Kellerwände werden – gegebenenfalls auch nachträglich – von außen mit Kalkschotter oder Kies bepackt und dann mit Aushub gut überdeckt – je dicker diese Schicht ist, umso konstanter hält sich die Temperatur in den Kellerräumen! Außerdem wird für Entlüftungen gesorgt. Der Boden wird auf Kalkschotterbasis gebaut, darauf kommen atmungsaktive Ziegelplatten im Splittbett oder gestampfter Lehm. Ziegel und Steine werden nicht abgedichtet oder imprägniert, um den Feuchteaustausch nicht zu behindern.

Natürliche Baumaterialien wie gebrannte Ziegel bieten beste Voraussetzungen dafür, im Keller Lebensmittel zu lagern.

Lagerregale richtig aufstellen

Großvater wusste, dass man Regale in Keller nicht direkt an die Wand stellt, sondern immer mit etwas Abstand, außerdem brauchen sie Bodenfreiheit. Sinn des Ganzen: Die Luft muss um die Regale zirkulieren können. Aus raumklimatischen Gründen empfiehlt es sich, die Außenwände des Kellers möglichst frei zu halten, weshalb Sie Regale am besten nur an den Innenwänden aufstellen.

Obst und Gemüse im Keller lagern

Keller mit kühlen, konstanten Temperaturen und einem gewissen Grad an Luftfeuchtigkeit sind der ideale Lagerplatz für Obst und Gemüse. Gerade Wurzel- und Kohlgemüse können Sie in einem solchen Keller mehrere Wochen bis Monate aufbewahren. Bei Kartoffeln gilt dies besonders für die Spätkartoffeln, die einen Winter überdauern können. Einige Gemüse- und Obstsorten sind kälteempfindlich und sollten deshalb nicht im Kühlschrank gelagert werden – gut verpackt, etwa in Seidenpapier, überdauern sie im Keller länger. Für die Lagerung von Obst und Gemüse eignen sich am besten offene Regale. Achten Sie dabei darauf, dass sich die einzelnen Früchte nicht berühren. Darüber hinaus sollte Obst nicht direkt neben Gemüse liegen, da dessen Ausdünstungen die Reifung der Früchte beschleunigen. Für Karotten und Petersilienwurzeln empfiehlt sich eine so genannte Miete: eine mit Sand gefüllte Kiste, in der das – am besten ungewaschene! – Wurzelgemüse gelagert wird.

Für Wein empfehlenswert: Regale, die eine waagerechte, dichte und gut geschützte Lagerung erlauben

Wein im Keller lagern

Von jeher dienen Keller als perfekte Lager- und Reifestätten für Wein. Allein schon die Tatsache, dass es im Keller relativ dunkel ist, kommt dem lichtempfindlichen Wein entgegen. Zu den wichtigsten Vorteilen der Kellerlagerung zählt die konstante kühle Temperatur, die in modernen Kellereien ständig sorgfältig überwacht und reguliert wird. In Flaschen gelagerter Wein darf sich nämlich nicht erwärmen, weil er sich dann bis in den Korken ausdehnt und verdunstet. Kühlt die Temperatur wieder ab, zieht er sich aus dem Korken zurück, und verderbliche Luft kann in die Flasche eindringen. Wesentlich für einen guten Weinkeller ist außerdem eine Luftfeuchtigkeit um die 65 Prozent, damit die Korken nicht austrocknen. Aus diesem Grund sollten Sie Weinflaschen auch immer liegend aufbewahren.

Beachten Sie bei der Lagerung, dass Weinflaschen möglichst dicht gestapelt werden sollten, damit sie sich gegenseitig schützen. Gegebenenfalls lassen Sie sie gut abgeschirmt und in Wellpappe eingewickelt im Karton liegen. Ist Ihr Keller im Sommer zu warm, können Sie sich mit einem altbewährten Trick behelfen: Verspritzen Sie kaltes Wasser – die Verdunstungskälte lässt die Temperaturen schnell sinken.

Der Schwerpunkt-Tipp

Ungebetene Gäste im Keller – Maus & Co. bekämpfen

Wenn Sie Ihren Keller als Lagerraum für Lebensmittel nutzen, stellt sich das Problem der Schädlingsbekämpfung. Um die Plagegeister abzuhalten und zu vertreiben, haben sich ein paar Maßnahmen über die Zeiten bewährt.

Mäuse fern halten

Wer keine Mäuse im Haus haben will, sollte sie gar nicht erst anlocken. Deshalb müssen Sie Haus und Keller für Nager möglichst uninteressant machen, indem Sie einige Grundregeln beachten: Werfen Sie niemals Essensreste auf den Kompost, halten Sie Mülltonnen stets gut verschlossen, lassen Sie kein Tierfutter offen stehen und reinigen Sie stets die Futternäpfe Ihrer Haustiere, damit keine leckeren Reste die hungrigen Tierchen anlocken.
Damit Mäuse nicht in den Keller mit den Vorräten eindringen können, suchen Sie nach Öffnungen – etwa ungenutzte Abflüsse –, durch die sie schlüpfen können, und verschließen Sie diese. Bringen Sie zudem am Kellerfenster ein Metallgitter an, an dem sich die Nager die Zähne ausbeißen. So ist für Lüftung gesorgt, aber die ungebetenen Gäste müssen draußen bleiben.

Vorratskeller sind ein echtes Mäuseparadies und ziehen die Nagetiere magisch an. Die beste Vorsorge gegen die Tiere besteht darin, darauf zu achten, dass sich um das Haus herum keine Essensreste befinden, die die ungebetenen Gäste anlocken könnten.

Wie man die Eindringlinge loswird

Sollten Sie durch Nagespuren, Kot und Haare erkennen, dass Mäuse Ihren Keller erobert haben, müssen Sie die altbewährten Fallen aufstellen. Wer die Schlagfallen nicht mag, kann auf Lebendfallen zurückgreifen. Um böse Überraschungen zu vermeiden, müssen Sie die gefangenen Tiere wirklich weit genug von Ihrem Haus entfernt wieder aussetzen. Außerdem müssen Sie die Nester suchen und zerstören. Großmutter hat Mauselöcher aufgespürt und mit Terpentin getränkte Lumpen hineingesteckt. Machen Sie das nach, dann werden Sie sehen, dass die Mäuse für immer ausziehen.

Harmlos: Kellerasseln

Viele finden sie ekelhaft, aber im Grunde sind Kellerasseln harmlos. Die nachtaktiven Krebstiere ernähren sich von faulenden pflanzlichen Abfällen, brauchen eine hohe Luftfeuchtigkeit und sind deshalb nur in feuchten Kellern zu finden. Großmutter hat Asseln entfernt, indem sie sie ganz einfach zusammengekehrt hat. Sie können aber auch eine Asselfalle bauen: Geben Sie in einen Blumentopf feuchte Holzwolle und gekochte Kartoffeln und legen Sie ihn in den Keller. Die Asseln krabbeln hinein und können dann mitsamt dem Blumentopf entsorgt werden.

Überwintern im Keller: Essigfliegen

Essig- oder Taufliegen legen ihre Eier in Obst, das dadurch verdirbt, und überwintern gerne in Kellern. Da die kleinen Fliegen überreifes Obst und fauliges Wasser in verstopften Regenrinnen lieben, sollten Sie als beste Vorbeugung gegen diese Schädlinge regelmäßig Ihre Obstvorräte und die Entwässerungsrohre überprüfen.

Jahrtausendelang ein Problem – die Lagerung von Wein

Die Kunst des Weinkelterns ist seit Jahrtausenden bekannt und hat sich von ihren Ursprüngen an der Ostküste des Schwarzen Meers in alle Welt verbreitet. Seitdem haben die Menschen stets versucht, den Rebsaft geschmacklich zu verbessern und seine Produktion zu optimieren. Eine wichtige Rolle spielt dabei die richtige Lagerung. Denn durch sie verwandeln sich junge Weine nicht in Essig, sondern in edle Tropfen.

Dass die seit Millionen Jahren auf der Erde vorhandene Weinpflanze die letzte Eiszeit überstand, verdanken wir kleinen warmen Klima-Inseln im Gebiet des heutigen Georgien und Armenien. Die in der Region ansässigen Bauern waren es vermutlich auch, die den »wilden« Wein zur Kulturpflanze machten. Sicher wissen wir von Weinbergen, die vor 6000 Jahren in Anatolien angelegt wurden. Und schon vor über 4000 Jahren wurde Weinbau auf eine Art betrieben, die sich grundsätzlich kaum von der heutigen unterscheidet.

Seit dem 17. Jahrhundert wird Wein in Flaschen abgefüllt und in entsprechenden Kellern wie hier im tschechischen Jaroslavice gelagert. Die südmährische Stadt liegt inmitten eines sehr fruchtbaren Weinanbaugebietes.

In der Erde vergraben

Doch ein großes Problem war in alter Zeit die längerfristige Lagerung des beliebten Rebensaftes. In der Antike kämpfte man gegen die unerwünschten Auswirkungen von Temperatur und Luft auf den Wein mit unterschiedlichen Methoden. Im Kaukasus beispielsweise wurden Weinkrüge in der Erde vergraben, so dass der Wein bei kühlen, gleichmäßigen Temperaturen lagerte. Das Verfahren scheint bis zu einem gewissen Grad Erfolg gehabt zu haben, zumindest wurde es jahrhundertelang praktiziert: Vor kurzem entdeckte man beim Bau der südkaukasischen Pipeline in Südgeorgien Weinbehälter aus dem späten Mittelalter, die in der Erde vergraben waren. Eine andere Methode bestand darin, Wein in steinernen Behältern zu lagern, die mit Gips abgedichtet und mit Fett versiegelt wurden.

Altägyptische Weinkultur

Zu einem ausgesprochenen Weinland entwickelte sich vor Jahrtausenden Ägypten, wo die Pharaonen der Priesterschaft jährlich eine große Menge des Rebensaftes zur Verfügung stellten. Womöglich gab es auch schon richtige Weinkenner, die einen gut gelagerten Tropfen zu schätzen wussten. Denn Archäologen fanden in Ägypten Weinkrüge mit antiken »Etiketten«: Auf den Behältern waren Angaben zu Produzent, verwendeten Sorten und Jahrgang eingeritzt. Allerdings gab man den Jahrgang wohl hauptsächlich als eine Art Verfallsdatum an. Weinhistoriker gehen nämlich davon aus, dass in jener Zeit junger Wein recht schnell getrunken werden musste, damit er nicht zu Essig vergor.

Griechischer Wein in Amphoren

Im antiken Griechenland gab es bereits eine ausgefeilte Weinkultur, die später im Römischen Reich noch verfeinert wurde. Wie die Assyrer und die Ägypter vor ihnen kannten die Griechen zwar schon Korken, aber ihre tönernen Amphoren, in denen sie den Wein lagerten, verschlossen sie in der Regel mit Terrakottapfropfen, die sie mit Ton abdichteten. Die Römer übernahmen diese Art der Vorratshaltung, verwendeten gelegentlich aber auch schon Glasflaschen und dichteten diese mit Kork und Pech ab. Einen gewaltigen Fortschritt machten sie, als Caesar Gallien eroberte: Die Kelten nämlich kannten das Holzfass, und die Römer – klugerweise immer bereit, auch von Besiegten zu lernen – übernahmen es als willkommene Innovation für Transport und Lagerung von Wein.

In Deutschland führten die Römer den Weinbau ein, der sich über die Jahrhunderte bis an die Ostsee ausbreitete. Später ging der Anbau aufgrund südländischer Konkurrenz auf die heutigen Gebiete zurück.

Der antike Weinkeller

Der Weinkeller war bei Griechen und Römern durchaus üblich. Und man schaffte auch schon im Winter Schnee und Eis in tiefe Keller und Felshöhlen, um im Sommer für Kühlung zu sorgen – eine Methode, die bei uns noch im 19. Jahrhundert gang und gäbe war. Außerdem kannte man verschiedene Verfahren, um Wein durch Zusätze haltbar zu machen – beziehungsweise noch genießbar, wenn er schon »umgekippt« war. So wurden während und nach der Gärung verschiedenste Gewürze zugesetzt, sogar Ziegenkäse oder Gerstengrütze. Bisweilen hat man den Most auch erhitzt oder in Brunnen und im Meer kühl gelagert, damit er langsamer oder gar nicht vergor. Als Konservierungsmittel dienten aber auch Pech, Salz oder Harz. Für heutige Weinliebhaber klingt das zumindest zweifelhaft, doch sollte man die antike Weinkultur nicht unterschätzen. Sie kannte bereits den natürlich süßen Trockenbeerenwein und unter römischen Weinkennern waren sowohl bestimmte berühmte Lagen als auch lange gelagerte (unverdorbene) Weine heiß begehrt.

Die Nürnberger Felsenkeller

Felshöhlen – natürliche oder künstlich angelegte – wurden von jeher als Lagerräume genutzt. In Nürnberg haben die Bürger im Mittelalter damit begonnen, den Burgberg auszuhöhlen. Die so entstandenen privat oder geschäftlich, etwa von Wirten, genutzten Felsenkeller hatten den Nachteil, nicht direkt beim Haus zu liegen. Dagegen stand der enorme Vorteil, sie ebenerdig ausbauen und beschicken zu können, auch mit Wagen und später sogar mit Loren. Und wer mehr Platz brauchte, baute einfach mehrstöckig in die Tiefe. Viele Jahrhunderte lang wurden so im Inneren des Nürnberger Burgbergs riesige Mengen Wein oder auch Bier gelagert. Dem Problem der zu hohen Feuchtigkeit begegnete man mit einem ausgeklügelten Lüftungssystem: In südseitig angelegten Luftschächten stieg durch die Sonne erwärmte Luft auf, dadurch strömte kalte Luft aus nordseitigen Schächten nach. Durch die so bewirkte Luftumwälzung wurden die Keller trocken gehalten, ohne dass sich die Temperatur erhöht hätte.

Weinkeller herkömmlicher Art: Nach dem Keltern wird der Wein in Fässer abgefüllt, in denen er sechs bis zwölf Monate gärt. Aus dem Trester, den Rückständen beim Keltern, wird oft Schnaps, wie er hier im Vordergrund zu sehen ist, gebrannt.

Die Erkenntnis des Louis Pasteur

Nach Jahrhunderten der Vernachlässigung und des Niedergangs erlebte der europäische Weinbau ab dem 17. Jahrhundert seine Renaissance. Damals begann man auch, Wein in Flaschen abzufüllen und, wie Jahrhunderte zuvor die Römer, mit Korken zu verschließen. Diese Neuerungen ermöglichten eine längere Lagerung der Weine, die in tiefen Kellern kühl, bei konstanter Temperatur und erschütterungsfrei aufbewahrt wurden.

Mitte des 19. Jahrhunderts führte der große französische Chemiker und Bakteriologe Louis Pasteur (1822 – 1855) Untersuchungen zu Gärung und Fäulnis durch und erbrachte unter anderem den Beweis, dass Wein durch bestimmte Mikroorganismen verdirbt und deshalb luftdicht gelagert werden muss. Auf dieser neuen Erkenntnis und auf dem Erfahrungswissen der Weinbauern basiert die moderne Weinlagerung. Sie erlaubt es, bestimmte Weine jahrzehntelang zu lagern.

Flaschenschrank aus Metall (spätes 19. Jahrhundert). Wein sollte waagrecht gelagert werden, damit der Korken feucht bleibt.

Das Dach über dem Kopf – Schäden verhindern und beheben

Das »Dach über dem Kopf« steht nicht nur sinnbildlich für das Haus, das seinen Bewohnern Schutz vor der Witterung und anderen Gefahren bietet. Auch ganz praktisch ist es der wichtigste Teil eines Hauses. Wenn das Dach nicht in Ordnung ist, leidet der gesamte Bau. Deshalb hat man schon immer größte Sorgfalt walten lassen, wenn es um das Dach ging, und vielerlei Methoden entwickelt, um Schäden zu verhindern und zu beheben.

Schäden und Schädlinge im Dach erkennen

Für den Erhalt eines Hauses nimmt die bauliche Pflege des Daches eine zentrale Bedeutung ein. Großvater wusste, dass es schwere Folgen nach sich ziehen kann, wenn auch nur kleinste Defekte unbeachtet bleiben. Es lohnt also, regelmäßig nach Schäden und nach Schädlingen Ausschau zu halten. Dafür gibt es altbewährte Methoden.

Einem Dachstuhl aus Holz drohen unterschiedliche Gefahren wie Pilze oder Insekten, sein größter Feind ist jedoch Feuchtigkeit, die auch gelagertes Gut angreift.

Der Nase vertrauen – Feuchtigkeit erkennen

Der größte Feind des Daches ist die Feuchtigkeit: Sie schwächt das Holz der Dachkonstruktion, das so für Fäule- und Insektenschädlinge anfällig wird. Bei seinen regelmäßigen Inspektionen hat Großvater deshalb gründlich nach verschiedenen Anzeichen von Feuchtigkeit gesucht und dabei auf Augen und Nase vertraut: Wenn Ihnen ein modriger, muffiger Geruch entgegenschlägt, kann bereits etwas im wahrsten Sinne des Wortes faul sein. Achten Sie auch auf offensichtliche Anzeichen wie feuchte Stellen, dunkle Flecken und Wasserflecken an den Dachschrägen und den hölzernen Bauteilen, aber auch auf indirekte Hinweise wie abblätternde Farbe und Risse am Putz der Dachschräge.

Vorsicht Pilze!

Besonders gefürchtet ist das zerstörerische Werk von Pilzen an den Balken der Dachkonstruktion. Sie lieben feuchtes Holz. Wenn die Holzfeuchtigkeit mehr als 20 Prozent beträgt, lassen sich die ungebetenen Gäste gerne nieder. Fachleute unterscheiden zwischen Holz verfärbenden und Holz zerstörenden Pilzen wie etwa den Hausfäulen.

Gefürchtet, da schwer zu bekämpfen: der Hausschwamm

Eine gefährliche Hausfäule ist der Echte Hausschwamm, der wohl am schwierigsten zu bekämpfende Holzpilz. Wird er zu spät entdeckt oder nicht behandelt, kann er sowohl Hart- als auch Weichholz bis zur vollständigen Zerstörung zersetzen. Die braunen Stränge und weißen Myzelien des Echten Hausschwamms können sich vom ursprünglichen Infektionsherd an einer feuchten Holzstelle über viele Meter durch Erdreich und Mauerwerk ausdehnen. Echten Hausschwamm erkennen Sie an den typischen großflächig weißen Myzelgeflechten an der Oberfläche des Holzes und dem würfelförmig bröckelnden Holz.

Bläuepilze schwächen Holz

Holz verfärbende Pilze sind die verschiedenen Arten der so genannten Bläue. Diese blau schimmernden Pilze befallen bevorzugt Nadelhölzer. Sie schwächen das Holz, machen es also für andere Schädlinge anfälliger, mindern jedoch nicht grundsätzlich die Festigkeit des Materials. Die so genannte Anstrichbläue findet man auf getrocknetem Holz, das wieder

Beim Blick über die Dachlandschaft unserer Städte zeigt sich eine große Vielfalt der Formen.

feucht wurde. Bläuepilze stören nicht nur bei Anstrichen und Lasuren, sie sind vor allem ein untrüglicher Indikator dafür, dass verbautes Holz zu feucht ist und somit anfällig für andere Schimmelerkrankungen und tierische Schädlinge.

Dachschädling Hausbockkäfer

Ein altbekannter Schädling an Nadelhölzern ist der etwa zehn bis 25 Millimeter lange, braune Hausbockkäfer. Auffälligstes Merkmal dieses berüchtigten Holzbewohners sind zwei Punkte auf den Flügeldecken. Die eigentlichen Übeltäter sind seine Larven, die vom Eiweiß im Holz leben. Sie können sich bis zu 15 Jahre durch Dach- und andere Balken fressen, bevor sie sich verpuppen. Die Anzeichen für einen Holzbockbefall sind pochende, kratzende Geräusche, ovale Ausfluglöcher im Holz, leichte Erhebungen an der Holzoberfläche sowie das typische Fraßmehl, das die Larven hinterlassen.

Besonders gefährlich für einen hölzernen Dachstuhl: der Holzwurm

Wenn der Holzwurm klopft

Der bis zu sechs Millimeter dunkelbraune bis schwarze Nagekäfer mag jedes Holz, ob Laub- oder Nadelholz, egal ob abgelagert oder frisch. Haben die Käfer erst einmal einen Balken erobert, bleiben sie dort über Generationen und fressen ihn ganz auf. Nagekäferbefall erkennt man an den klopfenden Lauten, die die Krabbler im Holz verursachen, sowie an den kreisrunden Fraßgängen der Larven (»Holzwürmer«), die mit Fraßmehl gefüllt sind. Wenn zudem aus den kreisrunden Fluglöchern der Käfer Fraßmehl rieselt, ist dies ein eindeutiges Zeichen für aktiven Befall.

Die Totenuhr

Nicht von ungefähr heißt der kleine Bunte Nagekäfer auch »Totenuhr«: Er ist ein so genannter Pilzfolger, siedelt sich also in Hölzern an, in denen sich schon ein Pilz breit gemacht hat. Sein bevorzugter Wirt ist verbautes Eichenholz (etwa in Fachwerkhäusern), er verschmäht aber auch Nadelhölzer nicht. Wo der Bunte Nagekäfer frisst, hat das letzte Stündlein eines Balkens geschlagen: Sein Kernholz wurde von einem Pilz bereits zu sehr zerstört, als dass er noch gerettet werden könnte.

Akuten Befall erkennen

Häufig erkennt man zwar Anzeichen von Holzschädlingen, kann aber nicht auf Anhieb oder mit letzter Sicherheit bestimmen, ob diese schon älter – und somit nicht mehr gefährlich – oder neueren Datums sind. Akuten Befall erkennen Sie mit einer altbewährten Methode: Kleben Sie mit Stärkekleister einfarbiges Packpapier über die verdächtige Stelle am Holz. Aktive Nage- oder Holzbockkäfer werden sich auch durch das Packpapier bohren. Anhand der Fluglöcher im Papier können Sie feststellen, ob und in welchen Mengen Käfer – und somit auch die schädlichen Larven – aktiv sind.

Man sollte den Dachstuhl immer gut im Blick behalten, um bereits erste Anzeichen von Dachschädlingen zu erkennen.

Meldepflicht bei Schwammbefall

In der Bundesrepublik regeln die Bauordnungen der einzelnen Länder, ob ein Befall durch Echten Hausschwamm gemeldet werden muss. Doch auch ohne entsprechende Vorschrift ist es eigentlich klar, dass beim ersten Anzeichen des Schwamms sofortiger Handlungsbedarf besteht, das heißt, dass Fachleute hinzugezogen und Gegenmaßnahmen getroffen werden müssen. Dieses Vorgehen ist jedoch nicht nur beim Echten Hausschwamm erforderlich, sondern bei jeglichem erkannten Befall von Holz zerstörenden Schädlingen – diese Verantwortung trägt jeder Hausbesitzer.

Dachschädigungen mit traditionellen Mitteln verhindern und bekämpfen

In früheren Zeiten, als beim Hausbau noch bedeutend mehr Holz als heute verarbeitet wurde, stellten Holzschädlinge eine viel geringere Gefahr für die Bausubstanz dar als heute. Dies beweist, dass altbewährte Verfahren zur richtigen Belüftung und Vermeidung von Feuchtigkeit eine größere Rolle im Kampf gegen Holzschädlinge spielen als etwa die moderne »chemische Keule«.

Eine massive Schädigung des Daches sollte zum Anlass genommen werden, den Dachstuhl auch auf andere Schäden hin zu untersuchen und gegebenenfalls zu handeln.

Ordnung ist die beste Vorbeugung

Eine vorbeugende Maßnahme gegen Schädlinge lässt sich ohne großen Aufwand durchführen: Halten Sie bei Dächern, die nicht ausgebaut sind, den Dachfußbereich im Dachstuhl immer frei. »Vermüllte« Dachfußbereiche sind ein Paradies für Schädlinge.

Lange vergessen – Färberwaid schützt das Holz

Eine uralte Kulturpflanze aus unseren Breiten, die fast ganz in Vergessenheit geraten war, erlebt heute eine kleine, wohlverdiente Renaissance: der Färberwaid. Schon in der Jungsteinzeit bekannt, wurde er – mit großem Gewinn – vor allem vom 13. bis zum 17. Jahrhundert in Thüringen für die Tuchfärberei angebaut, da aus seinen Blättern ein blauer Farbstoff hergestellt werden kann. Mit der Einführung des Indigo aus Asien geriet der Färberwaid in Vergessenheit. Mit der Pflanze kann man aber nicht nur färben, sondern auch Holz schützen. Imprägnierende Anstriche auf der Basis von Färberwaid wirken pilzhemmend und insektenabweisend.

Effektiv im Kampf gegen Dachschädlinge: Borsalz

Großvaters Hausmittel gegen den Befall von Holzschädlingen war Borsalz. Dieses ungiftige, rein natürliche Mineralsalz wird in Nordamerika abgebaut. Die Wirkung von Borsalz ist einfach, aber effektiv: Es denaturiert das Eiweiß im Holz und entzieht so den Schädlingen die Nahrungsgrundlage. Um hölzerne Bauteile des Daches mit Borax zu imprägnieren, müssen Sie sie mit einer zehnprozentigen Borsalzlösung, der Sie etwas Essig oder Zitronensäure zugeben, mindestens zweimal nass in nass behandeln. Mögliche Ausblühungen, die auf sehr trockenem Holz auftreten können, fegen Sie einfach ab. Die Behandlung ist nur erfolgreich, wenn das Borsalz tief in das Holz eindringen kann und wenn spätere Risse und Schnittstellen nachbehandelt werden. Achtung: Wenn Dachbalken oder -latten bereits von Schädlingen befallen sind, ist es zu spät. Dann hat Borsalz keine Wirkung mehr.

Die Geschichte des Blitzableiters

In alter Zeit verursachten Blitzeinschläge in Gebäuden schreckliche Feuersbrünste, die unzählige Menschenleben forderten. Abhilfe schuf der amerikanische Politiker, Diplomat und Naturforscher Benjamin Franklin (1706 – 1790) mit seiner Erfindung des Blitzableiters – eine geerdete Metallstange, an der der Blitz beim Einschlag um ein Gebäude herum und in die Erde abgeleitet wurde. Erstmals wurde Franklins Erfindung 1752 in der Nähe von Paris getestet. In Deutschland hat man den ersten Blitzableiter 1770 gebaut. Wirklich durchgesetzt hat sich dieser ebenso einfache wie wirkungsvolle Schutz von Häusern und ihren Bewohnern jedoch erst Jahrzehnte später.

Vielseitig gegen Schädlingsbefall: Holzessig

Ein altbekanntes Mittel gegen Holzschädlinge ist Holzessig. Dieses Produkt aus der Köhlerei und Holzverarbeitung wird durch die trockene Destillation von Holz – meist Buchen- oder Birkenholz – gewonnen. Holzessig besteht vor allem aus Wasser, Essigsäure und Holzgeist und wird auf verschiedenste Weise etwa in der Lebensmittel- und chemischen Industrie eingesetzt. Roher Holzessig dient als Mittel gegen Insekten, zur Fäulnisbekämpfung, aber auch zum Konservieren von Holz, ist aufgrund einiger bedenklicher Inhaltsstoffe (Holzteere) jedoch nicht so empfehlenswert wie etwa Borsalz.

Ein richtig angelegtes begrüntes Dach bietet besten Schutz vor Hitze, Kälte und Feuchtigkeit.

Schadhafte Teile gleich ersetzen kann Dachsanierung ersparen

Großvater hat regelmäßig, besonders aber nach starken Stürmen und Unwettern die Dachhaut auf fehlende oder beschädigte Dachziegel, Schieferplatten oder Schindeln kontrolliert. Wenn Sie sorgfältig Fehlstellen füllen und beschädigte Teile auswechseln, schützt das nicht nur das Holz der Dachkonstruktion, Sie sparen sich auch auf Dauer eine komplette Dachsanierung beziehungsweise können sie um einen nicht unerheblichen Zeitraum aufschieben.

Feuchtigkeit vermeiden – Dachrinne regelmäßig säubern

Das war schon immer so: Die Dachrinne gehört regelmäßig gesäubert! Damit sich im Dachstuhl an der Traufe keine Feuchtigkeit bildet, müssen Kehlen und Regenrinnen stets frei gehalten werden von Blättern, kleinen Zweigen und anderen Dingen, die das Wasser stauen. Auch die Fallrohre müssen regelmäßig geräumt werden, damit das Wasser ungehindert abfließen kann.

Fenster in die Vergangenheit

Seit dem Spätmittelalter prägten Ziegeldächer die europäischen Städte – hier Hohlpfannen auf einem Gebäude im kroatischen Dubrovnik.

Historische Dachmaterialien *wie Schindeln aus Rinde, Stein und später Holz dienten schon vor Jahrtausenden als Baustoff für Dächer. Gebrannte Dachziegel aus Ton, bereits im antiken Griechenland üblich, fanden erst mit den Römern in weiten Teilen Europas Verbreitung. Im Vergleich zu den weichen Dachdeckungen aus Stroh, Reet oder Holzschindeln waren Ziegel ein relativ teurer und arbeitsintensiver Baustoff. Deshalb hat man mit ihnen in unseren Breiten bis zum Spätmittelalter vor allem Kirchen und Burgen gedeckt. Aufgrund ihrer Feuer hemmenden Eigenschaften gewannen Ziegeldächer jedoch im Städtebau an Bedeutung und ab dem 14./15. Jahrhundert wurden in immer mehr europäischen Städten Ziegeldächer an Neubauten zwingend vorgeschrieben. Ab etwa 1850 kamen weitere Dachmaterialien in Gebrauch: Naturstein- und Schieferplatten, Ton-, Zement- und sogar farbig glasierte Pfannen fanden ebenso Verwendung wie etwa Metalldächer aus Kupfer, Zinkblech oder Blei. Ab dem frühen 20. Jahrhundert gewannen aufgrund der stetig verbesserten Transportmöglichkeiten auch regional untypische Materialien beim Dachbau an Bedeutung.*

Dachschädlinge bekämpfen – Holz abbeilen
Sind Balken oder andere hölzerne Bauteile der Dachkonstruktion von Schädlingen befallen, müssen die betroffenen Teile in der Regel entfernt und gegebenenfalls durch neue ersetzt werden. Bei dicken Dachbalken allerdings können Sie das befallene Holz eventuell mit dem Beil abschlagen. Die entfernten und abgeschlagenen befallenen Hölzer müssen Sie verbrennen, damit sie nicht andere, gesunde Hölzer anstecken können.

Mit Heißluft gegen Holzschädlinge
Das ungiftige Verfahren kommt schon seit Jahrzehnten bei Hölzern zur Anwendung, die von Insekten befallen sind. Dabei erhitzt man die Raumluft mit einem Heißluftgebläse derart, dass das betroffene Holz bis zum Kern mindestens eine Stunde lang über 55 Grad heiß bleibt. Bei diesen Temperaturen sterben Käfer, Larven und Eier sicher ab, darüber hinaus wird das Holz so trocken, dass ein Wiederbefall eher unwahrscheinlich ist. Das Verfahren wendet man auch bei befallenen Möbelstücken an, doch muss hier auf Leime, Lacke und Furniere Rücksicht genommen werden, die die Hitze nicht vertragen.

Stroh- oder reetgedeckte Häuser wie der Schwarzwälder Vogtsbauernhof im Gutachtal dürfen nicht mit Dachrinnen aus Zinkblech versehen werden: Wenn die Dachdeckung verwittert, entstehen Säuren, die Zinkblech angreifen.

Umdecken – alte Dachziegel wiederverwenden
Eine alte Regel besagt, dass ein Ziegeldach umgedeckt werden muss, wenn zwischen 30 und 40 Prozent der Ziegel Schäden aufweisen. Verwenden Sie dabei wie früher üblich die alten, noch brauchbaren Dachziegel wieder. Sie sparen damit nicht nur Geld, sondern erhalten besonders bei älteren Häusern auch den spezifischen Charakter des Daches und verleihen ihm durch die unterschiedliche Tönung der Ziegel eine besondere Lebendigkeit, die neue, gleichmäßig durchgefärbte Dachziegel nicht erzielen können.

Alte Schieferplatten auf Schäden prüfen
Um den Zustand von Naturschieferplatten zu testen, hat sich ein alter Trick bewährt: Legen Sie den Handballen auf die Platte, die Sie überprüfen möchten. Versuchen Sie die Vorderkante mit den Fingern hochzuziehen, lassen Sie dabei die Hand auf der Platte liegen. Wenn der Stein bei diesem Manöver bricht, sind die Schieferplatten überaltert und müssen erneuert werden.

Schieferplatten auswechseln
Mit Naturschieferplatten gedeckte Dächer können nicht umgedeckt werden. Um die Deckung aus dem wertvollen Material so lange wie möglich zu erhalten, können Sie einzelne beschädigte Platten auswechseln. Dazu müssen Sie diese sorgfältig entfernen – vergessen Sie dabei nicht, auch die Nagelungen zu beseitigen, ansonsten können Sie die Ersatzplatte nicht weit genug in die Fehlstelle hineinschieben. Fügen Sie nun eine Ersatzplatte ein, die hinsichtlich Form und Dicke exakt zu den restlichen Schieferplatten passt, und befestigen Sie sie mit Hilfe von Reparaturhaken.

Anspruchslos – Holzschindeln bedürfen keines weiteren Holzschutzes.

Am besten ohne Holzschutz: Holzschindeln
In unseren Breiten bestehen Schindeldächer in der Regel aus langfaserigen, langsam wachsenden Nadelhölzern, etwa Lärchen oder Fichten. Auf Schindeldächern sollten Sie keinen Holzschutz auftragen, im Gegenteil: Deckende oder hautbildende Anstriche ruinieren die Schindeln sogar schneller, da sie einseitige Spannungen bewirken.

Handgespalten hält es länger: Holzschindeln
Schindeln können Sie ganz einfach einzeln auswechseln, mit etwas Sorgfalt kann eine Schindelhaut Jahrzehnte überdauern. Achten Sie darauf, dass Sie (am besten von Hand) entlang der Faser gespaltene Schindeln verarbeiten: Diese sind erheblich langlebiger als gesägte Schindeln.

Der Schwerpunkt-Tipp

Dachausbau – ein sensibles Unterfangen!

In unseren niederschlagsreichen Breiten haben traditionelle Dächer eine Neigung, damit das Regenwasser ablaufen kann und sich der Druck der Schneemassen besser verteilt. Der Raum unter den Schrägen dieser Steildächer diente von alters her als gut geschützter Speicher, der durch die Dachhaut und die Giebelluken ständig belüftet wurde. Bei diesen so genannten Kaltdächern war das Baumaterial verhältnismäßig wenig beansprucht, da die Innen- und Außentemperatur ständig ausgeglichen wurde. Das Dach diente zudem als klimatische Pufferzone für die darunter liegende Etage, wenn nicht gar für das ganze Haus.

Das A und O: Hinterlüftung

Der Ausbau eines Kaltdachs ist ein massiver Eingriff in das ganze Haussystem und bringt zahlreiche bauphysikalische Veränderungen mit sich. Er erfordert unter anderem, dass eine wirksame Dämmschicht unter der Dachhaut angebracht wird. Dazu bringen Sie zwischen der Trag- und Konterlattung, Grundlage der Dachziegel, und den Dachsparren so genannte Unterspannbahnen oder eine feste Dachschalung an. Zwischen dieser Schutzschicht und der Dachdeckung besteht aufgrund der im rechten Winkel zueinander verlaufenden Trag- und Konterlattung ein lüftbarer Zwischenraum, in dem eingedrungene Feuchtigkeit sehr gut trocknen kann. Verwenden Sie bei der Lattung lieber dickere Dachlatten – je größer der Luftraum, desto besser!

Bei der Dachisolierung empfehlen sich traditionelle Dämmstoffe, die raumklimatische Vorteile mit sehr guter Dämmwirkung verbinden.

Bewährt: traditionelle Dämmmaterialien

Unter die Unterspannbahnen beziehungsweise die feste Dachschalung bringen Sie nun zwischen den Dachsparren fugenfrei und ebenfalls hinterlüftet eine wärmedämmende Schicht an. Aufgrund ihrer raumklimatischen und ökologischen Vorteile sollten Sie dabei auf traditionelle Dämmstoffe zurückgreifen, die derzeit eine Aufwertung gegenüber der Mineralwolle erfahren. Der Dämmstoff, den Sie für Ihren Dachausbau verwenden, muss einige Kriterien erfüllen. Er soll vor allem einen guten Wärmeschutz bieten, aber etwa auch gegen Schall schützen und Feuchtigkeit aufnehmen und abgeben können. Seit einigen Jahren bringen immer mehr Anbieter Dämmstoffe auf den Markt, die aus traditionellen Materialien gefertigt werden und auch deren positive Eigenschaften aufweisen. Zu diesen zählen unter anderem Flachs, Hanf, Schaf- und Baumwolle. Die in der Regel mit Borsalz feuerfest und insektenresistent gemachten Materialien sind alle wärme- und schalldämmend und wirken hitze- und feuchtigkeitsregulierend. Für welchen traditionellen Dämmstoff Sie sich letztendlich entscheiden, hängt unter anderem von Ihrer persönlichen Vorliebe ab. Ist schließlich die Wärmedämmung angebracht, kann die Innenschale – etwa eine ansprechende Holzverkleidung – montiert werden.

Höchste Qualität – traditionell verwendetes Holz

Einer alten Faustregel zufolge soll das Holz einer zehn Zentimeter breiten Schindel etwa 50 Jahresringe aufweisen. Was früher eine Selbstverständlichkeit war, ist heute fast nicht mehr möglich; denn im Handel sind üblicherweise nur noch Erzeugnisse von schnell wachsenden Bäumen erhältlich, die solchen, auf uralter Erfahrung beruhenden Qualitätsansprüchen nicht mehr genügen. Unser heutiges »Industrieholz« hält dem Vergleich mit alten Hölzern kaum stand: Es trotzt nicht nur schlechter der Witterung, es ist auch für Schädlinge anfälliger.

Richtig genutzt, verarbeitet und behandelt, ist gutes Holz ein sehr viel dauerhafterer Baustoff, als man gemeinhin vermutet. Von dieser enormen Widerstandskraft zeugen Häuser und Hütten aus dicken Balken in den Schweizer Bergen, die seit 800 Jahren Wind und Wetter trotzen. Historische Holzbauten gibt es aber auch in anderen Regionen: Aus Skandinavien kennt man jahrhundertealte Stabkirchen und in Asien haben hölzerne Tempel viele Generationen überdauert. Ermöglicht hat dies das traditionelle Fachwissen über Holz und seine Verwendung. Dieses wurde jedoch in den letzten Jahrzehnten im Bauwesen aus marktwirtschaftlichen Gründen konsequent ignoriert und danach schlicht vergessen.

Die traditionelle Waldarbeit, die im Wesentlichen mit Axt, Keil und Handsäge auskam, war bis ins 20. Jahrhundert hinein, als der Einsatz moderner Gerätschaften erfolgte, eine schwere und gefährliche Arbeit. Der Holzstich wurde im Jahr 1888 in einem französischen Werk zum Landleben veröffentlicht.

Das richtige Holz ...

Eine alte Zimmermannsregel lautet ganz richtig, dass Trockenheit und Kernholz der beste Holzschutz sind. Deshalb verwendete man früher im Bauwesen besonders für tragende Balken oder bei Fachwerkhäusern möglichst hartes, schädlingsresistentes Kernholz – also Holz aus der Mitte des Stammes, in der das Wachstum abgeschlossen ist. Man wusste aus langer Erfahrung, dass das Kernholz von Eiche und Lärche besonders widerstandsfähig war. Hölzer mit einem hohen Anteil an äußerem, schwächeren Splintholz wurden wenn möglich nicht verwendet. Wie Recht die alten Baumeister mit ihrer Wahl hatten, zeigen die modernen »Industriehölzer«. An diesen Hölzern aus schnell wachsenden Nadelbäumen, die für einen steigenden Bedarf gezüchtet wurden, treten gehäuft Schäden auf.

... zum richtigen Zeitpunkt

Früher gab es keinen chemischen Holzschutz. Versuche, Holz mit verschiedensten Behandlungen widerstandsfähiger zu machen, wurden aber wohl schon seit Beginn der Zimmermannskunst unternommen. Da diese Verfahren – etwa das Lagern in Salzwasser – keinen durchschlagenden Erfolg zeigten, verwendete man Holz, das so wenig wie möglich geschützt werden musste. Dieser Vorgabe entspricht vor allem trockenes Holz, das im Winter geschlagen wird, wenn in den Bäumen die wenigsten Säfte fließen. Solche Hölzer sind in der Regel dauerhafter, weil sie schneller trocknen, nach dem Schlagen weniger arbeiten und somit weniger rissgefährdet sind. Auch hatte die erste Lagerung in der Kälte den willkommenen Nebeneffekt, dass das frisch geschlagene Holz weniger von Insekten befallen wurde – denn diese sind im Winter inaktiv.

An diese Regeln hielten sich die Waldbauern in früheren Jahrhunderten mit Erfolg. Den Beweis liefern bis heute die prächtigen Fachwerkbauten mit ihren uralten Holzskeletten oder alpenländische Bauernhäuser mit ihren

Holz ist ein vielseitig verwendbarer, nachwachsender und ökologisch sinnvoller Roh- und Werkstoff. Auch heute noch kommen der Bewirtschaftung und Verwertung von Holz große Bedeutung zu.

mächtigen Balkendecken. Um jedoch heute an solches Holz zu gelangen, braucht man eine gehörige Portion Glück: Ausreichend gelagertes, trockenes Holz aus Winterfällung ist mittlerweile eine Rarität auf dem Markt.

Die spezifischen Holzeigenschaften nutzen

Rund um die unterschiedlichen Hölzer, ihre spezifischen Stärken und Schwächen, ihre Vor- und Nachteile sammelte sich im Lauf der Zeit ein enormer Erfahrungsschatz an. Es gehört zum uralten Wissen der Zimmerer und Schreiner, wie man Hölzer entsprechend ihrer natürlichen Eigenschaften vorteilhaft einsetzen kann. Zum Bauen eignet sich beispielsweise grundsätzlich das Holz von heimischen Bäumen wie Eiche und Lärche. Dies gilt auch für hartes Eschenholz, das jedoch nur bedingt wetterbeständig ist. Wetterempfindliches Rot- und Weißbuchenholz findet dagegen nur im Innenausbau sinnvolle Verwendung.
Hölzer zeigen aber noch andere Schwächen und Stärken: So ist etwa Eichenholz gegen Pilze und Insektenschädlinge gut gefeit und auch Lärchenholz zeigt sich diesbezüglich beständig. Eschenholz gibt Pilzen kaum eine Chancen, kann aber Insekten kaum etwas entgegensetzen. Buchenholz hingegen ist für Insekten wenig attraktiv, zeigt sich aber gegenüber Pilzen anfälliger.

Mond und Sterne – das alte Wissen der Waldbauern

Im alpenländischen Raum beherzigten früher viele Waldbauern vor allem in Tirol nicht nur die grundlegende Regel der Winterfällung. Sie hielten sich bei holzwirtschaftlichen Arbeiten auch an einen vom Lauf des Mondes bestimmten Kalender, dessen Empfehlungen auf langer Erfahrung, gründlicher Beobachtung und einer Fülle von überlieferten Kenntnissen basierten. Noch heute schwört so mancher auf diesen alten Wissensschatz.
Das Regelwerk bezog sich in der Forstwirtschaft auf verschiedenste Tätigkeiten rund um das Holz und seine Verarbeitung. So hieß es etwa, dass das Ergebnis von so genannten Schwendtagen, an denen gerodet und ausgelichtet wurde, am besten bei abnehmendem Mond sei. Gutes Werkzeug- und Möbelholz erhielt man dem Kalender zufolge dagegen von Bäumen, die acht Tage nach dem Dezemberneumond in Wassermann oder Fische geschlagen worden waren. Feuerresistentes Holz für den Hausbau schlug man am 1. März oder an Tagen, wenn der Neumond im Sternzeichen Waage stand, leicht brennbares Holz für den Ofen hingegen im Oktober im ersten Viertel des zunehmenden Mondes.

Die Fichte, ein sehr schnell wachsender Baum, liefert kein sehr hochwertiges, dafür aber preisgünstiges Holz, das vor allem als Bau- und Nutzholz eingesetzt wird.

Feuer, Hitze, Ruß – Holzschutz in alter Zeit

Der Holzschutz mit »chemischen« Mitteln blickt im Prinzip auf eine jahrtausendealte Tradition zurück, die auf den Wohnverhältnissen unserer Vorfahren basiert. Als in den einfachen Häusern früherer Zeiten der Rauch noch nicht durch Kaminöffnungen abzog, legte sich der Ruß der offenen Feuer über die Dachbalken. Dieser Belag bildete einen hochwirksamen Schutz gegen Holzbock, Fäule & Co. Wer in seinem Altbau alte geräucherte Balken findet, kann ziemlich sicher davon ausgehen, dass in diesem Holz keine Schädlinge sitzen. Eine bewährte Methode, Zaunpfähle widerstandsfähiger zu machen, besteht darin, sie an der Seite, die in die Erde geschlagen wird, stark anzukohlen. Bretter – zum Beispiel von einfachen Gartenmöbeln – flämmt man mit einer Gasflamme an. Dadurch verdichtet sich die Oberfläche und ist somit weniger anfällig. Geölt mit Leinöl, bleibt das Holz lange schädlingsfrei.

»Gesundheit und ein heiterer Sinn
führen leicht durchs Leben hin.«

Spruchweisheit

Dass wir heute die höchste Lebenserwartung aller Zeiten haben, verdanken wir nicht zuletzt den enormen Fortschritten in der Medizin und einem Gesundheitswesen, von dem frühere Generationen nicht einmal geträumt haben. Dennoch können wir vom alten Wissen um Leib und Seele viel profitieren. Die Heilkraft von Pflanzen oder den Segen von Wärme und Ruhe kennen die Menschen seit Jahrtausenden. Nicht in jedem Fall kann das den Arztbesuch ersetzen, aber gerade bei Alltagsbeschwerden, bei all den Wehwehchen, die das Leben nun einmal mit sich bringt, ist es angezeigt, nicht gleich mit Kanonen auf Spatzen zu schießen. Omas Hausmittel sind häufig die bessere Empfehlung, preiswert, ohne Nebenwirkungen und dennoch oft genauso wirksam wie die rezeptpflichtige Arznei.

Altes Wissen neu entdeckt

Gesundheit und Wohlbefinden

Stärkung des Immunsystems und Bekämpfung von Krankheitserregern

Das körpereigene Immunsystem schützt uns vor körperfremden Krankheitserregern. Auch wenn unsere Großmütter die medizinischen Zusammenhänge nicht kannten, konnten sie doch auf einen reichen Erfahrungsschatz zurückgreifen, um die Abwehrkräfte zu stärken und im Falle eines Infekts Krankheitssymptome zu lindern. Einer alten Regel zufolge sind bis zu vier kleinere Infekte pro Jahr normal und als Training des Immunsystems anzusehen.

Erkältungskrankheiten verhindern und bekämpfen

Die häufigsten Infekte sind Erkältungen. Sie treten vor allem in der kühlen, feuchten Jahreszeit auf, wenn es Krankheitserregern wie Bakterien oder Viren besonders leicht fällt, unser durch die Kälte geschwächtes Immunsystem auszutricksen. Traditionell wappnet man sich gegen Erkältungskrankheiten durch Abhärtung: Der Körper wird ganz gezielt Kältereizen ausgesetzt und somit an Temperaturschwankungen gewöhnt. Aber was hilft, wenn die Erkältung schon da ist? Viel Wärme! Und bei hohem Fieber? Kälte!

Sebastian Kneipps bewährtes Mittel gegen erste Vorboten einer Erkältung – das Fußbad mit schrittweise bis auf 40 Grad erwärmtem Wasser. Ein paar Tropfen Lavendelöl im Wasser verstärken die Wirkung.

Gesund bleiben durch Kältereize

Zur Stählung des Körpers gegen Erkältungen propagierte Pfarrer Sebastian Kneipp (s. Kasten) das so genannte Tautreten: Gehen Sie am frühen Morgen barfuß mehrere Minuten durch eine taunasse Wiese. Anschließend gehen Sie in der warmen Wohnung weiter auf und ab, bis die Füße von selbst trocken geworden sind. Ähnlich wirken Sitzbäder in kühlen, fließenden Gewässern: Eine Minute bis zum Nabel im Wasser sitzen, danach mit einem Frotteehandtuch warm rubbeln; denn der Körper soll dosiert abgekühlt, nicht ausgekühlt werden.

Abhärten unter der Dusche

Einen gezielten Kältereiz zur Abhärtung des Körpers stellt die – auch von Kneipp propagierte – Wechseldusche dar: Sie duschen zuerst warm, dann eine Minute kalt. Anschließend sofort abtrocknen und anziehen, um die Auskühlung zu verhindern. Das täglich wiederholen, sozusagen zur lieben Gewohnheit machen: Nur dann tritt der Abhärtungseffekt ein!

Schwitzkur gegen Erkältung

Bei den ersten Krankheitszeichen eines grippalen Infekts hieß es schon immer: Ab ins Bett! Großmutter aber wusste, dass der frierende Körper von selbst nicht warm wird, und legte eine Wärmflasche mit hinein. Das wärmt den Körper, der nun fiebern kann. Da Viren äußerst wärmeempfindlich sind, beschleunigt diese innerliche Hitze den Heilungsprozess. Decken Sie sich also gut zu und trinken Sie mehrere Tassen schweißtreibenden Lindenblütentee, bis Sie richtig schwitzen. Nach einer halben Stunde kühl abduschen, ein frisches Hemd anziehen und den Vorgang wiederholen, bis die Beschwerden der Erkältungskrankheit abgeklungen sind.

Warmer Brustwickel gegen bronchitische Erkrankungen

Großmutter hatte schon Recht mit ihrem warmen Brustwickel! Diese Wärmeanwendung hilft bei bereits länger bestehenden Bronchialerkrankungen und Reizhusten besser als die medikamentösen Hustenstopper und kann sogar gefährlichen Lungenentzündungen vorbeugen: Sie tauchen ein Leinentuch in warmes (40–45 Grad) Wasser, wringen es gut aus und wickeln es straff um den Brustkorb. Über diese erste Lage werden trockene Baumwolltücher und ein Wolltuch gewickelt. Um die Temperatur zu

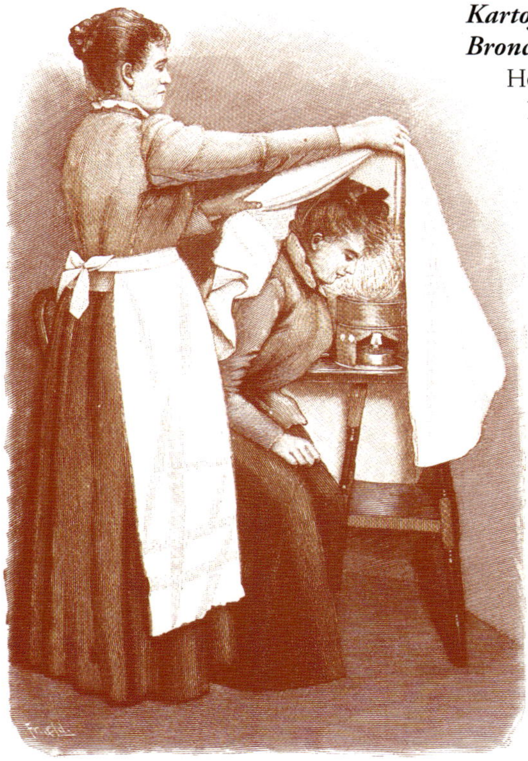

Inhalieren – ein klassisches Hausmittel, um bei Schnupfen den Schleim zu lösen und für freiere Atmung zu sorgen.

speichern, kommt zwischen die äußeren Schichten noch eine Wärmflasche. Danach eine halbe Stunde Bettruhe. Der Wickel kann bis zu dreimal täglich durchgeführt werden.

Kartoffelwickel gegen Heiserkeit, Bronchitis, Rückenschmerzen

Heute fast vergessen: Manche Nahrungsmittel, etwa die Kartoffel, wirken wie ein Wärmespeicher. Bei Heiserkeit hilft der Kartoffel-Halswickel: Sie kochen ein paar Kartoffeln, zerdrücken sie und legen sie auf ein Tuch. Diese Auflage wird warm (nicht heiß!) um den Kehlkopf platziert. Zur Fixierung binden Sie ein wärmendes Wolltuch oder einen Schal um den Hals.

Wenn die Kartoffelauflage abgekühlt ist, wird sie abgenommen. Kartoffelwickel auf der Brust beziehungsweise auf dem Rücken wirken krampflösend und fördern durch die Erwärmung von Gewebe die Heilkräfte des Körpers bei Bronchitis beziehungsweise Rückenschmerzen.

Mit Senf gegen Schleimbildung

Senf erzeugt ein intensives Wärmegefühl auf der Zunge und im Rachen und wirkt dadurch schleimlösend bis in die Stirn- oder Kieferhöhlen. Bei zu viel Schleimbildung empfiehlt sich – allerdings nicht bei Kindern – die tägliche »Kopfreinigung« mit einer Mischung aus einem Teelöffel Senfmehl und drei Esslöffel Weißwein, die Sie aufkochen, etwas abkühlen lassen und dann im Mund hin und her wälzen. Atmen Sie dabei tief durch die Nase. Sobald Sie die Hitze nicht mehr ertragen, spucken Sie die Senfmischung aus und spülen den Mund mit Leitungswasser.

Kalte Wickel gegen hohes Fieber

Hohes Fieber ist überschüssige Hitze, die nicht verstärkt werden darf. Deshalb dürfen Sie etwa bei der echten Virusgrippe mit starkem Fieber keine Schwitzkuren durchführen.

Omas Patentrezept gegen Fieber war der kalte Wadenwickel. Er wird gewechselt, wenn sich das nasse kalte Tuch erwärmt hat. Allerdings sollten nicht mehr als vier Wadenwickel in Folge angewendet werden. Und immer wieder Fieber messen: Die Körpertemperatur sollte um etwa 0,5 Grad pro Wickel sinken, nicht mehr! Ähnlich verfahren Sie beim Wärme entziehenden Brustwickel mit nassen, kalten Tüchern, der sich gleichfalls bei hohem Fieber, aber auch bei beginnender Bronchitis sehr bewährt hat.

Sebastian Kneipp – Pionier der modernen Naturheilkunde

Der bayerische Priester Sebastian Kneipp (1821–1897) wird heute weithin verehrt. Schon in seiner Jugend wurde er von einem alten Priester und Kräuterkundigen in die Pflanzenheilkunde eingewiesen, und nachdem der 28-Jährige selbst schwer an Tuberkulose erkrankt und vom behandelnden Arzt bereits aufgegeben worden war, wurde er zum entschiedenen Verfechter der Naturheilkunde. Durch Zufall fiel Kneipp eine alte Schrift über die Heilkraft des Wassers aus der Feder des niederschlesischen Arztes Johann Siegmund Hahn (1696 bis 1773) in die Hände, Ausgangspunkt einer Gesundheitslehre, in der die Medizin des Altertums wiederaufersteht. Das Grundprinzip: Der Mensch müsse im Einklang mit der Natur leben und in allem Maß halten. Kneipp übernahm aus alten Kräuterbüchern des Mittelalters Empfehlungen, entwickelte aber bald ein eigenes ganzheitliches Konzept, das »Fünf Säulen der Gesundheit« vorsah. Die Wassertherapie mit ihren Anwendungen, die einen Überschuss oder Mangel an Wärme im Körper ausgleichen, umfasst etwa die bekannten Kneippgüsse und das Tautreten. Die Ernährungstherapie beruht auf Vollwertkost. Bei der Bewegungstherapie geht es um natürliche Bewegungsabläufe. Die Kräutertherapie setzt Heilpflanzen ein. Schließlich die Ordnungstherapie: Sie zielt auf eine Lebensführung ab, die dem Tagesablauf Struktur und Sinn verleiht. Es gelang Kneipp nicht nur, sich selbst unter konsequenter Anwendung dieser Prinzipien zu heilen, sondern im Laufe der Jahre auch vielen anderen, darunter berühmte Persönlichkeiten, zu helfen, was seiner Wirkungsstätte, dem bayerischen Bad Wörishofen, bald Weltruhm verschaffte. Die Kneipp-Bewegung umfasst heute in Deutschland 660 Vereine mit 160 000 Mitgliedern.

Die Medizin des Altertums – Magie und Wissenschaft

Die Anfänge der Heilkunst liegen im Dunkel der Vorgeschichte, als Heilwissen über die Generationen hinweg mündlich weitergegeben wurde. Erst die Überlieferung schriftlicher Quellen erlaubt uns eine Rekonstruktion der Medizin des Altertums. Die frühesten Schriften zur Heilkunde stammen aus dem Mittleren Reich (2160 bis 1790 v. Chr.) des alten Äygpten. Sie befassen sich mit Gynäkologie und Tiermedizin.

Nicht die älteste, aber die aufschlussreichste Quelle zur ägyptischen Medizin ist der so genannte Papyrus Ebers, entstanden Mitte des zweiten Jahrtausends v. Chr. als eine Art Handbuch, in dem das gesamte damalige System der ägyptischen Medizin abgehandelt wird. Der fast 20 Meter lange Papyrus umfasst detaillierte Beschreibungen von Krankheiten, wobei – aufgrund des feucht-warmen Klimas folgerichtig – ein Schwerpunkt auf parasitären Erkrankungen wie Wurmbefall liegt. Wie komplex die ägyptische Arzneimitteltherapie war, zeigen die rund 900 Rezepte, in denen neben den verschiedensten pflanzlichen Stoffen auch Fette oder Exkremente zur Anwendung kommen.

Galen und Hippokrates – hier auf einem Fresko in der Kathedrale von Anagni (Italien) – waren die bedeutendsten Ärzte der Antike, mit einer kaum zu überschätzenden Wirkung auf die Medizingeschichte.

Körper und Seele

Typisch für die Zeit sind all die Beschwörungsformeln, die der Papyrus Ebers empfiehlt, beispielsweise als Schutz vor Ansteckung. Die frühe Medizin war ja keine reine Naturwissenschaft, sondern stand in enger Verbindung mit Religion und Magie. Dafür bezeichnend sind die Priesterärzte der Sumerer, die vor mehr als 4000 Jahren wirkten. Ihr Ansatz, der uns aus der modernen Psychosomatik vertraut ist: Körper und Seele als Einheit zu sehen und zu behandeln.

Eine Besonderheit der altägyptischen Medizin, die auch im Papyrus Ebers zutage tritt, war die ungewöhnlich gute Kenntnis der menschlichen Anatomie. Man hatte keine Angst vor den Toten, beschäftigte sich mit ihnen, bereitete sie durch künstliche Eingriffe auf die Ewigkeit vor: Von diesem Totenkult profitierte die Medizin, speziell die Chirurgie.

Der antike Heilgott Äskulap, neben ihm Telesphorus, der Genius der Genesung

Die Schlange, Symbol antiker Heilkunst

Das heilige Tier des griechischen Heilgottes Äskulap (Asklepios) begegnet uns noch heute im Standeszeichen der Ärzte: der Schlange, die sich um einen Stab windet. In der Antike wurde die Schlange zum Symbol der Heilkunst, zum einen, weil sie durch ihre Häutungen für ewige Jugend steht, zum anderen, weil bestimmte Schlangengifte nicht nur töten, sondern auch heilen können. Die Bedeutung von Schlangengift ist der modernen Medizin ebenfalls nicht fremd: Patienten mit Herzinfarkt oder Lungenembolie erhalten vielfach als Erstmaßnahme che-

mische Varianten von Schlangengift, das nicht nur Blutungen, sondern eben auch die radikale Blutverdünnung hervorrufen kann, die bei verstopften Gefäßen angezeigt ist.

Heilender Tempelschlaf

Seit dem späten sechsten Jahrhundert v. Chr. entstanden bei Äskulap-Heiligtümern, etwa in Epidauros, auf Kos oder Rhodos, große Heilzentren. Diese so genannten Asklepieien muss man sich als eine Mischung aus Kurort und Pilgerstätte vorstellen. Es gab Unterkünfte – die Kranken kamen ja meist von weit her –, Theater und Sportstätten, Bäder und Tempel sowie, ganz wesentlich, Liegehallen für den heilenden Schlaf. Die Kranken ruhten auf bequemen Liegen, griechisch kline, die den heutigen Kliniken ihren Namen gegeben haben.

Durch kultische Handlungen, Gebet und Fasten bereitete man sich auf den Schlaf vor, in dem der Gott Heilung bringen oder zumindest in einem Traumorakel den richtigen medizinischen Rat erteilen sollte. Rauchdämpfe förderten den Schlaf – und die Halluzinationen, wenn etwa Bilsenkraut verbrannt wurde. Dessen rauschhafte Wirkung war schon seit Urzeiten bekannt.

»Vater der Heilkunde«

Die Abstammung von Äskulap sagte man Hippokrates von Kos (um 460 – um 370 v. Chr.) nach, dem berühmtesten Arzt der griechischen Antike. An ihn erinnert bis heute der Hippokratische Eid: Der Arzt verpflichtet sich zur bedingungslosen Erhaltung des menschlichen Lebens. Hippokrates bemühte sich, die Heilkunst seiner Zeit von kultischen

Blick auf die berühmte römische Badeanlage im englischen Bath – eine Oase der Erholung.

und magischen Praktiken zu reinigen und auf ein wissenschaftliches Fundament zu stellen. In seiner Medizinschule auf der Insel Kos wurden die ersten Grundlagen einer systematischen Forschung geschaffen: Der Arzt sollte den Kranken intensiv beobachten, bei der Diagnose schriftlich überliefertes Wissen anderer Ärzte zu Rate ziehen und seine eigenen Erkenntnisse aufschreiben, um sie wiederum anderen Ärzten zugänglich zu machen. Aus der Naturphilosophie übernahm Hippokrates die Lehre von den vier Elementen Feuer, Wasser, Luft und Erde, die er als Ursache, aber auch als Heilmittel von Krankheiten ansah.

Basis der abendländischen Medizin

Im antiken Rom war die Medizin fest in griechischer Hand. Griechische Traditionen wie die oben genannten Asklepieien erfreuten sich größter Beliebtheit, und wer auf sich hielt, konsultierte einen griechischen Arzt. Auch Galen von Pergamon (129–199 n. Chr.) entstammte dem von Griechen besiedelten Teil des Römischen Reiches. Er wurde in Alexandria zum Wundarzt ausgebildet und kam schließlich nach Rom, wo er bald vom Gladiatorenarzt zum Leibarzt des Kaisers Marc Aurel aufstieg. Sein Ruhm überstrahlte den aller anderen Ärzte, und zwar für die nächsten 1500 Jahre. Galen verfeinerte die traditionelle antike Elementelehre, indem er das Wechselspiel der Elemente auch auf den geistigen Bereich übertrug und Choleriker (dem Element Feuer zugeordneter Persönlichkeitstypus), Sanguiniker (Luft), Melancholiker (Erde) und Phlegmatiker (Wasser) unterschied. Sein Konzept der Humoralpathologie, das eine falsche Mischung der Körpersäfte als Ursache von Krankheiten ansah, prägte fortan die akademische Medizin des Abendlandes.

Mit Gänsefett gegen Haarausfall

So manches antike Rezept erscheint uns heute gelinde gesagt befremdlich. Bei Haarausfall etwa sollte man entweder einen Fettextrakt benutzen, der zu gleichen Teilen aus den Körpern von Löwen, Nilpferden, Krokodilen, Gänsen, Schlangen und einer Antilopenart gewonnen wurde. Oder aber es wurde ein in Öl aufgekochtes Gemisch empfohlen, das zu gleichen Teilen von Fersen abessinischer Laufhunde, Dattelblüten und Eselshufen bestand. Griechische Ärzte verordneten Herzinfarktpatienten dosiert Bisse der afrikanischen Viper und beruhigende Behandlungen wurden mit Rauschkräutern und Opiumsamen durchgeführt.

Natürliche Mittel gegen Bakterien, Pilze und Viren

Seit es dem englischen Bakteriologen Alexander Fleming 1939 gelang, Penicillin in größeren Mengen herzustellen, hat die medizinische Forschung viele weitere synthetische Antibiotika entwickelt. Aber auch in der Natur finden sich antibiotisch wirkende Mittel, die Krankheitserreger wie Bakterien, Viren und Pilze abtöten beziehungsweise deren Wachstum hemmen. Sie waren schon unseren Vorvätern bekannt und leisten noch immer wertvolle Dienste. Insbesondere bei leichteren Infektionskrankheiten machen sie die Antibiotika aus dem Labor überflüssig.

Die Zwiebel – ein natürliches Antibiotikum

Womöglich hat Oma nur deshalb Zwiebelchen in den täglichen Salat geschnitten, weil sie schmecken und ungewöhnlich viel Vitamin C enthalten, das die Abwehrkräfte stärkt. Aber die Zwiebel kann mehr!

Sie ist ein natürliches Antibiotikum, weshalb Zwiebelsaft, vermischt mit Honig, seit mehreren Jahrtausenden sehr erfolgreich bei Atemwegsinfekten oder Darmverstimmung eingenommen wird.

Nahrhaft, wohlschmeckend und gesund – Sauerkraut ist ein vielseitiges Nahrungsmittel, das seit Generationen geschätzt wird.

Sauerkraut gegen Pilze

Ein gesünderes Nationalgericht als das Sauerkraut könnten sich die Deutschen nicht wünschen. Der bei der Sauerkrautherstellung nötige Gärungsprozess liefert dem Immunsystem des Darms Milchsäurebakterien und Hefe, die wirksam gegen Pilze sind. Die Fasern und Ballaststoffe des Sauerkrauts verbessern die Darmtätigkeit und regulieren die Aufnahme von Nährstoffen. Im Winter sollte man zur Hebung der Abwehrkraft täglich rohes Sauerkraut essen, das noch viele Vitamine enthält.

Thymian hemmt das Wachstum von Krankheitserregern

Diese Heilpflanze wurde aufgrund ihrer wachstumshemmenden Wirkung auf Bakterien, Viren und Pilze schon in der Antike von den alten Ägyptern bei der Einbalsamierung eingesetzt. Das beliebte Küchengewürz wurde dann im Mittelalter von Hildegard von Bingen als Arzneimittel bei Entzündungen der Atemwege empfohlen. Thymian wirkt außerdem schleimlösend und hustenstillend. Man übergießt einen Teelöffel des Krauts mit einer Tasse heißem Wasser, lässt es zehn Minuten ziehen und trinkt bis zu fünf Tassen täglich. In der Apotheke erhältlich ist auch Thymian-Extrakt. Bei Kindern sollte man auf alkoholfreie Auszüge achten.

Preiselbeeren gegen Harnwegsinfektionen

Hildegard von Bingen nennt in ihren Schriften zahlreiche Rezepte mit Preiselbeeren. Um deren entzündungshemmende Wirkung wusste man von alters her. Nun ist auch wissenschaftlich nachgewiesen, dass der regelmäßige Konsum von Preiselbeersaft Harnwegsinfektionen vorbeugt. Allerdings hält die Wirkung des Mittels nicht allzu lange an. Um wirksam vorzubeugen, trinken Sie ein Glas Preiselbeersaft am Morgen und eines am Abend oder nehmen alle drei Stunden einen Teelöffel Preiselbeermarmelade oder -kompott ein.

Nicht nur die Früchte, auch die Blätter des Olivenbaums lassen sich verwerten. Ihr Extrakt wirkt gegen Viren – darunter bestimmte Grippeviren – und Bakterien.

Okoubaka gegen Bakterien im Darm

Medizinmänner in Westafrika stellen seit undenklichen Zeiten aus der Rinde des stachligen Okoubaka-Baums ein Pulver her, das eine hohe antibiotische Wirksamkeit gegen alle Arten von Bakterien im Magen-Darm-Trakt zeigt. In der Apotheke rezeptfrei erhältlich ist homöopathisches Okoubaka D 1. Man lässt bei Durchfall an einem Tag dreimal fünf Kügelchen im Mund zergehen und erlebt eine schnellere Heilung.

Umckaloabo bei Entzündung der Atemwege

Alkoholische Auszüge der Wurzeln dieser Pelargonienart, die in der südafrikanischen Volksmedizin erfolgreich bei Atemwegsentzündungen eingesetzt wird, sind in der Apotheke erhältlich. Wissenschaftlich nachgewiesen ist eine deutliche Aktivierung der Makrophagen, die besonders bei Virusinfektionen die Infektabwehr bedingen. Auch eine leichte antibakterielle Wirkung ist bekannt. Außerdem ist Umckaloabo gerinnungshemmend.

Der Schwerpunkt-Tipp

Breitwegerich – das antibiotische Kraut am Wegesrand

Wenige Jahre, nachdem die Europäer Amerika entdeckt hatten, fiel den Ureinwohnern eine Pflanze mit großen längsovalen Blättern und Längsstreifen auf, die nur an den Wegen wuchs, die sich der weiße Mann durch die Wildnis gebahnt hatte. Es war der Breitwegerich, dessen Samen offenbar an den Schuhsohlen der Invasoren über den Atlantik gewandert war. Die Indianer nannten die Pflanze »Fußstapfen des weißen Mannes«. Auch der botanische Name *Plantago maior*, »größere Fußsohle«, deutet auf seine enge Verbindung zum Menschen. Denn der Breitwegerich wächst nur dort, wo Menschen gehen, am Wegesrand.

Auch die medizinische Anwendung des Breitwegerichs und seines Verwandten, des Spitzwegerichs, hat mit der Heilung von Füßen begonnen. Wer barfuß durch die Landschaft streift, wird leicht durch einen Dorn oder einen Stein verwundet, und es droht eine gefährliche Infektion. Schon in grauer Vorzeit lernte man da, auf frische Wunden Breitwegerichblätter zu legen und festzubinden. Die antibiotische und entzündungshemmende Wirkung von Pflanzenbrei oder -saft ist medizinisch erwiesen.

Der Breitwegerich ist eine gute Hilfe bei allen Alltagsverletzungen. Man sammelt die frischen Blätter, gibt sie in den Entsafter und träufelt den Saft in die Wunde. Oder man trinkt bis zu 100 Milliliter des Safts über den Tag verteilt und kann damit bei Husten, Schnupfen und Heiserkeit große Wirkung erzielen. Umschläge mit Pflanzenbrei eignen sich bei allen entzündlichen Hauterkrankungen. Bei Akne hilft es, morgens die betroffenen Stellen mit Breitwegerichsaft einzureiben.

Der Breitwegerich lässt sich aufgrund seiner vielfältigen Wirkung gegen verschiedenste Infektionen einsetzen.

Vielseitig einsetzbar – Teebaumöl

Unter den Ureinwohnern Australiens galt das Öl des Teebaums schon seit jeher als außerordentlich wirksames natürliches Antibiotikum. Und längst ist seine keimtötende Wirkung auch von der medizinischen Wissenschaft nachgewiesen worden. Teebaumöl ist desinfizierend und antibakteriell, es wirkt aber auch antiviral und pilzabtötend. Das vielseitige Mittel eignet sich vor allem für die äußerliche Anwendung bei Hautinfektionen oder Nagelpilz. In manchen Fällen kann es allerdings zu allergisch bedingten Hautreaktionen kommen: Dann sollten Sie die Therapie mit Teebaumöl sofort abbrechen.

Die Blätter der Kapuzinerkresse haben eine ähnliche keimtötende Wirkung wie das Teebaumöl und lassen sich als äußerlich angewandtes Mittel gegen Hautinfektionen einsetzen.

Eukalyptus – altbewährtes Mittel für freie Atemwege

Der Eukalyptus gehört, wie übrigens auch der Teebaum, zu den Myrtengewächsen, die sich fast alle durch ihre Wirksamkeit gegen Infektionen auszeichnen. Eukalyptus wirkt – und besonders gut – reinigend auf die Atemwege. Das wusste auch Großmutter: Eukalyptusöl zum Einreiben der Brust und Eukalytusbonbons zum Lutschen hatte sie im Winter immer zu Hause.

Die Provence – frühes Zentrum des Heilkräuterwesens und Heilmittelhandels

Kaum jemand kann sich der Anziehungskraft dieser Landschaft im Südosten Frankreichs entziehen: duftende Lavendelfelder, einsame Dörfer, das mediterrane Klima und eine reiche Vergangenheit, in der – beeinflusst von unterschiedlichen Kulturen – eine ganz eigene Identität der hier lebenden Menschen entstand. Jahrhundertelang war die Provence nicht nur ein europäisches Hauptanbaugebiet kostbarer Gewürze, sondern auch ein Zentrum der Heilkunst im Mittelmeerraum.

Alles begann um das Jahr 600 v. Chr., als griechische Kolonisten Massalia gründeten, das heutige Marseille, das zu einer Drehscheibe des Handels wurde und den Mittelmeerraum auch mit den Siedlungsgebieten der Kelten und Germanen verband. 121 v. Chr. eroberten die Römer Südgallien, Augustus machte später eine blühende Provinz daraus – daher der Name Provence. Bis 470 konnte die Provence den Stürmen der Völkerwanderung trotzen. 600 Jahre römische Kultur: Das prägt!

Die Provence ist geprägt von uralten Städten wie Gordes inmitten einer bezaubernden mediterranen Landschaft.

Landschaft der Heilkräuter

Massilia, wie Marseille bei den Römern hieß, wurde zur bedeutendsten Hafenstadt des westlichen Mittelmeers. Hier wurden Heilkräuter und Gewürze aus aller Herren Länder gehandelt. Schnell stellte sich heraus, dass die günstigen klimatischen Verhältnisse der Provence den Anbau nahezu jeder, auch der exotischsten Pflanze gestatten: Die Region wurde zum Hauptlieferanten Europas für Küchen- und Heilkräuter.

Wer heute durch die Provence fährt, staunt über die weiten bunten Felder, in denen die als »Kräuter der Provence« bekannten Pflanzen zum Teil auch schon in Wildformen vorkommen. Sie gehören zu den stärksten Arzneien der alten Medizin. Speisen wurden mit Lavendel, Rosmarin, Estragon, Thymian, Kerbel, Lorbeer, Bohnenkraut, Majoran und Oregano versetzt, um sie für Magen und Darm bekömmlicher zu machen. Denn diese Kräuter fördern die Verdauung, wirken überdies desinfizierend und stärken die Abwehrkräfte. Den einzigartigen botanischen Reichtum der Provence kann man im ehemaligen Benediktinerkloster Salagon bei Forcalquier erleben, wo ein riesiger Garten mit über 600 Arten von Gewürz- und Heilpflanzen angelegt ist.

Arznei, Parfüm und Liebestränke

Zu den im Mittelalter so beliebten »Liebestränken« steuerte die Provence den Oregano bei, der nicht nur die Lebensgeister weckt, sondern auch Potenz und Libido des Mannes steigern soll. Frauen schätzten vor allem den Lavendel, seinen Duft zur Veredelung von Speisen, sein Öl wegen der beruhigenden, krampflösenden und schlaffördernden Wirkung. Im frühen Mittelalter galten Lavendelbündel als so kostbar, dass sie mit Gold und Silber aufgewogen wurden und als Tauschgeld dienten.

Die Herstellung von Parfüms aus pflanzlichen Duftstoffen ist eine uralte Kunst, die auch in der Provence bekannt war. Im 17. Jahrhundert wurde das Städtchen Grasse zum Zentrum der französischen Parfümproduktion. Seine Spezialität: die Extraktion des Safts von Orangen- und Jasminblüten.

Einflüsse auf die europäische Medizin

Die Provence entfaltete im Laufe der Jahrhunderte mit ihrer zauberhaften und fruchtbaren Landschaft sowie mit ihrer von der römischen Antike geprägten Kultur eine große Anziehungs- und Ausstrahlungskraft auf die übrigen europäischen Regionen. Dabei spielte nicht zuletzt das medizinische Kräuterwissen eine entscheidende Rolle. Dass sich die

Kräuter der Provence mit heilender Wirkung

Die beliebten »Kräuter der Provence«, die als fertige Würzmischung in jedem Supermarkt zu kaufen sind, variieren in ihrer Zusammensetzung. Sie sind zwar schmackhaft und bekömmlich, aber als gezielt eingesetztes Heilmittel nicht zu verwenden. Die einzelnen Kräuter mit ihrer spezifischen Wirkung lassen sich aber jeweils gegen bestimmte Beschwerden einsetzen.

Rosmarin

Im alten Ägypten legte man Verstorbenen Rosmarinzweige in die Hände, um ihnen ihren Weg ins Schattenreich zu versüßen. Dieses Kraut hilft bei Magen-Darm-Beschwerden, Galleleiden, Wassersucht, Rheuma und Krämpfen.

Estragon

Als Aromapflanze für Senf und Essig gelangte Estragon aus dem fernen China über die arabischen Länder in die Provence; die medizinische Verwendung erfolgt vor allem bei Verdauungsschwäche und Blähungen. Äußerlich wird Estragon aufgrund seiner antiseptischen Wikung bei Zahnschmerzen angewendet.

Thymian

Den Griechen des Altertums war Thymian ein Rauschkraut bei Rauchritualen, den Römern als Badezusatz ein Aphrodisiakum; seine heilende Wirkung entfaltet Thymian bei Halsschmerzen und Heiserkeit sowie Akne und zur Förderung der Monatsblutung.

Liebstöckel

Ursprünglich in Persien beheimatet, wird der auch als »Maggikraut« bekannte Liebstöckel als Suppenkraut verwendet, ferner medizinisch bei Verdauungsschwäche, Blasen- und Nierenleiden sowie bei Migräne. Für Schwangere und nierenkranke Menschen ist Liebstöckel in größeren Mengen nicht geeignet.

Majoran – eines der klassischen Gewürze der Region

Kerbel

Dieses süßlich duftende Kraut stammt aus Südosteuropa. Es regt den Fluss der Verdauungssäfte an, ist krampflösend und entgiftend.

Lorbeer

In der Antike kaute man Lorbeerblätter, um tranceähnliche Zustände herbeizuführen, flocht die Zweige aber auch zum Kranz als Zeichen des Sieges. Seine verdauungsfördernde Wirkung erkannten die Menschen früh. Im Mittelalter servierte man zum Beispiel vor ausschweifenden Festessen in Lorbeerblätter gebackene Feigen. Medizinisch wirkt Lorbeer durchblutungsfördernd und antiseptisch und regt die Verdauungssäfte an, darf jedoch nur in Maßen genossen werden.

Bohnenkraut

Als Tschubritza ist es seit vielen Jahrhunderten das bulgarische Universalgewürz. Es wirkt appetitanregend, entblähend und schleimlösend bei Asthmatikern.

Majoran

Dieses Gewürz – Abbildung links – gelangte aus Kleinasien über das Mittelmeer in die Provence. Es dient zur Behandlung von Blähungen, Durchfall und Verdauungsschwäche.

Oregano

Seine Bitterstoffe helfen bei allen krampfartigen Unterleibsbeschwerden. Wegen seiner ätherischen Öle wirkt Oregano auswurffördernd, deshalb wird er gerne gegen Husten und Verschleimung eingesetzt.

Salbei

Der Lehrsatz der alten Medizinschule zu Salerno: »Welcher Salbei hat, mich wundert, dass er stirbt«, lässt die hohe Wertschätzung des Salbeis deutlich werden, dem man von jeher lebensverlängernde Eigenschaften nachsagt.

Menschen der Provence einer guten Gesundheit erfreuten, sprach sich schon in der Spätantike in zunehmendem Maße auch in anderen Teilen des Römischen Reiches sowie in keltischen und germanischen Siedlungsgebieten herum. Und selbst die heidnischen Horden aus dem Norden und Osten, die zur Völkerwanderungszeit den römischen Teil Europas in Schutt und Asche legten, schätzten die Nützlichkeit der Gewürze. Sie schonten die provencalischen Felder, denn sie erzielten mit den mediterranen Kräutern Heilwirkungen, die sie bislang noch nicht erfahren hatten.

So verbreitete sich in der Folge das medizinische Wissen der Provence in ganz Europa und befruchtete im Lauf der Jahrhunderte mit seinen Kräuteranwendungen (s. Kasten) die medizinischen Traditionen der europäischen Völker.

Lorbeer – ein altes Gewürz und Heilmittel der Provence

Die Weisheit Asiens – traditionelle chinesische Medizin, Ayurveda und tibetische Medizin

Die asiatische Medizin überzeugt heute eine wachsende Anzahl von Menschen durch ihre lange, ungebrochene Tradition, die aus grauer Vorzeit bis in die heutigen Tage führt. Bei näherer Betrachtung gibt es aber nicht nur zwischen der Heilkunst der Chinesen, der Tibeter und der Inder große Übereinstimmungen. In den Kernbereichen entsprechen sie der antiken Elementelehre des Hippokrates, die Krankheit als Störung im Wechselspiel der Naturkräfte im menschlichen Körper auffasst. Und doch bereichert uns die asiatische Volksmedizin durch exotische Heilpflanzen und das Ausgehen davon, Heilung könne nur durch Berücksichtigung energetischer und psychosomatischer Abläufe erfolgen.

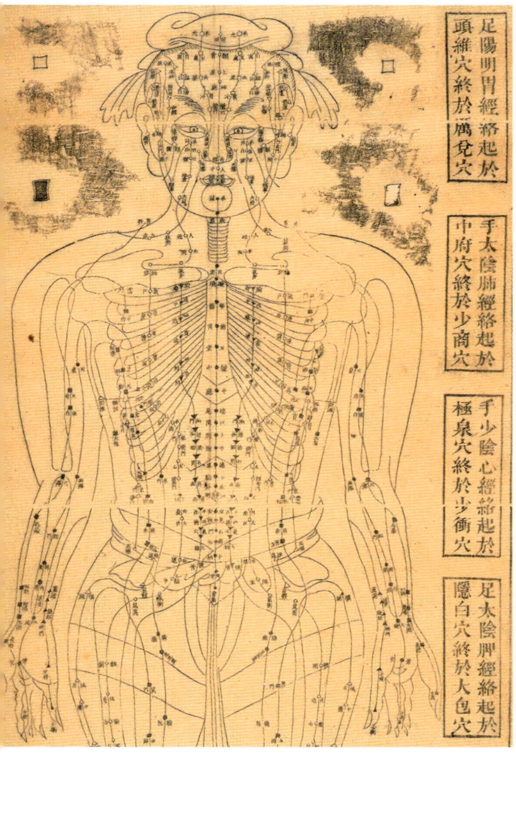

Akupunktur – eine der bedeutendsten Leistungen der chinesischen Medizin. Die alte Darstellung zeigt die Stellen, an denen die Nadeln gesetzt werden.

Ingwertee bei beginnender Erkältung

Schon Großmutter wusste die medizinischen Schätze Asiens zu würdigen. Im Winter, sobald die Nase zu laufen begann, überbrühte sie eine Scheibe Ingwerwurzel mit heißem Wasser. Dieser heilende Trank, einmal täglich eingenommen, beseitigt die Infektzeichen. Der Inhaltstoff Gingerol, der den brennenden Geschmack des Ingwers hervorruft, wirkt wie Aspirin.

Ingwerkompresse bei Nasennebenhöhlenentzündung

Sie können den entzündungshemmenden Presssaft von Ingwer in der äußerlichen Anwendung als Kompresse benutzen, zum Beispiel bei Verschleimung der Nasennebenhöhlen im Rahmen eines Infekts. Dazu geben Sie drei Esslöffel geriebene Ingwerwurzel in ein Leinentuch, pressen den Saft heraus, vermischen ihn halb zu halb mit Wasser und lassen die Lösung aufkochen. Für die Kompresse tauchen Sie ein Tuch in die Lösung, lassen es kurz abkühlen und legen es dann auf Stirn und Wangenknochen. Es wird wieder abgenommen, wenn sich die Haut gerötet hat.

Ginsengtee bei akuter Bronchitis

Das chinesische Efeugewächs Ginseng enthält hohe Mengen von Vitamin B und Mineralien. Der Hauptinhaltsstoff stimuliert die Eiweißbildung in der Leber. Die Wirksamkeit bei Bronchitis ist mit der eines Antibiotikums vergleichbar. Traditionell kocht man zwei Gramm der getrockneten Pflanzenteile mit einem halben Liter Wasser in einem geschlossenen Topf, lässt diese bei geringer Hitze 15 Minuten köcheln und trinkt den Absud warm über den Tag verteilt.

Jasmin als angenehme Teewürze

Die lieblich duftenden Blüten des chinesischen Ölstrauchs dienten von jeher dazu, bitteren Heiltees einen angenehmen Geschmack zu verleihen: auch für Kinder sehr empfehlenswert.

Grüner Tee bei erhöhten Cholesterin- und Blutdruckwerten

Grünen Tee sollten Sie speziell bei erhöhten Cholesterin- und Blutdruckwerten regelmäßig trinken. Er enthält Beta-Carotin, Vitamin C, Kalium und das für die Zahngesundheit so wichtige Spurenelement Fluorid. Die im grünen Tee enthaltenen Catechine haben möglicherweise einen krebsvorbeugenden Effekt.

Kurkuma bei chronischen Infekten

Der Wurzelextrakt dieses Ingwergewächses wirkt beinahe so entzündungshemmend wie Kortison und ist ein wichtiger Bestandteil indischer Currymischungen. Bei chronischer Bronchitis und Asthma sollte man Kurkumapulver täglich dem Essen beimischen. Als Heiltee wird der Extrakt bei entzündlichen Magen-Darm-Erkrankungen eingesetzt: Übergießen Sie einen Teelöffel Kurkumapulver mit 500 Milliliter kochendem Wasser. Fünf Minuten zugedeckt ziehen lassen, abseihen und über den Tag verteilt trinken.

Indische Düfte und Massagen gegen Erkältung

In der altindischen Seins- und Gesundheitslehre Ayurveda werden Erkältungen als Folge blockierter

Die vielseitig verwendbare Wurzel des Ginsengs spielt seit alters in der asiatischen Medizin eine große Rolle.

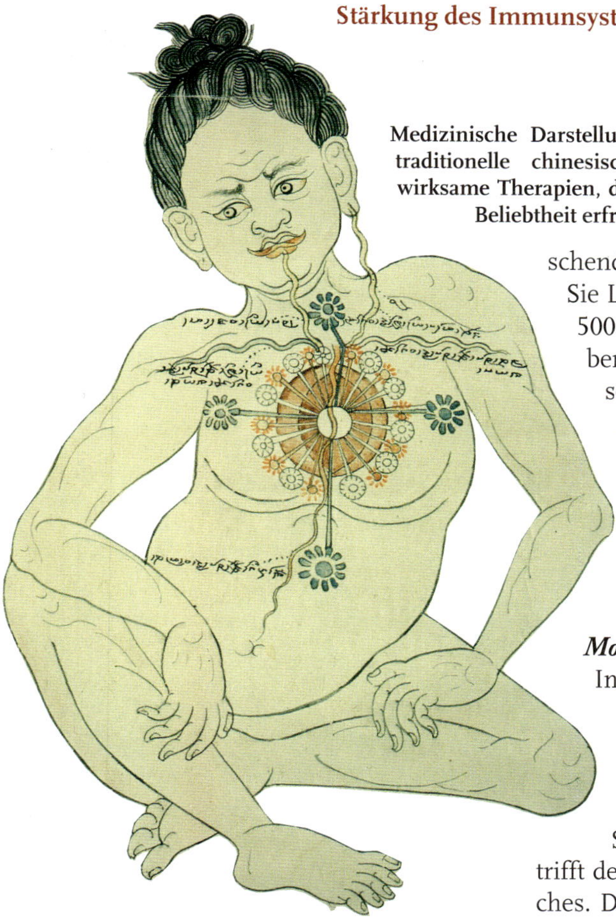

Medizinische Darstellung aus dem alten China – die traditionelle chinesische Medizin bietet zahlreiche wirksame Therapien, die sich im Westen zunehmender Beliebtheit erfreuen.

Energieströme im Körper gesehen. Diese These beruht auf der Beobachtung, dass sich die entsprechenden Beschwerden vorwiegend entweder den Stirn-Nasenhöhlenbereich aussuchen (Stirn-Chakra), den Bereich des Kehlkopfs (Hals-Chakra) oder der Bronchien (Herz-Chakra). Durch eine sanfte Massage der betroffenen Partien mit einem Heilöl und Verdampfen des Öls in einer Duftlampe werden dieser Lehre zufolge Heilwirkungen erzielt. Für Stirnbeschwerden nehmen Sie dafür Lotusöl oder Weihrauchöl (Olibanumöl), für Halsbeschwerden Salbeiöl oder Eukalyptusöl und für bronchitische Beschwerden Rosenöl.

Lassi zur Stärkung der Darmflora

Das indische Nationalgetränk Lassi enthält wertvolle Milchsäurebakterien. Sie entlasten das Immunsystem des Dünndarms und sind zudem ein wohlschmeckender, erfrischender Morgentrunk. So bereiten Sie Lassi zu: 300 Gramm Joghurt, 500 Milliliter Wasser, einen halben Teelöffel Salz und eine Messerspitze gerösteter Kreuzkümmel in einem Mixer aufschäumen lassen, in Gläser füllen, Eiswürfel hinzugeben und mit Zitronenmelisseblättern garnieren.

Moringa-Öl beugt Infekten vor

In Tibet dient der vitamin- und mineralienreiche Saft aus den frischen Blättern des Moringabaums als Heilmittel bei frischen Infekten. Sein Vitamin-C-Gehalt übertrifft den der Orange um ein Dreifaches. Der hohe Anteil an Eisen und Zink ist Kraftnahrung für die bei der Infektabwehr beteiligten Immunzellen. Das angenehm schmeckende Moringaöl ist bei uns im Fachhandel erhältlich. Nutzen Sie es in der kühlen Jahreszeit im Wechsel mit Olivenöl als Salatwürze und Kochhilfe. Vorsicht: Es darf nicht zu stark erhitzt werden!

Im tibetischen Buddhismus symbolisiert das Kultobjekt Dorje Absolutheit und Erleuchtung. Es soll – etwa in der Hand gehalten – zum seelischen und körperlichen Wohlbefinden beitragen.

Sanddorn – unser altes Hausmittel aus Tibet

Früher, als unsere Lebensmittelläden im Winter noch keine tropischen Früchte führten, hatte der Vitamin-C- und Vitamin-E-haltige Sanddorn seinen festen Platz in unserer Küche. Dennoch ist kaum bekannt, dass Sanddorn in Tibet zu den wichtigsten Öllieferanten gehört. Die Beeren des Sanddorns sind fast ungenießbar. Der Presssaft aber – eins zu eins vermischt mit Apfelsaft – ist ein köstliches, erfrischendes Getränk für die kühle Jahreszeit und beugt gleichzeitig grippalen Infekten vor.

Tibetische Weisheit – Immunschwäche als Ungleichgewicht der Seinsprinzipien

Für asiatische Heiler ist die europäische Neigung, seelische von körperlichen Vorgängen zu trennen, undenkbar. Das gilt insbesondere in Bezug auf die Abwehrkräfte des Körpers. Die tibetische Medizin sieht Immunschwäche als Ungleichgewicht zwischen den drei »Seinsprinzipien«, dem Denken (Wind), dem Wollen (Galle) und dem Fühlen (Schleim). Die Schleimbildung bei Schnupfen, Nasennebenhöhlenentzündungen oder chronischer Bronchitis wird also dem Fühlen zugeordnet, ist ein Gefühlsstau. Eine Störung im Bereich des Wollens bewirkt Magen-Darm-Beschwerden, während »falsches Denken« für asthmatische Atemwegsbeschwerden verantwortlich ist. Nehmen Sie sich etwas Zeit, um über den zeitlichen Beginn Ihrer Immunschwäche nachzudenken, und überlegen Sie, welches Erlebnis sie ausgelöst haben könnte. Prüfen Sie, welche Organe besonders betroffen sind, und suchen Sie dann in einem der drei Bereiche Lösungen: in Ihren Gedanken, Ihren Wünschen oder Ihren Empfindungen.

Reinigung von Körper und Seele – Fasten nach der Klosterheilkunde

Mit der Klostermedizin entstand im Lauf der Jahrhunderte ein medizinischer Wissensschatz, der vor allem von der Heilkraft vieler Pflanzen ausging (s. S. 208 f.). Besondere Bedeutung kam der klösterlichen Heilkunde für das Fasten zu, spielte dieses doch in der kirchlichen Tradition eine große Rolle beim Reinigen von Körper und Seele. Aus therapeutischer Sicht soll Fasten den Stoffwechsel anregen und das Immunsystem stärken, besonders in der kritischen Vorfrühlingszeit, wenn wechselnde Temperaturen, Vitamin- und Nährstoffmangel sowie Bewegungsarmut eine stärkere Infektanfälligkeit bedingen.

Wer darf fasten?
Ausgenommen von Fastenübungen sind Menschen mit Schilddrüsenüberfunktion, Diabetes Typ 1, Krebserkrankungen, Depressionen, Geisteskrankheiten, Essstörungen, mit Blutungsneigung, schweren organischen Erkrankungen und nach einem Schlaganfall. Frauen dürfen auch während Schwangerschaft und Stillzeit nicht fasten.

40 Tage Fastenzeit
Jesus ging 40 Tage in die Wüste, leckte morgens den Tau von den Steinen und aß während der gesamten Zeit keinen Bissen. 40 Tage sind etwa die Grenze, die ein junger, gesunder Mensch hungern kann, ohne dabei krank zu werden. Solche Rosskuren wurden in den Klöstern vermieden. Für Sie gilt: Essen Sie während der 40 Tage nur einmal am Tag etwas Festes, kauen Sie gründlich und trinken Sie reichlich Flüssigkeit. Verbotene Speisen und Getränke sind Fleisch, tierisches Fett, Süßigkeiten und Alkohol.

Sieben Tage nichts Festes
Der Vorfrühling ist die beste Zeit für eine Woche Heilfasten. Das heißt: Sie essen sieben Tage lang nichts Festes. Sie trinken Obstsäfte, Gemüsebrühe und Tees sowie reichlich Wasser mit dem Ziel, dem Darm möglichst viel Feuchtigkeit zu bieten. Als Tees eignen sich vor allem Kardamom, Kamille, Pfefferminze, Kümmel und Anis. Kauen Sie dazu mehrmals täglich Fenchelsamen. Das nimmt den Hunger und unterstützt die Funktionen von Magen und Darm.

Der Garten des Klosters Frauenchiemsee – die Klosterheilkunde basiert nicht zuletzt auf dem Wissen über die in Klostergärten gezüchteten Heilpflanzen.

Ein warnendes Wort der heiligen Hildegard

Hildegard von Bingen, die berühmte Mystikerin des Mittelalters, empfahl in ihren medizinischen Schriften auch beim Fasten das Maßhalten: »Wenn manche Menschen auf übertriebene Weise sich des Essens enthalten und ihrem Körper dadurch nicht die richtige Stärkung geben, und wenn sie außerdem noch an schwerwiegenderen Krankheiten leiden, kann es vorkommen, dass in ihrem Körper eine heftige Unruhe entsteht.«

Ein Muss während des Fastens: Gemüsebrühe
Um Ihrem Körper genügend Nährstoffe zuzuführen, nehmen Sie während des Fastens dreimal täglich Gemüsebrühe. Für die Zubereitung brauchen Sie:
1 Möhre • 1 große Kartoffel • 80 g Sellerie • 40 g Petersilienwurzel • 40 g Lauch • 1 Tomate • 100 g Blumenkohl • 50 g getrocknete rote Linsen • 5 Pfefferkörner • 1 EL gekörnte Gemüsebrühe (ohne künstliche Geschmacksverstärker und Aromen) • 1 TL Galgantpulver • 1 TL Majoran • 1 TL Petersilie • 1 geriebene Muskatnuss.
Sie waschen, schälen und zerkleinern das Gemüse, geben es mit der Brühe, dem Pfeffer und den Linsen in einen Liter kochendes Wasser. 30 Minuten köcheln lassen, zwischendurch Galgant und Muskatnuss einrühren, zuletzt Majoran und Petersilie hinzugeben, abseihen, dann langsam mit dem Löffel essen.

Auch der Wermut wurde in der Klostermedizin in verschiedenen Rezepturen zum Entschlacken angewandt.

Fastenzeit als Zeit der Stille und Einkehr

Gehen Sie in der Fastenzeit bewusst früh zu Bett und stehen Sie auf, wenn Sie ausgeschlafen haben. Essen und trinken Sie regelmäßig zu festgelegten Zeiten. Verzichten Sie auf Fernsehen, hören Sie lieber beruhigende Musik. Gönnen Sie sich morgens und abends eine Phase der Stille, in der Sie beten oder meditieren.

Wärmende Salze zur Darmreinigung

Während des Fastens muss Stuhlträgheit vermieden werden. Wärmende Salze wie Bittersalz (Magnesiumsulfat) oder Glaubersalz (Natriumsulfat) führen zu weichem Stuhl und sind ein wichtiger Schritt zur Entlastung des Stoffwechsels. Falls Sie unter Stuhlträgheit leiden, trinken Sie morgens ein Glas lauwarmes Wasser, verrührt mit einem Esslöffel Bitter- oder Glaubersalz. Anschließend trinken Sie ein großes Glas kühles, frisches Wasser nach.

Für hartnäckige Fälle: Dickdarmeinlauf

Stuhlträgheit und Immunstörungen gehen oft Hand in Hand. Mitunter ist durch Abführmittel keine Regulierung zu erreichen. In früheren Zeiten gehörte für diese Fälle der auch in der Klostermedizin häufig angewandte Irrigator – eine Vorrichtung zur Durchführung eines Dickdarmeinlaufs – in jeden Haushalt. Ein Irrigator (in Sanitätshäusern erhältlich) besteht aus einem Einliter-Gefäß, einem Schlauch und einem Ansatzstück. Füllen Sie das Gefäß mit lauwarmem Wasser und hängen es an einer Türklinke auf. Dann legen Sie sich auf den Boden und führen das mit Vaseline eingecremte Ansatzstück vorsichtig in den After ein. Das Wasser läuft selbständig in den Darm ein. Ist der Behälter halb leer, drehen Sie sich nach links und führen die Behandlung zu Ende. Versuchen Sie, den Einlauf fünf Minuten lang im Dickdarm zu halten. Der Darm entleert sich danach mehrmals abrupt.

Bei Stuhlträgheit und Müdigkeit: Lebertee

Müdigkeit, Mattigkeit, Abgespanntheit – all das waren für unsere Großmütter Anlass, Heilkräuter einzusetzen, die Blähungen vermindern und den Fluss der Verdauungssäfte anregen. Für die folgende traditionelle Rezeptur brauchen Sie:
10 g Galgantwurzel • 10 g Ingwerwurzel • 10 g Fenchelfrüchte • 10 g Brombeerblätter • 20 g Holunderblüten • 20 g Hagebuttenschalen.
Sie zerdrücken die Mischung im Mörser. Zwei Teelöffel davon geben Sie in eine Tasse kochendes Wasser, lassen sie fünf Minuten ziehen. Von diesem Tee trinken Sie morgens zwei Tassen.

Bei Wassereinlagerungen: Nierentee

Wenn Sie zu geschwollenen Fußknöcheln neigen oder Ihre Augenlider morgens von Wassereinlagerungen verschwollen sind, sollten Sie die Fastenzeit nutzen, um mit einem Tee die Nierenfunktion anzuregen. Den Tee bereiten Sie wie folgt zu: Zehn Gramm Schachtelhalmkraut, je 20 Gramm Brennnesselblätter und Birkenblätter sowie fünf Gramm Malvenblüten im Mörser zerdrücken, davon zwei Teelöffel mit einer Tasse heißem Wasser übergießen, fünf Minuten ziehen lassen. Davon trinken Sie über den Tag verteilt drei Tassen.

Medizinisches Wissen – in Schreibstuben und Bibliotheken der Klöster überliefert.

Kräutermilch gegen Schlafstörungen

Wer auch in der Fastenzeit nicht zur Ruhe kommt, sollte sich abends eine Tasse Kräutermilch zubereiten: 20 Gramm Melissenblätter sowie je zehn Gramm Hopfenzapfen, Lavendelblüten, Rosmarinblätter und Hagebuttenschalen im Mörser zerdrücken, davon zwei Teelöffel in einer Tasse heißer Milch zehn Minuten ziehen lassen, abseihen, nach Geschmack Honig hinzufügen. Diese Kräutermilch trinken Sie dann vor dem Schlafengehen, sie wird den Schlaf rascher herbeiführen und vertiefen. Machen Sie schon die Zubereitung zu einem Ritual!

Die Schafgarbe ist ein Mittel der Klostermedizin, das etwa zur Verdauungsförderung eingesetzt wurde.

Klosterheilkunde – die Medizin des frühen Mittelalters

Auch heute gibt es zahllose Krankenhäuser, die von christlichen Orden betreut werden. Sie setzen eine Tradition fort, die bis ins frühe Mittelalter zurückreicht und ihren Ursprung im biblischen Gebot der Nächstenliebe hat. »Die Sorge für die Kranken steht vor und über allen anderen Pflichten«, heißt es in den Regeln des heiligen Benedikt von Nursia, des Begründers des abendländischen Mönchtums.

Die Blütezeit der Klostermedizin fällt in die Zeit zwischen dem 8. und dem 12. Jahrhundert. Wer damals in oder bei einem Kloster lebte, durfte sich glücklich schätzen. Nirgendwo sonst war die medizinische Versorgung so gut! Denn in dieser Epoche, als es noch keine Universitäten zur Ausbildung von Ärzten gab, lag die Heilkunde hauptsächlich in den Händen von Mönchen und Nonnen.

Der heilige Benedikt von Nursia begründete im frühen 6. Jahrhundert das abendländische Mönchtum.

Der St. Gallener Klosterplan

Eine Vorstellung davon, welche Bedeutung der Krankenpflege in einem Benediktinerkloster zukam, vermittelt der Sankt Gallener Klosterplan (um 830). Das Dokument verzeichnet ein Arzthaus, ein Haus für den Aderlass, ein Spital, außerdem eine eigene Küche und ein eigenes Bad für die Kranken. Dies weist darauf hin, dass man die Gesunden von den Kranken getrennt hat, also Ansteckung zu verhindern suchte. Für schwere Infektionskrankheiten wie Lepra oder Pest galt strenge Isolation in speziellen Häusern außerhalb des Klosters. Selbstverständlich zeigt der Klosterplan auch einen Garten für Heilpflanzen. Denn die Klostermedizin war auch Pharmazie: Die Arzneimittel wurden weitgehend selbst hergestellt.

Das Gärtlein des Walahfrid

Aus dem Jahr 827 ist das Gedicht des Walahfrid Strabo überliefert, eines gelehrten Mönchs von der Klosterinsel Reichenau im Bodensee – heute die »Gemüse-Insel« neben der »Blumeninsel« Mainau. Das lateinische Gedicht heißt »Hortulus« (kleiner Garten) und beschreibt die Anordnung 23 verschiedener Pflanzen in einem Klostergarten: Salbei, Raute, Eberraute, Flaschenkürbis, Melone, Wermut, Weißer Andorn, Fenchel, Schwertlilie, Liebstöckel, Kerbel, Lilie, Schlafmohn, Muskatellersalbei, Frauenminze, Minze, Poleiminze, Sellerie, Betonie, Odermennig, Katzenminze, Rettich und Rose.
An dieser Liste fällt zuerst der Schlafmohn auf, der zur Gewinnung von Opium diente. Überraschend ist die Raute, die in der Volksmedizin vor allem zur Einleitung von Aborten benutzt wurde, eine Todsünde in den Augen der Mönche. Rose und Lilie dienten als Zierpflanzen und lieferten schmerzlindernde Öle. Ambrosia – ebenfalls im Gedicht erwähnt – ist übrigens keine Heilpflanze, sondern der Name für eine wohlriechende Salbe. Dass die recht exotische Melone im Klostergarten angepflanzt wurde, der Lavendel aber fehlt, wird manchen verwundern. Die übrigen Kräuter fördern vor allem die Verdauung und wurden wegen ihrer entzündungshemmenden und antibiotischen Wirkungen bei Infektionen eingesetzt.

Medizinische Literatur

Im frühen und hohen Mittelalter, als in deutschen Landen kaum jemand lesen und schreiben konnte, waren die Klöster wichtige kulturelle Zentren. Die herrlichen Bücher von der Hand der Mönche rufen bis heute unsere Bewunderung hervor. Sie sind hauptsächlich religiösen Inhalts, aber es findet sich auch heilkundliche Literatur.

Die Kamille zählt zu den ältesten Heilpflanzen und spielte in der Klostermedizin eine wichtige Rolle.

Berühmtheit haben die medizinischen Werke der Benediktinerin Hildegard von Bingen (1098–1179) erlangt. Ebenfalls bedeutend ist das »Lorscher Arzneibuch« – um 795, also zur Zeit Karls des Großen, in der Abtei Lorsch bei Worms verfasst und somit das älteste Werk der Klostermedizin im deutschen Sprachraum. Die 150-seitige Handschrift ist zum einen eine Heilmittellehre nach antikem Vorbild mit mehreren Rezeptsammlungen und überdies eine Rechtfertigung für die Anwendung antiker, sprich: heidnischer (!) Medizin in einem Kloster. Deutlich unterscheidet der Text zwischen Krankheiten aufgrund einer körperlichen Schwäche, bei denen die Heilkunst helfen könne, und Krankheiten als Folge einer Sünde oder als göttliche Prüfung, bei denen man allein auf die Barmherzigkeit Gottes angewiesen sei.

Arabische Einflüsse

Im Chaos der Völkerwanderung ging das weströmische Reich mit all seinem antiken Wissen unter. Dass die Medizin im abendländischen Mittelalter dennoch von den Lehren der Antike geprägt war, ist vor allem arabischen Ärzten zu verdanken. Im Zuge der islamischen Eroberungen brachten sie das antike Wissen vom Osten, wo das Byzantinische Reich die römische Tradition fortführte, zurück in den Westen. Dem islamischen Kulturkreis entstammte Constantin von Afrika, der um 1075 als Mönch in das italienische Benediktinerkloster Monte Cassino eintrat und medizinische Schriften aus dem Griechischen und Arabischen ins Lateinische übersetzte. So fand nicht zuletzt das Werk des berühmten persischen Arztes Ibn Sina (980 – 1037), den das Abendland Avicenna nannte, Eingang in die Klostermedizin.

In prachtvollen Klosterapotheken wie der des bayerischen Klosters Reutberg spiegelt sich der reiche Wissensschatz der Klostermedizin.

Klösterliche Badekur

Es war einmal, so die Legende, ein schwäbischer Ritter, der in blinder Eifersucht seine Gemahlin totschlug. Weil sie fromm und unschuldig war, entsprangen am Ort des grausigen Verbrechens drei heilige Quellen, alsbald Ziel von Wallfahrern aus nah und fern. Diese Pilgerstätte fiel 1418 – jetzt ist die Legende zu Ende und die Historie beginnt – den Prämonstratensern zu. Der Orden machte daraus ein florierendes Kurbad. Während hier, im kleinen schwäbischen Krumbad, bis heute Nonnen für das körperliche und seelische Heil ihrer Gäste sorgen, geht es in anderen einstmals klösterlichen Kurorten mittlerweile ganz weltlich zu – im böhmischen (tschechischen) Karlsbad etwa, wo in den Wäldern der Umgebung noch das Prämonstratenserstift Tepl steht, das den Kurbetrieb vom Mittelalter bis ins 20. Jahrhundert betreute.

Salerno: ein Zentrum der Heilkunst

Avicennas Hauptwerk »Kanon der Medizin« verblüfft auch heute noch durch anatomische Detailkenntnisse, eine ausgefeilte Darstellung der Psychosomatik und Einblicke in die chemische Wirkweise pflanzlicher Arzneien. Das gesamte Mittelalter hindurch blieb es das Standardwerk für Ärzte. Deren Ausbildung verlagerte sich ab dem 12. Jahrhundert von den Klöstern in die neu entstehenden Universitäten – die Epoche der akademischen Schulmedizin begann. Am Anfang dieser Entwicklung stand Salerno, wo das Kloster Monte Cassino wohl schon im 10. Jahrhundert ein Spital unterhielt. Daraus entstand langsam die erste weltliche Hohe Schule für Medizin. Nach einer Blütezeit im 12. Jahrhundert gab Salerno den ersten Rang in der medizinischen Lehre an das südfranzösische Montpellier ab.

Die Krankenpflegeorden

Eine wichtige soziale Funktion in der mittelalterlichen Stadt übernahm das Spital – als Institution der Armen- und Altenfürsorge sowie der Krankenpflege. Betreut wurden die Spitäler von Mönchen und Nonnen und von frommen Laienbruderschaften. Seit dem 12. Jahrhundert entstanden spezielle Orden zur Krankenpflege, die Antoniter etwa oder der Orden vom Heiligen Geist. Ihren Ursprung in den Kreuzzügen hatten die Johanniter, ein Ritterorden, der Mitte des 12. Jahrhunderts in Jerusalem sein erstes Hospital gründete. Von weltweiter Bedeutung in der Krankenpflege sind bis heute die Barmherzigen Brüder, die sich erstmals 1540 in Granada zusammenfanden.

Die Königskerze, ein altes Heilmittel der Klostermedizin, wird vor allem gegen Husten und Bronchitis eingesetzt.

Die Lautertränke des frühmittelalterlichen Lorscher Arzneibuchs

Die Natur hält je nach Jahreszeit verschiedene Arzneien für uns bereit, die Nährstoffe liefern, entschlacken und unseren Stoffwechsel anregen. Das wussten schon die Kelten und Germanen. Ihr Wissen ist in das Lorscher Arzneibuch, das um 800 von einem Mönch angelegt wurde, eingegangen. Darin findet man Rezepturen für so genannte Lautertränke, die bis ins 19. Jahrhundert in ländlichen Bereichen Verwendung fanden. »Läutern« ist ein altes Wort für Entschlacken. Und tatsächlich wirken die dabei benutzten Pflanzen harntreibend, regen den Fluss der Verdauungssäfte an und fördern dadurch den Stoffwechsel. Zusätzlich sind sie wertvolle Vitamin- und Mineralstofflieferanten. Lautertränke eignen sich im Mixer zubereitet als Erfrischungsgetränke oder können als Tees zu sich genommen werden. Sie wecken neue Lebenskräfte, fördern die Entschlackung des Körpers und stärken damit das Immunsystem.

Beziehung der Tierkreiszeichen zu den Körperteilen in einer mittelalterlichen Buchmalerei der Gebrüder Limburg. Im Lorscher Arzneibuch und der mittelalterlichen Medizin überhaupt wurden Heilpflanzen einzelnen Monaten, Tierkreiszeichen und Körperteilen zugeordnet.

Gesundbrunnen Vorfrühlingstrank

Unter den ersten Pflanzen des Frühlings sind manche auffallend vitaminhaltig und regen durch ihren bitteren Geschmack den Fluss der Verdauungssäfte an. Es wird unseren Vorfahren nicht entgangen sein, dass sich die Tiere des Waldes bevorzugt an ihnen gütlich tun. Eine bewährte Mischung sind Liebstöckelblätter, Brunnenkresse, Fenchel und der Bittersüße Nachtschatten. Zu gleichen Teilen als Tee zubereitet, mit einigen gemahlenen Pfefferkörnern vermischt und mit Honig gesüßt, ist dieser Vorfrühlingstrank ein wohlschmeckender Tee, den Sie dreimal täglich trinken sollten. Nehmen Sie einen Teelöffel pro Tasse und lassen Sie ihn dann fünf Minuten ziehen.

Bibernelle bei Atemwegsinfekten und Darmträgheit

Gerade in der Übergangszeit sind Virusinfektionen mit Befall der Atemwege sehr häufig. Die Antwort unserer Vorfahren: ein Absud aus Bibernellwurzel, die im April frisch geerntet werden kann. Sie enthält entzündungshemmende und schleimhaut-abschwellende Gerbstoffe und Saponine. Setzen Sie einen gehäuften Teelöffel der klein geschnittenen Wurzel mit 250 Milliliter kaltem Wasser an, erhitzen sie bis zum Sieden, kochen sie eine Minute und seihen dann ab. Süßen Sie den Tee mit Honig und trinken Sie bis zu drei Tassen täglich.

Fenchelsamen und Wermut-Tee bei Blähungen

Im Mai, kurz vor der Blüte, liefert der Wermut feine, auffallend bittere Triebe, mit denen sich die in dieser Jahreszeit üblichen Magen-Darm-Beschwerden, vor allem Blähungen und Stuhlträgheit, wunderbar lindern lassen. Einfach ist die Zubereitung als Tee: Überbrühen Sie einen

Alle Pflanzen für die Neunkräutersuppe finden sich in unserer heimischen Flora.

Teelöffel Wermuttriebe mit 250 Milliliter kochendem Wasser und seihen Sie nach zehn Minuten ab. Süßen Sie gut mit Honig und trinken Sie drei Gläser täglich. Kauen Sie dazu Fenchelsamen, etwa zehn Stück täglich über den Tag verteilt.

Mastix: Zahnpflege und Mundfrische für die heißen Tage

In den Sommermonaten kommt es manchmal zu Mundtrockenheit, vermehrtem Zahnbelag und Mundgeruch; denn durch die geringe Speichelmenge können sich die Bakterien der Mundhöhle stark vermehren. Dagegen hat man schon im Mittelalter auch in unseren Breiten Mastix verwendet, das Harz des Pistazienbaums und Vorläufer des Kaugummis. Mastix wirkt desinfizierend und löst beim Kauen gelben Zahnbelag, weshalb das Lorscher Arzneibuch empfiehlt, im August reichlich Mastix zu kauen. Probieren Sie es aus! Mastix ist in der Apotheke erhältlich.

Wärmende Gewürze für die kühle Jahreszeit

Nicht von ungefähr sind die traditionellen Zutaten für die Weihnachtsbäckerei – Zimt, Ingwer, Gewürznelke, Pfeffer – allesamt wärmende Gewürze, die schon im Lorscher Arzneibuch für die kalten Wintertage emp-

Der Schwerpunkt-Tipp

Neunkräutersuppe – entschlacken wie Karl der Große

Einem alten, ursprünglich heidnischen Brauch gemäß, der von England bis in den Osten Deutschlands gelangt ist, bereitet man am Gründonnerstag die Neunkräutersuppe zu. Für die Zubereitung brauchen Sie neunerlei grüne Kräuter, die durch ihre Inhaltsstoffe geeignet sind, die in dieser Jahreszeit üblichen Nahrungsdefizite auszugleichen. Schriftlich erwähnt ist diese Suppe erstmals im Kräuterbuch Karls des Großen (um 800). Nachdem bei den Kelten die zweite Potenz der »heiligen Drei« (3 x 3 = 9) die höchste Zahl war, nimmt man an, dass der Brauch, vor dem Frühlingsfest die Neunkräutersuppe zu bereiten, mehrere Jahrtausende zurückgeht. Neunkräutersuppe zu essen ist auch heute noch aktuell, da das im Vorfrühling kommerziell erhältliche Obst und Gemüse überwiegend aus der Ferne stammt und nicht zuletzt aufgrund zu früher Ernte vitamin- und nährstoffarm ist. Außerdem regen die neun Kräuter den Fluss der Verdauungssäfte an.

Schafgarbe (*Achillea millefolium*) dient aufgrund des bitter-würzigen Geschmacks als Gewürzkraut.

Gundelrebe (*Glechoma hederacea*) regt den Appetit an und wirkt entzündungshemmend.

Pimpinelle (*Sanguisorba minor*) ist eine milde Suppenwürze.

Brunnenkresse (*Nasturtium officinale*) vertreibt durch hohen Vitamin-C-Gehalt die Frühjahrmüdigkeit.

Bärlauch (*Allium ursinum*) wirkt entgiftend und ersetzt geschmacklich Knoblauch und Zwiebel.

Brennnessel (*Urtica urens*) **(1)** wirkt blutreinigend und harntreibend.

Sauerampfer (*Rumex acetosa*) **(2)** hat hohen Vitamingehalt, wirkt appetitanregend und entschlackend.

Kerbel (*Antriscus cerefolium*) ist würzig und hilft bei Frauenleiden.

Löwenzahn (*Taraxacum officinale*) **(3)** regt den Fluss der Verdauungssäfte an und ist aufgrund seines hohen Eisengehalts blutbildend.

fohlen wurden. Auch die Glühweinrezepte wissen von den wärmenden Qualitäten dieser Gewürze. Veredeln Sie in dieser Jahreszeit nach Geschmack auch Ihren Tee oder Kaffee mit Zimt, Pfeffer oder Ingwerpulver, und Sie werden feststellen, dass Sie »wetterbeständiger« werden.

Odermennig und Sellerie gegen Wassereinlagerungen im Winter

Die Kombination aus Kälte und Feuchtigkeit führt bei manchen Menschen zu störenden Wassereinlagerungen im Bereich der Augen oder Fußknöchel. Abhilfe schafft dieser Lautertrank: Odermennig und Sellerie werden zu gleichen Teilen klein geschnitten; davon einen Teelöffel in einem Glas heißem Wasser ziehen lassen und drei Gläser täglich trinken. Der kieselsäurehaltige Odermennig und der harntreibende Sellerie regen die Nierenfunktion an.

Apotheke Bienenstock: Honig, Blütenstaub, Propolis

Schon auf steinzeitlichen Höhlenmalereien sind Honigsammler zu sehen: Die Bedeutung der Biene und ihrer Produkte für die Ernährung der Menschheit ist nicht hoch genug einzuschätzen! Und der Einsatz von Honig in der Heilkunst hat sich nie auf das Versüßen von bitterer Arznei beschränkt. Honig liefert wertvolle Mineralien, Vitamine und Vitalstoffe, desinfiziert und fördert die Wundheilung und spielt dadurch für die Stärkung des Immunsystems eine zentrale Rolle. Auch Großmutter verließ sich auf die »Apotheke Bienenstock«. Und die Kinder wussten das zu schätzen. Der süße Geschmack des Honigs und der angenehme Duft eines Bienenwachswickels machten das Kranksein erträglicher.

Honig – nicht nur ein süßes Vergnügen, sondern auch ein vielseitiges Heilmittel

Honigwaben gegen Asthma und Kehlkopfentzündungen

Schon im Altertum wurden von Asthmatikern Honigwaben gekaut. Der Saft wirkt schleimlösend, tötet Keime im Atemwegsbereich und entkrampft die Muskulatur der Bronchien. Außerdem führt er dem erkrankten Gewebe Vitalstoffe zu und wirkt durchblutungsfördernd. Wer keine Honigwaben hat, nimmt bei frischem Atemwegsinfekt stündlich einen Teelöffel Honig und gurgelt zwischendurch mit lauwarmem Wasser. Ein beliebtes Hausmittel bei Husten ist Honigwasser, warm oder kühl getrunken: Ganz einfach Honig nach Geschmack in heißem Wasser lösen!

Bienenwachswickel bei Keuchhusten und Bronchitis

Bienenwachstücher erhalten Sie in der Apotheke in verschiedenen Größen. Gerade bei Kindern mit schmerzhaftem Reizhusten empfiehlt sich vor dem Einschlafen die Auflage eines mit dem Fön erwärmten Bienenwachstuchs. Sie legen zuerst etwas Heilwolle (naturbelassene Schafwolle mit hohem Wollfettgehalt) auf das Brustbein, darüber kommt das warmgefönte, nicht zu heiße Wachstuch. Dann ziehen Sie dem Kind ein enges Unterhemd an oder binden ein Handtuch darüber. Der Wickel wird über Nacht auf der Brust belassen.

Bienenwachswickel gegen Rückenschmerzen

Kaufen Sie in der Apotheke ein Bienenwachstuch in einer Ihrem schmerzenden Rücken entsprechenden Größe, erwärmen Sie es mit dem Fön, legen es über die durch Heilwolle (naturbelassene Schafwolle mit hohem Wollfettgehalt) geschützte schmerzende Stelle und binden ein Handtuch darüber. Lassen Sie den Wickel über Nacht einwirken.

Honig bei leichten Verbrühungen

Streichen Sie eine Schicht Honig über die verbrühte Haut. Sobald der Honig eingetrocknet ist, streichen Sie eine weitere Schicht darüber und wiederholen das, bis eine feste Kruste entstanden ist. Dann decken Sie die Stelle mit einem sauberen Tuch ab. Die Kruste verhindert weiteren Flüssigkeitsverlust durch die geschädigte Haut, die entzündungshemmenden Inhaltsstoffe des Honigs reduzieren Rötung und Schwellung, die reichen Mineralien und Vitalstoffe des Honigs fördern die Neubildung der Haut.

Milch mit Honig zum Einschlafen

Wenn die Kinder nicht einschlafen konnten, bekamen sie in früheren Zeiten von Großmutter ein Glas warme Milch, in der ein Teelöffel Honig eingerührt war. Eine gute Empfehlung, auch für moderne Erwachsene! Denn der daraus resultierende Blutzuckeranstieg aktiviert das Einschlafzentrum.

Milch mit Honig gegen Akne

Zur Linderung von Aknebeschwerden lösen Sie einen Teelöffel Honig in einem Glas warmer Milch auf und tragen die Mixtur morgens auf die Haut auf. Das in der Milch enthaltene Fett fördert die Aufnahme der desinfizierenden und entzündungshemmenden Wirkstoffe des Honigs. Fünf Minuten einwirken lassen und dann abwaschen.

Bienenpollen gegen Krankheitserreger

Bei den alten Wikingern galt der Blütenstaub, den die Bienen – zu kleinen Kügelchen gedreht – in den Bienenstock bringen, als Kraftnahrung. Diese so genannten Bienenpollen enthalten zahlreiche Vitamine, Mineralien, Aminosäuren und Enzyme und hem-

men das Wachstum von Bakterien und Viren. Bei Infekten lösen Sie morgens täglich zum Frühstück einen Teelöffel Bienenpollen (beim Imker oder im Reformhaus erhältlich) in einem Glas Milch oder Fruchtsaft auf und geben noch einen Teelöffel Honig dazu.

Gelée Royale gegen Heuschnupfen
Die Nahrung der Bienenkönigin und der Königinnenlarven – Königinnenfuttersaft oder Gelée Royale genannt – enthält zahlreiche wertvolle Wirkstoffe, vor allem Vitamine, und soll anregend auf den menschlichen Stoffwechsel wirken. Gelée Royale wird auch bei Heuschnupfen empfohlen: Beginnen Sie vier Wochen vor der Pollenflugzeit mit einer dreiwöchigen Kur mit Gelée-Royale-Ampullen, die in der Apotheke oder im Reformhaus angeboten werden.

Propolis gegen chronische Infekte
Bienenwachs diente aufgrund seiner desinfizierenden Wirkung schon im Altertum als Infektionsschutz in Schminksalben. Propolis, das Kittharz in den Bienenstöcken, war dabei das begehrteste Wachs. Es ist eine Mischung von Baum- und Knospenharzen, die den Bienenstock winterfest macht und vor Schmutz und Fäulnis schützt. Einer alten medizinischen Tradition zufolge befreit es den menschlichen Körper durch seine keimtötende und das Immunsystem stimulierende Wirkung von Pilzen und Viren. Empfohlen wird die Gabe von dreimal täglich fünf Tropfen Propolis-Tinktur über vier Wochen.

Bienengift gegen Warzen und verdicktes Narbengewebe
Bienengift enthält hohe Mengen eines Ferments, das Warzen und hässliche dicke Narben aufweichen hilft. Sie bekommen Bienengift in Salbenform in der Apotheke. Massieren Sie die Salbe mehrmals täglich in die Warze oder den verdickten Narbenstrang ein.

Homöopathisches Bienengift bei Sonnenbrand
Die Apotheke bietet auch – unter dem Namen Apis – Bienengift als Globuli in den Potenzen D 12 oder D 30 an. Diese homöopathischen Mengen von Bienengift sind vollkommen unschädlich und werden bei Sonnenbrand mit Rötung und Schwellung der Haut und bei Sonnenstich mit Kopfweh und Übelkeit angewandt. Nehmen Sie fünf Globuli in der Potenz D30, nach einer halbe Stunde die gleiche Menge noch einmal. Im Bedarfsfall können Sie die Gabe von Apis mehrmals wiederholen.

Propolis – das besondere, seit Jahrtausenden geschätzte Wachs aus dem Bienenstock mit der besonderen Heilkraft. Es wirkt vor allem gegen Infektionen.

Fenster in die Vergangenheit

Um die Biene ranken sich seit Jahrtausenden zahllose Legenden und Mythen.

Mythen um die Biene *gab es schon im alten Ägypten: Als der Sonnengott Ra weinte und seine Tränen auf die Erde fielen, wurden sie zu Bienen, so eine der altägyptischen Legenden. Den hohen Stellenwert, den das Naturprodukt Honig in alten Zeiten einnahm, zeigt nicht zuletzt die Bibel: Das Gelobte Land wird als das Land, in dem Milch und Honig fließen, bezeichnet. Aus dem germanischen Kulturkreis kennen wir den Honig als Tau vom Weltenbaum Yggdrasil – eine Speise der Götter. Die aus der Antike übernommene Vorstellung, dass Bienen ihre Brut nicht selbst zeugen, machte die Biene im Christentum zu einem Symbol der Jungfräulichkeit und der Gottesmutter.*

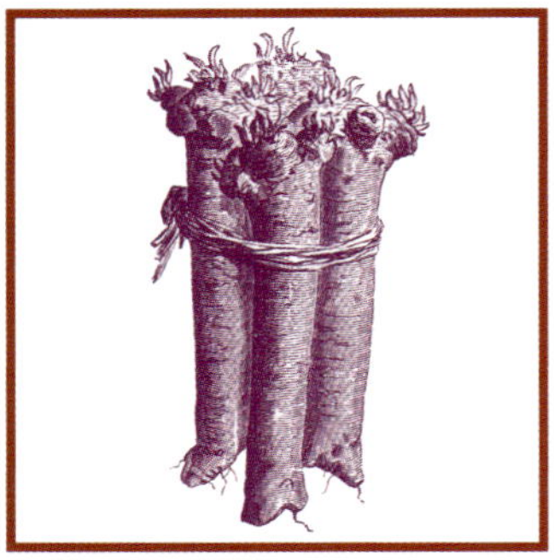

Alte Mittel gegen Alltagsleiden

In früheren Zeiten, als die medizinische Versorgung noch nicht so entwickelt war wie heute, musste man sich im Krankheitsfall – zumindest bei einfacheren Beschwerden – meist selbst behelfen und nicht zuletzt auf heilsam oder lindernd wirkende Lebensmittel, heimische Pflanzen und andere verfügbare Stoffe zurückgreifen. Im Laufe der Zeit ist hier ein reicher Wissensschatz entstanden, dessen Rezepte auch in unserer Zeit von großem Nutzen sein können.

Apotheke Küchenregal – Nahrungsmittel als Arzneimittel

In der guten alten Zeit, als mehrere Generationen unter einem Dach lebten, war meist die Großmutter die Heilkundige. Wenn ein Familienmitglied erkrankte, führte sie der allererste Weg in die Speisekammer. Heute ist die Heilkraft von Nahrungsmitteln bei Alltagsbeschwerden und leichten Erkrankungen weit gehend in Vergessenheit geraten. Aber auch unter Ihren Küchenvorräten finden sich wahre Heilmittelschätze!

Der Viktualienmarkt in München – hier gibt's viele Lebensmittel mit Heilwirkung.

Zucker gegen Schluckauf

Bei Schluckauf gibt es viele Tipps und Tricks. In einem alten Buch über Hausmittel aus dem 19. Jahrhundert finden wir den Klassiker: Ein Löffelchen gestoßenen Zucker in den Mund nehmen und rasch hinunterschlucken. Noch wirksamer ist ein mit Essig- oder Zitronensaft getränkter Würfelzucker, den man langsam im Mund zergehen lässt.

Kaffee und Milch gegen Mundgeruch

Gerade nach Genuss von Zwiebeln und Knoblauch bindet frische Milch aufgrund ihres Fettgehalts die Geruchsstoffe. Wer keine Milch mag, kann gegen Mundgeruch auch Kaffeebohnen oder ganze Kardamomkapseln – erhältlich in jedem auf Gewürze spezialisierten Geschäft – kauen. Deren starkes Aroma zeichnet sich dadurch aus, dass es besonders lange störenden Geruch überdeckt.

Knoblauch bei verstopfter Nase

Wenn die Nase durch dichtes Sekret verstopft ist, sollten Sie eine Knoblauchzehe klein hacken und den Duft einatmen. Knoblauch ist stark schwefelhaltig und kann dadurch Schleimpfropfen verflüssigen. Außerdem tötet das im Knoblauch enthaltene Allicin Bakterien ab.

Meerrettich gegen Stockschnupfen

Meerrettich enthält Senföl. Es wirkt schleimhautreizend und fördert den Sekretfluss, was ausgesprochen gut tut, wenn ein Schnupfen festsitzt. Kaufen Sie eine frische Meerrettichstange, reiben Sie eine Portion und atmen Sie die Dämpfe eine Minute lang ein. Den geriebenen Meerrettich können Sie anschließend auf Brot essen. Wichtig: So lange wie möglich kauen, damit sich das Meerretticharoma im Mundhöhlen- und Rachenbereich verteilen kann.

Branntwein gegen Fließschnupfen

Wenn das Nasensekret dünnflüssig ständig aus der Nase läuft, lautet Omas Geheimtipp: Kornbranntwein aus der hohlen Hand kräftig in die Nase hochschnauben. Beim ersten Mal führt das zu einem heftigen Brennen, das aber schnell nachlässt. Mit dem Brennen gehen auch die Schleimabsonderung und das Kitzelgefühl zurück. Sie wiederholen das Aufschnauben, sobald die Nase wieder läuft. Die Anwendung ist wegen des Alkoholgehalts für Kinder und Alkoholkranke nicht geeignet.

Holunderblüten gegen Nasennebenhöhlen-Entzündung

Früher sagte man: »Ein Holunderstrauch im Garten ist so wertvoll wie eine ganze Apotheke.« Testen Sie die alte Weisheit bei entzündeten Nasennebenhöhlen: Sie mischen ein bis zwei Esslöffel Holunderblütensirup mit etwas Zitronensaft, gießen mit Lindenblütentee auf und nehmen das Getränk möglichst warm zu sich. Die Erleichterung sollte nicht lange auf sich warten lassen.

Zwiebelauflage gegen Ohrenschmerzen

Der Einsatz der entzündungshemmenden Zwiebel bei Ohrenentzündungen von Kindern ist hochwirksam. Großmutters Gesundheitstipp: Sie schneiden eine Zwiebel klein, dünsten sie in der Pfanne an und falten sie in ein Stofftuch ein. Diese Auflage kommt hinter, nicht auf das schmerzende Ohr!

Holunder – aus seinen Blüten lässt sich ein bekömmliches Abführmittel herstellen.

Zwiebeltee gegen Husten

Die Zwiebel ist aufgrund ihres hohen Schwefelgehalts der perfekte Schleimlöser bei Bronchitis und wirkt dadurch hustenstillend. Sie schneiden eine große Zwiebel in vier Teile und kochen sie in einem halben Liter Wasser weich. Dann gießen Sie das Zwiebelwasser ab, süßen es nach Geschmack mit schwarzem Kandiszucker und trinken es als Tee.

Schweinefett gegen Bronchitis mit Reizhusten

Wenn Kinder fieberten und dabei husteten, hat ihnen Großmutter die Brust dick mit Schweinefett eingerieben oder gar Streifen von ungesalzenem Schweinespeck fingerdick auf die Brust gelegt. Darüber kommt ein Leinentuch, das mit Mullbinden straff um die Brust gewickelt wird. Sie belassen den Wickel einen Tag lang auf der Brust und halten dabei Bettruhe ein. In den meisten Fällen haben Sie danach entfiebert und der quälende Reizhusten ist einem lockeren, schleimigen Husten gewichen. Der Wirkmechanismus dieser Therapie ist nicht klar. Wahrscheinlich führt der Verschluss von Hautporen zu einem Hitzestau im Unterhautbindegewebe des Brustkorbs, der auch tiefer gelegene Gebiete umfasst.

Sanfte Abführmittel aus der Küche

Abführmittel aus der Apotheke sind nicht jedermanns Sache, und vor allem Kinder sollten sie erst ab dem Schulalter einnehmen. Stattdessen gibt es wirksame Hausmittel! Kindern gibt man morgens und abends mineralienreiches und gerbstoffhaltiges Pflaumenkompott oder einen Esslöffel reinen Bienenhonig, dessen abführende Wirkung ebenfalls dem Mineralreichtum geschuldet ist. Erwachsene essen gekochtes Obst, saure Milch oder gewässerte Feigen. Auch Holunderblüten, in Milch gekocht und dreimal täglich getrunken, wurden schon vor 2500 Jahren im alten Griechenland bei »Hartleibigkeit« eingesetzt.

Milch und Milchprodukte wie Dickmilch oder Joghurt bieten eine ganze Palette medizinischer Anwendungsmöglichkeiten.

Hühnersuppe gegen Erkältungskrankheiten

Die medizinische Wirksamkeit eines der bekanntesten Oma-Rezepte ist bewiesen: Hühnersuppe bei ersten Anzeichen einer Erkältung! Sie brauchen dazu ein Suppenhuhn, Suppengrün, Salz, drei Pfefferkörner, eine halbe Zwiebel, eine abgezogene Tomate, Hühnerleber, Schnittlauch und Petersilie. Geben Sie das ganze Huhn in einen Kochtopf, übergießen es mit Wasser, bis es bedeckt ist, fügen Salz und Pfefferkörner hinzu und kochen alles insgesamt zweieinhalb Stunden. Nach einer Stunde geben Sie Zwiebel, Suppengrün und die Tomate hinzu, die Hühnerleber erst einige Minuten vor Ende der Garzeit. Seihen Sie die Brühe danach durch ein feines Sieb, fügen Sie klein geschnittenes Hühnerfleisch hinzu. Vor dem Anrichten streuen Sie gehackten Schnittlauch und Petersiliengrün in die Suppe.

Knoblauchmilch bei frischem Magen-Darm-Infekt

Eine rasche Hilfe bei verdorbenem Magen mit Durchfall verspricht die bewährte Knoblauchmilch: Kochen Sie drei aufgeschnittene Knoblauchzehen in 250 Milliliter Milch aus, seihen Sie sie ab und trinken Sie stündlich ein Glas, bis die Milch aufgebraucht ist. Das im Knoblauch enthaltene Allicin löst sich in den Fetttropfen der Milch und kann dadurch im Verdauungssaft wirksam werden. Es wirkt keimtötend auf die dem Durchfall zugrunde liegenden Viren oder Bakterien.

Weizenmehl bei Durchfall

Bei frischen Darminfekten kommt es durch die Entzündung zu Schleimhautverletzungen, die den Heilungsprozess verhindern. Da hilft das Weizenmehl aus dem Küchenschrank! Es enthält Kleber-Eiweiße, die die Schleimhaut des Dünndarms abdichten und den Flüssigkeitsverlust verhindern. Rühren Sie Weizenmehl in ein Glas mit frischem Wasser ein, bis es dick wie Milchrahm ist, und trinken Sie davon reichlich, sooft Sie durstig sind.

Viele unserer Gemüse lassen sich medizinisch einsetzen – vor allem frühere Generationen wussten um die Wirkweise ganz alltäglicher Gartenprodukte.

Haferschleim bei chronischer Darmüberlastung

Übelkeit, Darmkrämpfe und Durchfall sind oft weniger die Folge eines Virus oder verdorbener Speisen als einer allgemeinen, länger anhaltenden Überbelastung der Verdauungsorgane. Hier empfiehlt es sich, zwei Tage lang nichts Festes zu sich zu nehmen und die Nahrungsaufnahme auf warme, klare Flüssigkeiten und Schleimsuppe zu beschränken. Omas Schleimsuppe können Sie ganz einfach nachkochen: 30 Gramm Haferflocken oder 40 Gramm Reis in 500 Milliliter kaltem Wasser aufsetzen, weich kochen, durch ein Sieb streichen und mit wenig Salz abschmecken.

Weißkohl gegen Magenschmerzen

Eine altbewährte Empfehlung bei Magenschleimhaut-Entzündung mit Magenschmerzen und saurem Aufstoßen: Trinken Sie täglich einen Liter Weißkohlsaft. Die Wirksamkeit dieses Großmutterrezepts ist längst wissenschaftlich bewiesen. Weißkohlsaft ist nicht nur reich an Vitaminen und Nährstoffen, er weist zudem große Mengen des sogenannten Anti-Ulkus-Faktors auf, der Entzündungen der Magenschleimhaut lindert und sogar Magengeschwüre heilen kann. Sie können den frischen Saft täglich im Entsafter selbst herstellen. Da er Blähungen hervorruft, fügen Sie einen Esslöffel Kümmel dazu. Außerdem sollten Sie wegen des faden Geschmacks noch nachsalzen.

Weißkohl und Wirsing bei Arthrosebeschwerden

Arthrosen nennt man Veränderungen der Gelenkflächen, die besonders in den großen Gelenken der Hüfte und der Knie Schmerzen hervorrufen können. Diese entstehen meist durch eine entzündliche Reaktion, die Sie mit Weißkohl- oder Wirsingumschlägen über Nacht zum Abklingen bringen können. Diese Gemüse enthalten Senföl und entzündungshemmende Substanzen, mit denen dicke Gelenke zum Abschwellen gebracht werden können. Für den Umschlag spülen Sie Weißkohl- oder Wirsingblätter mit lauwarmem Wasser ab, schneiden die Mittelrippe heraus und walzen die Blätter mit dem Nudelholz weich, bis sie matschig sind. Wickeln Sie die Blätter direkt um das schmerzende Gelenk in mehreren Lagen. Darüber kommt Plastikfolie, die Sie mit einer Mullbinde fixieren. Der Verband wird über Nacht belassen.

Buttermilch gegen Sonnenbrand

Tränken Sie ein Tuch in Buttermilch und legen Sie es bei nicht zu starkem Sonnenbrand auf die Haut. Buttermilch ist nicht nur angenehm kühl, sondern auch sehr eiweiß- und fettreich, wodurch sich ein Schutzfilm über die gegen Flüssigkeit durchlässig gewordene Haut zieht.

Olivenöl gegen Fremdkörper im Auge

Falls ein lästiges Schmutzkörnchen im Auge sitzt, träufeln Sie reines Olivenöl in das betroffene Auge und massieren sachte von außen oben nach unten innen. Schmutzkörner lösen sich in Öl auf und verlieren dabei die scharfen Kanten. Vorsicht: Metallteilchen bleiben gefährlich und müssen vom Augenarzt entfernt werden! Aber auch hier lindern einige Tropfen Olivenöl als erste Maßnahme zumindest den Schmerz.

Der Tee aus getrockneten Schlehenblüten stellt ein mildes Abführmittel dar, zudem wirkt er sehr anregend.

Gewürznelken gegen Zahnschmerzen

Die Knospen des Gewürznelkenbaums wurden früher häufig zum Würzen von Marinaden und Saucen verwendet. Sie enthalten Eugenol, ein schleimhautbetäubendes ätherisches Öl. Deshalb wirkt es schmerzlindernd, wenn Sie bei Zahnschmerzen Gewürznelken im betroffenen Bereich kauen.

Salbei und Olivenöl bei Gedächtnisstörungen

Omas Geheimtipp bei Gedächtnisstörungen: Setzen Sie 20 Gramm Salbeiblätter in 30 Gramm Olivenöl an. Davon massieren Sie regelmäßig abends je einen Tropfen auf Schläfen und Brustbein ein.

Olivenöl gegen Gallebeschwerden

Durch seinen hohen Anteil an ungesättigten Fettsäuren wurde Olivenöl früher sehr häufig gegen Gallensteine eingesetzt. Es soll Fälle gegeben haben, bei denen der Konsum von täglich einem Liter Öl zum Abgang von Gallensteinen geführt hat. Wenn Sie eine Neigung zu Gallensteinen haben, sollten Sie grundsätzlich von tierischem Fett Abstand nehmen und beim Essen sehr großzügig reines, kaltgepresstes Olivenöl als Zusatz zu Gemüse und Fisch zu verwenden.

Sellerie gegen rheumatische Beschwerden

Sellerie war das Lieblingsgemüse der Nymphe Kalypso in Homers »Odyssee«. Wir kennen es als Hausmittel bei rheumatischen Gelenkschmerzen. Sie schneiden eine geschälte Sellerieknolle in Stücke und kochen sie in einem Liter Wasser; den Absud trinken Sie täglich über den Tag verteilt. Die weich gekochte Sellerieknolle können Sie für ein weiteres Heilrezept nutzen, indem Sie sie mit etwas frischer Milch, Mehl und Muskatnuss in einer Pfanne dämpfen und mit geröstetem Brot und Kartoffeln servieren. Nach einigen Tagen Sellerie-Kur tritt bei vielen Schmerzlinderung ein.

Fenster in die Vergangenheit

Als man noch mit derartigen Schiffen zur See fuhr, gab es für die medizinische Versorgung an Bord oft nur den Schiffskoch.

Der Schiffskoch *war in alten Zeiten oft auch Schiffsarzt. Als Seereisen oft Monate dauerten, geriet der für die Ernährung zuständige Koch sehr rasch auch in die Rolle des Arztes. Als ältestes Seefahrervolk gelten die Sumerer, die vor 5000 Jahren im Persischen Golf kreuzten und dabei Kräutertränke nutzten und Edelsteintherapie betrieben. Auf den Nilschiffen der Pharaonenzeit, die um 3000 v. Chr. begann, diente Knoblauch als Allheilmittel. Die Phönizier, die um 1000 v. Chr. das Mittelmeer eroberten, führten Bienenwaben an Bord mit, die sie regelmäßig verzehrten, um Vitaminmangelkrankheiten und Infekte abzuwehren. Und die Wikinger deckten sich vor der großen Fahrt über das Meer mit Bienenpollen ein. Die akademisch gebildeten Schiffsärzte späterer Epochen haben dieses alte medizinische Wissen und Können der Schiffsköche zwar belächelt, den Vitaminmangelkrankheiten der Matrosen standen sie dann aber ratlos gegenüber. So starben in der britischen Marine des 18. Jahrhunderts mehr Menschen an Vitaminmangel als durch Kampfhandlungen.*

Hildegard von Bingen – ihre Mystik, ihre Medizin

Hildegard von Bingen (1098–1179) zählt zu den herausragenden Gestalten des deutschen Hochmittelalters. Ihre heutige Popularität erklärt sich durch ihre medizinischen Schriften, die nicht nur die in Jahrhunderten gewachsene Klostermedizin vollendeten. Sie gewähren uns auch unerwartete Einblicke in die damals gebräuchliche Volksmedizin.

Schon als achtjähriges Mädchen wurde die aus Rheinhessen stammende Hildegard einer Nonnengemeinschaft zur Erziehung übergeben. Und im Kloster blieb sie ihr Leben lang. Um 1147/48 gründete sie ein eigenes Benediktinerinnenkloster auf dem Rupertsberg in Bingen.

Hildegard war nicht nur eine hochgebildete Ordensfrau, sondern auch und besonders ein Mensch der Tat. Ihr Kloster entwickelte sich zur Anlaufstelle für Kranke und Ratsuchende aus allen gesellschaftlichen Schichten. Als erste Frau predigte sie öffentlich, unter anderem auf dem Marktplatz von Trier. Sie komponierte und dichtete, rund 70 geistliche Gesänge aus ihrer Feder sind überliefert.

Hildegard von Bingen, die große deutsche Mystikerin und Heilkundige, in einer mittelalterlichen Buchmalerei

Wisse die Wege

Obgleich sie nie offiziell heilig gesprochen wurde, wird Hildegard als Heilige verehrt. Die höchste Achtung der Zeitgenossen erfuhr sie als Mystikerin. In lateinischen Schriften der Zeit erscheint sie als »Prophetissa teutonica« (deutsche Prophetin), in deutschsprachigen als »Hiltgart Sibylla« – eine Erinnerung an die antiken Sibyllen, die im Zustand der Ekstase weissagten. Einfluss nahm Hildegard vor allem über ihr Hauptwerk, das in der hohen Sprache mystischer Prophetie verfasste »Liber Scivias Domini« (Wisse die Wege des Herrn). Dennoch begegnet sie uns in der kurz nach ihrem Tod aufgezeichneten Lebensgeschichte nicht als weltabgewandte, weltfremde Heilige, sondern als eine Frau, die

Dinkelbrot nach Hildegard von Bingen

Dinkel ist eine alte, für Magen und Darm sehr gut verträgliche Form des Weizens. Um Dinkelbrot selbst zu backen, brauchen Sie:

1 Kilo Dinkelmehl • 3 gehäufte TL Salz • 750 ml Wasser • 40 g Hefe und etwas Milch.

Sie lösen die Hefe in zimmerwarmer Milch auf, geben sie zu dem mit dem Salz vermengten Mehl in eine Schüssel, kneten alles unter Zugießen des Wassers zu einem Teig, den Sie dann 90 Minuten lang unter einem Handtuch an einem warmen Ort gehen lassen. Danach kneten Sie ihn noch einmal gut durch und geben ihn in eine Brotform, in der Sie ihn noch einmal 30 Minuten lang aufgehen lassen. Schließlich ritzen Sie die Teigoberfläche ein und bestreichen sie mit Milch. Im vorgeheizten Backofen (220 Grad) wird das Brot etwa 50 Minuten gebacken. Um eine knusprige Rinde zu erhalten, stellen Sie ein kleines, mit Wasser gefülltes Metallgefäß mit in den Ofen. Nach dem Backen wird das Brot – noch heiß – mit kaltem Wasser eingepinselt.

selbstbewusst ihren Weg geht. Sie erteilt den Großen der Zeit ihren Rat und verzichtet dabei nicht auf scharfe Worte. Davon überzeugt, dass Gott mit ihr ist und ihren Weg vorgezeichnet hat, überwindet sie zäh jeden Widerstand, der sich ihr entgegenstellt. An den Wendepunkten ihres Lebens kämpft sie für ihre Überzeugung so lange, bis sie schwer erkrankt, nach wochen- oder monatelangem Siechtum wieder zu Kräften gelangt, allerdings erst, wenn ihr Gegner nachgegeben hat.

Die Heilmittellehre der Physica

Bis heute beeindrucken die Fülle, gedankliche Klarheit und hohe Bildung, die aus ihren Schriften sprechen. Die Heilkunst hat sie wohl nie selbst ausgeübt. Umso erstaunlicher sind der Reichtum und die Tiefe des medizinischen Wissens in ihrer Heilmittellehre, der aus neun Büchern bestehenden »Physica«. Darin beschreibt Hildegard nach dem antiken Prinzip der Elemente die Heilmittel – Metalle und Edelsteine, Fische und Vögel, Vierbeiner und kriechende Tiere sowie weit über 200 Pflanzen – und ihre Wirkung. Im Unterschied zu manchen anderen Kräuterbüchern des Mittelalters, etwa dem sehr weit verbreiteten »Macer floridus«, ist Hildegards Heilmittellehre keine bloße Zusammenfassung antiken Wissens. Vielmehr nimmt sie auch den Wissensschatz der Volksheilkunde ihrer Zeit auf, selbst Mystisches wie ein Rezept für Einhornleber oder »Heidnisches« wie die Zubereitung von Liebestränken.

Körper und Seele

Dennoch ist Hildegards Denken ganz wesentlich christlich geprägt. Sie verfeinerte die traditionelle Elementelehre des Altertums, die Krankheiten als Störung der Wechselwirkung der vier Elemente Feuer, Wasser, Luft und Erde im Körper auffasste, durch den Gedanken, dass auch die Menschheitsgeschichte, beginnend mit der Erbsünde, krankheitserzeugende Wirkung auf den Körper habe. Hildegard sieht den Menschen, ob er gesund ist oder krank, in den Kosmos eingebunden, als Teil der von Gott geschaffenen Natur. Diese ganzheitliche Sicht betrifft auch den Menschen als Individuum. Deutlich stellt sie in ihren Schriften den engen Bezug zwischen körperlicher und seelischer Verfassung her – ein Ansatz, den wir heute psychosomatisch nennen.

Ein Zweig des Muskatnussbaums mit Blüten und Früchten in unterschiedlichem Reifungsstadium. Gegen seelische Verstimmungen empfahl Hildegard Kekse mit Muskatnuss.

Die Melisse stärkt nach Hildegard das Herz und hilft bei Kopfschmerzen, Schwindel und Magenbeschwerden.

Eine Systematik in Bezug auf die Entstehung, Entwicklung und Heilung von Krankheiten schuf Hildegard mit ihrem Werk »Causae et Curae«, in dem es weniger um Heilmittel als um Vorgänge im Körper, etwa die Verdauung, geht. Interessanterweise berücksichtigt sie dabei auch die Sexualität – und steht damit einzigartig da für das gesamte Mittelalter.

Wieder fit mit Hildegard-Keksen

Die pfeffrig schmeckende, den Magen anregende Galgantwurzel und die bei Verdauungsstörungen hilfreiche Bertramwurzel gelten aufgrund ihrer entgiftenden Wirkung bei Hildegard als Allheilmittel. Sie bilden auch die Basis des Rezepts für die pikanten Kekse, die gegen Abgespanntheit empfohlen werden. Essen Sie einen Keks morgens auf nüchternen Magen und einen am Nachmittag. Zum Backen der Kekse brauchen Sie:
8 g Galgantwurzel • 8 g Bertramwurzel • 4 g weißen Pfeffer • 250 g Bohnenmehl • 5 g Bockshornklee • Wasser.
Sie mischen Galgant, Bertram, Pfeffer und Bohnenmehl, kochen den Bockshornklee mit Wasser zu einem kräftigen Tee auf und vermengen alles zu einem Teig. Daraus formen Sie Kekse, die Sie im Backofen bei geringer Hitze trocknen lassen.

Galgant spielt in der Hildegard-Medizin eine große Rolle und bildet einen wichtigen Bestandteil entsprechender Kekse.

Hildegards Erbe

Hildegards ganzheitlich orientierte Heilkunde gilt – nach Jahrhunderten des Vergessens – heute wieder als zeitgemäß, da sie nicht auf das möglichst schnelle Zurückdrängen der Symptome abzielt, sondern auf eine langfristige Umstimmung von Körper und Seele zur Überwindung von Krankheiten. Viele der in Hildegards Schriften dargelegten Wirkungen der Heilkräuter sind heute wissenschaftlich geprüft und bestätigt.

Heilmittel aus dem Obstgarten

Obst ist nicht nur unser Hauptlieferant für Vitamine, es kann auf vielfältige Weise Beschwerden lindern, Krankheiten heilen und unsere Gesundheit fördern. Die Engländer sagen: »An apple a day keeps the doctor away« (Ein Apfel täglich erspart den Arztbesuch). Aber in unseren heimischen Gärten wachsen noch viele andere Früchte und Beeren, mit denen sich Wohlgeschmack und Wohlbefinden verknüpfen lassen. Als Arzneimittel eignet sich jedoch nur reifes Obst, das seine Wirkstoffe voll entfaltet hat. Außerdem sollte es nicht chemisch behandelt sein, so dass auch die Schale genießbar ist.

Apfel gegen erhöhte Blutfettwerte

Der Apfel begegnet uns schon in der Bibel und zählt zu den ältesten vom Menschen systematisch angebauten Obstsorten. Seine wichtigsten Nährstoffe sind Kalium und Vitamin C. In der Schale findet sich das besonders heilwirksame Quercetin, ein Antioxidans, das zellschädigende Sauerstoffmoleküle bekämpft. Das im Apfel enthaltene Pektin ist ein quellfähiger löslicher Ballaststoff. Durch Pektin werden Cholesterin und Gallensäuren gebunden und somit die Blutfettwerte günstig beeinflusst.

Ungeschält verzehrt, versorgt uns der Apfel auch noch mit wichtigen Ballaststoffen. Es sollte aber ein Bioapfel sein.

Apfelwasser hilft gut bei Erkältungskatarrh

Erkältungen gehen meist mit einer deutlichen Schwellung der befallenen Schleimhaut einher. Das in Äpfeln enthaltene Pektin ist ein Quellstoff, der gut Wasser aufnehmen kann und somit abschwellend auf die Schleimhaut wirkt. Außerdem stärkt der hohe Vitamin-C-Gehalt das Immunsystem. Bei Erkältungskatarrh empfiehlt sich deshalb Apfelwasser, das Sie wie Tee heiß trinken. Hier das Rezept: Zerschneiden Sie sechs ungewachste (!) Äpfel samt Schale, übergießen Sie sie mit einem Liter kochendem Wasser, fügen Sie 50 Gramm Honig und den Saft zweier Zitronen dazu. Lassen Sie das Apfelwasser eine Stunde zugedeckt auf sehr kleiner Flamme ziehen.

Geriebener Apfel gegen Durchfall

Bei Durchfall verabreichte Großmutter geriebenen Apfel. Achten Sie darauf, die geriebenen Äpfel eine Zeit stehen zu lassen, bis die Oberfläche braun geworden ist. Davon essen Sie dann dreimal täglich ein Schälchen. Das in der Schale enthaltene Pektin wirkt abschwellend auf die gereizte Schleimhaut auch des Dünndarms.

Trauben – gepresst und getrocknet zur Krebsvorbeugung

Wein und roter Traubensaft enthalten Flavonoide zur Krebsvorbeugung. Getrocknete blaue Weintrauben gelten als effektive Radikale-Fänger. Freie Radikale sind durch einen Oxidationsprozess entstandene »unvollständige« Sauerstoffmoleküle, die intakte Körperzellen angreifen. Die genannten Stoffe binden die Freien Radikale und machen sie so unschädlich.

Zitronensaft gegen Husten und Heiserkeit

Bei Infekten der Atemwege kochen Sie drei Esslöffel Honig mit dem

Viele exotische wie heimische Früchte lassen sich als verträgliche, schmackhafte und wirksame Medizin einsetzen.

Saft einer Zitrone auf und nehmen dann den warmen Sud teelöffelweise ein. Dessen hoher Fruchtsäuregehalt führt zum Zusammenziehen der Schleimhäute, der Vitamin-C- Gehalt ist immunstärkend.

Heidelbeeren bei Verdauungsstörungen mit Durchfall

Die Heidelbeere wirkt vor allem durch ihre Gerbsäure und durch ihr Pektin. So ist sie zu einem bewährten Hausmittel bei Verdauungsstörungen mit Durchfall geworden. Die Gerbstoffe entfalten ihre Wirkung erst im Dünndarm. Sie passieren den Magen, ohne dessen Schleimhaut zu belästigen. Für einen Kaltauszug lassen Sie zehn Gramm getrocknete Heidelbeeren in einem Viertelliter Wasser acht Stunden ziehen.

Besser sehen mit Heidelbeeren

Der regelmäßige Genuss von Heidelbeeren wirkt sich dank ihrer Flavonoide positiv auf die Sehleistung aus. Falls Sie in diesem Bereich Probleme haben, trinken Sie so oft wie

Die Früchte des Kirschbaums sind beliebt, aber ihre Stiele nimmt man kaum wahr – dabei lässt sich aus ihnen ein wirksamer Tee gegen Husten kochen

möglich Heidelbeertee (Zubereitung siehe vorhergehender Tipp).

Brombeersaft gegen Heiserkeit
Brombeeren sind sehr stark gerbstoffhaltig und deshalb ausgezeichnet zur Behandlung von Entzündungen des Nasen-Rachen-Raums geeignet. Nicht nur Großmutter, sondern auch Sänger und Redner kannten die wohltuende Wirkung des Gurgelns mit Brombeersaft bei Heiserkeit.

Brombeerblätter kräftigen das Zahnfleisch
Die Verwendung der Brombeere samt Blättern als Heilpflanze ist uralt. Vor 2000 Jahren kaute man Brombeerblätter, um empfindliches Zahnfleisch zu kräftigen.

Himbeeren für fiebernde Kinder
Großmutter flößte den Kindern bei Fieber gern Himbeersaft ein. Er ist wohlschmeckend, wirkt leicht fiebersenkend und aufgrund seines Vitamin- und Mineralienreichtums auch heilungsfördernd. Geben Sie frische Himbeeren in den Entsafter, verdünnen Sie den Saft eins zu eins mit Wasser. Die Kinder dürfen davon so viel trinken, wie sie wollen.

Kirschenstiele gegen Husten
Kirschenstiele wirken stark entwässernd und werden in der Volksmedizin bei Entzündungen der Schleimhäute eingesetzt. Für die Zubereitung eines Tees sammeln Sie Stiele von Kirschen, trocknen sie und brühen davon einen Teelöffel pro Tasse mit heißem Wasser auf. Das lassen Sie zehn Minuten ziehen, süßen je nach Geschmack mit Honig und trinken drei Tassen täglich.

Hagebutten bei Entzündung der Magenschleimhaut
Schon fast vergessen ist die Heilwirkung von Hagebutten bei Magenschleimhautentzündung. Die stark vitamin- und mineralstoffhaltigen Früchte wirken durch ihre Flavonoide entzündungshemmend und verbessern durch Gerbstoffe die Durchlässigkeit verletzter Schleimhaut. Sieden Sie eine Hand voll in einem Viertel Liter Wasser weich, seihen Sie sie ab und trinken Sie dreimal täglich ein Glas des Absuds.

Fenster in die Gegenwart

Permakultur *ist Obstbau im Ökosystem. In den 1970er-Jahren prägte der australische Biologe Bill Mollinson den Begriff »Permanent Agriculture«. Permakultur orientiert sich an der Idee des ökologischen Kreislaufs und der Vielfalt – Gegenentwurf zur industriellen Monokultur. Permakultur will ein sich selbst entwickelndes System bilden, das aus verschiedenen sich selbst vermehrenden einjährigen sowie mehrjährigen Nutzpflanzen besteht. Jede Pflanze im System hat ihre Funktion. Die Pflanzgemeinschaften von Gemüse, Heilkräutern und Blumen, Obstbäumen und Beerensträuchern sind stabil, ertragreich und weitgehend resistent gegen Krankheiten und Schädlinge. Die Permakultur wird ergänzt durch ökologisch ausgerichtete Tierhaltung. Der österreichische »Agrarrebell« Sepp Holzer hat auf seinem Hof im salzburgischen Ramingstein die Theorie in die Praxis umgesetzt. Der Erfolg ist überwältigend. Neben Getreide und Feldfrüchten wachsen an Tausenden von Obstbäumen die prächtigsten Früchte, nicht nur heimische, sondern auch mediterrane, die man in alpinen Höhen von 1000 bis 1500 Metern niemals erwarten würde.*

Die zehn häufigsten Homöopathika und ihre Anwendung bei Alltagsbeschwerden

Die Heilung von Krankheiten oder Beschwerden führt mitunter über kleine, gezielte Reize, bei denen nur sehr geringe, »feinstofflich« verarbeitete Arzneistoffe zum Einsatz kommen. Die Heilsubstanzen werden in alkoholischer Lösung verdünnt und auf Streukügelchen aus Rohrzucker aufgebracht, den so genannten Globuli. Homöopathische Globuli wirken, so die Wortführer dieser Heilmethode, nicht aufgrund chemischer Mechanismen, sondern auf »energetischer« Basis. Es handelt sich also um eine Reiztherapie mit ganzheitlichem Ansatz, die vor allem bei körperlichen Beschwerden aufgrund geistig-seelischer Konflikte zur Anwendung kommt. Die Homöopathie hat sich in den 200 Jahren ihres Bestehens den Status einer Volksheilkunst erworben, ist aber unter Medizinern umstritten. Zwar sind homöopathische Mittel im Allgemeinen nicht verschreibungspflichtig, dennoch sollten Sie vor ihrer Anwendung einen Homöopathen konsultieren.

Nux vomica hilft bei Magen-Darm-Beschwerden

Das aus der Brechnuss gewonnene homöopathische Mittel nimmt man bei Magen-Darm-Beschwerden mit aufgeblähtem Leib, Sodbrennen und Blähungen. *Nux vomica* wird vor allem dann empfohlen, wenn die Beschwerden nach übermäßigem Essen, das auf Stress und Unruhe zurückzuführen ist, auftreten.

Phosphor gegen allgemeines Krankheitsgefühl

Das brennbare Element Phosphor erfüllt im Stoffwechsel des Menschen zentrale Aufgaben. Die Homöopathie verabreicht die Substanz in der Frühphase von Infekten bei allgemeinem Krankheitsgefühl, Schüttelfrost, Gliederschmerzen und Reizhusten. Meist treten nach der Einnahme innerhalb von wenigen Minuten Mundtrockenheit, Fieber und Harndrang ein, während alle anderen Infektzeichen nachlassen. Nach einer Stunde Schlaf sind nicht selten die Krankheitszeichen verschwunden oder deutlich abgeschwächt.

Auf die Dosierung kommt es an

Ein zentraler Faktor der Homöopathie ist die Dosierung der Substanzen. Und hier gilt für die Heilwirkung: Weniger ist mehr, denn je höher die Potenz ist, also die Verdünnung, desto stärker die Wirkung. Was bedeutet das für die Praxis? Homöopathische Mittel werden in der Regel entweder in Stufen von 1:10 verdünnt (Dezimal- oder D-Potenzen) oder in Stufen von 1:100 (Centesimal- oder C-Potenzen). D1-Potenz bedeutet: 1:10 verdünnt; D2-Potenz bedeutet: zweimal 1:10 verdünnt, also 1:100. In einer C1 ist die gleiche Anteilsmenge Arznei enthalten wie in einer D2-Potenz. C30-Potenzen enthalten überhaupt keine Arzneisubstanzen mehr – erzielen aber die höchste Wirkung!

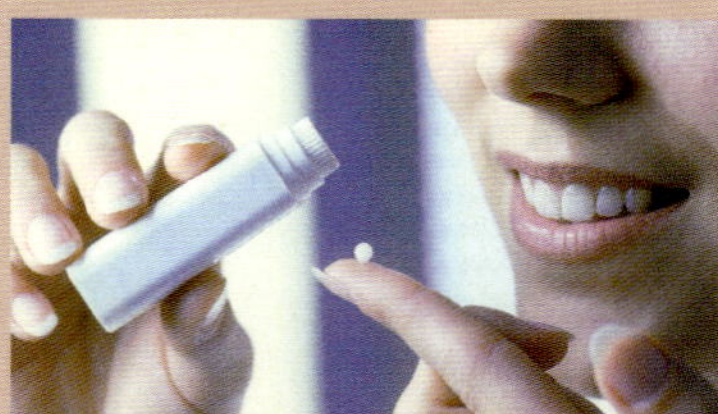

Homöopathische Mittel können Sie als Globuli oder als Lösung (Vorsicht: nur auf alkoholischer Basis erhältlich!) in der Apotheke kaufen, und zwar meist als D6, D12 und C30 oder C200-Potenzen.

Für erstmalige Anwender empfehlen sich D6-Potenzen. Man lässt drei bis vier Mal täglich 3 bis 5 Globuli oder 5 Tropfen der Lösung auf der Zunge zergehen, bis Besserung oder eine Reaktion eintritt. Nach Rücksprache mit Ihrem Homöopathen können Sie die Potenzen steigern.

Chamomilla für kranke Kinder

Zahnschmerzen, Fieber und Durchfall sind das Einsatzgebiet für die *Chamomilla* (echte Kamille). Verblüffende Erfolge wurden mit Chamomilla auch bei Kindern mit folgenden Symptomen beobachtet: Reizbarkeit, hohe Schmerzempfindlichkeit besonders beim Zahnwechsel, Neigung zu Durchfällen, Unverträglichkeit gegen Milch. Häufig haben Kinder, wenn solche Beschwerden auftreten, eine rote und eine blasse Wange.

Arnica schafft Erleichterung bei Sportverletzungen

Das aus der Wurzel und dem Wurzelstock der Bergwohlverleih gewonnene Pulver wird inzwischen auch gerne von Schulmedizinern verordnet. Arnica können Sie bei »stumpfen« Verletzungen (also Prellungen und Ähnliches) einnehmen, die man sich häufig beim Sport zuzieht. Sie sind mit Muskelschmerzen und neuralgischen Beschwerden im Muskel- und Bindegewebe verbunden, aber auch Gefäße, Herz, Magen und Darm können betroffen sein. Zur äußeren Behandlung von Sportverletzungen eignet sich Arnica als Tinktur oder Salbe. Bewährt haben sich Arnica-Gaben auch vor und nach Operationen zur Vorbeugung von Blutungen und Embolien.

Die Gemeine Küchenschelle wird in der Homöopathie unter anderem gegen Schmerzen und verschiedene Krämpfe eingesetzt.

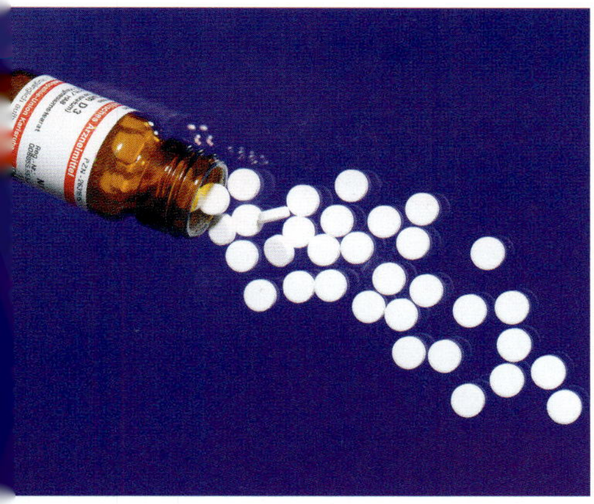

Homöopathische Wirkstoffe werden mehr oder weniger stark verdünnt verabreicht.

Sepia, das »Frauenmittel«

Der homöopathisch verdünnte Farbstoff des Tintenfischs gilt allgemein als typisches »Frauenmittel«. Er hat sich vielfach bei klimakterischen Depressionen, nervöser Erschöpfung und Hitzewallungen bewährt, wie auch bei Unterleibsbeschwerden, die in Zusammenhang mit der Regelblutung auftreten.

Bryonia bei Rheuma und Stechschmerzen

Die rotbeerige Zaun- oder Teufelsrübe empfiehlt Ihnen die homöopathische Medizin in der akuten Phase von rheumatischen Erkrankungen, bei denen die geringste Bewegung die Schmerzen verschlimmert. Weitere Anwendungsgebiete dieser Substanz sind stechende Schmerzen in der Magen- und Herzgegend, die bei jeder Bewegung zunehmen, sowie trockene Bronchitis.

Rhus toxicodendron gegen rheumatische Beschwerden beim Liegen

Rhus toxicodendron (Giftsumach) nimmt man bei rheumatischen Erkrankungen, bei denen Unbeweglichkeit, etwa das ruhige Liegen im Bett, die Schmerzen verstärkt. Falls Sie an Rheuma im fortgeschrittenen Stadium leiden, kann nach der Einnahme von Bryonia die Einnahme von Rhus tox erforderlich sein.

Pulsatilla hilft sensiblen Menschen

Sensible Menschen neigen mitunter zu starken Entzündungen im Bereich der Nasennebenhöhlen mit Bildung von dickem gelben Eiter. Hier hilft die homöopathische Zubereitung der Wiesenküchenschelle (*Pulsatilla*). Neben der Wiesenküchenschelle wird auch die Gemeine Küchenschelle in der Homöopathie eingesetzt, und zwar gegen Schmerzen oder gegen Darmbeschwerden, Gicht und Rheuma.

Lycopodium für guten Stoffwechsel

Bei Verdauungsstörungen und Leberfunktionsstörungen, die mit Blähungen auftreten, können Sie das aus Bärlappsporen gewonnene Lycopodium einnehmen. Erfahrene Homöopathen verordnen es vor allem, wenn die Beschwerden auf der rechten Körperseite begonnen haben und der Patient Reizbarkeit und Missmut zeigt.

Fenster in die Vergangenheit

Die Geburtsstunde der Homöopathie *schlug im Jahr 1790, als der Meißener Arzt und Apotheker Samuel Hahnemann (1755–1843) seinen Grundsatz formulierte: »Ähnliches werde mit Ähnlichem geheilt.« Hahnemann ging davon aus, dass ein Mittel dann heilend wirkt, wenn es bei einem gesunden Menschen ähnliche Symptome erzeugt wie jene, an denen ein Kranker leidet.*

Ganz ähnliche Gedanken wurden schon von Hippokrates (460–377 v. Chr.) und Paracelsus (1493–1541) geäußert, jedoch erstmals von Hahnemann zu einem umfassenden Heilkonzept entwickelt. Auch die Form der Zubereitung war neu: Die Arzneien wurden durch einen Verreibe- und Schüttelmechanismus in einer Trägerlösung verdünnt, wodurch sich, wie Hahnemann meinte, ihre Wirksamkeit erst entfalten konnte. Die Homöopathie hat heute zahllose Anhänger in aller Welt. Ihre ebenfalls zahlreichen Gegner sehen sie als pseudowissenschaftlich an und erklären ihre Wirkungen mit dem Placebo-Effekt.

Bewährte Hausmittel bei Verletzungen

Sie haben sich beim Bügeln versehentlich verbrannt, beim Kochen geschnitten? Das Kind wurde von einer Wespe gestochen? In solchen Situationen ist rasches Handeln geboten. Großmutters Erste Hilfe benötigte keine gut bestückte Hausapotheke. Ihre Mittel und Methoden erstaunen uns heute durch ihre Wirksamkeit. In vielen harmloseren Fällen werden Sie damit nicht nur rasch eine Besserung erreichen, sondern sich auch den Arztbesuch ersparen können.

Seife bei verbrannter, aber noch geschlossener Haut

In der Literatur des 19. Jahrhunderts zu Hausmitteln findet sich folgender altbewährter Vorschlag: Mit dem Messer Flocken von gewöhnlicher Waschseife abschaben, auf die verletzte Stelle legen und mit einem sauberen Leintuch bedecken. Die Seifenschicht verhindert das Austreten von Gewebswasser durch die entzündete Haut und bildet eine Schutzschicht gegen das Eindringen von Keimen. Die Schmerzen gehen dann zurück, die Narbenbildung wird deutlich geringer sein.

Seife lässt sich sehr gut bei leichteren Verbrennungen der Haut einsetzen.

Leinsamenöl bei verbrannter, offener Haut

Ist die Haut bereits durch die Verbrennung eröffnet, können Sie zur Schmerzlinderung und Heilung einige Tropfen reines Leinsamenöl auf die Wunde geben. Leinöl enthält neben wertvollen Mineralien und Vitaminen vor allem Eiweiß und essenzielle Fettsäuren – Grundbaustoffe der Wundheilung. Auf Keimfreiheit müssen Sie allerdings streng achten! Und nach der Erstversorgung sollten Sie in jedem Fall den Arzt aufsuchen.

Kamillenkompresse bei Prellungen

Die entzündungshemmende Kamille ist ein bewährtes Hausmittel und zumindest als Tee auch heute noch in den meisten Haushalten vorhanden. Sie sollten nach einer Prellung sofort kaltes Leitungswasser über die betroffene Körperstelle laufen lassen. Dann tauchen Sie drei Kamillenteebeutel in eine Tasse lauwarmes Wasser und schwenken sie hin und her, bis es sich intensiv gelb gefärbt hat. Tränken Sie ein gefaltetes Taschentuch damit, das Sie dann auf die verletzte Stelle legen. Lagern Sie die betroffene Körperstelle hoch und wechseln Sie mehrmals die Kompresse im Abstand von zehn Minuten, bis die Schwellung abgeklungen ist.

Petersilie gegen Wespenstiche

Reiben Sie die betroffene Stelle mit Petersilienblättern tüchtig ein. Der Saft enthält ungewöhnlich hohe Mengen von Vitamin C und E und wirkt dadurch entzündungshemmend und abschwellend. Auch der Schmerz lässt schnell nach.

Zwiebelsaft gegen Insektenstiche

Ein altbewährtes Entgiftungsmittel bei Insektenstichen, das auch gegen Entzündungen wirkt, ist die Zwiebel. Außerdem beugt sie durch ihre keimtötende Wirkung Infektionen vor. Sie schälen eine Zwiebel, schneiden sie dann klein und geben sie in den Entsafter. Mit dem Saft reiben Sie die betroffene Stelle so lange ein, bis der Schmerz nachgelassen hat.

Milch gegen Ameisenbisse

Der hohe Fettgehalt von Milch löst die Ameisensäure und neutralisiert so ihre brennende Wirkung. Wenn Sie also von Ameisen »überfallen« wurden, müssen Sie die betroffenen Stellen einfach nur mit kalter Milch betupfen, was den Schmerz deutlich lindert.

Augenbad mit Augentrosttee

Augentrost bei Bindehautentzündung

Bei einer Entzündung der Bindehaut hilft ein Augenbad mit Augentrosttee. Dazu brühen Sie zwei Teelöffel des geschnittenen Krauts mit einem Viertelliter Wasser auf und lassen das Ganze zwei Minuten ziehen. Nach dem Abseihen fügen Sie fünf Kristalle Kochsalz hinzu und lassen den Tee abkühlen. Das Augenbad wird dreimal täglich fünf Minuten durchgeführt.

Nackenkompresse und Papierpfropfen gegen Nasenbluten
Benetzen Sie ein längs gefaltetes Taschentuch mit kühlem Wasser und legen Sie es in den Nacken. Stecken Sie einen Papierpfropfen in den Mund und kauen Sie heftig daran. Durch die Anspannung der Kiefermuskulatur und eine reflektorische Minderdurchblutung des Nackens wird die Blutung gestillt. Legen Sie nicht den Kopf zurück: Sie könnten sich dabei am Blut verschlucken. Stecken Sie kein Taschentuch oder einen anderen Fremdkörper in die Nase: Sie könnten die Blutung verschlimmern oder die Schleimhaut verletzen.

Wasser und Olivenöl bei kleineren Schnittverletzungen
Befreien Sie den blutenden Körperteil als Erstes von Kleidung, so dass er abkühlen kann, und halten Sie ihn in die Höhe. Bei kleineren Schnitten decken Sie die Wunde mit einem sauberen, gefalteten und gebügelten Taschentuch ab und lassen körpernah kaltes Leitungswasser über die betroffene Gliedmaße laufen, bis das Blut in der Wunde geronnen ist. Danach geben Sie einige Tropfen Olivenöl direkt auf die Wunde. Es enthält ungesättigte Fettsäuren, die die Blutgerinnung fördern und bei der Wundheilung helfen.

Erste Hilfe bei stark blutenden Verletzungen
Sie sollten stark blutende Schnittverletzungen sofort mit einem sauberen, gebügelten und gefalteten Taschentuch abdecken, das Sie dann fest auf die Wunde drücken. Bei starken Blutungen an den Gliedmaßen drosseln Sie die Blutzufuhr, indem Sie den Arm oder das Bein körpernah abbinden. Perfekt eignet sich dafür eine geknüpfte Krawatte, Sie können aber auch einen dünnen Schal als Schlinge nutzen, die Sie dann zuziehen. Allerdings müssen Sie die Umschnürung alle fünf Minuten lockern, um Schaden zu verhindern.

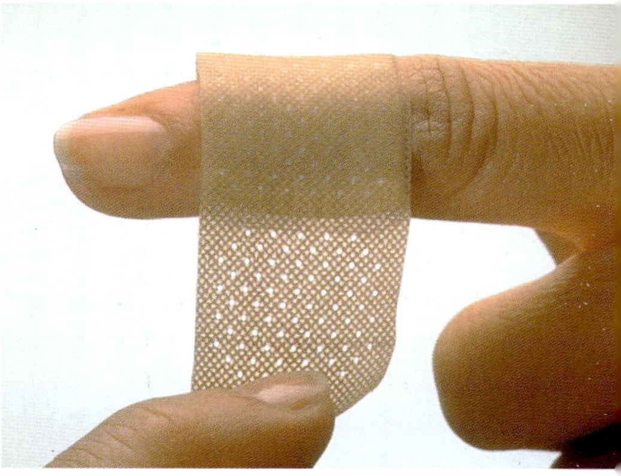

Bei Schnittverletzungen helfen Wasser, Olivenöl und abschließend ein Pflaster.

Fenster in die Vergangenheit

Das Rote Pulver – ein Heilmittel aus der »Hexenküche«; Kreidezeichnung des 19. Jahrhunderts von Paul Mila

Das sagenumwobene Rote Pulver *war ein sehr kostbares Heilmittel bei Verletzungen aus der »Hexenküche«. Von der geheimnisvollen mittelalterlichen Arznei hieß es, dass sie sogar schwerste Verletzungen wie Durchbohrungen im Bauch- und Brustbereich heile. Seine Bestandteile sollen Schwarzer Beinwell, Blutstein, Griechisches Pech und Mastix, Weihrauch, Drachenblut, Mumie und Schwarze Bibernelle gewesen sein.*
Der Schwarze Beinwell ist ein seit dem Altertum bekanntes schmerzlinderndes Heilkraut, das vor allem bei Knochenbrüchen, Quetschungen und Prellungen zur Anwendung kam. Griechisches Pech und Mastix sind Kleberharze, die noch bis in das 20. Jahrhundert von Apothekern als Füllmaterial bei der Herstellung von Pasten verwendet wurden. Weihrauch ist entzündungshemmend, war das Hauptschmerzmittel des Altertums und wird heute noch in Asien viel verwendet. Mit der Schwarzen Bibernelle war wohl Meerrettich gemeint, der wundreinigend und als natürliches Antibiotikum wirkt. Eher magisch als medizinisch wirkte wohl der Blutstein, das Eisenerz Hämatit, das rot wird, wenn man es reibt, und in seiner Farbe an Blut erinnert. Wunderkräfte wurden bei Brüchen und Wunden der »Arznei« Mumie, pulverisierten Mumienteilen, zugeschrieben, die geschäftstüchtige Händler von Ägypten ins Abendland brachten. Und was es mit dem Drachenblut im Roten Pulver auf sich hat? Die Hexen werden es gewusst haben.

Die Hexen – Heilerinnen und Magierinnen, bewundert und verteufelt

Unser Wort Hexe stammt vom althochdeutschen »hagazussa« – gemeint ist die Frau in der Hecke, das Waldwesen, das in alten Zeiten mit Kräutern handelte und mit den Gesetzen der Natur vertraut war. Die heutige Attraktivität der Hexe bezieht sich aber auch auf die Pionierfunktion, die man ihr für die moderne Gesellschaft und die Frauenemanzipation zuschreibt.

Man betrachtet die Hexen der Vergangenheit heute gerne als selbstständige, selbstbewusste, neugierige Individuen, die sich außerhalb der christlichen Weltordnung und jenseits obrigkeitlicher Herrschaftsbezirke bewegten. Aber nicht immer war das Außenseitertum freiwillig gewählt. Und Tausende von Frauen und Männern, die als Hexen oder Hexer auf den Scheiterhaufen brannten oder bei der »Hexenprobe« ertränkt wurden, waren nichts weiter als wehrlose Opfer.

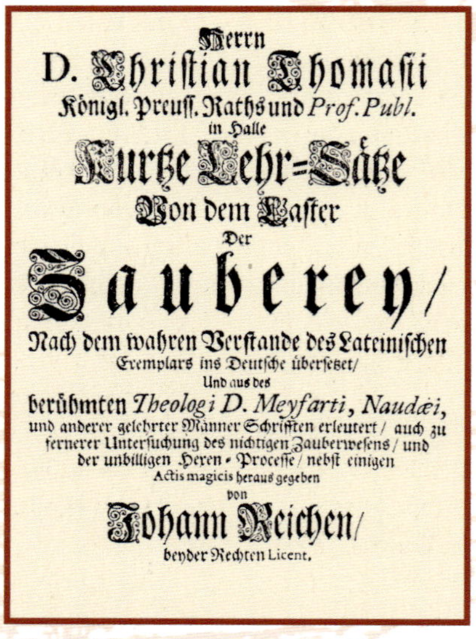
Herrn
D. Christian Thomasii
Königl. Preuss. Raths und *Prof. Publ.*
in Halle
Kurtze Lehr-Sätze
Von dem Laster
Der
Zauberey/
Nach dem wahren Verstande des Lateinischen
Exemplars ins Deutsche übersetzet/
Und aus des
berühmten *Theologi D. Meyfarti*, *Naudæi*,
und anderer gelehrter Männer Schrifften erleutert/ auch zu
fernerer Untersuchung des nichtigen Zauberwesens/ und
der unbilligen Hexen-Processe/ nebst einigen
Actis magicis heraus gegeben
von
Johann Reichen/
beyder Rechten Licent.

Titelseite einer Streitschrift des Juristen und Philosophen Christian Thomasius (1655 bis 1728) gegen Zauberei und Hexenwahn

Magie in der Antike

Als Orakelpriesterin im Apollo-Tempel zu Delphi, der ursprünglich der Erdgöttin geweiht war, gab die Pythia, umwölkt von berauschendem Bilsenkrautrauch, ihre Prophezeiungen von sich, die bisweilen das Schicksal von Völkern bestimmten. In der Antike zählte die Weissagekunst zu den Hauptaufgaben von Priestern, Magiern und Hexen, im Rom der Kaiserzeit erlangte sie ihre Blüte. Römische Hexen stellten Liebestränke und tödliche Gifte her, betrieben Edelsteintherapie und Astrologie. Wegen Hexerei stand der römische Anwalt und Dichter Apuleius (125 bis um 170 n. Chr.) vor Gericht. In seinem satirischen Roman »Der goldene Esel« wird mehrmals die Verwandlung von Menschen in Tiere beschrieben – ein häufiges Hexenmotiv.

Die keltischen Druiden

Die spärlichen Informationen, die wir über die Kelten – jene Völker, die große Teile des prähistorischen Europa besiedelten – haben, beruhen hauptsächlich auf den Berichten antiker römischer Autoren. Da erfahren wir auch von weisen Männern, die als »wandelnde Bibliotheken« alles Wissenswerte der schriftlosen keltischen Kultur speicherten. Diese Druiden vollführten religiöse Rituale in Eichenhainen und wirkten als Heiler. Sie mischten geheimnisvolle Tränke, um Liebeszauber auszuüben oder Gifte herzustellen, mit denen ihre Auftraggeber Konkurrenten beseitigten. Fiebernde wurden in Erdmulden gelegt, um im Kontakt mit der Erdmutter neuen Lebensmut zu gewinnen. Heilrezepte nutzten sehr häufig tierisches Blut. So wurde zum Beispiel die Kampfkraft von Soldaten mit Eberblut gestärkt.

Aber auch die zahlreichen Baumtherapien – Eichenrinde bei Schleimhautentzündungen, Lindenblütentee zur Förderung der Schweißbildung, Efeusaft als Schleimlöser bei Husten – gehen auf die Druiden zurück.

Es waren nicht zuletzt Volksheilerinnen mit einem profunden Wissen über die medizinische Wirkung heimischer Pflanzen, die als Hexen angesehen und im Spätmittelalter und der Frühen Neuzeit auch verfolgt wurden. Der Fieber- oder Bitterklee – vor allem gegen Fieber eingesetzt – ist eine der vielen alten Heilpflanzen dieser »Hexenmedizin« heilkundiger Frauen.

Die Hexenverfolgung der frühen Neuzeit

Der Kampf der Kirche gegen die Hexerei stand immer auch im Zusammenhang mit ihrem Kampf gegen Ketzerei, also von der offiziellen Lehre abweichende Glaubensinhalte. Die biblische Rechtfertigung für das gewaltsame Vorgehen fand sich im Alten Testament: »Die Zauberer sollst du nicht am

Hexendarstellung des berühmten englischen Kinderbuchillustrators Arthur Rackham (1867–1939)

Leben lassen.« (Exod. 22, 18) Schon im frühen Mittelalter kamen im Zuge der Christianisierung Mitteleuropas Naturheilerinnen und heidnische Priesterinnen gewaltsam zu Tode. Aber erst nach Ende des Mittelalters – im Zeitalter der Reformation Mitte des 16. Jahrhunderts – begann in deutschen Landen eine systematische Hexenverfolgung, die insgesamt etwa 100 000 Menschen, darunter zahlreiche Naturheilerinnen, das Leben kostete. Maßgeblich verantwortlich für dieses Morden waren die Dominikaner Heinrich Institoris und Jakob Sprenger, deren »Hexenhammer« (1487) als eine Art Handbuch der Inquisition mit Anleitung zur »Wahrheitsfindung« durch Folter und Tötung weite Verbreitung fand. Erst die 1631 von Friedrich von Spee veröffentlichte Gegenschrift »Cautio criminalis« führte zu einem Umdenken. Die letzte offizielle Hexenhinrichtung in Deutschland fand 1775 statt.

Die heilige Johanna – als Hexe verbrannt

Es ist eine Ironie der Geschichte, dass ein streitbares Bauernmädchen, das seine »göttliche« Mission auf den Schlachtfeldern des Hundertjährigen Krieges erfüllte, als französische Nationalheilige verehrt wird – obwohl man sie als Hexe auf dem Scheiterhaufen verbrannte. Johanna von Orleans (1412–1431) wurde in einem Schauprozess wegen Feenzauber, Gebrauch der Alraunwurzel, Ketzerei, Dämonenanbetung und Mord zum Tode verurteilt. Offenbar kannte Johanna die halluzinogenen Wirkungen der Alraunwurzel und anderer berauschender Pflanzen, die damals von Eingeweihten als Aufputschmittel genommen und zu »Hexensalben« und »Flugsalben« verarbeitet wurden. Solche an sich tödlichen Pflanzengifte werden heute in niedriger Dosierung von der Homöopathie genutzt, darunter die »Fiebermittel« Aconitum und Belladonna, der »Hexensame« Lycopodium oder die geheimnisumwobene Zaunrübe Bryonia.

Die Volksheilerinnen im alten Europa

Bis weit in die Neuzeit, in abgelegenen, armen Gegenden bis ins 19. Jahrhundert hinein, war vor allem die Landbevölkerung bei Krankheit auf Heilerinnen angewiesen, denen die Wirkweise heimischer Pflanzen bekannt war. Sie unterschieden zwischen giftigen und berauschenden Pflanzen und solchen, die eine spezifische Wirkung auf einzelne Organe hatten. Ein Kennzeichen der magisch-animistischen Medizin, nicht nur im vormodernen Europa, ist der Rückgriff auf Ähnlichkeiten. So schloss man etwa vom Aussehen einer Pflanze, von Farbe und Form, auf ihre medizinische Wirkung. Ein einfaches Beispiel: Der gelbe Safran wurde gegen Gelbsucht eingesetzt.

Makabere Arzneien

Jeder kennt das Märchen »Hänsel und Gretel«: Die Geschwister verlaufen sich im Wald und gehen den Verführungskünsten einer Hexe auf den Leim. Diese macht Gretel zu ihrer Dienstmagd (und potenziellen Hexenschülerin) und mästet Hänsel, um ihn alsbald als Braten zu verspeisen. Von diesem Kannibalismus der Märchenhexe lässt sich ein gewisser Bezug zur mittelalterlichen Realität herstellen: Arzneien, die aus Leichenteilen – meist von Gehenkten, aber auch von Totgeborenen oder verstorbenen Kindern – hergestellt wurden, standen in dem Ruf, Brüche und Stichwunden zu heilen. Gleichfalls makaber erscheint uns eine andere, einstmals sehr begehrte Arznei: Die *mumia vera Aegyptica* – zermahlene Teile von ägyptischen Mumien, also einbalsamierten Leichen – galt jahrhundertelang in Europa als eine Art Allheilmittel. Bereits für das 12. Jahrhundert ist ein schwungvoller Handel nachgewiesen. Und noch im 18. Jahrhundert zählte ein deutsches »Universal-Lexicon« die verschiedensten Anwendungsgebiete auf: Von den »Winden im Leibe« und dem »verstockten Geblüt, so jemand gefallen« über Lungensucht und Seitenstechen bis zur Wundheilung und Schmerztherapie.

Ausritt der Hexen in der Walpurgisnacht in einer Druckvorlage nach einer Zeichnung von Robert Müller (1815–1854). In der Beltane- oder Walpurgisnacht, der Nacht auf den 1. Mai, trafen sich auf dem Brocken im Harz und an anderen mystischen Orten die Hexen, um ausgelassene Feste zu feiern und Erfahrungen auszutauschen.

Heilkräftige Rituale und magische Traditionen im modernen Alltag

Magische Heilungsrituale spielen im Schamanismus eine zentrale Rolle: Der Schamane tritt mit dem Jenseits in Verbindung und zeichnet sich so durch besondere Kräfte aus.

Man mag es Aberglaube nennen. Aber wer von uns lässt schon zu, dass sich beim Abschiednehmen Hände überkreuzen? Wer verzichtet beim Hausbau auf die Weiherituale des Richtfests? Und auch moderne Menschen bleiben nicht unbeeindruckt, wenn sie mit einem Fluch belegt werden. So wie die Angst vor »Schadenzauber« noch tief in uns sitzt, glauben wir – nach Großmutter-Art – auch an die positive Kraft von Ritualen und Gebeten, Segenssprüchen und guten Wünschen.

Rosenkranz beten beruhigt den Kreislauf

Wie unlängst eine italienische Studie nachwies, führt das Beten des Rosenkranzes bei gläubigen Menschen zur Kreislaufentlastung. Ursächlich dafür sind innere Ruhe, Konzentration und die durch das längere, leise Sprechen bedingten Atempausen. Monotone, sich ständig wiederholende Gebetsformeln gibt es in vielen Religionen. Um solche Übungen zu praktizieren, müssen Sie also nicht konfessionell gebunden sein.

Seit Jahrhunderten erprobt – Rosenkranzbeten hat eine beruhigende Wirkung.

Heile, heile Segen …

Wenn sich ein Kind verletzt hat und weint, wenden nicht nur kluge Omas eine erprobte Methode an: Lassen Sie sich vom Kind die schmerzende Stelle zeigen, um sie dann anzuhauchen, anzublasen und »nach Hexenart« zu besprechen: »Heile, heile Segen, drei Tag Regen, drei Tag Schnee, tut's schon nicht mehr weh.« Das Kind wird sich fasziniert auf das Ritual konzentrieren und darüber den Schmerz vergessen.

Beschwörungsformel bei chronischen Schmerzen

In der psychologischen Schmerztherapie wird heute empfohlen, durch gezieltes positives Denken das Erleben »umzupolen«. Diese Form der Autosuggestion war manchen unserer Großmütter bekannt, die sich morgens in die freie Natur begaben, dort die Hände falteten und mit zum Himmel gewandten Augen eine Beschwörungsformel sprachen: »Am Himmel stehen drei Blumen, die eine heißt Wohlgemut, die andere heißt Demut, die dritte heißt Gottes Wille. Schmerz, stehe stille!«

Hexenzettel als Bann der Krankheit

Ein Ritual aus alter Zeit empfiehlt sich bei allen Arten von Beschwerden: Schreiben Sie den Namen Ihrer Krankheit auf einen Zettel, den Sie dann vergraben. Im symbolischen Denken bedeutet das, dass Sie die Krankheit aus Ihrem Leben verbannen und der Erde überantworten. Wenn Sie fest daran glauben, wird die Krankheit vielleicht genauso schnell von Ihnen abfallen, wie das Papier braucht, um in der Erde zu verrotten.

Weihwasser als Heil- und Segensmittel

In katholischen Gegenden war das Weihwasser von jeher ein verbreitetes Mittel, um Heil- und Segenswünsche – etwa vor einer gefährlichen Reise – zu verstärken. Bei Krankheit besprengte man sich mit Weihwasser, machte das Kreuzzeichen über der erkrankten Stelle und sprach ein Gebet, beispielsweise:

Auch unsere Kultur kennt die Vorstellung, dass durch Berührung eine heilende Wirkung auf erkrankte Körperteile ausgeht.

»Unsere liebe Frau geht über das Land, sie trägt den Himmelsbrand in ihrer Hand.« Mit Himmelsbrand ist die Königskerze gemeint, die das Zepter der Himmelskönigin Maria symbolisiert.

Die Heilkraft der Berührung

Johann Wolfgang von Goethe war ein überzeugter Anhänger des Heilmagnetismus, der auch heute noch von manchen Heilern, meist unter exotischem Etikett wie »Reiki« oder »Touch for Health«, angeboten wird. Grundlage ist die Heilkraft der Berührung, die auch am eigenen Körper ausgeübt werden kann. Legen Sie täglich einmal in entspannter Körperhaltung die Hand auf die erkrankte Körperstelle und konzentrieren Sie sich darauf, Energie einströmen zu lassen. Die Wirkung kann noch gesteigert werden, wenn das ein anderer macht, der vorzugsweise jünger und gesund sein sollte.

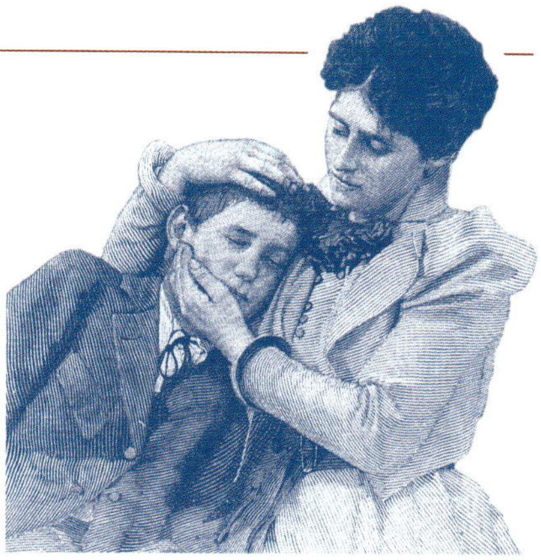

Zahnschmerzen – Großmutter wusste, wie man hier etwas Linderung verschafft.

Der Schwerpunkt-Tipp

Die Frauendreißiger Kräuterbuschen

Die meisten Heilkräuter müssen zwischen dem 15. August (Mariä Himmelfahrt) und dem 13. September (Tag der Kreuzerhöhung) gepflückt werden. Diese Zeit nennt man in katholischen Gegenden den Frauendreißiger. Einem alten Glauben zufolge kann man die Heilkraft der in dieser Zeit gepflückten Pflanzen in einem Kräuterbuschen bannen.

Gegen Krankheiten und für eheliches Glück

Ein wesentlicher Bestandteil der Kräuterbuschen war ursprünglich wohl das Labkraut *(Galium ferum)*, das man der germanischen Göttin Freya zuordnete und Frauen für eine leichtere Geburt ins Kindbett legte. Im Jahr 731 versuchte die Kirche, den Glauben an das »Bettstroh Freyas« zu verbieten. Es fand jedoch nur eine »Umwidmung« der beliebten Kräuterbuschen auf die Muttergottes statt. Die Frauendreißiger Kräuterbuschen sollen vor allerlei Krankheiten schützen und für Eheglück und reichen Kindersegen sorgen.

Einen Kräuterbuschen binden

Sie binden Ihren magischen Strauß aus neun Pflanzen: Rund um eine Königskerze – der so genannte Himmelsbrand ist das Symbol der Himmelskönigin Maria – binden Sie Johanniskraut, Schafgarbe, Baldrian und Arnika, schließlich binden Sie außen noch Kamille, Wermut, Pfefferminze und Tausendgüldenkraut herum. Ihren fertigen Frauendreißiger Buschen können Sie in der Kirche weihen lassen. Dann stellen oder hängen Sie ihn in Ihrer Wohnung auf und lassen ihn trocknen. Bei Krankheiten zupfen Sie einige Blätter ab und geben sie in den Tee. Erkrankte Tiere bekommen Blätter ins Futter und werden – so der alte Glaube – wieder genesen.

Kräuterbuschen sehen schön aus, duften und sollen eine positive und heilende Wirkung haben. Man schrieb ihnen auch einen besonderen Abwehrzauber gegen böse Kräfte zu.

Bewährte Kniffe und Griffe bei Alltagsbeschwerden

In alten Zeiten hat man auf dem Land bei Rückenschmerzen den »Einrenker« oder »Knochenbrecher« gerufen, meist ein kräftiger Mann mit geschickten Händen, der auch erkrankten Tieren durch das Verdrehen von Körperteilen, verbunden mit einem kräftigen Ruck, ihre Beschwerden nahm. Ohne es zu wissen, übte er damit eine bereits in der Antike angesehene Heilmethode aus, die als Chiropraktik heute auch in der akademischen Medizin ihren Platz hat.

Drehen, bis es knackt

Verkrampfte Gelenke sind in ihrer Beweglichkeit eingeschränkt. Um eine Entspannung herbeizuführen, müssen Sie die Gelenke in Endstellung bringen, das heißt: Sie drehen oder beugen sie so weit wie möglich. Bei verkrampften Halswirbeln schauen Sie abwechselnd rechts und links über die Schulter, zunächst mit kleinen, vorsichtigen Bewegungen, die Sie schrittweise so weit wie möglich steigern. Bei Schmerzen in der Brust- oder der Lendenwirbelsäule stellen Sie sich breitbeinig hin, strecken die Arme aus und drehen sich in einer Rotationsbewegung hin und her. Wieder wird die Bewegung langsam bis zum Maximum gesteigert, zuletzt durchaus mit Schwung. Mitunter hört man bei diesen Übungen ein Knacken, das die Wiederherstellung der Beweglichkeit andeutet. Dann lässt meist auch der Schmerz nach.

In den mittelalterlichen Badestuben erfolgten auch medizinische Anwendungen wie Schröpfen oder Massagen.

»Holzhacken« bei Schmerzen im Bereich des Kreuzbeins

Sehr häufig treten Verrenkungen am unteren Ende der Wirbelsäule auf, dort, wo Kreuzbein und Beckenknochen miteinander eine straffe Verbindung eingehen. Ein alter Kniff kann helfen: Sie stellen sich breitbeinig hin und heben die Arme, als ob Sie mit einem Beil Holz hacken wollten. Schwungvoll lassen Sie das gedachte Beil abwechselnd zum rechten und zum linken Bein fallen und richten sich dazwischen immer wieder gerade auf.

Der »Erlöser« bei Verspannungen im Rücken

Keine chirotherapeutische Schule – deren Griffe sich im Einzelnen ja oft unterscheiden – verzichtet auf den »Erlöser« zur Querdehnung der Wirbelsäule. Legen Sie sich auf eine stabile Unterlage, setzen Sie das linke Knie auf der rechten Seite des Körpers auf, lassen Sie es von einer Hilfsperson festhalten und dehnen Sie nun den Oberkörper in die entgegengesetzte Richtung mit dem Ziel, die linke Schulter auf die Unterlage zu bekommen. Danach wiederholen Sie die Übung auf der entgegengesetzten Seite.

Bei dieser Querdehnung der Wirbelsäule ist nicht selten ein Knacken zu hören, nach dem Entspannung und Schmerzlinderung eintreten. Die Drehbewegung muss sanft sein und darf nicht gegen Widerstand ausgeführt werden.

»Aushängen« bei Schmerzen der Lendenwirbelsäule

Eine altbewährte Methode, Verspannungen im unteren Bereich der Wirbelsäule zu lockern, ist das »Aushängen«. Früher hatte man die Teppichstange vor dem Haus, heute müssen

Akupunktur und Akupressur – mit Nadeln und Druck gegen Schmerzen

Akupunktur ist ein Teilgebiet der traditionellen chinesischen Medizin. Die Anwendung im Westen hat in den vergangenen 20 Jahren deutlich zugenommen, und zwar besonders als Therapie bei chronischen Schmerzen, bei Migräne und Schmerzen des Bewegungsapparats. Und mittlerweile ist auch der Wirkungsmechanismus weitgehend erforscht. Die Akupunktur verwendet Einstiche mit Gold- und Silbernadeln an genau festgelegten Hautpunkten, um Erkrankungen oder Störungen zu diagnostizieren oder zu therapieren. Sie können eine schmerzende Stelle auch durch Druck oder zarte Massage lindernd beeinflussen. Das nennt man Akupressur.

Akupressur der Augenbrauen

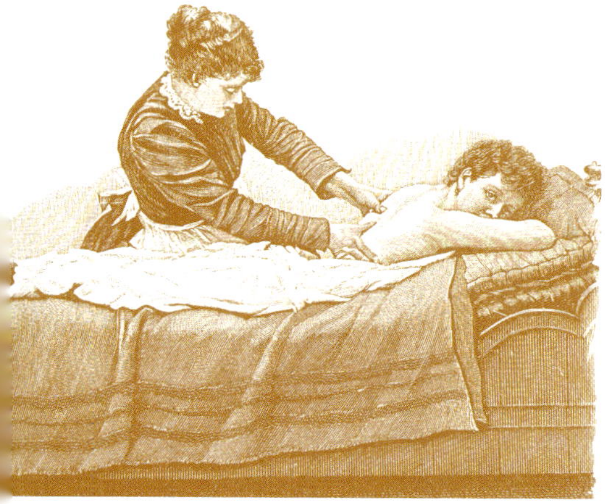

Großmutters Rückenmassage kam bei Ermüdung sowie bei Kreuz- und Rückenmuskelschmerzen zur Anwendung.

Sie womöglich ins Fitness-Studio gehen. Aber es hilft: Sie halten sich mit den Händen an einer Stange fest, die hoch genug angebracht ist, dass die Füße über dem Boden baumeln, also das gesamte Körpergewicht auf die Dehnung der Wirbelsäule wirkt. Jetzt führen Sie pendelnd mit den Beinen Drehbewegungen durch, nach links und nach rechts, immer so weit wie möglich. Manchmal werden Sie dabei das Knacken eines sich entspannenden Wirbelgelenks hören. Bei dieser Übung müssen Sie schonend vorgehen, um überdehnte Bindegewebsbereiche nicht zu überreizen.

Gegendruck bei Verspannungen der Brustwirbelsäule

Avicenna (980 – 1037), der berühmte persische Arzt des Mittelalters, riet bei Rückenproblemen zu folgender Therapie: Man lege sich auf den Bauch und stelle ein kleines Kind barfuß für einige Minuten auf den Rücken, wodurch rasch Beschwerdelinderung eintrete. Die Japaner lassen Verspannungen der Brustwirbel bis heute so behandeln: Ein kleines Kind übt durch sein Körpergewicht Druck auf die Wirbelsäule aus. Diese Methode bedarf der sachkundigen Aufsicht, um Rippenbrüche zu vermeiden. Bei Osteoporose verbietet sie sich von selbst. Völlig gefahrlos ist folgende Abwandlung: Sie legen sich rückwärts auf harter Unterlage so auf einen Tennisball, dass er gegen die schmerzende Stelle drückt.

Klopfen und Massieren bei Kopfschmerzen

Wenn Sie unter Kopfschmerzen leiden, greifen Sie meist ganz unwillkürlich gerade an die Stellen, wo es besonders weh tut. Damit behandeln Sie sich unbewusst selbst. Denn nach dem Verständnis der asiatischen Volksmedizin staut sich an diesen Stellen der Fluss der Lebensenergie, der durch Akupunkturnadeln, Massage oder Beklopfen mit der Fingerspitze wieder geöffnet werden kann. Drücken Sie mit der Daumenspitze gegen die schmerzende Stelle und bewegen Sie den Kopf hin und her. Häufig lässt der Kopfschmerz dann nach.

Fenster in die Gegenwart

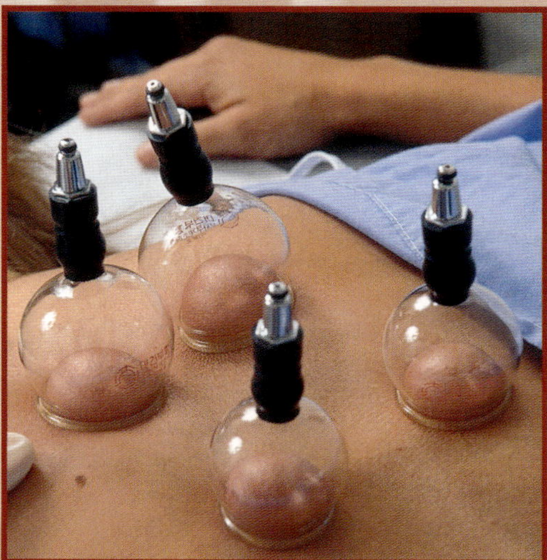

Nicht jedermanns Sache – aber Hollywoodstars wie Kristin Scott Thomas oder Gwyneth Paltrow schwören auf »Cupping«.

Der Modetrend »Cupping« *bei Rückenschmerzen ist im Grunde nichts anderes als das Schröpfen, das bereits in den Badehäusern des Mittelalters praktiziert wurde. Mit Hilfe von Saugglocken wird auf der Haut Unterdruck erzeugt, wodurch »verdorbene Säfte« aus schmerzenden Körperteilen abgezogen werden sollen. Für diese erfolgreiche Schmerztherapie jenseits von Chemie und Akupunktur benutzt man heute Schröpfköpfe aus Kunststoff mit Luftventil, die samt Spritzenstempel zur Erzeugung des Unterdrucks in der Apotheke erhältlich sind. Sie eignen sich zur Behandlung von Schmerzen am Körperstamm und in den Gliedmaßen, dürfen aber nicht am Kopf oder am Hals angewendet werden. Man setzt – nach fachkundiger Anleitung auch im Selbstverfahren – den Schröpfkopf über der Stelle des größten Schmerzes auf, zieht die Luft ab und lässt ihn 15 Minuten lang angelegt. In manchen Fällen ist nach dem Abnehmen eine vorübergehende Blauverfärbung der Haut oder ein Bluterguss zu sehen.*

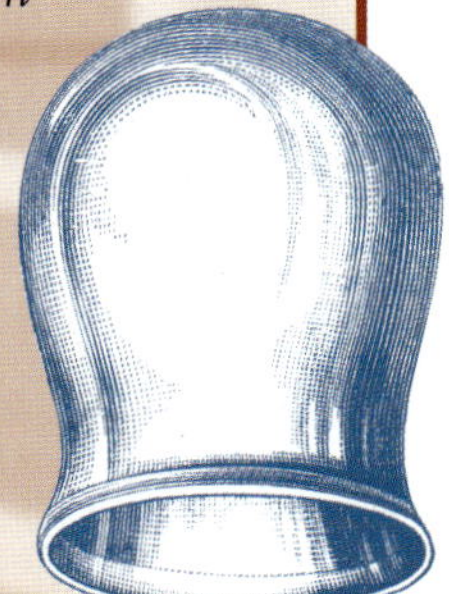

Altbewährtes Wissen über Körper- und Schönheitspflege

Die Sehnsucht nach blühender Schönheit trieb die Menschen zu allen Zeiten um und gerne glaubte man an Wundermittel. Doch auch das konkrete Wissen um Körper- und Schönheitspflege mit Produkten aus der Natur war gegeben. Wir können diese Tipps und Tricks aus der Vergangenheit nutzen und so manches moderne Industrieprodukt darüber vergessen.

Selbst hergestellt – Körperpflegemittel aus natürlichen Stoffen

Angenehmer Geruch, eine weiche, duftige Haut, fülliges, gesundes Haar – all das ist mit einfachen, natürlichen Mitteln zu erreichen, die Sie selbst in kurzer Zeit und mit wenig Aufwand herstellen können. Gerade in unserer Zeit, in der Kontaktallergien und die Unverträglichkeit industriell hergestellter Pflegemittel zunehmen, geht der Blick zunehmend zurück zu den Rezepten unserer Vorfahren.

Meerrettich – nicht nur ein Küchengewürz, sondern auch ein altbewährtes medizinisches und kosmetisches Mittel.

Eine pflegende Handcreme

Auch in früherer Zeit wusste man sanfte Hände zu schätzen. Zur Herstellung einer altbewährten Handcreme brauchen Sie 150 Gramm Melkfett, 50 Gramm Bienenwachs und 20 Tropfen eines ätherischen Öls, das Sie nach Geschmack wählen, so zum Beispiel Lavendelöl. Lassen Sie das Melkfett und das Bienenwachs im Wasserbad schmelzen und rühren Sie dann während des Abkühlens das Öl zu. Wenn die Creme erkaltet ist, wird sie in ein kleines Töpfchen gefüllt. Ihre Haltbarkeit beträgt mehrere Wochen.

Zitronensaft bei rauen oder schwitzenden Händen

Zitronensaft, vermischt mit etwas Branntwein oder Weißwein-Essig, reinigt die Hände durch Säurewirkung, versorgt sie aber auch mit Vitamin C. Das Resultat: Die Haut wird weicher und weißer. Außerdem verringert sich durch Zusammenziehen der Schweißdrüsen die Schweißneigung. Vergessen Sie auch Großmutters Patentrezept nicht: Verdickte Haut an Ellbogen und Knien wird mit Zitronensaft eingerieben.

Mandelpaste bei Hornhaut mit Spaltbildung

Wenn die Verhornung der Haut mit Spaltbildung einhergeht, sind saure

Efeu gegen Warzen

Warzen sind kein »Schönheitsfehler«, sondern eine Verhornungsstörung aufgrund einer Viruserkrankung der Haut. Es ist interessant, dass unsere Vorfahren dafür als Heilmittel den Efeu entdeckt haben. Heute wissen wir, dass Efeublätter Saponine aufweisen, die hemmend auf das Wachstum von Viren wirken und außerdem Säuren enthalten, die ein Eindringen der Wirkstoffe durch die Hornhaut hindurch zulassen. Zu empfehlen ist folgende Anwendung: Sie legen Efeublätter eine Stunde lang in Essig und lassen sie dann fünf Minuten darin köcheln. Nach dem Abkühlen legen Sie die Blätter auf die Warze und lassen das Ganze eine Stunde einwirken. Wiederholen Sie die Anwendung täglich einmal. Die Alternative bei Warzen am Fuß: Sie legen morgens Efeublätter zwischen Haut und Socken und belassen sie dort den ganzen Tag.

Efeu – seine Blätter enthalten Wirkstoffe, die gegen Warzen wirken.

Es müssen nicht immer teure Kosmetika sein – aus zahlreichen Pflanzen lassen sich wirkungsvolle und gut verträgliche natürliche Kosmetika herstellen.

Substanzen zu meiden. Ein bewährter Ersatz ist Mandelpaste. Besorgen Sie sich Mandelmehl und mischen Sie etwas Milch und Mandelöl darunter, so dass eine geschmeidige Paste entsteht. Schmieren Sie mehrmals täglich die betroffenen Hautpartien an Händen oder Füßen damit ein und lassen Sie die Paste 30 Minuten einwirken, bevor Sie sie abwaschen.

Schafgarbenbrei gegen Akne

Bei fettiger, entzündeter Haut half Großmutter mit Schafgarbe, die reich an Kalium ist, Bitter- und Gerbstoffe enthält sowie ein ätherisches Öl mit hohen Wirkmengen von Azulen, einem desinfizierenden, entzündungshemmenden Stoff. Sie finden Schafgarbe auf jeder Wiese! Sammeln Sie einen Korb voll Blätter, geben Sie sie in den Mixer, legen Sie den Brei auf die Haut und lassen Sie ihn einmal täglich eine Stunde lang einwirken.

Meerrettichtinktur gegen Sommersprossen

Meerrettich enthält Senföl, das die Haut leicht reizt und bleicht. Wenn Ihre Sommersprossen Sie stören, können Sie sich eine Meerrettichtinktur nach altem Rezept zubereiten: Meerrettich fein reiben, in eine Glasflasche füllen, mit scharfem Weinessig übergießen und 24 Stunden stehen lassen. Damit betupfen Sie, ohne in die Augen zu kommen, die Sommersprossen vor dem Schlafengehen 14 Tage lang. Die Sommersprossen verschwinden in der Folge – um allerdings im nächsten Jahr wiederzukehren.

Flecken an den Händen? Essig und Öl-Zucker-Paste helfen

Essig neutralisiert durch seine Säure Farbstoffe und wirkt auf die Haut sozusagen wie ein Fleckenentferner. Bei tief sitzenden Tintenflecken brauchen Sie allerdings Großmutters Wundermittel: eine Paste, die Sie aus Öl und Zucker anrühren. Sie dringt in die Hornhaut ein und bewirkt, dass Sie die Tinte abreiben können.

Eiweiß für schönes Haar

Auch Großmutter war einmal jung und wünschte sich ihr Haar duftig und füllig. Ihre Haarkur bestand darin, Eischnee von einem Eiweiß im frisch gewaschenen, nassen Haar zu verteilen. Danach nur auskämmen, nicht mehr auswaschen!

Bier als Haargel

Den besonderen Halt verlieh Großvater seiner Frisur, indem er das Haar mit Bier einrieb, glatt kämmte und so trocknen ließ. Das Haar wird durch Austrocknen des kohlenhydratreichen Getränks steif. Sie können das ruhig einmal ausprobieren: Wenn's nicht gefällt, einfach mit Shampoo auswaschen.

Essig schützt das Haar

In einem alten Buch über Hausmittel findet sich die Empfehlung, beim Haarewaschen dem letzten Spülwasser etwas Essig zuzusetzen. Essig umgibt das Haar mit einem schützenden Säuremantel, der die Poren verschließt.

Spagyrisch hergestellte Pflegeprodukte

Nach der Ernte geht ein Teil der Heilkräfte der Pflanzen verloren, egal ob man sie trocknet oder in Öl einlegt. Das Problem, die »Essenz« der Pflanze bestmöglich zu bewahren und haltbar zu machen, hat unsere Vorfahren lange beschäftigt. Alchemisten des Mittelalters entwickelten ein Konservierungsverfahrens namens Spagyrik, was so viel wie »trennen und vereinen« bedeutet. Die heute für spagyrische Arzneimittelhersteller gültigen Richtlinien verfasste der deutsche Arzt Carl Friedrich Zimpel (1800 – 1878). Danach werden die Pflanzen von Hand gereinigt, mit Wasser und Backhefe vergoren, sodann einer Wasserdestillation unterzogen, bei der die ätherischen Öle und Alkohol gewonnen werden. Der Rückstand wird getrocknet und im Ofen verascht, wobei Mineralien und Spurenelemente erhalten bleiben. Diese werden in einem letzten Prozess mit dem Destillat vereinigt und abfiltriert. Das Ergebnis ist eine harmonische Mischung, bei der das Wertvollste der Heilpflanze erhalten bleibt. Achten Sie beim Einkauf von Pflegeprodukten für Ihr Baby darauf, dass sie im spagyrischen Verfahren hergestellt sind. Die in diesem Bereich tätigen Firmen legen auch großen Wert auf naturbelassene Grundstoffe und im biologischen Landbau geerntete, schadstoffarme Pflanzen.

Das Salz der Erde und des Meeres – eine Essenz des Lebens

Der Mensch kann ohne Salz nicht überleben. Es reguliert wichtige Körperfunktionen wie den Wasserhaushalt. Und da wir ständig, etwa durch Schwitzen, Salz verlieren, müssen wir es dem Körper wieder zuführen. So verwundert es nicht, dass Salz schon in vorgeschichtlicher Zeit zu den wichtigsten und kostbarsten Handelsgütern zählte. Denn nicht in allen Regionen der Welt ist Salz als natürliche Ressource vorhanden.

Naturvölker in salzlosen oder salzarmen Gebieten mussten den lebensnotwendigen Stoff mühsam aus Pflanzenasche oder salzhaltiger Erde auswaschen. Küstenbewohner legten schon früh so genannte Salzgärten an, in denen durch Verdunstung des Meerwassers Salz gewonnen wurde.

Das Porträt aus der Hand des flämischen Malers Quentin Metsys oder Matsys (um 1465–1530) zeigt vermutlich den großen Arzt und Gelehrten Paracelsus, der auch ein Pionier der medizinischen Anwendung von Salz war.

Das Salz der Kelten

Einige Orte im deutschsprachigen Raum tragen das »hall« im Namen, das alte Wort für Salz. Halle an der Saale, Schwäbisch Hall, Bad Reichenhall, Hallstadt, Hallein, auch die Halligen gehören dazu und natürlich Salzburg – Orte, die sich mit der Gewinnung von Salz im wahrsten Sinne des Wortes einen Namen machten. Die Kelten waren frühe Meister des Salzsiedens. Fast schon symbolisch steht der Name Hallstattzeit – benannt nach dem keltischen Salzort im heutigen Salzburger Land – für die große Kulturepoche zwischen 800 und 400 v. Chr. Die Kelten wuschen das im Gestein eingeschlossene Salz mit Wasser aus und erhitzten die dadurch gewonnene Sole in Gefäßen. Das Wasser verdampfte, das Salz blieb übrig. So machten sie sich unabhängig von den kostspieligen Salzimporten aus den Küstenländern und wurden selbst zu Exporteuren.

Heilkundige Alchemisten

Wir wissen, dass die Kelten ihr Salz bereits dazu nutzten, Nahrungsmittel haltbar zu machen – eine Konservierungsmethode, die jahrtausendelang, bis zur Erfindung des Kühlschranks, praktiziert wurde. Womöglich hat auch die heutige medizinische Inhalationstherapie in Gradierwerken, bei denen salzhaltiges Wasser über Schwarzdornzweige geleitet wird, in keltischen Salzbergwerken ihren Ursprung. Der gezielte Einsatz von Salz in der Medizin nahm seinen Ausgang in der Alchemie, jener mittelalterlichen und frühneuzeitlichen Vorform der Chemie, die noch heute von vielen Geheimnissen umwoben ist. Der Arzt, Naturforscher und Philosoph Theophrastus Bombastus von Hohenheim (1493–1541), besser bekannt unter dem Namen Paracelsus, sah Krankheit als Ausdruck einer chemischen Störung, die mit Schwefel, Quecksilber oder Salz beeinflusst werden könne. Er nutzte Kochsalz zur Heilung von Hautleiden und Goldstaub zur Rheumatherapie. Der Alchemist und Spiegelmacher Johann Rudolph Glauber (1604–1670) stellte als Erster Salzsäure und Salpetersäure her. Um 1655 erfand er ein »Wundersalz«, das nach ihm benannte Glaubersalz für die medizinische Anwendung bei Darmerkrankungen. Noch immer wird es als hochwirksames Abführmittel eingesetzt.

Auch Goethe interessierte sich für Salze und ihre medizinische Auswirkung; Gemälde von Karl Stieler (1781–1858).

Neuzeitliche Mineralkuren

Salzhaltige Quellen hatten schon in der Antike vereinzelt Bedeutung gewonnen und waren Teil der römischen Badekultur. Erst im 17. Jahrhundert, als man erstmals chemische Analysen von Heilquellen vornahm, kamen Trinkkuren in Mode. Ärzte empfahlen kaliumreiche Quellen zur Herzstärkung, magnesiumreiche Quellen zur Entspannung und Blutdrucksenkung und natriumreiche Quellen zur Förderung der Verdauung. Als Johann Wolfgang von Goethe 1801 Bad Pyrmont aufsuchte, hatte er ein »Mineralienkabinett« dabei: Reagenzien, mit denen er den Mineraliengehalt der Heilquellen untersuchte. Von allen Mineralien nutzten die Heilbäder mit salzhaltigen Quellen vor allem Kochsalz in verschiedensten Anwendungsformen, darunter Salzwasser zum Gurgeln oder als Trinkkur, zur Inhalationstherapie beim Wandeln durch eigens errichtete Gradierwerke oder als Badezusatz in Wannenbädern.

Europäisches Salzbergwerk des 19. Jahrhunderts: Salz wird in Europa schon seit mehreren Jahrtausenden gewonnen. Dabei wurde das »weiße Gold« entweder als Steinsalz abgebaut oder aus der Sole, also salzhaltigem Wasser, gewonnen.

Die Schüßler-Therapie

1873 entdeckte der Oldenburger Arzt Wilhelm Heinrich Schüßler zwölf Mineralstoffverbindungen, die im menschlichen Körper reichlich vorkommen und deren Mangel zu Beschwerden führt. Die Hoffnung, mit einem Dutzend Mineralstoffen »alle Krankheiten« zu heilen, konnte sich natürlich nicht erfüllen. Dennoch nutzt die Naturheilkunde bis heute Schüßler-Salze, um den Mineralstoffwechsel im Körper zu verbessern. Sie kommen insbesondere bei Befindlichkeitsstörungen ohne erkennbare organische Erkrankung zur Anwendung.

Die Anwendung von Schüßler-Salzen

Bestimmte Beschwerden können nach Schüßler auf Salzmangel zurückgehen und werden mittelfristig behoben, wenn Sie fünf Schmelztabletten des betreffendes Salzes täglich über den Tag verteilt über Wochen und Monate lutschen. Die Salze sind rezeptfrei in der Apotheke erhältlich:

Calcium fluoratum D12 hilft bei Bindegewebsschwäche, schlechter Narbenheilung, Fuß- und Nagelpilz.

Calcium phosphoricum D6 ist das wichtigste Schüßler-Salz gegen Knochenerweichung im Alter.

Ferrum phosphoricum D12 steigert die Vitalität, verbessert die Durchblutung der Haut und mildert dunkle Ringe unter den Augen.

Kalium chloratum D6 wirkt bei allen Entzündungen und Erkältungsinfektionen.

Kalium phosphoricum D6 ist das wichtigste Schüßler-Salz bei Erschöpfung und Entkräftung.

Kalium sulfuricum D6 trägt zur Leberentgiftung bei und fördert alle Ausscheidungsvorgänge.

Magnesium phosphoricum D6 hilft bei körperlicher oder seelischer Verkrampfung und bei Schlafstörungen.

Natrium chloratum D6 wird bei leichten Wasseransammlungen an Händen und Füßen und Mangel an roten Blutkörperchen eingesetzt.

Natrium phosphoricum D6 ist das wichtigste Schüßler-Salz gegen Hautunreinheiten, Akne und Ekzeme.

Natrium sulfuricum D6 unterstützt Diäten gegen Übergewicht und regt Leber und Galle an.

Silicea D12 festigt das Bindegewebe und vermindert die Faltenbildung.

Calcium sulfuricum D6 wird bei chronischen Entzündungsherden vor allem an Haut und Schleimhaut eingesetzt.

Jung und fit bleiben – natürliches Anti-Aging

Nach einem Jungbrunnen, der Quelle ewiger Jugend, wurde schon in der Antike gesucht. Und heute haben wir die höchste Lebenserwartung in der Menschheitsgeschichte und möchten möglichst lange vital und jugendlich bleiben. Kosmetikindustrie, Sportartikelindustrie, Pharmaindustrie und nicht zuletzt die Schönheitschirurgen machen glänzende Geschäfte mit dem Jugendwahn der alternden Gesellschaft. Dabei gibt es seit Generationen bewährte Methoden und Mittel, um den Alterungsprozess auf natürliche Weise zu verzögern. Und was das Beste ist: Anti-Aging auf traditionelle Art ist ohne Nebenwirkungen und finanzielle Belastung zu haben.

Gesunde, vitaminreiche Kost ist die beste Anti-Aging-Medizin.

Schlaf – der wahre Jungbrunnen

Ob Sie erst nach zehn Stunden richtig ausgeschlafen sind, also geistig präsent und körperlich aktiv, oder mit nur sechs Stunden auskommen, sagt Ihnen Ihre höchst individuelle »innere Uhr«, die sich bekanntlich auch nach dem Alter richtet. Kinder brauchen mehr Schlaf als alte Menschen, aber genügend braucht jeder! Sonst altert er vor der Zeit. Großmutters Weisheit, dass Schlafen nicht nur schön macht, sondern auch jung hält, weil sich der Körper im Schlaf regeneriert, hat jüngst ein wissenschaftliches Experiment der Universität Chicago bestätigt. Die Probanden, gesunde junge Männer, bekamen täglich nur vier Stunden Schlaf und zeigten nach einigen Tagen messbare Alterssymptome, etwa einen veränderten Hormonspiegel.

Avocadokrem gegen trockene, faltige Haut

Ihre Nachtkrems stellten unsere Großmütter aus pflanzlichen Ölen selbst her. Besonders geeignet ist das Öl der Avocado, die wegen ihres Reichtums an ungesättigten Fettsäuren und Vitaminen geschätzt wird und auch keimtötende Wirkung hat. Zur Herstellung der Krem brauchen Sie:

33 g Avocadoöl, 15 g Olivenöl, 9 g Mandelöl, 10 g Lanolin, 10 g Bienenwachs, 25 g 15-prozentigen Alkohol, 0,5 g Borax und 0,5 g Melissenöl, außerdem zwei Töpfe.

Im ersten Topf schmelzen Sie Lanolin und Wachs im Wasserbad, rühren Avocadoöl, Olivenöl und Mandelöl hinzu. Im zweiten Topf erwärmen Sie den Alkohol auf Körpertemperatur und vermischen ihn mit Borax. Nun kommt alles in einen Topf. Unter Rühren lassen Sie die Masse erkalten. Sobald ein kremiger Zustand erreicht ist, geben Sie tropfenweise das Melissenöl hinzu. Lagern Sie diese Nachtkrem kühl und dunkel, dann hält sie mehrere Monate.

Ein Bad mit Kräutern oder ätherischen Ölen, mit guten, angenehmen Handtüchern aus Naturfasern abgerubbelt – und man fühlt sich wie neugeboren!

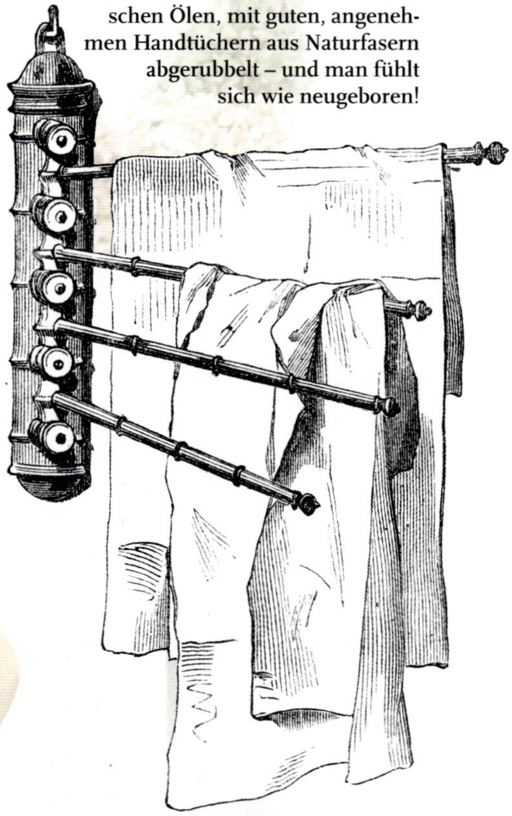

Schlehenblüten für schöne Haut

Aus der Volksmedizin stammt dieses alte Mittel zur Verschönerung der Haut und zur Vorbeugung von Fleckenbildungen. Sie können ge-

Zurück in die Kindheit – Thymusklopfen

Die Thymusdrüse, eine innere Brustdrüse unterhalb der Schilddrüse, ist nur bei Kleinkindern gut entwickelt und verkümmert mit Beginn der Pubertät. Um den Alterungsprozess zu verzögern, hat man früher versucht, den Thymus durch Klopfen zu stimulieren und so an der Rückbildung zu hindern. Ob's hilft? Sie können es ja ausprobieren: Klopfen Sie täglich fünf Minuten lang mit dem Handballen sanft auf den oberen Teil des Brustbeins, um es zum Vibrieren zu bringen.

trocknete Schlehenblüten in der Apotheke kaufen. Übergießen Sie einen Teelöffel mit einer Tasse kochendem Wasser. Trinken Sie im Frühjahr und im Herbst täglich eine Tasse Tee über sechs Wochen.

»Seelische Reinigung« mit Bachblüten

Das heute sehr populäre naturheilkundliche Konzept, Anfang des 20. Jahrhunderts von dem englischen Arzt Dr. Edward Bach entwickelt, beruht auf 38 Blüten, die regulierend auf psychische Zustände – und somit auch auf psychosomatische Störungen – einwirken sollen. Bachs Zielsetzung war die »seelische Reinigung«, in deren Folge sich eine größere Stabilität der Persönlichkeit einstelle und dadurch wiederum eine höhere Resistenz gegenüber Krankheiten. Bachblüten können der Vorbeugung oder der Unterstützung einer ärztlichen oder psychotherapeutischen Behandlung dienen, diese aber nicht ersetzen. Die in der Apotheke rezeptfrei erhältlichen Heilmittel enthalten nicht die Blüten selbst, sondern das Wasser, in das sie nach dem Pflücken eingelegt und der Sonne ausgesetzt wurden.
Am bekanntesten sind die »Notfalltropfen« (Rescue). In akuten Krisen, etwa nach einer verstörenden Nachricht oder einem Unfall, geben Sie vier Tropfen in ein Glas Wasser oder direkt auf die Zunge. Auch für Pflanzen und Tiere haben sich Bachblüten bewährt. So hilft die Blütenessenz »Crab Apple« (Holzapfel) gegen Ungezieferbefall bei Pflanzen, »Hornbeam« (Weißbuche) gibt schlaffen, kranken Pflanzen neue Kraft; bei beiden Mitteln geben Sie zehn Tropfen jeweils auf eine große Gießkanne Wasser. Bei nervösen, gereizten Hunden und Katzen geben Sie drei bis sechs Tage lang sechs Tropfen »Mimulus« (Gauklerblume) ins Futter.

Kräuterbad für jugendliche Hände

Für dieses altbewährte Mittel werden Schalen der Vitamin-C-reichen Hagebutte, Kornblumenblüten und Ringelblumenblüten zu gleichen Teilen gemischt und mit heißem Wasser überbrüht (auf einen halben Liter etwa sieben Teelöffel). Nach zehn Minuten Ziehen ist der Sud auch so weit abgekühlt, dass Sie darin ein Anti-Falten-Handbad nehmen können. Bei regelmäßiger Anwendung wird sich ein Effekt zeigen.

Altersflecken bleichen

Gegen die für das Altern der Haut typischen Pigmentflecken gibt es ein altes Hausmittel: 66 Gramm Regenwasser, 33 Gramm Milch, 16 Gramm Saft von unreifen Trauben, 16 Gramm fein gestoßenen Weihrauch und acht Gramm Eiweiß werden unter Rühren vermischt. Damit reiben Sie die Pigmentflecken vor dem Schlafengehen ein. Nach mehrmaliger Wiederholung sollte ein deutlicher Effekt zu sehen sein. Diese Mischung ist ein natürliches Bleichmittel, wirkt entzündungshemmend und macht die Haut geschmeidig.

Packung gegen sprödes, müdes Haar

Sie mischen Olivenöl und Erdnussöl zu gleichen Teilen und reiben Ihr Haar damit ein. Diese Packung sollte einmal wöchentlich für mehrere Stunden angewendet werden. Sie macht Ihr Haar elastisch und glänzend.

Brennnesseln gegen Haarausfall

Um der Glatzenbildung vorzubeugen, empfahl Großmutter dem Großvater Brennnesselwaschungen. Sieden Sie eine halbe Stunde lang 200 Gramm fein geschnittene Brennnesselwurzeln in einem Liter Wasser und einem halben Liter Essig, gießen Sie den Absud ab und waschen Sie damit vor dem Schlafengehen den Kopf. Brennnesseln sind reich an Vitaminen und Mineralstoffen und regen durch ihren Histamingehalt die Durchblutung der Kopfhaut an. Nachteile: Das Haar wird mit der Zeit spröde und blondes Haar bekommt einen bräunlichen Schimmer.

Genügend Schlaf und Erholung regenerieren den Körper und beugen dem Alterungsprozess vor.

Zur Erholung und Entspannung empfahl Großmutter ein lauwarmes Kamillenbad.

Steine, Metalle und Juwelen als Wohlfühlfaktor und als Arznei

Edelsteine und Edelmetalle haben die Menschen von jeher fasziniert. Sie kommen aus den Tiefen der »Mutter Erde«, sind kraftvoll-widerstandsfähig und überdauern Generationen – als ob sie das Geheimnis des ewigen Lebens bergen würden. Schon vor Jahrtausenden wurden ihnen Heilkräfte zugeschrieben. So schrieb der römische Autor Plinius der Ältere (23/24 – 79 n. Chr.), dass Bernstein für trübe Augen gut sei und dass ein Chelonit auf der Zunge den Blick in die Zukunft ermögliche. Gold und Edelsteine haben im Fernen Osten bis zum heutigen Tag ihren festen Platz in der Medizin. So wird etwa in Japan Edelsteinpulver als »Entgiftungspflaster« benutzt.

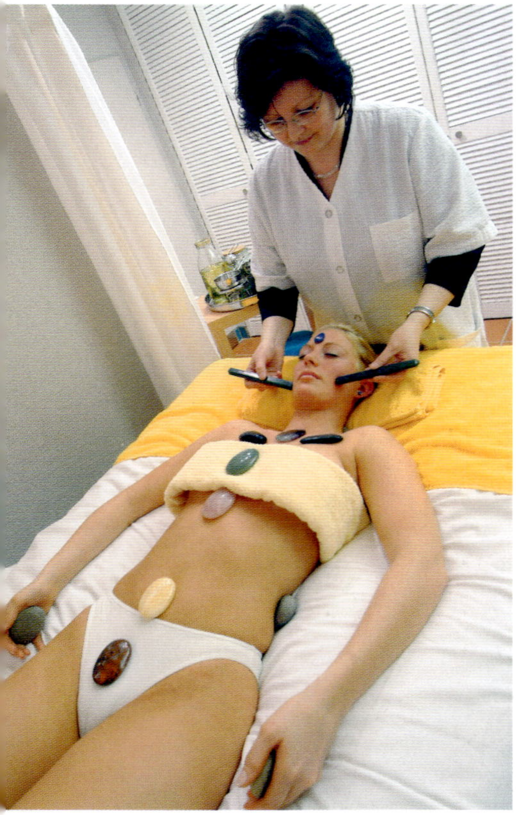

Die Edelsteintherapie spielt zunehmend wieder eine Rolle in der Medizin.

Großmutters Bimsstein gegen Hornhaut

Der gute alte Bimsstein birgt wenig Geheimnisse, war aber ein beliebtes Schönheitsmittel unserer Großmütter. Sie benützten ihn zum Abreiben von Hornhaut an Fußsohlen und Händen. Diese schonende Methode ist völlig frei von Chemie und leistet heute genauso gute Dienste wie damals. Bims ist ein poröser Vulkanstein. Schon im Altertum hat man ihn gemahlen und in der Hautpflege sowie zum Schleifen von Holz verwendet.

Gold und Silber als keimtötende Substanzen

Gold und Silber haben nachweislich eine keimtötende Wirkung und werden seit alters her zu medizinischen Zwecken eingesetzt. Das bekannte »Danziger Goldwasser« ist nur ein Nachhall jener uralten Sitte, Speisen und Getränke mit Blattgold zu versetzen, um sie zu desinfizieren. Nach wie vor empfehlenswert ist folgende Goldanwendung zur Vorbeugung eines Gerstenkorns: Streichen Sie mit der flachen Kante Ihres goldenen, desinfizierenden Rings immer wieder über die entzündete Lidstelle. Auch Silber wurde schon im Altertum benutzt, um Wasser keimfrei zu machen. Aufgrund seiner keimtötenden Wirkung bei längerem Kontakt wird das Edelmetall heute häufig in Verbandsmaterial eingewebt. Und frische Wunden können Sie – völlig unschädlich – mit Silberfolie abdecken.

Bergkristall und Quarz als »Wasseraktivator«

Gebirgswasser, das von der Quelle bis ins Tal über zahlreiche Steine gelaufen ist, schmeckt frisch und belebend. Diese Beobachtung führte wahrscheinlich zu dem alpenländischen Brauch, Bergkristall in den Trinkwasserkrug zu legen. Verwen-

Edelsteine und Tierkreiszeichen

Untrennbar war die Edelsteinkunde in ihren Anfängen mit der Astrologie verknüpft. Jedem Tierkreiszeichen waren bestimmte Steine zugeordnet. Zur Stärkung der individuellen Persönlichkeit und damit des Selbstbewusstseins wurde empfohlen, einen zum eigenen Tierkreiszeichen gehörigen Edelstein an einer Kette um den Hals zu tragen:

Steinbock (22.12. – 20.01.):
Onyx, Chrysopras, Chalzedon
Wassermann (21.01. – 19.02.):
Amethyst, Chalzedon, Saphir
Fische (20.02. – 20.03.):
Topas, Saphir, Chrysolith
Widder (21.03. – 20.04.):
Rubin, Diamant, Amethyst
Stier (21.04. – 20.05.):
Saphir, Karneol, Achat, Smaragd
Zwillinge (21.05. – 21.06.):
Topas, Bergkristall, Beryll, Aquamarin
Krebs (22.06. – 22.07.):
Smaragd, Opal, Perle
Löwe (23.07. – 23.08.):
Diamant, Rubin, Topas
Jungfrau (24.08. – 23.09.):
Topas, Jaspis, Karneol, Hyazinth
Waage (24.09. – 23.10.):
Topas, Opal, Beryll
Skorpion (24.10. – 22.11.):
Karneol, Sardonyx, Topas
Schütze (23.11. – 21.12.):
Saphir, Chalzedon, Topas, Amethyst

det wurden auch andere Quarze wie Rosenquarz, ein Kieselmineral zur Verbesserung der Durchblutung der Haut, oder Hämatit. Quarze enthalten Kieselsäure (Siliziumdioxyd), einen der wichtigsten Bauteile unseres Körpers. Im Hämatit ist wertvolles Eisen enthalten, der Sauerstoffträger unseres Körpers, deshalb wird dieses Mineral auch Eisenstein genannt. Sein anderer Name ist Blutstein, was auf eine uralte Anwendung als blutstillendes Mittel hinweist. Wenn Sie Ihr Trinkwasser mit Quarzen »aktivieren«, sollten Sie die Steine einmal pro Woche herausnehmen, unter Fließwasser abwaschen

Juwelen waren für unsere Vorfahren nicht nur wertvoller Schmuck, man schrieb ihnen immer auch medizinische Heilkraft zu.

und eine Stunde auf die Fensterbank in die Sonne legen. Man glaubt, dass sie dabei Kraft auftanken.

Einige Empfehlungen der Hildegard von Bingen

Die moderne Steinheilkunde beruft sich zumeist auf die heilige Hildegard von Bingen (1098 – 1179, s. S. 218 f.), deren diesbezügliche Empfehlungen in den letzten Jahrzehnten von vielen Anwendern ausprobiert und als hilfreich empfunden wurden. Hier einige Beispiele: bei Insektenstichen mit einem Amethyst über die Bissstelle streichen; bei Augenschwäche einen Bergkristall in der Sonne wärmen und direkt auf die Augen legen; bei Leibschmerzen einen Bernstein für eine Stunde in Wein, Bier oder Wasser legen und das Wasser nach dem Essen trinken; bei Herzschmerzen einen Chrysolith mit Öl benetzen und auf die schmerzende Stelle legen. Gegen das Hungergefühl beim Fasten helfe es, so Hildegard, einen Diamanten in den Mund zu nehmen. Einen Beryll zu betrachten sollte friedfertig machen. Und wer sich Redegewandtheit wünscht, müsse nur einen Chalzedon behauchen und dann daran lecken.

Massage mit heißen Steinen

Die Hot-Stone-Massage ist eine alte asiatische Massagemethode, die bei Muskelbeschwerden und Problemen des Bewegungsapparats eingesetzt wird. Dabei kommen besonders glatte, erhitzte Basaltsteine zur Anwendung. Bei der Massage wird zunächst der Körper mit Heilkräuteröl eingerieben, dann legt man die zuvor im Wasser auf 60 Grad erhitzten Steinen, die Wärme besonders gut speichern,

Hildegard von Bingen beschäftigte sich auch mit der Heilkraft der Edelsteine und gab entsprechende Empfehlungen.

auf die verschiedenen Energiepunkte des Körpers. Schließlich werden die Steine nacheinander kreisend bzw. massierend entfernt. Die warme Massage stimuliert die Blutzirkulation, die körperlichen Beschwerden werden gelindert und es tritt eine entspannende Wirkung ein.

Die Schwitzhütten der Inipi – wo die Steine zu dir sprechen

Bei den Indianern Nordamerikas ist sie weit verbreitet, in europäische Wellness-Zentren fand sie über die Lakota-Indianer (Inipi) Eingang: Der Aufenthalt in einer Schwitzhütte dient zur Reinigung und zur seelischen Heilung von Krankheiten. Die Schwitzhütte ist aus Weidenstäben und Haselnussruten gebaut. Der Erdaushub wird zum »Heiligen Hügel« und die sechs Schritte entfernte Feuerstelle zur Sonne. Im Zentrum des Heilrituals stehen 32 oder 64 glühende Steine, die in der Mitte der Hütte abgelegt, mit verschiedenen Heilkräutern bestreut und mit Wasser übergossen werden. Dadurch entsteht in der Hütte eine fast unerträgliche Hitze. Symbolisch bildet die Schwitzhütte den Bauch der Erdmutter als mythischen Ursprung des Lebens, ein Ort, an dem die Steine, bewegt von der Kraft der Sonne, zu sprechen beginnen. Wenn man ihre Sprache versteht, können sie neue Lebenskraft wecken.

Naturkosmetik – auf traditionelle Art selbst zubereitet

Die Kosmetikindustrie bietet alles, was die Frau (bisweilen auch der Mann) für ein gutes Aussehen braucht. Allerdings leiden immer mehr Menschen unter Hautunverträglichkeiten sowie Kontaktallergien, weshalb man sich gerne wieder Großmutters Erfahrungsschatz über »Schönheit aus der Natur« zunutze macht. Duftwässer, Schminkstifte, Krems, all das können Sie auch zu Hause selbst herstellen. Zu beachten ist allerdings, dass solche natürlichen Kosmetika nur begrenzt haltbar sind.

Ein Parfüm aus Früchten und Kräutern

Unsere Großmütter wussten aus einfachen Mitteln angenehm frisch duftende Parfüms herzustellen. Als Basis diente hochprozentiger Alkohol mit geringem Eigengeschmack. Für folgende Rezeptur erwärmen Sie 50 Milliliter Wodka und geben ihn in einen Topf mit je einem Esslöffel Zitronenminze und Rosmarinblätter, der geriebenen Schale einer Orange und einer Zitrone (unbehandelt) sowie 100 Milliliter Rosenwasser (aus der Apotheke). Sie erwärmen die Mischung langsam (nicht kochen), decken sie dann ab und lassen sie eine Woche im Kühlschrank stehen. Dabei wird einmal täglich umgerührt. Schließlich seihen Sie Ihr Parfüm ab und füllen es in eine dunkle Flasche. Es hält etwa zwei Wochen.

Kajal – ein altes Schminkmittel, das sich wieder zunehmender Beliebtheit erfreut

Natürliches Lippenrot

Als Ersatz für Lippenstift bietet sich dieses Rezept aus einem alten Apothekerhandbuch an: Lassen Sie zwei Gramm weißes Wachs in einer Schüssel mit zwei Gramm Jojoba-Öl schmelzen, fügen Sie dann unter beständigem Umrühren 90 Gramm Süßmandelöl und fünf Tropfen Rosenöl dazu sowie, je nach gewünschter Farbtiefe, etwas Karmin (erhältlich im Fachhandel für Künstlerbedarf). Dieser seit ältester Zeit bekannte rote Farbstoff wird aus getrockneten Schildläusen gewonnen.

Fruchtig duftender Körperpuder

Parfümierter Puder ist angenehm auf der Haut und vermittelte schon Großmutter einen Hauch von Luxus. Sie brauchen dazu folgende Zutaten, die Sie in der Apotheke erhalten und mit einer Gabel gründlich vermengen:
30 g Talkum, 10 g Bolus-Alba-Pulver, 5 g Zinkoxyd-Pulver, 6 Tropfen ätherisches Öl.
Letzteres wählen Sie nach der Duftnote aus, zum Beispiel Pfirsich, Minze oder Melisse.

Augenschminke Kajal

Bei vielen Völkern, etwa den nordafrikanischen Berbern, ist es uralte

Aus den Blüten der Rose gewonnenes Rosenöl ist Bestandteil zahlreicher traditioneller Kosmetika – und überaus kostbar.

Tradition, sich die Augen mit Kajal schwarz zu umranden, nicht nur um der Schönheit willen, sondern auch als Schutz gegen Insekten und Infektionen. Kajal wird aus Pflanzenöl, Fett, Wachs und Ruß hergestellt. Bei fehlerhafter Zubereitung kann es jedoch Bindehaut-Entzündung hervorrufen. Deshalb sollten Sie hier auf Eigenproduktion verzichten und Kajal von ausgewiesenen Herstellern von Naturprodukten kaufen.

Lavendelessig gegen Hautunreinheiten

Gegen Hautunreinheiten etwa im Halsausschnitt oder auf dem Rücken hilft Lavendelessig. Die Herstellung ist einfach. Sie mischen einen Liter Weißweinessig und 100 Gramm getrocknete Lavendelblüten in einem Gefäß, das Sie geschlossen vier Wochen an einem warmen Ort aufbewahren. Danach gießen Sie den Essig durch ein Sieb ab. Er ist nun gebrauchsfertig. Einen Schuss

davon geben Sie regelmäßig ins Badewasser: Der Lavendelduft ist angenehm und der Essig reinigt die Haut und macht sie geschmeidig.

Glycerin und Weingeist gegen schuppige Haut

Vor allem gegen schuppige Haut am Kopf wirkt Großmutters Hausmittel: Zwei Teile Weingeist werden mit je einem Teil reinem Glycerin und destilliertem Wasser gemischt. Diese Flüssigkeit tragen Sie – vorher etwas angewärmt – mit einem Schwämmchen jeden Abend auf die Haut auf.

Hautkrem aus dem Serail

Aus einem alten Buch über Hausmittel stammt dieses Rezept für eine Hautkrem, die im 19. Jahrhundert als »Pomade du Serail« bekannt war: Acht Gramm reines, weißes Wachs, acht Gramm Jojoba-Öl und 125 Gramm Mandelöl schmelzen und zusammenrühren, in einen Mörser geben und mit 100 Gramm Rosenwasser bis zum Erkalten rühren. Danach mischen Sie zehn Tropfen Mecca-Balsam (Gummiharz aus dem Myrrhebaum, in der Apotheke erhältlich) und fünf Tropfen Rosenöl darunter. Diese Krem mit den Düften des Orients macht die Haut geschmeidig.

Lilienzwiebelpomade gegen Lachfältchen

Für Omas Geheimrezept gegen Augenfältchen brauchen Sie den Saft von weißen Zwiebeln und weißen Lilienzwiebeln, und zwar jeweils 300 Gramm, dazu 300 Gramm Honig und 200 Gramm weißes Wachs. Sie schmelzen das Wachs, nehmen den Topf vom Herd und gießen den Zwiebelsaft und den Honig unter ständigem Rühren dazu, bis die Masse erkaltet ist. Abends reiben Sie die Augenpartie damit ein, ohne in die Augen zu kommen. Die Pomade versorgt die Haut mit Nährstoffen und wirkt zusammenziehend auf das Bindegewebe, wodurch die Fältchenbildung vermindert wird.

Kleopatra schätzte die Milch der Eselin als Mittel zur Hautpflege.

Fenster in die Vergangenheit

Noch heute faszinierend: Kleopatra in einer idealisierenden Darstellung Michelangelos

Die Schönheitsgeheimnisse der Kleopatra *sind legendär. Die letzte ägyptische Königin der Antike (96 – 30 v. Chr.) zählte zu den hochgebildeten Frauen ihrer Zeit. Eine wirkliche Schönheit soll sie nicht gewesen sein. Aber ihre überwältigende Weiblichkeit brachte so mächtige Männer wie die römischen Feldherren Julius Cäsar und Marc Anton um den – politischen – Verstand. Ihr Ziel, Ägyptens Unabhängigkeit vom Römischen Reich zu erhalten, verfehlte Kleopatra. Dennoch gehört sie bis heute zu den berühmtesten Frauengestalten der Geschichte. Nicht zuletzt wegen ihrer orientalischen Schönheitsgeheimnisse! Cäsar brachte Kleopatra nach Rom. Es heißt, die Römer hätten sie bereits gerochen, als ihr Schiff gerade am Horizont erschien. So verschwenderisch war ihr Umgang mit dem damals unendlich kostbaren, stark duftenden Rosenöl, dessen ätherisches Öl überdies entzündungshemmend wirkt. Kleopatra badete täglich in Eselsmilch, um ihre Haut geschmeidig zu halten. Auch das ein unerhörter Luxus! Dass sie ihr Liebeslager mit Rosenblüten bestreute, sich morgens die Haut mit Salben aus Bittermandel, Myrrhe, Weihrauch und Oregano einkremte, sich den Intimbereich rasierte und ihr Haupthaar mit Haarteilen verdichtete – all das wirkte ausgesprochen dekadent, gleichwohl faszinierte es die Römer. Sie umrahmte die Augen mit Kajal, legte grünen Lidschatten aus Malachit auf, verwendete roten Lippenstift aus Zinnober und färbte sich damit auch die Finger- und Fußnägel. Und bald taten es die Römerinnen ihr nach.*

Wenn sich Nachwuchs einstellt – Großmutters Erfahrungsschatz

Großmutter hat das alles selbst erlebt, die manchmal beschwerliche Schwangerschaft, das Wunder der Geburt, das erste, noch sehr aufregende Jahr mit dem Kind. Gerne steht sie jungen Müttern und Vätern mit Rat und Tat zur Seite. Immerhin war sie selbst einmal jung und auf den Erfahrungsschatz angewiesen, der sich in Generationen gebildet hat.

Schwangerschaft – bewährte Hilfen auf einer hormonellen Achterbahnfahrt

Die Monate der Schwangerschaft sind geprägt von sehnsuchtsvoller Hoffnung, aber auch von Ängsten und Unsicherheiten. Körperliche Beschwerden werden oft aus Sorge, dem Kind mit Medikamenten zu schaden, nur unzureichend behandelt. Hier schlägt die Stunde bewährter Hausmittel.

Trockenes Brot und Zitronen gegen Schwangerschaftsübelkeit

Wenn Sie schon beim Erwachen ein flaues Gefühl befällt, bleiben Sie im Bett liegen und kauen Sie langsam eine Scheibe trockenes Brot oder lutschen Sie eine Zitronenscheibe. Beides sind einförmige Reize für den Magen, die der Übelkeit reflexartig entgegenwirken.

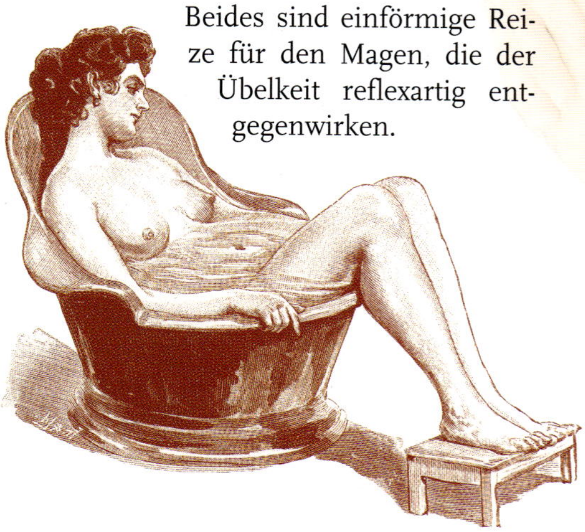

Ein altbewährtes Mittel gegen Beschwerden in der Endphase der Schwangerschaft: das morgendliche Sitzbad

Den gesteigerten Geruchssinn nutzen

Gerade im Frühstadium der Schwangerschaft berichten Frauen häufig über einen gesteigerten Geruchssinn. Die Sprache des Körpers ist eindeutig: Manche Gerüche werden als unerträglich, andere als angenehm und stärkend empfunden. Die positive Wirkung eines Geruchs nützte Großmutter durch ein Riechfläschchen, das sie immer bei sich trug. Nehmen Sie sich die Zeit, ein ätherisches Öl mit Ihrem Lieblingsduft zu finden, und füllen Sie damit Ihr Riechfläschchen, das Sie bei Schwäche oder Beschwerden zwischendurch benutzen. Bewährt haben sich bei Schwangerschaft Pampelmuse, Mandarine oder Zitrone, Pfefferminze, Neroli oder Bergamotte.

Hilfe gegen Schwangerschaftsgelüste

Typisch ist bei Schwangeren der gesteigerte Appetit auf ungewöhnliche Nahrungsmittel. Bei kalorienarmen Essiggurken zum Beispiel geben Sie Ihren Gelüsten ruhig nach. Lust auf Süßes allerdings kann schnell zu übermäßiger, körperlich belastender Gewichtszunahme führen. Statt Süßigkeiten sollten Sie besser Karotten und Fenchel lange und gründlich kauen, bis sich der süße Geschmack einstellt. Bei Schokoladenhunger liegt möglicherweise Magnesiummangel vor. In diesem Fall hilft es, täglich fünf geschälte Mandeln lange und gründlich zu kauen.

Lavendelöl-Umschlag gegen Spannen in der Brust

Das unangenehme Spannen in der Brust bekämpfte Großmutter mit einem Lavendelöl-Umschlag: Geben Sie sechs Tropfen Lavendelöl auf 100 Milliliter Wasser und tränken Sie ein Tuch darin, das Sie um die Brust wickeln und 30 Minuten einwirken lassen. Lavendelöl wirkt antiseptisch und zusammenziehend auf das Bindegewebe. Außerdem beruhigt der Duft.

Öl von Mandel und Haselnuss hilft gegen Schwangerschaftsstreifen

Wenn Sie die Bildung von Schwangerschaftsstreifen verhindern wollen, müssen Sie schon früh damit beginnen, zweimal täglich, nach dem Aufstehen und vor dem Schlafengehen, alle Problemzonen mit Mandelöl einzureiben. Dazu gehören nicht nur die Brust und der Bauch, sondern auch das Gesäß und die Oberschenkel. Nehmen Sie bei trockener Haut ersatzweise Haselnussöl. Und wenn Sie unter Stimmungsschwankungen leiden,

Zauberpflanze Frauenmantel

Kein Heilkraut wurde bei Frauenleiden früher häufiger verwendet als dieses Rosengewächs. Wegen seiner Neigung, Tautropfen aus seinen Blattporen auszutreiben, galt der Frauenmantel den Alchemisten als Lieferant für »Himmelswasser« bei der Suche nach dem Stein der Weisen. Keltische Druiden nutzten ihn für rituelle Waschungen, die Germanen schrieben ihn der Fruchtbarkeitsgöttin Freya zu, das christliche Mittelalter nannte ihn Himmelstau und sah in ihm ein Symbol für den Läuterungsprozess der menschlichen Seele. Die moderne Wissenschaft attestiert der Pflanze einen hohen Gerbstoffgehalt, der ihre zusammenziehende Wirkung auf Haut und Schleimhäute erklärt. Diese ist auch den Alten nicht entgangen. So heißt es im Kräuterbuch des Tabernaemontanus (1522 – 1590): »Dieses Kraut in Regenwasser, oder aber Leschwasser, darin die Schmied das glühende Eisen ablöschen, gesotten und mit demselbigen Wasser die heimlichen Örter der Weiber gewaschen, dringet es dieselbigen zusammen als wenn sie Jungfrauen werend.« Und weiter: »Wenn eine Frau, die weiche Brüste hat, in die Badstube geht und im Ausgang ein mit Sinau (Frauenmantel) genetztes Tüchlein überlegt, bekommt sie straffe Brüste.« Heute findet man Frauenmantel in Fruchtbarkeitstees und als Kräuteranwendung bei beinahe allen Frauenbeschwerden, vor allem aber bei Unterleibskrämpfen.

mischen Sie einige Tropfen des beruhigenden Lavendelöls darunter.

Eine allgemeine Empfehlung – Schwangerentee

Großmutters Teemischung für die letzten Monate der Schwangerschaft diente insbesondere dazu, den Körper auf die Geburt vorzubereiten. Folgende Kräuter lassen Sie sich in der Apotheke zu gleichen Teilen einmischen: Johanniskraut und Melisse zur Beruhigung und Stärkung der Seele; Schafgarbe zur Förderung der Verdauung, Frauenmantel zur hormonellen Stabilisierung, Himbeerblätter zur Vorbeugung von Harnwegsinfekten, Brennnesseln und Zinnkraut zur Linderung geschwollener Beine. Einen Teelöffel dieser Kräutermischung überbrühen Sie mit einer großen Tasse heißem Wasser und trinken davon täglich zwei Tassen.

Ein Sitzbad mit ätherischen Ölen bei Senkungsbeschwerden

In der Spätphase der Schwangerschaft erhöht sich der Druck auf den Beckenboden, wodurch es zu Schmerzen und Undichtigkeit der Schließmuskel kommen kann. Der Tipp erfahrener Hebammen: das 20-minütige morgendliche Sitzbad in einer Meersalzlösung mit ätherischen Ölen. Am besten wirken Geranie, Myrte und Schafgarbe. Sie geben je fünf Tropfen in einen Liter lauwarmes Wasser, dazu 100 Gramm Meersalz. Die Öle wirken schmerzlindernd und machen Haut und Schleimhäute geschmeidig, das Salz wirkt auf gereizte Schleimhaut abschwellend.

Ein Sitzbad mit Eichenrinde bei Hämorrhoiden

Manche Frauen klagen über eine starke Reizung von Haut und Schleimhaut im Bereich des Darmausgangs mit der Ausbildung von Hämorrhoiden. Ein bewährtes Hausmittel ist Eichenrinde, die Sie zerkleinert in der Apotheke erhalten. Drei Esslöffel lassen Sie in 300 Milliliter Wasser aufkochen und dann 15 Minuten auf kleiner Flamme köcheln. Anschließend seihen Sie ab und gießen den Absud in eine Wanne mit zehn Liter warmem Wasser. Empfohlen wird ein tägliches Sitzbad von 20 Minuten.

Während der Schwangerschaft ist es besonders wichtig, genügend Eiweiß, Vitamine und Mineralstoffe zu sich zu nehmen.

Rosskastanien gegen Krampfadern

Durch das erhöhte Gewicht in der Schwangerschaft und das Abdrücken der Venen im Bauchraum kommt es bei vielen Frauen in der zweiten Schwangerschaftshälfte zur Ausbildung von Krampfadern. Früher wurden Rosskastanien aufgeschnitten, geschält, zerkleinert und 15 Minuten gekocht. Mit dem abgekühlten Absud hat man Umschläge gemacht. Heute können Sie eine Salbe mit Rosskastanienextrakt kaufen. Sie enthält hohe Mengen eines natürlichen Wirkstoffs, der die Elastizität der Venen erhöht und deren Wände abdichtet.

Das Wunder neuen Lebens – Geburt und Wochenbett

Das »freudige Ereignis«, zu dem alle gratulieren, stellt im Leben einer Frau eine einschneidende Veränderung dar, die mit extremer körperlicher Belastung einhergeht. So galt der Wöchnerin von jeher die höchste Aufmerksamkeit der Angehörigen und der Hebamme, die ja nicht nur bei der Geburt half, sondern auch Schwangeren und jungen Müttern mit ihrer Erfahrung zur Seite stand.

Vorbereitung auf das Stillen

In Generationen bewährte Methoden können Ihnen helfen, sich auf die Beanspruchung des Stillens vorzubereiten: Waschen Sie die Brust in den letzten Wochen vor dem Geburtstermin regelmäßig mit kaltem Wasser und einem rauen Lappen. Auch das Handtuch sollte rau sein.
Zusätzlich können Sie die Haut vom Brustansatz Richtung Brustwarze mit einer weichen Bürste massieren und anschließend mit Mandelöl einreiben. Nehmen Sie ein Sonnenbad, um die Haut der Brust zu trocknen und widerstandsfähiger zu machen. Insbesondere kommt es darauf an, die Brustwarzen für das Baby »abzuhärten«: Deshalb reiben Sie sie regelmäßig mit der flachen Hand, rollen sie kräftig zwischen Daumen und Zeigefinger und drücken sie am Warzenhofrand fest zusammen. Bei all diesen mechanischen Maßnahmen dürfen Sie nicht übertreiben, um keine vorzeitigen Wehen auszulösen; denn Brust und Gebärmutter sind hormonell miteinander gekoppelt.

Bei richtiger Vorbereitung gibt's beim Stillen keine Probleme.

Sitzbad bei Scheidenpilz

Kurz vor der Geburt klagen viele Frauen über Jucken und Rötung im Schambereich. Meist steckt ein Pilz dahinter, den Sie nach altem Rezept mit einem natürlichen, keimtötenden Sitzbad behandeln können: Sie geben fünf Esslöffel Meersalz und drei klein geschnittene Knoblauchzehen in 500 Milliliter warmes Wasser. Salz und Knoblauchextrakt wirken keimtötend und entzündungshemmend auf Haut und Schleimhaut. Das tägliche Sitzbad sollte etwa 20 Minuten dauern.

Geburtsvorbereitung des Beckenbodens und des Darms

Um das Gewebe des Beckenbodens auf die Dehnung bei der Geburt vorzubereiten, empfahlen Hebammen früher etwa vier Wochen vor dem Termin die tägliche Massage des Damms – der Haut zwischen Scheide und Darmausgang – mit einer Mischung aus Johanniskrautöl und Weizenkeimöl mit einigen Tropfen Rosenöl.

Wenn der »Baby-Blues« kommt

Jede Frau muss nach der Geburt eines Kindes aufgrund der hormonellen Umstellung ihr seelisches Gleichgewicht erst wiederfinden. Gefürchtet ist die zum Glück seltene postnatale Depression, die junge Mütter handlungsunfähig macht. Da braucht es eine fachgerechte Therapie. Wenn sich nur ein kleiner »Baby-Blues« einstellt, helfen Schonung, Ruhe, die Aufmerksamkeit geliebter Menschen – und ein wohltuender Kräutertee aus (zu gleichen Teilen) Melisse, Johanniskraut und Frauenmantel. Von dieser Mischung brühen Sie einen Teelöffel pro Tasse mit heißem Wasser auf und lassen den Tee fünf Minuten ziehen. Empfohlen werden drei Tassen täglich. Ein anderes bewährtes Hausmittel ist Lavendelöl, von dem Sie einige Tropfen auf ein Taschentuch geben, das Sie vor dem Einschlafen neben das Kopfkissen legen.

Zur Vorbeugung gegen Harnwegsinfekte können Sie in dieser Zeit täglich drei Tassen Himbeerblättertee (ein Teelöffel auf eine Tasse heißes Wasser, fünf Minuten ziehen lassen) trinken und einen Esslöffel geschrotete Leinsamen essen. Dazu müssen Sie mindestens zwei Liter Wasser täglich trinken, damit der Leinsamen stuhl-

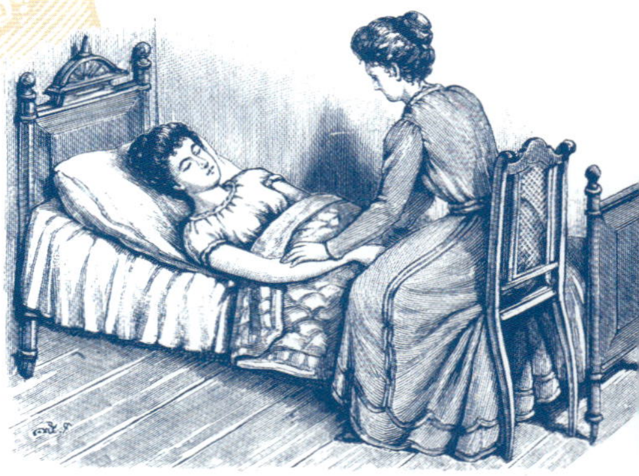

Beruhigendes Streichen der Arme einer Gebärenden durch die Hebamme bei einer schwierigen Geburt

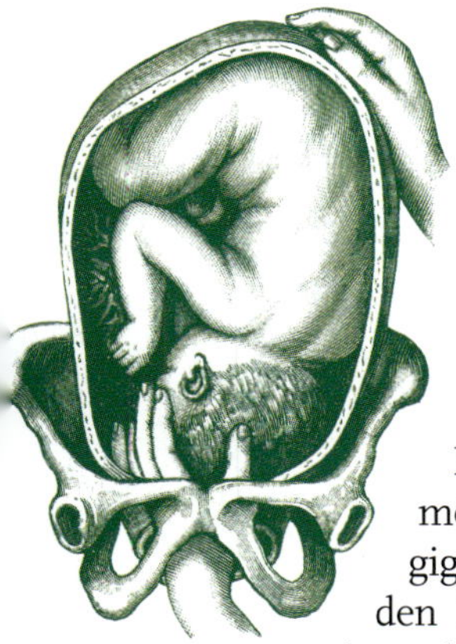

Geburt eines Kindes bei Schädellage, der günstigsten Position bei der Geburt

regulierend wirkt. Das Ziel ist ein möglichst leichtgängiger Stuhlgang, um den Druck im Beckenbereich zu vermindern.

Geburtseinleitung mit Heilkräutern
Erfahrene Hebammen kannten zahlreiche natürliche Mittel, um die Geburt einzuleiten. Hier ein Rezept als Beispiel: Eine Stange Zimt, zehn Gewürznelken, eine kleine Ingwerwurzel und ein Teelöffel Verbena-Tee, der die Gebärmutterfunktion stimuliert, werden in einem Liter Wasser zehn Minuten lang aufgekocht. Den Absud trinken Sie lauwarm schluckweise über den Tag verteilt. Die Einleitung der Wehen geschieht dabei schonend durch eine Verstärkung der Beckendurchblutung.

Ätherische Öle bei Wehenschmerzen
In der ganzen Hektik des Krankenhauses sollte nicht vergessen werden, wie wohltuend und schmerzlindernd eine Massage von Bauch und Rücken bei Wehen und Geburtsschmerzen wirken kann. Ihr ganz persönliches, duftendes Öl bereiten Sie rechtzeitig vor der Geburt vor. Nicht nur die Massage zwischen den Wehen führt zu Entspannung, auch der Duft ätherischer Öle belebt und gibt Ihnen Kraft. Als Basis für Ihr Massage-Öl können Sie Mandel-Öl, Weizenkeim-Öl oder Jojoba-Öl nehmen. Dazu mischen Sie nach individueller Vorliebe ätherische Öle von Rose, gelbem Jasmin oder Muskatellersalbei.

Bauchmassage und Schafgarbentee bei Nachwehen
Schon in Homers »Illias« wird die schmerzlindernde Kraft der Schafgarbe vor allem im Bereich des Bauches gerühmt. Und seit Generationen setzen Hebammen bei Nachwehen Schafgarbentee ein: Sie nehmen einen Teelöffel auf eine Tasse heißes Wasser, lassen den Tee fünf Minuten ziehen und süßen mit Honig nach Bedarf. Allerdings sollten Sie Schafgarbentee nicht über längere Zeit trinken, da er in geringen Mengen das schädliche ätherische Öl Thujon enthält. Zusätzlich können Sie den Bauch mit einem schmerzlindernden Öl massieren. Dafür brauchen Sie einen halben Liter Weizenkeim-Öl, dem Sie nach persönlicher Vorliebe fünf Tropfen eines der folgenden ätherischen Öle beigeben: Clementine, Geranie, Schafgarbe, Zypresse oder Wacholder.

Ein schreiendes Baby braucht unbedingt Zuwendung, sonst geht das Urvertrauen verloren.

Fenster in die Vergangenheit

Professor Jaeger und sein »wollenes Kind«

Im späten 19. Jahrhundert erregte der schwäbische Arzt und Naturforscher Gustav Jaeger mit seiner Duftstofftheorie weltweites Aufsehen. Er behauptete, pflanzliche Textilien würden die Abgabe von krankheitserregenden Duftstoffen aus dem Körper behindern und für eine große Anzahl von Erkrankungen verantwortlich sein. Als Gegenmittel schlug er Bekleidung aus Tierwolle als »Fell-Ersatz« vor. Damit löste er einen regelrechten Gesundheitsmodetrend aus. So bedeutende Männer wie der Dichter George Bernard Shaw oder der Industrielle Robert Bosch folgten ihm und traten fortan nur mehr als »Wollene« auf, nämlich von Kopf bis Fuß in Schafwollprodukte gekleidet. Geschlafen wurde auf Schafwollmatratzen. Das Konzept machte Jaeger reich, und die Firma, die seinen Namen trägt, existiert bis zum heutigen Tag in London. Für Säuglinge, die damals – vor der Erfindung der Strampelhose – noch wie ein Bündel »geschnürt« wurden, entwarf Jaeger fellartige Monturen, die weniger einengten. Auch wenn seine sonstigen Theorien ausgesprochen umstritten waren – damit hatte er Recht: Zu enges Wickeln schadet Babys. Manche Experten stellen sogar einen Zusammenhang mit dem plötzlichen Kindstod her.

Das erste Babyjahr und seine Probleme

Die ersten Wochen und Monate mit dem Baby gehören zu den schönsten und erfüllendsten Zeiten im Leben eines Menschen. Zugleich werden junge Eltern vor ganz neue Aufgaben gestellt, werden stark gefordert – und manchmal überfordert. In früheren Zeiten standen ihnen Großeltern und Urgroßeltern mit Rat und Tat zur Seite. Oft lebte man ja unter einem Dach. Heute müssen Eltern meist alleine mit Problemen fertig werden. Umso wichtiger ist es, auf altes Wissen zurückzugreifen.

Kamille bei Blähungen

Bei Säuglingen entstehen Blähungen meist durch Unverträglichkeit eines Nahrungsmittels oder weil sie sich an eine neue Nahrung erst gewöhnen müssen. Dazu gehören auch Tees. Deshalb sind äußere Anwendungen in dieser Phase von großer Bedeutung. Ausgesprochen bequem anzuwenden ist folgender Kamillenumschlag: Sie brühen Kamillentee im Beutel auf, drücken Letzteren aus, lassen ihn auf Körpertemperatur abkühlen und legen ihn dann direkt auf den Bauch des Babys. Der Kamillenextrakt entkrampft und die Wärme des Beutels entspannt die Bauchmuskulatur.

Die Babyzeit bringt für Eltern unvergessliche Glücksmomente mit sich.

Fencheltee – nicht nur gegen Blähungen

Wer ein Baby hat, lernt Fencheltee schätzen. Bekannt ist seine wohltuende Wirkung bei Blähungen und Unruhe. Aber Fencheltee, den Sie immer griffbereit haben sollten, hilft auch bei Milchunverträglichkeit. Wenn das Kind die Fläschchennahrung nicht verträgt, lautet ein bewährter Rat, die Milch im Verhältnis drei zu eins mit Fencheltee zu strecken, um sie bekömmlicher zu machen.

Lavendelöl bei Einschlafstörungen

Eine bewährte Methode, Ihrem Kind beim Einschlafen zu helfen: Sie geben drei Tropfen Lavendelöl auf ein Taschentuch und legen es neben den Kopf des Kindes. Lavendelöl wirkt beruhigend und fördert den Schlaf. Es eignet sich auch für die Duftlampe im Babyzimmer.

Warmes Öl und Seife helfen gegen Kopfgrind

In den ersten Wochen und Monaten zeigt sich mitunter eine gelbbraune Talgschicht auf dem Kopf des Babys, die auch hart werden kann. Gegen diesen Kopfgrind oder Kopfgneis helfen Omas Hausmittel besser als alles, was die pharmazeutische Industrie anbietet. So wird's gemacht: Sie reiben den Kopf abends mit etwas angewärmtem Öl ein, setzen dem Baby über Nacht ein Häubchen auf und waschen morgens mit warmem Wasser und Seife das Öl wieder ab. Dann kämmen Sie den noch feuchten Kopf vorsichtig aus.

Nasse Strümpfe bei Schnupfen ohne Fieber

Die Immunabwehr durch eine Reflextherapie mit Wasser zu stärken, ist eine alte Methode, die sich auch bei verschnupften Babys bewährt hat. Allerdings darf das Kind nicht fiebern; deshalb unbedingt vorher messen!

Aufwändiges Kinderstübchen der Zeit um 1900 für Babys und Kleinkinder

Außerdem muss es warme Füßchen haben, bevor Sie ihm Baumwollstrümpfe, die Sie vorher in lauwarmes Wasser getaucht und ausgewrungen haben, anziehen. Darüber kommen längere trockene Strümpfe aus Wolle. Nach 30 Minuten ziehen Sie die Strümpfe wieder aus und wiederholen die Prozedur dreimal täglich. Nach zwei Tagen sollte Gesundung eingetreten sein. Wenn nicht, braucht das Kind einen Arzt.

Kleiemilch bei Windelausschlag

Sehr häufig werden Babys bei Wundsein heute mit einer cortisonhaltigen Salbe behandelt. Vorsicht: Damit kann diese harmlose Erscheinung chronisch werden! Folgen Sie lieber Großmutters Rat und reinigen Sie den wunden Babypopo mit abgekochtem Wasser, dem etwas Kleiemilch zugesetzt ist. Diese gewinnen Sie so: Sie binden zwei Hand voll Weizenkleie in ein Tuch ein und brühen sie mit heißem Wasser auf. Beim Auspressen des Beutels entleert sich eine weißliche Brühe, die Kleiemilch. Nach dem Reinigen mit Kleiemilch

Empfohlene Haltung beim Stillen: Der das Baby haltende Arm soll abgestützt sein.

lassen Sie die Haut möglichst lange an der Luft trocknen, bevor Sie die Windel anlegen.

Babybrei selber machen

Vom sechsten Lebensmonat an wird auch bei stillenden Müttern meistens zugefüttert, da Babys sonst sehr rasch wieder hungrig werden. Oma machte den Babybrei noch selbst. Der Vorteil gegenüber industriellen Produkten: Sie behalten die Kontrolle darüber, was Ihr Baby zu sich nimmt. Sie nehmen einen Liter entrahmte, ganz leicht gesalzene Milch, in der Sie 150 Gramm Hirse oder wahlweise je 100 Gramm Grieß, Haferflocken oder Buchweizen rund 20 Minuten gar kochen. Nach Belieben können Sie den Brei mit gehackten Rosinen versetzen oder mit Honig süßen. Wenn's dem Baby schmeckt, streuen Sie noch etwas Zucker und Zimt obendrauf – fertig ist das Gericht.

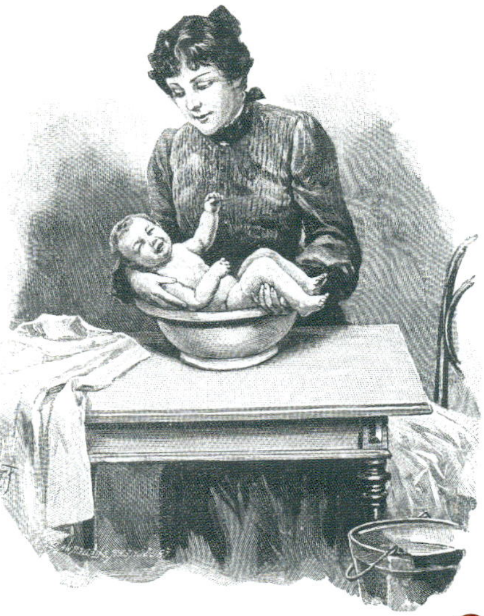

Bei wundem Babypo empfahl Großmutter abgekochtes Wasser mit Kleiemilch.

Der Schwerpunkt-Tipp

Coping-Strategien für junge Eltern

Bis vor einigen Jahrzehnten waren kleine Kinder ausschließlich »Frauensache«. Wenn moderne Eltern den partnerschaftlichen Weg gehen wollen, werden sie von Großmutter also eher keinen passenden Ratschlag erwarten dürfen. Hilfreich können dagegen zeitgemäße Coping (Bewältigungs)-Strategien sein. Um das anstrengende erste Babyjahr als Eltern und als Paar unbeschadet zu überstehen, beachten Sie folgende Regeln:

1. Betrachten Sie sich als »Schichtarbeiter-Team«: Einer ruht, einer wacht. Machen Sie einen Stundenplan und legen Sie fest, wer wann die Verantwortung für das Kind übernimmt. Wer frei hat, kann sich erholen und auch einmal etwas für sich tun.

2. Vater und Mutter haben gleiches Mitspracherecht bei allem, was das Kind betrifft, und suchen auch bei Unstimmigkeiten unbedingt nach einer gemeinsamen Lösung. Gleiche Rechte heißt natürlich auch gleiche Pflichten.

3. Lassen Sie sich von Außenstehenden nicht vorschreiben, wie »man« ein Kind erzieht. Es ist Ihrer beider Kind, und was Sie gemeinsam beschließen, ist richtig und bleibt es auch, wenn Sie auf Widerspruch stoßen. So können Sie Reibungspunkte vermeiden und Kraft sparen.

4. Spüren Sie hilfsbereite Verwandte, Freunde und Nachbarn auf, die Sie beim Einkaufen, beim Putzen, bei der Sorge für das Kind unterstützen. Allerdings müssen sie Regel 3 akzeptieren!

5. Ernähren Sie sich gesund. Nur weil das Baby da ist, sollten Sie nicht damit aufhören, auch für das eigene Wohl zu sorgen.

6. Bei Befindlichkeitsstörungen des Kindes sollten Sie einen klaren Zeitplan festlegen. Zu Beginn versuchen Sie, Probleme immer mit natürlichen Heilmitteln anzugehen. Das stärkt Ihr Selbstbewusstsein und die Bindung an das Kind. Setzen Sie sich aber auch ein Zeitlimit, ab wann ein Arzt zu kontaktieren ist.

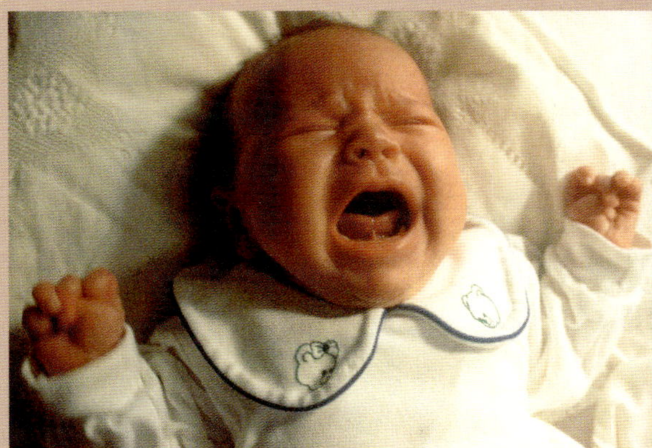

Wenn's während des ersten Babyjahres Probleme gibt, sollten Eltern sie unbedingt gemeinsam angehen.

Gleichgewicht von Körper, Seele und Umwelt

Um gesund zu bleiben und sich wohlzufühlen, bedarf es nicht nur der richtigen Ernährung und medizinischen Versorgung, vielmehr spielt auch eine gesunde, ausgeglichene Psyche eine entscheidende Rolle. Unsere Vorfahren kannten Wege und Mittel, um seelisches Wohlbefinden und Entspannung zu erlangen, dabei achteten sie vor allem darauf, im Einklang mit einer inneren und äußeren Ordnung zu leben.

Äußere Ordnung – bewährte Regeln für ein harmonisches Umfeld

Ordnung ist das halbe Leben – dieser großmütterliche Standardsatz kann in Bezug auf die Gesundheit ausgeweitet werden: Ordnung ist die Basis gesunden Lebens, denn sie entspannt den Körper und befreit die Seele. Ordnung wird dadurch die Grundvoraussetzung auch für die seelische Gesundheit, denn sie lehrt uns, Maß in allem zu halten. Schon Pfarrer Kneipp erhob die Ordnung zu einer von fünf Säulen der Gesundheit.

Alles hat seine Zeit

Es ist heute schon fast vergessen, wie stark strukturiert Großmutters Tages- und Wochenlauf war. An sechs Tagen wurde gearbeitet, am siebten geruht. Jeder Arbeitstag wurde aufgeteilt von den Essenszeiten und hatte klare, festgelegte Inhalte. Für jede erdenkliche Tätigkeit, sei es Pflicht oder Vergnügen, gab es feste Zeiten – getreu dem Bibelwort: Alles hat seine Zeit. Nehmen Sie daraus auch für heute die Erkenntnis mit, dass regelmäßige Essens- und Arbeitszeiten, auch regelmäßige Freizeitaktivitäten Ihrem Leben Struktur und damit Stabilität geben. Das wirkt entlastend und somit entspannend.

Wenn jeder seine Rolle mit ihren Rechten und Pflichten kennt und wahrnimmt, gestaltet sich das Zusammenleben einfacher und harmonischer.

Jedem seine Aufgaben

Früher herrschte in den Großfamilien eine klare Aufgabenverteilung: Jeder war für einen bestimmten Bereich zuständig und verantwortlich. Schon Vorschulkinder wurden in dieses Ordnungssystem integriert: Sie lernten, kleine Pflichten zu übernehmen, wodurch sie für spätere größere Aufgaben vorbereitet wurden. Ordnung wurde so durch praktisches Tun erlernt und als Lebensprinzip begriffen. Versuchen Sie also in Ihrer Familie und Wohngemeinschaft ähnlich klare Aufgabenverteilungen zu finden. Ordnung wurde nicht zuletzt zu einer »bürgerlichen« Tugend, weil damit Wohlstand entsteht. Dieser wiederum mindert Existenzängste, erweitert Entfaltungsmöglichkeiten und fördert damit das Gesundbleiben.

Pfarrer Kneipps fünfte Säule der Gesundheit

Im ganzheitlichen Naturheilverfahren des Bad Wörishofener Pfarrers Sebastian Kneipp (s. S. 197) – besonders empfohlen bei Kreislaufproblemen und Stress – spielt die äußere Ordnung des Lebens eine wichtige Rolle. Neben der Wasser-, Ernährungs-, Bewegungs- und Kräutertherapie bildet die Ordnungstherapie die fünfte Säule der Kneipp'schen Gesundheitslehre. Sie zielt auf eine bewusste, »geordnete« und somit gesunde Lebensführung ab.

Zufriedene Gewohnheitstiere

Großmutter setzte im Zweifelsfall prinzipiell auf Bewährtes. Die Grundeinstellung »Das haben wir immer schon so gemacht« bietet den Vorteil, dass Sie im Alltag das Rad nicht immer wieder neu erfinden müssen und dadurch schneller und ohne Kraftverlust ans Ziel kommen. Neue Herausforderungen verlangen Flexibilität und rasches Umdenken. Zum Ausgleich jedoch sollten Sie bei regelmäßig wiederkehrenden Aufgaben oder Ereignissen auf altbewährte Mittel und Methoden zurückgreifen: Seit Jahren servieren Sie beim Geburtstagsfest Ihren selbst vergorenen Apfelwein. Ihre Gäste wären schrecklich enttäuscht, wenn Sie daran etwas ändern würden! Ja, der Mensch ist ein Gewohnheitstier, zufrieden mit seinen Gewohnheiten. Und Zufriedenheit gehört zu den Säulen der Gesundheit, sie ist Grundlage der Entspannung.

Die Einrichtungsprinzipien nach Feng-Shui sollen nicht nur für ein behagliches Wohnumfeld sorgen, sondern auch eine grundlegende Ordnung bieten.

Wer Dinge achtet, achtet auch Menschen

In unserer modernen Wegwerfgesellschaft fast vergessen ist die hohe Achtung vor Gebrauchsgegenständen, die noch vor wenigen Jahrzehnten an den Tag gelegt wurde. Großmutter räumte nicht nur auf und hatte für jedes Ding einen festen Platz, sondern sie behandelte die Dinge auch pfleglich, wodurch sie viele Jahre benutzbar blieben. Dahinter stand ein wichtiges geistiges Prinzip. Wer Dinge sorgsam behandelt, geht auch mit Menschen rücksichtsvoll um. Gegenseitige Rücksichtnahme ist eine weitere Grundvoraussetzung für seelische Gesundheit. Auch sie erwächst aus der Ordnung. Pflegen Sie die Dinge Ihres Alltags und geben Sie ihnen einen wohldefinierbaren Platz. Das Geheimnis daran: Wer Gegenständen ihren Platz einräumt, wird selbst heimisch. Das Gefühl, dazuzugehören, vermittelt Selbstbewusstsein und wirkt entlastend auf Leib und Seele.

Das Vorbild der Mönche

Seit dem frühen Mittelalter ist der Tagesablauf in den christlichen Klöstern festgeschrieben, vor allem nach den Regeln des heiligen Benedikt (um 480 bis 547), die den Tag in Gebets-, Arbeits- und Essenszeiten einteilen. Angesichts der höheren Lebenserwartung von Mönchen und Nonnen, die mittlerweile statistisch erwiesen ist, und den grandiosen Kulturschöpfungen, die Klöster in der Geschichte leisteten, kann die klösterliche Tradition der Ordnung und Regelmäßigkeit ein Vorbild für uns alle sein. Zur klösterlichen Ordnung gehört auch das Maßhalten in allen Dingen. Das »rechte Maß« galt schon im Altertum als Grundprinzip der Gesundheit. Hüten Sie sich also vor Übertreibungen und Einseitigkeit und Sie werden mit körperlicher und seelischer Stabilität belohnt.

Eine aufgeräumte Umgebung vermittelt Sicherheit und Wohlgefühl – dies hilft uns dabei, unser Leben zu strukturieren.

Innere Ordnung – im Alltag Kraft und Ruhe finden

Als aufgeräumt bezeichnen wir nicht nur eine Wohnung, in der alles an seinem Platz ist. Wir kennen auch aufgeräumte Menschen, die guter Dinge sind, offen für andere und dennoch ganz bei sich. Die innere Ordnung ist hergestellt. Gedanken und Gefühle, Hoffnung und Freude, Ängste und Nöte sind »an ihrem Platz« und überschwemmen das Innenleben nicht mit Chaos. Rituale und Entspannungsübungen, eine bewusste Auszeit und die Besinnung auf das Wesentliche können Ihnen zur inneren Ordnung verhelfen. Sie sorgt für Abstand von Hektik und Routine des Alltags und schenkt Kraft und Ruhe.

Heilsame Auszeit in der Natur

In alter Zeit war der Aufenthalt im Freien nicht wie heute die Ausnahmesituation, sondern gang und gäbe. Lebenswichtige Arbeiten, im Garten, auf dem Feld, mussten draußen verrichtet werden. Man hat mit der Natur gelebt, heute sind wir ihr weitgehend entfremdet. Doch Sie können den Kontakt wiederherstellen, auf einfachste Weise: Genießen Sie den warmen Mairegen ohne Schirm, stapfen Sie im Winter durch den hohen Schnee, tauchen Sie ein in einen kühlen Bergsee, sammeln Sie Pilze im Wald und lauschen Sie den Vögeln ... Je intensiver Sie Ihre natürliche Umgebung wahrnehmen, je vertrauter sie Ihnen wird, desto geborgener werden Sie sich darin fühlen. Geborgenheit vertreibt Ängste, macht gelassen. Entspannt können Sie sich wieder dem Alltag stellen.

Meditation ist eine hervorragende Methode, um innere Ruhe zu finden und Kraft für neue Herausforderungen zu gewinnen.

Einfach nur gehen ...

Die dem Menschen entsprechende Fortbewegungsart ist das Gehen. Das vergessen manche Zeitgenossen. Noch vor wenigen Generationen war das anders. Die wenigsten konnten sich ein Pferd oder eine Kutsche als Transportmittel leisten. Man ist also zu Fuß gegangen, auch weite Strecken, und das nicht zur sportlichen Ertüchtigung. Versuchen Sie einmal, das Gehen so zu betrachten, als etwas ganz Normales. Gehen Sie einfach drauflos, ohne »Sinn und Zweck«, ohne etwas in den Händen zu halten, so dass die Arme den Rhythmus der Beine aufnehmen können. Und irgendwann werden Sie spüren, dass alle Last von Ihnen abgefallen ist. Sie werden sich körperlich, geistig und seelisch entspannen. Gehen macht den Kopf frei, weshalb es auch für Meditationen genutzt wird.

Besinnung im Gebet

Mönche und Nonnen haben nachweislich eine im Durchschnitt höhere Lebenserwartung als ihre Mitmenschen außerhalb der Klostermauern. Auch gibt es Studien, wonach Beten das Immunsystem stärkt. So weit hat Großmutter gar nicht gedacht. Für sie war das tägliche Gebet die entspannende Zeit der Besinnung, in der sie in sich selbst hineinhören durfte und die Geschäftigkeit des Alltags außen vor blieb. Sie können nicht beten? Beten kann man durch Übung lernen: Wählen Sie einen stillen Ort und eine Zeit, zu der Sie Ihr tägliches Gebet als festes Ritual

Progressive Muskelentspannung nach Jacobson

In den 1930er-Jahren entwickelte der amerikanische Arzt und Physiotherapeut Edmund Jacobson ein systematisches Entspannungstraining, das mittlerweile allgemein anerkannt ist. Es verspricht Hilfe bei Krankheiten, die mit Verspannungen und Ängsten einhergehen, eignet sich also nicht zuletzt für Schmerzpatienten. Grundprinzip ist die gezielte Anspannung von Muskelgruppen über wenigstens zehn, besser zwanzig Sekunden mit anschließender Entspannung. Wichtig ist, dass Sie den Kontrast zwischen Anspannung und Entspannung bewusst wahrnehmen! Beginnen Sie bei den Muskeln Ihrer Füße und Unterschenkel und arbeiten Sie sich über die Oberschenkel, Pobacken, Bauchmuskeln, Brustmuskeln, Arme, Nacken bis zu den Gesichtsmuskeln hoch.

Bei Verspannungen und Kopfschmerzen empfahl Großmutter eine intensive Massage der Kopfhaut.

Mudras – Kraft entfalten durch Gestik

Mudras sind symbolische Hand- und Fingergesten, die im Fernen Osten zum Alltag gehören, als Gruß, im religiösen Tanz, bei spirituellen Ritualen und als Hilfsmittel bei der Meditation. Yogameister lehren, durch Mudras die Energie des Körpers zu bündeln oder umzuleiten.

Tägliche Übung

Mudras werden immer mit beiden Händen gleichzeitig ausgeführt. Beginnen Sie mit Jnana-Mudra, einer auch im Westen vertrauten Geste, bei der Daumen und Zeigefinger einen Kreis bilden und die anderen Finger ausgestreckt sind (bei uns für: »Alles in Ordnung«). In der täglichen Meditation soll Jnana bei Stress und Erschöpfung neue Kraft verleihen und bei Depressionen die Stimmung aufhellen. Prithvi Mudra – Sie bilden mit Daumen und Ringfinger einen Kreis – will Glücksgefühle wecken. Prana-Mudra steht für Vitalität und innere Klarheit: Der kleine Finger und der Ringfinger werden eng aneinander gelegt, während die Spitze des Zeigefingers die des Ringfingers berührt.

Erfreuliche Nebenwirkung

Womöglich brauchen Sie für Prana-Mudra ein wenig Übung, aber das zeigt auch schon den Nebeneffekt dieser fernöstlichen Kraft- und Entspannungstechnik: Ihre Finger und Hände werden beweglicher, wodurch sich eine insgesamt elegantere Gestik entwickelt.

in den Tagesablauf integrieren. Wer keinen Zugang zum Glauben hat, kann das Gebet durch meditative Konzentrationsübungen über einem Spruch oder einem Bild ersetzen. Aber auch da ist Regelmäßigkeit gefordert, um zu sich zu finden und alles andere loslassen zu können.

Rituale zur Guten Nacht

Was könnte entspannender sein als tiefer, ruhiger Schlaf? Und doch verlässt uns diese Kraftquelle meist gerade dann, wenn wir sie dringend brauchen, wenn wir angespannt sind, geplagt von innerer Unruhe. Den Schlaf erzwingen geht nicht. Aber Sie können ihm ein Willkommen bereiten. Vor allem liebt der Schlaf die Regelmäßigkeit: Gehen Sie möglichst jeden Abend ungefähr zur selben Zeit zu Bett, um den Körper an einen Rhythmus zu gewöhnen. In schöner Regelmäßigkeit wiederholen Sie auch kleine Rituale, mit denen Sie sich vom Tag verabschieden: die Atemübung am offenen Fenster, die Hautpflege, ein Blick ins Kinderzimmer ... Die Sorgen des Tages halten Sie trotzdem wach? Probieren Sie es mit dem guten alten Schäfchenzählen oder einer anderen geistigen Übung, die ablenkt, aber keine Konzentration erfordert. Und dann drehen Sie sich auf die rechte Seite (um das Herz nicht zu belasten), stellen sich eine Situation der Geborgenheit vor – Sie liegen unter den schützenden Ästen eines Baumes, Ihr Schutzengel hüllt Sie in seine großen warmen Flügel – und dann verabschieden Sie sich mit dem Gedanken »Morgen ist auch noch ein Tag« vom Heute.

Gesunde Ordnung der Gefühle

In Tibet glaubt man, alles Übel der Welt entstehe durch drei »Geistesgifte«: Unwissenheit, Gier und Hass. Ein jeder ist aufgerufen, ihnen im eigenen Leben entgegenzuwirken. Der Unwissenheit begegnen Sie durch Aufmerksamkeit und Lernbereitschaft, der Gier durch die Selbsterziehung zum rechten Maß in allen Dingen, dem Hass durch die Bereitschaft zur Vergebung. Die Kraft zur Vergebung finden Sie, indem Sie sich zunächst zu freundlichen Gedanken gegenüber dem, der Sie verletzt hat, tatsächlich zwingen. So sollte es Ihnen langsam, Schritt für Schritt, gelingen, sich von »giftigen« Rachegelüsten zu befreien. Belohnt werden Sie für die Anstrengung durch Zufriedenheit und Gesundheit. Das belegen übrigens mittlerweile wissenschaftliche Untersuchungen: Wer vergeben kann, ist nicht nur seelisch, sondern auch körperlich gesünder.

Indisches Joga führt einen Zustand der inneren Entspannung herbei.

Keltisch-germanisches Erbe – die heilende Kraft unserer Bäume

In den großen Kräuterbüchern der griechischen und römischen Antike findet sich kaum einmal ein Hinweis auf die Heilkraft von Bäumen. Ganz anders verhielt es sich bei der traditionellen Volksheilkunde unserer Breiten, die zahlreiche Anwendungen von Rinde, Blüten und Blättern heimischer Baumarten kennt. Diese Rezepte haben sich durch mündliche Überlieferung über Jahrhunderte erhalten und werden heute als keltisch-germanisches Erbe wiederentdeckt.

Keltische Völker lassen sich in Mitteleuropa seit dem 5. Jahrhundert v. Chr. nachweisen, germanische Stämme traten in der Zeit um Christi Geburt in Erscheinung. Wie sah das Land aus, das sie bewohnten? Es war extrem dünn besiedelt, bedeckt von undurchdringlichen Mischwäldern – einem Urwald, dem die wenigen Menschen durch mühsame Rodung ihre Siedlungsräume abtrotzen mussten. Umgeben von Wäldern, begegneten Kelten und Germanen den Bäumen mit religiöser Ehrfurcht, lernten aber auch, sie im Alltag und bei Krankheit zu nutzen.

Die Eiche – heiliger Baum mit praktischem Nutzen

Die »männliche« Eiche, Baum des germanischen Hauptgottes Donar, war schon den Kelten heilig. Römische Quellen erzählen, dass sie dem Eichenlaub höchste kultische Bedeutung zumaßen. Den Germanen galten Eichenhaine als Kraftorte; einen Eichenstamm zu umarmen sollte die Manneskraft stärken. Als der christliche Missionar Bonifatius 723 die Donarseiche von Geismar fällte, war das – als Triumph über das Heidentum – ein höchst symbolischer Akt. Im Alltag wurden Eichen vielfach genutzt, ihr hartes Holz für den Schiffsbau, ihre Früchte für die Schweinemast, ihre Rinde für die Gerberei. Und in der Rinde liegt auch der medizinische Nutzen: Sie enthält sehr viel Catechin, das auf die Schleimhaut zusammenziehend und entzündungshemmend wirkt. Deshalb wurde in früheren Zeiten mit der Rinde des Baumes zubereiteter Eichensud als Heilmittel bei Durchfallerkrankungen verabreicht.

Die Linde liefert bestes Schnitzholz und mit ihren Blüten lässt sich ein Tee zur Stärkung des Immunsystems zubereiten.

Wie kein anderer Baum ist die »deutsche Eiche« mit symbolischer Bedeutung aufgeladen, schon bei den Germanen galt der heilige Baum als Symbol der Kraft.

Der weibliche Baum: die Linde

Um die Dorflinde hat man noch im 19. Jahrhundert getanzt, in ihre Rinde, wie es im Lied heißt, »so manches liebe Wort« geritzt. Für die Germanen war die Linde ein weiblicher Baum, geweiht der Fruchtbarkeitsgöttin Freya. Allerdings wurde unter Linden – wie unter Eichen – auch Gericht gehalten. Man verwendete den Bast der Linde, um Stricke und Schuhe herzustellen, ihr weiches Holz dient bis heute der Schnitzkunst. Auch wurde Lindenblütentee bei frischen Infekten zur Durchführung einer Schwitzkur eingesetzt. Die moderne Wissenschaft hat inzwischen bestätigt, dass die Blüten wertvolle Flavonoide enthalten und ein ätherisches Öl, das schweißtreibend wirkt und das Immunsystem stärkt.

Die Hainbuche gehört gar nicht zu den Buchen, wurde aber aufgrund ihrer Ähnlichkeit zu diesen gezählt.

Die anmutige Birke

Der Saft der anmutigen Birke galt einst als Mittel, um die Schönheit der Frauen zu steigern, und man glaubte, dass es erschöpften Frauen half, wenn sie den Stamm des Baumes umarmten. Zudem wurde Birkenblättertee als Heilmittel etwa bei Nierensteinerkrankungen verwendet. Inzwischen ist nachgewiesen, dass Birkenblätter hier helfen, weil sie durch ihren hohen Gehalt an Flavonoiden harntreibend wirken, ohne dabei die Niere zu reizen.

Die Buche – erster Schriftträger der Germanen

Mit der Buche verband man in alter Zeit die Fähigkeit, in die Zukunft zu schauen. Und ihr Holz wurde zum ersten Schriftträger der Germanen. Der Gleichklang von »Buche« und »Buch« kommt also nicht von ungefähr. Man schnitt ihr Holz in längliche Stöckchen oder Scheiben und brannte in ihnen Zeichen ein, die Runen. In der Volksmedizin wurde bei entzündlichen Hautkrankheiten und Gichtbeschwerden häufig Buchenteer eingesetzt, den man durch trockene Destillation aus Buchenholz gewinnt. Heute ist Buchenteer als Einreibemittel in der Apotheke erhältlich.

In dem dänischen Ort Jellinge befindet sich ein eindrucksvolles Zeugnis der germanischen Vergangenheit.: Neben zwei wikingischen Grabhügeln stehen zwei mächtige Runensteine.

Germanische Schriftzeichen – die Magie der Runen

In der heutigen esoterischen Praxis nehmen Runen eine herausragende Stellung ein. Runenorakel sollen den Blick in die Zukunft ermöglichen. Mit Runenformeln will man das Schicksal beeinflussen. Aufgrund des Geburtsdatums werden persönliche Runen zusammengestellt, die, als Talisman getragen, Schaden abwehren und Glück befördern sollen oder als mentale Hilfe über das Bett oder den Arbeitsplatz gehängt werden. Vielfach nutzt man Runen zur Meditation über Werte und die Grundbedingungen des Lebens. Jenseits magischer Praktiken haben Runen eine Geschichte. Kelten und Germanen waren Völker ohne eigene Schrift. Deshalb ist die moderne Wissenschaft bei ihrer Erforschung auf archäologische Funde angewiesen sowie auf Berichte antiker griechischer und römischer Autoren, die diese Fremden teils bewunderten, teils verachteten oder auch fürchteten. Kelten und Germanen trieben Handel mit Griechen und Römern und lernten viel von den benachbarten Hochkulturen. In Anlehnung an deren Alphabete entstanden wohl auch die Runen als germanische Schriftzeichen, die vorrangig für Inschriften und Sprüche genutzt wurden. Die ältesten bekannten Funde mit Runen – eine Schmuckspange und eine Speerspitze – sind dänisch und stammen aus der zweiten Hälfte des 2. Jahrhunderts n. Chr.

Der Holunder schützt Haus und Gesundheit

Der Holunder galt bei Kelten und Germanen als Lebensbaum. In ihm wohnten die wohltätigen Hausgötter, weshalb man gern – in ländlichen Gegenden bis heute – vor das Haus einen Holunderbaum pflanzte. Niemand hätte es gewagt, ihn zu fällen. In unserer Volksmedizin finden sich nur wenige Heilpflanzen, die so vielfältig zur Anwendung kommen wie dieser schöne Baum mit den duftenden weißen Blüten und den Vitamin-C-reichen Beeren. Nach wie vor beliebt ist der Holunderblütentee, der schweißtreibend und schmerzstillend wirkt, den Kreislauf anregt und die Abwehrkräfte mobilisiert.

Die Esche – Weltenbaum mit hartem Holz

Im Zentrum der germanischen Sagenwelt steht der Weltenbaum Yggdrasil, eine Esche, die mit ihren Ästen Himmel und Erde überspannt. Die Esche hatte neben ihrer mythischen auch eine besondere praktische Bedeutung, wurde doch ihr außerordentlich hartes Holz sehr geschätzt und etwa für Werkzeug, Bögen oder beim Bootsbau hergenommen. Aber auch die Blätter fanden Verwendung: Die Volksmedizin setzte Eschenblättertee gegen Rheuma und Gicht ein, weil er wassertreibend und abführend wirkt.

Das Reich der Sinne – Düfte und Liebestränke nach alten Rezepten

Nicht von ungefähr stand die griechische Göttin Aphrodite Pate für das Wort Aphrodisiakum, mit dem wir bis heute ein »Liebesmittel« zur Anregung und Steigerung des sinnlichen Begehrens bezeichnen. Denn die Antike war besonders einfallsreich darin, der erotischen Anziehung zwischen zwei Menschen durch Düfte, Speisen und Getränke ein wenig nachzuhelfen. Lassen Sie sich verführen!

Die Tradition bietet einen reichen Schatz von Düften und Mitteln, mit denen sich das Liebesleben bereichern lässt.

Erotische Pflanzendüfte

Rosenduft gilt von jeher als Inbegriff der Weiblichkeit. Geben Sie abends zehn Tropfen Rosenöl in das Badewasser: Sie werden umwerfend duften und sich unbeschreiblich weiblich fühlen. Ein altbewährtes Mittel zur Hautpflege ist Rosen-Essig. Zu seiner Herstellung übergießen Sie eine Hand voll Rosenblüten mit Apfel-Essig und lassen das Ganze in einem verschlossenen Glas drei Wochen lang in der Sonne stehen. Nach dem Abseihen verwenden Sie den Essig als Gesichtswasser. Weniger bekannt als die Rose ist das Möhrensamenöl mit seinem sanften, »weiblichen« Duft. Sie benutzen es, um zarte und weiche Körperteile frisch und duftig zu machen.

Gewürze heben die Liebeslust

Kulturen, in denen Sinnlichkeit groß geschrieben wird, würzen gern ihr Essen. Als luststeigernd und für das Liebesmahl besonders geeignet empfahl man etwa in der römischen Antike das Würzen von Speisen mit Anis, Senf und Brunnenkresse. Weitere stimulierende Gewürze aus dem Hausmittelschatz sind Chili, Knoblauch und Basilikum, vor allem aber das »Maggi-Kraut«, dessen richtiger Name – Liebstöckel – den Kern der Sache besser trifft: Sein starker, als typisch männlich geltender Geschmack stand einst in dem Ruf, auch in der sprödesten Frau die Liebeslust zu wecken.

Die Speisen der Aphrodite

Aphrodite war die griechische Göttin der Liebe, der Schönheit und der Sinneslust. In ihrem Garten wuchsen Granatäpfel, Äpfel, Quitten, Feigen und Datteln – Früchte, die man in alter Zeit aufgrund ihrer Farbe, ihrer Form oder ihres Geschmacks der körperlichen Liebe zuordnete. Zum klassischen Liebesmahl gehören aber auch Speisen, deren aphrodisierender Effekt zum einen in ihrem hohen Ei-

Die Sprache der Blumen

Die Schönheit und der Duft von Blüten üben eine starke Wirkung auf unser Empfinden aus, vielleicht auch, weil sie so vergänglich sind. Wie ein Symbol stehen sie für unser Dasein, für das Werden der Knospe, die kurze, hohe Blüte und das Welken und Vergehen. Wie gern würden wir die Blüte festhalten, auch in der Liebe. Da sind geschnittene Blumen – ohne praktischen Nutzen, ganz einfach nur schön – traditionell die Gabe des Mannes an die begehrte Frau. Und wenn die Werbung erfolgreich war, wandelt die Braut auf Blütenblättern. »Lasst Blumen sprechen«, heißt es bis heute. Aber kennen Sie die Sprache der Blumen noch? Großmutter wusste, dass Alpenveilchen Schüchternheit bedeuten, Gänseblümchen Unschuld, weiße Lilien Reinheit, Orchideen Empfindsamkeit, Veilchen Bescheidenheit. Schon reichlich ungestüm meldete sich die junge Liebe mit Flieder an. Und mit roten Rosen trifft sie bis heute mitten ins Herz. Und wie schätzte Großmutter den Verehrer mit den Sonnenblumen ein? Als selbstbewusst, naturverbunden, bodenständig. Der ideale Ehemann!

Fenster in die Vergangenheit

Rauschtränke und Rauschdrogen *aller Art waren in alter Zeit erstaunlich weit verbreitet. So fügten die Germanen ihrem Met etwa das halluzinogene Bilsenkraut bei. Und der Wein, den Kleopatra gerne servierte, soll Opium und Stechapfelblätter enthalten haben. Der harzige Wein der Griechen wurde während der ekstatischen Kulte zu Ehren des Vegetations-, Wein- und Fruchtbarkeitsgottes Dionysos mit Fliegenpilzen, Bilsenkraut, Alraune, Stechapfel und Opium versetzt. Auch die Römer huldigten mit enthemmenden, berauschenden Getränken ihrem Weingott Bacchus. Bacchantenzüge, bei denen Berauschte singend und lärmend durch die Straßen zogen, gehörten im antiken Rom zum festen Bestandteil des Jahreskreises. Als der orgiastische Götterkult ausartete und in absolute Zügellosigkeit mündete, wurde er verboten.*

Der Wein trinkende Dionysos (lateinisch: Bacchus), der immer von einem Gefolge umgeben war, beim Gelage. Das römische Mosaik stammt aus dem südfranzösischen Vienne.

weißgehalt besteht, zum anderen in der Tatsache, dass man sie – sinnlich – mit den Händen isst. Austern, Muscheln und Krabben gehören dazu, aber auch Täubchen und Huhn.

Liebestränke

Große erotische Bedeutung maß man in der Antike den Liebestränken zu, meist einer Mischung aus Wein und verschiedenen Kräutern, die geeignet waren, die Stimmung zu heben. Auch modernen Liebenden kann ein solcher verführerischer Trank – mit heißem Herzen kalt serviert – zum Glück verhelfen: Sie mischen 20 Gramm Holunderblüten mit drei Esslöffeln Honig und einem halben Liter Weißwein. Nach sechs Stunden mischen Sie fünf Esslöffel Rosenwasser darunter. Noch einfacher bereiten Sie den »Liebestrank für Eilige« zu: Sie geben sieben zerstoßene Korianderkörner in einen Liter trockenen Weißwein, lassen das Ganze ein wenig ziehen – und denken dabei schon an das Objekt Ihrer Begierde. Dann wirkt's bestimmt!

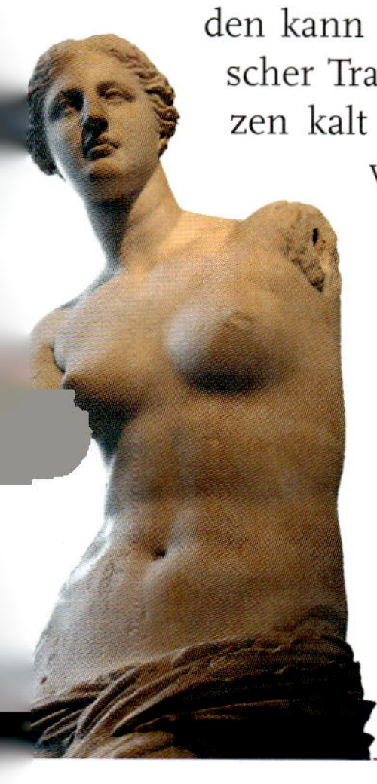

Aphrodite oder Venus war die Göttin der Liebe. Die berühmteste Darstellung von ihr ist die so genannte Venus von Milo – ein Höhepunkt der hellenistischen Kunst.

Gestärkte Manneskraft

Die Germanen ließen Honig mit Wasser gären. Dieser Honigwein, der Met, war Trank der Götter und der Helden. Aus Lindenhonig hergestellt, soll Met »müde Krieger« wieder putzmunter gemacht haben, was nicht ganz von der Hand zu weisen ist. Denn das ätherische Öl von Lindenblüten wirkt krampflösend und durchblutungsfördernd, allerdings auch beruhigend. In Indien wird mancherorts Honigwein mit Kokosmilch vermischt und als Potenzmittel getrunken. Bei den Navajos Nordamerikas sollen Männer zwei Stunden vor dem Liebesakt eine Schale Presssaft aus den Stängeln der Schafgarbe trinken, ein Rezept, das auch schon die alten Griechen kannten.

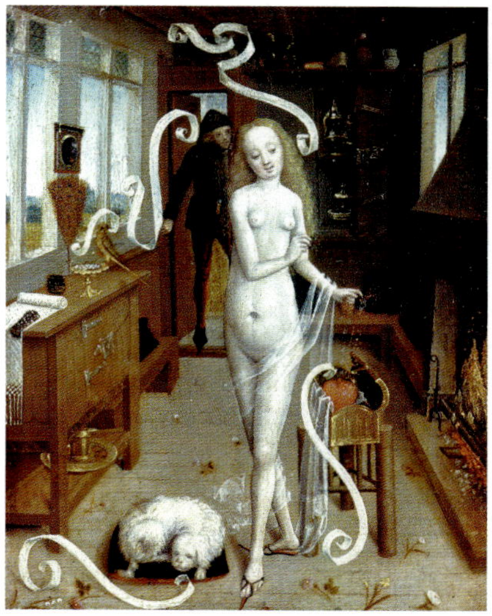

Die mittelalterliche Darstellung zeigt eine Magierin bei der Durchführung eines Liebeszaubers, mit dem der junge Mann im Hintergrund verführt werden soll.

In Harmonie mit dem Jahreskreis leben – Natur und Brauchtum

Überwintern im sonnigen Süden? Das blieb vor 100 Jahren nur wenigen Auserwählten vorbehalten. Alle anderen lebten mit der Natur und dem Wechsel der Jahreszeiten. Leicht war das nicht immer, schon gar nicht auf dem Land, und dennoch »gottgegeben«. Heute sollten wir uns darum bemühen, um dieses alte Leben im Einklang mit der Natur und dem Jahreskreis, dem Festtraditionen und Bräuche einen Rhythmus geben. Denn ein solches Leben gibt uns Kraft und Ruhe in schnelllebiger Zeit.

Ernährung je nach Jahreszeit

Ist Ihnen schon aufgefallen, dass Äpfel, die im Sommer reifen, säuerlich und wasserreich sind, die Herbsternte jedoch süße und mehlige Äpfel bringt? Die heimische Natur stellt Ihnen die Nahrungsmittel zur Verfügung, die dem Bedarf des Körpers in der jeweiligen Jahreszeit angepasst sind. Im Sommer sind das eher durststillende Speisen wie Spargel oder Erdbeeren, im Winter »wärmende« wie Kohl und Sellerieknollen. Lassen Sie sich ganz bewusst auf das natürliche Angebot der vier Jahreszeiten ein. So ernähren Sie sich ausgewogen und gesund.

Die Geschmacksrichtungen der Jahreszeiten

Nach der Elementelehre des berühmten griechischen Arztes Hippokrates (um 460 – um 370 v. Chr.) konfrontiert uns jede Jahreszeit mit einem Überhang an einem der vier Elemente Luft, Feuer, Wasser und Erde. Ausgleich bringt eine entsprechende Ernährung. So werden für den Frühling bittere Speisen (kühlend und trocknend) empfohlen, für den Sommer saure (kühlend und befeuchtend), für den Herbst salzige (wärmend und trocknend) und für den Winter süße (wärmend und befeuchtend). Viele Großmutterrezepte orientieren sich an dieser Vorgabe. Sie sollten also kein schlechtes Gewissen haben, wenn Sie im Winter süßes Weihnachtsgebäck naschen. Dafür trinken Sie im Sommer saure Zitronenlimonade, essen im Herbst Salzbrezeln und eingelegte Gurken. Im Frühjahr wird entschlackt, und zwar mit Bittersalz und bitteren Kräutern wie der Schafgarbe.

Christliche Feste und ihre Rituale wie etwa das Osterfeuer verleihen dem Jahr eine feste Struktur.

Christliches Brauchtum im Jahreslauf

In unserer abendländischen Kultur bestimmen Natur und Religion den alljährlich wiederkehrenden Zyklus der Brauchtumsfeste. Sie geben dem Jahr eine Ordnung, die den Menschen Geborgenheit und Stabilität vermittelt. Altes Brauchtum ist mit Ritualen verbunden. Und in Ritualen finden wir Halt. Durch ihre verlässliche Wiederholung wirken sie beruhigend auf die Seele und somit entspannend. Gerade in unserer schnelllebigen Zeit, in der heute schon wieder überholt ist, was gestern noch als bahnbrechende Neuerung erschien, tut es gut zu wissen: Weihnachten kommt »alle Jahre wieder«. Das ist so sicher wie das »Amen in der Kirche« – auch das im Übrigen ein Ritus, der es

Mit dem Winter hielt traditionellerweise eine Zeit der Besinnung und Rückschau Einzug.

Walnussbaum im Herbst – nun ist die Zeit gekommen, die Früchte zu ernten und zu genießen.

Der Schwerpunkt-Tipp

Astrologie und Entspannung

Den Tierkreiszeichen werden traditionell typische Charaktereigenschaften und Neigungen zugeordnet. Durchaus entspannend kann es allerdings sein, einmal den Gegenpol dazu zu suchen.

Der **»gründliche, willensstarke« Steinbock** (23. Dezember – 20. Januar) entspannt sich, indem er einmal alle viere von sich streckt.

Dem **»zukunftsorientierten, idealistischen« Wassermann** (21. Januar – 19. Februar) tun bodenständige Hobbys wie die Gartenarbeit gut.

Die **»sanften, introvertierten« Fische** (20. Februar – 20. März) fühlen sich nach einem Abenteuerurlaub wie neugeboren.

Der **»stürmische, ungeduldige« Widder** (21. März – 20. April) probiert's in den Ferien mal mit Gemütlichkeit.

Der **»selbstbewusste, vitale« Stier** (21. April – 20. Mai) gibt zur entspannenden Abwechslung einmal nicht den Boss.

Die **»unruhigen, neugierigen« Zwillinge** (21. Mai – 21. Juni) schöpfen Kraft, indem sie rein gar nichts passieren lassen.

Der **»häusliche, empfindsame« Krebs** (22. Juni – 22. Juli) schafft Ausgleich zum Alltag durch einen Urlaub in fernen Ländern.

Der **»stolze, dynamische« Löwe** (23. Juli – 23. August) tut am Sonntag etwas ganz Alltägliches und putzt sein Fahrrad.

Die **»vernünftige, vorsichtige« Jungfrau** (24. August – 23. September) verzichtet in der Freizeit auf Planung und setzt auf die plötzliche Eingebung.

Im Laufe der abendländischen Kunstgeschichte entstanden zahlreiche kunstvolle Darstellungen des Tierkreises wie diese im venezianischen Museo Correr.

Die **»gesellige, feinsinnige« Waage** (24. September – 23. Oktober) schwitzt alleine beim Bergsteigen, um neue Kraft zu tanken.

Der **»leidenschaftliche, ehrgeizige« Skorpion** (24. Oktober – 22. November) findet die dringend notwendige Ruhe im Liegestuhl.

Dem **»unternehmungslustigen, eigensinnigen« Schützen** (23. November – 22. Dezember) wird zur Entspannung ein Abend vor dem Fernseher verordnet.

sogar zur sprichwörtlichen Redensart gebracht hat. Deshalb wird es Ihnen gut tun, all die schönen alten Brauchtumsfeste im Jahreslauf wahrzunehmen: vom Neujahrsanschießen über das Fastnachtstreiben und das Eierfärben zu Ostern, das Johannisfeuer und das Erntedankfest bis zum Advent, dessen Verbindung von Besinnlichkeit und Hektik Sie als notwendige Vorbereitungsphase auf das Weihnachtsfest begreifen sollten. Wenn am Baum die Lichter brennen und die Geschenke verteilt sind, dann tritt Frieden ein. Dann dürfen Sie entspannt durchatmen – alle Jahre wieder.

Apfelblüte im Fühjahr – Leben im Einklang mit den Jahreszeiten bedeutet auch, den Wandel der Natur bewusst wahrzunehmen und zu genießen.

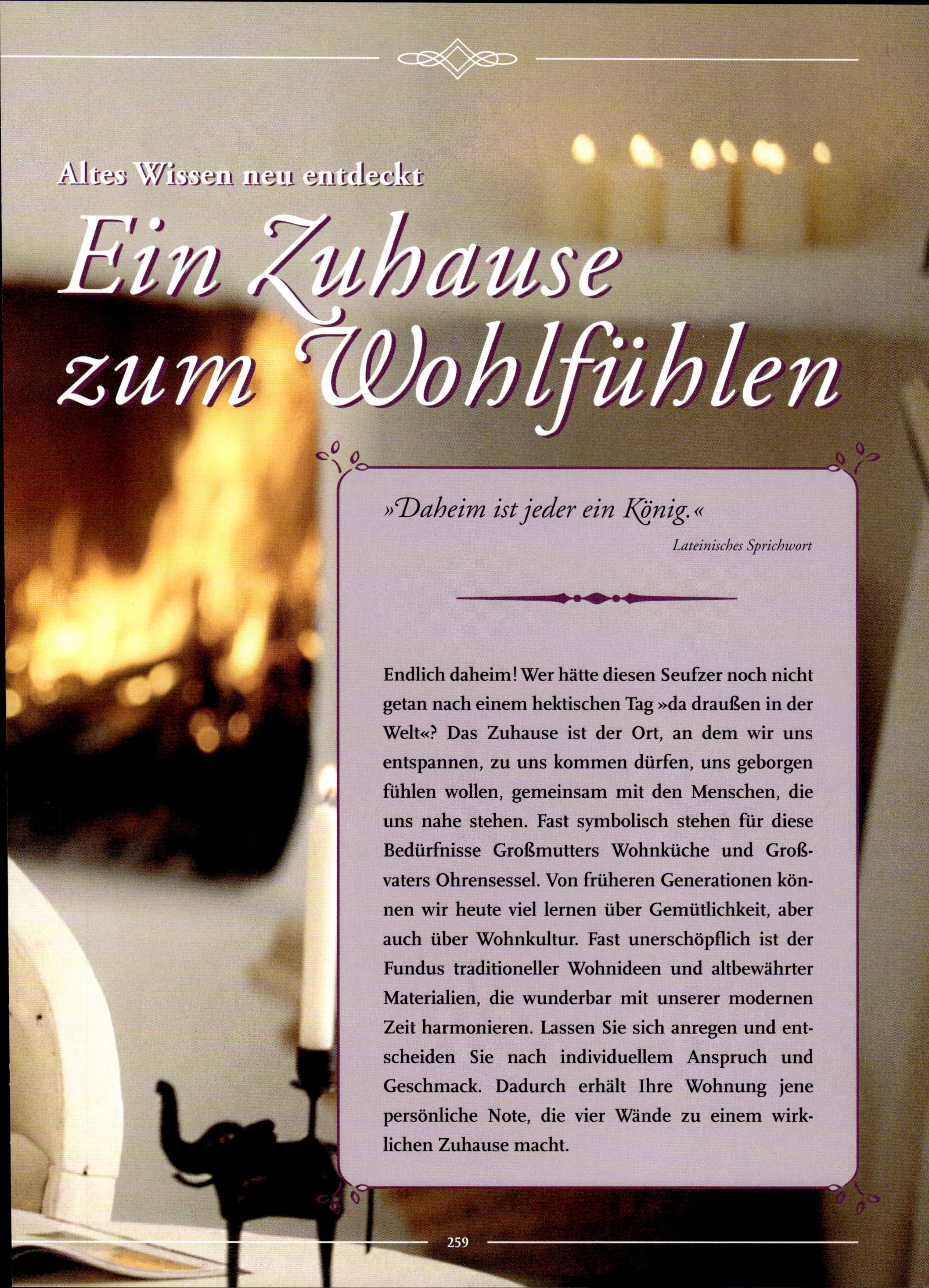

Altes Wissen neu entdeckt

Ein Zuhause zum Wohlfühlen

»Daheim ist jeder ein König.«

Lateinisches Sprichwort

Endlich daheim! Wer hätte diesen Seufzer noch nicht getan nach einem hektischen Tag »da draußen in der Welt«? Das Zuhause ist der Ort, an dem wir uns entspannen, zu uns kommen dürfen, uns geborgen fühlen wollen, gemeinsam mit den Menschen, die uns nahe stehen. Fast symbolisch stehen für diese Bedürfnisse Großmutters Wohnküche und Großvaters Ohrensessel. Von früheren Generationen können wir heute viel lernen über Gemütlichkeit, aber auch über Wohnkultur. Fast unerschöpflich ist der Fundus traditioneller Wohnideen und altbewährter Materialien, die wunderbar mit unserer modernen Zeit harmonieren. Lassen Sie sich anregen und entscheiden Sie nach individuellem Anspruch und Geschmack. Dadurch erhält Ihre Wohnung jene persönliche Note, die vier Wände zu einem wirklichen Zuhause macht.

Wohntextilien wie in alten Zeiten

Stores, Gardinen, Teppiche, Decken, Tischwäsche, Frotteewaren, Polsterbezüge, Stofftapeten, Plaids… Wohntextilien erfüllen nicht nur ihren Zweck – sie geben dem Wohlfühlzuhause auch die persönliche Note. Da ist das alte Wissen über heute fast vergessene Materialien und traditionelle Handwerkstechniken gefragt.

Inspiration aus der Vergangenheit – Vorhänge und Gardinen

Wenn Fenster die »Augen des Hauses« sind, bilden Vorhänge und die transparenten Gardinen oder Stores die »Kleider der Wohnung«. Und deren Mode hat sich immer wieder geändert. So kann der Blick in die Vergangenheit einen reichen Fundus an Ideen erschließen, die durchaus auch in unsere Zeit passen.

Eleganz à la Empire

Das Empire, die Zeit des französischen Kaiserreichs unter Napoleon, können Sie auf einfache Weise in Ihr Zuhause holen: und zwar mit einer ansprechenden Dekoration aus Seiden-Baumwoll-Damast, die dem Raum eine elegante, dabei behagliche Ausstrahlung verleiht. Dazu schlingen Sie locker zwei gleichlaufende Stoffschals jeweils von links und rechts so um eine Vorhangstange, dass sie über der Fenstermitte nach oben streben und schließlich in einer großen, zusammengebundenen Rosette enden. Die beiden Seitenbahnen fallen dann großzügig bis auf den Boden und werden durch Raffhalter so zurückgenommen, dass noch genügend Sicht nach außen bleibt.

Vorhangstangen oder Laufschienen lassen sich mit einer attraktiv gestalteten und zum Vorhang passenden Schabracke verdecken.

Üppige Historismus-Dekoration

Im 19. Jahrhundert, als sich bürgerlicher Kunstsinn an historischen Stilen wie dem Barock orientierte, musste alles prächtig sein. Eine üppige Fensterdekoration galt in den großbürgerlichen Stadtwohnungen als Statussymbol: schwere Schabracken, Gardinen aus Tüll und Gaze, Vorhänge aus Chenille, Brokat oder Samt, in mehrfachem Faltenwurf drapiert, mit Troddeln und Borten geschmückt. Wenn Sie sich an diesem Stil orientieren, gilt es zu bedenken, dass eine derartige Stofffülle viel Licht – allerdings auch Lärm – schluckt, hohe Räume verlangt und das gesamte Interieur dominiert.

Romantische Wolkenstores

Sie mögen es romantisch-nostalgisch? Dann sind Wolkenstores genau das Richtige für Sie. Ihr Kennzeichen ist ein Bogendurchhang, der aus einem Stoffteil oder einzeln zugeschnittenen Wolken gefertigt ist. Der Faltenwurf erfolgt in Längs- und Querrichtung. Durch senkrecht angeordnete Züge wird der Store auf die gewünschte Höhe eingekräuselt. Diese blickdicht verhüllende Gardinenart wird aus weich fallenden durchscheinenden Stoffen hergestellt und erzeugt eine duftige, verspielte Atmosphäre.

Dekorative Vorhangstangen

Ehe vor etwa 50 Jahren die unsichtbaren Vorhangschienen aufkamen, waren ein- oder zweiläufige Vorhangstangen jahrhundertelang die übliche Aufhängevorrichtung gewesen – aus Messing, Schmiedeeisen oder Holz, mit aufwändig gestalteten Endstücken und Wandträgern oder schlicht, elegant oder rustikal zeigen sie eine ganz unterschiedliche Wirkung. Entsprechend wählen Sie die Vorhangstangen passend zu Ihrer Wohnungseinrichtung und natürlich auch zum Vorhang.

Fallblatt oder Schabracke?
Das tapezierte Fallblatt war jener Teil der klassischen Fensterdekoration, der die Laufschiene, die Vorhangstange oder die Zugvorrichtung verdeckte. Es wirkt als optische Begrenzung vorteilhaft bei hohen Räumen, wie wir sie heute noch in großstädtischen Altbauwohnungen vorfinden. Bei üppigen Fensterdekorationen haben frühere Generationen das einfache Fallblatt durch eine pompösere Schabracke ersetzt. Sie war mit einem Querbehang – Großmutter bezeichnete ihn als Lambrequin – besetzt, der zungen- oder zackenförmig, geschweift und oft noch zusätzlich mit Fransen oder Quasten verziert war.

Gegen Blicke von außen: Inbetweens
Mit dem englischen Wort für »dazwischen« bezeichnen Fachleute Textilien, die im Transparenzgrad zwischen dem dichten Vorhangstoff und der durchscheinenden Gardine liegen. Inbetweens sind so gewebt, dass man von innen nach außen, nicht aber von außen nach innen sehen kann. Heute wird diese Stoffqualität aus synthetischen Fasern produziert, die beim »Ausbrennen« chemisch unterschiedlich reagieren. An den musterbildenden Stellen wird ein Teil der Fasern weggeätzt. Früher hat man diesen Effekt durch unterschiedlich dicke Garne und unterschiedliche Webdichte erzeugt.

Der Traum vom Himmelbett
Das von Vorhängen umgebene Bett war einst eine Notwendigkeit, zum einen, weil damit in Großfamilien und herrschaftlichen Haushalten ein Rest von Privatsphäre garantiert war, zum anderen hielten die textilen Schutzwände Zugluft fern und sorgten in den ungeheizten Schlafzimmern für Wärme im Bett. Der Baldachin schützte zudem vor aus Holzdecken herunterfallendem Ungeziefer. Auch wenn viele dieser guten Gründe für unser heutiges Zuhause zum Glück nicht mehr existieren – Bettvorhänge schaffen ein besonderes Gefühl der Geborgenheit. Am einfachsten können Sie Ihren Traum vom Himmelbett erfüllen, indem Sie die Vorhänge oder Gardinen über einen »Galgen« am Kopfende des Bettes drapieren. Leichte Stoffe gewähren eine bessere Luftzirkulation und sind deshalb besonders im Sommer anzuraten.

Prachtvolle Vorhänge, Tapeten und Ölgemälde bestimmten die Wandgestaltung der großbürgerlichen Wohnung.

Fenster in die Vergangenheit

Die Spitzengardinen hinter dem Sprossenfenster mit Fensterläden in einem historischen Fachwerkhaus im Elsass strahlen Behaglichkeit aus.

Spitzengardinen *stehen wie wenige Wohnaccessoires für die gute alte Zeit. In Europa gab es verschiedene Techniken der Spitzenherstellung, die heute nur noch versierte Kenner unterscheiden können. Berühmt sind die komplizierten Muster der Brüsseler Spitzen, Chantilly-Spitzen, Malteser-Spitzen oder der englischen Honiton-Spitzen. Alle diese traditionellen Spitzen sind Klöppelarbeiten aus feinem Garn, die auf Klöppelkissen mit Stecknadeln und kleinen Spulen (»Klöppeln«) entstanden sind – eine Technik, die im 16. Jahrhundert in Deutschland erfunden wurde. In der Feinheit nehmen es mit den Klöppelspitzen nur die orientalischen Schiffchenarbeiten auf: durchscheinende Zwirngewebe mit an Spinnennetze erinnernder Optik. Im Vergleich zu Spitzen wirken Häkelarbeiten wenig filigran. Doch als Gardine an kleinen Fenstern wirken sie ausgesprochen heimelig. In dieser Tradition steht auch der weiße Häkelsaum an weißen Leinen- oder Baumwollvorhängen.*

Uraltes Kulturgut – Einrichten mit Teppichen

Gewebt oder geknüpft, aus Wolle, Seide oder pflanzlichen Stoffen, einfarbig oder mit phantasievollen Mustern – der Teppich blickt auf eine jahrtausendealte Geschichte zurück. Die Kunst des Teppichknüpfens stammt ursprünglich aus dem Orient. Und noch für unsere Großmütter war der Besitz eines »echten Persers« ein Lebenstraum. Wenn er sich nicht erfüllte, behalf man sich mit Flickenteppichen, die sich heute wieder großer Beliebtheit erfreuen.

Dass sich auch moderne Möbel sehr gut mit traditionellen orientalischen Teppichen kombinieren lassen, zeigt diese attraktive Wohnungseinrichtung.

Der Orientteppich: ein Klassiker der Wohnungseinrichtung

Ein Orientteppich gehört seit Generationen zur klassischen Wohnzimmereinrichtung. Er ist eine Anschaffung fürs Leben und wird nie wirklich aus der Mode kommen. Als »echt« gelten nur handgeknüpfte oder handgewebte Teppiche, die zu 100 Prozent aus Naturfasern und in Farbgebung und Ornamentik nach überlieferten Vorbildern gearbeitet sind. Streng genommen, müssen sie auch aus den traditionellen Knüpfgebieten in Anatolien und Iran, in den Kaukasusländern, in Turkmenistan, Alt-China und Indien stammen. Vorrangiges Knüpfmaterial ist Schafwolle. Die Schur junger Tiere liefert besonders feine Wolle, die so genannte Kurk-Wolle.

Kostbare Seidenteppiche

Früher fand man ihn nur in hochherrschaftlichen Häusern, den kostbaren Seidenteppich aus dem Orient. Der feine Seidenfaden lässt engste Knüpfungen zu und verleiht dem Teppich seinen exquisiten Glanz. Dabei sind Seidenteppiche ausgesprochen haltbar und von großer Festigkeit. Auch besteht bei Seide, im Gegensatz zu Wolle, keine Gefahr von Mottenfraß. Nur: Mit Straßenschuhen sollten Sie Ihr Glanzstück nicht betreten!

Der gute alte Flickenteppich

Flickenteppiche stellen eine besonders hübsche und nützliche Art der textilen Resteverwertung dar. Früher hat man sie oft selbst angefertigt: Beliebig bunte Stoffreste werden in gleiche Breite von circa zwei Zentimetern zurechtgeschnitten und als Endlosband aneinander genäht. Dieser »Faden« wird dann auf üblichen Webstühlen zu einfachen, aber individuellen Teppichen verarbeitet. Wenn Sie eine Menge Stoffreste zu Hause haben: Teppichwebereien gibt es immer noch!

Behaglichkeit durch Teppiche

Ein Teppich prägt den Charakter eines Raumes entschieden, also gebührt ihm ganz besondere Aufmerksamkeit. Speziell bei kühlen Böden und hellhörigen Wohnungen ist er fast unverzichtbar; denn Teppiche wärmen und schlucken Schall. Schon Großmutter wusste: Wirklich behaglich ist ein Raum nur mit Teppich!

Webteppiche aus Schafwolle

Der gewebte Schafwollteppich hat vor allem im Alpenraum Tradition. An einem solchen bodenständigen Stück werden Sie, zu günstigen Preisen, lange Ihre Freude haben. In Teppichwebereien können Sie Ihren Schafwollteppich nach Größe (maximale Breite meist drei Meter, Länge »unendlich«) und Farbe bestellen. Einige Werkstätten waschen, kämmen und verspinnen die Wolle wie in alter Zeit auch noch selbst.

Binsen- und Strohmatten

Bis vor 200 Jahren wurden die Fußböden oft mit Stroh- oder Binsenmatten belegt. Zum Flechten solcher strapazierfähiger Naturmatten nahm man auch Riedgras, Jute oder Kokosfasern. Sisalläufer, produziert aus den Blattfasern der Sisalagave, besitzen eine hohe Widerstandsfähigkeit gegenüber Feuchtigkeit. Legen Sie sie, wie früher üblich, in Vorzimmern und Fluren zur Schonung von Holzböden oder heikler Auslegeware auf.

Der Schwerpunkt-Tipp

Hauch von 1000 und einer Nacht – Dekoration nach orientalischem Vorbild

Seit den Kreuzzügen des Mittelalters, als Heerscharen von Europäern erstmals mit der arabischen Kultur in Kontakt kamen, gilt der Orient im Westen als Inbegriff von Sinnlichkeit, Opulenz und Farbenfreude – eine Märchenwelt. So wurden europäische Einrichtungsmoden immer wieder von der orientalischen Wohnkultur inspiriert. Auch in unserer Zeit setzt ein Hauch von Tausendundeiner Nacht tolle Akzente.

Die Wohnkultur der islamisch-arabischen Welt ist geprägt von einer großen Vielfalt von Teppichen. Ein Teppichverkäufer in Dubai in den Vereinigten Arabischen Emiraten.

Üppig in den Farben – Sparsam in der Möblierung

Sitzkissen aus handschuhweichem Leder, bestickte Decken, viele Polster mit kaukasischen oder anatolischen Kelims – flach gewebte oder gewirkte Teppiche –, Kerzenlicht in bunten Ampeln und auf Böden und an Wänden farbenprächtige Teppiche ... Wenn Sie ein Zimmer im orientalischen »Ethno-Stil« einrichten, kommt nicht viel mehr dazu. Denn diese Wohnkultur ist ja ursprünglich eine nomadische. Man hat in Zelten gelebt und ist an einen anderen Ort weitergezogen, wenn das Vieh keine ausreichende Nahrung mehr fand. Deshalb fehlen in der authentischen arabischen Tradition unhandliche Möbel wie etwa Schränke völlig. So wird auch in Ihrem Orientzimmer das Tablett, auf dem Sie Speisen und Getränke servieren, den Tisch ersetzen. Es ist selbstverständlich aus Metall und kunstvoll ziseliert. Metallarbeiten des Orients waren einst heiß begehrt, nicht nur als Damaszenerklingen.

Ein Wandteppich nach orientalischem Vorbild, der Exotik, aber auch Behaglichkeit ausstrahlt, kann in Ihrer Wohnung einen ganz besonderen Akzent setzen.

Sofa, Diwan, Ottomane

Trotz spärlicher Möblierung darf in Ihrem Orientzimmer eine gepolsterte Liege nicht fehlen. Stilgerecht werden Sie darüber einen fein gewebten Kelim drapieren. Bis ins 16. Jahrhundert waren Polstermöbel bei uns nicht gebräuchlich. Die orientalischen Einrichtungsmoden brachten sie nach Europa. »Sofa« findet sich als arabisches Lehnwort in vielen europäischen Sprachen. Mit Diwan wurde ursprünglich die Kanzlei der osmanischen Herrscher bezeichnet, an deren Wänden gepolsterte Sitzbänke standen. Und die Ottomane weist schon durch den Namen auf ihre Herkunft aus dem Osmanischen Reich hin.

Großmutter wünscht eine gute Nacht – das gemachte Bett

Wer sich gut bettet, der ruht gut. Einen gesunden Schlaf garantieren nicht nur das richtige Bett und eine gute Matratze, sondern auch die adäquaten Betttextilien.

Witwe Bolte brauchte ihr Federvieh auch für »die Betten und die Pfühle, denn man liegt nicht gerne kühle«. Seit den Zeiten von Wilhelm Busch (1832 –1908) hat sich zwar einiges geändert in puncto Bettzeug. Doch die typisch deutsche wohlig-warme Bettenkultur steht zu Recht noch immer hoch im Kurs. Um aus der heute schier unüberschaubaren Angebotsfülle die richtige Wahl für den gesunden Schlaf zu treffen, hilft eine Warenkunde, die früher jeder Hausfrau geläufig war.

Bettlaken für jede Jahreszeit

Bettlaken aus mittelschwerem Leinen können ein Leben lang halten – »Aussteuerqualität« hat man früher gesagt – und bieten frisch gestärkt ein unübertreffliches Bettvergnügen. Drehen Sie sie wie Großmutter durch die Heißmangel, das frischt die Appretur nach jedem Waschen auf. Da Leinen jedoch kühlend wirkt, waren im Winter früher Betttücher aus wärmendem Baumwollflanell gefragt. Auch das aus England importierte bügelfreie Spannbetttuch aus Doppel-Jersey überzeugte die qualitätsbewusste Hausfrau: Die doppelte Strickweise macht solche Laken außerordentlich strapazierfähig, im Gegensatz zu den heutigen »Jersey-Stöffchen«, die so preiswert in den Schütten der Kaufhäuser liegen. Dabei ist Doppel-Jersey hoch elastisch, wirft keine Falten und ist noch dazu rasch aufgezogen. Wenn Sie auf den Preis achten wollen, empfiehlt sich als Betttuch auch kräftiger, guter Baumwollnessel, der billiger ist als gebleichte Baumwolltücher. Er hält bei gleicher Faserqualität länger, denn jeder Bleichvorgang schwächt die Faser. Zwirntücher sind teuer, sie zeichnen sich aber durch besondere Haltbarkeit aus.

Das Bett des schwedischen Malers Carl Larsson (1853–1919) im Mittelpunkt seines heiter-farbigen Schlafzimmers

Die richtige Unterlage für den Kopf

Eine gesunde Alternative zum herkömmlichen Federkissen sind flache Rosshaarkissen, die unter dem Laken liegen und durch ein bis zwei kleine Federkissen ergänzt werden. Nackenrollen oder Nackenhörnchen, gefüllt mit Dinkel- oder Hirsespelzen oder auch mit gesäuberten und getrockneten Kirschkernen, sind altbewährte Gesundheitskissen. Mittlerweile schwören wieder viele Ausgeschlafene darauf. Weicher sind Nackenrollen, die mit Entendaunen gefüllt sind. Wer im Bett liest, verhilft dem Kopf mit einer Nackenrolle zur optimalen, die Halswirbel stützenden Position.

Plaids – vom Kutschbock auf die Couch

In alter Zeit dienten die häufig karierten Wolldecken, die wir mit dem schottischen Wort Plaid benennen, als wärmende Hülle für unterwegs. Der Kutscher wickelte sie sich um die Beine, die Dame legte sie bei Wind und Regen um Kopf und Schultern. Heute wärmen sie uns beim Ruhestündchen auf der Couch. Traditionelle Plaids bestehen aus Schurwolle. Edlere Wollqualitäten sind Alpaka (Lama) und insbesondere das federleichte Unterhaar der Kaschmirziege, das durch Auskämmen der Tiere gewonnen wird.

Fenster in die Vergangenheit

Der Quilt – ob mit oder ohne traditionelle Patchwork-Gestaltung – ist nicht nur eine angenehme Decke, sondern immer auch ein echter Blickfang.

Der Quilt *ist Amerikas schönste Decke. Fleißige Siedlerfrauen fertigten in wochenlanger Handarbeit jene Textilien an, die als Bettdecken oder Wandbehänge oft die einzige Zierde in der Blockhütte darstellten. Quilts sind dünne Steppdecken, deren drei Schichten – zwei Stoffschichten, dazwischen eine flauschige Einlage – durch eng gesetzte Steppstiche (per Hand!) zusammengehalten werden. Meist ist die Schauseite in Patchwork (Flickwerk) gestaltet, ursprünglich eine Form der Zweitverwertung von Stoff- oder Kleidungsresten. Doch haben sich mit der Zeit bestimmte Patchwork-Muster entwickelt, die bis heute den traditionellen Quilt ausmachen. Die aus verschiedenen Farben und Stoffdesign zusammengesetzten Muster sowie die oft kunstvolle Führung der Steppnähte wurden von Generation zu Generation weitergegeben, so entstanden auch regional unterschiedliche Stile. Für gut erhaltene historische Quilts zahlt man heute ein Vermögen. Aber viele Frauen, nicht nur in den USA, machen sich ihren Quilt in alter Technik heute wieder selbst.*

Atmungsaktive Bettdecken

Bettdecken aus synthetischen Materialien behindern die Hautatmung und fühlen sich schnell unangenehm feucht an. Deshalb sollten Sie sich für altbewährte natürliche Materialien entscheiden, auch wenn die um einiges teurer sind. Eiderdaunen (die feinsten Gänsedaunen) bieten Ihnen als Füllung nach wie vor höchsten Luxus. Preiswerter bekommen Sie Füllungen aus einem Gemisch aus Gänse- und Entendaunen, die ebenfalls kuschelig-weich sind und für ein trockenes Bettklima sorgen. Traditionelles Bettzeug aus Naturfasern erlebt derzeit eine Renaissance: Flauschig warm und atmungsaktiv sind Füllungen aus Schafschurwolle, aus dem geschmeidigen Kamelhaar oder – das Feinste vom Feinen – aus Kaschmir. Mit der edlen Wildseide wird zwar nicht das in Deutschland beliebte Volumen erreicht, doch wenn Sie zum Schwitzen neigen, sollten Sie sich umgewöhnen; denn Wildseide kann bis zu 30 Prozent ihres Eigengewichts an Feuchtigkeit aufnehmen und fühlt sich immer noch trocken an.

Bettwäsche aus Großmutters Aussteuer

In Großmutters Aussteuer spielte Bettwäsche eine zentrale Rolle. Mehrere Garnituren aus unterschiedlich aufbereiteter Baumwolle gehörten dazu. Die Vorteile von Baumwolle als Bettwäsche liegen auf der Hand: Sie lässt sich gut waschen und ist angenehm auf der Haut. Die robusteste Wäschequalität, oft rot- oder blau-weiß kariert, war kalanderte Baumwolle: Das Gewebe wird unter Druck gespannt und gewalzt und erhält dadurch große Dichte und Glätte und einen gewissen Glanz. Das feine Gegenstück dazu war die Baumwollsatin-Bettwäsche, die heute in allen Farben und Mustern angeboten wird. Dabei würde das klassische Weiß aus Großmutters Zeiten mehr Aufmerksamkeit verdienen. Altbewährt für kühle Nächte ist Bettwäsche aus Baumwollflanell, auch die so genannte Biberbettwäsche aus aufgerauter, dabei weicher Baumwolle, die sich durch hohe Saugfähigkeit auszeichnet.

Ein farbenfrohes Polster, ebensolche Kissen und eine Decke – perfekte Voraussetzungen für ein kleines Nickerchen

Eine kleine Textilgeschichte

Weben und Spinnen gehören zu den ältesten Handwerkskünsten der Menschheit. Doch unter den Hinterlassenschaften unserer Urahnen, die in den Museen ausgestellt sind, finden sich kaum einmal Textilien. Denn Stoffe sind, im Gegensatz zu Stein, Keramik, Metall und auch Holz, sehr vergängliche Materialien. Selten überdauern sie Jahrhunderte, kaum einmal Jahrtausende.

Seit frühester Zeit haben sich die Menschen bekleidet, um den Körper zu schützen. Bereits in der Jungsteinzeit waren primitive Gewichts-Hochwebstühle bekannt, mit denen erste Textilien aus Wolle, Flachs und Bast hergestellt wurden. Auch Baumfasern von Linde, Ulme oder Eiche hat man verwoben. Frühe Hochkulturen, wie etwa die chinesische oder die ägyptische, kannten die Weberei; so wurden in Grabkammern am Nil Reste von gewebten Gewändern gefunden. Von den Germanen wissen wir, dass sie Wolle wie auch Leinen webten.

Seit Jahrtausenden schon werden Naturfasern zu Garn gesponnen. Das Relief aus dem 8./7. Jahrhundert v. Chr. zeigt eine hethitische Frau beim Hantieren mit einem Spinnrocken und den zu verspinnenden Fasern.

Kette und Schuss

Jahrtausendelang wurden überall ganz ähnliche Modelle des einfachen Webstuhls mit horizontaler Kette und vertikalem Schuss verwendet. Doch damit hat man exzellente Stoffe hergestellt: die Brokate und Damaste des Orients, in Europa haltbares Leinen und wärmende Wolltuche. Die beiden wichtigsten Handelszentren des europäischen Mittelalters, Oberitalien und Flandern, taten sich auch in der Textilproduktion hervor. In deutschen Städten entwickelten sich hochspezialisierte Berufe wie der Tuchscherer, der das gewobene und gefärbte Tuch glättete und ihm den glänzenden »Strich« verlieh. Mancherorts gehörten die Weber zu den stärksten Handwerkerzünften einer Stadt; in Augsburg etwa zählte die Weberzunft im 15. Jahrhundert 700 Mitglieder. Auch die Augsburger Fugger, die in der frühen Neuzeit zu den reichsten Familien Europas gehörten, hatten als Weber angefangen.

Webmaschinen – Ein Handwerk wird zum Industriezweig

Die ersten Webmaschinen waren die so genannten Bandmühlen, mit deren Hilfe es im 16. Jahrhundert möglich wurde, zwanzig und mehr Bänder gleichzeitig herzustellen. Immer mehr Erfindungen dienten der Beschleunigung des handgesteuerten Webens. In England, dem Vorreiter der industriellen Revolution, entwickelte 1733 John Kay den »Schnellschützen«, der die Webgeschwindigkeit verdoppelte. Auch erfand man eine Möglichkeit, den Webstuhl durch eine »Pferdestärke« anzutreiben. Zum Industriezweig wurde das alte Handwerk schließlich durch den voll mechanisierten Webstuhl, den der englische Geistliche Edmund Cartwright (1743–1823) am Vorabend der Französischen Revolution erfand. Die Vereinfachung und

Wo Sie heute noch handgefertigte deutsche Textilien kaufen können

In Deutschland produzierte Wirk- und Webwaren sind angesichts der asiatischen Billigkonkurrenz mittlerweile zur kostbaren Rarität geworden. Doch in manchen Orten, einst Zentren der Textilindustrie, finden sich noch Traditionsbetriebe, so zum Beispiel in:

- *Althütte (Baden-Württemberg):* Bandweberei, Köperbänder, Stoffetiketten
- *Apolda (Thüringen):* Strick- und Wirkwaren
- *Herford (Nordrhein-Westfalen):* Bielefelder Leinen
- *Plauen (Sachsen):* Plauener Spitze, Tischwäsche und Stickereien
- *Helmbrechts (Bayern):* Webereien in der Umgebung
- *Oberlausitz, mehrere Orte (Sachsen):* Handwebereien mit Schauwerkstätten
- *Neuburg an der Kammel (Bayern):* Handwebereien
- *Schlitz (Hessen):* Leinenwebereien

Beschleunigung des Herstellungsprozesses machten die Arbeit billiger – und die einstmals angesehenen Weber arm. Der schlesische Weberaufstand von 1844 ist das bekannteste Beispiel für das soziale Elend eines untergehenden Handwerks. Eine weitere Rationalisierung erfuhr der Produktionsprozess durch den elektrischen Webstuhl, den 1879 Werner von Siemens erfand.

Die Frauen spinnen

Die Erzeugung des Garns aus tierischen und pflanzlichen Fasern, das dann im Webstuhl verwoben wird, war jahrtausendelang Hand- und Heimarbeit und eine Domäne der Frauen. Die Nachbarinnen saßen nach der Feld- und Hausarbeit beisammen und spannen nicht nur endlos lange Fäden, sondern auch ihre Geschichten. Zunächst kannte man nur die Handspindel, die in unseren Breiten ab dem 15. Jahrhundert vom Spinnrad abgelöst wurde. Damit begann die Mechanisierung des Spinnens. Neben der Webmaschine war die Erfindung der Spinnmaschine – 1768 in England – ein Meilenstein der industriellen Entwicklung. Durch diese Maschinen veränderten sich die Produktionsbedingungen von der Handarbeit zur Fabrikarbeit des Industriezeitalters. Aber nicht nur die soziale Realität der Arbeiter und Arbeiterinnen erfuhr eine radikale Umwälzung, sondern auch ihr Produkt: Textilien wurden zur billigen Massenware.

Frühe Textilindustrie in Deutschland

Die Standorte der frühen deutschen Textilindustrie lagen hauptsächlich in den Mittelgebirgsregionen. Auf der Schwäbischen Alb, in der Eifel und im Hunsrück, im Erzgebirge und im Frankenwald, um den Vogelsberg und in der Rhön gab es klimatisch günstige Bedingungen für den Flachsanbau sowie Wiesengründe für die Schafzucht. Daraus entwickelte sich im Lauf der Zeit die Leinen- und Wollverarbeitung. Die industrielle Revolution des 19. Jahrhunderts und auch die Verdrängung der heimischen Materialien durch die billige Baumwolle – vor allem nach 1945 – entzogen sehr vielen kleinen Betrieben ihre Existenzgrundlage. Zwischen den Jahren 1955 und 1980 gingen in der Bundesrepublik Deutschland über 400 000 Arbeitsplätze in der Textil- und Bekleidungsindustrie verloren.

Baumwolle – einer der ältesten textilen Rohstoffe: Seit Jahrtausenden schon wird das Samenhaar der Fruchtkapsel versponnen.

Die Textilherstellung bildete einen der wichtigsten Bereiche der mittelalterlichen Wirtschaft. Die Buchmalerei aus dem 15. Jahrhundert zeigt – als Symbol des Fleißes – eine Frau am Webstuhl, die Besuch erhält.

Globalen Textilhandel kannte schon die alte Welt

Textile Gewebe hatten in alter Zeit ihren Preis. Sie wurden über weite Entfernungen hinweg gehandelt, und das zahlte sich für die Kaufleute aus. Wohlstand durch Textilhandel erreichten vor drei Jahrtausenden schon die Babylonier und Assyrer im Zweistromland, dann vor allem die tüchtigen Händler und Seefahrer aus den phönizischen Stadtstaaten, die den Mittelmeerraum für sich eroberten. Die enorme Bedeutung des Stoffhandels zeigt allein schon der Name des berühmtesten Fernhandelswegs der Antike und des Mittelalters: Die Seidenstraße war die wichtigste Verbindung zwischen Europa und dem Fernen Osten, bis im 16. Jahrhundert der Seeweg rund um Afrika entdeckt wurde. Auf der Seidenstraße reisten schon die Händler der Antike, um den verwöhnten Römern feine Seiden aus China verkaufen zu können. Im Mittelalter waren es vor allem venezianische Kaufleute – bekanntestes Beispiel: Marco Polo (1254 – 1324) –, die sich aufmachten, um das Abendland mit den begehrten Gütern des Ostens, mit Gewürzen und Geweben, zu versorgen und dabei reich zu werden.

Großmutters Küchen- und Tischtextilien

Haushaltstextilien sind in Europa seit dem 14. Jahrhundert in Nachlass-Inventaren begüterter Familien erwähnt. Der Arme saß beim Essen allerdings am blanken Holztisch und wischte sich den Mund mit der Hand ab, denn Stoff war teuer und das Waschen eine unerhört aufwändige Arbeit. Dann im bürgerlichen Zeitalter, unserer »guten alten Zeit«, bemühten sich auch die kleinen Leute um einen kultivierten Lebensstil. Als die Zeitschrift »Das häusliche Glück« 1883 eine komplette Aussteuer für Haushalte in einfachen Verhältnissen präsentierte, gehörten Tischtücher, Stoffservietten, Geschirrtücher und Wachstücher dazu.

Waschbar und praktisch: Tischdecken aus Leinen und Baumwolle

In Großmutters Wäscheschrank stapelten sich Tischtücher unterschiedlicher Qualität, die allerdings eine Eigenschaft teilten: Sie mussten gut zu waschen sein. Das gilt auch heute noch. Da bei Tisch immer gekleckert wird, sollten Sie nur solche Materialien verwenden, die Sie bei mindestens 60 Grad waschen können. Dafür eignen sich alle Leinen- und Baumwollgewebe vom feinen Batist bis zum schweren Damast. Bei bunten Tischdecken ist außerdem die Farbechtheit wichtig. Deshalb studieren Sie vor dem Kauf das Etikett. Auch Borten- oder Spitzenbesätze müssen diesen Kriterien entsprechen. Wenn Sie beispielsweise eine Tischdecke durch eine Web-Borte aufwerten oder vergrößern wollen, sollten Sie beide Teile vor dem Nähen waschen. Damit sparen Sie sich das Auftrennen, falls etwa die Borte einläuft, die Tischdecke aber nicht.

Gute und schöne Geschirrtücher ersparen einem zwar nicht den Abwasch, machen ihn aber angenehmer.

Zur Fleckentarnung: Mitteldecke

Tischtücher zu waschen, zu stärken und durch die Mangel zu drehen, so dass sie den Ansprüchen der ordentlichen Hausfrau entsprachen, war mit viel Arbeit verbunden. Wenn Gäste kamen, wurde selbstverständlich ein frisches Tischtuch aufgelegt. Doch für die Familie hat es Großmutter nicht nach jedem Essen gewechselt. Stattdessen kamen zum Schutz vor Flecken Sets an jeden Essplatz. Wenn trotzdem ein Malheur passierte, wurde nach dem Essen die kleinere Mitteldecke über das große Tischtuch gelegt, um die Flecken zu verbergen.

Tischläufer schützen das Holz

Schmale Stoffbahnen, die längs oder quer als Läufer über die Holzplatte des Tisches gelegt werden, kommen gerade wieder in Mode. Und sie erfüllen nach wie vor den Zweck, den schon Großmutter zu schätzen wusste: Ohne die Maserung der Tischplatte ganz zu verdecken, schützen sie das Holz vor Kratzern und Feuchtigkeit; denn Obstschalen oder Blumenvasen werden selbstverständlich auf den Tischläufer gestellt. Eine ähnliche Funktion haben bestickte oder gehäkelte Zierdecken und -deckchen, mit denen man früher nicht nur das Heim schmückte, sondern auch die Möbel schonte.

Individuell gestaltete und qualitätvolle Tischtextilien waren einst ein Markenzeichen gutbürgerlicher Haushalte.

Stoffservietten – Kleckern mit Stil

Ab dem 16. Jahrhundert setzte sich die Serviette in den gehobenen Kreisen durch. Damals hatte sie Handtuchformat und diente dazu, nach der Mahlzeit nicht nur Hände und Mund zu reinigen, sondern auch das Besteck. Zu Großmutters Zeiten gehörten mehrere Garnituren von Stoffservietten in der Größe 40 mal 40 Zentimeter zu jedem gepflegten

Das gute alte Wachstuch

Das Wachstuch lag früher auf dem Küchentisch: robust, pflegeleicht – einfaches Abwischen genügt – und dabei durchaus appetitlich anzusehen, mit bunten Mustern bedruckt. Es besteht aus einem Baumwollgewebe, das mit Leinölfirnis präpariert ist, und ist auch heute noch erhältlich.

Der Schwerpunkt-Tipp

Handwerk und Volkskunst: Blaudruck

Die alte Handwerkskunst des Blaudrucks, bis vor 100 Jahren in vielen deutschen Regionen verbreitet, ist heute beinahe ausgestorben. Traditionell wurde Blaudruck in kleinen ländlichen Werkstätten hergestellt. Man brauchte nicht viel dazu: Druckstöcke (Modeln) für die Muster, blauen Farbstoff – das im heimischen Anbau kultivierte Färber-Waid oder das aus Asien importierte Indigoblau – sowie die Bottiche zum Färben des Leinens. Letzteres produzierten die Bauern meist in Heimarbeit aus ihrem selbst angebauten Flachs und brachten es dann zum Bedrucken und Färben.

Ideal für den Landhausstil

Wenn Sie den gemütlichen Landhausstil lieben, bieten Ihnen Blaudruckstoffe eine authentische Alternative zum heutigen Stoffangebot im »Rustikal-Look«. Mit ihren zarten Rapportmustern und hübschen Bordüren vermitteln diese traditionsreichen Leinenstoffe ein »echt« ländliches Wohngefühl. Sie können sie als Tischtextilien oder Bettüberwurf, als Bettwäsche oder auch als Vorhang verwenden.

Bildmotive für den Jahreskreis

Zu Ostern oder Weihnachten schmücken Blaudruckstoffe mit passenden Motiven das Heim. Vor allem im Erzgebirge war man da sehr erfinderisch: Osterlämmer, Engel, Kerzen und Tannenbäume wurden zu beliebten Mustern. Auch für die verschiedenen Jahreszeiten gab es Druckstöcke, mit Jagd- oder Ernteszenen, Maiblumen oder Ährenmustern. Solche figürlichen Motive eignen sich für stimmungsvolle Wandbehänge oder verleihen, als Mitteldecke aufgelegt, der Tischdekoration eine besondere Note.

Der Model mit dem charakteristischen Muster für den Blaudruck stammt aus der Oberlausitz, wo diese alte Textiltechnik heute noch gepflegt wird. Neben eher abstrakten Mustern kennt der Blaudruck auch eine Vielfalt figürlicher Motive.

Blaudruck »im Selbstversuch«

Blaudruck funktioniert wie Batiken. Wer sich gerne kunsthandwerklich betätigt, könnte es sogar selbst einmal versuchen: Sie tragen mit einem Model aus dem Antiquitätenhandel oder vom Trödelmarkt eine Schutzbeize auf und färben dann das ganze Tuch. Nach dem Färben wird die Schutzbeize in einem Säurebad entfernt, so dass das Muster »reserviert«, also in der Grundfarbe des Stoffes erscheint. Interessierte können sich an den »Verein zur Pflege der Regionalkultur Lausitz« in Hoyerswerda wenden oder ins Münsterland reisen, wo auch noch Blaudruck betrieben wird: In Nottuln etwa befindet sich die Blaudruckerei Kentrup, die älteste Nordrhein-Westfalens, wo Sie bei der Arbeit zuschauen können.

Haushalt. Wenn Sie Wert auf Esskultur legen, sollten auch Sie sich Stoffservietten passend zu verschiedenen Tischtüchern zulegen. Da es der eigentliche Zweck von Servietten ist, bekleckert zu werden, wählen Sie Materialien, die Sie bei 60 Grad waschen können, also farbechte Leinen- und Baumwollgewebe.

Geschirr- und Gläsertücher

Bei Gläsertüchern ist es wichtig, dass die Fasern nicht fusseln. Daher sollten Sie sich hochwertige Baumwoll- oder Leinenqualität leisten, etwa das traditionsreiche Bielefelder Leinen aus 100 Prozent Langflachsgarn. Für Geschirrtücher nehmen Sie Zwirnhalbleinen. Als »Trockenperle – das Schnelltrockentuch« eroberten die blauweiß karierten Küchentücher in Halbzwirnqualitäten damals die Haushalte. Ebenso weite Verbreitung fanden die aus einem Leinen-Baumwoll-Gemisch hergestellten Geschirrtücher in blauem Würfeldesign, die als unverwüstlich galten.

Altbewährte Badezimmertextilien aus natürlichem Material

Heute hat »Wohnen im Bad« Konjunktur. Mit luxuriöser Ausstattung und technischer Innovation wird mittlerweile so manches private Badezimmer zum privaten Wellnessbereich. Dabei verfügten noch vor 100 Jahren die meisten Wohnungen nicht einmal über eine eigene Toilette, geschweige denn ein eigenes Bad. Dennoch können wir, wo es sozusagen auf Tuchfühlung ankommt, auf die gute alte Zeit und ihre natürlichen Materialien vertrauen.

Trocknen dank Struktur – Bad-Textilien aus Waffelpiqué

Die altbewährte Waffelpiquébindung ist eine spezielle Webart von Leinen- oder Baumwollgarn und wird ausschließlich einfarbig angeboten, überwiegend im klassischen Weiß. Die Waffelstruktur macht das Gewebe weich und ermöglicht durch die vergrößerte Stoffoberfläche einen verbesserten Feuchtigkeitstransport. Hand- und Duschtücher aus Piqué in reinen Naturfasern trocknen besonders gut ab, sind pflegeleicht und verleihen Ihrem Badezimmer eine nostalgische Note. Auch Bademäntel aus diesem schlichten, aber praktischen Material sind zu empfehlen, weil sie nach dem Baden für ein ausgewogenes Körperklima sorgen.

Vor der Zeit des fließend warmen Wassers konnte die Morgentoilette ein durchaus mühsames Unterfangen sein.

Frottee – der Favorit im Badezimmer

Als echtes Frottee – zu Großmutters Zeiten Luxus pur! – bezeichnen wir ein dreifädig verarbeitetes Schlingengewebe aus Baumwolle oder einem Baumwoll-Leinen-Gemisch. Aufgrund des dritten Fadens ist es bedeutend voluminöser und saugfähiger als das nur frotteeähnliche zweischlingige Gewebe der preiswerten Massenware. Je höher der Leinenanteil im Frottee, umso körniger die Ware: Massage-Frotteetücher sind deshalb bis zu 70 Prozent aus Leinen. So scheiden sich bei Frotteehandtüchern die Geister: Die einen bevorzugen körnig-raue, die anderen samtweiche Qualität. Wenn Sie es gerne weich mögen, greifen Sie zum unübertrefflichen Frottee aus ägyptischer Mako-Baumwolle.

Baumwollvelours für Bademäntel

Bademäntel und Badetücher aus schwerem Baumwollvelours sind besonders kuschelig. Dieses dichte Material wird in einer aufwändigen Webtechnik hergestellt, wobei die doppelten Schlingen abschließend auf beiden Seiten geschoren werden. Dadurch erhält der Flor seinen samtigen Griff. Baumwollvelours ist saugfähig, trocknet aber aufgrund seiner dichten Konsistenz schlecht. Deshalb sollten Sie bei Handtüchern lieber Frottee wählen.

Frisch gewaschene, weiche und hochwertige Badetücher lassen das morgendliche Bad zu einem Vergnügen werden.

Massage inklusive: Waschlappen

Meist aus Frottee sind die Waschlappen beziehungsweise Waschhandschuhe zum Reinschlüpfen, mit denen wir uns unter der Dusche schaumig einseifen und bei rauer Qualität auch gleich die Haut massieren. In früherer Zeit war dieses Bade-

Wäschemonogramme

Für Badezimmer, die von mehreren Personen frequentiert werden, sollten Textilien mit Wäschekennzeichen versehen werden. Großmutter schrieb die Namen mit kochfestem Wäschestift auf Köperbänder, die dann aufgenäht wurden. Oder sie stickte kunstvolle Monogramme auf Handtücher und Waschlappen. Wenn Sie das auch machen möchten, achten Sie unbedingt auf farbechtes Stickgarn.

zimmer-Utensil unverzichtbar, weil die tägliche Körperpflege am Waschbecken stattfand. Nur einmal die Woche war Badetag, dann wurde auch der Boiler für die Badewanne angeheizt. Meistens gab es zwei Waschlappen pro Person, einen »für oben«, einen »für unten«, was sich aus hygienischen Gründen natürlich nach wie vor empfiehlt. Bei Hautkrankheiten sowie Fuß- und Nagelpilz – heute übrigens sehr weit verbreitete Infektionskrankheiten – sollten Sie den Waschlappen unbedingt nach jeder Benutzung austauschen.

Gästehandtücher

Ein Handtuch ist eine recht intime Sache. Deshalb hängte Großmutter gut erkennbar ein für die Hände der Gäste reserviertes Handtuch auf. Heute sind kleinformatige Gästehandtücher üblich, die Sie in einem Stapel neben das Waschbecken legen. Übernachtungsgästen stellen Sie eine komplette Garnitur aus Handtuch, Duschtuch und Waschlappen zur Verfügung, die sich in Dekor oder Farbe von der Ausstattung der Familie unterscheidet, damit es nicht zu Verwechslungen kommt.

Nur bessere Haushalte verfügten früher über solch ein komfortables Bad.

Fenster in die Gegenwart

Moderne Kunstfasern *sind praktisch, aber nicht immer unbedenklich. Nach dem Bad sind alle Poren geöffnet, was sich mit Kunststoff einfach nicht verträgt. Doch die Textilchemie bringt immer neue Materialien auf den Markt, die den Kunden davon überzeugen sollen, dass es Besseres und Praktischeres gibt als die kochfeste »Öko-Ware«, die Großmutter benutzte.*

Nahezu alle textilen Stoffe, die bei uns im Handel sind, auch solche aus natürlichen Materialien wie etwa Baumwolle oder Leinen, sind in irgendeiner Weise behandelt. Und dem Verbraucher fehlt die Kontrolle. Zwar gibt es ein EU-weit geschütztes Siegel »kbA« (aus kontrolliert biologischem Anbau) für das Rohmaterial. Doch was mit der Baumwollfaser danach passiert, bleibt das Geheimnis der Textilindustrie. Im Regelfall kommen bei der Textilproduktion – nicht zuletzt beim Einfärben – Chemikalien zum Einsatz, die die Eigenschaften und das Aussehen der Naturware erheblich verändern, und das nicht nur positiv. Kritisiert werden insbesondere die Belastung der Umwelt beim Herstellungsprozess sowie gesundheitliche Auswirkungen (Stichwort Allergien) bei der Benutzung dieser chemisch aufbereiteten Stoffe.

Sie wirken angenehm und einladend – moderne, mehr oder weniger künstliche Textilien weisen allerdings in ökologischer Hinsicht auch manchen Nachteil auf.

Das gilt umso mehr für Kunstfasern aus dem Labor. Hier schlägt die viel beschworene chemische Keule gnadenlos zu. Der Nutzen ist zwar durchaus gegeben, aber man fragt sich, ob er den Schaden überwiegt. Eine in Japan entwickelte und heute in der Textilproduktion weltweit verbreitete Kunstfaser ist durch ihre permanent antibakterielle und deodorierende chemische Ausstattung unempfindlich gegen Schimmel- und Pilzbefall und wird besonders für Feuchträume empfohlen. Eine andere »Wunderfaser« wirkt gegen die unangenehmen, jedoch völlig ungefährlichen elektrostatischen Aufladungen beim Körperkontakt und findet hauptsächlich bei Teppichböden Verwendung. Artikel aus diesem Material, dem Kohlenstoff- oder Metallfasern sowie tensidähnliche Stoffe beigemischt sind, tragen die Kennzeichnung »antistatisch«.

Farben in der Wohnung – das Wissen der Vergangenheit

Die Sinneswahrnehmung von Farben wirkt elementar. Ob in der Natur oder in unseren Wohnräumen, Farben sind das Erste, was wir von unserer Umgebung empfangen, oft stärker, als uns bewusst ist. Das hat die moderne Wissenschaft bestätigt. Eigentlich können wir nur staunen, mit welch sicherem Spürsinn alte Kulturen und historische Stilepochen mit Farbe umgegangen sind.

Wände und Böden farbig gestalten

Die farbige Gestaltung von großen Flächen wie Wänden und Böden birgt immer ein gewisses Risiko. Zum Glück finden wir in Wohnräumen unterschiedlichster Kulturen – ob skandinavisch oder afrikanisch – bewährte Vorbilder für gelungene Farbgestaltung.

Frisch: Regenbogen-Farben

Die Farben des Regenbogens wirken hell und unkompliziert. Mit Weiß gemischt, bleiben sie klar und sauber. Diese Farbtöne sind einfache Farben, die sich gut für Kinderzimmer und alle Räume eignen, die frisch und fröhlich wirken sollen. Ein schönes Beispiel sind die Häuser der Pazifikinseln mit ihren korallenrot, lagunentürkis und sonnengelb leuchtenden Wänden, die nie grell wirken, weil die intensiven Farben mit matten Texturen von weichen Baumwollstoffen und Bambusmöbeln kombiniert sind. In Indien wird die Pracht der effektvollen Juwelenfarben, wie wir sie von Saris kennen, immer schon auch in den Wohnungen zelebriert: Diese oft noch durch Seidenglanz und Silberfäden verstärkte Leuchtkraft wirkt sinnlich und gewagt. Das Defizit eines dunklen Raumes mit wenig Tageslicht können Sie mit diesen prächtigen exotischen Farben attraktiv ausgleichen.

Berühmt für ihre Farbgestaltung: die Wohnung des schwedischen Malers Carl Larsson (1853–1919)

Zu hoch, zu niedrig?

Mit der Farbgebung von Decken und Böden können Sie die Wahrnehmung von Raumproportionen verändern. So verbreitet Weiß mehr Licht und vergrößert damit optisch jeden Raum. Eine dunkle, »schwere« Farbe am Fußboden mit helleren Farben im oberen Bereich lässt den Raum licht und höher erscheinen. Mit einer dunkleren Farbe an den Wänden, dazu hellem Boden und heller Decke, können Sie große Räume geschlossener wirken lassen. Eine hohe Zimmerdecke holen Sie mit einer dunklen Farbe optisch herunter.

Eleganz und Aufgeräumtheit: helle Pastelltöne mit dezenten Farbakzenten

Edel: gedämpfte Farben

Farben, deren Leuchtkraft durch Erdpigmente abgemildert ist, kennt der Regenbogen nicht – etwa so edle, gedämpfte Farben wie Taubenblau, Olivgrün oder erdige Rot-, Braun- und Gelbtöne. Böden und Wände in diesen Schattierungen wirken fein bis elegant. Wir finden sie in vielen traditionellen Wohnstilen verwendet: In skandinavischen Holzhäusern sorgen zartes Graublau, gebrochenes Weiß und sanfte Grüntöne für Helligkeit. Der nobel-verspielte Stil des Rokoko liebte für Fassaden und Zimmerwände zarte Pastelltöne wie Korallenrosa, Lavendel, Primelgelb. Gedämpfte Farben lassen sich aber auch mutig kombinieren, wie uns die kontraststarke afrikanische Farbpalette aus tiefen Ocker-, Safran-, Rot- und Schwarztönen zeigt.

Der Schwerpunkt-Tipp

Blau beruhigt – Farben und ihre Wirkung auf Körper und Seele

Johann Wolfgang von Goethe setzte sich in seinen Schriften intensiv mit Farben auseinander. Seine Gewissheit, »dass die einzelnen Farben besondere Gemütsstimmungen geben«, wurde von Psychologen des 20. Jahrhunderts bestätigt. So untersuchte der Schweizer Max Lüscher (geb. 1923) die Wirkung von Farben auf den Menschen und fand heraus: Rot steigert den Puls und den Blutdruck, Grün fördert Zufriedenheit, Blau wirkt beruhigend. Gestalten Sie mit Farbwissen Ihre Wohnung so, dass alle Räume ihrer jeweiligen Funktion entsprechend Ihr Wohlbefinden unterstützen.

Anregend: Gelb- und Rottöne

Gelb als Farbe der Sonne wirkt heiter, leicht und optimistisch. Im alten China durfte nur der Kaiser diese Farbe tragen. Orange zählt genauso wie Rot zu den aktiven Farben, die den größten Reiz auf das menschliche Auge ausüben. Überall dort, wo Anregung, Spannkraft, Kommunikation und Energie benötigt werden, sind Gelb, Orange und Rot richtig platziert. Es genügt durchaus, auch nur Teilbereiche wie Türstöcke, eine Wand, einen Teppich oder Fliesen in diesen Farben zu halten, da sie sehr dominant sind. Wird dem Rot oder Gelb sehr viel Weiß zugesetzt, entstehen Hellgelb und Rosa, die dann nur mehr eine schwache, sanfte Vitalität verströmen. Großmutters Ratschlag, durch »Wärme aus dem Farbtopf« Kälte abzuwehren, funktioniert in der Tat. In einem in Sonnengelb-, Orange- und Rottönen gehaltenen Raum empfinden wir weniger leicht Kälte. Hier kann beim Heizen gespart werden.

Nüchtern: Blau- und Grüntöne

Blautöne wirken kühlend, sie senken die Blutzirkulation und empfehlen sich für nächtliche, beruhigende Stimmungen. Mit Weiß aufgehellt, wird Blau mit der Farbe des Wassers und des Himmels in Verbindung gebracht: Badezimmer und Schlafzimmer sind nahe liegende Wohnbereiche für die Verwendung von Blau. Grün, Symbolfarbe der Hoffnung und in der Farbskala zwischen den warmen und kalten Farben liegend, hat eine animierende, positive Wirkung. Die Empfindlichkeit des menschlichen Auges für Grün ist sehr groß. Frische Grüntöne wirken jung und dynamisch, sanftes, neutrales Grün ist ein zurückhaltender Farbton in Speisezimmern.

Die europäische Architekturtradition kennt eine große Vielfalt farblicher Gestaltung aller Bereiche des Hauses. Dieser originelle Entwurf für einen Steinfußboden einer Eingangshalle entstand im viktorianischen England der 1860er-Jahre.

Behaglich: Braun und Beige

Mit der Farbe Braun verbindet der Mensch Dinge wie Erde, Holz, Ackerland. Alle mittleren und hellen Brauntöne wirken sanft, beschützend und warm und gelten als Farben der Sicherheit, Behaglichkeit und Solidität. Braune Möbel aus Holz, Samt, Leder oder Leinen tun gestressten Menschen gut.

Kontur gebend: Schwarz und Weiß

In der klassischen Farblehre gilt dieses Paar eigentlich als Licht- oder Helligkeitswert mit den dazwischen liegenden Graustufen. Stimmungen werden eher durch Farben als durch Grauwerte ausgedrückt. Doch mit schwarzen Kanten können Sie Akzente setzen. Und Weiß ist der beste Lichtreflektor!

Geschichte der Wandbemalung von der Antike bis heute

Zu allen Zeiten und in aller Welt haben Menschen ihre Häuser, Tempel oder Schlösser mit Farbe gestaltet, die Innen- und die Außenwände, mit geometrischen Mustern, flächigen Umfassungen oder bunten Bildern. Da gab es viel zu sehen! Erst mit der Moderne begann das Diktat der Klarheit: weiße Wände, gläserne Fronten, strenge Formen. Vielleicht freuen wir uns deshalb wie die Kinder über einen oberbayerischen Bauernhof mit Lüftlmalerei oder die Delphine, die ein namenloser Künstler vor Jahrtausenden an die Wände des Palastes von Knossos gemalt hat.

Unter Wandmalerei versteht man die Form der farblichen Gestaltung, bei der das Bild oder ein Muster direkt auf die Wand (oder Decke) aufgetragen wird. Die beiden traditionellen Techniken sind bis heute gültig: Bei der Freskomalerei werden die Farben auf den noch feuchten Kalkputz aufgebracht, bei der Seccomalerei auf die trockene Wand.

Steinzeitliche Felsbilder

Höhlenmalereien sind die frühesten Zeugnisse für Wandbemalungen. Die ältesten farbigen Felsbilder, die wir kennen, sind rund 35 000 Jahre alt und finden sich in Höhlen Westeuropas. Dargestellt sind eiszeitliche Jagdtiere wie Mammut und Wisent – so naturgetreu und lebendig, dass man sie bei ihrer Entdeckung zunächst für moderne Fälschungen hielt.

Bunte Antike

Die älteste farbverliebte Hochkultur lag am Nil; bis zu 4000 Jahre alt sind die bilderreichen Wandmalereien in ägyptischen Grabkammern. Auf der Insel Kreta entstanden in der spätminoischen Periode (1600–1150 v. Chr.) in Knossos und anderen Palästen höchst anmutige Wandmalereien in herrlichen Farben: blühende Gärten, Unterwasserwelten und die jungen Leute beim Spiel mit den Stieren. Auch die heute leuchtend weißen Tempel der klassischen griechischen Antike waren ursprünglich bunt bemalt und vergoldet, was wir uns gar nicht mehr vorstellen können. Besonderer Wertschätzung erfreute sich die Wandmalerei im Römischen Reich, wo sich die Reichen und Mächtigen ihre Villen und Stadtpaläste innen ausmalen ließen. Durch den Ausbruch des Vesuvs im Jahr 79 n. Chr. haben sich unter den Ascheschichten die prächtigen Wandmalereien in Pompeji und Herculaneum erhalten. Das »pompejanische Rot« ist als Begriff in die Kunstgeschichte eingegangen und war im 19. Jahrhundert eine gerne verwendete Wandfarbe für Prunkräume.

Der Dionysos-Kult in einer pompejanischen Wandmalerei der Zeit um Christi Geburt. Die von Vulkanasche konservierten Ausmalungen der Häuser in Pompeji und Herculaneum (nahe Neapel) zeichnen sich durch hohe künstlerische Qualität aus und sind zugleich ein einzigartiges Zeugnis römisch-antiker Kultur und Lebensweise.

Für den häuslichen Gebrauch

Im privaten Bereich wie auch in schicken Restaurants erleben Wandmalereien als Schablonenmalereien und Illusionsmalerei heute eine zeitgemäß interpretierte Wiederkehr. Sogar die alte Technik des Freskos auf Kalkputz ist wieder im Kommen. Wer eine künstlerische Ader hat, kann sich in der Wandmalerei üben. Allein schon ein Fries, mit Schablone gepinselt, verleiht jedem Raum das gewisse Etwas.

Wandmalerei in Buddhismus und Islam

Auch im alten Asien erlebte die Wandmalerei, besonders durch den Buddhismus, weite Verbreitung. Heiligtümer wurden oftmals überreich ausgemalt mit Szenen aus dem Leben des Siddharta Gautama (560–480 v. Chr.), der zum Buddha wurde. Für die Regionen Asiens, die im 7. und 8. Jahrhundert n. Chr. der Islam eroberte, begann eine bilderlose Zeit, da die strenge Auslegung des Korans Darstellungen von Lebewesen verbietet. Umso aufwändiger wurden Wände mit geometrischen und floralen Mustern in prächtigen Farben bemalt. Bisweilen hat man sich über das Bilderverbot hinweggesetzt. Wirklich einzigartig in seiner Fülle an szenischen Fresken ist das Jagdschloss Qusair 'Amra (8. Jh.) in der jordanischen Wüste.

Bilderzyklen im christlichen Abendland

Bis ins späte Mittelalter hinein war im Abendland mit Ausnahme der Kleriker kaum jemand des Lesens kundig. Deshalb hat man den Menschen die christliche Heilsbotschaft über Bilder nahe gebracht. In den romanischen und gotischen Kirchen erzählten Wandmalereien die biblischen Geschichten. Die Tafelmalerei, also die Fertigung transportabler, gerahmter Bilder, setzte sich erst ab dem 14. Jahrhundert langsam durch. Wer vorher ein Bild besitzen wollte, musste es sich auf die Wand malen lassen. Das taten auch die Ritter in ihren Burgen. Einige »Bildergeschichten« von ruhmreichen Heldentaten haben sich bis heute erhalten.

Mit dem großen Giotto (um 1266–1337) und seinen Fresken in San Francesco zu Assisi begann die italienische Renaissance, die so grandiose Wandmalereien wie das Mailänder »Abendmahl« von Leonardo da Vinci (1452 bis 1519) schuf und Michelangelos (1475–1564) monumentales »Jüngstes Gericht« in der Sixtinischen Kapelle in Rom.

Alles andere als angestaubt – ein frisch und modern wirkender Entwurf für farbliche Gestaltungsmöglichkeiten von Innenwänden aus dem viktorianischen England der 1870er-Jahre

Der schöne Schein – Täuschung in der Malerei

Trompe-l'œil (französisch: Augentäuschung) nennt man eine Malerei, die auf illusionistische Effekte abzielt. Perfekt getäuscht, hält der Betrachter den herrlich geschnitzten Türstock oder das Fenster mit dem schönen Blick in den Garten für real, und doch war hier »nur« ein Maler am Werk, der sich darauf verstand, eine Fläche dreidimensional wirken zu lassen. In Renaissance und Barock erreichte die illusionistische Malerei einen Höhepunkt. Man vergrößerte kleine Räume optisch, gaukelte Höhe vor oder Galerien, Balustraden, Marmorsäulen und Stuckarbeiten – oder trieb einfach nur ein verwirrendes Spiel mit dem Betrachter. Trompe-l'œil eignet sich auch sozusagen für den Hausgebrauch. Lassen Sie sich von einem Profi – Illusionsmalerei ist eine hohe Kunst – zum Beispiel einen kleinen Vogel über den Fensterrahmen zaubern. Ein ungewöhnlicher Effekt, der alle begeistern wird!

Barocker Höhepunkt der Wandmalerei

Die Barockzeit brachte die Perfektionierung insbesondere der Deckenmalerei. Wahrhaft himmlische Szenen zierten die Kuppeln der Kirchen, und die Fürsten ließen sich griechische Titanen an die Decken ihrer Prunksäle malen. In der barocken Wand- und Deckenmalerei hat auch die so genannte Lüftlmalerei, mit der vor allem im ländlichen Oberbayern die Hausfassaden mit bunten Bildern und Dekors geschmückt wurden, ihre Wurzeln. Denn die volkstümlichen Lüftlmaler fanden ihre künstlerischen Vorbilder in der Dorfkirche. Und reich freskierte Kirchenräume entstanden im katholischen Oberbayern im 17. und 18. Jahrhundert allerorten. Auch die Stuben der Bauernhäuser waren oft schön ausgemalt, etwa mit Ornamenten zur Wandgliederung.

Mit dem Siegeszug der Tapete in den Häusern nahm ganz allgemein die Wandbemalung im Innenbereich ab. Auch die Außenwände wurden im 20. Jahrhundert kaum noch bemalt. Ausnahmen sind die großflächigen Propaganda-Bilder totalitärer Staaten und in der urbanen Kultur des Westens die Graffiti, die freilich nicht bei jedem auf große Sympathie stoßen.

Altbewährte Regeln für den Einsatz von Farben in Wohnräumen

Moden kommen und gehen, aber bewährte Farbwirkungen ziehen sich durch die Geschichte der Einrichtungskunst wie ein roter Faden. Vom raffinierten Ton-in-Ton-Ambiente florentinischer Palazzi bis zum geometrischen Bauhausstil, der auf wenige klare, kontrastreiche Farben setzte, von den zarten Pastelltönen des Boudoirstils bis zur gedämpften Farbenfülle viktorianischer Räume, die mit bedruckten Stoffen und Tapeten verschwenderisch ausstaffiert waren: Immer geht es um fließende Übergänge oder um gezielte Farbtupfer.

Berühmt für seine Farbgestaltung mittels bunter Textilien und Möbel sowie Bemalungen der Räume ist das Innere des Hauses des schwedischen Malers Carl Larsson (1853–1919), der sein Gesamtkunstwerk auch immer wieder in Bildern festgehalten hat.

Einen Grundton wählen

Wie in der Musik sollte ein Raum auf eine Grundtonart abgestimmt sein. Diesem Prinzip folgend, erzielte man früher eine harmonische Raumwirkung, indem man die Hauptfarbträger – nicht nur Wände, sondern auch Teppiche, Vorhänge, Stoffbezüge, Tischdecken – in einer einheitlichen Farbrichtung, jedoch in abgestuften Hell-Dunkel-Nuancen wählte. Langweilig ist das nicht! Denn wie bei Großmutter kommen auch bei Ihnen andersfarbige kleine Gegenstände wie Bücher, Bilder, Geschirr, Blumen dazu. Sie sorgen für Lebendigkeit und können leicht ausgewechselt werden.

Wechselnde Farbakzente mit Großmutters Hussen

Ein alter Einrichtungstrick, der noch dazu preiswert ist, sind Großmutters Hussen: Mit diesen Sessel- und Stuhlüberzügen, früher oft mit Schleifen, Faltenkaskaden oder Draperien aufwändig genäht, können Sie farbige Akzente setzen und – da sie ganz einfach auszuwechseln sind – den Charakter eines Raumes immer wieder verändern. So bietet es sich beispielsweise an, mit verschiedenen Hussen-Garnituren für Ihre Esszimmerstühle auf die Stimmung der Jahreszeiten zu reagieren.

Angenehme Begleitfarben

Wohnliche Atmosphäre entsteht, wenn Sie für Sitzgruppen, Lampenschirme, Bilderrahmen und Accessoires Begleitfarben wählen, die gut zur Hauptfarbe der großen Flächen passen. Je weniger Begleitfarben Sie hinzunehmen, umso ruhiger wirkt der Raum. Die bewährte Faustregel lautet: eine Grundfarbe, zwei Begleitfarben ähnlicher tonaler Wertigkeit, die also im Spektrum nebeneinander liegen wie zum Beispiel verschiedene Blau-, Grün- und Violetttöne.

Kräftige Akzente setzen

So genannte unbunte Farben wie Weiß oder Hellgrau als vorherrschende Farben vertragen starke Akzente in Knallrot, Wäscheblau oder Pink. Oft genügen wenige Accessoires wie Kissen, Überwürfe oder die Bespannung auch nur eines Sessels in einer kräftigen bunten Farbe, um die neutrale Umgebung etwas spannungsreicher zu gestalten. Das ist mit Sicherheit die einfachste Möglichkeit, Ihrer Wohnung immer wieder neuen Charme zu verleihen.

Kontraste wagen

Mutig ist die Wahl echter Komplementärfarben: Sie liegen einander auf dem Farbrad gegenüber – und wenn man sie nebeneinander stellt, verstärken sie sich gegenseitig. Orange etwa ist die Komplementärfarbe zu Blau, Violett zu Gelb, Grün zu Rot. Eine solche Farbgestaltung wirkt extrem dynamisch, erinnert so manchen an die 1970er-Jahre und kann leicht zu viel des Guten sein. Für mehr Ruhe sorgen Sie, indem Sie von einer der beiden Komplementärfarben die auf dem Farbrad benachbarte Nuance wählen. Schon wirkt die Kombination weniger schrill.

Fenster in die Vergangenheit

Historische Farbenlehren *zeigen, wie sehr Farben den Menschen seit jeher faszinieren. Wenn sich Sonnenstrahlen in Regentropfen brechen, dann sehen wir es auf einmal: das ganze Farbenspektrum. Seit der Antike haben große Denker versucht, diesem geheimnisvollen Phänomen der Farben eine systematische Ordnung zu geben, ihre Entstehung zu erklären und ihre Wirkung auf den Menschen. So wurden in der Geschichte die unterschiedlichsten Farbenlehren entwickelt, die sich teilweise grundlegend widersprechen. Der griechische Philosoph Empedokles etwa ernannte im 5. Jahrhundert v. Chr. die Farben Weiß, Schwarz, Rot und Ockergelb zu den vier Grundfarben und ordnete ihnen die vier Elemente Wasser, Erde, Feuer und Luft zu. Heute gelten Rot, Grün und Blau als Primärfarben. Leonardo da Vinci (1452–1519) bemerkte, Farben würden sich gegenseitig beeinflussen, wenn sie nebeneinander gesehen werden. Aber erst Johann Wolfgang von Goethe machte in seiner Farbenlehre gezielt auf die Wirkung von Kontrasten aufmerksam. Was er beobachtete, kann jeder an seiner eigenen Wahrnehmung überprüfen: Ein identischer Rot-Ton wirkt vor einem gelblichen Hintergrund ganz anders als etwa vor einem violetten Hintergrund – im ersten Fall eher dunkelrot und im zweiten Fall eher orange. Goethe beschrieb die Wirkung von Farben in überzeugender Weise. Doch ging er bezüglich ihrer Entstehung von falschen physikalischen Voraussetzungen aus, da er Licht für unteilbar hielt. Dabei hatte damals der geniale Physiker Isaac Newton (1643–1727) längst die Spektralnatur des Lichts entdeckt und damit die moderne naturwissenschaftliche Farbenlehre begründet.*

Defizite mit Farben ausgleichen

Den Lichtmangel nordseitig gelegener Räume hat man von jeher durch helle Farbgestaltung geschickt kompensiert: Ocker- und Cremetöne, wie wir sie oft in englischen Landhäusern finden, kombiniert mit Hellgrau oder Elfenbein, wirken ausgesprochen heimelig. Gelb und Rosa verstärken die freundliche Wirkung eines Zimmers.

Kräftige Farben kommen in Verbindung mit gedeckten besonders gut zur Geltung.

Pastelltöne gegen Stress

Lärm ist nicht nur unangenehm, er verursacht Stress. Steuern Sie mit Farben dagegen: Es ist erwiesen, dass Pastelltöne von Rot, Grün und Blau unser Lärmempfinden herabsetzen.

Kühlende Farbtricks

Moderne Einrichtungen mit viel Glas und Edelstahl möchten »cool« wirken. Wenn die Farben diesen Effekt verstärken sollen, orientieren Sie sich am besten an der Farbpalette des Art Deco: Aquamarin, Seegrün und helle Grautöne verstärken die kühlende Wirkung von Einrichtungselementen mit klaren Linien.

Kunterbunte Mustervielfalt

Schon der chinesische Hofbaumeister Li Chiai predigte in seinem 1103 veröffentlichten »Handbuch der architektonischen Praxis« ein einfaches Ordnungsprinzip: Einfarbig möge das große Ganze sein, vielfarbig die vielen Details. Vor Wänden in einem wärmenden, kräftigen Farbton

Bewährte Wandgestaltung: Farbliche Vielfalt vor monochromem Hintergrund

wie Dottergelb oder Mangorot können Sie einen bunten Mix aus geometrisch und floral gemusterten Kissen, Teppichen, Bildern und anderen Utensilien inszenieren: Dieser Einrichtungsstil eignet sich gut für Textilien ethnischer Prägung, die mit verschiedenartigsten natürlichen Farben gefärbt sind, in ihrer tonalen Wertigkeit einander aber gleichen: also entweder nur einfache Farben oder nur komplexe Farben. So entwickelt sich bei aller Vielfalt doch ein harmonisches Raumkonzept.

Wohlgefühl und Helligkeit – die uralte Sehnsucht nach dem Licht

Wo kein Licht, da ist kein Leben. Die Sonne, von vielen alten Völkern kultisch verehrt, erhellt den Tag und vertreibt die angsterfüllte Finsternis. Das war die natürliche Gegebenheit, mit der die Menschen im Rhythmus von Tag und Nacht zu leben hatten – bis vor gut 100 Jahren, als das elektrische Licht immer mehr Wohnungen erhellte und die Nacht zum Tage machte.

Erfahrungswissen vom natürlichen Licht

Im späten 19. Jahrhundert fordert der Arzt und Forscher Robert Koch angesichts düsterer Mietskasernen für ein gesundes Leben »Licht, Luft und Sonne« in den Häusern und Wohnungen der Großstädte. Wir wissen heute, dass ein Mangel an natürlichem Tageslicht nicht nur den Vitaminhaushalt des Menschen beeinträchtigt, sondern auch sein seelisches Befinden. Möglichst viel natürliches Licht in Ihrer Wohnung sorgt für Wohlgefühl und für ein gesundes Leben.

Der wichtigste Raum sollte auch der mit dem stärksten Lichteinfall sein.

Ihr Platz an der Sonne

Nordwohnungen sind sehr ungesund, sie haben nie einen direkten Lichteinfall. Auch wenn eine Bebauungsfläche eine reine Nord-Süd- oder Ost-West-Ausrichtung hat, ist das nicht ideal, weil die Sonnenwärme, die im Winter so rar und deshalb dringend notwendig ist, in solchen Lagen nur kurzzeitig einfällt. In alten Bauhandbüchern steht als Grundregel, man solle dem Sonnenlicht und der frischen Luft möglichst ungehinderten Zutritt ermöglichen. Wenn Sie bauen oder vor der Wahl einer Wohnung stehen, achten Sie deshalb auf die optimale Ausrichtung der Fenster, außerdem, wann sich wer und zu welcher Arbeit in welchem Zimmer aufhält und ob Sie für die geplante Nutzung viel oder wenig Tageslicht benötigen. Um die Helligkeit der Abend- und Morgendämmerung voll auszunützen, sollten die Fenster in Richtung von Sonnenaufgang und -untergang orientiert sein. Die Jahreszeiten sind wie die Ausrichtung nach den Himmelsrichtungen mit zu berücksichtigen. Jedenfalls: Wer in einem Zimmer schläft, in das die aufgehende Sonne hineinstrahlt, erhält einen natürlichen Energieschub.

Spiegel reflektieren das Licht

Bringen Sie in engen oder wenig belichteten Räumen Spiegel an. Sie vergrößern die Zimmer nicht nur optisch, sondern betätigen sich als »Lichtleiter«, die das vorhandene Licht reflektieren. Hier sollte auch nur Weiß an Wänden und Decken verwendet werden – jede Farbe schluckt kostbares Licht!

Nicht nur angenehm in der Proportion: Sprossenfenster

Vor nicht allzu langer Zeit wurden Sprossenfenster aus Altbauten entfernt und durch großflächige Fenster ausgetauscht. Natürlich erhöhen einteilige Fenster den Lichteinfall, außerdem erleichtern sie die Putzarbeit. Je größer die Fenster, desto mehr Kosten entstehen aber auch für ihre Anschaffung, desto höher ist bei herkömmlichen Fenstern der Aufwand für Heizmaterial, desto mehr werden vielleicht auch notwendige Stellflächen für Möbel eingeschränkt. Gewiss, Sprossen waren veraltet zu dem Zeitpunkt, als man Glasscheiben in größeren Dimensionen anfertigen konnte. Doch wenn wir uns beispielsweise Jugendstilfenster ansehen, bei denen die Sprosseneinteilung ein künstlerisches Gestaltungselement war, dann erkennen wir, welch hohe an sich schon dekorative, aber auch den Lichteinfall gestaltende Wirkung Sprossen hatten.

Ein lichter Vorbau aus Gusseisen und Glas im Großbritannien der 1890er-Jahre

Viele kleine Fenster

Wer Jahr für Jahr einen langen Winter zu ertragen hat, ist großen Fenstern gegenüber zu Recht skeptisch. Deshalb finden Sie bei alten Bauernhäusern Räume, in denen viele kleine Flügelfenster Licht von allen Seiten einfließen lassen. Eine innere abgeschrägte Fensterlaibung lässt die Fenster größer erscheinen und ermöglicht den Lichteinfall erheblich. Wenn Sie ein solches Haus bewohnen, rücken Sie – wie früher üblich – Arbeitsplätze wie Nähtische, Schreibtische oder Küchentische nah an das Fenster. Kachelöfen, Schränke und Betten haben ihren Platz in den dunkleren Zimmerecken an innenseitigen Wänden. Auch an historischen Stadthäusern können Sie studieren, wie klug unsere Altvorderen das natürliche Licht durch Oberlichte, Erkerfenster oder Glasrosetten durch viele kleinere Öffnungen in die Wohnung leiteten.

Abwechslungsreiches Spiel von Licht und Schatten

Mit Klappläden, Holzjalousien und Stoffrollos haben unsere Großmütter sommers und winters zauberhafte Licht-Stimmungen geschaffen. Die Lamellen lassen stets nur die gewünschte Menge an Licht durch – von gleißend hell und lichtdurchflutet über diffus bis abgedunkelt-behaglich. Je nach Öffnungswinkel malen Licht und Schatten minütlich wechselnde Muster an Wand und Boden.

Milchglas als Sichtschutz

Dort, wo tagsüber Helligkeit, aber kompletter Sichtschutz erwünscht war, setzte man früher Milchglasscheiben ein. Dieses trübe Weißglas, das am oberen Rand oft mit durchsichtigen Flächenmustern noch lichtdurchlässiger gearbeitet war, erfüllte ganz nebenbei auch eine dekorative Funktion oder fand im Innenbereich für Türfüllungen Verwendung. Heute wird für diese Zwecke oft geriffeltes Glas angeboten, dem die gute alte Milchglasscheibe jedoch nicht nur aus ästhetischen Gründen überlegen ist: Sie lässt sich auch bedeutend einfacher sauber halten.

Gerade Sprossenfenster können zu einem bezaubernden Spiel von Licht, Schatten und Farben beitragen.

Fenster in die Gegenwart

Mit moderner Fenstertechnik lassen sich eindrucksvolle Lichträume gestalten, allerdings bringt die moderne Technik auch Nachteile mit sich.

Isolierglasfenster und Energiesparfenster *kommen heutzutage den staatlich verordneten Standards nach, die dem Energiesparen und den damit erhöhten Wärmeschutzwerten geschuldet sind. Diese Fenster mit hoher Isolierwirkung sind komplexe Konstruktionen mit einem geringen Wärmedurchgangskoeffizienten, das heißt sie drosseln Energieverluste. Ein weiteres positives Merkmal dieser Fenster ist die Schalldämmfähigkeit. Doch bringen diese zeitgemäßen Vorteile auch Nachteile mit sich. Da ist zum einen die verminderte Lichtdurchlässigkeit: Je massiver die Rahmen gebaut sind, desto geringer der Lichteinfall; auch gehen bei Isolierverglasung mit mehreren Scheiben und Gasfüllungen bis zu 22 Prozent des einfallenden gesunden (!) UV-Lichtes verloren. Zum anderen waren Fenster früher nicht besonders luftdicht. Das garantierte jedoch einen geringfügigen zum Leben und Wohnen notwendigen Luftaustausch und eine kontinuierliche Entfeuchtung der Räume, womit einer Schimmelbildung einfach vorgebeugt war.*

Altes Wissen von künstlichem Licht

Eine schöne Beleuchtung trägt dazu bei, dass sich eine gesellige Runde wohlfühlt.

Heutzutage führt der Lichtplaner ausgeklügelte Lichtregie – auch in privaten Wohnräumen. Die Folge ist oft eine Überinstallation durch Leitungen, Schalter und Lichtquellen verschiedenster Art in allen Wänden. Das bedeutet, dass es in der Wohnung kaum mehr Ruhezonen vor Licht und auch dem gefährlichen Elektrosmog gibt. Zum Wohlgefühl trägt das nicht unbedingt bei. Vielleicht wäre weniger doch mehr? Die Orientierung am alten Erfahrungswissen könnte auch Ihre Wohnung ins beste Licht setzen.

Allgemeinbeleuchtung – passend für jeden Raum

Gutes Licht hebt die Stimmung, verleiht Sicherheit, schont die Augen, verhütet Unfälle und verbessert das Arbeitsergebnis. Jeder Raum sollte nachts durch eine Allgemeinbeleuchtung erhellt werden können. Für Wohn- und Schlafräume eignet sich dafür eine blendfreie, indirekte Beleuchtung mit opalisierten oder mattierten Glühlampen. Indirekte Beleuchtung entsteht, wenn das Licht von der Leuchte ausschließlich an die Decke oder an Wandflächen gestrahlt wird und von dort in den Raum zurückflutet. In Arbeitsräumen ist eine gleichförmige Ausleuchtung besser. Diese kommt teils unmittelbar von Lampen oberhalb der Arbeitsfläche und teils von Licht, das von der Decke und Wänden reflektiert wird. Früher hat man aus Sparsamkeit in Arbeitsräumen oft Leuchtstoffröhren verwendet, da sie bei gleichem Energieverbrauch mehr als vier Mal so viel Licht abgeben wie Glühlampen und eine siebeneinhalb Mal längere Lebensdauer aufweisen. Ihr kaltes Licht können Sie durch transparente Verkleidungen oder warm getönte Stoffblenden abmildern. In Kinderzimmern ist eine gute, umlaufende indirekte Beleuchtung besonders wichtig, weil die Kleinen häufig auf dem Fußboden spielen und harte Schatten von Einrichtungsgegenständen sie dabei stören würden.

Verschiedene Lichtquellen in einem Raum erfüllen nicht nur unterschiedliche Funktionen, mit einer geschickten Lichtregie, die etwa auch einen Kamin mit einbezieht, lässt sich zudem ein stimmungsvolles Wohnambiente erzeugen.

Mit den Hühnern ins Bett

Die Maxime früherer Zeiten lautete: »Mit der Sonne aufstehen, mit der Sonne schlafen gehen.« Ökonomisch war das richtig. Untersuchungen haben gezeigt, dass für die Erbringung der gleichen Sehleistung die doppelte Lichtintensität von Kunstlicht wie von Tageslicht notwendig ist.

Zusätzliche Beleuchtungskörper

Erfahrungsgemäß erfordert fast jeder Raum neben der allgemeinen Beleuchtung einen, wahrscheinlich sogar mehrere zusätzliche Beleuchtungskörper für direktes Licht: Für Hobby-, Lese- oder Essplätze müssen Hänge-, Steh-, Tisch- oder Lenkleuchten aufgestellt werden. In der Küche und über Arbeitsflächen lassen sich zusätzliche Leuchtstoffröhren blendfrei unter Hängeschränken anbringen. Außerdem gilt der alte Merksatz: Über jeden Tisch gehört direktes Licht, allein schon wegen der besseren Sicht. Nebenbei aber auch, weil direktes Licht einen Raum strukturiert. Strahlen Sie Ihr Lieblingsbild an, ein besonderes Möbelstück oder eine Pflanze. So eine Akzentbeleuchtung wirkt allerdings nur dann richtig, wenn ihr Licht sich nicht in Glasscheiben von Fenstern, Spiegeln oder Vitrinen spiegelt.

Fenster in die Vergangenheit

Abends beim Kerzenschein *entsteht eine ganz besondere Stimmung. Bei uns sind Kerzen vor allem für die romantische Atmosphäre zuständig. Früher, vor der Einführung von Gaslicht und Elektrizität, waren sie für viele kein Alltagsgegenstand, sondern Luxus. Wer künstliches Licht brauchte, griff jahrtausendelang zur Öllampe, die wenigsten konnten Kerzen bündelweise kaufen. Diesbezüglich zeigte sich sogar der französische Sonnenkönig Ludwig XIV. (1638–1715) sparsam: Jeder Edelmann, der an einem Hofbankett teilnehmen durfte, steuerte eine Kerze bei, um sich der Gunst des Königs zu versichern.*

Als Kerzen ausschließlich aus Talg oder Bienenwachs hergestellt wurden, waren sie ein Luxus. Heute sind sie preiswert, ihr Licht hat aber nichts von seiner Faszination verloren.

Sonderfall – der Essplatz im Wohnzimmer

Das Wohnzimmer verlangt nach gemütlichen Lichtstimmungen, doch wenn ein Essplatz integriert ist, braucht es auch die Möglichkeit großzügiger Beleuchtung. Wird an einem Abend am Esstisch weiches Licht gewünscht, wird tags darauf vielleicht mehr Helligkeit für eine Kartenrunde benötigt. Diesen wechselnden Beleuchtungswünschen können Sie, so wie einst Großmutter, mit dem Einsetzen unterschiedlich starker Glühlampen nachkommen, durch das Aufstellen zusätzlicher Beleuchtungskörper – oder Sie nützen die moderne Technik des Dimmens. Die stufenlose Regulierbarkeit von Lampen zwischen hell strahlend bis schummrig ist zweifellos eine angenehme Errungenschaft unserer Zeit. Dennoch: Mehrere Lichtquellen wirken freundlicher und wärmer als eine einzige. Durch verschiedene Lampen wird der Raum je nach Bedürfnis entweder hell und weit oder intim und kuschelig. Und noch etwas: Dunkel eingerichtete Wohn- und Essräume benötigen ungefähr die doppelte Lichtstärke wie hell eingerichtete!

Eingangsbereich und Hof

Ganz besonders wichtig ist gutes Licht sowohl draußen vor der Türe wie auch direkt vor dem Eingang und im Vorraum. Schaffen Sie für sich und Ihr eigenes Wohlbefinden ein strahlendes Entree und gönnen Sie es auch Ihren Gästen. Nicht zuletzt dient die Eingangsbeleuchtung der Sicherheit. Sowohl für den Besucher, der sich der Eingangstür auf sicherem und beleuchtetem Wege nähern will, aber auch für die Hausbewohner, die durch das Licht auf gebetene wie auch ungebetene Gäste aufmerksam werden können. An historischen Gebäuden wurden zu diesem Zweck Fackelhalter angebracht, zu späteren Zeiten stand die Gaslaterne vor der Haustüre. An der Hauswand angebrachte Leuchten sollten Sie blendfrei abschirmen, so dass nur die Nutzfläche, jedoch nicht die Person an der Haustüre angestrahlt wird. Treppen außerhalb des Hauses sind nachts die größten Stolperfallen. Daher müssen Sie durch ausreichende Beleuchtung dafür sorgen, dass einzelne Stufen nicht übersehen werden. Die optimale Ausleuchtung der Treppen, so forderte es schon Andrea Palladio (1508–1580), der große Baumeister der Renaissance, erfolgt von oben nach unten: So sind Treppentiefe und Treppenhöhe deutlich zu sehen.

Eine gute Ausleuchtung unterstreicht die hellen, freundlichen Farben des Wohnraums auch in dunkelster Nacht.

Traditionelle Lampen in modernen Wohnungen – Typen und Verwendung

Viele der heute noch gebräuchlichen Beleuchtungskörper haben ihren Ursprung im 19. Jahrhundert, als man noch Gaslicht hatte. Selbstverständlich nahmen im Laufe der Zeit die wechselnden Moden auf ihre Gestaltung Einfluss. Doch die traditionellen Lampentypen werden sich wohl auch in Zukunft neben innovativen Leuchtdioden und Lichtbändern behaupten, weil wir uns in ihrem Licht ganz einfach wohl fühlen.

Streulicht von der Decke

Deckenleuchten werden direkt an der Decke angebracht und sorgen für eine Grundausleuchtung mit Streulicht. Sie sollten sie im Eingangsbereich anbringen und überall dort, wo eine raumfüllende Lichtquelle benötigt wird. Keramik- oder Emailschirme, in Weiß oder Schwarz, als Halterung für die Glühbirne: So sahen Großmutters einfache Deckenleuchten aus, deren kontrastloses Licht wir heute durch Dimmer regeln können.

Ampeln – antike Hängelampen

Ampeln sind Hängelampen in Form einer Schale und waren schon in der Antike in Gebrauch. Noch heute setzt man gerne Öllampen oder Kerzen in die Ampeln ein, weil ein elektrisches Kabel den archaischen Eindruck dieser einfachen Lichtquelle zerstören würde. Die authentische Beleuchtung für Zimmer im orientalischen Stil sind gläserne Ampeln, die an einer Metallkette von der Decke hängen.

Pendelleuchten über dem Tisch

Unter Pendelleuchten versteht man von der Decke hängende Lampen, üblicherweise über einem Ess- oder Arbeitstisch. Als Hauptlichtquellen eines Raums sind sie ungeeignet, da sie nur einen Lichtkegel ausstrahlen, und der sollte mittig auf den Tisch fallen. Von oben beleuchtete Gesichter sehen unvorteilhaft aus – das werden Sie sich und Ihren Lieben nicht antun wollen. Ebenfalls wichtig ist die Höhe der Lichtquelle: Sie darf die um den Tisch Sitzenden nicht blenden! Lichtmenge und Lichtqualität werden entscheidend beeinflusst durch die Hülle beziehungsweise den Schirm. Traditionelle Materialien geben das weichste Licht: »Bone China« etwa, Großmutters »Knochenporzellan«, ist ausgezeichnet lichtdurchlässig und schimmert seidig. Ebenso schön altmodisch sind seidig glänzende Pendelleuchten aus Opalglas oder Alabaster.

Eleganz pur: Kronleuchter

Kein Salon ohne Kronleuchter! Er war das Prestigeobjekt des großbürgerlichen Haushalts, mit mehreren Lichtquellen, die sich in den Glastropfen und Kristallprismen spiegelten und so für glitzernde Lichtspiele sorgten. Vor der Erfindung von Gasbeleuchtung und Elektrizität war der mit Kerzen bestückte Kronleuchter nur in hochherrschaftlichen Residenzen zu finden. Ermöglicht hatte ihn die im 18. Jahrhundert neue Produktion des Bleikristalls. Wenn Sie sich einen Kronleuchter wünschen, denken Sie auch an das mühsame Reinigen: Verstaubtes Glas funkelt nicht! Früher war das einfacher, da erledigten diese Arbeit ja die Dienstboten.

Vielseitige Wandleuchten

Wandleuchten können flexibel dreh- und schwenkbar oder fest montiert sein und spenden entweder ein diffuses, indirektes oder ein direktes Licht: Sie können sie zum Ausleuchten begrenzter Flächen einsetzen oder zur Beleuchtung von Einzelobjekten. Wandleuchten, die vor dem Hintergrund einer Spiegelfläche montiert sind, hat man früher gern in dunklen Räumen angebracht, die beispielsweise eine Licht schluckende Holzvertäfelung hatten. Bei der Montage in Augenhöhe sollten Sie gerade bei Leseleuchten darauf achten, dass das Licht nicht blendet. Falls Sie Wandlampen, etwa an der Garderobe, als Spiegelbeleuchtung wählen: immer beidseitig in gleicher Höhe anbringen! Beleuchtung von oben setzt Ihr Spiegelbild in ein schlechtes Licht.

Der Kronleuchter zeichnet sich dadurch aus, dass er mehrere Lichtquellen mit Effekten der Lichtbrechung kombiniert.

Stehlampen machen's gemütlich

Ohrensessel und Stehlampe: Das sind die Symbole gemütlichen Wohnens. Die Funktionsbeleuchtung für gutes Licht bei Lektüre und Handarbeit hat um 1900 mit den »Berliner

Eine Hängelampe der Jahre um 1900, die mittels eines Flaschenzugs auf- und abgelassen werden konnte.

Messingleuchten« ein oft kopiertes und niemals erreichtes Vorbild gefunden. Diese soliden Leuchten kombinieren eine Stehleseleuchte mit einem Deckenfluter, dessen Licht von der (hellen) Zimmerdecke als indirekte Beleuchtung reflektiert wird. Die Schirmträger sind höhenverstellbar, wodurch die Stärke des Lichtkegels wie auch die Streuung des Lichts im Raum stimmungsvoll verändert werden können. Sehr dekorativ sind Stehlampen mit großen, meist mit Stoff bespannten Schirmen, deren sanftes Licht bestens geeignet ist, eine »tote Ecke« zu beleben.

Nostalgischer Charme: Tischleuchten

Die kleine Ausführung der Stehlampe schafft heimelige Atmosphäre und setzt mit ihren vielfältigen Schirmformen hübsche Einrichtungsakzente. Der Schirm muss so gestaltet sein, dass der Blick weder auf die Fassung noch auf das Leuchtmittel fällt. Auf Trödelmärkten finden Sie alte Lampenständer und -füße, die sich leicht restaurieren und mit neuen, handgefertigten Schirmen aus farbenprächtigen Chintzen, englischen Seiden oder gelackten Papieren attraktiv »ankleiden« lassen. Auch Tongefäße, Vasen oder Kandelaber wurden früher mit einem Schirm zur Tischleuchte umfunktioniert. Platzieren Sie diese kleinen Lampen auf Beistelltische, Sideboards, in Regalen und auf Fensterbrettern und behalten Sie dabei stets die farbige und stilistische Harmonie mit der Inneneinrichtung im Auge.

Auf Großvaters Schreibtisch befand sich häufig eine Tischleuchte mit um 360 Grad drehbarem Kugelreflektor, Flexarm und kurzem Rohr, das mit einer Schraubklemme am Tisch angebracht war: eine ungemein praktische Lampe, deren gebündeltes Licht sich beliebig ausrichten lässt und die – vor allem in ihrer Ausführung mit vernickeltem Messing – klassische Eleganz mit nostalgischem Charme verbindet.

Mit Wandleuchten lassen sich reizvolle Tapeten attraktiv in Szene setzen.

Fenster in die Vergangenheit

Tiffany-Lampen *zählen zu den legendären Gebrauchsgegenständen. Der New Yorker Kunstgewerbler Louis C. Tiffany (1848 – 1933) hat mit seinen berühmten Lampen das irisierende Licht mittelalterlicher Kathedralen in die Wohnzimmer gebracht. Mit einem speziellen Verfahren verband er bunte Glaselemente mit Lötzinn zu einem Mosaik. Wie viele Künstler des Jugendstils ließ sich Tiffany von den organischen Formen der Natur inspirieren. Bei seinen Lampen überwiegen florale Motive, doch begonnen hat alles mit der »Nautilus«, einer Lampe, die wie ein Schneckenhaus aussieht. Originalleuchten aus den New Yorker Tiffany-Studios der Jahre 1890 bis 1930 erzielen bei Auktionen heute astronomische Preise. Auch nicht gerade billig, weil in Handarbeit gefertigt, sind exakte Nachbauten der Tiffany-Modelle. Mit Bauanleitung und Zubehör aus dem Hobbyladen können Sie auch selbst zum Lampen-Künstler werden.*

Mittelalterlich inspirierter Jugendstil: filigrane Tiffany-Lampe mit Bronzefuß

Möbel der Vergangenheit für die Gegenwart

Wer ein Möbelstück aus der guten alten Zeit sein Eigen nennt, wird lange daran Freude haben. Denn früher wurde eine Einrichtung noch fürs Leben angeschafft, entsprechend langlebig mussten die Möbel sein, aus wertvollen natürlichen Materialien und in handwerklicher Qualität gefertigt. Solch schöne alte Einzelstücke verleihen auch ansonsten zeitgemäßen Wohnungen eine einzigartige Atmosphäre des Behagens.

Tische, Stühle, Bänke in alter Tradition

Ein Tisch und die Sitzgelegenheiten dazu sind heute wie zu Großmutters Zeiten ganz wesentliche Elemente einer Wohnungseinrichtung. Sie müssen funktional sein und sollen doch auch Gemütlichkeit ausstrahlen. Denn wenn sich Familie und Freunde um den Tisch versammeln, entsteht Gemeinschaft.

Der klassische Esstisch

Am klassischen Esstisch für die Familie haben sechs Personen Platz. Das entsprechende Mindestmaß der Tischplatte ist 0,80 mal 1,20 Meter. Die Höhe des Tisches sollte 72 bis 78 Zentimeter betragen, damit durchschnittlich große Erwachsene in aufrechter Haltung daran sitzen können. Die Tischplatte wählen Sie wasserfest versiegelt oder nach alter Tradition aus unempfindlichem massivem Hartholz wie Ahorn oder Eiche. Scheuen Sie sich nicht: Solche Tischplatten hat man früher sogar mit der Bürste geschrubbt. Sie werden dann wieder wie neu.

Der runde Tisch

Schon König Artus' legendäre Tafelrunde saß um einen runden Tisch, auch heutige Politikerkonferenzen tun das; denn ein solcher Tisch benachteiligt niemanden. An ihm gibt es nur »gute« Plätze! Darüber hinaus sprechen runde Formen den Menschen in seinem Innersten an. Besonders »wohnliche« Stile wie das deutsche Biedermeier haben runde Tische bevorzugt. Weit verbreitet war gegen Ende des 19. Jahrhunderts der schwere Einfuß-Säulentisch. Viele runde Tische, alt oder neu, können Sie mit einer Einlegeplatte zum ovalen Tisch vergrößern. Der runde Tisch hat nur einen Nachteil: Er erfordert bedeutend mehr Platz als ein eckiger.

Nostalgisches Flair garantiert – wer wenig Platz hat, greift als Schreibgelegenheit gerne auf Großvaters Sekretär zurück.

Platznot? Der mobile Tisch

Bis ins 18. Jahrhundert hinein war der Esstisch als feste Installation eine Seltenheit. Man besaß eine lose Tischplatte und Böcke dazu, die zum Essen mit ein paar Handgriffen auf-

Altes Handwerk aus den USA: Shaker-Möbel

»Mache nichts, was nicht nützlich ist. Wenn etwas nützlich ist, dann zögere nicht, es schön zu machen.« So lautet der Leitspruch der Shaker, einer kleinen Quäker-Sekte aus Kentucky, deren traditionelle Möbel heute absolut gefragt sind. Sie zeichnen sich aus durch höchste handwerkliche Qualität, beste Hölzer und funktionale Schlichtheit im Design – eine Mischung, die unsere Zeit wieder zu schätzen weiß.

Speisezimmer, Essecke, Wohnküche

In der Geschichte des bürgerlichen Wohnens blieb das Speisezimmer nur eine Episode, die sich auf die Epoche zwischen 1850 und 1950 beschränkt. Vorher waren die Wohnungen in der Regel zu klein für ein speziell dem Essen vorbehaltenes Zimmer. Genauso geht es uns heute wieder: Durchschnittswohnungen haben kein Speisezimmer. Deshalb richten wir uns eine Essecke im Wohnzimmer ein oder machen die Küche, falls groß genug, zur Wohnküche. Wo sitzt man gemütlicher beisammen als am »heimischen Herd«?

gestellt wurden – für heutige Ein- und Zweizimmerwohnungen die ideale Lösung, wenn Gäste kommen!

Zusammenrücken auf der Bank

Bänke gibt es seit Urzeiten und sie leisten uns heute bei begrenztem Wohnraum hervorragende Dienste: Eine Bank, auf der vier Leute sitzen können, braucht bedeutend weniger Platz als vier nebeneinander gestellte Stühle. Nach wie vor beliebt ist die gute alte Eckbank zum rechteckigen Esstisch; denn in der Ecke sitzen vermittelt (im Gegensatz zum »Eckestehen«) viel Geborgenheit! Zu Großmutters Zeiten waren Eckbänke, die man nicht nur in der Bauernstube, sondern auch in den bürgerlichen Wohnküchen kannte, mit einem aufklappbaren Sitzbrett als Truhenbank gearbeitet – ein praktischer Stauraum, der auch heute wünschenswert ist.

Stilvoll – eine Sitzecke in einem englischen Salon der 1880er-Jahre

Küchenstühle

Stühle gehören zu den am meisten strapazierten Möbelstücken. Sie müssen einiges tragen in ihrem Leben. Wenn Sie Stühle für den täglichen Langzeitgebrauch kaufen, sollten Sie deshalb immer auf stabilisierende Querverstrebungen zwischen den Stuhlbeinen achten. Der Küchenstuhl war von jeher aus Holz. Wer weich sitzen wollte, musste sich eben ein Kissen holen. In bester handwerklicher Tradition stehen Stühle aus harten Hölzern wie Ahorn und Kirsche, per Hand poliert, geölt, gewachst. Damit sind sie imprägniert gegen Schmutz und Wasser: In der Küche und beim Essen kann ja immer ein Malheur passieren.

Kaffeehausstühle

Im Wiener Kaffeehaus ging es eng zu – so wie in vielen modernen Wohnungen. Deshalb ist der klassische Kaffeehausstuhl aus Bugholz – anmutig in der Form, zierlich, leicht und unempfindlich – auch heute noch ausgesprochen beliebt. Den »Stuhl aller Stühle« entwarf der vom Rhein stammende Tischlermeister Michael Thonet (1796 – 1871), der in Wien zum erfolgreichen Möbelfabrikanten wurde. Er brachte seinen berühmten »Kaffeehausstuhl Nr. 14« im Jahr 1859 auf den Markt. Seither wurde er zig Millionen Mal verkauft, die Billigimitationen gar nicht mitgerechnet.

Polsterstühle

Die »besseren Leute«, die im 19. Jahrhundert über ein Speisezimmer verfügten, hatten auch genügend Platz, um gepolsterte Stühle um den Esstisch zu stellen. Solche bequemen Sitzgelegenheiten verlocken auch nach dem Essen noch zum gemütlichen Beisammensein. In die Essecke moderner Wohnzimmer passen sie ganz hervorragend. Und

Kostbare Polsterstühle waren einst auch ein Prestigeobjekt, das den sozialen Status des Hausherrn widerspiegelte.

vom ergonomischen Standpunkt aus sitzen Sie auf einem gepolsterten Stuhl mit aufrechter Lehne auch bedeutend besser als auf der heute üblichen Couchgarnitur.

Sesselbezüge

Im Barock wurden Stühle mit Bezügen aus kostbaren Stoffen verkleidet, die man entfernte, bevor sich die Gesellschaft setzte. Der Samt oder Damast sollte sich doch nicht abnützen! Später hat sich diese Praxis umgekehrt: Polsterstühle wurden mit teurem Stoff bespannt und erhielten eine Schutzverkleidung aus leichten, waschfesten Stoffen, die rasch abgezogen werden konnte, wenn sich Gäste ankündigten. Diese so genannten Hussen kommen, mit originellem Zuschnitt oder Schleifen versehen, gerade wieder in Mode; nur belässt man sie heute dauerhaft über dem Stuhl. Mit solchen Hüllen können Sie nicht nur den Charakter des ganzen Sitz-Ensembles verändern, sondern auch schadhafte Polster oder unschöne Stühle geschickt verbergen.

Gut gepolstert – Ruhe- und Liegemöbel mit Vergangenheit

Seit dem 19. Jahrhundert gehören Polstermöbel ganz selbstverständlich zu unserer Wohnkultur. Allerdings waren die natürlichen Materialien, die man damals für die Polsterung verarbeitete, weit entfernt von der weichen Nachgiebigkeit unserer synthetischen Schaumstoffe. Herumlümmeln, wie in den heutigen so genannten Wohnlandschaften, erlaubten sie nicht. Und doch stehen klassische Polstermöbel noch immer für Behaglichkeit.

Straffe Polsterung

Während heute die legere Polsterung bevorzugt wird, hat man früher hauptsächlich straff gepolstert. Diese Art der Polsterung, die gute Handwerker noch immer beherrschen, gibt dem Möbel eine klare, geradlinige Form und bietet stabilen Sitzkomfort. Die Elastizität steckte beim historischen Polster in den Sprungfedern, die mit natürlichen Materialien wie Rosshaar oder Wolle abgedeckt wurden. Durch Gurte hat der Polsterer das Ganze in bombierte (gewölbte) Fasson gebracht. Beim Stoffbezug wurden sichtbare Nähte mit Kordeln oder Borten abgedeckt.

Julie Récamier, die Namensgeberin der Récamiere; Gemälde von Jacques-Louis David (1748–1825)

Sollte ein altes Polstermöbel in Ihren Besitz gelangen, lassen Sie zunächst den Rahmen untersuchen. Nur wenn das Holz gesund ist, lohnt sich das Aufpolstern, denn diese Handwerksarbeit hat ihren Preis. Dafür bekommen Sie aber ein absolut einmaliges Stück.

Klassische Ruhemöbel – Sofa, Kanapee, Ottomane

Für uns ist »Sofa« ein Sammelbegriff, früher verstand man darunter eine gepolsterte Sitzbank mit Rücken- und Seitenlehnen; ganz ähnlich das Kanapee, das jedoch eher Ruhe- als Sitzmöbel war und deshalb eine tiefere Fläche und geringere Höhe hatte. Sehr bequem war die Ottomane, die über Frankreich – im 19. Jahrhundert neben England Trendsetter in Sachen Wohnungseinrichtung – aus der Türkei zu uns kam: ein tiefes, breites Ruhe- und Sitzmöbel mit zwei fest montierten Armrollen, das oft auch als Gästebett Verwendung fand.

Nur für einen gedacht – Récamiere und Chaiselongue

Nach der Pariser Salondame Julie Récamier (1777 – 1849) ist ein anmutig geschwungenes Sitz- und Ruhemöbel für eine Person benannt: Die Récamiere verfügt über eine Rückenlehne und eine (!) seitliche Armlehne, auf die man im Liegen den Kopf betten kann. Die bescheidenere Verwandte, weil ohne Rückenlehne, ist die Chaiselongue (Französisch: »langer Stuhl«): eine Liege mit schräger Armlehne/Kopfstütze, ebenfalls nur an einer Seite. Rechts oder links – das müssen Sie vor dem Kauf wissen! Denn die erhöhte Seite des Möbels sollte nicht in den Raum weisen. Ideal stehen Chaiselongue und Récamiere in einer Ecke. Solche asymmetrischen Polstermöbel werden heute wieder in vielfältiger Ausführung angeboten. Sie wirken zierlicher als eine Couch und können in Ihrem persönlichen Zimmer zum Lieblingsstück werden; denn Familienmöbel sind das eher nicht!

Bequeme, tiefe Sessel laden zum Entspannen, Lesen und Handarbeiten ein.

Großvaters Ohrenbackensessel

Noch heute ist der Ohrenbackensessel das perfekte Möbelstück für entspannte Stunden. Die hohe Rückenlehne stützt Schultern und Kopf ab.

Matratzenkauf – seitlich Probe liegen!

Zwar zeichnet der Handel Matratzen nach Härtegraden aus, die sich nach dem Körpergewicht des Nutzers richten, doch sollten Sie vor der Kaufentscheidung unbedingt Probe liegen, und zwar in seitlicher Position! Ein modernes Ammenmärchen lautet: Hart schlafen ist gesund. Das gilt nur, in Absprache mit dem Arzt, bei akuten Bandscheibenschäden. Ansonsten wählen Sie eine Matratze, bei der Schultern und Becken in Seitenlage weit genug einsinken, dass Kopf und Steißbein auf gleicher Höhe sind. Nur dann liegt die Wirbelsäule in ihrer natürlichen doppelten S-Form.

Fenster in die Vergangenheit

Sonnenköniglich: Ludwig XIV. ruhte in Versailles auf einer hochwertigen Matratze aus tierischen oder pflanzlichen Naturfasern.

Bis zur Federkernmatratze *war es ein weiter Weg. Zunächst diente jahrtausendelang die Strohschütte – auf dem Boden aufgeschüttetes Stroh – als Nachtlager der armen Leute. Mehr Bequemlichkeit garantierte der Strohsack, in den das Stroh eingenäht wurde. Auch andere regionaltypische pflanzliche Stoffe wie Flachs oder Seegras sowie tierische Produkte wie Wolle wurden für diese Vorform der Matratze verwendet. Einer Revolution kam die Erfindung der Federkernmatratze im Jahr 1871 gleich. Obwohl sich seither in puncto Komfort viel getan hat, ist das Prinzip gleich geblieben: Den durch unterschiedliche Materialien abgepolsterten Kern bilden, wie schon der Name sagt, miteinander verbundene Federn, und zwar aus Stahl. Sie sorgen für die Elastizität und »Belüftung«, sind also bequem und in idealer Weise atmungsaktiv. Je mehr Federn verwendet werden, desto stabiler und kostspieliger ist die Matratze. Am teuersten sind Taschenfederkernmatratzen, bei denen jede Feder in ein Stoffsäckchen eingenäht ist. Der Effekt: Wenn Sie darauf liegen, geben nur die gerade belasteten Federn nach, so dass nicht das ganze Bett »schwankt«. Außerdem quietscht es nicht, wenn man sich einmal heftiger bewegt.*

Auf den gepolsterten Seitenlehnen ruhen die Unterarme. Und beim Nickerchen über der Zeitung sinkt der Kopf sanft gegen die Ohrenbacken. Beim Kauf sollten Sie allerdings bedenken, dass dieses doch recht dominante Möbelstück viel Freiraum oder zumindest eine Ecke für sich braucht. Außerdem sollten Sie ausgiebig Probe sitzen, da der Sitzkomfort bei jedem Lehnstuhl – mit oder ohne »Ohren« – entscheidend davon abhängt, ob die Proportionen des Sessels zu Ihren Körperproportionen passen.

Die feine englische Art: Clubsessel

Der rundum gepolsterte, meist mit Leder bezogene Sessel, bei dem Rücken- und Armlehnen in gleicher Höhe verlaufen, bietet die angenehme Sitzmöglichkeit in der Runde um einen halbhohen Tisch. Selbstverständlich können Sie einen Clubsessel auch alleine stellen, doch an seinem Ursprungsort, dem englischen Herrenclub, kam er nie als Single daher.

Wie man sich bettet, so liegt man

Die Himmelbetten und in Täfelungen versenkten Bettkästen alter Zeiten entstanden aus der Sehnsucht nach Wärme und Geborgenheit in kalten Häusern und zugigen Burgen. Was das Wohnklima betrifft, so geht es uns besser. Wovon wir uns aber etwas abschauen sollten, das wäre die handwerkliche Fertigung dieser Betten: Eisen gab es nicht darin. Wie wir heute wissen, ist Metall im Bett störend für eine erholsame Nachtruhe. Wenn Stahl künstlich magnetisiert wird, was bei der Herstellung und Weiterverarbeitung von Metallteilen leicht passieren kann, oder in Wechselwirkung mit den elektromagnetischen Feldern von Radiowecker oder TV tritt, kann die Struktur des natürlichen Erdmagnetfeldes verzerrt werden. Diese Veränderung kann sich auf den Menschen übertragen und zu Schlafstörungen führen. Ordentlich verzapfte Bettgestelle aus Massivholz, nur mit Öl und Wachs geschützt – kurz: aus traditioneller handwerklicher Schreinerarbeit –, sind das Beste für einen heilsamen Schlaf.

Gut aufgeräumt, originell und ein Heidenspaß – das Kinderbett in der Wand

Ein Blick in die Geschichte der Möbel

Das Wort Möbel gelangte erst im 17. Jahrhundert aus dem Französischen in unsere Sprache, was schon ein deutlicher Hinweis darauf ist, dass es im vormodernen Deutschland mit dem Mobiliar so weit nicht her war. Der eigentliche Ursprung des Wortes liegt im Lateinischen »mobile«, womit man bewegliches Hab und Gut bezeichnete. Daraus ergibt sich auch der Gegensatz zu den Immobilien, die an einen Ort gebunden sind.

Die einfachste Einrichtung umfasst heute Tisch und Stuhl, Bett und Schrank. In alter Zeit hätte man damit Aufsehen erregt! Bis vor 500 Jahren war in unseren Breiten keines dieser Möbelstücke selbstverständlich, zumindest nicht für Normalsterbliche. Die besaßen eine Bank (ohne Lehne), eine Holzplatte, die – bei Bedarf auf Böcke gelegt – als Tisch diente, einen Strohsack für die Nachtruhe und eine Truhe für Habseligkeiten.

Im 19. und frühen 20. Jahrhundert bestimmte erstmals die bürgerliche Wohnkultur ganz entscheidend die Möbelgeschichte.

Gold und Intarsien für eine tote Königin

Wenigen Auserwählten blieben einst kunstvolle Möbel vorbehalten. Geradezu überwältigt waren jene Archäologen, die 1925 das Grab der ägyptischen Königin Hetepheres (um 2500 v. Chr.) öffneten und darin Stühle, Truhen und ein Bett fanden, geschmückt mit Goldauflagen, Schnitzereien und Intarsien. Die Möbel der toten Königin zeigen auch handwerklich höchstes Niveau: Holzverbindungen wie Verzapfung und »Schwalbenschwanz« sind im traditionell orientierten Schreinerhandwerk noch heute gebräuchlich.

Schlicht und zweckmäßig – Antike und Mittelalter

Die alten Griechen und Römer, in deren Kultur das soziale Leben hauptsächlich im Freien stattfand, möblierten ihre Räumlichkeiten recht spärlich. Typisch waren »immobile« Steinbänke als Sitzgelegenheit, außerdem einfache niedrige Liegen, auf denen man ruhte oder sich beim Essen lagerte. Außerdem gab es Faltstühle mit X-förmigen Füßen und stabile Hocker mit geraden Beinen.

Auch das Mittelalter machte wenig Aufhebens um die Einrichtung. Hölzerne Bänke und Hocker, Tischplatten und -böcke sowie Truhen bildeten das Standardmobiliar. Auf einem Stuhl zu sitzen galt als Ehre, die nicht jedermann zustand. Ein ausgesprochen umfangreiches Möbelstück, das sich auch gut situierte Bürger leisten konnten, war das Bett: oftmals breit genug für Eltern und Kinder, mit einem oft hölzernen Baldachin und textilen Vorhängen versehen – als Schutz vor Zugluft, Kälte und Ungeziefer–, außerdem mit nützlichen Bettkästen als Stauraum umbaut.

Barocke Lust an der Repräsentation

Mit dem 16. Jahrhundert stiegen die Ansprüche zumindest der Reichen und Mächtigen an ihre Möbel. Diese wurden vielfältiger und prächtiger. Mobiliar der Renaissance zeichnet sich oft durch reiche Schnitzereien oder durch Intarsien aus kostbaren Tropenhölzern aus. Es wirkt aber noch recht schwerfällig, wie etwa der Kastensitz mit Armlehnen und hoher Rückwand für Personen von Rang.

Die repräsentative Wohnkultur des 17./18. Jahrhunderts, der Epoche von Barock und Rokoko, brachte mehrere Neuerungen: Inspiriert vom Orient, nahm man Polstermöbel

In diesem Buffet eines Speisezimmers aus dem späten 19. Jahrhundert konnte das Geschirr praktisch und repräsentativ aufbewahrt werden.

in Gebrauch. Die Kommode mit Schubkasten stand nicht mehr, wie frühere Kastenmöbel, auf einem Sockel, sondern erhielt Füße – Tierpfoten, Säulen, Spiralen und die s-förmigen Cabrioles (Bocksfüße) –, wodurch eine neue Leichtigkeit im Möbelbau Einzug hielt. Die kunstvollsten Barockmöbel wurden für den glanzvollsten Monarchen geschaffen, Frankreichs »Sonnenkönig« Ludwig XIV. Dessen Möbelkünstler war André Charles Boulle (1642 bis 1732), dem es erstmals gelang, Schildpatt und Perlmutter in Intarsien einzulegen.

Bürger richten sich ein – Biedermeier und Gründerzeit

Im bürgerlichen Zeitalter des 19. Jahrhunderts setzte das Biedermeier einen ersten deutlichen Akzent. Kleinmöbel wurden favorisiert, die Bequemlichkeit stand im Vordergrund, und heimische Obstbaumfurniere, vor allem Kirsche, lösten exotische Hölzer ab. Um 1840 kam der leichte Bugholzstuhl auf, nach seinem Erfinder auch Thonet-Stuhl genannt. So bescheiden-stilvoll sich das Biedermeier gegeben hatte, so pompös und plüschig trumpfte im letzten Drittel des 19. Jahrhunderts die Gründerzeit auf. Die Möbelmode imitierte historische Stile, vor allem »altdeutsches«, an der Gotik orientiertes Mobiliar war außerordentlich populär. Die starke Nachfrage führte in den 1880er Jahren zu einer ersten allgemeinen Blüte der Möbelindustrie.

Der Beginn der Moderne

Der Deutsche Werkbund, gegründet 1907, verschrieb sich programmatisch der Herstellung funktionaler, zweckgebundener Möbel nach allen Regeln tradierter Handwerkskunst. Eine führende Rolle im Möbelbau spielte Josef Hoffmann, der gemeinsam mit anderen Künstlern 1903 die Wiener Werkstätte gegründet hatte. Deren Möbel in kubischen Formen wurden vom Weimarer Bauhaus weiterentwickelt. Bauhaus-Architekten wie Marcel Breuer oder Ludwig Mies van der Rohe schufen Möbel-Klassiker, die noch heute hergestellt werden. Von Breuer, der am Bauhaus die Tischlerwerkstatt leitete, stammt der berühmte Stuhl »Wassily« (1925) aus vernickeltem, später verchromtem Stahlrohr, dessen Sitz, Rückenlehne und Armlehnen mit Leder bespannt sind.

Mittelalterliche Burgen kannten keinen besonderen Wohnkomfort und wiesen zumeist eine einfache und robuste Möblierung auf. Diese gotische Wandtäfelung mit Bank und der Tisch finden sich in der in Leobendorf bei Wien gelegenen Burg Kreuzenstein.

Zwischen Wegwerfmöbel und Kultobjekten

Die zweite Hälfte des 20. Jahrhunderts brachte den Kunststoff in die Möbelproduktion. So entwarf Helmut Bätzner 1966 Stühle aus glasfaserverstärktem Polyester, die in der Rekordzeit von vier Minuten gepresst wurden. Doch das wachsende Bewusstsein für die Umweltproblematik dämpfte die Kunststoff-Euphorie schnell wieder: Irgendwie mussten diese unglaublich haltbaren Plastikartikel auch wieder entsorgt werden. So kehrte man zurück zur Natur, zum Holz. Heute sind einerseits solides Schreinerhandwerk und teure Nachbauten von Klassikern der Moderne gefragt, im niederen Preissegment dominieren Selbstbaumöbel mit begrenzter Haltbarkeit, die aber Kombinationsmöglichkeiten in der Inneneinrichtung eröffnen, wie sie früher nicht denkbar waren.

Von der Truhe zum Schrank

Jahrtausendelang boten Truhen die einzige Möglichkeit, Dinge zu verwahren, zu versperren und zu transportieren – daraus entwickelten sich die Koffer der Jetztzeit! Truhen wurden bemalt, mit Schnitzereien und Intarsien geschmückt und mit mächtigen Schlössern versehen. Der Weg von der Truhe zum Schrank begann, als man Kastentruhen aufrecht stellte. In der Renaissance wurden sie mit einem Sockel versehen und erhielten dadurch Standfestigkeit. Der klassische zweitürige Schrank auf Beinen ist ein Kind des Barock. Im beginnenden 19. Jahrhundert hatte sich der Schrank als wichtigstes Aufbewahrungsmöbel allgemein durchgesetzt.

Platz für viele Dinge – alte Schränke, Kommoden, Truhen

Welche Dinge braucht der Mensch?

Wo soll ich sie nur unterbringen, all die Dinge und Undinge, die sich im Lauf der Jahre angesammelt haben? Das fragen sich heute viele, sogar die Glücklichen, die ein Haus mit Keller und Speicher ihr Eigen nennen. Einbauschränke mit viel Stauraum sind eine Lösung. Aber wenn auch die voll gestopft sind? Dann beginnt man ernsthaft zu überlegen: Welche Dinge braucht der Mensch, brauche ich ganz persönlich? Falls Sie auch schon so weit sind, gehen Sie Ihre Schränke, Kommoden und zugestellten Ecken systematisch durch und entrümpeln Sie. Schaffen Sie Platz in Ihrem Leben, konzentrieren Sie sich auf das Notwendige, auf die liebsten Erinnerungen, auf die wertvollsten Objekte. Alles andere ist unnötiger Ballast und muss raus! Sie werden sehen: Nach dem Ausmisten fühlt man sich richtig wohl!

Einbauschränke, ein amerikanischer Import aus der Zeit nach 1945, bieten eine Menge Stauraum. Kleidung, Geschirr, wichtige Unterlagen und Krimskrams – alles verschwindet ganz einfach hinter hohen Türen. Doch sind die raumgestaltenden Möglichkeiten des Möbels begrenzt. Erinnern wir uns dafür an Großmutters Aufbewahrungsmöbel: Schränke, Kommoden und Truhen erfüllten ihren Zweck und schmückten zugleich die Wohnung.

Der Kleiderschrank

Die Tiefe von Kleiderschränken orientiert sich von jeher an der Breite von Kleiderbügeln. Dafür gilt heute das Richtmaß von 58 Zentimetern. Der Kleiderschrank im Schlafzimmer unserer Großeltern war etwa 1,80 Meter hoch und hatte vier oder fünf Türen. Unsere heutigen meterlangen Schrankwände erreichen oft Zimmerhöhe. So ändern sich die Zeiten! Wir haben einfach mehr anzuziehen als frühere Generationen. Die Innenausstattung Ihres Kleiderschranks ist eine Frage des Bedarfs und des Geldbeutels. Wunderbar praktisch sind Ausziehfächer, die Großmutter englische Züge nannte, für die Aufbewahrung von Accessoires wie Schals, Gürtel, Handschuhe.

Sorgfältig gearbeitete Stücke wie dieser oberbayerische Bauernschrank waren einst Anschaffungen fürs Leben.

Der Wäscheschrank

Er steht traditionell im Schlafzimmer und hat eine ideale Tiefe von 40 Zentimetern: genug Platz, um Bett- und Tischwäsche gefaltet unterzubringen. Mehr Tiefe führt leicht zu Unordnung, weil man den hinteren Raum schlecht erreicht. Achten Sie außerdem auf genügend Abstand zwischen den Einlegeböden, um im Wäschestapel »blättern« zu können. Auch das hilft, im Wäscheschrank Ordnung zu halten.

Buffet und Anrichte

Ein Speisezimmer ohne Buffet? Früher undenkbar! Als Abstellfläche für Speisen und Stauraum für Geschirr, Gläser und anderen Hausrat, der bei Tisch gebraucht wurde, hatten diese Aufsatzschränke eine wichtige Funktion. Auch der Kräuterbitter und der Weinbrand fanden darin ihren verschließbaren Platz. Buffets waren oft recht wuchtig, weshalb sie in den letzten Jahrzehnten an Beliebtheit eingebüßt haben: In modernen Etagenwohnungen fehlt dafür ganz einfach der Platz. Großmutters Anrichte allerdings – ohne Aufbau und deshalb nicht so dominant – gehört auch heute noch zur üblichen Speisezimmereinrichtung und ist in allen erdenklichen Designs erhältlich.

Die Kommode

Kommoden sind Schubladenschränke. Weder Großmutter noch Enkelin möchten auf sie verzichten. Gibt es etwas Praktischeres zur Aufbewahrung von Strümpfen und Geschenkpapier, Besteck und Dokumenten und all dem Kleinkram, der herumliegt? Haben Sie sich nicht längst vorgenommmen, Ihre Schubladen mal wieder auszumisten? Aber das

nur nebenbei. Kommoden werden in unterschiedlichen Formen und Größen angeboten, im Antiquitätenhandel gibt es sogar noch den Apothekerschrank mit seinen unzähligen Schublädchen. Achten Sie beim Kauf einer Kommode vor allem auf den reibungslosen Lauf der Schubladen. Da lohnt sich auch die Mehrinvestition für höhere Qualität.

Die Truhe

Am Anfang war die Truhe – viele Jahrhunderte lang das einzige Aufbewahrungsmöbel. Auch heute sind Truhen vielseitig einsetzbar, allerdings völlig ungeeignet für ordnungsliebende Zeitgenossen. Da Truhen keinerlei Einteilung haben, verweigern sie sich jedem Ordnungssystem. Vielleicht mögen sie Kinder deshalb so gerne. Beim Wühlen finden sich plötzlich Dinge, die längst verloren schienen! Außerdem geht das Aufräumen im Kinderzimmer schnell: Was herumliegt, kommt in die Truhe. Deckel zu!

Truhen sind wohl nicht gerade die effektivsten Aufbewahrungsmöbel, bringen aber – gut platziert – Atmosphäre ins Haus.

Der Sekretär

Halbhohe Schränke mit herausziehbarer Schreibfläche, Schubladen, Brieffächern, verschließbarem Rollo und vielleicht sogar einem Geheimfach waren Meisterwerke der alten Möbelschreinerei. Diese so genannten Sekretäre gab es einst in vielen Varianten, zierlich für die Dame, repräsentativ für den Herrn, ländlich robust oder höfisch elegant. Bessere Schreibtische für den Privatgebrauch sind bis heute nicht erfunden worden! Im Einrichtungshaus bekommen Sie Sekretäre aus moderner Fertigung in unterschiedlichstem Design. Aber womöglich finden Sie auf dem Trödelmarkt Ihr Traumstück.

Der Bücherschrank

Regale sind zweckmäßig und flexibel. Doch offen aufgestellte Bücher verstauben schnell. Unsere Großeltern hatten Bücherschränke mit Glastüren, die allerdings im Verhältnis zu der Büchermenge, die sie aufnehmen, sehr viel Platz beanspruchen. Für heutige Wohnverhältnisse empfiehlt es sich eher, ein Regalsystem zu wählen, zu dem auch Glastüren angeboten werden.

Fenster in die Vergangenheit

Hochwertige Bett- und Tischwäsche, sauber gefaltet und sortiert: anno dazumal ein Muss für jede Braut

Ein wohlsortierter Aussteuerschrank *gehörte einst zur Mitgift einer jeden Braut. Über Jahre hinweg sparten Mütter für ihre Töchter, wählten aus und sammelten, damit sie ihnen zur Hochzeit genug Leinen, Bettwäsche, Tischwäsche und Handtücher mitgeben konnten. Die Größe des oft reich bemalten oder geschnitzten Aussteuerschranks – der ja vor aller Augen von der elterlichen Wohnung der Braut in die eheliche Wohnung transportiert wurde – stand für die Größe der Mitgift. Ein frühes Dokument einer Aussteuer ist uns aus Zürich aus dem Jahr 1626 überliefert, als jede der sieben Töchter des Hans Jakob Zoller und seiner Gemahlin Anna Escher vom Luchs sechs Tischtücher und 18 Servietten erhielt. Werbeanzeigen in Koch- und Haushaltungsbüchern vom Ende des 19. Jahrhunderts dokumentieren, dass Betttücher, Tischtücher, Servietten, Handtücher, Taschentücher, Gläsertücher, Wischtücher und Staublappen bei Textilienhändlern im »Brautausstattungspaket« erhältlich waren. Die Reinleinen-Damaste, Baumwoll- und Batistwäscheteile konnten komplett erworben werden, zumeist aber wurden sie peu à peu angeschafft und ordentlich im Aussteuerschrank bis zum Tag der Hochzeit gehortet. Und wenn der niemals kam? Dafür ist die ledige Jungfer Elisabeth Zoller aus Zürich ein Beispiel, die 1669 bei ihrem Tod 72 Tischtücher hinterließ.*

Die persönliche Note – der Erfahrungsschatz der Vergangenheit

Die Einrichtung als Ausdruck der sozialen Stellung – das ist uns heute nicht mehr so wichtig. Wir möchten unserer Wohnung eine individuelle Note geben, möchten unsere Persönlichkeit auch in den Dingen spiegeln, mit denen wir leben. Dazu gehören Dinge mit Vergangenheit. Wie man damit umgeht, sie richtig platziert und in den Alltag integriert, dabei hilft uns das alte Wissen.

Kultiviertes Wohngefühl in alter Tradition

Zu einem kultivierten Lebensstil gehörten von jeher all die Dinge, die keinen existentiellen Zweck erfüllen. Dabei sind sie uns doch so wichtig! Großmutter stellte ihre ererbte Silberschale für jedermann sichtbar auf die Anrichte. Großvater entstaubte eigenhändig seine Enzyklopädie. Und die kinderlose Tante setzte ihre Puppensammlung dekorativ aufs Sofa. Kultiviertes Wohnen hat nichts mit Snobismus zu tun, sondern mit Ihrer Persönlichkeit und den »zwecklosen« Dingen, die Sie lieben.

Lebendige Erinnerung: Souvenirs

Noch vor 50 Jahren zählte Reisen nicht zum Standardprogramm der Freizeitgestaltung. Deshalb waren Souvenirs für Großmutter kostbar genug, um ihnen einen Ehrenplatz in der guten Stube einzuräumen: Auf der Kommode stand, als Erinnerung an die Flitterwochen, das Glas mit dem Abziehbild von Venedig, darüber an der Wand der spanische Fächer von der ersten Busreise. Heute scheuen wir vor derlei »Staubfängern« mit gutem Grund zurück. Was nicht heißt, dass Sie auf erinnerungsträchtige Mitbringsel verzichten müssen. Doch greifen Sie auf der nächsten Reise zu landestypischen Dingen, für die Sie im Alltag Verwendung haben. Die gestickte Tischdecke wird Sie immer wieder an die schönen Tage in Ungarn erinnern.

Mit Büchern leben

Passionierte Leser kennen das Problem: Bücher scheinen sich wie die Karnickel zu vermehren. Wohin damit? Großmutters Prinzip, dass »man« Bücher nicht wegwirft, weil sie ein Kulturgut sind, gilt in Zeiten des Taschenbuchs nicht mehr unbedingt. Doch Lieblingsbücher, wertvolle Bücher, Ratgeber und Nachschlagewerke begleiten uns ein Leben lang und gehören traditionell zur europäischen Wohnkultur. Bücher sind keine toten Gegenstände, deshalb wirken Bücherwände in einer Wohnung auch so lebendig. Offene Regale laden zum Zugreifen und zum Lesen ein und sind ausgesprochen dekorativ. Besonders stilvoll wirken Regale, die wie in alten Bibliotheken eine ganze Wand bis zur Decke einnehmen. Dazu brauchen Sie dann aber auch die altbewährte Trittleiter. Die Ordnung, die Sie Ihren Büchern im Regal geben, schauen Sie ebenfalls von den Bibliothekaren ab. Bücher nach Farbe oder Größe zu ordnen ist nicht sinnvoll und sieht nicht einmal hübsch aus. Stattdessen stellen Sie Ihre Bücher nach Themen zusammen, etwa alle Krimis oder alle Reiseführer in einem Bereich. Schwere Bände stellen Sie immer in die unterste Reihe des Regals, wodurch sich dessen Stabilität erhöht.

Die schöne alte Bibliothek – beeindruckendes kulturelles Zeugnis und wunderbarer Ort für intellektuelles Vergnügen

Die Fotogalerie Ihrer Lieben

Die »Ahnengalerie« inklusive nachfolgender Generationen hat sich schon Großmutter im Miniformat auf die Anrichte gestellt. Familienfotos, hübsch gerahmt, in loser Gruppe an die Wand gehängt oder ins Regal gestellt, verleihen auch modernen Wohnungen die ganz persönliche Note.

Auf die Hängung kommt es an: Bilder

Für die Präsentation von Bildern im Raum können Sie sich nach altbewährten Regeln richten: Vor allem »kleben« Bilder nicht unter der Decke. Der ideale Platz ist etwas über Augenhöhe. Großformatige, auch extrem farbige oder ausdrucksstarke Bilder fordern eine Einzelhängung, allein schon weil sie jeden Nachbarn erdrücken würden. Bilderserien im gleichen Format hängen Sie in gerader Linie, entweder horizontal oder vertikal, und eher nahe zueinander, um den Seriencharakter zu betonen. Eine reiche Tradition hat, trotz unkonventioneller Wirkung, die Bilderwand, bei der Sie Ihrer ästhetischen Empfindung folgen und Bilder von unterschiedlichem Format und Stil in unterschiedlicher Höhe und mit unterschiedlichen Zwischenräumen hängen. Entscheidend ist der Gesamteindruck, den Sie durch relativ enge Hängung erreichen.

Das Lesezimmer mit seinen Büchern, Bildern und Objekten lädt dazu ein, sich in fremde Welten zu versenken.

Der Schwerpunkt-Tipp

Ausgewählte Objekte wirkungsvoll präsentiert

Wertvolle Kunstgegenstände und Erbstücke, Ihre Siegerpokale und Ihre selbst gesammelten Bergkristalle – was Ihnen selbst besonders am Herzen liegt, präsentieren Sie so in Ihrer Wohnung, dass es seine ganze Wirkung entfaltet.

Hinter Glas: die Vitrine

Vitrinen erlauben den freien Blick auf Ihre Schätze – Blechspielzeug, Mokkatässchen, Trophäen – und verzögern gleichzeitig das gefürchtete Verstauben. Dennoch sollten Sie immer ein Auge darauf haben: Nur wenn Verglasung und ausgestellte Gegenstände immer blitzblank sind, hat die Sache Stil. Eine Vitrinenbeleuchtung sorgt für erhöhte Aufmerksamkeit.

Ehrenplatz für das Erbstück

Nicht nur sündhaft teure Antiquitäten verdienen einen Ehrenplatz in Ihrer Wohnung. Ein Erbstück kann durch persönliche Erinnerungen zum Teil der eigenen Biographie werden. Sie sollten es schätzen – und für die nächste Generation erhalten. Besondere Stücke, sei es der Bierkrug des Urgroßvaters oder der Kirschholzsekretär der Erbtante, ziehen sofort die Blicke auf sich, wenn sie einzeln gestellt werden und gut ausgeleuchtet sind.

Ins rechte Licht gerückt

Nicht immer genügt das Streulicht der Deckenleuchte, um Objekte ins rechte Licht zu rücken. Optimale Wirkung erreichen Sie durch gezielt eingesetztes Licht: Früher musste man sich mit Kerzen begnügen, heute gibt es Wandstrahler und ein breites Angebot an Bilderleuchten. Grundsätzlich sollten Sie direkte Beleuchtung von oben immer vermeiden, ideal ist ein Licht-Einfallswinkel von 60 Grad. Bei flacheren Winkeln besteht die Gefahr von störenden Lichtreflexen. Bei Bildern mit ausladenden alten Rahmen sollten Sie die Lichtquelle in gewisser Entfernung installieren, da sonst der Rahmen Schatten auf das Bild wirft.

Kleinere Objekte lassen sich auch kunstvoll zu einem Tableau arrangieren, das quasi als Hausaltar die Blicke auf sich zieht und viel zu erzählen hat.

Wie in Großmutters guter Stube – das Ticken der Uhr

Wissenschaftlichen Untersuchungen zufolge wirken gleichbleibende Geräusche mit geringer Phonstärke, wie etwa das sanfte Plätschern des Regens oder das Ticken einer Uhr, entspannend: Der Blutdruck sinkt, der Herzschlag verlangsamt sich. Im Grunde haben wir das immer gewusst; denn Großmutters gute Stube mit der tickenden Uhr war ein Hort der Behaglichkeit.

Original oder Replik

Viele historische Uhrenmodelle erhalten Sie heute als Repliken mit neuem Uhrwerk in traditioneller Mechanik. Sehr teuer können funktionstüchtige Originale aus dem Antiquitätenhandel sein. Oder Sie finden ein hübsches Exemplar auf dem Trödelmarkt. Defekte alte Uhrwerke repariert der Uhrmacher.

Echtes Möbel: die Standuhr

Bis nach dem Zweiten Weltkrieg tickte in vielen deutschen Wohnstuben eine Standuhr. Kaum ein anderer Einrichtungsgegenstand der Vergangenheit vermittelt uns die entspannte Behaglichkeit der guten alten Zeit. Doch die Anschaffung einer Standuhr ist auch eine Platzfrage. Sie ist ja kein Accessoire, sondern ein echtes Möbelstück.

Technisch gesehen ist die Standuhr ein Regulator: Darunter versteht man eine mechanische, durch Gewichte angetriebene Pendeluhr, deren unglaubliche Präzision einer Erfindung von 1720 zu verdanken ist, dem temperaturkompensierten Pendel. Dieses raffiniert konstruierte Metallpendel schwingt auch bei Temperaturschwankungen im immer gleichen Takt. Sie können sich also auf Ihren Regulator verlassen! Bei richtiger Wartung müssen Sie mit einer Zeitabweichung von nur wenigen Sekunden pro Tag rechnen, die Sie aber bei Bedarf ganz einfach nachstellen können.

Nostalgie pur – Spieluhren

Heute kennen wir sie vor allem aus dem Kinderzimmer; denn Spieluhren wirken auf Babys beruhigend. Früher hatten auch Erwachsene ihre helle Freude an mechanischer Musik: Spieluhren haben ein aufziehbares Spielwerk, das eine Melodie erklingen lässt. Der beliebte Klassiker aus Großmutters Jugendzeit ist die Spieluhr mit der kleinen Tänzerin, die sich zur Musik dreht.

Die Wiener Wanduhr

In Massenproduktion wurde Ende des 19. Jahrhunderts sehr preisgünstig die so genannte Wiener Wanduhr hergestellt: ein Regulator in einem schlichten, an drei Seiten verglasten Holzgehäuse, das um 1820 in Wien entworfen wurde. Die verglaste Kastenform hat man auch bei hochwertigen Wanduhren aus Edelhölzern, mit geschwungenem Giebel und reich verziertem Ziffernblatt, beibehalten. Wenn Sie Ihr Wohnzimmer mit Stilmöbeln einrichten, passt eine solche Wanduhr in jedem Fall dazu. Und als Einzelstück kann sie einem modernen Raum viel Charme verleihen.

Vielfältigste Formen: Tischuhren

Wenn Sie eine eher kleine Tischuhr suchen, um sie etwa auf eine Kommode oder die Konsole der Eckbank zu stellen, wählen Sie die früher sehr beliebte Stockuhr. Sie wird mittels einer Metallfeder im Inneren des Uhrwerks angetrieben und ist oft nicht viel größer als ihr Zifferblatt. Stockuhren werden wegen ihrer »gestutzten« Größe auch Stutzuhren ge-

Zu Großmutters Zeit in jeder gutbürgerlichen Wohnung zu finden – die gute alte Standuhr, eine Pendeluhr, deren mechanisches Grundprinzip einst von Galilei entdeckt wurde.

Eine prunkvolle Tischuhr von 1652 aus der Werkstatt des bedeutenden Augsburger Uhrenbauers David Buschmann

Diese elektrische Tischuhr, ein typisches Beispiel für das französische Art Déco, entstand um 1927.

nannt. Es gab sie in vielfältigster Form: mit einfachem Glassturz, der nur das Verstauben des Uhrwerks verhindern sollte; mit vorne verglastem Holzgehäuse in schlichter oder aufwändiger Gestaltung; als noble »Portaluhr«, bei der sich das Zifferblatt zwischen Miniatursäulen präsentiert; als verspielte Metallskulptur mit integriertem Zifferblatt; mit bäuerlich bemaltem Porzellangehäuse. Ein besonders origineller Typ ist der Zappler, so genannt, weil ein kleines Pendel vor dem Zifferblatt hin- und herzappelt.

Gewöhnungssache: das Schlagwerk

Ihre mechanische Uhr erfüllt den Raum nicht nur mit ihrem Ticken. Meist verfügt sie auch über ein Schlagwerk, das als akustisches Zeitsignal zur ganzen, halben, manchmal auch zur Viertelstunde dient. Dessen Schläge – auf eine mehr oder weniger tiefe Glocke beziehungsweise auf eine Tonspirale für kleine Tonfolgen – können durch die ganze Wohnung hallen. In früheren Zeiten war man daran gewöhnt, Sie müssen sich womöglich erst daran gewöhnen. Wenn das nicht gelingt, stellen Sie das Schlagwerk einfach ab. Bei hochwertigen modernen Nachbauten ist in der Regel eine automatische Nachtabschaltung möglich.

Diese Standuhr von 1787 aus Mahagoni verfügt über einen raffinierten Musikmechanismus.

Ein Symbol für deutsche Gemütlichkeit: die Kuckucksuhr

Weltweit steht die Kuckucksuhr als Symbol für deutsche Gemütlichkeit, aber in deutschen Wohnzimmern ist sie nur noch höchst selten zu finden. Vielen Leuten ist sie allzu »originell«. Sie stammt aus dem Schwarzwald, einem frühen Zentrum des Uhrenbaus, und kam nach 1850 auf den Markt, eine Art reich geschnitztes Knusperhäuschen mit Gewichten in Form von Tannenzapfen. Die echte Kuckucksuhr verfügt über komplizierte Mechanismen: Das Türchen öffnet und schließt sich selbsttätig, der Kuckuck verbeugt sich bei jedem Stundenschlag und bewegt dabei Flügel und Schnabel. Sein Ruf wird von zwei gedeckten Luftpfeifen und zwei kleinen Blasebälgen erzeugt.

Mechanische Uhren täglich aufziehen!

Das Triebwerk mechanischer Uhren braucht Ihre Aufmerksamkeit. Es muss täglich aufgezogen werden: bei Gewichtsantrieb mittels der Gewichte, bei Federantrieb mittels eines Schlüssels. Selbstverständlich war es Großvaters Aufgabe, die Wohnzimmeruhr täglich zur selben Stunde aufzuziehen und – nach Vergleich mit der Zeitangabe im Radio – nachzustellen. Machen Sie doch ebenfalls ein kleines Ritual daraus, dann werden Sie das Aufziehen nicht vergessen. Dabei sollten Sie einige Regeln befolgen: Den Schlüssel für den Federantrieb nie überdrehen, sondern mit Gefühl vorgehen. Die Gewichte ziehen Sie auf, bevor sie den Endpunkt erreicht haben; dabei heben Sie die Gewichte leicht an, um die Lager zu schonen. Ab und zu müssen Sie die Lager ölen, aber eher sparsam und öfter, als zu viel auf einmal. Nach einem Transport müssen Sie Ihrer mechanischen Uhr ein paar Tage zum Eingewöhnen geben, dann tickt sie wieder zuverlässig.

Die Sonnenuhr am Haus

»Mach es wie die Sonnenuhr, zähl' die heitren Stunden nur!« – kaum ein vergilbtes Poesiealbum, in dem dieser Spruch fehlt. Tatsächlich funktioniert die Sonnenuhr, eine der ältesten Kulturschöpfungen der Menschheit, nur bei strahlendem Sonnenlicht: Der eine Zeiger der Sonnenuhr ist fest an einer senkrechten Wand installiert, während sein Schatten auf der Wand mit dem Weg der Sonne wandert und so die Stunde angibt. Noch heute können Sie bei vielen historischen Gebäuden an der Sonnenuhr die Zeit ablesen.

Antimagnetische Ausrüstung

Eine mechanische Uhr mit Federantrieb sollten Sie nicht in der Nähe eines starken Elektromotors (Kühlschrank) oder elektronischer Geräte (Computer, Fernseher) aufstellen. Die mögliche Magnetisierung der Spiralfeder bringt sie völlig aus dem Takt! Falls es gar keinen anderen Standort gibt, können Sie ein antimagnetisches Uhrwerk einbauen lassen oder einen Schirm aus Weicheisen im Inneren des Gehäuses, der Magnetfelder ableitet.

Dekoration à la Großmama – Schnickschnack, Blumen und noch viel mehr

Das kunterbunte Miteinander unterschiedlichster Dekorationselemente kann einem Raum oder einem Haus eine sehr persönliche Note geben. Doch sollten Sie sich an einige bewährte Gestaltungsregeln halten, damit kein Durcheinander daraus entsteht.

Nippsachen: konzentriert aufstellen

Kleine »nutzlose« Ziergegenstände waren in der guten alten Zeit ausgesprochen beliebt. Da der künstlerische Wert dieser Nippsachen oft gering ist, werden sie bisweilen abwertend als Kitsch bezeichnet. Sei's drum! Wenn Sie Ihren Krimskrams lieben, gehört er auch in Ihre Wohnung, allerdings in einer gewissen Ordnung. Stellen Sie nicht jeden freien Platz voll, sondern konzentrieren Sie Ihre Sammlung beispielsweise auf ein Regal. Und machen Sie sich die (beträchtliche) Mühe des regelmäßigen Abstaubens, am besten mit einem Pinsel. Bei stärkerer Verschmutzung ist ein feuchter Rundpinsel zweckdienlich. Falls Sie Ihren Krimskrams nass abwaschen wollen: gleich danach gut abtrocknen, damit die hübschen Kleinigkeiten keinen Wasserschaden nehmen.

Porzellan – eines der beliebtesten Materialien für Ziergegenstände aller Art

Für kleine Objekte: der Setzkasten

Sehr kleine Objekte präsentieren Sie am besten in Setzkästen. Die gibt es als billige Nachbauten oder als Originale, die in einer alten Druckerei ausgemustert wurden. Denn dort diente der Setzkasten mit seinen vielen Fächern zum Sortieren der Lettern. Jede Schrift hatte ihren Setzkasten. Die Größe der Fächer richtete sich nach der Häufigkeit, mit der bestimmte Buchstaben zum Einsatz kamen. In Deutschland hatten Antiquakästen 125 Fächer, Frakturkästen 116 Fächer. Außerdem wurden Setzkästen noch nach der Größe unterschieden; so maß etwa der so genannte Brotschriftenkasten knapp einen Meter in der Breite und gut fünf Zentimeter in der Höhe.

Edles Geschirr in der Vitrine

Besitzen Sie wertvolles Geschirr, das von Generation zu Generation weitervererbt wurde? Meißener Porzellan, Silber oder wertvolle Gläser müssen nicht im Verborgenen schlummern! Präsentieren Sie doch Ihre Familienschätze im Wohn- oder Esszimmer in einer ansprechenden Vitrine oder in einem Schrank mit Glastüren: Die guten Stücke werden ein attraktiver Blickfang sein.

Lebendig: frische Blumen

Nach einer Woche ist die Pracht vorbei! Doch kein Zimmerschmuck ist so lebendig wie ein frischer Blumenstrauß. Das wusste schon Großmutter und hatte unterschiedliche Vasen im Schrank, aus Glas, Porzellan und Keramik, bauchig und schlank, mit weiter und mit enger Öffnung. Auch flache Glasschalen für Rosenblätter

Der geschickte Einsatz von Zierobjekten war ein Markenzeichen der bürgerlichen Wohnkultur früherer Zeiten.

Sopraporte

Der freie Raum über einer Tür wurde früher gerne künstlerisch gestaltet. Die so genannte Sopraporte (Italienisch: über der Tür) konnte beispielsweise ein Stuckmedaillon sein oder eine Wandmalerei. Oft hat man den Türrahmen nach oben durch eine Schnitzarbeit erweitert, die die Initialen des Bewohners, die Bezeichnung des Raumes oder eine Jahreszahl trug. Sie brauchen Ihrer künstlerischen Phantasie keine Grenzen setzen, wenn Sie sich für diese Dekorationsmöglichkeit begeistern. Schablonenmalerei, ein Brett mit Ihrer Glassammlung, eine keramische Arbeit oder ein Geweih: Allein Ihr persönlicher Geschmack entscheidet.

Der Schwerpunkt-Tipp

Blumenschmuck in japanischer Tradition: Ikebana

Bis heute lernen in Japan junge Mädchen und Frauen zur Heiratsvorbereitung die traditionelle Kunst des Blumensteckens. Auch hierzulande findet Ikebana immer mehr Freunde und dessen Einflüsse auf unsere moderne Floristik sind deutlich zu erkennen. Reduktion auf das Wesentliche, so könnte man die hohe Kunst des japanischen Pflanzenarrangements definieren. Für sachlich oder puristisch eingerichtete Wohnungen der ideale natürliche Schmuck!

Blumenphilosophie

Die Bezeichnung Ikebana setzt sich aus *ikeru* (Leben) und *hana* (Blume) zusammen und wird oft etwas poetisch als »Blumen zum Leben erwecken« übersetzt. Der jahreszeitliche Bezug der verwendeten Blumen, die Harmonie von linearem Aufbau, Rhythmik und Farbe und außerdem die Kombination mit dem Gefäß sind die bestimmenden Faktoren. Vereinfacht könnte man das philosophische Grundprinzip so erklären: Die im asymmetrischen Dreieck angeordneten, unterschiedlich langen Zweige und Blüten symbolisieren Himmel, Erde und Mensch.

Der Blumenweg

Der Geist des Ikebana kann nicht durch Bücher, sondern nur durch die Anleitung eines Lehrers erfahren werden. Der »Blumenweg« ist eine meditative Übung des Zen-Buddhismus, die dem Menschen helfen soll, zur Harmonie mit sich selbst und seiner Umgebung zu gelangen. Gerade das Bewusstsein, dass der Zauber der lebenden Blumen nur kurz anhält, macht den Augenblick so besonders wertvoll. Die vergängliche Pflanze vermittelt Ruhe, Stille, ein Gefühl für das Wachstum und Vergehen.

Tokonoma

Richten Sie in Ihrer Wohnung eine *tokonoma* an: Diese Schmucknische – meist aus edlem Material gefertigt und mit einem senkrechten Zierbalken (*tokobashira*) als Gestaltungselement versehen – war im alten Japan der Ort für das Blumenarrangement.

Ikebana, die japanische Kunst des Blumensteckens, wird seit dem 15. Jahrhundert gelehrt und gepflegt.

oder -blüten gehörten dazu. Mit der richtigen Vase bringen Sie jeden Strauß seiner Größe und Form und seinem Stil entsprechend zur Geltung. Denken Sie bei der Dekoration Ihrer Wohnung mit frischen Blumen auch daran, dass voluminöse Sträuße eine Einzelstellung erfordern, etwa in der Mitte des Tisches. Eine einzelne Blume oder ein kleines Gebinde stellen Sie zu anderen Objekten, etwa zum Foto eines geliebten Menschen, den Sie vermissen, so wie das früher der Brauch war.

Getrocknete Blumen

Zur Kultur des Erinnerns, die die bürgerliche Welt des 19. Jahrhunderts etwa mit dem Poesiealbum pflegte, gehört auch der getrocknete Blumenstrauß – als Erinnerung an einen großen Tag oder einen wichtigen Menschen. Sie trocknen einen Strauß, indem Sie ihn kopfüber an einem luftigen Ort aufhängen – noch frisch, nicht verwelkt. Als Dekoration wird er ebenfalls aufgehängt oder gelegt, beispielsweise auf den Bauernschrank.

Willkommensgruß: Türkränze

Ein von jeher beliebter Schmuck der Eingangstür ist der Türkranz. Vor allem in der Adventszeit sieht man den Kranz aus frischem Tannengrün auch heute wieder sehr häufig. Doch können Sie Ihren Türkranz im Wechsel der Jahreszeiten aus natürlichen Materialien immer wieder neu gestalten. Dazu kommen Dekorationselemente wie bunte Bänder und Perlenschnüre, getrocknete Blumen oder ein Herz in der Mitte.

Einrichten und Wohnen nach alten Erkenntnissen

Wenn Sie das Glück hatten, schon beim Bauen Einfluss auf die Lage des Hauses nehmen zu können, auf Lichteinfall, Schallschutz und Wärmedämmung, dann haben Sie wesentliche Grundvoraussetzungen für Ihr Wohlfühlzuhause geschaffen. Doch auch als Mieter können Sie viel für die Verbesserung Ihrer Wohnsituation tun. Altes Erfahrungswissen kann Sie dabei unterstützen.

Gesundes Wohngefühl nach überlieferten Regeln

Sie beziehen eine neue Wohnung? Sie möchten die alte umkrempeln, weil Sie sich so nicht mehr wohl fühlen? Die Kinder sind aus dem Haus – und plötzlich steht Ihnen ein zusätzliches Zimmer zur Verfügung? In welchem Raum Sie künftig schlafen, in welchem Sie arbeiten oder essen, diese Entscheidung sollten Sie nicht nur von der Größe der Zimmer abhängig machen, sondern in die Planung auch alte Erfahrungswerte miteinbeziehen.

Wo viel Licht stört – das Zimmer für die Nacht

Nur richtig ausgeschlafen fühlt man sich wohl. Diesbezüglich stimmen Großvater und Enkel vollkommen überein. Deshalb sollten Sie größten Wert auf die Lage Ihres Schlafzimmers legen und störende Faktoren ausschalten – Lärm natürlich, aber auch zu viel Licht. Nicht von ungefähr haben schon unsere Vorfahren geglaubt, dass der sanft schimmernde Vollmond Schlafstörungen verursacht. Heute wissen wir, dass zu viel Licht die Ausschüttung des »Schlafhormons« Melatonin behindert. Deshalb dunkeln Sie Ihr Schlafzimmer mit dichten Webstoffen gut ab. Tun Sie aber nicht zu viel des Guten: Wer sich hinter völlig lichtundurchlässigen Kunststoffrollos verbarrikadiert, kann sich eingesperrt fühlen.

Wo viel Licht nützt – das Zimmer für den Tag

Der Neandertaler hockte in seiner dunklen Höhle. Aber nur bei Nacht und übelster Witterung. Ansonsten war er im Freien, im hellen Licht. Von der Steinzeit bis ins 19. Jahrhundert hinein änderte sich daran zumindest für die Landbevölkerung nichts. Untertags hielt man sich da auf, wo es hell ist, nämlich im Freien. Um diesem »Naturzustand« auch in Ihrer Wohnung zu entsprechen, wählen Sie den Raum mit dem meisten natürlichen Licht, um darin das Zimmer einzurichten, in dem Sie sich häufig tagsüber aufhalten. Es muss nicht der größte sein! An historischen Gebäuden können wir feststellen, dass die Menschen immer an der Südseite ihre »gute Stube«, das Amtszimmer oder den Salon hatten. Nur hier konnten sie so lange wie möglich bei Tageslicht arbeiten und an künstlicher, teurer Beleuchtung sparen.

Lichter Raum zum Arbeiten: das Klavierzimmer in der Wiener Wohnung des Komponisten Johannes Brahms

Elektrosmog vermeiden!

Er ist ein Problem unserer Zeit. Nieder- und Hochfrequenzfelder können Sie mittels Tesla- und Voltameter messen lassen. Auf jeden Fall sollten Sie Kabel und Netzfreischaltung in jedem Schlafzimmer abschirmen. Verbannen Sie Radiowecker mit Strombetrieb vom Nachtkästchen, auch Fernseher und Receiver oder Mobilfunkgeräte wie Handys oder moderne PDAs. Dicke Lehmputze oder innen vorgestellte Wände aus Lehmsteinen vermindern ebenso wie Lehmschlagdeckenaufbauten oder begrünte Dachflächen hohe Strahlungsbelastungen, die durch Hochspannungsleitungen oder Mobilfunkmasten verursacht werden.

Die Anordnung der Möbel sollte sich nicht nur nach ästhetischen und praktischen Gesichtspunkten richten, sondern auch die Erdstrahlung mitberücksichtigen.

Dunkle Ecken sinnvoll nutzen

Es gibt sie in jeder Wohnung. Aber aus dunklen Ecken lässt sich durchaus etwas machen! Bedenken Sie Ihre Gewohnheiten. Wenn Sie beispielsweise nur abends lesen, dann können Sie Ihren Lesestuhl mit der Leselampe ruhig in eine tagsüber wenig belichtete Ecke stellen. Auch lässt sich dort sehr gut die Stereoanlage oder der Fernseher aufstellen. Unter Treppenabsätzen hellen Sie abgeschattete Flächen mit Blumenarrangements auf niedrigen Truhen auf oder mit einem Tischchen, auf das Sie eine Schirmlampe oder einen glänzend polierten Silberleuchter stellen. Selbstverständlich bietet sich die düstere Ecke auch für Einbauten als Stauraum an.

Berücksichtigung der Erdstrahlung

Haben Sie ein diffuses Unbehagen in Ihrem Wohnzimmer? Sind Ihre Kinder abends schwer zu beruhigen? Vielleicht liegt es an der Erdstrahlung. Darunter versteht man »die Summe der natürlichen aus der Erde aufsteigenden Strahlungen«. Experten setzen Hochfrequenzmessgeräte, die traditionelle Wünschelrute und überliefertes Erfahrungswissen ein, um Störzonen in Wohnungen aufzuspüren. Oft reicht es, wenn Sie Bett oder Sofa in eine störungsfreie Zone schieben. Auch eine Schlafplatzsanierung mit isolierend wirkenden Matten hat sich bewährt. Übrigens: Wenn Sie einen Hund haben, beobachten Sie sein Schlafverhalten: Hunde weichen instinktiv störenden Wasseradern aus.

Die gemütliche Ecke des Hauses entsteht am besten dort, wo es das schönste Licht und den besten Ausblick gibt.

Fenster in die Vergangenheit

Ein chinesischer Geomant mit einem Feng-Shui-Kompass, mit dessen Hilfe ein Ort erkundet wird

Geomantik ist eine alte Lehre, *die neu entdeckt wird. Im alten China – hier in der Form des Feng Shui – und in der altarabischen Kultur übte man sich in der Geomantik, der Kunst der »Weissagung aus der Erde«: Man glaubte, aus topographischen Situationen die Eignung eines Ortes als Siedlung oder Kultstätte herauslesen zu können. Heute ist die Geomantik eine recht populäre Disziplin. Ihre Anhänger halten es für möglich, Kraftströme auf der Erde auszumachen und den Lebensraum jedes Einzelnen als ein Kraftfeld zu testen. Bestimmte Orte haben dieser Lehre zufolge ein heiltätiges, Energie spendendes Kraftfeld, andere ein neutrales oder ein negatives. Damit nicht genug. Die Geomantik sieht ihre Aufgabe im Verstärken von positiven und im Abschwächen negativer Kraftfelder, um so für jeden ein Optimum an Harmonie zu erreichen. Als Grenzwissenschaft wird die Geomantik zwar von der akademischen Naturwissenschaft nicht anerkannt, sie zieht aber zur Erkundung durchaus mathematische oder geologische Methoden heran, beispielsweise, wenn sie historische Bauwerke oder Wegkreuzungen als Basispunkte des Landschaftsnetzes verortet. Denn sie hält es für erwiesen, dass die Menschen früherer Zeiten ein größeres Wissen über die optimale Wahl von Bauplätzen hatten.*

Die alpenländische Stubeneinrichtung

Sie zählt zu den unverwechselbaren Inneneinrichtungen, die Handwerk und Wohnkultur im alten Europa hervorgebracht haben: die alpenländische Stube. Es gibt wohl kaum einen Urlauber, der nach einer Wanderung oder einem Tag im Schnee nicht mit großem Behagen in so einer Stube sitzt.

Die historische alpenländische Stube weist, egal ob in Tirol oder Berchtesgaden, in der Steiermark oder in den Dolomiten, im Engadin oder Bregenzerwald, charakteristische Eigenschaften auf: Sie war lange Zeit der einzig beheizbare Raum des Bauernhofs und somit der wichtigste Aufenthaltsraum der Familie. Hier wurde gegessen, gelesen, geschnitzt, gesponnen, manchmal auch geschlafen. Die Einrichtung war lange Zeit einfach und in allen Häusern ähnlich: In der Fensterecke stand der Stubentisch, auf der großen Eckbank hatten die vielköpfige Familie und das Gesinde Platz, darüber war der Herrgottswinkel. Diagonal gegenüber stand der Kachelofen. Sonst gab es an Mobiliar noch einen Vorratsschrank, vielleicht einen Gewehrschrank, ein Spinnrad, eine Wiege.

Bauernhaus im Schweizer Emmental. Die alpenländische Architektur ist nicht zuletzt den besonderen klimatischen, topographischen und wirtschaftlichen Rahmenbedingen des Lebens in einer wunderschönen, aber auch rauen Bergwelt geschuldet.

Platz für alle am Jogltisch

In der Steiermark nennt man ihn »Jogltisch«, aber mit kleinen Änderungen finden wir diesen massiven alpenländischen Tisch in allen Stuben. Ein Merkmal ist die quadratische Tischplatte, die sich verschieben lässt, so dass man an die darunter liegende Brotlade kommt. Oft ist in der Unterkonstruktion noch eine zusätzliche, feste Lade eingebaut. Darin bewahrte man Löffel und Zinnteller auf. Die ausgeschweiften Tischbeine sind in geringem Abstand zum Boden durch vier waagrecht eingesetzte Bretter miteinander verbunden. Sie erhöhten die Stabilität des Tisches und dienten gleichzeitig als Fußstütze, was zum einen die Unterkühlung der Füße auf »bodenkalten« Fußböden verhindert, zum anderen den Sitzkomfort erhöht. Im Volksmund heißt dieses Holzgeviert »der Vergeltsgott«: Wer seine Füße darauf abgestellt hatte, konnte erwarten, auch etwas zum Essen zu kriegen – was Gott der Bäuerin vergelten möge. Heute sind solche Jogltische, denen der deutsche Rhöntisch ähnlich ist, gesuchte Antiquitäten. An ihnen zu sitzen ist eben besonders gemütlich.

Gesund wohnen mit Zirbelholz

Die ätherischen Öle der Zirbelkiefer halten Ungeziefer fern. Darüber hinaus sollen sie den gesunden Schlaf fördern, gegen Wetterfühligkeit wirken, den Kreislauf beruhigen und in besonderer Weise die Herzschlagfrequenz reduzieren.

Wohlige Wärme durch den Kachelofen

Keine Bauernstube ohne Kachelofen! Seine wohlige, lang anhaltende Wärme, die an der Trockenstange hängenden schneefeuchten Kleidungsstücke, der Duft von den brennenden Scheiten, das Nachlegen der Holzstücke, der Sitzplatz auf der Ofenbank, das alles zusammen spricht Urerfahrungen in uns an, die ein Gefühl des Zuhauseseins wachrufen.

Vorratsschränke: Almer und Mehlkasten

Almer, so heißt ein mittelhoher Bauernschrank, der zur Aufbewahrung von Speisevorräten in der Stube diente. Das schlichte Möbelstück, in dessen Türe man oft ein rundes durchlöchertes Metallplättchen zur Luftzirkulation eingesetzt hat, war jahrhundertelang gebräuchlich. Ein ähnlicher Vorratsschrank ist der Mehlkasten, der mehrere gro-

Eine alpenländische Stube im Mondseer Rauchhaus, einem Freilichtmuseum in Mondsee im Salzkammergut. Die Besonderheit dieses Hauses bestand darin, dass der Rauch frei durch das Dachgeschoss abziehen konnte und das dort gelagerte Getreide trocknete.

ße Laden vertikal neben der Kastentür aufweist. Die einflügelige Türe überlappt die Ladenreihe etwas, so dass die einzelnen Laden nur herausgezogen werden können, wenn die Kastentür offen steht – und zu der hatte nur die Bäuerin den Schlüssel. Die dekorative Vergitterung aus Holzleisten diente ebenfalls der Belüftung, war aber so engmaschig gearbeitet, dass keine Maus durchschlüpfen konnte.

Der Herrgottswinkel

Er hat besonders in der Bauernstube eine alte Tradition. Volksfrömmigkeit und Brauchtum waren auf dem Land jahrhundertelang eine Einheit, die den Jahreskreis begleitete. Der Herrgottswinkel mit Kruzifix sowie bunte Hinterglasbilder der Namenspatrone und Votivgaben sind Ausdruck einer alten Ordnung, in der der Glaube zum Alltag gehörte. Der »geschnitzte Herrgott« schaut auf die Familie herunter, nicht nur, wenn sie vor der Mahlzeit das Tischgebet spricht. In unserer Zeit ist der Herrgottswinkel oft zur reinen Dekoration verkommen, doch den gläubigen Menschen früherer Zeiten hat er Halt und Geborgenheit vermittelt.

Gemütliche Wandtäfelungen

Holz ist warm und atmungsaktiv. Ein archaischer Baustoff, war es bis ins 19. Jahrhundert in weiten Teilen Europas auch der wichtigste. Da in den Alpen Nadelbäume vorherrschen, finden sich in den alpenländischen Stuben überwiegend Wandtäfelungen aus Nadelhölzern. Behandelt wurden sie nur mit Wachs oder Naturölen. So verfärbten sich die ursprünglich meist hellen Hölzer im Lauf der Zeit und nahmen den lebhaften, gemütlichen Farbton an, den wir mit der alpenländischen Stube verbinden.

Ein Bauer in traditioneller Tracht im Berchtesgadener Land (Oberbayern). Wie die Architektur, so ähnelt sich auch die Tracht im gesamten Alpenraum.

Nadelhölzer in alpenländischen Stuben

Zirbelkiefer (Zirbe): Sie wurde im Volksmund »Königin der Alpen« genannt und ist auch heute das exklusivste Holz im bäuerlichen Wohnen. Ihr Holz ist gelbrötlich, gezeichnet von dunklen Aststellen, und dunkelt mit der Zeit stark nach. Das Holz ist weich, dauerhaft wie Lärchenholz, schwindet wenig und hat einen lange anhaltenden aromatischen Harzgeruch.

Kiefer: Europaweit verbreiteter Kernholzbaum mit markanter Jahresringzeichnung. Dieses gute Möbel- und Bauholz ist härter als Tanne und Fichte, harzreich und nachdunkelnd. Seine Farbe ist gelblich bis hellrötlich, der Kern rotbraun. Kiefer hat einen angenehmen Geruch und ist preiswerter als Lärche.

Lärche: Der Kernholzbaum zeigt in der Maserung deutliche Jahresringe, seine Farbe ist gelblich bis rötlich weiß, der Kern rotbraun. Lärchenholz verfügt über Festigkeit und Elastizität, ist gut feuchtigkeitsbeständig und sehr dauerhaft. Es arbeitet wenig und riecht angenehm. Vorsicht: Manche Lärchenhölzer sind sehr harzreich und »schlagen« sogar durch Lackschichten noch Harz aus.

Tanne (Weißtanne): Der Reifholzbaum liefert weiches, leicht zu bearbeitendes Holz mit weißlich-gelblicher Farbe und breiten Jahresringen, das fast als harzfrei zu bezeichnen ist und sich somit sehr gut für Bänke, Sitzmöbel und Lehnen eignet. Perfekt lässt es sich mit Bierlasuren oder pigmentierten Leinölfarben behandeln.

Fichte (Rottanne): Der Reifholzbaum, weitaus harzreicher und in der Farbe gelblicher als die Tanne, versorgt den Schreiner mit einfachem, weichem Holz, das gut zu verarbeiten ist.

Feng Shui – Einrichten nach alter chinesischer Tradition

Feng Shui – wörtlich übersetzt »Wind und Wasser« – ist eine uralte chinesische Lehre, die davon ausgeht, dass in allem, was uns in der sichtbaren und unsichtbaren Welt umgibt, eine Energie wirkt. In der praktischen Umsetzung geht es darum, die positive Energie Chi zu unterstützen und das zerstörerische Sha zu hemmen. Längst arbeiten Feng-Shui-Experten auch im Westen mit Architekten und Bauherren zusammen, um Harmonie und Wohlgefühl in Wohnungen und Büros herzustellen.

Mit dem chinesischen Feng-Shui-Kompass werden die Beziehungen eines Ortes zum Kosmos gemessen, um die richtige Ausrichtung von Architektur und Einrichtung zu ermitteln.

Positives Fließen von Energie

Dem chinesischen Glauben zufolge entsteht durch das Nebeneinander gleicher Objekte ein kosmisches Tor, durch das das segensreiche Chi Einzug halten kann: Hängen Sie Bilder gleichen Formats an die Eingangswand, runde Lampenschirme Seite an Seite in unterschiedlicher Höhe, stellen Sie dekorative Objekte paarweise auf leicht geschwungene Etageren und Konsolen und die Haustür wird links und rechts von einem Buchsbaum flankiert. Sorgen Sie in der Wohnung für Bewegungsfreiheit und gut aufeinander abgestimmte Möbel. Ein Überladen der Wohnung behindert den Chi-Fluss!

Entschärfen von Ecken und Kanten

Jeder in einen Raum hineinragende spitze Gegenstand sowie scharfe Ecken von Schränken, Tischen, Objekten wirken der Lehre zufolge wie ein schneidendes Messer auf den positiven Energiefluss. Sie erzeugen Sha, die zerstörerische Energie. Sie wirken bedrohlich. Entschärfen können Sie solche Irritationen des Wohlbefindens, indem Sie Ecken abrunden – etwa durch Abschleifen – oder Zimmerpflanzen davor platzieren. Tischtücher und Überwürfe harmonisieren ebenfalls harte Linien.

Mit dem Rücken zur Wand

Stellen Sie sich vor, Sie kommen in ein Restaurant, in dem Sie noch die freie Platzwahl haben. Mit ziemlicher Sicherheit werden Sie sich – ohne zu überlegen – nicht mit dem Rücken zur Tür setzen, sondern höchstwahrscheinlich mit dem Rücken zu einer Wand. Damit gehorchen Sie einem uralten Bedürfnis des Menschen: wissen zu wollen, wer oder was auf ihn zukommt, und keine Angst vor einem Angriff im Rücken haben zu müssen. Entsprechend raten Feng-Shui-Experten dazu, Arbeits- und Ruheplätze immer so einzurichten, dass der Rücken geschützt ist und der Blick frei zur Tür geht. Sollten Sie dazu keine Möglichkeit haben, stellen Sie einen Spiegel auf, in dem Sie Bewegungen an der Tür wahrnehmen.

Textile Gestaltung

Licht und Schatten sind Gegensatzpaare, die in Harmonie gebracht werden sollen. Für Fensterdekorationen hängen Sie drei abgerundete Schals und Gardinen in transparenter und nicht transparenter Ausführung nebeneinander. Auf diese Weise kann der Lichteinfall in den Raum mit einem Handgriff regu-

Asiatisch wohnen – weniger ist mehr!

Asiatisches Design strahlt Klarheit, Wärme, Würde aus. Vom traditionellen Hochzeitsschrank bis zum bemalten Paravent können Sie in spezialisierten Einrichtungshäusern originale Möbel und Wohnaccessoires kaufen. Das Prinzip des fernöstlichen Wohnstils, »Weniger ist mehr«, kommt auch der westlichen Moderne entgegen: In überfrachteten Wohnungen erdrücken sich Möbelstück und Dekorationselement gegenseitig. Wie der Mensch brauchen sie Freiraum und Luft, um ihren individuellen Ausdruck zu entwickeln.

liert und variiert werden. Achten Sie auf die Musterung und die Webrichtung von Teppichen. In uns regt sich innere Abwehr, wenn wir »gegen den Strich« laufen. Auch Muster lenken den Energiefluss. Für einen langen Gang empfiehlt sich ein quer gerichtetes Muster, das die seitlich gelegenen Räume einbindet.

Ort der Nahrung: die Küche

Die Küche ist zur Energieaufnahme, neben dem Schlafzimmer, der wichtigste Ort. Halten Sie den Bereich des Zubereitens möglichst frei und sorgen Sie für ausreichend Abstellflächen. Das ist gut für Ihre Kreativität. Aus demselben Grund sollten auch nicht alle Wandflächen verbaut sein. Regale sollten abgerundete Kanten haben; weiche, sanft geschwungene Formen regen die rechtshemisphärische, sinnliche Energie an. Der Herd sollte so im Raum stehen, dass Sie die Küche und möglichst auch die Tür überblicken können. Im alten China wurde mit komplizierten Berechnungen ausgetüftelt, in welcher Himmelsrichtung der Herd des Hauses zu stehen hatte. Denn die Qualität des Essens, so hieß es, hängt von der Kraft des Kochens ab. Ideal ist es auch, wenn der Weg vom Herd zum Essplatz nicht weit ist: Omas Wohnküche entspricht also ganz der chinesischen Lehre. Der Tisch sollte eine solide Platte haben, am besten aus Holz. Auf Glasflächen »schweben« die Speisen, was Unsicherheit bewirkt.

Die Regeln des Feng Shui werden auch bei der Gartengestaltung angewandt.

Entspannen im Wohnzimmer

Der Treffpunkt für die Familie und für Gäste sollte Wohlgefühl und Behaglichkeit atmen. Stellen Sie das wichtigste Möbelstück, wahrscheinlich ist das die Sitzgruppe, an eine geschlossene Wand. Der Blick von dort sollte auf erfreuliche Dinge fallen oder eine schöne Aussicht bieten. Wenn Sie das Sofa mitten in den Raum stellen, dann stellen Sie an den Rücken eine Kommode mit Hockerleuchten, die sanftes, weiches Licht spenden. Pflanzen als »Wächter« im Fensterbereich können viel zu einem Klima der Geborgenheit beitragen.

Sicher und gut schlafen

Tiefer Schlaf ist der Jungbrunnen des Lebens, denn im Schlaf lädt der Körper seine Energien wieder auf. Tagsüber sollte Sonnenlicht ins Schlafzimmer gelangen, das bringt das Chi in den Raum. Unsicherheit umfängt Sie im Schlaf, wenn Sie Ihr Bett mit dem Kopfteil zur Türe aufgestellt haben. Auch sollte Ihre Schlafgelegenheit nicht direkt gegenüber der Tür stehen, das nennt man in China die »Sargstellung«. Achten Sie darauf, dass keine Kasten- oder Kommodenecken auf ihr Bett zeigen, sie schießen Sha-Pfeile auf Sie ab und führen zu Konflikten. Mittlerweile produzieren alle größeren Hersteller von Bettwaren Decken, Kissen und Matratzen nach der Feng-Shui-Lehre. Ausschließlich natürliche Materialien werden nach positiven Feng-Shui-Maßen zugeschnitten und achteckig gesteppt, entsprechend der chinesischen Glückszahl.

Feng Shui definiert bestimmte Grundstrukturen der Einrichtung – hier etwa die Sitzposition mit Blick in den Raum. Damit lassen sich durchaus die unterschiedlichsten Stile verbinden.

Sie brauchen Geld? Aktivieren Sie Ihre »reiche Ecke«!

Im Feng Shui wird eine Wohnung in neun gleich große Zonen, die so genannten Baguas, eingeteilt. Jede Zone steht für einen Bereich des Lebens, etwa Partnerschaft, Karriere, Familie oder auch Ruhm. Ihre Reichtumszone ist leicht zu finden: von der Wohnungstür aus in der hintersten linken Ecke. Hier aktivieren Sie die gute Kraft des Chi mit gesunden Pflanzen, mit einem sprudelnden Zimmerbrunnen, mit Münzen oder anderen Dingen, die Sie mit Fülle und Reichtum – auch dem inneren Reichtum – in Verbindung bringen. Womöglich fehlt es Ihnen ja nicht an Geld, sondern an »bereichernden« Erfahrungen, um glücklich zu sein.

Heizen wie einst zu Großmutters Zeiten

Seit die Preise für Heizöl und Gas immerzu steigen, werden die Betriebskosten für Zentralheizungen zur echten Belastung. So interessiert man sich wieder für Kohle, Torf oder Holz – Materialien, mit denen in Europa jahrtausendelang geheizt wurde. Auch die altbewährte Strahlungsheizung durch Kachel- und Grundöfen rückt ins Zentrum der Aufmerksamkeit.

Alte Wärmequellen für die Wohnung

Im Gegensatz zu den heute üblichen Heizkörpern, die nur warme Luft produzieren und dabei ein oft staubig-trockenes Raumklima schaffen, verfügen traditionelle Wärmequellen über einen hohen Strahlungsanteil. Strahlungsheizung wirkt nach dem Prinzip der Sonne und benötigt keine Luft als Transportmedium. Bei Strahlungssystemen können die Oberflächentemperaturen niedriger sein, ohne dass der Komfort darunter leidet. Das ist Energiesparen nach altem Wissen und Erfahrung.

Älteste Wärmequelle: der offene Kamin

Das offene Feuer, die älteste aller Wärmequellen, können Sie sich mit dem offenen Kamin in die Wohnung holen. Allerdings erfordert das lodernde Kaminfeuer Ihre Aufmerksamkeit: Sie werden es nicht alleine lassen, sondern sich gemütlich davor setzen. Harziges Holz sprüht Funken, aber auch Scheite, die hinunterbrennen tun dies. Dagegen gibt es Schutzgitter für den Kamin. Praktisch sind auch Blasebalg, Ofengeschirr und Feuerzange, um das Feuer zu entfachen und regelmäßig zu kontrollieren.

Der so genannte Berliner Ofen war ein imposanter und sehr sparsamer Kachelofen.

Wärme und Gemütlichkeit: der gusseiserne Bullerofen

Frei stehende Öfen für feste Brennstoffe, mit einem dicken Ofenrohr zum Rauchabzug, waren bis nach dem Ersten Weltkrieg eine weit verbreitete Wärmequelle. Diese sehr schweren, dickbäuchigen Öfen aus Gusseisen waren so ausladend konstruiert, dass die Wärmeabgabe mit dem größtmöglichen Wirkungsgrad erfolgte. Der Nachteil: An der aufgeheizten Oberfläche verbrennt der Hausstaub und entwickelt sehr heiße und trockene Luft, die nicht gesundheitsförderlich ist. Wenn Sie Großmutters Bullerofen dennoch reaktivieren, weil er nicht nur Wärme, sondern auch viel Gemütlichkeit ausstrahlt, müssen Sie ihn in einem Abstand von mindestens einem Meter zu brennbaren Bauteilen oder Möbeln aufstellen.

Pflegeleicht: der Emailleofen

Bis nach dem Zweiten Weltkrieg waren Emailleöfen in Wohnzimmern zu sehen. Auch sie bestanden aus Gusseisen, waren aber mit emaillierten Wänden verkleidet. Damit verringerte sich die Verbrennungsgefahr. Auch ist die Pflege einfach: feucht wischen genügt. Vielleicht finden Sie ja einen dieser schweren Öfen mit guter Heizleistung noch in Ihrem Keller?

Der offene Kamin – gemütlich und in der Übergangszeit im Frühjahr und im Herbst auch sehr praktisch

Benutzerfreundlich: der Universal-Dauerbrenner

Großmutters luxuriösester Ofen: Universal-Dauerbrenner sind Warmluftöfen, die eine rußfreie Verbrennung gewährleisten. Außerordentlich benutzerfreundlich ist ihre automatische Regelung der Luftzufuhr. Damit werden sowohl ein Ersticken des Feuers als auch ein Überheizen vermieden. Außerdem halten Dauerbrenner die am Einstellungsknopf gewählte Temperatur konstant ein. Achtung: Wenn Sie Holzbrand verwenden, ist die automatische Regelung auszuschalten!

Der Schwerpunkt-Tipp

Der Kachelofen – Garant von Behaglichkeit und eine effiziente Wärmequelle

Das weit überkragende Dach alpenländischer Gehöfte ist so konstruiert, dass man darunter an der Hauswand den Holzvorrat lagern kann. In diesen Berghöhen wachsen nur mehr Weichhölzer. Da diese beim Verbrennen Funken sprühen, konnten die Holzhäuser nicht mit offenen Kaminen geheizt werden. Deshalb finden sich dort in den Stuben große Kachelöfen, die oft Nebenräume, von einem kleinen Feuerschacht aus, mit beheizten. Da die Kacheln nicht so schnell auskühlen, blieb es über Nacht in den Zimmern warm.

Eine Investition fürs Leben

Kachelöfen sind gemauerte Speicheröfen, die handwerklich vom Ofensetzer gebaut werden, der später auch die Wartung übernimmt. Bei Neuanschaffung überlegen Sie sich den Standort gut: Der Kachelofen bleibt sein Leben lang da, wo er einmal hingesetzt wird, und die Kosten sind nicht unerheblich. Da Größe und Heizleistung individuell bemessen werden, gilt Ihre zweite Überlegung Ihrem Wärmebedarf: Wesentliche Faktoren sind Außenklima, Bauweise des Hauses und ob der Kachelofen nur einen oder mehrere Räume beheizen soll. Danach richtet sich die Größe des Kachelofens: je mehr Außenfläche und Masse, desto höher das Wärmespeichervermögen. Große Warmluftkachelöfen können über Warmluftkanäle ganze Etagen beheizen.

Richtig beheizen

Kachelöfen werden traditionell wie Kamine oder Sparherde beheizt. Sie sind keine Dauerbrandöfen! Achten Sie darauf, dass das Feuer nicht zu hoch und zu stark brennt, da enorme Hitze Überdehnungen und Risse im Ofenfutter – der inneren Ausmauerung mit feuerfesten Steinen – bewirken kann. Außerdem verringert sich dadurch die Energieausbeute. Vor dem Abschließen der Ofentüre dürfen keine Flammen mehr zu sehen sein, das Holz muss also ganz abgebrannt sein. Außerdem dürfen Sie eine geschlossene Ofentüre erst nach dem Erkalten öffnen, da sonst die Gefahr kleiner Gasexplosionen besteht, die ebenfalls das Innere des Ofens beschädigen können.

Dieser moderne Kachelofen orientiert sich in seiner Gestaltung am traditionellen alpenländischen Vorbild.

Die Kacheln

Kacheln verleihen dem Ofen sein Gesicht. Sie können aus einer großen Fülle von Formaten, Farben und Mustern Ihre Kacheln wählen. Da Ofenkacheln überwiegend in Handarbeit hergestellt werden, haben Sie die Möglichkeit zu individueller Gestaltung. Empfehlenswert sind klassische Farben und Formen, die Ihnen auch in zwanzig Jahren noch gefallen. Aber Kacheln entscheiden nicht nur über den optischen Eindruck: Durch Vergrößerung der Kacheloberfläche – durch Reliefs und Vertiefungen zu erreichen – werden die Außenfläche des Ofens und damit die Heizleistung vergrößert.

Kleine Geschichte des Heizens

Ein langer Weg, begleitet von technischen Neuerungen, führt vom offenen Feuer der Urahnen über den gemauerten Ofen und Großmutters schon sehr praktischen Dauerbrandofen zu unserer Zentralheizung, die wie von selbst läuft. Der Neandertaler in seiner rauchigen Höhle würde uns grenzenlos beneiden. Und doch sehnen wir uns manchmal zurück zum offenen Feuer, dem Sinnbild von Licht und Wärme in kalter Nacht.

Das offene Feuer war über Jahrtausende hinweg die einzige Wärmequelle. Noch in den Wohnhäusern und Burgen des frühen Mittelalters fand sich, meist nur in einem Raum, eine Feuerstelle, die aus einer flachen, mit Steinen ausgelegten Grube bestand. Der Rauch zog recht notdürftig durch Rauchlöcher im Dach ab, aber auch durch die Fensteröffnungen, die im Winter – Glasscheiben gab es ja noch nicht – nur mit dicken Stoffen verhängt waren. Gemütlich war das nicht, außerdem gefährlich! Wer sein Feuer nicht hütete, konnte in den mittelalterlichen Städten mit ihrer Holzbauweise ganze Viertel in Brand setzen.

Der Kachelofen stellte an der Wende vom Mittelalter zur Neuzeit einen großen Fortschritt in der Geschichte des Heizens dar. In Burgen und Schlössern entstanden besonders prächtige Öfen wie dieses spätgotische Exemplar von 1501 in der Goldenen Stube der Festung Hohensalzburg in Salzburg.

Gemauerte Herde

Im späten Mittelalter verdrängte der gemauerte Herd in unseren Breiten das offene Feuer. Da immer mehr Häuser mit Holzfußböden ausgestattet wurden, war dies aus Gründen des Brandschutzes eine logische Entwicklung. Gleichzeitig begriff man, dass damit eine bessere Heizleistung verbunden war. Der neuartige Herd brachte durch seine Fähigkeit, in den Ziegeln Wärme zu speichern, eine enorme Verbesserung. Mit Beginn der Neuzeit kam in Mitteleuropa der massiv gemauerte Grundofen auf, eine weitere Verbesserung in der Wärmeausbeutung. Daraus entwickelte sich der Kachelofen. Durch Reliefs und Vertiefungen versuchte man, die Oberfläche der Kacheln zu vergrößern, um somit auch eine größere Strahlungsfläche zu gewinnen. Daraus entwickelten sich künstlerische, bisweilen auch protzige Kacheln, die den ursprünglich rein praktischen Zweck vergessen lassen.

Die ersten Gasöfen – hier ein Beispiel aus England – entstanden an der Wende vom 19. zum 20. Jahrhundert. Ihr Erfolg hielt sich anfangs allerdings in Grenzen, da sie kostspielig waren.

Drei Jahrhunderte Zentralheizung

Im Jahr 1716 installierte der Schwede Marten Trifvald eine Warmwasserzentralheizung in einem Treibhaus im englischen Newcastle. Damit war ihm die Aristokratie als Kundschaft sicher. Aber bei Durchschnittsbürgern konnte sich die Zentralheizung bis weit ins 19. Jahrhundert hinein nicht etablieren. Sie war einfach zu teuer. Erst mit dem industriellen Bau von Heizkesseln setzte sich die Zentralheizung auch in privaten Haushalten langsam durch. Das Prinzip der Zentralheizung funktioniert nach zwei Systemen. Bei der Warmwasserheizung wird erhitztes Wasser (30 bis 100 Grad) durch Rohre in Heizkörper oder Fußbodenrohre gepumpt. Bei der Heißwasserheizung wird der Wasserdampf des im Heizkessel kochenden Wassers in die Rohre geleitet, wo er beim Transport in den Heizkörpern unter Wärmeabgabe kondensiert. Das Kondensat fließt zum Heizkessel zurück. Um 1900 kamen die ersten Öl- und Gasbrenner auf den Markt. Die Nachfrage nach Warmwasserheizungen stieg rapide an.

Das Leben in den mittelalterlichen Burgen war im Winter kein Vergnügen, wurde doch nur ein Raum, die Kemenate, beheizt. Weitere Kamine – wie hier im Rittersaal der fränkischen Burg Lauenstein – oder Öfen kamen erst in späteren Jahrhunderten hinzu.

Pioniere im Heizungsbau waren die Brüder Buderus. Sie produzierten 1920 die ersten Pumpen-Warmwasserheizungen und brachten so die Etagenheizungen mit gusseisernen Rippenradiatoren in die Mietshäuser.

Die erste Ölkrise

Nach dem Zweiten Weltkrieg rüsteten immer mehr private Haushalte auf Zentralbeheizung um. Bei Neubauten wurde sie ab Mitte der 1960er-Jahre Standard. Doch wenig später erschütterte die erste Ölkrise den Fortschrittsglauben. Energiesparen und Umweltschutz waren plötzlich Themen, über die sich auch »Otto Normalverbraucher« Gedanken machte. Zwar wurden Heizungsanlagen, in großen Städten auch mit Fernwärme aus Müllverbrennungsanlagen beschickt, zu immer größerer Effizienz und Umweltverträglichkeit entwickelt. Aber gleichzeitig wurde den Konsumenten ihre Abhängigkeit von Energielieferanten aus fernen Ländern bewusst.

Lernen von den alten Römern

Die römische Antike mit ihrer hochstehenden Badekultur entwickelte auch eine Luxusvariante des Heizens, die heute im Wandheizungsbau hochaktuell ist: die Hypokaustenheizung. Dabei wird Luft in einer Heizkammer erhitzt und über einen Hohlraum unterhalb des Fußbodens in die Wohnräume gelenkt. Mit weiterführenden Tonröhren in den Wänden, in denen die warme Luft nach oben weitergeleitet wurde, konnte das System noch perfektioniert werden.

Erneuerbare Energie: Erdwärmeheizung

Erneuerbare Energie heißt das Pflichtwort des Heizungsbaus heutzutage. Eine mögliche Wärmequelle bildet die Erdwärme. »Nutzen Sie die kostenlose Energie Ihres Grundstücks«, heißt es in den verschiedenen Prospekten. Tatsächlich haben schon die alten Römer in ihren Thermalbädern Erdwärme genutzt. Bis heute kochen die Maoris mit ihr das Mittagessen und in Island nutzt man die Wärme aus der Tiefe für den Gemüseanbau. An 250 Plätzen weltweit wird die energetische Nutzung der Erdwärme mit geothermischen Kraftwerken betrieben. Der Anteil am Gesamtaufkommen der globalen Energieversorgung ist mit zwei bis drei Prozent aber noch sehr gering. Für private Haushalte gibt es vorerst nur die Kombination aus Wärmepumpentechnik in Verbindung mit solarer Trinkwassererwärmung und Strom. Die Wärmepumpe – deren Betrieb allerdings auch Energie verbraucht – nimmt Energie aus dem Erdreich oder Grundwasser und wandelt sie in nutzbare Wärme um.

Heizen mit Sonnenenergie

Jeder kennt den einfachsten Sonnenenergie-Kollektor, den man sich vorstellen kann, und hat dessen Leistungsfähigkeit an heißen Sommertagen schon oft mit Erstaunen bewundert: In einem normalen Gartenschlauch, der auf einer Wiese ausgebreitet ist, erwärmt sich das darin befindliche Wasser ohne weiteres auf Temperaturen von 50 bis 60 Grad. Ursache dafür ist die im Überfluss vorhandene Sonnenenergie. Das Prinzip, das dahinter steckt, ist bei einem Gartenschlauch ähnlich wie bei einem Sonnenkollektor.
Auf Deutschland strahlt die Sonne jedes Jahr das 200fache unseres gesamten Primärenergieverbrauchs. Die Sonnenenergie stellt also ein unerschöpfliches Reservoir an Energie zur Verfügung. Es überrascht deshalb nicht, dass insbesondere nordische Länder auf dem Gebiet der Nutzung der Sonnenenergie Pionierarbeit leisten. In Schweden wird die Wärmeenergie für den so genannten Niedertemperaturbereich, also für Heizung und Brauchwasser, schon in ganzen Siedlungen eingesetzt. Und auch in Deutschland nimmt die Sonnenkollektortechnik mittels Solarmodulen auf Hausdächern einen immer größer werdenden Anteil an der Energieversorgung ein.

Dieser prächtige Kamin wurde im England des späten 19. Jahrhunderts von einer Londoner Firma angeboten und war für das repräsentative Stadthaus gedacht. Die Einfassung bestand aus Marmor.

Gutes Raumklima durch richtiges Heizen und Lüften

Wir empfinden das Klima eines Raumes als angenehm, wenn die drei Faktoren Lufttemperatur, Temperatur der Wandflächen sowie Luftfeuchtigkeit fein aufeinander abgestimmt sind und wenn es außerdem nicht zieht. Mit den früher gebräuchlichen Strahlungsheizungen – vertreten durch den Kachelofen und den ummauerten Grundofen – wurde ein in diesem Sinne gutes und gesundes, weil ausgeglichenes Raumklima besser erreicht als mit den heute üblichen Konvektionsheizungen, die hauptsächlich die Lufttemperatur aufheizen. Aber Luft ist kein guter Wärmeleiter: So wird viel Energie verschleudert.

Der Grundofen – ob mit oder ohne Kacheln – gibt Strahlungswärme ab, die vom Menschen als besonders angenehm empfunden wird.

Gesunde Strahlungswärme aus dem Ofen

Seit eh und je wird die Wärme des gemauerten Ofens zu Recht geschätzt. Denn er gibt strahlende Wärme ab, die ähnlich der Sonnenstrahlung vom menschlichen Organismus als besonders wohltuend empfunden wird. Der Grund liegt darin, dass die warmen Oberflächen langwellige Wärmestrahlen gleichmäßig an die Umgebung abgeben. Der sonst von herkömmlichen Radiatoren ausgelöste Kreislauf von aufsteigender warmer Luft und fallender kalter Luft findet in von einem Kachelofen beheizten Räumen nicht statt. Alle massiven Bauteile des Hauses nehmen die Strahlung auf und geben sie nach und nach wieder ab. Das schafft ein angenehmes und durch niedrigere Temperaturen auch ein gesünderes Raumklima.

Umweltfreundlich heizen mit Holz

Bis vor 70 Jahren waren Einzelfeuerstätten wie Zimmeröfen, Kamine und Kachelöfen die übliche Methode der Beheizung. Jedes Kind lernte den Umgang mit Feuer. Etwas Papier, darüber locker geschichtet Unterzündholz, als Nächstes schmales, trockenes, altes Holz – so ist es bis heute in Millionen Haushalten der Erde der Brauch. Und wo, wie bei uns, Heizen auf Knopfdruck geschieht, beginnt man langsam einzusehen: Heizen mit Holz ist eine umweltfreundliche Alternative zu fossilen Brennstoffen. Besonders empfehlenswert sind die modernen Holzpelletheizungen. Hier werden zu kleinen Stücken (Pellets) gepresste Holzspäne verbrannt und dabei beste Heizergebnisse erzielt.

Ideale Luftfeuchtigkeit

In der »guten alten Zeit« war trockene Luft kein Thema, weil Fenster und Türen nicht luftdicht abschlossen und somit permanente Frischluftzufuhr gewährleisteten. Der Nachteil, den wir auch nicht unterschlagen wollen: Bisweilen hat es in solchen Häusern »wie Hechtsuppe« gezogen, was auch nicht unbedingt gesund ist. Aber wenn Sie in einem gut abgedichteten, womöglich noch wärmegedämmten Neubau mit versiegeltem Parkettboden wohnen, ist nicht die Zugluft Ihr Problem, sondern die Luftfeuchtigkeit – da hilft nur richtig lüften! Als eindeutig zu trocken empfinden wir eine Luftfeuchtigkeit von unter 20 Prozent, gefährlich feucht (Schimmelbefall!) wird es bei über 80 Prozent. Ideale Werte liegen zwischen 40 und 60 Prozent. Holzbalken, Holzfußböden und Holzmöbel sowie Ziegel oder Lehmbauteile und der klassische Luftkalkputz bieten beste Voraussetzungen für ein gesundes Raumklima, denn sie haben ähnliche Eigenschaften und ergänzen sich als Feuchtepuffer tadellos. Auch Zimmerpflanzen tragen zu einem gesunden Raumklima mit ausreichender Luftfeuchtigkeit bei.

Ein kunstvoll verzierter Kaminvorsetzer, mit dem sich der Fußboden vor dem Kamin vor Funkenflug und glühenden Holzpartikeln schützen ließ

Nur trockenes Holz!
Weich- oder Nadelhölzer wie Fichte, Tanne oder Kiefer eignen sich ebenso zum Heizen wie Hartholz von Eiche oder Buche. Wichtig ist vor allem, dass das Holz trocken ist. Feuchtes Holz schädigt den Ofen oder Kamin und heizt wesentlich schlechter. Je nach Umfang der Scheite und der Holzart sollte das Brennholz ein bis drei Jahre lang trocken gelagert werden. Nach dem Hacken lagern Sie Ihre Scheite zunächst in überdachten Holzstapeln mit guter Belüftung im Freien. Die nächste Station ist die Hauswand, möglichst an trockenen Nord- oder Ostseiten und gut überdacht. Das Brennholz für den baldigen Verbrauch holen Sie bei feuchter Witterung in einem Korb ins Haus.

In einem gut beheizten Haus, in dem auch die richtige Luftfeuchtigkeit herrscht, finden die Bewohner selbst an klirrend kalten Wintertagen behagliche Atmosphäre vor.

Mehr Strahlungswärme durch größere Heizkörper
Nicht jeder hat die Möglichkeit, sich einen Kachelofen bauen zu lassen, um die gesunde und sparsame Strahlungswärme zu nutzen. Viel gewinnen Sie schon mit dem Einbau größerer Heizkörper. Als Faustregel gilt: Je größer die Oberfläche des Heizkörpers, desto größer ist der Anteil an Strahlungswärme, die er abgibt. Die optimale Steigerung des Prinzips ist die Wandflächenheizung, die Sie sich wie eine Fußbodenheizung in der Wand vorstellen können. Ein Nachteil ist, dass Sie an der beheizten Wand keine Möbel stellen können. Dazu kommen die Kosten des Einbaus (Nassputz oder Trockenausbau). Allerdings sparen Sie Energiekosten, da bei einer Wandtemperatur von 22 Grad eine Lufttemperatur von 16 Grad genügt, um als angenehm warm empfunden zu werden. Wie gut Mauern Wärme leiten, wissen Sie von kühlen Sommerabenden, wenn es an der Hausmauer noch lange schön warm ist.

Heizkosten sparen
Sie wollen wirklich Heizkosten sparen? Dann müssen Sie zunächst Ihre Ansprüche radikal auf »Großmutter-Maß« reduzieren. So wie früher üblich, verkürzen Sie die Heizperiode auf kalte Wintertage und heizen auch dann nur ein Zimmer und das Bad. Im zweiten Schritt lassen Sie sich von unabhängigen Experten beraten, wie in Ihrem Haus, Ihrer Wohnung das System aus Heizung, Bauweisen und Materialien sinnvoll verbessert werden kann, um Energie optimal auszunutzen.

Richtig lüften

Gesundheitsschädliche Baumaterialien und die mangelnde Versorgung mit frischer Luft in unseren perfekt abgedichteten Wohnungen haben dazu geführt, dass das Schlagwort »Wohngifte« heute in aller Munde ist. Umso wichtiger ist das richtige Lüften.

Stoßlüften

Im Sommer macht man die Fenster ja gerne weit auf. Aber auch in den kühleren Jahreszeiten brauchen Sie in Ihrer Wohnung (selbstverständlich auch am Arbeitsplatz) den regelmäßigen Austausch von verbrauchter Luft und Frischluft. Nach Möglichkeit sollten Sie alle zwei bis drei Stunden für mehrere Minuten »stoßlüften«, das heißt: Alle Fenster weit aufmachen!

Dauerlüften

Aus gutem Grund ist das ständig gekippte Fenster im Winter in Verruf geraten: Es kostet zu viel Heizenergie. Sehr empfehlenswert ist dagegen eine gemäßigte, aber beständige Frischluftzufuhr, wie man sie von undichten Fenstern bei Altbauten kennt. Die erreichen Sie bei modernen Kippfenstern durch einen Fensterfeststeller, der leicht zu installieren und absolut erschwinglich ist. Damit können Sie die Kippöffnung auf bis zu 20 Millimeter reduzieren.

Angenehme Gerüche und Duftnoten im Haus

Ein Geruch weckt sofort angenehme Gefühle – oder Abneigung. Das ist uraltes Erfahrungswissen, das die moderne Wissenschaft nur bestätigen konnte: Gerüche aktivieren das Limbische System in unserem Gehirn, den Sitz der Emotionen und Erinnerungen.

Raum-Aromen mit traditionellen Mitteln erzeugen

Der Duft als Komponente behaglichen Wohnens wird heute allzu häufig unterschätzt. Dabei riechen wir ihn doch selbst, wenn wir irgendwo zu Besuch sind: den speziellen Geruch einer Wohnung. Und keiner wünscht sich, dass seine Gäste die Nase rümpfen! Mit altbewährten natürlichen Mitteln können Sie Ihrer Wohnung eine sympathische »Duftnote« verleihen.

Düfte als Visitenkarte

Die Gerüche Ihrer Wohnung sollten Ausdruck Ihrer Persönlichkeit sein. Elegant oder bodenständig, geheimnisvoll oder natürlich ... so wie Sie sich fühlen, werden Sie auch Ihre Wohnung aromatisieren. Bevor Besuch kam, tupfte Großmutter auf die Glühbirnen Kölnisch Wasser. Die Wärme der Lampen verbreitete die Duftschwaden im Raum. Das funktioniert auch mit Ihrem Lieblingsduft. Wenn sich auch Ihr Gast mit diesem Duft wohlfühlt, »stimmt die Chemie«.

Blumentisch mit Fontäne: Der Blumenduft und das plätschernde Wasser lassen in der Wohnung ein ganz besonderes Aroma entstehen.

Vorsicht: Nicht übertreiben!

Weil man sich an Gerüche relativ schnell gewöhnt, werden Sie Ihren Lieblingsduft bald kaum noch bewusst wahrnehmen. Der Gewöhnungseffekt kann dazu führen, dass Sie immer stärker aromatisieren. Aber Ihre Wohnung soll weder wie eine Parfümerie noch wie eine Räucherhöhle riechen. Es geht um den Hauch, der in der Luft liegt, nicht um die Betäubung des Geruchsinns.

Sauber riecht für alle gut

Bei Gerüchen scheiden sich die Geister. »Den kann ich nicht riechen«, ist Ausdruck unseres tiefsten Missfallens. Doch wenn Ihre Wohnung sauber und gepflegt ist, wird sie jeder gut riechen können. Vorausgesetzt, Sie benutzen natürliche Putzmittel wie Zitrone, Bienenwachs, Kernseife; denn die »chemische Keule« moderner Reinigungsmittel verbreitet oft einen unangenehmen Geruch, der sich bei dauerhafter Nutzung festsetzt.

Duftende Hölzer

Den Duft heimischer Nadelwälder holen Sie durch Fußböden und Wandtäfelungen aus Lärche oder Zirbelkiefer in die Wohnung. Diese beiden besonders harzigen Nadelhölzer behalten ihren Geruch jahrzehntelang. Angenehm warm und rund riecht Sandelholz. Wie Zedernholz enthält es ätherische Öle, die beruhigen und entspannen und deshalb häufig in Duftlampen, Duftbrunnen und Duftsteinen zur Verwendung kommen.

Lavendel sorgt in Ihrer Wohnung nicht nur für den bezaubernden Duft der Provence, er hält auch Motten fern.

Frisches Brot und süße Milch

Wenn zu Hause gebacken wird, fühlen sich alle wohl. Ganz offensichtlich wandelt unser Gehirn den Geruch von frisch gebackenem Brot und Kuchen, auch den von süßer Milch blitzartig in eine Art Kindheitsgefühl der Geborgenheit um. Andere Gerüche, die bei der Nahrungszubereitung entstehen, werden oft abgelehnt, allerdings nur von den Satten. Solange wir hungrig sind, lockt uns Essensgeruch unweigerlich an. Deshalb sollten Sie die Küche gut lüften, sobald das Essen auf dem Tisch steht.

Der Schwerpunkt-Tipp

Weihnachtsdüfte wie bei Großmama

Wer hat sie nicht in der Nase, die Düfte von frisch gebackenen Lebkuchen und Spekulatius, von Glühwein und Orangenpunsch, von Zimt und Nelken. Stellen Sie einen echten Nadelbaum, möglichst frisch geschlagen, in Ihre Wohnung, verwenden Sie echte Kerzen aus Bienenwachs und backen Sie nach überlieferten Rezepten Plätzchen, dann riecht es bei Ihnen wie in der guten alten Zeit!

Bratäpfel mit Honig

Sie nehmen am besten säuerliche Boskop-Äpfel, stechen das Kerngehäuse aus und füllen eine Mischung aus Rosinen, Mandelblättchen, etwas Butter, Zucker und Anis ein. Die Äpfel müssen auf dem Backblech bei 200 Grad 20 bis 25 Minuten braten. Dann lassen Sie über jeden Apfel einen Esslöffel Honig laufen.

Räuchermännchen

Diese Holzfiguren, in die man einen glimmenden Räucherkegel legt, werden seit 150 Jahren im Erzgebirge produziert. Selbstverständlich hatte Großmutter ein solches Männchen in ihrem Weihnachtszimmer. Zum Einlegen des Räucherkegels müssen Sie es auseinander schrauben. Dann raucht es aus Pfeife und Mund. Die Räucherkegel bestehen aus Holzkohle, Harzen und Duftölen wie Sandel und Weihrauch. Hersteller waren früher Ärzte und Apotheker, denn »therapeutisches Räuchern« spielte in der alten Medizin eine große Rolle.

Santa Lucia – ein besonderer Tag der Weihnachtszeit in Schweden: Am 13. Dezember trägt die weiß gekleidete älteste Tochter einen Kranz mit Kerzen auf dem Kopf und bringt der Familie das Frühstück mit dem ersten Weihnachtsgebäck.

Oh Tannenbaum

Gegen die moderne Hektik der Weihnachtszeit hilft der Tannenbaum. Er ist ja nicht nur Schmuck. Denn bestimmte ätherische Öle seines Harzes wirken beruhigend, andere sind heilsam für Nasenschleimhäute und Atemwege. Außerdem wirkt er, wie die Zimmerpflanzen in Ihrer Wohnung, durch seine Nadeln als Luftfilter. Wenn Sie einen frischen Tannenzweig auf dem Ofen verbrennen, dann duftet es so richtig nach Wald und Weihnachten: Beim Verbrennen explodieren kleine, intensiv riechende Öltropfen aus den Tannennadeln, die das Wohlbefinden steigern.

Kunstvoll zum Strauß zusammengebunden, sprechen frische wie getrocknete Blumen und Kräuter Nase wie Auge an.

Großmutters Lavendelsäckchen

Lavendelblüten verströmen einen sanften, beruhigenden Duft, den viele auch heute noch mit sauberer Wäsche verbinden; denn in Großmutters Wäscheschrank lag das Lavendelsäckchen. Im Gegensatz zum Menschen nämlich können Motten getrocknete Lavendelblüten »nicht riechen«.

Je nach Jahreszeit – Obst und Blumen

Mit jahreszeitlichen Düften von Obst und Blumen können Sie nichts falsch machen. Jeder verbindet sie mit Natur und die ist positiv besetzt. Stellen Sie blühende Zweige von Obstbäumen in Ihre Wohnung, einen Veilchenstrauß, Rosen und Jasmin. Ein wunderbar natürliches Flair geht von aromatischen Apfelsorten wie Renette und Gravensteiner aus. Altbewährt sind auch die Duftnoten von Heu oder Alpenkräutern, die Sie in einem Säckchen aufhängen.

Unangenehme Gerüche vertreiben

Raumsprays, WC-Duftsteine, Lufterfrischer – ihre Hersteller verzeichnen wachsende Umsätze. Doch sind diese synthetischen Produkte auch umstritten. Um Übelriechendes zu bekämpfen, empfehlen Gesundheitsorganisationen, zuerst die Ursache anzugehen. Denn Steine und Sprays überlagern unangenehme Gerüche nur mit »frischen« und »angenehmen« Düften. Das altbewährte Stoßlüften ist die beste Methode, um die Raumluft zu erneuern. Aber Großmutter kannte noch ein paar andere wirksame Mittelchen.

Essig läst sich nicht nur in vielen Bereichen zum Putzen, Reinigen und Waschen einsetzen, es ist auch ein hervorragendes Mittel, um unangenehme Gerüche zu bekämpfen.

Geruchskiller Nummer Eins: Essig

Essig war einst die Waffe gegen Kochgerüche aller Art. Sie können sich gar nicht erst ausbreiten, wenn Sie ein in Essig getränktes Küchentuch über den Topf spannen und den Deckel darauf setzen. Der Essig beeinträchtigt den Geschmack der Speisen nicht, er saugt bloß den Geruch auf. Ein alter Trick gegen Geruchschwaden ist das mit Essig getränkte Geschirrtuch, das Sie in der Küche während des Kochens aufhängen. Bei Speisen mit viel Knoblauch und Zwiebeln müssen es eben mehrere Tücher sein. Noch ein Essig-Trick: Wenn Sie einige Tropfen Essig auf der nur mehr warmen Herdplatte verdunsten lassen, bändigt das gleich nach dem Kochen den Geruch. Im Backofen erzielen Sie dieselbe Wirkung, wenn Sie vor dem Auskühlen ein mit Essig gefülltes Schälchen in die Röhre schieben. Auch bei muffigen Küchenschränken hat die Hausfrau den Geruchskiller Nummer Eins eingesetzt: Tränken Sie einen Lappen in Essigwasser und wischen Sie damit Innenwände und Boden der Schränke feucht aus.

Mülleimerhygiene

Müll muss alle zwei Tage entsorgt werden, sonst beginnt er zu riechen. Bevor Sie die neue Tüte einhängen, reinigen Sie den Eimer mit einem Gemisch aus heißem Wasser und etwas Natron, das früher in keinem Haushalt fehlte. Das Tuch zum Trockenreiben können Sie noch mit einigen Tropfen Lavendelöl benetzen – das riecht frisch und hält Ungeziefer fern.

Fischgeruch ade

Viele unterlassen die Zubereitung von Fischmahlzeiten, weil sie den Geruch in der Wohnung nicht mögen. Dagegen wusste Großmutter ein Mittel: Sie hat einen Kuchen gebacken; denn Backgeruch vertreibt den Fischgeruch.

Wirksam gegen Tabakqualm

Die massivste Belastung der Raumluft geht von Tabakqualm aus. Wer raucht, nimmt das vielleicht gar nicht wahr. Es ist mittlerweile nachgewiesen, dass Rauchen die Riechzellen schädigt und damit die Geruchs- und Geschmackswahrnehmung vermindert. Wenn Sie dennoch weiter rauchen: Zigarren- und Zigarettengeruch lassen sich eindämmen, wenn Sie eine Schüssel mit Essig aufstellen oder eine flache Schale mit zwei Drittel Wasser und einem Drittel Essig. Kalter Zigarettenrauch wird von Essigtüchern geschluckt. Auch ein benutzter Aschenbecher verbreitet schlechten Geruch, weshalb Sie ihn nach dem Leeren mit heißem Wasser und ein paar Tropfen Essig auswaschen. Soforthilfe bieten mit Wasser gefüllte Gefäße als Aschenbecher.

Wenn der Abfluss riecht

WC-Steine und synthetische Abflussreiniger belasten die Gewässer und sind ebenso wie Desinfektionsmittel in einem normalen Haushalt unnötig. Stattdessen wenden Sie eine der altbewährten Methoden an, um unangenehmen

Gegen unangenehmen Weißkohlgeruch beim Kochen hilft Essig.

Fenster in die Gegenwart

Mit modernen synthetischen Duftstoffen lassen sich auf einfache Art die unterschiedlichsten Raumaromen herbeizaubern – allerdings sind die Nebenwirkungen der Stoffe kaum bekannt.

Synthetische Düfte *sind eine Erfindung der modernen Chemie. Zuvor wurden Duftöle jahrhundertelang ausschließlich – und oft mit hohem Aufwand – aus pflanzlichen oder tierischen Stoffen gewonnen: Maiglöckchen und Bergamotte, Muskat, Rosenholz und Patchouli, Moschus, Amber oder Zibet waren beliebte Basisstoffe. Seit Mitte des 19. Jahrhunderts können die einzelnen Substanzen, die in diesen natürlichen Duftstoffen enthalten sind, identifiziert und im Labor chemisch nachgebaut werden. Doch damit nicht genug. Mit synthetischen Duftstoffen werden Düfte gemixt, die keinem in der Natur vorkommenden Duft ähnlich sind. Als Vorteile der synthetischen Düfte führt die Industrie geringere Flüchtigkeit des Duftes, Verzicht auf tierische Produkte und, vor allem, den günstigeren Preis an. Aber bedeutet Wohlgeruch gleich Wohlbefinden? Wie die zahllosen chemischen Duftsubstanzen wirken, die mittlerweile im Handel sind, ist bisher unzureichend erforscht. Zahlreiche Einzelstudien legen allerdings nahe, dass sie Gesundheitsrisiken bergen.*

Geruch aus dem Abfluss zu vertreiben: Sie gießen heißes Seifenwasser in den Abfluss; Sie geben ein bis zwei Esslöffel Kochsalz in den Abfluss und spülen dann nach; Sie geben ein bis zwei Esslöffel Soda in den Abfluss und gießen heißes Wasser dazu. So verhindern Sie auf Dauer auch Rohrverstopfungen.

Gegen schlechte Gerüche im WC

Selbstverständlich ist Lüften die beste Methode. Wenn Sie aber eine Toilette ohne Fenster haben, können Sie zum Beispiel eine Schale mit stark duftenden getrockneten Kräutern, etwa Rosmarin, aufstellen. Besonders wenn Gäste im Haus sind, möchte man üble Gerüche nach dem Toilettengang beseitigen. Da helfen ein paar Streichhölzer, die Sie anzünden und auspusten. Oder Sie stellen, solange Ihre Gäste da sind, eine brennende Kerze im WC auf, selbstverständlich so, dass sie unbeaufsichtigt bleiben kann.

Hilfe gegen Farbgeruch

Wenn der Maler im Haus war, hat Oma einige Teller mit wenig Salz aufgestellt. So verflüchtigt sich der Geruch von frischer Farbe rasch.

Zimmerluft in Krankenzimmern

Häufiges Lüften reicht nicht immer aus. Durch Aufstellen von Gefäßen mit heißem Wasser, in das ein Tropfen Terpentinöl gegossen wird, werden unangenehme Gerüche gebunden.

Grüne Klimaanlagen

Grünpflanzen sind weit mehr als ein Blickfang. Sie filtern Schadstoffe und beeinflussen so das Raumklima positiv. Da Wohnungen und Büros immer mehr mit Schadstoffen belastet sind, die von Klebstoffen, Reinigungsmitteln, Baumaterialien, Spanplatten, Polstermöbeln, Mischtextilien und Ähnlichem stammen, werden Gegenmittel dringend benötigt. Tropische Blattpflanzen mit Luftwurzeln sind dafür gut, Großmutters Gummibaum zum Beispiel. Auch Grünlilie, Drachenbaum und Philodendron filtern die Luft tüchtig. Abgesehen davon können Topfpflanzen im Wohnbereich eine deutlich klimatisierende Wirkung haben. Sie sind in der Lage, Kohlenstoffdioxid aufzunehmen und die Luft gleichzeitig zu befeuchten. Zu den besten »Luftbefeuchtern« zählen Zimmerlinde, Hibiskus und Schönmalve.

Eine gute Wahl: Zimmerpflanzen filtern Schadstoffe, produzieren Sauerstoff und befeuchten die Luft.

Leben mit Tieren – in alter Zeit eine Selbstverständlichkeit

Jahrtausendelang gehörten Tiere ganz einfach zum Alltag. Der Mensch sorgte für sie und im Gegenzug versorgten sie ihn mit lebenswichtigen Gütern, zogen Wagen und trugen Lasten, begleiteten ihn auf die Jagd, hüteten den Hof und jagten Mäuse. Diese Selbstverständlichkeit im Umgang zwischen Mensch und Tier ist uns in nicht einmal 100 Jahren völlig abhanden gekommen.

Hund und Katz' – Leben mit Haustieren

Wer sein Zuhause mit Haustieren teilt, empfängt und gibt Geborgenheit. Und nicht nur das! Altes Wissen von der Natur, das in unserer High-Tech-Welt verloren zu gehen droht, lehrt uns, dass der einfühlsame Umgang mit Tieren für unsere seelische Balance wichtig ist.

Vom Reden mit Tieren

Hund und Katz' verstehen Sie auch ohne Worte. Verhaltensforscher haben herausgefunden, dass sowohl Hunde wie auch Katzen besondere »Antennen« besitzen, mit denen sie die Stimmungen ihres Menschen intuitiv erfassen. Und wenn Sie Ihr Haustier lange genug beobachten, werden auch Sie seine Zeichen verstehen. Besonders Hunde, die ja als Rudeltiere auf Kommunikation mit anderen angewiesen sind, verfügen über eine sehr ausgeprägte Körpersprache. Neben diesem Wissen, das Sie aus der Beobachtung, aus Büchern oder in der Hundeschule lernen können, sind Zuwendung und Einfühlungsvermögen die Schlüssel zum Verständnis der Tiere und zur Schaffung von Vertrauen. Tiere spüren sofort, wenn Sie unter Stress stehen, und werden ebenfalls aufgeregt reagieren. Deshalb machen Sie es wie der heilige Franziskus: Sprechen Sie immer leise und freundlich mit Ihrem Tier. So stiften Sie für sich selbst entspannte Harmonie und bewirken eine glückliche Beziehung zu Ihrem Vierbeiner.

Katzen sind eigensinnig, ihre Nähe kann man nicht erzwingen. Sie entscheiden selbst, wann sie kommen, dann können sie allerdings sehr zutraulich werden.

Herr und Hund

»Hündisches Verhalten« – was in unsere Sprachgewohnheit mit sehr abschätzigem Unterton Eingang gefunden hat, ist nichts anderes als die Erkenntnis, dass sich das Rudeltier Hund unterordnet, wenn es seinen Menschen als Rudelführer zu akzeptieren gelernt hat. Ein gefestigter Hund weiß genau, wohin er gehört.

Therapeuten auf vier Pfoten

In der Medizin ist heute die therapeutische Wirkung von Haustieren auf Menschen unbestritten. Einen Arzt oder wichtige Medikamente können Hund und Katz', Kaninchen und Meerschweinchen, Goldhamster und Wellensittich natürlich nicht ersetzen. Doch sie helfen den Menschen durchaus, sowohl physische wie auch psychische Krankheiten leichter zu ertragen und schneller zu genesen. Bei »Problemkindern« oder auch bei älteren Menschen, die sich einsam und nicht mehr gebraucht fühlen, kann ein Haustier wahre Wunder vollbringen. Denn das Tier braucht den Menschen und schenkt ihm für seine Fürsorglichkeit ständige Nähe – und im Falle eines Hundes auch den Anreiz zur Bewegung in der frischen Luft, was gerade bei älteren Menschen außerordentlich wichtig ist. Dennoch muss die Anschaffung eines Haustiers gut bedacht sein. Informieren Sie sich vorher, welche Bedürfnisse Ihr Wunschtier hat und wie das in Ihren Alltag zu integrieren ist.

Er ordnet sich gerne unter, wenn Sie ihm konsequent seine Grenzen aufzeigen, dabei aber auch liebevoll sind. Ihr Hund darf von Ihnen erwarten, dass Sie seine Natur respektieren. Geben Sie ihm eine Aufgabe in Ihrer Wohnung, einen Platz zum Bewachen des Eingangs, einen Schlafplatz in Ihrer Nähe, Bewegungsfreiheit, artgerechte Ernährung, lassen Sie ihn ausgiebig im Freien herumschnuppern, markieren und mit anderen Hunden »spielen«. Durch den Kontakt mit seinen Artgenossen, möglichst schon im Babyalter, lernt er das ihm angemessene Sozialverhalten und wird weder zum Angsthasen noch zum aggressiven Beißer.

Die Natur der Katzen respektieren

Das Schnurren der Katzen ist nicht zur Gänze erforscht, doch meinen Wissenschaftler mit einiger Berechtigung annehmen zu können, dass Katzen nicht nur aus Wohlbehagen schnurren, sondern manchmal auch, um eigene Wehwehchen zu kurieren. Katzen produzieren Heilfrequenzen, so die doch überraschende These der Forschung. Eines aber bestätigt jeder Katzenbesitzer: Wie kein anderes Haustier signalisieren dösende und schnurrende Katzen Ruhe und Geborgenheit: Wer eine schnurrende Katze auf dem Schoß liegen hat, der entspannt sich gleich mit.
Freilich sind Katzen auch unternehmungslustige und recht eigensinnige Tiere, die sich nicht bedingungslos unterordnen. Respektieren Sie den Freiheitsdrang Ihrer Katze: Auf alten Bauernhöfen findet man häufig das unterste Brett von Scheunentoren und Stalltüren verkürzt, um den Katzen einen Durchschlupf zu ermöglichen. Wenn Sie die Möglichkeit haben, einen Katzenschlupf in Ihrem Haus einzubauen, sparen Sie sich damit sogar das Katzenklo.

Ein junger Hund muss den Umgang mit Menschen und anderen Tieren erst lernen – und zwar unter Anleitung seines Herrchens oder Frauchens.

Fenster in die Vergangenheit

Schon in der Steinzeit *gab es Hunde als Hausgenossen. Das beweist ein Ausgrabungsfund in einem Steinbruch in Oberkassel bei Bonn. Er zeigt, dass bereits unsere Urahnen vor 14 000 Jahren den Hund als ständigen Begleiter zu schätzen wussten. Bauarbeiter haben dort vor achtzig Jahren die Skelette eines Mannes, einer Frau sowie die Überreste eines Vierbeiners entdeckt, den man zunächst für einen Wolf hielt. Erst 1979 konnte man anhand vergleichender Knochendichtemessungen von Gebissen nachweisen, dass es sich bei dem tierischen Skelettfund um einen Haushund handelte. Diese Entdeckung bestätigt uns, dass schon die Menschen der Steinzeit Hunde als Haustiere hielten. In erster Linie sicherlich als Wächter und Jagdgefährten, aber offensichtlich auch als geliebte Begleiter über den Tod hinaus.*

Der Hund, das älteste Haustier Europas, begleitet den Menschen seit der Steinzeit. Einst vor allem Jagd- und Wachhund, steht er heute als Begleiter des Menschen im Vordergrund.

Die »wilden« Tiere unserer Heimat im Garten und auf dem Balkon erleben

Naturbeobachtung lehrt uns Gelassenheit und dazu Einsichten, die immer mehr in Vergessenheit geraten. Wer einen Garten hat oder zumindest einen Balkon, ist schon etwas näher dran an der heimischen Tierwelt. Und wenn Sie einige bewährte Regeln beherzigen, werden sich die »wilden« Tiere in Ihrer Nähe überaus wohl fühlen.

Meisen nehmen den Komfort eines Nistkastens gern an und danken es Ihnen damit, dass sie Schädlinge vertilgen.

Nistkästen für den Vogelnachwuchs

Da Vögel heute vielfach Schwierigkeiten haben, das für den Nestbau notwendige Material zu finden, haben Sie gute Chancen, mit einem Nistkasten ein »verliebtes« Vogelpaar anzulocken. Die unterschiedlichen Vogelarten haben auch unterschiedliche Brutgewohnheiten, weshalb Sie im Fachhandel Nisthöhlen für Meisen und Baumläufer kaufen können, Nistnischen für Rotkehlchen, Nistkugeln für Zaunkönige, Bruträume für Mauersegler, Schwalbennester und vieles mehr! Das alles samt entsprechender Aufhängung. Erzwingen können Sie nichts, nur alles richtig machen und dann hoffen. Und wenn sich tatsächlich Nachwuchs einstellt: Lassen Sie die Vögel ungestört!

Vogelbad und Vogelhäuschen

Viele heimische Vogelarten reagieren auf eine freundliche Einladung. Im Sommer kann diese in einem Vogelbad bestehen, das es in den unterschiedlichsten Variationen zu kaufen gibt. Den Vögeln allerdings kommt es nicht auf die Ästhetik an. Sie wünschen sich einen zuverlässigen »Bademeister«, weshalb Sie darauf achten sollten, dass immer etwas Wasser im nicht zu tiefen Vogelbad ist: Die Vögel sollten im Wasser stehen können. Gern gesehen ist ein Landeplatz am Rand, so dass das Vogelbad auch als Tränke genutzt werden kann. Im Winter stellen Sie ein Vogelhäuschen auf. Allerdings sollten Sie nur Futter auslegen, wenn sich die Vögel nicht mehr aus der Natur ernähren können, also bei starkem Frost oder geschlossener Schneedecke.

Schwalbennester am Haus? Nicht zerstören!

Schwalben sind elegante Segler. Es ist eine Freude, ihnen zuzusehen. Und sie stehen unter Naturschutz. Allein schon aus diesem Grund dürfen Sie ein Schwalbennest am Haus nicht zerstören. Wenn Sie um Ihre Hausfassade oder Ihre Balkonmöbel fürchten, bringen Sie zum Schutz vor Vogelkot ganz einfach ein Brett unter dem Nest an, solche Bretter mit Aufhängung gibt es auch fertig im Fachhandel. Und dann freuen Sie sich, diese nützlichen Insektenfresser als Nachbarn zu haben!

Ein naturnaher Garten für den Igel

Da sie so putzig aussehen, Schädlinge vertilgen – vor allem die jedem

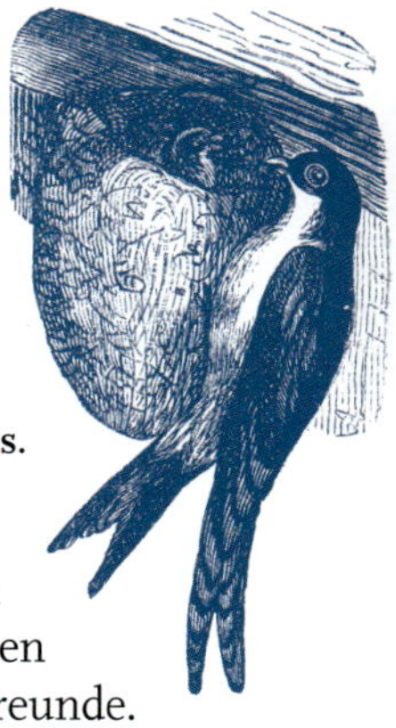

Schwalben suchen sich für ihre meist mit eingespeicheltem Lehm gebauten Nester oft die Dachüberstände von Häusern aus.

Gärtner verhassten Schnecken – und keinen Schaden anrichten, haben Igel viele Menschenfreunde. Und die sollten wissen, wie sie dem Stacheltier wirklich etwas Gutes tun können! Zunächst einmal sind Igel keine Haustiere, weshalb spätherbstliche Rettungsaktionen für kleine Igel meist vergebens sind. Bereiten Sie stattdessen den überlebensfähigen Igeln ein Wohlfühlzuhause, indem Sie Ihren Garten möglichst naturnah gestalten. Igel finden in Hecken, dichtem Buschwerk sowie Laub- und Reisighaufen nicht nur das perfekte Winterquartier, sondern im nächsten Jahr auch wunderbar ungestörte Nistplätze. Wenn Sie ein Übriges tun wollen, basteln Sie einen Nässeschutz mit ein paar Brettern über dem Laubhaufen. Bestimmt wird irgendwann ein Igel der Einladung folgen.

Optimaler Lebensraum für Frösche

Sie haben einen malerischen Teich im Garten angelegt. Wäre doch nett, hier auch noch ein paar Frösche anzusiedeln. Doch so einfach ist das nicht. Frösche suchen sich ihren Lebensraum selbst. Sie können also keine Frösche irgendwo einfangen, um sie an Ihrem Teich auszusetzen. Die quakenden Insektenvertilger würden vermutlich eingehen. Doch wenn Sie ihnen einen optimalen Lebensraum bieten, siedeln sie sich womöglich von alleine an. Dazu gehört aber nicht nur ein Gartenteich, sondern auch die richtige weitere Umgegend: ein Bächlein, dichtes Buschwerk und Schilf.

Der unter Naturschutz stehende Igel wird vor allem nachts aktiv.

Der Schwerpunkt-Tipp

Nicht willkommene Gartenbewohner – und dennoch nützlich

Jedes Geschöpf hat seinen Platz im Kreislauf der Natur. Wir wissen heute nur viel zu wenig Bescheid darüber, vor allem, wenn es um Tiere geht, die unsere Abneigung erregen. Aber auch ihnen bot Großmutter in ihrem Garten Unterschlupf. Sie ersetzten ihr die »chemische Keule« gegen Schädlinge.

Ohrenkriecher: die kleinsten Gehilfen

Um Ohrenkneifer, Ohrhöhler, Ohrwürmer ranken sich zahlreiche üble Geschichten: Man ekelt sich vor diesen bräunlichen Insekten! Doch Großmutter wusste um deren Nutzen; denn Ohrenkriecher verspeisen Blattläuse und Insektenlarven, und wenn sie zwischendurch auch einmal ein zartes Blättchen anknabbern, bleibt der Schaden erträglich. Als nachtaktive Tiere suchen sie tagsüber ein Versteck. Und den Winter verbringen sie gerne in einer festen Behausung. Schaffen Sie nützlichen Insekten einen Lebensraum: Als Rückzugsorte dienen borkige Baumrinden, alte Baumstümpfe, Holzstapel, leere Schneckenhäuser. Sie erhöhen damit nicht nur die Artenvielfalt der Helfer – es werden Sie auch mehr Singvögel besuchen. Für Ohrenkneifer können Sie aus einem kleinen, aufgehängten alten Tonblumentopf und etwas Heu, Stroh oder Holzwolle ein vorbildliches Tagquartier schaffen.

Hainschwebfliegen gegen Blattläuse

Die zehn bis fünfzehn Millimeter große *Episyrphus balteatus* kommt in mehr als 400 Arten vor und pflanzt sich in zwei bis drei Generationen pro Jahr fort. Das Insekt hat große Ähnlichkeit mit Wespen und Bienen. Im Gegensatz zu dem der echten Wespen ist der Flug der Hainschwebfliegen völlig geräuschlos. Die Insekten können über längere Zeit in der Luft stehen. Ihr positiver Beitrag zum erfolgreichen Gärtnern rührt von ihrem Speiseplan her: Sie ernähren sich von Blattläusen. Das Weibchen der Hainschwebfliege sorgt schon vor der Geburt des Nachwuchses dafür, dass es den Kleinen nach dem Schlüpfen an nichts mangelt: Es legt seine Eier direkt in Blattlauskolonien ab. Kaum sind die Larven aus den etwa 500 Eiern geschlüpft, fangen sie auch schon an, die Blattläuse auszusaugen – und das, bevor sich noch Kopf und Beine entwickelt haben. Übrigens ist die Hainschwebfliege eine Durchhaltekünstlerin: Im Spätsommer kann sie sogar die Alpen überqueren.

In artenreichen Biotopen wie dieser üppigen Blumenwiese findet sich Lebensraum für die verschiedensten Wesen, auch für solche Gartenbewohner, die nicht willkommen sind, sich aber dennoch als sehr nützlich erweisen.

Keine Angst vor der Ringelnatter

In vielen Weltgegenden ist es Brauch, der so genannten Hausschlange Milch zu geben – vom Balkan bis nach Nordeuropa, in Indien und in Ägypten. Doch in unseren Breiten erregen Schlangen vielfach Abscheu und Angst. Bei unseren heimischen Ringelnattern ist das völlig fehl am Platz. Sie beißen nicht und sind ungiftig. Ihre Nahrung besteht aus Würmern, Mäusen und Schnecken. Also sind sie für uns nützlich. Vor allem aber signalisieren diese hoch sensiblen Tiere eine intakte, friedliche Umwelt. Wir sollten uns darüber freuen, wenn sie unsere Gärten und Komposthaufen mögen!

Altes Wissen neu entdeckt

Garten und Zimmerpflanzen

»Gott gibt Boden und Regen,
die Harke muss der Mensch bewegen.«

Alte Weisheit

Was heute eine gesunde, höchst befriedigende Freizeitbeschäftigung ist, war früher meist schlichte Notwendigkeit. Denn Gemüse- und Salatbeete, Obstbäume, Kräutergärtlein und Beerensträucher trugen ihren maßgeblichen Teil zur Versorgung der Familie bei. Aus dieser Not geboren, hat sich rund um das Gärtnern in Jahrhunderten ein reicher Schatz an Erfahrungswissen angesammelt, das keineswegs veraltet ist, sondern ganz im Gegenteil den Nerv unserer Zeit trifft. Bewährte Gartenbautechniken und die traditionellen Kenntnisse über die Zusammenhänge in der Natur machen Kunstdünger und die chemische Keule gegen Schädlinge oft überflüssig. So bleibt der Garten ein Stück kultivierte Natur und dennoch muss niemand auf saftiges Grün, herrliche Blüten und üppige Ernte verzichten.

Traditionelle Gartentechniken – noch immer aktuell

Zu hegen und zu pflegen sei bereit, das Wachsen überlass der Zeit, sagt der Volksmund. Für unsere Großeltern begann die neue Gartensaison bereits im Herbst: Kaum war das letzte Beet abgeerntet, brachten sie Kompost und Mist aus, säten Gründüngung und Wintersaaten und kümmerten sich um neues Saatgut für das Frühjahr.

Richtig gut Wurzeln schlagen – säen und pflanzen

Eine alte Weisheit lautet: »Wie die Saat, so die Ernte.« Doch bevor gesät werden kann, muss der Boden dafür vorbereitet sein. Und da stellt sich gleich die erste Frage: umgraben oder nicht? Kaum ein Thema ist unter Hobby- und Profigärtnern so umstritten wie das Umgraben. Für die einen ist es das absolute Muss, für die anderen ein übler Frevel an der Natur. Wie so oft liegt auch hier die Wahrheit in der Mitte.

Sand oder Lehm? Die Rieselprobe verrät es

Nehmen Sie eine Hand voll Gartenerde. Sandböden, die von Natur aus nährstoffarm sind, rieseln auch in feuchtem Zustand leicht durch die Finger. Der fruchtbare Lehm lässt sich trocken und feucht einfach zerkrümeln. Trockener Ton dagegen bildet steinharte Klumpen, feuchter Ton ist zäh und lässt sich zu Kugeln rollen. Er enthält viele Mineralstoffe, die aber aufgrund der Konsistenz des Tons kaum nutzbar sind. Der fruchtbare Humus schließlich duftet nach Waldboden und bildet feine Krümel.

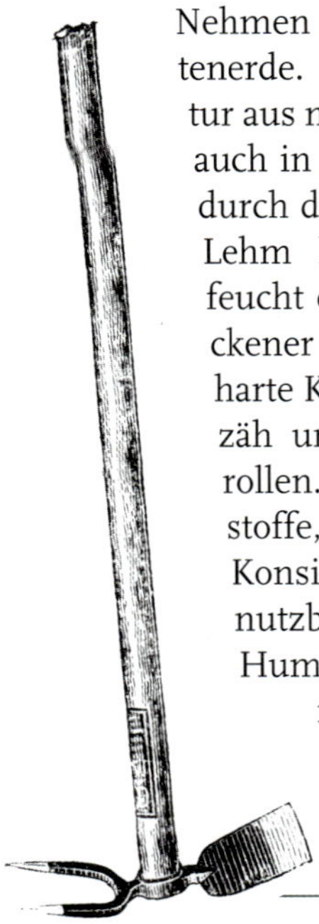

Mit Hacke, Spaten oder Gabel – Umgraben gehört zu Großvaters klassischen Gartentechniken, allerdings hängt es vom Boden ab, ob und wie man umgräbt.

Für leichte Böden reicht die Hacke

Bei humusreichen und sandigen Böden können Sie auf das Umgraben nach Großvaterart getrost verzichten. Anstatt dessen sollten Sie Ihre Gemüsebeete im Herbst und im Frühjahr mit einer Hacke lockern. Auf diese Weise bleibt die natürliche Nährstoffschichtung erhalten, die Ihren Pflanzen optimale Wachstumsbedingungen bietet.

Lehm und Ton verlangen nach der Gabel

Schwere Lehm- oder Tonböden werden mit der Grabegabel gelockert, und zwar so: Stechen Sie schmale Schollen mit der Gabel ab, ohne diese aber umzudrehen. Praktisch versetzen Sie die Schollen nur ein Stück. So bekommt Ihr Boden mehr Luft und wird durch die Gefriervorgänge über Winter auch krümeliger. Damit

dieser Effekt von Dauer bleibt, sollten Sie zuerst Sand in Ihre Beete einarbeiten und dann reichlich Kompost ausbringen. Wenn Sie dazu noch wie die Altvorderen Ölrettich oder Lupinen als Gründüngung säen, erhalten Sie innerhalb von zwei, drei Jahren eine so lockere Krume, dass sich das Umgraben erübrigt.

Für harte Fälle – Rigolen!

Wenn Sie einen durch Baumaschinen verdichteten Boden in Gartenland umwandeln wollen, brauchen Sie den Spaten. Denn jetzt heißt es tiefgründig lockern. Dazu eignet sich die uralte Technik des Rigolens am besten.

So wird's gemacht: Heben Sie eine spatentiefe Furche aus und werfen Sie den Aushub in eine Schubkarre. Graben Sie die erste Furche nochmals einen Spaten tief um, indem Sie die Erde hochnehmen und wieder in die Furche fallen lassen. Stechen Sie jetzt die erste Schicht der zweiten Furche ab und geben Sie den Aushub auf die erste Furche. Graben Sie die zweite Furche wieder in sich um. Arbeiten Sie das Beet nach diesem Schema bis zum Ende durch und geben Sie den Aushub der ersten Furche als Deckel in die letzte.

Mist – bloß nicht eingraben!

Frischen Mist sollten Sie grundsätzlich wie die alten Klostergärtner nur im Herbst auf die Beete bringen. Lockern Sie dazu zunächst den Boden und geben Sie dann den Dünger darauf. Decken Sie den Mist noch mit einer dünnen Schicht Laub, Stroh oder Mulchhäcksel ab, damit er nicht austrocknet. Über Winter sickern die wertvollen Mineralstoffe des Mists in die obersten Bodenschichten, wo sie dann im Frühjahr den neuen Pflanzen zur Verfügung stehen. Graben Sie daher den Mist niemals unter! Im Frühjahr wird der Rest der Mist- und Mulchdecke einfach abgerecht und kommt zum Verrotten auf den Kompost.

Kompost leicht einharken

Der Kompost wird aus denselben Gründen wie der Mist nicht eingegraben. Während Sie im Frühjahr nur garen Kompost verwenden dürfen, um Fäulnis und Pilzbefall der jungen Pflanzen zu vermeiden, dürfen Sie im Herbst durchaus angerotteten Grobkompost auf leeren Beeten verwenden. Allerdings sollte er keine tierischen Küchenabfälle enthalten, denn diese locken Schädlinge, besonders Mäuse und Ratten, an. Harken Sie den Kompost lediglich in die oberste Bodenschicht leicht ein. Streuen Sie ebenfalls eine Schutzdecke aus Stroh-, Laub- oder Mulchhäcksel darüber, damit der Kompost feucht bleibt; denn trockener Kompost verliert seine Wirkung. Die abgerechten Reste vom Grobkompost geben Sie im Frühjahr wieder auf den Komposthaufen.

Kalk hat ausgedient

Manchmal sieht man sie noch, die frisch gekalkten Gärten im November. Doch eine alte Gärtnerweisheit lautet: »Kalk macht reiche Väter, aber arme Söhne.« In der Tat laugt Kalk den Boden aus, ist ein echter Nährstoffräuber: Er bindet Mineralien, Spurenelemente und die Huminsäuren der Humusschicht derart fest an sich, dass diese wichtigen Nährstoffe nicht mehr den Pflanzen zur Verfügung stehen. Der Boden wird unfruchtbar.

Wer einen solchen Garten übernommen hat, sollte so viel Kompost wie irgend möglich produzieren. Denn der leicht saure Kompost ist das beste Mittel, um die Kalkverbindungen zu knacken und die Nährstoffe wieder nutzbar zu machen.

Ist der Boden entsprechend präpariert, werden Saatrillen angelegt und das Säen vorbereitet.

Heilsame Gründüngung

Die Gründüngung stammt aus der Drei-Felder-Wirtschaft, mit der die Bauern schon im Mittelalter der Bodenmüdigkeit vorbeugten. Die Brache – das dritte Feld – wurde während ihres Ruhejahrs von Wildkräutern besiedelt, die als grüner Dünger mit untergepflügt wurden. Aus den Klostergärten stammt die Idee, bestimmte Pflanzen ganz gezielt zur Bodenverbesserung einzusäen:

Verdichtete Lehmböden:	Ackerbohne, Gelbsenf, Lupine, Ölrettich, weißer Steinklee
Leichte Sandböden:	Bienenfreund, Inkarnatklee, Luzerne, Winterweizen, Winterroggen, Zottelwicke
Älchenbefall (Nematoden):	Ringelblume, Sonnenhut, Tagetes

Schneiden Sie die Gründüngung, die nicht durch den Frost abgestorben ist, spätestens vier Wochen vor der Neubestellung des Beets dicht über dem Boden ab und hacken Sie sie zusammen mit den Wurzeln unter.

Winterharte Samen

Eine besonders frühe und reiche Ernte erzielen Sie, wenn Sie den Zyklus der Natur nachahmen und Gemüse bereits im Herbst einsäen. Wählen Sie dafür unbedingt Frühsorten.
Diese Gemüse werden traditionsgemäß im Herbst gesät:
Feldsalat • Kohl (Ausnahme: Blumenkohl und Brokkoli) • Kohlrabi • Knoblauch • Möhren • Petersilie • Porree (Lauch) • Rauke • Salat • Schwarzwurzeln • Spinat • Zwiebeln (auch Steckzwiebeln)
Bei einer Aussaat im September können Sie Feldsalat und Winterspinat bereits im Winter ernten. Die anderen Samen keimen erst im Frühjahr.

Säen – möglichst direkt ins Beet

Gemüse und einjährige Blumen entwickeln sich am kräftigsten, wenn sie wie in alter Zeit direkt an Ort und Stelle im Beet ausgesät werden. Füttern Sie die Saatrillen vorher mit etwas fein gesiebtem, reifem (!) Kompost aus. Bei schweren Lehm- und Tonböden empfiehlt es sich, die Erde der Saatrillen bis zu einer Tiefe von fünf Zentimetern mit Sand zu vermischen, damit die feinen Wurzeln des Sämlings nicht ersticken.

Nach Möglichkeit sollte man immer direkt ins Beet säen, es sei denn, unser Klima lässt es nicht zu.

Holzasche in die Saatrille

Reine Holzasche gab es früher in jedem Haushalt als Abfallprodukt des Heizens. Im Gartenbau leistet sie wertvolle Dienste, da sie den zarten Pflanzen eine Extraportion Mineralien liefert. Außerdem verhindert dieser Naturdünger Pilzerkrankungen. Falls Sie zu den Glücklichen zählen, denen Holzasche zur Verfügung steht, geben Sie auch Ihren Kartoffeln immer eine Hand voll mit in die Furche. Ersatzweise kann man handelsübliches (Ur-)Gesteinsmehl nehmen. Achten Sie aber darauf, dass es höchstens zehn Prozent Kalk enthält.

Kräutertee macht Samen fit

Dicke Samen mit harter Schale, etwa Erbsen und Bohnen, ließen unsere Urgroßmütter in Wasser vorquellen. Noch besser wirken selbst gemachte Kräuterauszüge nach traditionellen Klosterrezepten, die gleichzeitig Krankheiten der Sämlinge vorbeugen.
Falls Sie gerade keine Kräuter zur Hand haben, sollten Sie wenigstens Ihre Sämereien sowie alle Zwiebeln und Knollen für Nutz- und Blumengarten 25 Minuten lang in heißem Wasser (maximal 50° C) einlegen. Dieses Bad fördert ebenfalls die Keimfähigkeit und beugt Pilzbefall vor.

Schutz vor Vogelfraß

Früher deckten die Gärtner ihre frisch eingesäten Beete mit alten Kartoffelsäcken ab, um den Boden feucht und Vögel fern zu halten. Sackleinen ist leider heute kaum noch zu bekommen. Dafür bieten Gartencenter federleichte Vliese aus Kunststoff an. Sobald die Saat aufgegangen ist, wird diese Abdeckung entfernt. Danach halten flach eingesteckte Reisigzweige oder kreuz und quer gespannte Fäden mit flatternden Bändern die gefiederten Räuber (und Katzen) vom Beet fern.

Ungebetene Gäste aus der Luft hält man im Nutzgarten immer noch am besten mit der guten, alten Vogelscheuche fern.

Anzucht auf der Fensterbank

In rauen Gegenden bleibt einem manchmal nichts anderes übrig, als Samen, die eine hohe Keimtemperatur benötigen, auf der Fensterbank vorzutreiben. Dazu zählen Tomaten, Gurken, Zucchini und Kürbis. Unsere Urgroßmütter benutzten dazu gerne die Erde frischer Maulwurfshügel. Diese ist nicht nur schön krümelig, sondern auch weitgehend frei von Krankheitserregern, da sie aus tieferen Bodenschichten stammt. Zur Abdeckung der Anzuchttöpfe eignet sich eine dünne Schicht fein geschnittenes grünes Moos.

Bohnensetzling

Der Schwerpunkt-Tipp

Saatgut beizen

Mit einer Beize aus Kräuterauszügen und verdünnter Milch beschleunigten die alten Klostergärtner nicht nur die Keimung des Saatguts. Sie wussten auch schon, dass die Beizung überdies der Vorbeugung von gefürchteten Krankheiten wie Schwarzbeinigkeit und Umfallkrankheit dient. Außerdem fördert sie den Blüten- beziehungsweise Fruchtansatz von Blumen und Gemüsen.

Ein Säckchen für die Samen

Feinkörnige Samen geben Sie in die Mitte eines etwa zehn mal zehn Zentimeter großen Stücks Mullbinde oder Stoffwindel. Nehmen Sie alle vier Ecken gleichzeitig hoch und drehen Sie den Stoff zu einem kleinen Säckchen, das Sie mit einem Bindfaden verschließen. Hängen Sie das Säckchen für etwa 15 Minuten in die zimmerwarme Beize (Thermometer verwenden!). Lassen Sie die Samen anschließend im Schatten auf einem Stück Zeitungspapier trocknen. Wichtig: Eine Küchenrolle ist nicht als Unterlage geeignet, da sie die Beize von den Samen saugt.

Aus Baldrian wird nicht nur ein Beruhigungsmittel gewonnen, sondern auch eine Beize für Saatgut, bei der es sich um einen Extrakt aus der Blüte handelt.

Baldrianbeize

Fünf Tropfen Baldrianblütenextrakt (aus dem Gartencenter) auf einen halben Liter abgekochtes und abgekühltes Wasser geben, einige Minuten in eine Richtung und dann kurz noch in die andere umrühren. Dieser alte Geheimtipp gilt für alle Kohlsorten, Tomaten, Gurken und Zucchini, Zwiebeln und Porree sowie Blumen.

Kamillenbeize

Ein Esslöffel getrocknete echte Kamille mit einem halben Liter heißem Wasser überbrühen und 24 Stunden ziehen lassen.
Empfohlen für: Radieschen, Rettich, Sellerie, Bohnen, Erbsen und Lupinen. Die drei Letzteren können bis zu 24 Stunden in der Beize vorquellen, müssen dann aber sofort gesät werden!

Knoblauchbeize

50 Gramm klein gehackten, frischen Knoblauch in einem halben Liter kaltem, abgekochtem Wasser eine Stunde lang ziehen lassen. Die Beize eignet sich erfahrungsgemäß besonders für Tomaten, Ringelblumen und Samen von Stauden, die leicht von Mehltau befallen werden. Aber Vorsicht: nicht geeignet für Hülsenfrüchte und Kohl!

Meerrettichbeize

50 Gramm klein gehackte, frische Meerrettichwurzel 24 Stunden in einem halben Liter kaltem, abgekochtem Wasser ziehen lassen. Empfohlen gegen die von jeher gefürchtete Umfallkrankheit für alle feinen Gemüse- und Blumensamen.

Magermilchbeize

Einen Viertelliter Vollmilch (3,5 Prozent Fett) aufkochen und mit der gleichen Menge abgekochtem Wasser verdünnen. Diese Beize verwendet der traditionelle Gartenbau für alle Hülsenfrüchte, Gurken, Zucchini und Kürbis, auch Zierkürbis. Lassen Sie die Samen 24 Stunden in der Milch vorquellen und bringen Sie sie dann sofort in den Boden.

Sie fehlt in keinem gut bestückten Nutzgarten: die Tomatenpflanze, die auf eine ganz besondere Art – schräg und tief – eingepflanzt wird.

Wurzelschnitt für Setzlinge

Selbst gezogene oder gekaufte Setzlinge mit nackten Wurzeln, zum Beispiel Salat-, Porree- und Kohlpflanzen, aber auch Rosen, Beerensträucher und andere Obst- und Ziergehölze, bekommen vor dem Einpflanzen einen Wurzelschnitt. Damit wird die Neubildung der feinen Versorgungswurzeln angeregt. Verwenden Sie dazu stets ein scharfes Messer! Großmutters Angewohnheit, weiche Wurzeln einfach mit den Fingernägeln abzuknipsen, birgt die Gefahr, dass die Wurzeln zerdrückt werden. Dadurch können sie kein Wasser aufnehmen, die Pflanzen verdorren oder verfaulen.

Blätter und Zweige einkürzen

Sind die Blätter schon stark entwickelt, werden sie ebenfalls mit einem scharfen Schnitt eingekürzt, damit sie nicht zu viel Wasser verbrauchen. Die Herzblätter müssen dabei aber unversehrt bleiben! Bei Gehölzen und Rosen nennt man dieses Einkürzen den Pflanzschnitt. Die Triebe werden dabei mindestens um ein Drittel zurückgenommen.

Fußbad vor dem Einpflanzen

Das einfachste Wurzelbad ist das altbekannte durchdringende Wässern von Rosen in einem Eimer. Doch Sie können Ihren Pflanzen noch viel mehr bieten: Aus dem Klostergarten stammen ausgeklügelte Rezepte für Kräuterauszüge, die den Setzlingen das Anwachsen erleichtern und sie gleichzeitig vor Pflanzenkrankheiten schützen.

Verdünnen Sie dazu 100 Milliliter Brennnesseljauche mit zwei Litern abgestandenem Regenwasser und fügen Sie noch zehn bis 15 Tropfen Baldrianblütenextrakt (aus dem Gartencenter) hinzu. Falls Sie in den Vorjahren in Ihrem Garten Probleme mit Pilzbefall hatten, zum Beispiel Mehltau und Grauschimmel an Gurken, sollten Sie noch etwas Schachtelextrakt (ebenfalls aus dem Gartencenter) hinzufügen.

Tauchen Sie die Setzlinge mit nackter Wurzel unmittelbar vor dem Einpflanzen kurz in das Bad. Jungpflanzen in Anzuchttöpfen aus Kokosfasern oder Torf sowie in Plastiktabletts werden so lange mit Topf ins Bad gestellt, bis der Ballen gut durchfeuchtet ist. Er sollte jedoch nicht triefen!

Lehmbrei für Kohl und Rosen

Die feinen langen Wurzeln von Kohl- und Porreesetzlingen, aber auch Rosenwurzeln trocknen sehr leicht aus. Das verhinderten unsere Großmütter mit Lehmbrei. Wenn Sie keinen Lehm im Garten haben, besorgen Sie sich am besten fertiges Lehmpulver (zum Beispiel Bentonit). Rühren Sie mit Regenwasser einen geschmeidigen Brei an, der gut an den Wurzeln haftet. Tauchen Sie die Wurzeln in den Brei und pflanzen Sie die Setzlinge anschließend sofort ein.

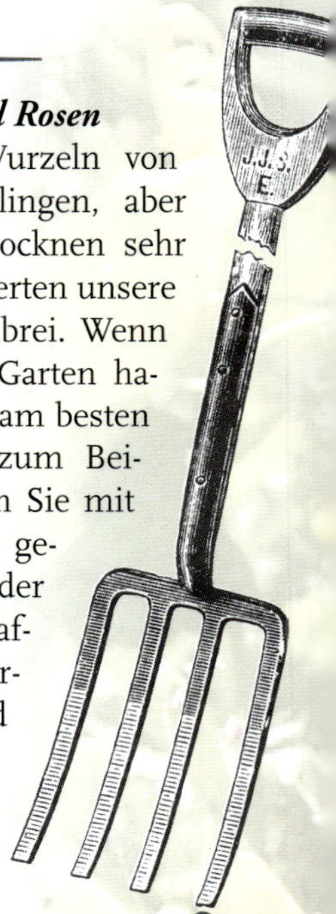

Sieben Extra-Tipps für gutes Anwachsen

① Pflanzen Sie Setzlinge ohne Ballen (z. B. Salat, Kohl, Sellerie, Lauch und einjährige Blumen) möglichst nur an bedeckten Tagen, denn pralle Sonne entzieht ihnen zu viel Wasser.

② Falls sich das Pflanzen an Sonnentagen nicht vermeiden lässt: Schlagen Sie die Pflänzchen nach dem Wurzelbad in feuchtes Zeitungspapier ein und entnehmen Sie sie einzeln zum Setzen.

③ Bei großen Mengen lohnt es sich, das Pflanzenpäckchen während der Arbeit im Schatten, z. B. unter einer kleinen Obstkiste, zu lagern.

④ Schattieren Sie das frisch bepflanzte Beet nach Großmutterart mit schräg eingestecktem Reisig oder einer schräg gestellten Bambusmatte.

⑤ Ziehen Sie bei getopften Pflanzen den Ballen vorsichtig von unten leicht auseinander, damit die Wurzeln am neuen Standort schnell Fuß fassen.

⑥ Ersetzen Sie die oberste Erdschicht bei getopften Setzlingen durch frische Pflanzerde.

⑦ Schneiden Sie alle abgeknickten und trockenen Wurzeln aus. Das gilt besonders für Gehölze und Rosen.

Fenster in die Gegenwart

Ob Sträucher, Hecken, Stauden oder Bäume – sie lassen sich als Containerpflanzen aus der Gärtnerei das ganze Jahr über anpflanzen.

Der Garten aus dem Topf *macht es möglich: Wer sich heute eine Staudenrabatte, einen Baum oder eine Hecke zulegen möchte, muss nicht mehr bis zur Pflanzzeit im Herbst oder Frühjahr warten. Containerpflanzen haben das ganze Jahr mit Ausnahme der Frostperiode Pflanzsaison. Zumindest werben damit die Anbieter dieser in großen Töpfen (Container) gezogenen Stauden und Gehölze. Aber nur unter den folgenden Bedingungen werden Sie wirklich Freude an diesen teuren Pflanzen haben: Erstens sollte der Topf zwar vollständig durchwurzelt, der Ballen aber nicht verfilzt sein. Pflanzen, deren Wurzeln sich bereits durch das Abzugsloch schlängeln oder deren Ballen beim Austopfen auseinander fällt, wachsen schlecht an. Zweitens sollten die Pflanzen nicht vorgetrieben sein, etwa vor der normalen Zeit blühen. Und drittens dürfen die Container nicht auf nacktem Beton stehen, sondern sollten bis zum Rand in Erde oder Stroh eingesenkt sein, damit die Wurzeln an der Topfwand vor Hitze und Frost geschützt sind. Wenn Sie jetzt noch Ihre Neuerwerbungen vor dem Einpflanzen in nahrhafte Erde sorgfältig wässern und auch danach das Gießen nicht vergessen, hat sich die Ausgabe wirklich gelohnt.*

Gerste für Obstbäume

Zwei, drei Hände voll Gerstenkörner im Pflanzloch von Obstbäumen ergeben eine wirksame Anwachshilfe. Die Körner, die auch Malzkörner genannt werden, keimen sehr schnell. Die dabei entstehende Wärme wirkt wie eine Fußbodenheizung für den Baum und erleichtert ihm das Anwachsen. Außerdem enthalten die Gerstenkeimlinge, die mangels Sauerstoff schnell wieder absterben und verrotten, reichlich Mineralstoffe, die der Baum für sein Wachstum nutzt.

Anhäufeln für guten Stand

Durch Anhäufeln schützten die Gärtner früher nicht nur die Jungpflanzen vor dem Umfallen, sondern sie ersparten sich damit auch häufiges Gießen. Außerdem schützt der Erdwall um den Wurzelhals vor Schädlingsbefall, ganz besonders verhindert er erfahrungsgemäß die Eiablage der verschiedenen Gemüsefliegen. Häufeln Sie daher vor allem Kohl, Gurken, Hülsenfrüchte und natürlich auch Kartoffeln und Rosen nach dem Setzen beziehungsweise Aufgehen der Saat ordentlich an.

Tomaten tiefer setzen

Tomaten, Clematis (Waldrebe) und Tagetes (Studentenblume) sollten Sie gleich tiefer setzen. Die ersten beiden kommen sogar schräg ins Pflanzloch, damit sie schnell viele feine Wurzeln bilden. Der Clematis sollten Sie noch einige große (Kiesel-)Steine zu Füßen legen, denn diese Kletterpflanze braucht zwar viel Sonne, möchte aber einen kühlen Fuß haben.

Das alte Gärtnerwissen liefert all die Informationen, die für das sachgemäße Pflanzen nötig sind.

Gärtnern nach dem Mond – nur eine Glaubenssache?

Für unsere Urahnen war der Mond der wichtigste Zeitgeber. Viele vorchristliche Kalender »gingen nach dem Mond« und seinen wiederkehrenden Positionen vor den Tierkreiszeichen am Sternenhimmel. Schon die Jäger und Sammler der Altsteinzeit orientierten sich bei ihren ausgedehnten Wanderungen an dieser verlässlichen Himmelsuhr.

So ist es denn auch gar kein Wunder, dass unsere Vorfahren, nachdem sie sesshaft geworden waren, ihre Garten- und Feldarbeiten nach dem Mondstand richteten. Aber der Mond war ihnen weit mehr als nur eine Uhr, sondern auch eine Gottheit, die das Leben auf der Erde lenkte. Weiblichen Geschlechts waren die griechische Mondgöttin Selene und die römische Luna, einen männlichen Mondgott, Mani, verehrten die Germanen. Hippokrates (um 460 bis um 370 v. Chr.), der berühmteste Arzt der griechischen Antike, war vom Einfluss des Mondes auf Menschen, Tiere und Pflanzen überzeugt. Doch worin dieser nun genau besteht, ist bis heute weitgehend ungeklärt.

Zahlreiche Gärtner sind vom Einfluss des Mondes auf das Wachstum der Pflanzen überzeugt und richten sich in ihrer Tätigkeit streng nach dem Erdtrabanten.

Die Mandlkalender

Da die meisten Menschen in alter Zeit des Lesens und Schreibens unkundig waren, wurden die Mondregeln, die zum hauswirtschaftlichen Wissen zählten, mündlich weitergegeben. Im 17. Jahrhundert erschienen dann die ersten gedruckten Kalender, in denen die Mondregeln durch Symbole und Bilder dargestellt wurden. Die Kirche, die zuvor die heidnischen Mondgebräuche wenig freundlich betrachtet hatte, musste sich damit abfinden; denn diese Bauernkalender waren auch Heiligenkalender. Die Holzschnitte von Heiligenfiguren gaben ihnen sogar den Namen Mandlkalender (»Mandl« süddeutsch für Männchen). Diese Mandlkalender gaben neben den simplen Mondphasen (Neumond, Halbmond, Vollmond) auch bereits die Tierkreiszeichen an, vor denen sich der Mond jeweils für drei, vier Tage aufhält. Den meisten Leuten war (und ist) das aber viel zu kompliziert. So beziehen sich die populärsten Regeln auf Vollmond & Co.

Herrscher von Ebbe und Flut

Einzig die Wirkung der Schwerkraft des Erdtrabanten auf die Ozeane ist inzwischen eindeutig bewiesen: Die Gezeiten folgen tatsächlich dem Mondumlauf um die Erde. Alles andere gehört aus Sicht der strengen Naturwissenschaften ins Reich des Aberglaubens. Doch das stört die modernen »Mondgärtner« wenig. Sie verweisen auf ihre sichtbaren Erfolge beim Säen, Pflanzen, Pflegen und Ernten nach dem Stand des Mondes – und streiten sich allenfalls untereinander, wer nun der richtigen »Mondschule« folgt. Denn derer gibt es viele, die sich jedoch alle auf alte Traditionen berufen können.

Die Runkelrübe gedeiht unter der Erde und muss deshalb in der Mondgärtnerei bei abnehmendem Mond gepflegt und geerntet werden.

Kartoffeln nach Vollmond legen

Die einfachste Mondregel lautet: Bei abnehmendem Mond atmen die Pflanzen ein und konzentrieren ihre Kraft in ihren Wurzeln, Knollen und Zwiebeln. Nimmt der Mond zu, atmen die Pflanzen aus, wobei ihre Energie nach oben wandert und das Wachstum anregt. Daraus leiteten unsere Altvorderen die simple Anweisung ab: Gesät und gepflanzt wird grundsätzlich zwei Tage vor Vollmond. Weil dies aber nur selten zu schaffen war, wurde die Regel bald

Wenn der Mond in den Fischen steht...

Erste Hinweise auf eine Zuordnung von Pflanzen zu Tierkreiszeichen und den dazugehörigen Elementen der antiken Elementenlehre stammen bereits aus dem 15. Jahrhundert. Rudolf Steiner (1861–1925), der Begründer der Anthroposophie, griff diese weit älteren Ideen um 1920 wieder auf und integrierte sie in seine Lehre vom biologisch-dynamischen Gartenbau. In jüngster Zeit stößt diese sehr aufwändige Form der Mondgärtnerei auch außerhalb der anthroposophischen Kreise zunehmend auf Interesse. Die folgende Übersicht zeigt die Zuordnung der Pflanzen zur sich ständig ändernden Position des Mondes vor den Tierkreiszeichen und zu den Elementen. Entsprechend »ihren« Mondpositionen und Elementen erfordern die Pflanzen eine jeweils spezifische Behandlung, die in komplizierten Mondkalendern festgelegt ist. Wenn etwa der Mond in den Fischen steht, sollten Sie Salat säen und Ihren Rasen düngen – denn Fische-Tage sind Blatt-Tage.

Blattpflanzen

Tierkreiszeichen: Fische, Krebs, Skorpion. *Element:* Wasser
Diese Pflanzen erfordern Behandlung:
Fenchel • Mangold • Rauke • Salat • Spinat • Lauch • Kohl (außer Brokkoli) • Rhabarber • Dill • Majoran • Petersilie, Schnittlauch • Thymian • Rasen • Blattschmuckstauden/-gehölze • Ziergräser

Fruchtpflanzen

Tierkreiszeichen: Widder, Löwe, Schütze. *Element:* Feuer
Diese Pflanzen erfordern Behandlung:
Aubergine • Gurke • Kürbis • Paprika, • Tomaten • Zucchini Erbse • Bohne • Linse • Mais • Getreide • Obst, Beeren und Nüsse • Samen (Anis, Dill, Fenchel, Kümmel)

Wurzelpflanzen

Tierkreiszeichen: Stier, Jungfrau, Steinbock. *Element:* Erde
Diese Pflanzen erfordern Behandlung:
Kartoffel • Knoblauch • Knollensellerie • Meerrettich Möhre • Pastinake • Radieschen • Rettich • Rote Bete • Schalotte Schwarzwurzel • Steckrüben • Topinambur • Zwiebel

Blütenpflanzen

Tierkreiszeichen: Zwilling, Waage, Wassermann. *Element:* Luft
Diese Pflanzen erfordern Behandlung:
Artischocke • Brokkoli • alle Blumen (auch Blumenzwiebeln und Knollengewächse) • Ziergehölze (Falscher Jasmin) • Flieder • Forsythie • Sommerflieder • Rosen • Weigelie

verfeinert: Alle Garten- und Feldfrüchte, die auf und über der Erde wachsen, sollten bei zunehmendem Mond gesät, gepflegt und geerntet werden. Alles, was unter der Erde gedeiht, kam bei abnehmendem Mond an die Reihe.

Ernten – nur bei aufsteigendem Mond

Manchmal prangt der Mond die ganze Nacht bis in den Vormittag am Himmel, dann wieder gibt er nur ein kurzes Gastspiel. Der Grund sind die unterschiedlichen Umlaufbahnen von Mond und Erde, die nicht in einer Ebene liegen. Seine tiefste Stellung hat der Mond vor dem Sternbild des Schützen, von dem aus er etwa 14 Tage lang aufsteigt, bis er das Sternbild der Zwillinge erreicht hat. Das nannten unsere Vorfahren den aufsteigenden Mond, der die Kraft in die Früchte zieht und daher die beste Erntezeit bewirkt. Die anschließende Zeit des absteigenden Mondes galt als beste Pflanzzeit, da sich die Kraft der Pflanzen in den Wurzeln konzentriert.

Wie leicht zu erkennen, widerspricht diese Ansicht teilweise den Regeln vom ab- und zunehmenden Mond. Denn der Mond kann sehr wohl aufsteigend (Kraft in die oberirdischen Früchte), aber abnehmend sein (Kraft in die Wurzeln) und umgekehrt. Da hilft nur eines: Probieren Sie selbst aus, was besser funktioniert.

Steineiche – alle Arten von Blattpflanzen entfalten nach der Lehre der Mondgärtnerei bei zunehmendem Mond eine besondere Aktivität.

Gießen – so machen Sie's richtig

Auch ohne eine der computergesteuerten Bewässerungsanlagen, die heute in immer mehr Hausgärten installiert werden, gediehen die Pflanzen unserer Großeltern prächtig. Denn früher kannte man eine Menge einfallsreicher Tricks, um Neuanpflanzungen, Gemüsebeete und Rabatten auf einfache Weise mit dem notwendigen Nass zu versorgen – und dabei obendrein noch reichlich Wasser zu sparen.

Ein schöner, gepflegter und prächtig blühender Garten erfordert eine mehr oder weniger intensive Pflege, zu der nicht zuletzt regelmäßiges Gießen gehört. Auch diese zunächst einfach erscheinende Tätigkeit erfordert ein gewisses Know-how, das im Laufe der Zeit entstanden ist.

Regenwasser: die kluge Lösung

Wenn Sie in alten Fotoalben blättern, finden Sie bestimmt auf dem einen oder anderen Bild noch ein Holzfass als Regentonne am Haus. Aus dem Fallrohr der Dachrinne floss der Regen direkt ins Fass, aus dem man dann bei Bedarf Gießwasser schöpfte. Inzwischen feiert diese kluge Einrichtung – meist allerdings in Form nicht ganz so malerischer grüner Plastiktonnen – ein Comeback. Aus gutem Grund, denn Regenwasser ist »weich«, enthält also wenig Kalk – und kostet nichts.

Wer fern von Ballungsgebieten auf dem Land lebt, kann den Regen auch heute noch direkt in die Tonne leiten. In der Nähe von Industrieanlagen, Großstädten und Autobahnen ist das nicht zu empfehlen. Dann sollten Sie, sofern noch nicht vorhanden, vom Klempner einen Schieber in das Fallrohr der Dachrinne einbauen lassen. Warten Sie bei einem kräftigen Regenguss einige Minuten, bis Ihr Dach von Staub und Ruß gesäubert ist, und öffnen Sie dann den Schieber, um das nun wirklich reine Wasser in Ihre Tonne zu leiten.

Nur morgens gießen!

Unsere Großeltern bewässerten ihren Garten grundsätzlich am Morgen beziehungsweise am frühen Vormittag. Das hatte gleich vier Gründe: Erstens kann das Wasser durch die taufeuchte Erdoberfläche besser in den Boden eindringen, als wenn man es auf eine sonnentrockene Kruste gießt. Zweitens wachsen alle Pflanzen tagsüber und nehmen das Wasser daher gleich auf. Bei abendlichem Gießen würde das Wasser entweder nutzlos versickern oder bei schwerem Boden »stehen bleiben« und damit Fäulnis der Pflanzen begünstigen. Drittens wirken Wassertropfen auf den Blättern im prallen Sonnenlicht wie ein Brennglas. Und viertens lockt Gießen am Abend die gefräßigen Schnecken aus ihren Verstecken, denn nasser Boden bedeutet für sie sozusagen »freie Fahrt«.

Aber keine Regel ohne Ausnahme: An sehr heißen Tagen dürfen Sie auch am späten Nachmittag wässern, wenn die Sonne schon tief steht. Die oberste Bodenschicht sollte aber noch vor Einbruch der Dämmerung abtrocknen können.

Lauwarm gegen Umpflanzschock

Frisch gepflanzte Setzlinge, Stauden und Gehölze müssen Sie natürlich sofort angießen. Nehmen Sie dazu am besten lauwarmes Wasser, um den Umpflanzschock für die Pflanzen gering zu halten.

Wenn Sie wie unsere Großeltern stets Ihre Gießkannen nach dem Benutzen wieder füllen und in der Sonne abstehen lassen, haben Sie schon das richtig temperierte Gießwasser zur Hand. Ansonsten sollten Sie einige Liter (Regen-)Wasser in der Küche erhitzen und jeweils so viel davon in die Gießkanne zum kalten Wasser geben, bis es gut handwarm ist.

Immer im Kreis gießen

Entfernen Sie beim Angießen die Brause von der Gießkanne. Nur so wird der Boden um die Pflanze wirklich gut gewässert. Um die Wurzeln von frisch gesetzten Pflanzen richtig einzuschlämmen, sollten Sie im Kreis um die Pflanze gießen. Richten Sie dabei den Wasserstrahl aber nicht direkt in das Herz der Pflanze beziehungsweise auf den Wurzelhals oder den Stamm, denn das begünstigt Fäulnis. Sobald das Wasser nach dem ersten Angießen versickert ist, sollten Sie nochmals kurz nachgießen. Und noch ein Spar-Trick: Ein kleiner Erdwall um die Pflanze verhindert, dass das Wasser »wegläuft«.

Nur wenn Sie ein frisch eingesätes Beet oder gerade aufgegangene Sämlinge, die noch auf wackligen Beinen stehen, wässern wollen, sollten Sie die Brause der Gießkanne benutzen und es vorsichtig regnen lassen.

Blumentöpfe als Bewässerungshelfer

Bei besonders durstigen Pflanzen wie Tomaten, Rosen, Clematis und (Obst-)Gehölzen sollten Sie gleich beim Pflanzen je einen Blumentopf aus Ton oder Plastik als Bewässerungshilfe mit einsenken, und zwar so, dass er etwas schräg in Richtung auf die Wurzel steht. Wenn Sie ihn noch mit einigen großen Kieselsteinen füllen, haben Sie auch kein unschönes Loch im Beet. Diese Bewässerungshilfe leitet das Gießwasser direkt zu den Wurzeln – eine äußerst wirksame Sparmaßnahme!

Einmal Hacken erspart einmal Gießen!

Wassersparen durch regelmäßiges oberflächliches Hacken oder Grubbern – diese uralte Methode ist leider fast völlig in Vergessenheit geraten. In der Oberflächenkruste befinden sich unzählige, für das Auge nicht sichtbare feine Poren, die tief in den Boden reichen. Heizt sich der Boden in der Sonne auf, wirken diese Poren wie ein Kamin, durch den das wertvolle Nass verdunsten kann.

Nicht alle Pflanzen haben den gleichen Wasserbedarf – entsprechend differenziert sollten Sie gießen.

Durch das oberflächliche Hacken werden diese Poren zerstört, die Feuchtigkeit kann nicht so schnell entweichen, weil sie an den Mini-Erdschollen hängen bleibt. In der Summe erspart Ihnen einmal Hacken tatsächlich einmal Gießen – probieren Sie's einfach aus!

Auch Mulchen – das Ausbringen von organischem Material wie Gras, Torf oder Stroh um die Pflanzen herum – hält den Boden feucht und erspart Ihnen manches Gießen!

Tomaten mit Dach

Sonne ja, Regen nein – das ist die Devise für Tomaten, die aus dem sonnig-trockenen Mexiko stammen. Denn Regennässe leistet der Krautfäule kräftig Vorschub, einer Pilzerkrankung, die schnell auf die Früchte übergreift und sie verderben lässt. Deshalb pflanzten unsere Großväter ihre Tomaten gerne unter den Dachüberstand des Hauses oder des Geräteschuppens.

War das nicht möglich, bauten sie ihnen einen schützenden Unterstand. Dieser bestand aus einem einfachen, mannshohen Holzgerüst, das meist nur nach Süden offen blieb. Oben und an den Wetterseiten schützten angenagelte Bambusmatten die empfindlichen Sonnenanbeterinnen vor Regengüssen. Sie können einen solchen Unterstand leicht selbst bauen und statt Bambus auch doppelwandige Plastikfolie (Noppenfolie) verwenden, die mehr Licht durchlässt und zudem noch für ein wärmeres Kleinklima sorgt.

In den Zeiten vor fließendem Wasser und Schlauch transportierte man das kühle Nass im Fass auf einem Wagen an den Ort des Geschehens.

Düngen – weniger ist mehr

Düngen mit Rinderjauche spielt in der traditionellen Landwirtschaft eine wichtige Rolle. Auch wenn Sie selbst keinen Bauernhof haben, so können Sie sich aus Kuhfladen Ihre eigene Rinderjauche herstellen.

Fertige Spezialdünger aus dem Gartencenter belasten die Kasse des Hobbygärtners. Tipps und Tricks unserer Großeltern helfen gerade in diesem Bereich sparen. Aber immer gilt das bewährte Prinzip: »Zu viel Dünger düngt nicht wohl.« Unsere Vorfahren dosierten die zusätzliche Pflanzennahrung sehr sorgfältig. Denn ob Mist, Kompost, Pflanzenjauche oder Asche: Wer es zu gut meint, zieht zwar meist riesige Pflanzen heran. Die Ernte fällt aber oft spärlich aus und der Geschmack der Gartenfrüchte ähnelt eher dem wässrigen Nichts holländischer Gewächshaustomaten der 1970er-Jahre. Im Blumengarten mögen solch triebige Prachtexemplare zwar noch ganz imposant wirken, doch auch diese Riesen sind wie ihre Kollegen im Gemüse- und Obstgarten äußerst anfällig für Schädlingsbefall und Krankheiten.

Flüssigdünger Pflanzenjauche

Auf die Idee, Brennnesseln zu Düngezwecken in Wasser zu vergären, kamen vermutlich bereits die Klostergärtner im 12. Jahrhundert. Das Rezept ist ausgesprochen einfach: Füllen Sie ein Holzfass oder eine Plastiktonne bis etwa eine Handbreit unter den Rand mit klein geschnittenen Brennnesseln, die aber noch nicht geblüht haben sollten. Wenn Ihnen das Sammeln von frischen Brennnesseln zu aufwändig ist, können Sie sich übrigens auch getrocknetes Kraut im Gartenfachhandel besorgen. Jedenfalls geben Sie Regen- oder abgestandenes Leitungswasser dazu, so dass die Nesseln gerade bedeckt sind. Eine Hand voll Gesteinsmehl aus dem Gartencenter oder einige Tropfen Baldrianextrakt halten den Geruch in Grenzen. Rühren Sie diesen Ansatz ein bis zwei Male täglich kräftig durch. Und vergessen Sie nicht, die Öffnung mit einem Drahtgitter oder großem Sieb abzudecken, um Kleinkinder und Tiere zu schützen. Einen festen Deckel dürfen Sie erst nach ein bis drei Wochen auflegen, wenn die Jauche nicht mehr schäumt. Dann ist sie auch gebrauchsfertig. Auf die gleiche Weise können Sie andere Kräuter, zum Beispiel Beinwell, Schachtelhalm und Löwenzahn, zu flüssigem Spezialdünger verarbeiten.

Unkraut kommt ins Jauchefass

Lästige Unkräuter wie Giersch und Quecke, die auch im Kompost häufig weiterleben, können Sie einfach mit ins Jauchefass geben. Durch das Vergären werden sie garantiert unschädlich und sind als Flüssigdünger sogar noch nützlich.

Selbst gemachte Rinderjauche

Aus getrockneten Kuhfladen, zum Beispiel von Weidepfaden, rührten früher vor allem Kleingartenbesitzer eine echte Kraftnahrung für die großen Nährstoff-Fresser im Garten an. Dazu zählen Kohl, Prachtstauden einschließlich Dahlien, Rosen und Obstgehölze. Setzen Sie die Fladen oder ersatzweise handelsüblichen gekörnten Rinderdung im Verhältnis eins zu zwölf mit Regenwasser in einer Tonne an und rühren Sie diesen Ansatz ein bis zwei Mal täglich kräftig durch. Die Öffnung sollten Sie mit einem Drahtgitter oder großem Sieb abdecken, um Kleinkinder und Tiere zu schützen. Einen festen Deckel dürfen Sie erst nach ein bis drei Wochen verwenden, wenn die Jauche nicht mehr schäumt und ge-

Kamille zählt in der traditionellen Gärtnerei zu den Kräutern, mit denen der Kompost immer wieder versetzt wird, damit er besonders gut gelingt.

Kompost lässt sich mit fruchtbarem Teichschlamm versetzen. Die Erde kommt dann durch den Erddurchwurf.

Ausbringen der Pflanzenjauche

Zeitpunkt: sobald Obstgehölze und Stauden im Frühjahr austreiben, also etwa ab Mitte/Ende März; im Gemüsegarten frühestens eine Woche nach dem Aufgehen der Saat beziehungsweise nach dem Setzen der Jungpflanzen

Häufigkeit: alle zwei bis vier Wochen je nach Nährstoffbedarf

Uhrzeit: morgens bis früher Vormittag

Witterung: windstill, bedeckt; ein leichter Landregen ab Mittag unterstützt die Wirkung der Jauche. Schwere Regengüsse waschen die Nährstoffe zu tief in den Boden.

Verdünnung: 1:20 mit Regen- oder abgestandenem Leitungswasser; für Starkzehrer (zum Beispiel Kohl, Tomaten und Dahlien) auch 1:10

Bodenvorbereitung: trockenen Boden oberflächlich hacken, eventuell leicht vorwässern

Ausbringen: mit Gießkanne ohne Brause bei kräftigen Einzelpflanzen, Sträuchern und Bäumen im Bereich der Kronentraufe; mit Spritze/Sprühpumpe bei Jungpflanzen sowie geschwächten Pflanzen (schnelle Aufnahme über die Blattporen); Jauche vorher durch ein feines Plastiksieb filtern

Wenn Sie ein Aquarium besitzen, können Sie auch das regelmäßig beim Wasserwechsel anfallende alte Fischwasser als Gartendünger verwenden. Da es ebenfalls sehr viel Stickstoff enthält, sollten Sie allerdings nur Starkzehrer wie Kohl und Sellerie damit direkt gießen. Der Rest nimmt wie der Teichschlamm den Umweg über den Kompost.

brauchsfertig ist. Anders als bei Brennnesseljauche dürfen Sie bei der Rinderjauche keine Gesteinsmehle zur Geruchsbindung beifügen, da sich die Mineralstoffe mit dem Stickstoff des Dungs zu Ammoniak verbinden und in die Luft entweichen würden. Zum Ausbringen wird die Jauche im Verhältnis eins zu fünf bis eins zu zehn mit (Regen-) Wasser verdünnt. Während der Wachstumsphase der Pflanzen können Sie einmal pro Woche mit dieser Kraftnahrung düngen. Für Rosen sollten Sie nach Möglichkeit Pferdeäpfel in die Tonne geben, das mögen sie am liebsten.

Holz- und Knochenasche – kräftigt und schützt

Reine(!) Holzasche aus dem Kamin und vom Grillen sorgt für prächtiges Wurzelgemüse und schützt vor Pilzerkrankungen. Unsere Großmütter streuten gleich etwas Asche in die Saatrille von Radieschen, Möhren und Roten Beten. Auch jede Pflanzkartoffel bekam eine halbe Hand voll Holzasche mit auf den Weg.

Knochenasche war ebenfalls recht beliebt. Dazu wurden die Knochen des Sonntagsbratens sowie die ausgekochten Suppenknochen im Herdfeuer geröstet und anschließend mit kräftigen Hammerschlägen zu feinem Staub zerstoßen. Dieser Dünger kam vor allem auf die Gemüsebeete und unter die Beerensträucher.

Teichschlamm auf den Kompost

Im Mittelalter gehörte zu fast jedem Kloster ein Fischteich, der im Herbst abgelassen und gesäubert werden musste. Der fruchtbare Schlamm des Teichs wurde zur Düngung des Klostergartens verwendet. Falls Ihnen auch Teichschlamm zu Verfügung steht, sollten Sie ihn jedoch zunächst auf den Komposthaufen geben, da er extrem stickstoffhaltig ist und daher auf den Beeten schnell für Überdüngung sorgen würde. Am besten passt der Schlamm auf Komposte aus Laub und Holzhäcksel, denen es an Stickstoff mangelt.

Häufig wird der Dünger unter die Erde der Pflanzen gemischt.

Kaffee und Tee für Pflanzen

Fast alle Stauden sowie Rhododendren und besonders Rosen lieben Kaffeesatz zu ihren Füßen. Sammeln Sie einfach immer ein paar Tage lang den Inhalt ihrer Filtertüten (die Tüte selbst kommt auf den Komposthaufen), streuen Sie den Kaffeesatz dünn um die Pflanzen herum und harken Sie ihn etwas ein. Kaffeesatz macht den Boden leicht sauer, was die meisten Zierpflanzen – Ausnahmen sind etwa Steingartengewächse, Christrose und Hirschzungenfarn – mögen. Außerdem sind die Kaffeekrümel bei den nützlichen Regenwürmern sehr beliebt. Noch lieber als Kaffeesatz mögen Freilandfarne schwarzen Tee. Selbstverständlich können Sie auch den Inhalt von Teebeuteln als Dünger verwenden, es muss nur Schwarztee sein. Die leeren Beutel geben Sie ebenfalls auf den Kompost.

Rosen lieben's fettig

Wer hätte das gedacht: Rosen lieben Fett, vor allem Rindertalg, der nach dem Auskochen von Suppenknochen übrig bleibt. Diese skurrile Entdeckung stammt aus England, wird dort aber nur noch von Eingeweihten angewendet. Pro Rosenstock reicht ein Teelöffel flüssiges Fett alle zwei Wochen. Sie geben es fünf bis sieben Zentimeter tief nahe der Wurzel in den Boden und mischen es mit der Erde. Achten Sie beim Anwärmen des Fetts zum Verflüssigen aber unbedingt darauf, dass es nicht zu heiß wird. Auch anderes tierisches Fett ist brauchbar, es darf nur nicht gesalzen sein.

Spurenelemente – direkt aus der Bananenschale

Wie die Banane selbst enthalten auch ihre Schalen reichlich Kalium und Magnesium, die den Blüten- beziehungsweise später den Fruchtansatz von Johannis-, Stachel-, Brom- und Himbeeren fördern. Auch Rosen bekommen ein schön sattgrünes Laub und große Blüten, wenn Sie ihnen Bananenschalen als »Futter« geben.

Da aber frische Bananenschalen auch bei Ameisen sehr bliebt sind, sollten Sie diesen Naturdünger in

Aus der Kompostierung gewonnene Erde und die richtige, maßvolle Düngung tragen ganz entscheidend zu einem guten Gedeihen Ihrer Pflanzen bei.

kleine Stücke schneiden und einige Tage antrocknen lassen, bevor Sie die Schalen unter den Sträuchern verteilen und leicht in den Boden einharken. Achten Sie beim Kauf der Bananen darauf, dass sie nicht mit Schädlingsbekämpfungsmitteln beziehungsweise Konservierungsstoffen besprüht sind. Kaufen Sie daher am besten Bio-Ware.

Milch für Tomaten

Tomaten sind wirklich echte Milchbärte! Geben Sie ihnen alle zwei Wochen einen kräftigen Schluck Magermilch und Sie werden über die reiche Ernte staunen! Außerdem schützt die Milch die empfindlichen Tomaten vor der gefürchteten Krautfäule, die in feuchtwarmen Sommern wahrhaftig epidemieartige Ausmaße annehmen kann. Verwenden Sie am besten frische Vollmilch und verdünnen Sie diese im Verhältnis eins zu drei mit Regenwasser.

Welcher Dünger für welche Pflanzen?

Brennnesseljauche: stickstoff- und kalihaltiger Basisdünger für alle Nutz- und Zierpflanzen außer Zwiebeln, Knoblauch und Hülsenfrüchte

Beinwelljauche: eiweißreicher Spezialdünger für Tomaten, Sellerie, Kartoffeln, Kohl und Rosen

Löwenzahnjauche: Eisenlieferant für Obstgehölze und Stauden

Schachtelhalmjauche: kieselerdehaltiger Spezialdünger für kräftige Stängelbildung bei Prachtstauden und für pilzgefährdete Pflanzen in Nutz- und Ziergarten

Wild- und Unkrautjauche: Basisdünger für Rasen und Komposthaufen

Kuh-/Rinderjauche: Kraftdünger für Kohl, Prachtstauden und Obstgehölze

Holzasche: liefert Bor, Kali und Magnesium für alle Wurzelgemüse einschließlich Kartoffeln sowie für Zwiebel- und Knollenpflanzen im Ziergarten; nicht für Hülsenfrüchte!

Knochenmehl: langsam wirkender Phosphor- und Magnesiumdünger für Nutz- und Ziergarten

Teichschlamm: Stickstofflieferant besonders für Laub-, Nadel- und Holzkomposte

Noch magerer darf die Milch für Farne und andere Waldrandbewohner sein, zu denen auch die Himbeeren und Walderdbeeren zählen. Hier reicht ein Mischungsverhältnis von eins zu fünf für Milch und Regenwasser völlig. Und sogar im Ziergarten sorgten unsere Großmütter mit der Milchdüngung für prachtvollen Blütenflor. Als besonders dankbar erwiesen sich die Rosen, hier vor allem die Kletterrosen und Wildrosen. Möglicherweise hat das auch etwas mit der Fettvorliebe der Königin der Blumen zu tun.

Eierschale in die Gießkanne

Genau die richtige Dosis Kalk bekommen Ihre Pflanzen, wenn Sie die leere Eierschale aus der Küche nach Großmutterart in die Gießkanne geben. Sie können dazu eine Extra-Gießkanne verwenden und die leicht zerdrückte Schale darin etwa zwei Wochen im Wasser stehen lassen, bis sich der stärkende Mineralstoff aus ihr löst. Viel praktischer ist es jedoch, alle Gießkannen mit Eierschale zu bestücken und auf diese Weise mit jedem Gießen gleich auch zu düngen. Nur Moorbeetpflanzen wie zum Beispiel Rhododendren und die meisten Farne vertragen dieses Kalkwasser nicht.
Nach etwa acht Wochen holen Sie die Schale aus der Kanne, zerbröseln sie mit der Hand und geben sie dann auf den Kompost. Übrigens zerdrückten unsere Großmütter auch die Eierschale, die direkt kompostiert werden sollte. Denn so zerfällt sie schneller. Eierschalenbrösel eignen sich auch hervorragend als Depotdünger für die beiden Kalkliebhaber Christrose und Hirschzungenfarn.

Traditionell zubereiteter, flüssiger Dung lässt sich auch mit ganz modernen Geräten ausbringen.

Fenster in die Vergangenheit

Ausmisten gehört nicht gerade zu den angenehmen landwirtschaftlichen Tätigkeiten. Im Herbst kommt der Mist dann vom Misthaufen auf die Felder.

Mist und Jauche *konnten für so manchen Ärger sorgen. Für die Hausfrau kam es einer kleinen Katastrophe gleich, wenn der Bauer ausgerechnet am Waschtag mit dem Mistkarren oder – schlimmer noch – mit der langen Jauchetonne auf dem Ochsenkarren aufs Feld hinausfuhr und für Gestank sorgte.*
Doch die Altvorderen sagten ganz richtig: »Wo der Mistwagen nicht hingeht, da geht auch der Erntewagen nicht hin.« Sobald der Boden offen war, also zumindest oberflächlich getaut, kam die Jauche auf die Felder, die in den nächsten Wochen bestellt werden sollten. Auch Wiesen, die als Weiden und für die Grasmahd zum Heumachen dienten, erhielten so eine Kopfdüngung.
Für frischen Mist war im Frühjahr auf den Feldern wenig Verwendung: Er wurde meist am Feldrand zu einem großen Haufen aufgeschichtet und kam erst im Sommer nach der Getreideernte aufs Feld. Im Herbst pflügten die Bauern frischen Mist und auch Jauche nach dem Ausbringen meist gleich mit ein.
Da die Kapazitäten zur Lagerung von Jauche auf den Höfen begrenzt waren, konnte es schon vorkommen, dass sich die Bauern auch im Sommer mit der »Stinke-Tonne« zu ihren Stoppelfeldern auf den Weg machten. Mitfühlende Zeitgenossen wählten dafür einen Regentag. Ansonsten hieß es: Fenster zu und durch!

Schädlinge – wir müssen leider draußen bleiben!

Schnecken, Raupen, Mäuse, Blattläuse, Maulwurfsgrillen … Nicht nur Gartenneulinge sind erstaunt, wie viele ungebetene Gäste sich blitzschnell an dem reich gedeckten Tisch der Natur einfinden. Unsere Großeltern kannten eine Fülle von Tricks, um Schädlingen den Zugang zu versperren oder ihnen den Appetit zu verderben.

Eine von Maulwurfshügeln übersäte Wiese gehört nun einmal zu unserer Natur wie Blumen, Bäume und Vögel. Im gepflegten Hausgarten allerdings machen sich die Visitenkarten des unsichtbaren Eindringlings weniger gut.

Schutz für frische Saat

Mit kreuz und quer gespannten Fäden über frisch eingesäten Beeten lösen Sie gleich zwei Probleme: Erstens halten Sie Amsel & Co. davon ab, die Saat wieder herauszupicken. Und zweitens verhindern Sie, dass Katzen das frisch gerechte Beet als sanitäres Angebot fehlinterpretieren oder an Sonnentagen ein Staubbad nehmen. Spannen Sie die Fäden jedoch nicht höher als zehn Zentimeter. Denn besonders die schlauen Amseln begreifen schnell, dass sie zwar jetzt nicht mehr mitten auf dem Beet landen können, aber die Sperre prima von der Seite her zu unterlaufen ist. Damit sich die Vögel beim ersten Landeversuch nicht in den Fäden verstricken und verletzen, sollten Sie zur Abschreckung einige Flatterbänder daran hängen. Sie können zum Beispiel eine weiße Plastiktüte in Streifen schneiden.

Wühlmaus und Maulwurf ade

Da Wühlmäuse und Maulwürfe eine sehr feine Nase haben, rückten unsere Großeltern ihnen mit Gestank auf den Pelz. So stopften sie Lappen, die sie vorher mit Petroleum, Jauche oder gepresstem Knoblauch getränkt hatten, in die Mauselöcher und Maulwurfshügel. Eine andere Möglichkeit: Stecken Sie in die Hügel frisch geschnittene Holunderzweige, die recht streng riechen und vor allem Maulwürfe vertreiben. Allerdings gilt es zu bedenken: Maulwürfe sind nicht der Feind des Gärtners. Sie können zwar lästig werden, richten als Insektenfresser aber keinen Schaden an, sondern vertilgen auch Schädlinge! Das Fangen des Maulwurfs ist verboten, er steht unter Naturschutz.

Mit der Anpflanzung von Kaiserkronen und Narzissen können Sie gefährdete Beete und Obstbäume schützen. Beide riechen ausgesprochen muffig, was besonders Wühlmäuse nicht leiden können. Falls Ihr Garten an ein freies Feld angrenzt, von dem aus die kleinen Nager einwandern, sollten Sie die Zwiebelblumen entlang des Gartenzauns setzen.

Einwandernde Wühlmäuse können Sie bisweilen auch mit schräg eingegrabenen leeren Weinflaschen in die Flucht treiben: Wenn der Wind über die Flaschenöffnung streicht, entsteht ein für menschliche Ohren kaum hörbares Pfeifen, das jedoch den Mäusen höchst unangenehm ist.

Mit der Hacke gegen Erdflöhe

Erdflöhe, die besonders gerne im Radieschen- und Rettichbeet ihr Unwesen treiben und die jungen Blätter durchlöchern, hassen Feuchtigkeit. Daher sollten Sie die gefährdeten Beete regelmäßig hacken und gießen. Eine Mischpflanzung mit Kohlrabi hält den Boden schattig und dadurch ebenfalls feucht. Blühende Ginsterzweige, Tomatenblätter und Holzasche schrecken die mit bloßem Auge kaum sichtbaren Schädlinge ebenfalls ab.

Seine Bauten sind unübersehbar, ihn selbst bekommt man allerdings nie zu Gesicht, es sei denn, der Maulwurf wird mittels einer Falle erlegt, was jedoch verboten ist.

Der Schwerpunkt-Tipp

Keine Chance für Schnecken

Nicht nur die spanische Wegschnecke, die erst in den 1960er-Jahren mit Importgemüse aus dem Süden nach Deutschland kam und sich hier rasend schnell ausbreitete, sondern auch die heimischen Wegschnecken und andere Nacktschnecken können über Nacht eine ganze Pflanzung ruinieren. Ergreifen Sie rechtzeitig vorbeugende Maßnahmen – am besten mehrere gleichzeitig!

Schneckengelege aufspüren

Unter Moospolstern, Ziergrasbüscheln, Steinen und Holzlatten sowie neben dem Kompost legen Schnecken besonders gerne ihre Eier ab. Diese Gelege, die oft aus mehreren hundert Eiern bestehen, sehen aus wie weißer Kaviar. Werfen Sie die Eier den Vögeln zum Fraß vor: Einfach in einen Blumenuntersetzer mitten auf den Rasen platzieren und das Problem ist schnell gelöst.

Schnecken fangen

Legen Sie einige Holzbrettchen und große Blätter, zum Beispiel vom Rhabarber, als Tagesverstecke in von Schnecken geplagte Gartenecken. Die Räuber werden darunterkriechen, so dass Sie sie am nächsten Tag bequem einsammeln können. Auch nächtliche Kontrollgänge mit Taschenlampe, Gummihandschuhen und einem Eimer bringen besonders im Frühjahr reichliche Beute.

Bierfallen

Füllen Sie mehrere Joghurtbecher mit Bier und graben Sie diese so in die Erde, dass der Rand noch etwa einen Zentimeter übersteht. Der Duft des Biers lockt die Schnecken an, die in den Becher fallen, ertrinken und dann morgens auf den Kompost entsorgt werden können. Allerdings hat diese Methode einen erheblichen Nachteil: Schnecken haben einen ausgeprägten Geruchssinn, so dass auch schleimige Räuber aus Nachbars Garten angelockt werden. Am besten eignen sich Bierfallen, um kleinere Bezirke schneckenfrei zu bekommen.

Stachelstreu und Kalk

Breite Streifen aus Gerstenspreu, Sägespänen, Nadelholzhäcksel und Kalk um gefährdete Pflanzen und Beete halten die Schnecken vom Weiterkriechen ab. Allerdings hält dieser Schutz nur bis zum nächsten Regenguss.

Geruchsbarrieren

Das Besprühen gefährdeter Pflanzen mit Farnkrautjauche, Wermut-Tee und starkem Kaffee wirkt auf Schnecken ebenfalls nur bis zum nächsten Regen abschreckend. Schutzpflanzungen aus intensiv duftenden Kräutern wie Bohnenkraut, Salbei und Wermut oder das Ausbringen von gemahlenem Niemsamen auf den Beeten halten die Schnecken zwar fern – sie tun sich dann aber an anderen Pflanzen gütlich.

Natürliche Feinde

Schließlich empfiehlt es sich, den Garten naturgemäß zu bewirtschaften und für Nist- und Unterschlupfmöglichkeiten für die natürlichen Feinde der Schnecken zu sorgen: Dann erledigen Igel, Kröte, Spitzmaus, Eidechse & Co die Arbeit für Sie.

Sie wirken so unschuldig und harmlos – für die mühevoll gezogenen Pflanzen allerdings hat die Gegenwart von Schnecken katastrophale Folgen.

Blattläuse zählen zu den ärgsten Feinden von Zier- und Nutzpflanzen. Deshalb sollte man auch alles unternehmen, um sie vom Hausgarten fern zu halten. Vor allem Kräuter sind hier hilfreich.

Attrappen gegen gefräßige Kohlweißlinge

Die Raupen des Kohlweißlings können ein Kohlbeet über Nacht ratzekahl fressen. Um die weiblichen Schmetterlinge an der Eiablage zu hindern, legten unsere Großmütter ab Ende April weiße Eierschalen gut sichtbar neben die Jungpflanzen. Umherschwirrende Weibchen halten die Schalen für Kolleginnen und drehen ab.

Da doppelt besser hält, sollten Sie zusätzlich noch Tomatenblätter in die Kohlreihen legen oder die Jungpflanzen mit einem Kaltauszug aus Tomatenblättern übersprühen. Dazu lassen Sie eine Hand voll zerkleinerte Tomatenblätter etwa drei Stunden in einem Liter Regenwasser ziehen. Der durchdringende Tomatengeruch überdeckt den Duft der Kohlpflanzen, so dass die Schmetterlinge ihre Opfer nicht mehr finden. Besprühen Sie aber nur Jungpflanzen mit dem Sud, denn das Tomatenlaub enthält geringe Mengen des giftigen Solanins.

Duftende Kräuter vertreiben Blattläuse

Gegen die so gefürchtete schwarze Bohnenblattlaus sollten Sie unbedingt nach Großmutterart Bohnenkraut pflanzen. Der intensive Duft der ätherischen Öle dieses Küchenkrauts ist den Blattläusen nämlich ein Graus. Säen Sie das Bohnenkraut möglichst, bevor Sie die Bohnen legen, damit diese von Anfang an geschützt sind. Bei dicken Bohnen (Saubohnen) geht das natürlich nicht, weil sie in milden Lagen bereits Ende Februar, sonst bis Mitte März gelegt werden. Hier empfiehlt sich der Kauf einiger Töpfe des neuartigen Staudenbohnenkrauts, das jedes Jahr wiederkommt.

Im Ziergarten vertreiben ebenfalls stark duftende Kräuter wie Lavendel, Thymian, Salbei und Majoran die lästigen Läuse. Sind nur einzelne Pflanzen befallen, beispielsweise einige Rosenknospen, hilft auch ein scharfer Wasserstrahl aus dem Gartenschlauch oder das Betupfen mit Spülmittelschaum.

Ameisen vertreiben

Wo sich Blattläuse gütlich tun, sind die Ameisen meist nicht fern. Denn sie mögen die honigsüßen Ausscheidungen der Läuse und melken diese geradezu. Erfreulicherweise lassen sich Ameisen ebenfalls durch stark duftende Kräuter vertreiben. Unsere Großmütter streuten zudem Backpulver, Zimt und Gewürznelken auf die Ameisenstraßen. Auch Zitronenscheiben machen daraus Sackgassen. Gebieten Sie den fleißigen Tierchen rechtzeitig Einhalt, denn sie dringen unter Dielenfußböden bis in die Küche vor!

Für Ameisennester im Rasen oder auf der Terrasse bietet sich ein Komplettumzug an: Stülpen Sie einen Blumentopf aus Ton über das Nest. Nach vier, fünf Tagen haben die Tiere ein neues Nest hineingebaut. Heben Sie den Topf mit Inhalt mittels eines Spatens oder einer dicken Pappe hoch und bringen Sie ihn zu einem Feldrain oder an den Waldrand.

Nicht nur der Maulwurf, auch seine Namensvetterin, die Maulwurfsgrille, ist in unseren Gärten ein ungebetener Gast.

Mit Kartoffeln auf Drahtwurmfang

Besonders in neu angelegten Gärten können Drahtwürmer eine echte Plage werden. Sie haben es auf die dickfleischigen Wurzeln von Salat sowie auf Kartoffeln und Möhren abgesehen. Stellen Sie ihnen eine Falle: Legen Sie abends halbierte Kartoffeln oder Möhren in die Beete. Sobald diese Fallen bewohnt sind, geben Sie sie in die Mülltonne.

Pflanzen Sie außerdem Meerrettich an die Seiten des Kartoffelbeets. Dessen scharfen Geruch können Drahtwürmer überhaupt nicht ausstehen. Und auch der Kartoffelkäfer ist davon nicht angetan.

Hühner legen erfreulicherweise Eier, aber sie tun sich auch als natürliche Feinde von Gartenschädlingen wie Frostspanner oder Schnecken hervor.

Maulwurfsgrille im Glas

Gegen Maulwurfsgrillen, die leider immer häufiger in unseren Gärten ihre Wohnung beziehen und gerne die Wurzeln von jungen Gemüsepflanzen und Stauden verspeisen, hilft Großmutters Trick mit dem Glas: Graben Sie einige leere Marmeladengläser aufrecht in die unterirdischen Gänge der Grillen. Und zwar so, dass sie ebenerdig mit dem Boden des Ganges abschließen. Die Grillen fallen nachts in das Glas und Sie können sie am nächsten Tag fern von Ihrem Garten in freier Natur wieder aussetzen.

Haben Sie nur wenige von diesen ungebetenen Gästen, können Sie auch besonders gefährdete Jungpflanzen, zum Beispiel Salat, Kohlrabi und Kohl, mit leeren Konservendosen schützen: Trennen Sie dazu auch den Boden aus den Dosen. Dann stülpen Sie die Blechröhren über die Pflanzen und drücken sie zehn Zentimeter tief in den Boden. Entfernen Sie die Dosen, wenn die Pflanzen gut angewachsen sind und noch durch die Röhre passen.

Maikäfer flieg!

»Maikäfer flieg, dein Vater ist im Krieg«, heißt es in einem traditionellen Volksreim. Wenn der Maikäfer sich im Wonnemonat Mai im Garten zeigt, beginnt der Krieg gegen die Pflanzen, denn vor den gefräßigen Vertretern der Familie der Blatthornkäfer sind die jungen und saftigen Blätter aller Arten von Obstbäumen, aber auch von Laubbäumen wie Buchen und Birken nicht sicher. Nicht gerade sympathisch ist auch der Nachwuchs von Herrn und Frau Maikäfer. Die Maikäferin legt ihre Eier ungefähr 20 Zentimeter tief in der Erde ab. Wenn nach etwa sechs Wochen die Engerlinge – so heißen die Maikäferlarven – geschlüpft sind, wollen sie sofort etwas zu fressen haben. Da bieten sich die Wurzeln der Pflanzen an, die die Jungtiere abnagen. Die Engerlinge verbringen zwei bis vier Jahre in der Erde, dann schlüpfen sie aus ihrer Puppenhaut, werden zu Maikäfern und krabbeln an die Oberfläche – und dann geht alles von vorne los.

Falle für Spargelfliegen

Um die Spargelfliegen von der Zerstörung der Spargelernte abzuhalten, griff man früher zu einer List. Probieren Sie es selbst aus: Sie malen Holzstöckchen, die etwa so dick sind wie Spargelstangen, weiß an und stecken sie in das Beet. Lassen Sie die obere Spitze wie einen frisch getriebenen Spargelkopf zwei bis drei Zentimeter herausschauen und bestreichen sie mit Raupenleim. Daran bleiben dann die gierigen Spargelfliegen kleben.

Wellpappe schützt den Apfelbaum

Schon ab Ende September bis in den Winter hinein klettern die Weibchen des Frostspanners die Apfel- und Kirschbaumstämme hinauf, um neben den Knospen fürs nächste Jahr ihre Eier abzulegen. Aus diesen schlüpfen dann im Frühjahr die leuchtend grünen Raupen, die Knospen, Blüten und Blätter radikal abfressen.

Ein Tipp aus Großvaters Trickkiste bringt Hilfe: Bürsten Sie den Baumstamm zuerst kräftig ab, um abgestorbene Rinde zu entfernen. Wickeln Sie dann einen 15 Zentimeter breiten Streifen Wellpappe mehrmals fest um den Stamm und befestigen Sie ihn mit zwei Drähten. Die Frostspanner-Weibchen werden ihre Eier in den Röhren der Wellpappe ablegen. Jetzt müssen Sie diesen Fanggürtel nur noch Ende Januar abnehmen, darin ebenfalls versteckte Nützlinge wie Marienkäfer oder Florfliegen befreien – und dann ab in die Mülltonne damit.

Die Studentenblume (Tagetes) ist nicht nur eine hübsche Pflanze, sie lässt sich auch gegen verschiedene Gartenschädlinge – etwa Fadenwürmer – einsetzen.

Großvaters Maikäferbekämpfung

Maikäfer treten periodisch in Massen auf und schädigen vor allem Bäume. Großvater stellte Nistkästen auf, um natürliche Feinde wie Stare anzuziehen. Auch schüttelte er morgens und abends die Käfer von den Bäumen und erschlug sie dann. Gegen die Engerlinge hilft häufige Bodenbearbeitung, vom allem im Mai.

Der Maikäfer – Larve, Raupe und ausgewachsener Käfer. Die größten Schäden richten die Larven, die so genannten Engerlinge, an.

Jahreszeitliche Anpassung – kein Kahlschlag im Herbst

Die Gemüsebeete sind abgeerntet und in der Staudenrabatte sorgen nur noch die Chrysanthemen für die letzten Glanzpunkte. Bald kommt der erste Frost. Lassen Sie sich von unseren Großeltern zeigen, wie Sie Ihre Pflanzenlieblinge unbeschadet durch den Winter bringen und durch die richtige Bodenbedeckung die Grundlagen für eine üppige Gartensaison im nächsten Jahr schaffen.

Wenn im Herbst Raureif und erster Frost auftreten, wird es höchste Zeit, den Garten mit seinen Pflanzen winterfest zu machen.

Blanke Erde tut nicht gut

Wenn Sie nicht gerade einen schweren Lehmboden urbar machen, sollten Sie die blanken Erdschollen im Gemüsegarten dem Frost nicht schutzlos ausliefern. Wie früher die Bauern mit ihrer Drei-Felder-Wirtschaft, so säten auch die Klostergärtner gleich nach der Ernte eine Gründüngung, die den Boden über Winter tiefgründig lockerte und ihn vor zu starker Austrocknung sowie Verwehen der obersten Humusschicht schützte. Außerdem schließt Gründüngung den Boden auf und macht die darin gebundenen Mineralien für die Pflanzen im nächsten Jahr nutzbar.
Sinnvoll, gerade in kleinen Gärten, ist eine essbare Schutzdecke aus Feldsalat und Winterspinat. Dieses Gemüse können Sie sogar ernten, wenn Schnee liegt.

Stauden – nicht abschneiden

Lassen Sie doch im Ziergarten alle Stauden und einjährigen Blumen nach dem Vorbild der alten Klostergärtner über Winter einfach stehen! Zumindest wenn Sie nicht in einer allzu kalten Region leben. Diese Blumenbüsche bilden einen hervorragenden Sonnen- und Windschutz im Winter und verhindern, dass der Boden zu sehr austrocknet. Die abfallenden Blätter bilden zudem einen guten Frostschutz. Und die Samen bieten den Vögeln reichlich Nahrung. Außerdem wirkt eine solche Rabatte bei Raureif sehr romantisch.
Im zeitigen Frühjahr lassen sich die vom Frost zermürbten, ehemals harten Staudenstängel leicht mit der Hand abdrehen und die Reste der einjährigen Blumen mühelos aus dem Boden ziehen. Dies sollte aber möglichst bald nach dem Austrieb der Pflanzen geschehen, um die neuen Triebe nicht zu verletzen.

Schützender Baumanstrich

So merkwürdig es klingt: Im Winter brauchen unsere Obstbäume einen Sonnenschutz! Denn pralle Sonne an eiskalten Tagen lässt die Rinde der Stämme aufplatzen, so dass Frost und im Frühjahr Pilze sowie Schädlinge schweres Unheil anrichten können.
Als einfachste Lösung wählten unsere Großväter den reflektierenden Kalkanstrich: Dazu verrühren Sie 1,5 kg gelöschten (!) Kalk mit fünf Litern Wasser und streichen damit die vorher gründlich abgebürsteten Stämme zweimal bis in die Krone hinauf an.
Noch besser schützt der heilsame Lehmanstrich: Mischen Sie je ein Kilogramm Lehm(pulver) und frische Kuhfladen mit lauwarmem Schachtelhalmtee zu einer geschmeidigen Paste und streichen Sie die Obststämme ebenfalls bis in die Krone hinauf mittels einer Malerquaste ein.

Niedergelegte Hochstammrose mit Holzdach – auch so schützte Großvater seine Rose vor der winterlichen Kälte.

Eine Laubdecke für Sensible

Empfindliche Gräser wie etwa das mannshohe Pampasgras werden zusammengebunden. Dazu nehmen Sie alle Halme hoch und binden sie etagenweise mit einer breiten Schnur zusammen. In rauen Regionen lassen sich die Gräser auch noch rundherum anhäufeln.

Ebenfalls schutzbedürftig sind Waldrebe (Clematis), Fackel-Lilie und Freiland-Yucca. Sie werden zuerst angehäufelt und bekommen dann noch einen Schutzmantel aus Laub. Auch noch nicht richtig eingewurzelte Neupflanzungen sollten Sie mit einer dicken Laubschicht vor allzu starkem Frost bewahren.

Rosen im Tannenkleid

Wer Rosen im Herbst radikal bis zum Boden zurückschneidet, muss sich nicht wundern, wenn sich im Frühjahr nichts mehr rührt. Denn der Frost fährt in harten Wintern über die kurzen Zweige direkt hinunter in die Rosenwurzel. Kürzen Sie daher die Rosen im Herbst nur wenig ein. Häufeln Sie die Königin der Blumen kräftig nach Großmutterart an und schützen Sie die Haupttriebe mit Fichten- oder Tannenreisig vor dem zerstörerischen Werk der Barfröste (Frost ohne schützende Schneedecke). Dazu können Sie Ihren alten Weihnachtsbaum verwenden, denn die größte Frostgefahr besteht erst im Januar/Februar, es sei denn, Sie leben in rauen Lagen. Dann müssen Sie schon im November abdecken. Vergessen Sie auch die Kletterrosen nicht: Diese müssen Sie von Kopf bis Fuß mit Reisig schützen.

Ein Dach für die Königin

Kurze bis mittelhohe Rosenhochstämmchen verpackte der Großvater früher sorgsam in Stroh und stülpte noch einen Kartoffelsack über die Krone, um sie vor den kalten und scharfen Winterwinden zu schützen. Hohe Stämmchen bog er vorsichtig um, bis die Rosenkrone den Boden berührte. Dann häufte er zuerst ordentlich Erde darauf, anschließend noch eine Schicht Stroh oder Laub und zum Schluss ein Dach aus zwei breiten Brettern, die er im rechten Winkel gegeneinander stellte oder sogar nagelte. Mit solchen Dächern können Sie auch empfindliche niedrige Beetrosen und die modernen Bodendeckerrosen vor Frostschäden schützen.

Wenn Sie Ihre Rosen mit Fichtenzweigen abdecken und schützen, kommen sie sicher gut über den kalten Winter.

Fenster in die Vergangenheit

Das Kartoffelfeuer nach der Kartoffelernte ist ein uralter Brauch, der durchaus nützliche Aspekte hat und hier und da auch heute noch gepflegt wird.

Das Kartoffelfeuer *war ein nützlicher Brauch. Die Tradition der herbstlichen Feuer reicht weit zurück bis ins frühe Mittelalter, als in Europa natürlich noch keine Kartoffeln angebaut wurden. Damals entzündeten die Bauern die Feuer am Lukastag, dem 18. Oktober, zu Ehren dieses Apostels. Die Lukasfeuer waren gleichzeitig auch das Startsignal zur Rübenernte. In England heißen letzte warme Herbsttage »St. Luke's little summer« (Kleiner St.-Lukas-Sommer). Nachdem Preußenkönig Friedrich der Große vor 250 Jahren, am 24. März 1756, seinen Untertanen befohlen hatte, Kartoffeln anzubauen, verbanden die Bauern die Tradition mit dem Nützlichen: Das Lukasfeuer vernichtete nicht nur das verdorrte, unbrauchbare Kartoffelkraut, sondern auch etwaige Krankheitserreger, wie zum Beispiel die gefürchtete Kartoffelfäule.*

Auch heute wird das Kartoffelkraut aus diesen Gründen noch verbrannt. Die Feuer müssen aber in vielen Gegenden inzwischen zuvor behördlich genehmigt werden.

Wetterkunde für Gärtner

Kaum etwas interessiert den Gartenbesitzer mehr als das Wetter – ganz besonders die beiden Fragen »Wann kommt Regen?« und »Wann hört er auf?« Darauf fanden unsere Altvorderen schnell verlässlich Antwort, wenn sie den Himmel studierten und ihre pflanzlichen Wetteranzeiger im Garten betrachteten.

Die einfachste Wetterregel bei uns in Mitteleuropa richtet sich nach dem Wind: Kommt er aus Westen, steht feuchte Luft mit Regen ins Haus. Bläst er aus dem Osten, können wir mit einer trockenen Hochdrucklage rechnen. Der seltene Nordwind bringt Kälte und aus dem Süden sowie Südwesten ziehen gerne feuchtwarme Luft und Gewitter herauf.

Allerdings gilt das nur für die Großwetterlagen, wie die moderne Wetterkunde herausgefunden hat. Bei kleinen Zwischenhochs und -tiefs stimmt das nicht mehr. Hier sagen Ihnen die Wolkenformen, die Farbe des Himmels sowie Höfe oder Ringe um Sonne und Mond, wie sich das Wetter in den nächsten 24 Stunden verhalten wird.

Sommergewitter sind nur von kurzer Dauer, danach reißt der Himmel wieder auf, die Sonne kommt heraus und das Wetter wird wieder schön.

Gegen den Wind

Wenn die Wolken dem Wind entgegenziehen, gibt es meist am nächsten Tag Regen. Das stimmt fast immer bei Ost- und Südostwind. Dieser treibt die letzten weißen Schönwetterwolken oft in Fetzen vor sich her, während einige Etagen darüber bereits feinste Wolkenschleier aus Westen heranziehen. Sie sind die Vorboten der nahenden feuchtwarmen Regenfront: In wenigen Stunden werden Sie im Westen eine dichte graue Wolkendecke entdecken, aus der immer einmal wieder Regenschauer fallen.

Verlässliche Schäfchen

Die Schäfchenwolken gehören zu den verlässlichsten Wetterboten. Große weiße Schäfchen, die im Sommer oft um die Mittagszeit erscheinen und sich kaum bewegen, zeigen anhaltend sonniges Wetter an. Ganz anders ihre kleinen Geschwister: Wenn diese am westlichen Horizont zu einer grauen Decke zusammenwachsen, müssen Sie mit anhaltenden Regenfällen rechnen.

Waschbretter am Himmel: sicherer Wetterbote

Eine Sonderform der kleinen Schäfchenwolken bilden die geriffelten Schäfchen. Sie sehen wie ein Waschbrett aus. Meist ist nur ein kleiner Teil der von Süden und Westen heranziehenden Wolkendecke so geriffelt, manchmal zeigt auch nur ein feiner Wolkenschleier am ansonsten noch klaren Himmel die feinen Waschbrettrillen. Man muss schon sehr genau hinschauen, um diese Waschbretter zu entdecken. Sie gehören zu den verlässlichsten Wetterboten überhaupt und zeigen nahenden Regen an, der dann meist mehrere Tage anhält und häufig von längeren Gewittern eingeläutet wird.

Wenn der Amboss qualmt, droht Gewitter

Nur eine kurze Abkühlung bringen die sommerlichen Wärmegewitter, die sich nach einem heißen Sommertag am späten Nachmittag oder frühen Abend mit dicken, in der Form blumenkohlartigen Quellwolken ankündigen. Innerhalb kurzer Zeit entstehen ein oder mehrere hohe Wolkentürme, die an der Oberseite wie ein Amboss abgeplattet sind. Wenn dieser oben »raucht« oder »qualmt«, das heißt: ausfranst, sind Blitz und Donner nicht mehr weit. Allerdings sind diese Sommergewitter nur von kurzer Dauer. Danach scheint meist wieder die Sonne.

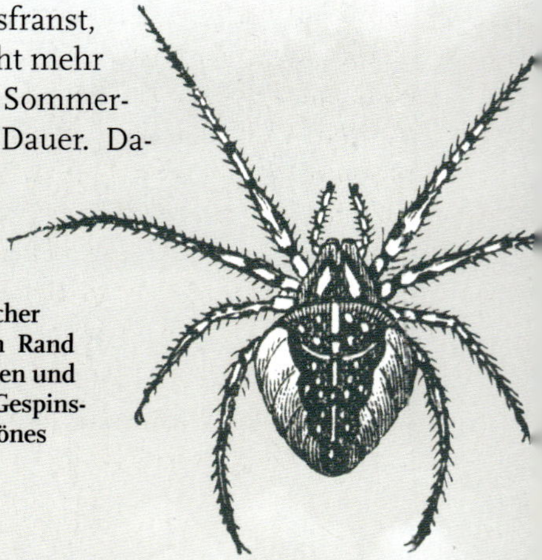

Die Kreuzspinne gilt als verlässlicher Wetterbote. Begibt sie sich an den Rand ihres Netzes, so bedeutet das Regen und Sturm, sitzt sie in der Mitte des Gespinstes, so kündigt das anhaltend schönes Wetter an.

Ein verlässlicher Wetterbote sind im Sommer die Schwalben. Fliegen sie tief, dann droht ein Gewitter oder eine längere Schlechtwetterperiode.

Engelsflügel kündigen Regen an

Feinste Federwolken, die wie gezupfte Wolle aussehen und in sehr großer Höhe ganz langsam von Westen nach Osten ziehen, sind untrügliche Regenanzeichen. Die Frage ist dann nur, wann er kommt. Das zeigen die Begleiter dieser im Volksmund Engelsflügel genannten Federwolken an: Drängen sich am westlichen Horizont schon lange Walzen aus weißgrauen Quellwolken, dauert es nur noch wenige Stunden, bis die ersten Tropfen fallen. Ist der Horizont nur leicht verschleiert, kommt die Regenfront binnen eines Tages.

Sonne und Mond als Klima-Anzeiger

Dass ein fahler Hof um den Mond von einem baldigen Wetterumschwung in Richtung Regen kündet, weiß fast jedes Kind. Die Sonne dagegen schmückt sich vor kommenden Niederschlägen häufig mit einem riesigen Ring, der in den Regenbogenfarben schillert. Dieser kann auch nur halb ausgebildet sein und ist natürlich nur bei klarem Himmel oder in Wolkenlücken zu sehen.

Manchmal bilden sich am Nachmittagshimmel auch so genannte Neben- oder Gegensonnen: Hier spiegelt sich das Sonnenlicht an den Wasserkristallen der heranziehenden Regenfront, was wie eine kleine Sonne wirkt. Entweder steht die »Zweitsonne« im selben Himmelsabschnitt wie die echte Sonne, oder sie bildet sich genau gegenüber, im (Nord-)Osten.

Die Farbe des Himmels

Morgenrot – Schlechtwetterbote. Das stimmt nur, wenn der Wind aus Westen kommt. Denn dann schiebt er die ersten kaum sichtbaren Wolkenschleier eines Regengebiets vor sich her, die von der Morgensonne rot gefärbt werden. Weht der Wind dagegen von Osten, so zeigt das Morgenrot eine abziehende Regenfront an – sofern der östliche Horizont wolkenlos ist.

Genau umgekehrt ist es beim Abendrot, das ja auch als Gutwetterbote gilt: Ist der Horizont im Westen klar und wolkenlos, wird der nächste Tag auch so sein. Sind dagegen neben der untergehenden Sonne schon dichte gelblich bis dunkelgraue Wolken sichtbar, können Sie mit ergiebigem Regen rechnen.

Pflanzen als Wetterpropheten

Auch Pflanzen können das kommende Wetter recht zuverlässig ansagen.

So deuten Sie die Sprache der Pflanzen:

- Sauerklee klappt die Blätter zusammen und lässt die Blüten hängen: *Gewitter mit Sturm im Anzug.*
- Erdbeeren, Frauenmantel, Fuchsien oder Kapuzinerkresse mit kleinen Wasserperlchen an den Blatträndern: *In wenigen Stunden wird es regnen.*
- Frauenmantel am frühen Morgen mit dicken Wassertropfen oder Raureif auf den Blättern: *Der Tag wird strahlend sonnig.*
- Kiefern- und Tannenzapfen schließen sich: *Regen naht.* Sie öffnen sich: *Die Sonne wird bald scheinen.*
- Hängende Köpfe in der Staudenrabatte am Vormittag: *Es bleibt trocken;* am Nachmittag: *Spätestens in der Nacht kommt ein (Gewitter-)Regen.*

Flugzeuge als Signalgeber für Regen

Selbst so moderne Erscheinungen wie die Kondensstreifen der Flugzeuge in großer Höhe können Sie zur Wettervorhersage à la Großmutter nutzen. Wenn sich die Streifen schnell wieder auflösen, deutet das auf eine stabile Hochdrucklage: Es wird sonnig und trocken bleiben. Falls die Streifen jedoch sofort stark aufquellen und anschließend nur langsam zerfasern, dürfen Sie spätestens am nächsten Tag Regen erwarten.

Die schwarze Wolkenwand am Horizont ist eindeutig – doch auch weniger deutliche Indizien können ein nahendes Unwetter ankündigen.

Altes Wissen vom Nutzgarten

Knackiges Gemüse aus dem eigenen Garten – wer wünscht sich das nicht? Für unsere Großeltern war das eine Selbstverständlichkeit. Bohnen und Gurken, Lauch und Sellerie, Möhren und Kartoffeln bezog man am liebsten aus eigenem Anbau. Wenn Großvater und Großmutter im Frühjahr ihre Gemüsebeete bestellten, nutzen sie dabei die gärtnerische Erfahrung von Jahrhunderten. Bei sinnvoll ausgewählten und geschickt zusammengestellten Pflanzen konnten sie dann den ganzen Sommer lang gartenfrisches Gemüse ernten.

Nachbarn im Garten – die Mischkultur

Wie wir Menschen, so pflegen auch die Pflanzen untereinander lebendige Freundschaften und unversöhnliche Feindschaften. Und manchmal passen auch ihre Platz- und Nährstoffbedürfnisse einfach nicht zusammen. All das berücksichtigt das uralte Wissen von der Mischkultur, das früher von Generation zu Generation weitergegeben wurde.

Freunde fürs Leben

Dass Möhren und Zwiebeln eine äußerst heilsame Partnerschaft zu beiderseitigem Nutzen eingehen, lernt der moderne Gartenbesitzer meist als Erstes: Die Zwiebel überdeckt mit ihrem intensiven Geruch das feine Aroma der Möhren, so dass die Möhrenfliege ihr Ziel nicht mehr findet. Umgekehrt mögen Zwiebelfliegen den Möhrengeruch nicht. Außerdem versperrt ihnen das feine Laub des Wurzelgemüses den Anflug auf die Zwiebeln – Möhrenfliegen steuern ihr Ziel nämlich nicht von oben, sondern in flachem Bogen von der Seite her an.

Wie das Verhältnis von Möhre und Zwiebel gibt es noch zahlreiche weitere Beispiele für schützende und heilsame Partnerschaften im Garten, die Sie sich zunutze machen können (siehe Kasten).

Im Nutzgarten kommt es vor allem auf die richtige Kombination an – nicht alle Pflanzen sind gute Nachbarn.

Flach- und Tiefwurzler im Wechsel

Damit die Nährstoffe im Boden möglichst gleichmäßig genutzt wurden, pflanzten unsere Altvorderen gerne flach und tief wurzelndes Gemüse im Wechsel nebeneinander. Auch hier sind Möhren mit ihren langen Wurzeln und Zwiebeln mit ihrem kurzen flachen Wurzelwerk ein gutes Beispiel. Weitere ausgesprochene Tiefwurzler sind der Rettich, die Rote Bete, die Schwarzwurzel und der Sellerie, die Kartoffel sowie die meisten Kohlarten mit Ausnahme des Kohlrabis. Besonders flache Wurzeln bilden Feldsalat, Spinat, Pflücksalate, Lauch, Knoblauch und Gurke. Alle anderen liegen in der Mitte.

Gute Nachbarn

Nicht nur bestimmte Gemüsearten und Beeren fördern sich gegenseitig im Wachstum und Fruchtansatz, auch einige Kräuter haben einen stärkenden, ja geradezu heilsamen Einfluss auf das Gedeihen im Nutzgarten. Besonders gut vertragen sich:

- Bohnen und Bohnenkraut
- Buschbohnen und Rote Bete
- Erdbeeren und Spinat
- Gurken und Basilikum
- Gurken und Kohlrabi
- Gurken und Sonnenblumen
- Kartoffeln und Meerrettich
- Kartoffeln und Roter Fingerhut
- Kohl und Borretsch (Gurkenkraut)
- Kohl und Pfefferminze
- Kohl und Sellerie
- Lauch und Sellerie
- Möhren und Dill
- Möhren und Zwiebeln/Lauch
- Spinat und Kohl
- Spinat und Sellerie
- Spinat und Zwiebeln
- Tomaten und Sellerie

Zuerst die Starkzehrer

Aus der klassischen Drei-Felder-Wirtschaft im Ackerbau stammt die Methode, auf Beeten, die im Herbst frisch gedüngt wurden, zunächst Pflanzen mit dem höchsten Nährstoffbedarf zu ziehen. Zu diesen so genannten Starkzehrern zählen allen voran die Kopfkohlarten einschließlich des Rosenkohls, außerdem Gurke, Kürbis, Zucchini, Sellerie und Lauch.

Im zweiten Jahr folgten dann die Mittelzehrer, zu denen alle Gemüsearten mit Ausnahme der Erbse und der Bohne zählen, für die im dritten Jahr die übrig gebliebenen Nährstoffe noch völlig ausreichten. Nach der Erbsen- und Bohnenernte können Sie dann zunächst Gründüngung einsäen und später noch verrotteten Stallmist oder Kompost ausbringen, um die Nährstoffdepots des Bodens aufzufüllen.

Wenn Sie die Fruchtfolge im nächsten Jahr wieder mit Kohl beginnen wollen, sollten Sie auf Großvaters Rat hören: Säen Sie keinen Gelbsenf als lebenden Dünger – die beiden stammen aus derselben Pflanzenfamilie und vertragen sich nicht!

Gute Vorgänger

Da gute und schlechte Nachbarschaften zum Teil durch besonders verträgliche beziehungsweise unverträgliche Wurzelausscheidungen der Vorgängerpflanzen bedingt sind, planten unsere Großeltern die Mischkultur und Fruchtfolge auch nach diesen Gesichtspunkten. So geben zum Beispiel Spinat und Gurkenkraut so genannte Saponine in den Boden ab, die die Aufnahmefähigkeit der Wurzelzellen ihrer Nachbarn für Nährstoffe erhöhen.

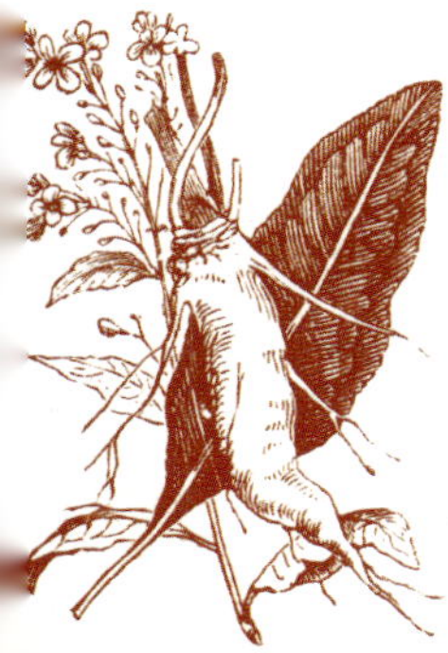

Ein guter Nachbar – der Meerrettich lässt sich hervorragend zusammen mit der Kartoffel anpflanzen, deren Wachstum er fördert.

Gladiolen bilden einen prächtigen Blickfang im Garten. Doch sollten Sie sie nie neben Kartoffeln anpflanzen, denn die beiden vertragen sich überhaupt nicht!

Auch die typischen Bauerngartenbewohner Ringelblume und Studentenblume (Tagetes) eignen sich bestens als heilsame Vorkultur für den Gemüsegarten, weil sie den Boden von Älchen (Nematoden) befreien. Und mit einer Ölrettichkur können Sie sogar Beete reinigen, die mit dem Erreger der Kohlhernie verseucht sind.

Erdbeeren lieben Brennnesseln

Ausgesprochen gute Vorgänger für eine neue Erdbeerpflanzung sind Brennnesseln, die Sie zu diesem Zweck extra im Vorjahr oder spätestens im Frühjahr säen oder pflanzen sollten. Die Nesseln schließen Eisen und Kieselerde im Boden auf – zwei wichtige Nährstoffe für die nachfolgende Erdbeerkultur. Entfernen Sie die Brennnesseln mitsamt Wurzeln erst unmittelbar vor dem Pflanzen der Erdbeeren im August. Klein geschnitten ergeben sie eine schützende und nährende Mulchdecke für den Erdbeernachwuchs.

Vorsicht mit Tomaten!

Als ausgesprochen schlechte Vorgänger gelten Tomaten, ganz besonders für Kartoffeln, Fenchel, Gurken und Erbsen. Da die roten Paradiesäpfel aber sowieso besser stets am selben Platz in Hausnähe unter einem Dachüberstand gedeihen, können Sie das Problem leicht umgehen. Auch der Spinat ist nicht bei allen Pflanzen wohlgelitten: Mangold, Möhren und Rote Bete kümmern, wenn zuvor Spinat auf ihrem Beet wuchs. Wählen Sie daher als Wintersaat besser Feldsalat oder eine Gründüngung.

Schlechte Nachbarn

Ausgesprochen schlechte Nachbarn sind die folgenden Kombinationen:

- Erbsen und Bohnen
- Kartoffeln und Gladiolen
- Kartoffeln und Sonnenblumen
- Kartoffeln und Tomaten
- Knoblauch und Erbsen/Bohnen
- Knoblauch und Kohl
- Rote Bete und Lauch
- Salat und Petersilie
- Salat und Sellerie
- Sellerie und Rote Bete
- Tomaten und Erbsen
- Tomaten und Fenchel
- Tomaten und Gurken
- Zwiebeln und Erbsen/Bohnen
- Zwiebeln und Kohl

Am Anfang war der Klostergarten

Zwar pflegten schon die alten Germanen – wenn auch eher bescheidene – Gärten, in denen sie vor allem Getreide und Hülsenfrüchte als Wintervorrat zogen. Echte Gartenkultur entstand jedoch erst im frühen Mittelalter in den Klöstern. Von dort aus fanden die meist zu Heilzwecken angebauten Pflanzen nach und nach ihren Weg in die Bauerngärten.

Ihre Pflanzungen schützten die alten Germanen vor vierbeinigen Räubern mit undurchdringlichen Schlehen- und Weißdornhecken sowie Zäunen aus Ästen. Von diesen Einfriedungen leitet sich das Wort Garten ab: Es stammt vom indogermanischen Wort *gher* (fassen), das sich zu *ghortos* (das Eingefasste) weiterentwickelte. Die Römer nannten ihren Garten *hortus*.

Reine Frauensache

Die Pflege des Gartens war Aufgabe der Frauen. Davon zeugt das »gart« als Endsilbe von germanischen Frauennamen wie Hiltgart, Irmingart oder Luitgart. In den ersten Gärten wuchsen neben Getreide wie Dinkel, Gerste, Hafer, Hirse, Roggen und (Spelz-)Weizen vor allem Erbsen, Linsen und Bohnen, die die Frauen als Wintervorrat trockneten. Außerdem zog man (wilde) Möhren und Rüben sowie Flachs und Hanf zur Herstellung von Garn und Stoff. Als Salat und Gemüse dienten Ampfer, Wegerich, wilder Spinat (Guter Heinrich) und Zichorie. Der einzige Obstbaum im germanischen Garten war der Apfelbaum.

Die Abbaye de Fontenay mit ihrem Klostergarten. Das französische Zisterzienserkloster wurde 1118 von Bernhard von Clairvaux gegründet.

Der Einfluss der Römer

Nach der Eroberung von Teilen des germanischen Siedlungsgebiets durch die Römer veränderte sich die Gartenkultur: Gewürzkräuter von Anis bis Ysop sowie Gurken, Knoblauch, Kürbis, Sellerie, Spargel und Zwiebeln hielten Einzug in die bäuerlichen Gärten. Wo römische Kultur herrschte, also im Rhein-Main-Gebiet und an der Donau, entstanden Pflanzungen aus Aprikosen, Pfirsichen, Süß- und Sauerkirschen. Auch der Walnussbaum kam mit den Römern ins Land. Nur an den zahlreichen Blumen und dem Buchsbaum, mit denen die römischen Statthalter ihre eigenen Gärten schmückten, hatten die Germanen wenig Interesse – vermutlich, weil diese Pflanzen nicht essbar waren.

Salate – hier ein Feldsalat – spielten in alten Kloster- und Bauerngärten immer eine große Rolle.

Befehl des Kaisers – gärtnern!

In den Wirren der Völkerwanderung des 4. bis 6. Jahrhunderts verschwand der Gartenbau weitgehend. Erst um 800 belebte Karl der Große mit seiner berühmten Landgüterverordnung den Anbau von Nutzpflanzen von neuem. Das kaiserliche Gesetz führte 72 Pflanzen auf, darunter zahlreiche mediterrane Kräuter und Arzneipflanzen – und erstmals vier Blumen: weiße Lilie, Rose, Schwertlilie und Malve. Außerdem schrieb der Kaiser den Anbau von 14 verschiedenen Obst- und Nussbäumen einschließlich der Weinrebe vor und wies seine Untertanen an, auf ihren Hausdächern stets Hauswurz (als Blitzableiter) zu pflanzen.

Hort der Heilpflanzen

Um diese Zeit sorgten längst die ersten Klöster der Benediktiner für einen neuen Aufschwung der Gartenkultur:

Im *hortus medicamentorum*, dem Arzneipflanzengarten, wuchs eine ständig zunehmende Vielfalt einheimischer und importierter Heilpflanzen. Manche, wie etwa die weiße Lilie, wurden als Symbol der Reinheit auch aus religiösen Gründen verehrt. Die heilige Hildegard von Bingen (1098 – 1179), die die heimische Pflanzenwelt sehr genau beobachtete und in ihren Werken beschrieb, empfahl ausdrücklich das geordnete Durcheinander der Pflanzen in den traditionellen vier Quartieren des meist quadratischen Klostergartens. Als besonders gute Nachbarn lobte Hildegard Schwertlilien und Sellerie sowie Fenchel und Knoblauch.
Zwei kreuzförmig geführte Wege, das Wegekreuz, teilten den klösterlichen Heilpflanzengarten in vier Bezirke, die auch die vier Himmelsrichtungen symbolisierten. Im Kreuzungspunkt der Wege stand meist ein Brunnen, manchmal ein Baum.

Der klassische Bauerngarten mit seiner Mischung von Nutz- und Zierpflanzen entstand nicht zuletzt nach dem Vorbild der großen klösterlichen Gartenkultur des Abendlandes.

Kompost aus dem Kloster

Zunächst ließen die Mönche und Nonnen die Gartenabfälle einfach auf den Wegen oder als schützenden Mulch auf den Beeten liegen. Küchenabfälle und Stallmist kamen auf den Dung- oder Faulhaufen vor den Klostermauern. Vermutlich erstmals im ausgehenden Mittelalter schichteten die Klostergärtner alle diese Abfälle auf einen Haufen, um fruchtbaren Humus zu gewinnen. Bald entdeckten sie, dass sich das Reifen des Haufens durch Zugabe von Kräutern beschleunigen ließ. Solche Kompostpräparate aus Baldrian, Brennnessel, Eichenrinde, Kamille, Löwenzahn und Schafgarbe erhalten Sie heute als »Humofix« direkt bei der Abtei Fulda.

Pflanzen der Klöster

Die meisten Klosterpflanzen haben wir den antiken Römern und den mittelalterlichen Mönchen zu verdanken, die diese als Arzneilieferanten aus dem Mittelmeerraum mitbrachten. Daneben führten die Kreuzritter einige Heilpflanzen aus dem Orient ein. Und nicht wenige Pflanzen entstammten der Heimatnatur. Zur charakteristischen Bepflanzung eines Klostergartens gehörten:

Kräuter: Anis • Basilikum • Dill • Fenchel • Gänseblümchen • Kamille • Kardamom • Kerbel • Knoblauch • Königskerze • Koriander • Kümmel • Lavendel • Liebstöckel • Majoran • Minze • Raute • Rosmarin • Salbei • Senf • Thymian • Tripmadam • Ysop • Zitronenmelisse

Gemüse: Gurke • Kürbis • Rübe • Sellerie Spargel • Zwiebel

Blumen: Christrose • Eisenhut • Goldlack • Hundsrose • Immergrün • Knöterich • Lampionblume • Pfingstrose • Ringelblume • Rittersporn • Roter Fingerhut • Schneeglöckchen • Silberblatt • Veilchen • Taglilie

Sträucher/Bäume: Aprikose • Birne • Buchs Kirsche • Lorbeer • Mandel • Mispel • Pfaffenhütchen • Pfirsich • Pflaume • Quitte • Walnuss Weinrebe

Der Garten als Statussymbol

Erste private Gärten nach klösterlichem Vorbild gab es bereits im 11. Jahrhundert: Auf den Burgen entstanden »Wurzgärten«. Später lieferten sich mächtige Fürsten und ab dem 16. Jahrhundert die reichen Kaufleute einen Wettstreit, wer denn den größten und schönsten Garten mit den meisten (fremdländischen) Pflanzen besitze. Die Landbevölkerung ließ das ziemlich kalt: Sie übernahm aus den Klostergärten neben dem Grundriss nur die nützlichen Heilkräuter und pflanzte sie in ihr eingezäuntes Viereck zum Gemüse. Später begannen auch die Bauern, »nutzlose« Blumen um ihrer Schönheit willen zu schätzen. Während im Klostergarten planvolles Durcheinander herrschte, säte und pflanzte die einfache Bevölkerung eher, wie es gerade kam. Daraus entstand dann der typische bunt gemischte Garten, der übrigens erst seit etwa 100 Jahren als Bauerngarten bezeichnet wird.

Der Kohlrabi – auch dieses Gemüse zählt zu den vielen Schätzen, die in alten Kloster- und Bauerngärten gediehen und gedeihen.

Früher ernten – und reiche Erträge erzielen

Spätestens Ende Februar standen bei unseren Altvorderen die Anzuchtkisten auf der Fensterbank. Später im Jahr lenkte man das Wachstum der Pflanzen mit einem gezielten Schnitt in die richtigen Bahnen. Trotz des großen Angebots an fertigen Setzlingen lohnt bei einigen auch heute noch die Eigenanzucht, um eine wirklich gute Ernte zu erzielen.

An hellen, aber nicht zu sonnigen Fensterbrettern herrschen beste Bedingungen für die Anzucht junger Gemüsepflanzen.

Kinderstube für Gemüse

Gurken, Kürbis, Zucchini und Tomaten brauchen, um sich wirklich gut zu entwickeln, eine Keimtemperatur von über 20 Grad und sollten daher im Haus vorgezogen werden. Ideal dafür sind Anzuchtgefäße aus Kokosfaser oder Torf. Diese können Sie nämlich später direkt ins Freiland auspflanzen. Das erspart den Jungpflanzen den Umpflanzschock. Gewöhnen Sie die Pflanzen vor dem Auspflanzen langsam und behutsam an das Außenklima, indem Sie die Töpfe tagsüber nach draußen in eine halbschattige Ecke stellen.

Eine Glocke für den Salat

Aus England stammt die Tradition, große dekorative Glasglocken über Salat, Kohlrabi & Co. zu stülpen. Auf diese Weise erzielt der Gärtner eine zeitigere Ernte und bewahrt gleichzeitig die Jungpflanzen vor Frost. Anstatt der teuren Originalglocken aus dem Gartenversand können Sie auch große Gurkengläser verwenden. Diese Minigewächshäuser müssen Sie allerdings täglich lüften, damit sich kein Schimmel bildet!

Rhabarber im Korb

Wer Anfang März einen Korb oder eine Kiste über den jungen Rhabarber stülpt, kann bis zu vier Wochen früher ernten. Pfiffige Großväter entfernten zunächst den Boden der Kiste, setzten den Rahmen über die Pflanze und stopften zusätzlich noch wärmende Holzwolle hinein, bevor sie den Deckel auflegten. Zur Ernte nahmen sie den Deckel ab und zogen die durch die Holzwolle getriebenen Rhabarberstangen mit einem kräftigen Ruck heraus.

Im traditionellen Mistbeet, einem Frühbeet, wird durch die Fermentierung des Mistes, der unter einer Erdschicht liegt – am besten Pferdedung –, Wärme erzeugt. Ideale Bedingungen also, um schon früh im Jahr kräftige Jungpflanzen heranzuziehen.

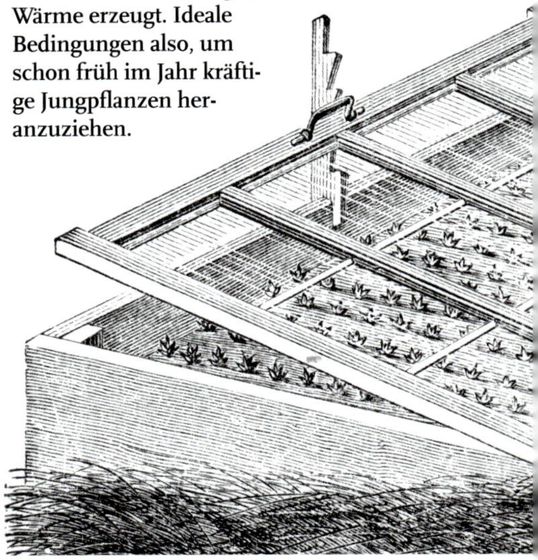

Bohnen rechtzeitig stutzen

Dicke Bohnen (Saubohnen) sollten Sie »köpfen«, sobald die Pflanzen eine Höhe von 50 bis 60 Zentimetern erreicht haben. So wird die Kraft der Pflanze in die Ausbildung der Samen gelenkt. Zudem hat das Einkürzen den Vorteil, dass die gefräßige schwarze Bohnenlaus, die sich bevorzugt in den zarten Spitzen der dicken Bohnen einnistet, keinen Landeplatz mehr findet. Und nicht zuletzt sind gestutzte Pflanzen standfester. Übrigens kappten unsere Großmütter auch den Rosenkohl zu Anfang des Septembers mit dem Messer – und freuten sich dann später über besonders kräftige Röschen.

Größere Äpfel und Birnen

Auch wenn es Ihnen schwer fällt, wenn Sie vor Ihren herrlich entwickelten Obstbäumen stehen und von einer üppigen Ernte träumen: Dünnen Sie nach dem Johannistag am 24. Juni die Fruchtansätze von Äpfeln und Birnen aus! Lassen Sie pro Fruchtspieß maximal zwei Früchte am Baum. So erhalten Sie wirklich schöne große Äpfel und Birnen.
Um Johanni treiben Obstgehölze auch noch einmal durch und bilden lange Wasserschosse, die den Bäumen die Kraft für die Früchte und die Ausbildung von Fruchtholz für das nächste Jahr rauben. Schneiden Sie alle »Johanni-Triebe« bis auf das erste, nach außen weisende Auge zurück.

Der Schwerpunkt-Tipp

Fruchtbares Hügelbeet

Die Idee des Hügelbeets, dieser sorgsam geschichteten Beetanlage aus Gartenabfällen, Mist und Kompost, stammt aus Asien. Besonders in China sind die Platz sparenden Beete, die über ein Nährstoffdepot verfügen und deren Schichten wie eine Fußbodenheizung wirken, bereits seit Jahrhunderten beliebt. Hügelbeete bieten eine wunderbare Möglichkeit, die Ernte vorzuverlegen und den Ertrag zu erhöhen. Denn das erhöhte Beet vergrößert die Anbaufläche um ein Drittel, was gerade für kleine Hausgärten ein großer Vorteil ist.

Das brauchen Sie für ein Hügelbeet:

Festen feinmaschigen Draht; groben Gehölzschnitt (Äste, dicke Zweige); geschredderte Strauch- und Staudenreste, Laub oder Stroh; Stallmist oder angerotteten Kompost; fertigen Kompost, Erdaushub, eventuell Grassoden.

Und so wird's gemacht:

Zunächst müssen Sie eine Grube ausheben: Damit alle Seiten gleichmäßig Sonne erhalten, sollten Sie das Hügelbeet so planen, dass es in Nord-Süd-Richtung verläuft. Heben Sie ein Rechteck von 1,20 Meter Breite und beliebiger Länge etwa 25 Zentimeter tief aus. Falls Sie das Beet auf einer Rasenfläche anlegen, stechen Sie die Grassoden flach ab und legen sie wie den Erdaushub auf einen Extrahaufen.

Nun wird der Hügel geschichtet: Legen Sie den Maschendraht doppelt auf den Boden der Grube, um Wühlmäuse fern zu halten. Darauf kommt eine etwa 35 Zentimeter dicke Schicht Äste und grobes Strauchmaterial, die mit den umgedrehten Grassoden abgedeckt wird. Dann folgt eine 20 Zentimeter dicke Schicht aus Stauden-, Laub oder Strohhäcksel (auch gemischt), auf die Sie 20 Zentimeter Stallmist oder angerotteten Kompost packen. Klopfen Sie das Beet zwischendurch mit dem Spaten vorsichtig fest. Die letzten beiden Schichten bestehen aus je 15 Zentimeter fertigem, gesiebtem Kompost und dem Erdaushub als Abschluss. Über die gesamte Länge des Hügels formen Sie dann noch eine Bewässerungsrinne.

Bepflanzung

Nachdem Sie den Hügel gut gegossen haben, können Sie sofort säen und pflanzen. Wählen Sie im ersten Jahr flach wurzelndes Gemüse, etwa Salat, Zwiebeln, Kohlrabi, Radieschen und Kugelmöhren. Dazwischen säen Sie Sommerspinat, Pflücksalat und Rauke, ab August auch Feldsalat und Winterspinat. Ab dem zweiten Jahr können Sie lange Karotten, Erbsen, Rote Bete, Buschbohnen und Rettich ziehen. Im vierten oder fünften Jahr ist der Hügel schon ziemlich zusammengesackt. Ziehen Sie jetzt Kartoffeln und legen Sie im nächsten Jahr ein neues Hügelbeet an.

Formschöne und kompakte fertige Anzuchtkisten hält der Gartenfachhandel in großer Auswahl bereit.

Tomaten entgeizen

Sämtliche Tomatensorten – eine Ausnahme bilden nur die kleinen Buschtomaten – sollten kurz gehalten werden: Entfernen Sie deshalb regelmäßig die kleinen Triebe aus den Blattachseln des Haupttriebs. Unsere Großeltern benannten diese Technik mit dem schönen Begriff »entgeizen«. Ohne ein solches Vorgehen schießen die Tomaten ins Kraut und setzen auch erheblich weniger Früchte an. Spätestens im August müssen Sie dann den Haupttrieb kappen.

Die klassische Glasglocke wird über die Aussaat oder auch bereits herangewachsene Jungpflanzen – zum Beispiel eine Salatstaude – gestülpt. In der unter dem Glas herrschenden Treibhausatmosphäre entwickelt sich die Pflanze früh und kräftig.

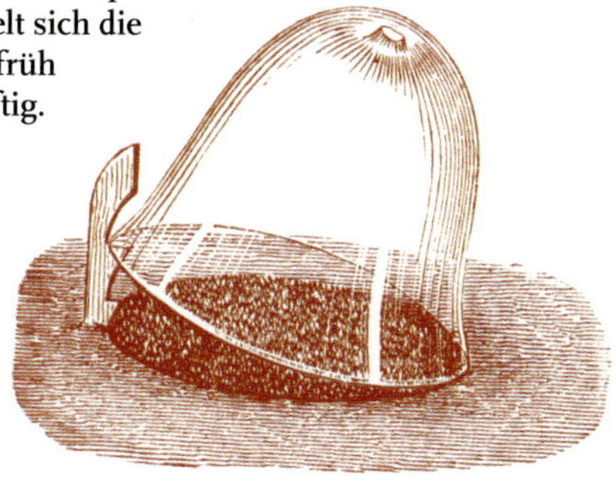

Hilfe für kranke Pflanzen

Trotz sorgfältiger Bodenpflege und auch bei optimaler Mischkultur können manchmal doch Krankheiten im Garten auftreten. Die meisten Erreger werden von Insekten oder durch den Wind übertragen.

Schimmelbefall auf den sehr feuchtigkeitsempfindlichen Erdbeeren lässt sich durch einfache traditionelle Maßnahmen wie Hochbinden vermeiden.

Schachtelhalm gegen Mehltau

Weiße Flecken auf oder unter den Blättern von Gurken, Salat, Kohl, Zwiebeln, Stachelbeeren, Rosen, Flockenblumen, Rittersporn, Lungenkraut und Herbstastern deuten auf echten oder falschen Mehltau hin, eine durch verschiedene Pilze hervorgerufene Krankheit. Der »Sonnenregen«, wie unsere Vorfahren den echten Mehltau nannten, tritt bei sonnigem, trockenem Wetter auf, der falsche bei feuchtkaltem Wetter. Gefährlich sind beide.

Entfernen Sie alle befallenen Blätter, notfalls durch einen kräftigen Rückschnitt der Pflanzen. Und spritzen Sie einmal pro Woche mit Schachtelhalmtee: Setzen Sie dazu 350 Gramm frischen oder 50 Gramm getrockneten Schachtelhalm über Nacht in einem Liter kaltem Wasser in einem Emailletopf auf und lassen diesen Ansatz morgens eine halbe Stunde lang auf kleiner Flamme köcheln. Verdünnen Sie den Tee nach dem Abseihen im Verhältnis eins zu drei mit Regenwasser – fertig.

Ein gut gepflegter – und schädlingsfreier – Nutzgarten bringt reiche Ernte und ist auch ein Genuss für das Auge.

Meerrettich gegen Monilia

Wenn Ihre Obstbäume von der Monilia-Pilzkrankheit befallen sind, erkennen Sie das bei Steinobst an der Blütenfäule und an Schimmelpolstern auf abgestorbenen Ästen, bei Apfel- und Birnbäumen an der kreisförmigen braunen Fruchtfäule. Unsere Altvorderen kämpften dagegen mit Meerrettich-Brühe an. Zuvor schnitten sie alle befallenen Zweige aus und verbrannten sie.

Überbrühen Sie 300 Gramm klein gehackte frische Meerrettich-Wurzel mit einem Liter heißem (nicht kochendem!) Wasser. Lassen Sie den

Erdbeeren und Gurken hochbinden!

Erdbeeren haben mit ihren Ausläuferranken praktisch einen eingebauten Nässeschutz: Unsere Urgroßmütter banden damit die Pflanzen zusammen, um die Früchte vor Nässe und damit dem gefürchteten Grauschimmel zu schützen. Wenn Ihnen das zu mühsam ist, verteilen Sie eine Schicht Stroh bis dicht an die Erdbeerpflanzen im Beet und pflanzen ihnen reichlich Knoblauch zu Füßen.

Auch Gurken werden seltener vom Grauschimmel befallen, wenn sie in die Höhe ranken dürfen: Stecken Sie dazu Haselnuss- oder Weidenruten von circa einem Meter Länge in flachen Bögen längs und quer in die Beete und legen Sie die Gurkenranken darauf. Alternativ können Sie kurze, Y-förmige Reisigzweige im Abstand von etwa 20 Zentimetern kreuz und quer in das Beet stecken und die Ranken darüber führen.

Der Schwerpunkt-Tipp

Wenn gar nichts mehr hilft

Leider gibt es auch im Pflanzenreich einige unheilbare Krankheiten. Dann hilft nur, die befallenen Pflanzen(teile) schnellstens zu entfernen, bevor weitere Artgenossen – auch in Nachbars Garten – erkranken. Geben Sie die kranken Pflanzen in die normale Mülltonne, nicht in den Biomüll oder gar auf den Kompost. Auch Verbrennen ist sinnvoll.

Selten, aber gefährlich: Feuerbrand

Bei dieser seltenen, aber hoch ansteckenden Bakterieninfektion zeigen sich schwarze Verfärbungen an den Blättern und Triebspitzen, die sich u-förmig verbiegen. Gefährdet sind Äpfel, Birnen, Quitten, Felsenmispel, Weiß- und Rotdorn, Vogel- und Maulbeere sowie der Feuerdorn. Bei Verdacht auf Feuerbrand müssen Sie umgehend das zuständige Pflanzenschutzamt informieren.

Krautfäule bedroht Kartoffeln und Tomaten

Die Kraut- oder Braunfäule befällt bevorzugt Kartoffeln und Tomaten, kann aber auch auf Paprika und Auberginen übergreifen. Zuerst trocknen die Blattspitzen ein. Bei feuchtwarmem Wetter kann innerhalb weniger Tage die gesamte Pflanzung erkranken. Auf den Früchten und Knollen erscheinen braun-schwarze Faulstellen. Vernichten Sie befallene Pflanzen bereits bei den ersten Anzeichen und bepflanzen Sie das Beet mindestens vier Jahre nicht mit Kartoffeln oder Tomaten! Eine Maßnahme zur Vorbeugung ist die Überdachung Ihrer Tomatenpflanzen.

Mosaikvirus – kein Mittel hilft

Zeigen sich mosaikartige Verfärbungen auf den Blättern von Bohnen, Gurken, Kartoffeln, Salat, Apfelbäumen und Dahlien, hilft ebenfalls nur schnelles Entfernen und Vernichten der befallenen Pflanzen. Denn Ursache ist ein Virus, gegen das es kein Mittel gibt.

Schwere Infektion: Obstbaumkrebs

Diese Pilzerkrankung führt zu krebsartigen Wucherungen an Zweigen und Ästen von Apfel- und Birnbäumen. Oberhalb der infizierten Stelle sterben die Triebe meist ab. Schneiden Sie die befallenen Triebe tief im gesunden Bereich ab. Ist der Stamm befallen, müssen Sie die Infektion weiträumig und gründlich ausschneiden und am besten mit einem Lehmanstrich versiegeln. Besonders gefährdet sind die Apfelsorten Cox Orange, Holsteiner Cox und Goldparmäne.

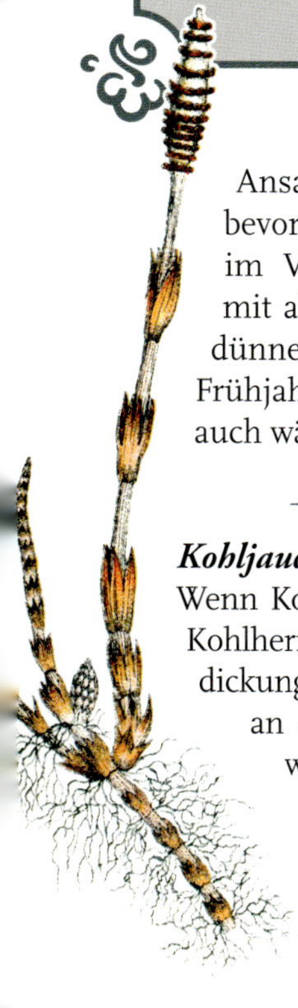

Ansatz 24 Stunden ziehen, bevor Sie ihn abseihen und im Verhältnis eins zu zehn mit abgekochtem Wasser verdünnen. Gespritzt wird vom Frühjahr an alle zwei Wochen, auch während der Blüte.

Kohljauche gegen Kohlhernie

Wenn Kohl von der Pilzkrankheit Kohlhernie – zu erkennen an Verdickungen am Wurzelhals und an den Wurzeln – befallen war, entseuchten unsere Großväter das Beet mit Kohljauche: Lassen Sie dazu die Blätter von möglichst vielen verschiedenen Kohlarten drei Wochen lang in Wasser vergären. Verdünnen Sie die Jauche im Verhältnis eins zu fünf mit Regenwasser und überbrausen Sie damit das befallene Beet alle vier Wochen – bis zum Winter. Säen Sie zur Unterstützung Ölrettich oder Lupinen als Gründüngung. Die Kohljauche lässt die Pilzsporen keimen, die dann jedoch mangels eines passenden Wirts bald zu Grunde gehen. Pflanzen Sie auf dem entseuchten Beet mindestens drei Jahre lang keinen Kohl oder Gelbsenf, stattdessen reichlich Zwiebeln, Knoblauch und Porree.

Ein aus dem Schachtelhalm gebrauter Tee hilft gegen Mehltau.

Leichter Apfelschorf kann ohne chemische Spritzmittel durch konsequentes Entfernen und Entsorgen der befallenen Blätter eingedämmt werden.

Obst im eigenen Garten – das muss kein nostalgischer Traum bleiben

Nur die wenigsten Hobbygärtner können sich heute noch einen klassischen Obstgarten leisten, weil in Zeiten immer dichterer Bebauung einfach der Platz fehlt. Deshalb müssen Sie aber noch lange nicht auf selbst angebautes Obst verzichten.

Beerenobst als Hochstämmchen

In alten Pfarrgärten trifft man bisweilen noch auf eine kleine Allee aus Johannisbeer-Hochstämmchen, meist sind es die einst sehr weit verbreiteten, weil ertragreichen Roten Vierländer Johannisbeeren. Inzwischen erhalten Sie auch weiße und schwarze Sorten sowie Stachelbeeren als Hochstämmchen, was hübsch aussieht und zudem die Ernte ungemein erleichtert.

Machen Sie es wie früher die Pfarrersfrau oder die Haushälterin des geistlichen Herrn: Pflanzen Sie einige Hochstämmchen im Abstand von etwa 1,30 Metern entlang des Hauptweges im Gemüsegarten oder als Minihecke zum Kräuter- oder Blumengarten. Wenn Sie noch eine Wermutpflanze daneben setzen, sind Ihre Johannisbeeren gleich bestens gegen den lästigen Säulchenrost und gegen Blattläuse geschützt. Außerdem können Sie Beerenobst als kurz gehaltenen Kordon ziehen. Diese fast vergessene Spaliertechnik lohnt die Wiederentdeckung!

Schwarze Johannisbeeren gehören zu den heimischen Gartenfrüchten mit dem höchsten Gehalt an Vitamin C. Wie gesund sie sind, ist seit jeher bekannt. Dass man sie dennoch mit Schimpfnamen wie »Bocksbeere« belegt hat, lag an dem unangenehmen Geruch, den bei den alten Sorten der gesamte Strauch ausströmte.

Klaräpfel können schon ab Ende Juli geerntet werden und gehören somit zu den frühesten Apfelsorten.

Auslichten sichert den Ertrag

Ob klassische Büsche oder Minibäumchen: Lichten Sie alle Beerensträucher unbedingt nach der Ernte kräftig aus. Bei den schwarzen Johannisbeeren, die nur am einjährigen Holz blühen, schneiden Sie alle abgetragenen Äste kräftig auf starke Jungtriebe zurück. Bei den anderen Johannisbeeren sowie den Stachelbeeren entfernen Sie alle Äste, die älter als drei Jahre sind, denn diese Gehölze fruchten am zwei- und dreijährigen Holz.

Spindelbäumchen für Minigärten

Eine Obstbaumplantage im Reihenhausgarten? Aber sicher. Mit Spindelbäumchen, die um 1930 bei der Neuanlage von Streuobstwiesen von findigen Bauern als reich tragende Lückenfüller zwischen den klassischen stattlichen Apfelbäumen »erfunden« wurden, können Sie sogar Äpfel und Birnen zum Einlagern im Winter ziehen. Diese maximal zwei Meter hohen kegelförmigen Bäumchen haben eine schwach wachsende Unterlage. Ihre Seitenäste werden mittels angehängter Gewichte oder im Boden verankerter Drähte fast waagerecht gezogen.

Außerdem müssen Sie die Bäumchen, die lebenslänglich einen Stützpfahl brauchen, im Spätwinter sehr sorgfältig nach altbewährter Tradition beschneiden. Als Lohn für Ihre Mühe setzen Spindelbäumchen schon im dritten oder vierten Standjahr die ersten Früchte an. Eine moderne Sonderform der Spindeln sind die Schnurbäumchen, als »Ballerinas«

Die Johannisbeere sollte windgeschützt wachsen, da gerade bei fruchttragenden Pflanzen Windschäden entstehen können.

Hochstämmiger Johannisbeerstrauch – diese Anbauform eignet sich auch für Stachelbeeren sehr gut.

im Topf in Gartencentern und Baumschulen erhältlich. Bei diesen Apfel- und Birnenbäumchen bleibt nur der Mitteltrieb erhalten. Die Seitenäste werden auf kurze Stummel gestutzt, die dadurch reichlich Fruchttriebe entwickeln.

Kirschen an die Hauswand

Ein Lieblingsobst war die Kirsche offenbar schon für die Steinzeitmenschen. Darauf deuten die vielen versteinerten Kerne der auch im alten Mitteleuropa verbreiteten Wildkirsche hin, die Archäologen in prähistorischen Wohnhöhlen fanden. Dem römischen Feldherrn Lucullus (117 bis 56 v. Chr.), dessen Name bis heute für höchste Gaumenfreuden steht, verdanken wir die ersten Züchtungen. Während seines Feldzugs gegen die Parther lernte er am Schwarzen Meer rote Früchtchen kennen, die ihm viel süßer zu sein schienen als die heimischen. Kurzerhand ließ er einige Pflanzen nach Rom bringen. Der Siegeszug der Kirsche – von Iranisch *keras* – begann.

In lukullischer Tradition können Sie Süß- und Sauerkirschen auch in einem kleinen Garten pflanzen, am besten als Spalierobst an der Westseite Ihres Hauses. Die Hauswand speichert die Frühlingswärme und schützt die empfindlichen Kirschblüten vor Schäden durch Spätfröste. Die klassische Sauerkirschsorte Schattenmorelle gedeiht sogar an der Nordwestseite, ihre Früchte sind dann aber etwas kleiner und saurer im Geschmack.

Für das Spalier spannen Sie die Drähte möglichst straff mit einem Abstand von zehn Zentimetern zur Hauswand und 15 Zentimetern zwischen den einzelnen Etagen. Ein Drahtspalier hat gegenüber Großvaters Holzlatten den Vorteil, dass sich dort nicht die Sporen des gefürchteten Moniliapilzes festsetzen können, der bevorzugt Kirschen befällt.

Auch Sauerkirschen schneiden!

Besonders die Sauerkirschbäume brauchen nach der Ernte einen kräftigen Rückschnitt auf junge Triebe, da sie nur am einjährigen Holz fruchten. Wird diese wichtige Pflegemaßnahme vernachlässigt, was heutzutage leider sehr häufig passiert, bilden die Kirschen lange kahle Zweige, die nur wenige kleine Früchte tragen.

Apfelblüte in einem Streuobstgarten im Alten Land vor den Toren Hamburgs, dem größten geschlossenen Obstanbaugebiet Deutschlands

Die uralte Kunst des richtigen Schnitts

Gärten mit Schatten spendenden und Früchte tragenden Bäumen wurden bereits vor Jahrtausenden in den Hochkulturen Mesopotamiens und Ägyptens angelegt. Wenn wir heute wissen, dass der richtige Schnitt das A und O einer reichen Obsternte ist, dann drückt sich darin also ein uralter Erfahrungsschatz aus. Auch was den Zeitpunkt betrifft: In der Regel wird im Winter (Februar) beschnitten.

Der Obstbaumschnitt ist eine Kunst, die Fachwissen, Erfahrung und Einfühlungsvermögen voraussetzt. Viele Gartenvereine laden zu Vorträgen und Kursen ein, bei denen meist auch Nichtmitglieder willkommen sind.

Hier sollen nur kurz einige traditionelle Fachbegriffe erläutert werden.

Der Erziehungsschnitt dient dem Aufbau einer harmonischen Krone. Dabei werden alle nach innen wachsenden und schwachen Triebe entfernt sowie der Leittrieb eingekürzt.

Der Ertragsschnitt wird ab dem zweiten oder dritten Jahr jährlich ausgeführt, um die Ausbildung von Fruchttrieben zu fördern. Kürzen Sie im ersten Winter die jungen Seitentriebe bis auf vier, fünf Augen ein. Das äußerste Auge muss immer nach oben weisen. Im zweiten Winter kürzen Sie diesen Seitentrieb mitsamt seiner inzwischen gebildeten kleinen Triebe bis auf die oberste Knospe ein. Aus dieser Knospe entwickelt sich dann im Frühling die Blüte.

Durch Kerben und Schröpfen erzielen Sie bei Spindel- und Spalierobst einen gleichmäßigen Wuchs oder ziehen einen fehlenden Seitentrieb heran. Kerben Sie die Rinde entweder waagerecht oberhalb (Kerbschnitt) oder senkrecht unterhalb (Schröpfschnitt) einer schlafenden Knospe mit einem kurzen scharfen Schnitt ein – ohne das darunter liegende Holz zu verletzen! Die zur Wundheilung herantransportierten Nährstoffe bewirken das Austreiben der schlafenden Knospe.

Durch Entfernen eines etwa zwei Millimeter breiten Rindenstreifens nahe am Astansatz oder um den ganzen Stamm bringen Sie blühfaule Äste oder auch ganze Bäume zur Bildung von Blütenknospen für das nachfolgende Jahr. Dieses so genannte Ringeln verhindert den Rückfluss der Säfte zur Wurzel, so dass die Nährstoffe zur Knospenbildung beitragen.

Spalierobst – das Comeback der Formschnitte

Dicht gedrängt reifen prachtvolle Äpfel, Birnen oder Pfirsiche an malerisch gestalteten Spalieren. Diese lebenden Obstgirlanden waren eine Spezialität des opulenten Barockstils, der von 1600 bis 1750 neben der Kunst und der Architektur auch die Gartengestaltung prägte. Mit der Schere vollbrachten die Gärtner wahre Meisterwerke, die heute wieder immer mehr Hobbygärtner zum Vorbild für das eigene Obstspalier nehmen.

Mit großer Wahrscheinlichkeit entwickelte sich die Spaliertechnik aus dem Weinbau. Schon die alten Griechen banden die Weinreben um Stäbe, Säulen und Torbögen. Wann die ersten Obstbäume an Spalieren gezogen wurden, lässt sich nicht mit Sicherheit feststellen. Im Mittelalter wuchsen Obstbäume jedenfalls noch frei vor den Klostermauern und auf Obstwiesen der Landgüter.

Geschützt vom Haus, gedeiht Spalierobst an einer Südwand besonders gut. Dabei eignet sich nicht jede Form für jede Obstart. Für die Birne etwa empfiehlt sich unter anderem der klassische Spalierbaum.

Lebende Girlanden

Die Renaissance belebte die antike Kultur wieder, dabei auch die hochstehende Gartenbaukunst der Römer. So richtete sich in der Architektur der Renaissance der Blick wieder nach draußen: Terrassen etwa, die das Mittelalter nicht kannte, wurden zu einem beliebten Element. Um 1570 holten französische Hofgärtner erstmals Obstgehölze in die glanzvollen Gartenanlagen ihrer adligen Auftraggeber und drapierten sie um Lattenspaliere. Innerhalb kurzer Zeit entstanden aufwändige lebende Obstgirlanden, die schnell Liebhaber in den Adelshäusern ganz Europas fanden. Auch Friedrich der Große ließ 1744 auf jeder Terrasse seines künstlichen Weinbergs im Park von Schloss Sanssouci eine Reihe kunstvoll beschnittenes Spalierobst anpflanzen.

Ein kunstvolles Fächerspalier mit zwei Haupttrieben, die jeweils einen eigenen Fächer bilden. Fächerpalmetten eignen sich nicht zuletzt für Steinobst.

Die Urform – der Schnurbaum

Mutter aller Schnittformen sozusagen ist der Schnurbaum, auch Kordon (französisch *cordon*: Kette, Girlande) genannt. Ein Schnurbaum wird, wie der Name schon sagt, schnurgerade an einem Lattengerüst oder straff gespannten Drähten »erzogen«: Dabei bleibt nur der Mitteltrieb (die Stammverlängerung) erhalten, aus dem rechts und links stummelförmig beschnittene Seitentriebe mit zahlreichen Fruchtknospen, so genannte Fruchtspieße, wachsen.

Die Urform des Schnurbaums ist die senkrecht wachsende Variante, die am besten windgeschützt vor Mauern gedeiht. Der Abstand zwischen den einzelnen Bäumen beträgt nur etwa einen halben Meter, bei Beerenobst sogar noch weniger. Je nach Obstart erreichen diese Kordons leicht eine Höhe von zwei, drei Metern. An alten englischen Herrenhäusern können Sie noch heute aufrechte Birnen-Kordons bewundern, die mehr als vier Meter hoch sind.

Schräg bringt mehr Ertrag

Wesentlich beliebter als die streng kerzengerade angelegten Schnurbäume waren die schrägen Kordons, die aufgrund ihrer höheren Stabilität auch an freien Spalieren gezogen werden können. Hier besteht der Kordon ebenfalls nur aus dem Mitteltrieb, der an Hilfsstäben im 45-Grad-Winkel wächst. In dieser Lage schießt der Baum nicht so schnell in die Länge wie bei aufrechtem Stand. Stattdessen bilden die ebenfalls stummelförmig gehaltenen Seitentriebe mehr Fruchtknospen und liefern einen höheren Ertrag. Und nicht zuletzt bilden dicht nebenein-

ander gepflanzte schräge Kordons an einem freien Spalier auch eine gefällige Hecke.
Noch fruchtbarer sind vollkommen waagerechte Kordons, die in der barocken Gartengestaltung als niedrige Begrenzung von Beeten, Wegen und Terrassen äußerst populär waren. Dazu wird der Mitteltrieb des Baumes in einer Höhe von etwa 40 bis 60 cm gekappt; die darunter austreibenden beiden Seitentriebe dürfen horizontal jeweils bis zu zwei Meter nach rechts und links wachsen. Ihre kurz gehaltenen Fruchtspieße liefern eine außerordentlich reiche Ernte.

Der klassische Spalierbaum

Belässt man den Mitteltrieb und zieht die Seitentriebe über vier bis sechs Etagen im Abstand von etwa 20 Zentimetern jeweils horizontal, erhält man den klassischen Spalierbaum. Diese heute am weitesten verbreitete Schnittform ist einfach zu pflegen, wirkt aber nach dem Laubfall langweilig.

Kunst am Spalier: Palmetten

Mit wenigen Kniffen schafften es die Gärtner des Barock, aus einem eintönigen Schnurbaum ein wahres Kunstwerk zu gestalten. Sehr geschätzt war die U-Form, die aus einem etwa 40 Zentimeter kurzen waagerechten Kordon besteht, aus dessen Enden jeweils ein senkrechter Schnurbaum wächst.
Auch doppelte U-Formen, bei denen jeweils am Ende des hier 80 Zentimeter langen waagerechten Kordons ein vollständiges U gezogen wird, waren weit verbreitet und ergaben ein imposantes Bild.

Welche Form für welchen Baum?

Nicht alle Schnittformen eignen sich gleichermaßen für alle Obstarten. So lassen sich zum Beispiel Pfirsiche, Pflaumen und Kirschen kaum als Schnurbäume und U-Palmetten ziehen, während sie als Fächer prächtig gedeihen. Folgende Zuordnungen haben sich seit langem bewährt:

Gerader Schnurbaum, klassischer Spalierbaum sowie schräger und waagerechter Kordon:
Apfel • Birne • Quitte • Stachelbeere

U-Palmette und Wechselpalmette:
Apfel • Birne • Quitte

Belgische Hecke: Apfel • Birne • Quitte
Stachelbeere • Himbeere • Brombeere

Fächer: Pflaume • Süß- und Sauerkirsche
Reneklode • Mirabelle • Pfirsich • Aprikose
Feige • Stachelbeere • Johannisbeere

Kunstvoll gezogene, frei stehende Spalierobstbäume wie diese Fächerpalmette bilden im Garten vor allem zur Erntezeit einen ganz besonderen Blickfang.

Ebenfalls auf der U-Form basiert die Verrier- oder Gabelpalmette: Die einzelnen Etagen eines klassischen Spalierbaums werden jeweils als U gezogen. Dabei bildet die unterste Etage das außen liegende größte U, die oberste Etage das innen liegende kleinste U. Gabelpalmetten können bis zu vier Etagen, also bis zu vier U-Formen enthalten. Wesentlich leichter zu ziehen sind die Fächerpalmetten, bei der die Seitentriebe etagenweise im 45-Grad-Winkel befestigt werden. Hier bleibt der Mitteltrieb erhalten. Beim Verzicht auf den Mitteltrieb werden die Seitentriebe stern- beziehungsweise strahlenförmig angelegt. Diese zweite Variante braucht den Schutz von Mauern, da sie nicht sehr windsicher ist.

Die Belgische Hecke als Meisterstück

Formschnitt in Vollendung sind die Wechselpalmette und die Belgische Hecke. Bei der Wechselpalmette werden die Seitentriebe der klassischen Spalierform statt waagerecht in großen Bögen über die ganze Höhe einer Spalier-Etage gezogen. Dadurch ergibt sich ein bogenförmiges Gitter, das auch im Winter einen beeindruckenden Anblick bietet. Ebenso imposant wirkt die Belgische Hecke, die aus zweiarmigen Schnurbäumen besteht, wobei die Arme im 45-Grad-Winkel bis in die oberste Spalieretage geführt werden. Durch Überkreuzung der Arme nebeneinander stehender Bäume entsteht ein rautenförmiges, äußerst elegantes Gitter.

Die so genannte Verrier-Palmette, eine besonders kunstvolle Spalierform, kann sogar vier Etagen aufweisen.

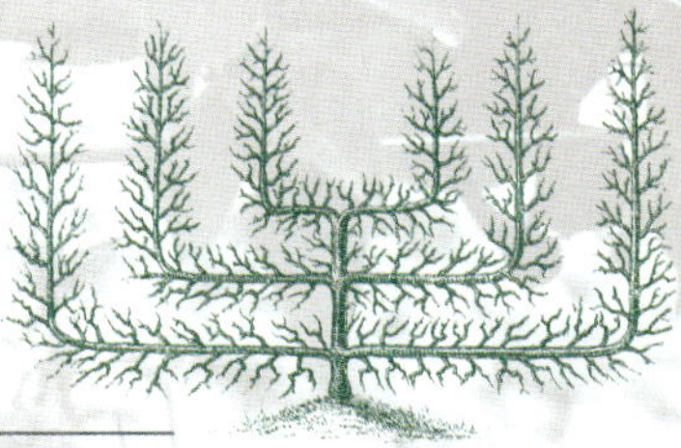

Von der richtigen Ernte und der Vorratshaltung im Freien

In der nicht immer gar so guten alten Zeit trug der eigene Garten maßgeblich zur Ernährung der Familie bei – das ganze Jahr über! Sorgfalt bei der Ernte von Obst und Gemüse sicherte die Vitamine für den Winter. Aber nur, wenn dann bei der Vorratshaltung alles richtig gemacht wurde. Ein reicher Erfahrungsschatz hat sich über die Generationen herausgebildet, der die Entdeckung lohnt. Oder wussten Sie schon, dass man den Wintervorrat auch im Freien lagern kann?

Obst und Gemüse immer getrennt!

Besonders Äpfel, aber auch Birnen und Quitten sondern das Reifegas Äthylen ab, das die Lagerzeit von Gemüse verkürzt. Das können Sie auch im Kühlschrank beobachten, wenn Sie Äpfel zusammen mit Möhren, Roten Beten oder Kohlrabi im Gemüsefach lagern. Innerhalb von ein, zwei Tagen werden die Wurzelknollen welk. Daher gehören Obst und Gemüse stets in getrennte Räume. Auch Tomaten sollte man allein lagern: Ihr Reifegas lässt alle anderen Gartenfrüchte schnell verderben.

Ernten mit Stiel

Ernten Sie Ihr Obst unbedingt mit Stiel. Sonst verdirbt es schnell, weil der offene Stielansatz eine Eintrittspforte für Fäulniskeime darstellt. »Stiellose« Früchte müssen Sie bald verbrauchen oder verarbeiten.

Das gilt auch für die Äpfel und Birnen, die auf den Boden gefallen sind. Wegen der Prellungen fault Fallobst sehr schnell und steckt im Obstschrank dann seine gesunden Nachbarn an.

Fäulnis bei Gemüse vermeiden

Auch Lagergemüse sollte immer unversehrt sein. So müssen Sie bei Wurzelgemüse wie Möhren stets die Herzblätter erhalten. Zwiebeln und Knoblauch werden mit Wurzeln und Laub geerntet und am besten zum Zopf geflochten an einem kühlen Ort luftig aufgehängt. Verzichten Sie unbedingt darauf, das Laub zur Beschleunigung der Reife zu knicken, wie es alte Gartenbücher empfehlen. Das bewirkt nur eine Notreife, die Knollen enthalten zu viel Wasser und lassen sich nicht lange lagern.

Zwiebelschalen halten Äpfel frisch

Lageräpfel bewahren Sie mit einem Tee aus Zwiebelschalen vor dem Einschrumpeln und vor Fäulnis. Kochen Sie dazu 100 Gramm Zwiebelschalen in einem Liter Wasser auf, lassen Sie den Sud zugedeckt noch zehn Minuten auf kleiner Flamme ziehen und seihen Sie ihn dann durch ein feines Plastiksieb ab. Füllen Sie den abgekühlten Tee in eine Blumenspritze und besprühen Sie Ihre eingelagerten Äpfel mit einem feinen Nebel. Die schützende Wirkung hält so lange wie der Zwiebelgeruch. Ist er verflogen, sollten Sie die Behandlung wiederholen.
Wer den Zwiebelgeruch nicht mag – die Äpfel nehmen den Geschmack übrigens nicht an –, kann auch eine Abkochung aus Schachtelhalm verwenden. Beide Tees enthalten keim- und pilzhemmende Stoffe, so der Zwiebelschalentee das antibiotisch wirkende Allicin.

Lichtschächte für kleine Mengen

Ist Ihr Keller zu warm, können Sie kleine Mengen Gemüse und Obst in regengeschützten Lichtschächten, auch vor Kellerfenstern, lagern. Säubern Sie dazu die Lichtschächte sorgfältig und isolieren Sie den Boden und die Wände mit Strohmatten. Anschließend können Sie Ihr Gemüse in Sand, Erde oder Stroh einschlagen. Am besten nehmen Sie dazu Eimer oder viereckige Wannen und stopfen die Zwischenräume ebenfalls mit Stroh aus. Als Abdeckung hat sich neben Stroh auch eine dicke Schicht Laub bewährt. Eine Alternative, die unseren Urgroßeltern noch nicht zur Verfügung stand, ist Styropor.

Die Vorratsgrube im Garten

Eine sehr archaische Art der Vorratshaltung von Kohl, Möhren und anderen festen Gemüsesorten ist das Eingraben. Wenn Sie einen sandigen Gartenboden haben, sollten Sie eine etwa 60 Zentimeter tiefe und einen Meter breite Grube von beliebiger Länge anlegen. Ernten Sie Weiß- und Rotkohl möglichst spät im Herbst mitsamt den Wurzelstrünken und reißen Sie die lockeren äußeren

Schmackhaft und ohne Chemie – im Spätsommer werden die selbst gezüchteten Tomaten geerntet.

Fenster in die Vergangenheit

Ein ganz besonderer Moment im Gärtnerjahr – Früchte und Gemüse sind im Herbst geerntet, jetzt kommt die Zeit des Erntedankfestes.

Erntedank *gibt es in allen bäuerlichen Kulturen. Das glückliche Einbringen der Ernte war immer ein Grund, dem Himmel zu danken. Und ein Anlass zu feiern! Lange Zeit gab es keinen bestimmten, allgemein gültigen Festtag. Die Leute dankten und feierten eben, wenn die Arbeit getan war. In Preußen machte Friedrich der Große 1773 Schluss mit dem Chaos und bestimmte den ersten Sonntag nach dem Michaelis-Tag (29. September) zum Erntedanktag seiner evangelischen Untertanen. Damit fiel das Fest meist auf den ersten Sonntag im Oktober. 1972 legte die Deutsche Bischofskonferenz diesen Termin auch für die katholische Kirche fest. In manchen Regionen, etwa an der Mosel, wird das Fest auch heute noch erst nach der Weinlese am zweiten Sonntag im November begangen.*

Im Mittelpunkt des kirchlichen Festtags steht der Dank-Gottesdienst, für den der Altar üppig mit Garten- und Ackerfrüchten geschmückt wird. Nach alter Tradition werden diese danach für bedürftige Menschen gespendet.

Blätter ab. Legen Sie die glatten Köpfe mit den Strünken nach oben dicht nebeneinander in die Grube.
Auch Möhren, Rettiche, Rote Bete und Petersilienwurzeln können Sie bestens in der Grube aufbewahren. Drehen Sie vor dem Einlagern das Kraut dieser Wurzelgemüse bis auf das Herz mit der Hand ab – nicht schneiden, da die Wurzeln dadurch zu viel Saft verlieren! Schichten Sie das Gemüse mit dem Krautansatz nach außen pyramidenförmig in die Grube. Markieren Sie das Ende des Gemüselagers mit einem Stab und decken Sie Ihren Wintervorrat mit einer dicken Lage Stroh, Kartoffelsäcken und dann der ausgehobenen Erde ab.

Bauen Sie eine Miete!

Feuchte Lehmböden und ein hoher Grundwasserspiegel verbieten das Eingraben des Gemüses. Aber Sie können eine so genannte Miete bauen: Bereiten Sie Ihr Lagergemüse wie oben vor und schichten Sie es pyramidenförmig maximal 70 Zentimeter hoch an einem windgeschützten, trockenen Gartenplatz auf. Die Miete sollte nicht breiter als einen Meter sein. Auch hier liegt der Kohl kopfüber und die Krautseiten des Wurzelgemüses zeigen nach außen. Decken Sie die Miete mit Stroh, einer dicken Laubschicht, Kartoffelsäcken und zum Schluss mit einem mindestens 40 Zentimeter dicken Erdmantel ab. Wichtig: Kontrollieren Sie Ihre Wintervorräte regelmäßig auf ungebetene Besucher wie Mäuse!
Wie alt die Methode ist, lässt sich aus der Herkunft des Wortes ablesen. Das ursprünglich lateinische *meta* (für Kegel, Pyramide) wurde im mittelalterlichen Niederdeutsch zu *mite*, worunter man einen aufgeschichteten Heu- oder Holzhaufen verstand. Seit dem 18. Jahrhundert kennt das Hochdeutsche das Wort Miete in der Bedeutung von »aufgeschüttete Fruchtgrube«. Wir können also wohl davon ausgehen, dass diese Art der Vorratshaltung in Landwirtschaft und Gartenbau seit mindestens 300 Jahren in Gebrauch ist.

Für Salate, Eintöpfe, als Beilage oder pur: Selbst gezogene Mohrrüben sind immer ein kulinarischer Genuss.

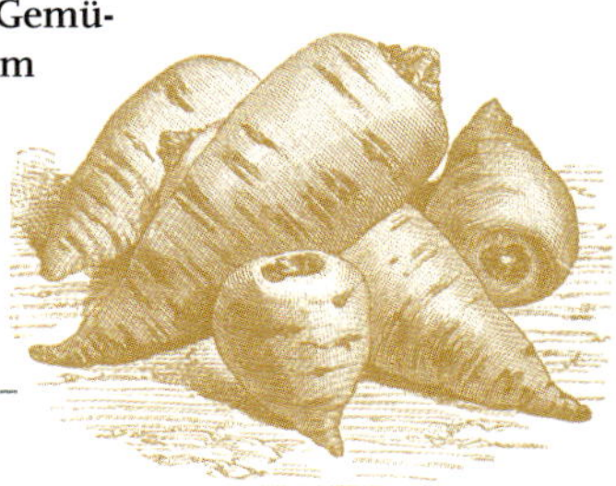

Die Kerbelrübe ist eine alte europäische Gemüseart mit kräftigem Aroma, die ab Juli geerntet werden kann.

Einst schrieb man ihm magische Kräfte zu: der Hausbaum

Er war Symbol für Stärke und Kraft, bot Schutz vor Blitz, Unglück und bösen Geistern. Dazu kam der praktische Nutzen als Bienenweide, Lieferant von Heilmitteln und von Früchten für den Winter – mit einem Baum vor dem Haus konnte eigentlich nichts Schlimmes mehr passieren.

Da eine junge Familie allen Segen der Welt brauchen kann, wurde zur Geburt des ersten Kindes meist ein neuer Baum vors Haus gepflanzt. Während in Norddeutschland die Linden und Eichen dominierten, mochten die Menschen im Süden auch gerne Walnussbäume und Kastanien. Doch keinem anderen Baum schrieb man solche Kräfte zu wie dem Holunder.

Die Linde – Schutzbaum der Liebenden

Die Linde mit ihren herzförmigen Blättern war bei den Germanen Freyja geweiht, der Göttin der Fruchtbarkeit und sinnlichen Liebe. Während der Christianisierung wurden viele der heiligen Freyja-Linden kurzerhand in Marienlinden umgetauft. Unter Linden tagte in früheren Jahrhunderten das Gericht, Orakel wurden hier befragt und natürlich wurde auch gefeiert. Noch heute gibt es in Deutschland zahllose Gasthäuser »zur Linde«.

Viele Volksweisen besingen die Schönheit dieses mächtigen Baums mit seinem dichten Blätterdach, der über 1000 Jahre alt werden kann. So dichtete Adelbert von Chamisso im frühen 19. Jahrhundert in seiner »Liebesprobe«: »Es wiegte die alte Linde ihr blühendes Haupt in dem Winde (...)« Und regelrecht berühmt wurde das Schubert-Lied »Am Brunnen vor dem Tore«, die Linden-Huldigung des Dichters Wilhelm Müller (1894–1827).

Schwarzwälder Hof mit Hausbaum. Der Baum am Haus bietet Schutz und Schirm – ganz konkret vor Wind und Wetter, man schrieb ihm aber auch sehr viel weitreichendere Kräfte zu, die Haus und Hof vor allen bösen Mächten schützten.

Blätter und Blüte der Eberesche – auch dieser eher kleine Baum wurde und wird gerne als Hausbaum angepflanzt.

Standhaft und wahrhaftig – die Eiche

Auch die Eiche, die ebenso alt wie die Linde werden kann, galt als heiliger Baum. Sie war Thor/Donar, dem mächtigen Gott des Donners, geweiht und symbolisierte Aufrichtigkeit, Tugend, Zuverlässigkeit und Treue. Vermutlich beziehen sich diese Eigenschaften auf die Tatsache, dass eine Eiche aufgrund ihrer tiefen und mächtigen Wurzeln in einem schweren Sturm eher abbricht als umfällt.

Unter Eichen wurde geheiratet, und kinderlose Paare sollten eine Eiche umarmen, um Thors Kraft zu erhalten. Eichenhaine waren heilige Opfer- und Orakelstätten, zu denen nur Ausgewählte wie Priester und Weise Zugang hatten. Wer eine Eiche vor sein Haus pflanzte, durfte sich vor den üblen Kräften von bösen Geistern und Hexen geschützt fühlen. Bis ins ausgehende Mittelalter war das Fällen von Eichen in vielen Gegenden streng verboten.

Die Walnuss steht für Fruchtbarkeit

Die Walnuss, die aus Italien und Südfrankreich, den »welschen Landen« – daher der Name Welschnuss –, in den Norden kam, war dem römischen Göttervater und Donnergott Jupiter zugeordnet. Deshalb hieß sie mancherorts auch Jupiternuss.

Wer unter einem Walnussbaum einschlief, sollte der Sage nach nicht wieder aufwachen. Diese Vorstellung bezieht sich vermutlich auf den leicht betäubenden Duft der Blätter, der Mücken und Fliegen vertreibt. Sogar unruhige Säuglinge legte man unter einen Walnussbaum, um sie zu besänftigen.

Die Walnüsse waren Fruchtbarkeitszeichen, aber auch Symbol der Unwägbarkeit der Ehe, weil niemand sagen kann, was sich unter der Schale verbirgt. Darauf soll sich auch das Goethe-Zitat beziehen: »Gott gibt die Nüsse, aber er knackt sie nicht auf.«

Retter in der Not – die Edelkastanie

Die erst seit Ende des 16. Jahrhunderts in Deutschland kultivierten Rosskastanien sind noch heute im Süden als Hausbaum sehr beliebt, obwohl die Bestände durch die Kastanien-Miniermotte zunehmend gefährdet sind. Wenig bekannt ist jedoch die Tatsache, dass zuvor die Edel- oder Esskastanie, die bis zu 500 Jahre alt werden kann, diesen Platz einnahm. Schon die berühmte Landgüterverordnung, die Karl der Große um das Jahr 800 erließ, empfahl den Anbau des »Kestenbaums«, der vermutlich aus Vorderasien stammt und am besten im Weinbauklima gedeiht. Auch die Esskastanie war dem Jupiter geweiht. Ihre stärkehaltigen Früchte, die Maronen, wurden nach der Ernte langsam getrocknet und zu Mehl vermahlen. Zusammen mit Roggenmehl wurde daraus ein schmackhaftes »Baumbrot« gebacken, das die Bevölkerung bei Missernten vor einer Hungersnot bewahrte. In Süddeutschland sind »heiße Maroni« im Winter noch heute eine begehrte Delikatesse. Die Redewendung »für jemanden die Kastanien aus dem Feuer holen« bezieht sich auf eine Tierfabel von La Fontaine: Der schlaue Affe bringt die eitle Katze dazu, ihm die gerösteten Maronen aus dem Feuer zu angeln. Er frisst sie alle auf, während sie sich die Pfoten verbrannt hat.

Kein Haus ohne Holunder

Um kaum einen Hausbaum ranken sich so viele Mythen wie um den Holunder. Der Name leitet sich vielleicht vom mittelhochdeutschen Wort *holatar* für hohl ab, was auf seine hohlen Zweige hinweist.

Der Hausbaum ist auch beim modernen Wohnhaus eine Bereicherung: Er bietet Schutz, vermittelt Geborgenheit und dient zudem als ästhetisches Gestaltungselement.

Wie die Linde war der Holunder bei den Germanen der Göttin Freyja zugewiesen. Er sollte den häuslichen Frieden schützen und Mensch und Vieh vor allerlei Unglück bewahren, vor Blitzschlag, Feuer, Krankheit, bösem Zauber sowie Schlangen und Mücken. Deshalb pflanzten viele Bauern zusätzlich zum großen Hausbaum immer auch ein, zwei Holunder dicht ans Haus. Besonders zugetan war der Holunder der Sage nach den Kindern: Schenkte man das erste Badewasser eines Neugeborenen dem Holunder, so sorgte dieser für gutes Gedeihen des Kindes.

Doch ganz frei von Schattenseiten war auch der segensreiche Holunder nicht. Des Nachts sollten Geister in ihm ihr Unwesen treiben, weshalb er unter Wanderern als schlechter Schlafplatz galt. Außerdem schrieb man ihm Rachsucht zu: Wer einen Holunderzweig, etwa als Schutz gegen Mäuse oder als Peitsche, abschneiden wollte, musste erst den Baum um Erlaubnis fragen. Wurde das versäumt, konnte als Strafe sogar der Tod folgen. Deswegen wagten es vielerorts die Menschen nicht, einen Holunder zu entfernen.

Der richtige Baum vor Ihrem Haus

Wenn Sie viel Platz haben, etwa einen Hof bewohnen, können Sie unter den klassischen imposanten Hausbäumen wählen:

Esskastanie (*Castanea sativa*) • Feld-Ahorn (*Acer campestre*) • Rosskastanie (*Aesculus hippocastanum*) • Silberweide (*Salix alba*) • Sommer- oder Winterlinde (*Tilia platyphyllos* bzw. *cordata*) • Stiel- oder Traubeneiche (*Quercus robur* bzw. *petraea*) • Walnussbaum (*Juglans regia*)

Für den typischen Reihenhausvorgarten empfehlen sich kleinere Bäume, beispielsweise:

Eberesche (*Sorbus aucuparia*) • Schwarzer Holunder (*Sambucus nigra*) • Robinie (*Robinia pseudoacacia*) • Schlangenhaut-Ahorn (*Acer capillipes*)

Der facettenreiche Ziergarten

Reine Ziergärten mit prachtvollen Blumen, imposanten Gehölzen und edlen Bäumen waren in alter Zeit nur das Steckenpferd der Reichen und Mächtigen. Im Hausgarten der Normalbürger durften zwar einige Blumen – hier sind vor allem Stockrosen und Hundsrosen zu nennen – den Zaun verschönern. Allzu viel Platz allerdings sollte solch reiner Zierrat den wichtigeren Nutzpflanzen nicht streitig machen. Erst vor etwa 150 Jahren entstanden auch im Hausgarten echte Blumenrabatten.

Kunterbunt, aber mit System – die richtige Mischung der Pflanzen

Wie im Gemüsegarten herrschte auch in den Blumenbeeten und Rabatten unserer Urgroßmütter auf dem Lande eher ein kunterbuntes Durcheinander von edlen Gewächsen, alten Heilpflanzen und einfachen Bauernblumen. Aber dahinter steckte durchaus System: Denn je größer die Pflanzenvielfalt, desto besser ihr Gedeihen. Wie damals säumen auch heute Stauden und einjährige Blumen den Hauptweg im Garten oder werden in Hausnähe gepflanzt, um den Bewohnern einen hübschen Ausblick zu bieten.

Knoblauch: auch Arzt der Blumen

Von Anfang an war »Doktor Knoblauch« in der Blumenrabatte als heilsamer Begleiter hochgeschätzt. Dort schützt er heute noch seine Nachbarn vor den verschiedensten Pilzerkrankungen: So beugt Knoblauch der Welkekrankheit bei einjährigen Sommerastern und dem Mehltau bei Staudenastern, Vergissmeinnicht und Ringelblumen vor. Schwertlilien bewahrt er vor der Blattfleckenkrankheit, Rittersporn vor der Schwarzfleckenkrankheit und Rosen vor dem Sternrußtau. Dieser ganz natürliche Schutz ist recht einfach zu erreichen: Sie setzen einzelne Knoblauchzehen dicht an gefährdeten Stauden in die Erde und lassen sie bis zum folgenden Frühjahr wachsen. Dann nehmen Sie die inzwischen gebildete Knolle mit einer kleinen Blumengabel auf und teilen sie. Jetzt können Sie die einzelnen Zehen erneut im Beet verteilen.

Die Pfingstrose – eine Pflanze mit besonders hohen Ansprüchen!

Bleiche Rosen? Zwiebeln helfen!

Rosen verlieren bisweilen nach einigen Jahren ihre kräftige Blütenfarbe und bringen nur noch bleiche Farbtöne hervor. Auch dagegen wussten unsere Großmütter probaten Rat: Pflanzen Sie einfach ein, zwei dicke Gemüsezwiebeln der müden Königin zu Füßen – und im nächsten Jahr können Sie sich wieder an intensiv leuchtenden Blüten erfreuen.

Eine echte Diva: die Pfingstrose

Kein Bauerngarten ohne Pfingstrose! Aber ist Ihnen schon einmal aufgefallen, dass die »Bauernrose« meist ganz alleine an einem windgeschützten Sonnenplatz steht? Das gefällt ihr. Sie will nämlich nicht gestört werden.

Die Pfingstrose wünscht einen lockeren Lehmboden mit viel Kompost, der in der Tiefe (!) immer ein wenig feucht ist. Am Stängelansatz hat sie es dagegen gerne trocken, sonst faulen ihre Triebe ab. Maximal fünf Zentimeter Erde erträgt sie über ihren Wurzeln. Das führt zum nächsten Problem, denn die Dame reagiert in den ersten Jahren empfindlich auf Frost. Anhäufeln kommt nicht in Frage, bleibt also nur Großmutters Trick mit dem Eimer, um den Austrieb vor Spätfrösten zu schützen. Hacken verträgt die Pfingstrose auch nicht: Kratzen Sie vorsichtig die alte Erde um die Pflanze weg, wenn Sie ihr Kompost geben wollen. Eine echte Diva also: Wer aber nach ihrer Pfeife tanzt, den belohnt sie mit prächtigen Blüten, die von Jahr zu Jahr üppiger ausfallen.

Der Schwerpunkt-Tipp

Gesunde Paare – böse Nachbarn

Auch bei den Blumen bestehen ausgesprochen heilsame Partnerschaften, bei denen allerdings oft eine Pflanze mehr gibt, als sie selbst vom Partner zurückbekommt. Genauso verhält es sich mit den bösen Nachbarn: Sie triezen sensiblere Pflanzen, während sie sich selbst rücksichtslos ausbreiten.

Ideale Partner: Phlox und Tagetes

Der beste Partner für den Phlox sind die Tagetes – auch wenn die beiden farblich nicht so ganz harmonieren. Die fleißigen Studentenblumen, die übrigens aus Mexiko stammen, halten die lästigen Älchen vom Phlox fern. Diese Fadenwürmchen können nämlich eine Phloxstaude schnell restlos ruinieren.

Der Harem der Rose

Die Rose würde sich am liebsten gleich einen ganzen Harem zulegen: Lavendel, Thymian und Ysop zur Abwehr von lästigen Läusen, einjähriges Steinkraut und Günsel als Sonnenschutz für den Boden und Schafgarbe als Winterbehausung für die nützlichen Marienkäfer. Der Dank der Königin ist ihnen allen gewiss – auch wenn er »nur« in prächtigem Duft besteht.

Clematis liebt Efeu

Die sensible Clematis wünscht einen kühlen Fuß, Schutz vor Wind und Frost, ansonsten aber reichlich Sonne. Alles das bietet ihr der Efeu, an dem sie gerne hochrankt. Dafür rückt die Waldrebe mit ihren prächtigen Blüten den bescheidenen Efeu wenigstens für kurze Zeit einmal ins Rampenlicht.

Wermut tut selten gut

Die Wurzelausscheidungen des Wermuts hemmen das Wachstum fast aller Nachbarn. Deshalb pflanzten ihn unsere Altvorderen gleich zu seiner einzigen Freundin, der Johannisbeere. Diese schützt der bittere Gesell nämlich vor dem Säulenrost. Silberlaubiger Wermut ist kein ganz so problematischer Nachbar.

Liebstöckel lieber solo

Das »Maggikraut« hat in der Nähe von Kräutern und Blumen nichts verloren. Denn es hemmt nicht nur das Wachstum, es ruiniert auch Wohlgeruch und Aroma dieser Pflanzen. Ähnlich wirken die Wein- und die Eberraute.

Die richtige Mischung macht's: Im Ziergarten kommt es nicht nur auf die ästhetische Wirkung, sondern auch auf die Verträglichkeit der Pflanzen untereinander an. Bei richtiger Kombination gedeiht alles besonders gut.

Vorsicht Fuchsschwanz!

Leider ist der hübsche dunkelrote Fuchsschwanz als Nachbar mit Vorsicht zu genießen. Er lockt nämlich die Älchen an. Daher sollten Sie ihn weit entfernt vom Phlox halten – auch wenn er von seiner Größe, Farbe und Gestalt eigentlich ein perfekter Begleiter der Flammenblume wäre. Pflanzen Sie dem Fuchsschwanz eine Begleitung aus gelben Tagetes. Das steht ihm gut und er richtet keinen Schaden an.

Der Weiße Garten von Sissinghurst gehört zu dem gleichnamigen Schloss in der Grafschaft Kent. Der berühmte Ziergarten gilt als Symbol englischer Gartenkunst.

Nie wieder am selben Platz

Wo einmal eine Rose stand, gedeiht auf Jahre keine neue mehr – der Boden ist »rosenmüde«, sagten dazu unsere Großeltern. Der genaue Grund dafür ist immer noch nicht gefunden. Die einen vermuten, dass die Rose ihrer Nachfolgerin einfach nicht genug rosentypische Nährstoffe übrig lässt. Die anderen hegen den Verdacht, dass die Wurzeln der Rose bestimmte abwehrende Stoffe ausscheiden, um sich Konkurrenz aus der eigenen Familie vom Leib zu halten.

Falls es nun doch unbedingt wieder eine Rose sein soll, müssen Sie den Boden am Standplatz der Vorgängerin bis in einen Meter Tiefe austauschen. Und selbst das ist keine Garantie dafür, dass die Nachfolgerin wirklich prächtig gedeiht.

Manche Stauden müssen wandern – Rittersporn und Margerite

Höchst anspruchsvoll zeigt sich der Staudenrittersporn. Er hält es kaum länger als vier Jahre am selben Ort aus. Dann findet er nicht mehr genügend Nahrung in der Erde und will umziehen. Allerdings können Sie seinen Platz keinem anderen Artgenossen anbieten. Bis sich der Boden – bei bester Pflege und Versorgung mit Kompost – erholt hat, dauert es mindestens fünf Jahre, eher länger. Erst dann hat die neue Rittersporn-Pflanzung eine Chance.

Noch extremer ist die Staudenmargerite: Sie macht oft bereits im zweiten, spätestens aber im dritten Standjahr schlapp, weil sie den Boden mit ihren eigenen Wurzelausscheidungen vergiftet. Deswegen rieten die alten Gartenbücher dringend dazu, die Margerite jedes zweite Frühjahr zu teilen und an anderer Stelle neu aufzupflanzen.

Romantische Schnittblumen aus dem Bauerngarten

Mit diesen ein- und zweijährigen Sommerblumen können Sie wunderbare Sträuße zusammenstellen:

Bartnelke • einjähriger Rittersporn Fuchsschwanz • Goldlack • Kreuzblume • Levkoje • Löwenmäulchen Lupine • Marienglockenblume • Reseda • Ringelblume • Schleierkraut Schmuckkörbchen • Sommeraster Sonnenblume • Sonnenhut • Zinnien.

Phlox und Astern einkürzen

Kaum grünt und blüht Ihr Garten endlich so richtig, sollen Sie schon wieder zur Schere greifen? Aber ja doch! Spätestens an Johanni (24. Juni) schnitten unsere Großmütter den Staudenphlox und die Herbstastern radikal um etwa ein Drittel zurück. Zwar sehen die Stauden danach etwas gerupft aus, sie treiben jedoch schnell wieder aus den Seitenachseln der Stängel durch und bilden etwa doppelt so viele Blüten wie ohne Rückschnitt. Außerdem werden sie nicht so hoch und können dem Wind besser trotzen. In warmen Regionen sollten Sie diesen Schnitt ausführen, sobald die Stauden etwa 50 Zentimeter hoch sind, was oft schon Ende Mai der Fall ist.

Polsterstauden beim Friseur

Nach der Blüte fallen die beliebten Polsterstauden oft auseinander und werden unansehnlich. Auch hier griff Großmutter flugs zur Schere und verpasste Blaukissen, Steinkraut und Polsterphlox eine strenge »Kurzhaarfrisur«. Das danken die Pflanzen häufig auch mit einer kleinen Nachblüte.

Auch den stolzen Staudenrittersporn sollten Sie direkt nach der Blüte etwa eine Hand breit über dem Boden abschneiden. Er treibt wieder durch und bringt im Herbst eine zweite Blüte, die allerdings nicht so üppig wie die erste ausfällt.

Die bis zu einem Meter hohe Kaiserkrone zählt zu den prachtvollen Pflanzen des Ziergartens.

Heutzutage für jedermann erschwinglich, fehlt in kaum einem unserer Ziergärten: die Tulpe.

Abgeblühtes sofort entfernen

Verwelkte Blüten von Rosen, Margeriten, Dahlien, Astern & Co. schnitten unsere Großmütter ebenfalls stets sorgfältig ab. Dadurch verhinderten sie, dass die Kraft der Pflanzen in die Samenbildung ging, und erreichten oft einen zweiten oder dritten Blütenflor.
Zu diesem Zweck benutzten sie längliche, flache Weiden- oder Drahtkörbe, um die abgeblühten Blumen, aber auch frische Schnittblumen bequem aus den Beeten zu holen. Diese praktischen und langlebigen Körbe erhalten Sie jetzt wieder in großen Gartencentern oder im Gartenversand.

Sträuße morgens schneiden

Schneiden Sie Blumensträuße nach alter Art grundsätzlich nur am frühen Morgen, solange die Pflanzen noch taufeucht sind. Wählen Sie nicht voll erblühte Blumen, sondern eher Knospen. Ausnahmen: Astern, Sonnenblumen und Sonnenhut sollten schon ganz aufgeblüht sein. Säbeln Sie nicht gleich die komplette Pflanze ab, nehmen Sie nur einige wenige Blütenstiele.

Länger Freude an Schnittblumen

Früher hatte jede Gartenbesitzerin ein Geheimrezept, um die Haltbarkeit von Schnittblumen zu verlängern. Probieren Sie die überlieferten Tricks einmal selbst aus: Geben Sie eine Kupfermünze ins Blumenwasser, einen Würfel Zucker, drei abgebrannte Streichhölzer oder ein Stückchen Holzkohle. Auch Großmutters Supertrick, eine halbe Tablette Aspirin, verhindert erfahrungsgemäß ein zu schnelles Umkippen des Wassers in der Vase.

Die Mühe lohnt sich – ein schöner Ziergarten bereitet im Wandel der Jahreszeiten immer wieder Freude.

Fenster in die Vergangenheit

Auch Rembrandt gehörte zu denjenigen, die vom »Tulpenfieber« erfasst wurden und dabei viel Geld verloren.

Ausgerechnet eine Blume *führte Anfang des 17. Jahrhunderts dazu, dass die Niederländer, die gemeinhin als besonnen gelten, kurzzeitig völlig außer Rand und Band gerieten. 1594 hatte die erste Tulpe, ein Geschenk des österreichischen Botschafters von einer Türkeireise, eher unbeachtet im botanischen Garten zu Leiden geblüht. Dreißig Jahre später wurde die Missachtete urplötzlich zum Kultobjekt: Tulpenviren hatten kunstvoll geflammte Blütenbildungen bewirkt, die alle begeisterten. Eine unvorstellbare Spekulationswelle brach los.*
So wurde 1632 für eine einzige Zwiebel der Sorte »Viceroy« mit Waren im Gesamtwert von 2500 Gulden bezahlt:
2 Lasten Weizen • 4 Lasten Roggen • 4 fette Ochsen • 8 fette Schweine • 12 fette Schafe • 20 Hoft Wein • 4 Tonnen Bier • 2 Tonnen Butter • 1000 Pfund Käse • 1 Bett mit Zubehör • 1 Paket Kleider und 1 silberner Becher.
Eine rotweiß geflammte »Semper Augustus« brachte gar 13 000 Gulden ein. Zum Vergleich: Ein Haus an den Amsterdamer Grachten war damals schon für etwa 10 000 Gulden zu haben. Am 3. Februar 1637 brach der ganze Schwindel zusammen, und Tausende Niederländer, die in Tulpenzwiebeln investiert hatten, waren ruiniert.

Die Rose – Königin der Blumen

Schon vor mehr als 2500 Jahren besang die griechische Dichterin Sappho sie als Königin der Blumen. Heutige Forscher sind sich einig, dass die Rose diese Ehre damals mehr ihrem wunderbaren Duft verdankte als ihrem Aussehen. Denn damalige Formen hatten mit den heutigen mit ihren prachtvoll gefüllten Blüten nur wenig Ähnlichkeit.

Fossilienfunde belegen, dass bereits vor 35 Millionen Jahren auf der nördlichen Halbkugel einfache Rosen wuchsen. Die erste schriftliche Erwähnung der Rose findet sich auf einer sumerischen Tontafel, die um 2350 v. Chr. entstand. Und die erste bildliche Darstellung einer Rose im Knossospalast auf Kreta wird auf 1600 v. Chr. datiert.

Wild- und Gartenrosen in der Antike

Die Rosen der Antike, die einfache rosa Hunds- oder besser Heckenrose *(Rosa canina)*, die rote Essigrose *(Rosa gallica)* und ähnliche Arten blühten nur einmal pro Jahr. Manche hatten jedoch auch schon gefüllte Blüten. So berichtete der römische Gelehrte Plinius der Ältere im 1. Jahrhundert n. Chr. von Rosen mit über hundert Blütenblättern, vermutlich Varianten der Weißen Rose *(Rosa alba)* oder frühe Formen der rosa Provencerose *(Rosa centifolia)*. Alle sind heute noch als Vogelschutzgehölze und Hagebuttenlieferanten geschätzt.

Es gibt eine Vielzahl ganz unterschiedlicher Rosen: Die *Rosa alpina*, die Alpenrose, zeichnet sich etwa dadurch aus, dass nur die einjährigen Pflanzen, wie auf der Abbildung zu sehen, Stacheln aufweisen.

Blume der Liebenden

In der Antike war die Rose der griechischen Liebesgöttin Aphrodite beziehungsweise deren römischer Nachfolgerin Venus geweiht. Bei ihrer Geburt soll es weiße Rosen geregnet haben, wie das berühmte Bild des italienischen Malers Sandro Botticelli von 1485 in den Uffizien von Florenz zeigt. Venus betrog ihren Ehemann Mars mit dem schönen Adonis, worauf der Ehemann den Nebenbuhler erschlug. Auf dem Weg ans Sterbebett des Geliebten verletzte sich Venus an einem Dorn und ihre weißen Rosen färbten sich blutrot.

Eine Rose wie ein Baum – Hochstammrosen wurden in Ziergärten früherer Zeiten gerne an exponierter Stelle gepflanzt, um ihre Wirkung besonders zur Geltung kommen zu lassen.

Abweichend davon erzählt ein anderer antiker Mythos, dass aus dem Blut des Adonis die ersten Rosen entsprungen seien. Damit steht die Rose für die Liebe, die über den Tod hinausreicht. Forscher haben einen Zusammenhang mit dem altrömischen Rosenfest Rosalia hergestellt, das im ersten Jahrhundert nach Christus als Totenkult bezeugt ist.

Die fast schon sprichwörtliche Dekadenz der römischen Kaiserzeit, für die ein Nero steht, führte dazu, dass reiche Römer buchstäblich in Rosenblüten badeten und bei Festgelagen die Gäste körbeweise mit Rosen überschütteten. Ob an Kaiser Heliogabals Hof tatsächlich Gäste im unaufhörlichen Blütenregen erstickt sind? Jedenfalls kam die duftende Rose bei so manchem Asketen in den üblen Geruch der Lasterhaftigkeit.

Unter der Rose

Zum Symbol der Verschwiegenheit wurde die Rose über einen Umweg: Bei den exstatischen Festen des Weingottes Bacchus schmückte man sich mit Rosen, weil sie vermeintlich die Hitze des Weins abkühlten und Betrunkene davon abhielten, Geheimnisse auszuplaudern. In der Folge hängte man Rosen an die Tür, wenn Diskretion geboten war. Die lateinische Redewendung *sub rosa* (unter der Rose) bedeutet: unter dem Siegel der Verschwiegenheit. Deshalb wurden auch die Beichtstühle der Kirchen häufig mit Rosenschnitzereien verziert.

Kletterrosen können etwa an Gartenhäuschen oder Schuppen ihre besondere Pracht entfalten.

Heilkraft der Rose

Im Mittelalter wurde von den Minnesängern die Rose als Blume der Liebe besungen. Weit wichtiger war jedoch ihre medizinische Bedeutung: Die Hundsrose und insbesondere die Essigrose wurden als Heilpflanzen unter anderem gegen Verdauungsbeschwerden, Frauenleiden und Melancholie in den Klostergärten gezogen. Begehrt war neben den Hagebutten auch das Rosenöl für heilende Bäder und Einreibungen.

Die Damaszener-Rose: eine Offenbarung

Mit der Entdeckung der Damaszener-Rose begann in Mitteleuropa die Revolution in der Rosenkultur: Denn die betörend duftende Herbstdamaszener, die Reisende um 1570 aus dem Vorderen Orient mitbrachten, blühte zweimal!
Besonders Holländer und Franzosen widmeten sich nun intensiv der Rosenzucht. Aus Kreuzungen der heimischen Wildarten mit der Damaszener-Rose entstanden dicht gefüllte, intensiv duftende Rosen. Sie erhielten den Namen der bereits aus der Antike bekannten gefüllten Art: *Rosa centifolia*, die Rose mit den hundert Blütenblättern, die auf keinem Blumenstillleben des 17. und 18. Jahrhunderts fehlen durfte.
In den Gärten wurden diese malerischen Rosen erst Ende des 19. Jahrhunderts von den mehrfach blühenden Teehybriden mit ihren größeren Blüten abgelöst. Diese stammten aus Kreuzungen mit chinesischen Teerosen, die die englische Ostindien-Handelskompanie um 1790 nach Europa importiert hatte. Die erste Teehybride kam 1867 in Frankreich unter dem Namen »La France« in den Handel. Sie blühte rosa. 1900 folgte mit »Soleil d'Or« die erste tiefgelbe Gartenrose.
In den folgenden 100 Jahren entstanden zahllose Rosenklassen, von den Polyantha-Rosen aus Kreuzungen von japanischen mehrblütigen Rosen mit Teerosen über die Floribunda bis zu den Bodendeckerrosen. Heute gibt es 30 000 Rosensorten weltweit, vom Miniröschen bis zur nahezu selbstklimmenden Kletterrose. Die Farbpalette reicht von schneeweiß über gelb bis zu schwarzrot und sogar violett. Einzig das lang ersehnte Zuchtziel der reinblauen und reinschwarzen Rose ist – noch? – nicht erreicht. Eines blieb jedoch häufig auf der Strecke: der wunderbare Duft der Rose.

Zurück zu den Wurzeln

Der englische Rosenzüchter David Austin läutete 1961 mit seiner rosa gefüllten »Constance Spry« die Trendwende ein: Austins Züchtungen, die als englische, historische oder Austin-Rosen immer beliebter werden, haben den Duft und den Charme der klassischen Zentifolia-Rosen. Auch deutsche Rosenzüchter bieten als Nostalgierosen wieder Sorten des 19. Jahrhunderts an, etwa »Königin von Dänemark« (1816), »Louise Odier« (1851) und »Souvenir de la Malmaison« (1843) – alle rosa.
Auch echte Damaszener kann man pflanzen, etwa die wundervolle fuchsienrote »Rose de Resht« oder die rosa »Trigintipetala«.

Die Sprache der Rose

Seit Jahrhunderten lassen die Menschen ihre Gefühle durch Rosen sprechen. Kennen Sie den Rosen-Code?

Das bedeutet die Anzahl der Rosen:

1 *Ich liebe dich.*
10 *Danke für alles*
25 *Herzlichen Glückwunsch*
50 *In bedingungsloser Liebe ergeben*

Das besagt die Farbe des Rosenstraußes:

Weiß: *Meine Liebe ist rein und unschuldig.*
Rosa: *Ich liebe dich zärtlich, aber ich kann warten.*
Rot: *Du hast mein Herz erobert.*
Rote Knospen: *Ich hoffe, dein Herz zu gewinnen.*
Gelb: *Ich bin eifersüchtig.*
Eine rote und eine weiße Rose: *Jetzt ist Schluss.*
oder auch: *Das wirst du noch bereuen.*
Mehrere rote und weiße Rosen: *Wir sind ein Herz und eine Seele.*

Hier bin ich Mensch – fürstliche Freiräume für Spiel und Erholung

Mit den riesigen Schlossgärten entstanden um 1650 zum ersten Mal echte, allerdings exklusive Freizeitparks. Breite Kieswege luden die Herrschaften zum Wandeln durch kunstvolle Rabatten ein, heckenumfriedete Pavillons boten Liebespaaren eine Zuflucht und Labyrinthe aus streng geschnittenen Lebensbäumen waren Schauplatz unterhaltsamer Suchspiele der vornehmen Gäste.

Elegant Grenzen setzen – Hecken

Schon weit in vorchristlicher Zeit pflanzten unsere Vorfahren dornige Hecken (germanisch: Haga/Hag), um Haus und Hof vor Tieren, Wind und bösen Geistern zu schützen. Doch erst im Mittelalter, nach der Erfindung der Gelenkschere aus zwei geschliffenen Schenkeln, wurden Hecken in Form gebracht. Solch elegante lebende Zäune standen auch bei besser gestellten Vorfahren hoch im Kurs: Besonders beliebt war einer aus Liguster, der aber inzwischen aus der Mode gekommen ist. Das liegt zum Teil daran, dass der an sich immergrüne Strauch in kalten Wintern schließlich doch seine Blätter abwirft, die Menschen heutzutage ihren Garten aber gerne blickdicht abschirmen.

Immergrüne Mauern

Soll Ihre neue Hecke auch im Winter eine dichte grüne Mauer bilden? Dann sind Sie mit Lebensbaum, Scheinzypresse und Eibe, die schon die vornehmen Schlossgärten schmückten, gut bedient. Die beiden ersten legen pro Jahr gut einen halben Meter zu, die Eibe wächst mit 15 Zentimetern deutlich langsamer. Diese pflegeleichten Hecken, die Sie drei Meter und höher wachsen lassen können, bilden einen optimalen Sicht- und Windschutz. Außerdem halten sie Bodenfröste vom Garten fern.

Auch als Hintergrundpflanzung für eine bunte Staudenrabatte eignet sich eine Koniferenhecke am besten, da sie sehr ruhig wirkt und dafür den Stauden die Bühne überlässt. Eine Laubhecke gerät mit ihrer gröberen Struktur und der bunten Herbstfärbung schnell in Konkurrenz zu den Stauden. Dadurch verliert allerdings die Rabatte an Kontur und Wirkung, wie bereits die berühmten englischen Gartengestalterinnen Gertrude Jekyll (1843–1932) und Vita Sackville-West (1892 bis 1962) mahnten. Für breite, niedrige Hecken können Sie Kirschlorbeer nehmen.

Natürliche Wirkung mit Laubhecken

Im Nutzgarten und zur Straße bieten sich Hecken aus lebendigen Laubgehölzen an. Für höhere Hecken empfehlen sich Hain- oder Rotbuchen, deren Blätter sich im Herbst rotbraun färben. Die Hainbuche verliert ihr Laub meist erst kurz vor dem Neuaustrieb im Frühjahr und bildet daher das ganze Jahr über einen guten Sichtschutz. Soll Ihre Hecke nicht wesentlich höher als eineinhalb Meter werden, können Sie auch wie Großvater Liguster oder die dornigen Berberitzen setzen, in denen Vögel besonders gerne nisten.

Zimmer im Garten

Lange schmale Gärten verbreitern Sie optisch, indem Sie eine oder zwei

Hecken schneiden

Die klassische Form, die der Hecke die größte Standfestigkeit gibt, ist das Trapez: Die Hecke verjüngt sich von der Basis nach oben. Auch für das Auge ist diese altbewährte Form gefälliger als eine senkrechte grüne Wand.

Die besten Zeiten für den Schnitt:

- *Lebensbaum, Scheinzypresse und Eibe:* April bis September
- *Liguster, Berberitze:* Juni bis August
- *Hain- und Rotbuche:* nach dem Johannistag (24. Juni) und nochmals im September
- *Kirschlorbeer und Buchs:* Juni

Schneiden Sie immergrüne Hecken nur an bedeckten Tagen, denn praller Sonnenschein verbrennt die Schnittkanten und hinterlässt hässliche braune Ränder.

Der Weißdorn, eine der klassischen Heckenpflanzen, erreicht manchmal sogar Baumhöhe.

quer stehende Hecken im Abstand von fünf bis zehn Metern pflanzen. Legen Sie die Durchgänge durch diese Raumteiler seitlich, bei zwei Hecken möglichst versetzt an. Die entstehenden »Zimmer« können Sie nicht nur mit unterschiedlichen Pflanzen möblieren: Im »Esszimmer« laden Sitzplatz und Grill zum gemütlichen Treff ein, im »Teichzimmer« entspannen Sie sich beim Beobachten der Fische und im »Spielzimmer« stehen Sandkasten und Planschbecken für die Jüngsten.

Ab durch die Hecke

Schnurgerade Hecken wirken oft kalt und abweisend, besonders wenn sie mannshoch gezogen werden. Diesen strengen Eindruck können Sie nach Art der englischen Landschaftsgärtnerei des 19. Jahrhunderts durch Durchgänge mit Rundbogen und einen leicht geschwungenen Verlauf mildern.
Eine Hecke im Vorgarten sollten Sie im Bereich der Eingangstür zu beiden Seiten leicht nach innen verlaufen lassen. Das geleitet Ihre Besucher mit freundlichem Willkommen aufs Grundstück. In einer sehr hohen Hecke wirkt ein Rundbogen über dem Eingang harmonischer. Solch einen Durchgang können Sie auch in Ihre Hecke zum Nachbarn schneiden, sofern Sie beide gerne einen Plausch »über den Zaun« halten. Im Falle eines Falles lässt sich ein solcher Durchgang schnell durch Nachpflanzung wieder schließen.

Stilbruch: Hecke hinterm Zaun

Eine Hecke hinter dem Zaun? Das geht nur bei einem Maschendrahtzaun, der vom Grün verschluckt wird. Alles andere hätte auch Großvater schon als glatten Stilbruch empfunden, denn die Hecke ist ja bereits ein grüner Zaun. Stimmig dagegen wirkt bei Hanggrundstücken eine kleine Befestigungsmauer, die zum Baustil des Hauses passt und auf der dann die Hecke sitzt.

Hecken bieten Sichtschutz, mit ihnen lassen sich allerdings im Garten auch ganz besondere Raumwirkungen erzeugen.

Fenster in die Vergangenheit

Der Ornamentschnitt des Barock – hier der Garten des südwestfranzösischen Schlosses Hautefort – gab den Pflanzen jede nur erdenkliche Form.

Die Blütezeit der Heckenkunst *waren die Renaissance und das Barock. Im so genannten Parterre der königlichen Schlossgärten, das die Fortsetzung des Festsaals im Freien darstellte, zeigten die Schnittkünstler des 16. bis 18. Jahrhunderts ihr ganzes Können: Niedrige, akkurat beschnittene Hecken aus Buchsbaum, Eibe und Lebensbaum teilten die oft mehrere Tausend Quadratmeter umfassende ebene Fläche in gleich große Quadrate ein. Oft markierten kugel- oder pyramidenförmig beschnittene Eiben die Ecken der großen Gevierte.*
In der Renaissance entsprachen geometrische Formen dem Zeitgeschmack, auch verschlungene Knoten und Flechtmuster aus Buchsbaum waren in Mode, deren Zwischenräume meist mit einjährigen Blumen ausgefüllt wurden. Im Barock dominierten großzügige florale Ornamente, die ein wenig an die organische Formensprache des Jugendstils erinnern. Beliebtes Motiv in französischen Barockgärten war die stilisierte Lilie – das Wappenzeichen des königlichen Geschlechts der Bourbonen.

Gartenlauben, Pavillons, Rundbögen – der wohnliche Garten

Wer heute einen Katalog für Gartenbedarf aufschlägt, findet neben den üblichen Sämereien ein riesiges Angebot von »Mobiliar« für das eigene Fleckchen Erde: Von der gusseisernen Gartenbank über romantische Rosenbögen bis zum sechseckigen Holzpavillon ist alles dabei, um dem Garten nach alten Vorbildern ein nobles Flair zu geben.

Gartenbänke gab es bereits in der Antike: Griechen und Römer ließen sich kunstvoll gestaltete Steinbänke mit Löwenfüßen in ihre mit Rosen, Wein und Oleander bepflanzten Innenhöfe setzen. Auch wenn es im Mittelalter fest installierte Holzbänke gab, blieb Naturstein bis weit ins 19. Jahrhundert hinein das bevorzugte Material für unverwüstliche Gartenbänke, die Kloster-, Burg- und Schlossgärten schmückten.
Mit Aufkommen des Formschnitts (*ars topiaria*) Mitte des 16. Jahrhunderts pflanzten die Hofgärtner manchmal ein Halbrund aus streng beschnittenen Eiben als Wind- und Sichtschutz um die steinernen Ruheplätze. Diese hatten nur einen entscheidenden Nachteil: Einmal platziert, blieben sie aufgrund ihres Gewichts nahezu unverrückbar.

Gärten bieten ungeahnte Gestaltungsmöglichkeiten: Mit metallenen Rundbögen, an denen Rosen oder andere Pflanzen emporwachsen, lassen sich – wie hier im Garten des maurischen Generalife-Sommerpalastes in Granada – eindrucksvolle Raumwirkungen erzielen.

Die Holzbank im Landschaftsgarten

Gegen Ende des 18. Jahrhunderts löste der englische Landschaftsgarten mit seinen der Natur nachempfundenen Formen auch auf dem Kontinent den streng gegliederten Barockgarten ab. Wie vorher Frankreich, so bestimmte nun England den europäischen Geschmack in Sachen Gartengestaltung. So waren es auch englische Landschaftsgärtner, die die mobile Gartenbank erfanden. Mit ihr konnte man dem Wechsel der Jahreszeiten zu den jeweils schönsten Plätzen folgen, und täglich dem Sonnenstand. Bevorzugte Materialien waren das wetterbeständige Teakholz (heute darf man im Interesse des Artenschutzes nur solches aus Plantagenanbau verwenden!) und Gusseisen, häufig in Kombination miteinander: Gestell der Bank mit viktorianischen Rosenmotiven aus schwarz lackiertem Metall, Sitzfläche und Rückenlehne aus Holz. Hochwertige Nachbildungen solcher langlebiger Modelle können Sie mit dazu passenden Tischen und Stühlen heute wieder kaufen.

Die Laube in der Kolonie

In den Schrebergärten, die ab den 1870er-Jahren nach einer Idee des Leipziger Arztes Daniel Schreber in ganz Deutschland entstanden, wurde das Gartenhäuschen zum Zufluchtsort vor der Enge der städtischen Mietskasernen. Ganze Laubenkolonien wurden begründet und sind bis heute aus unseren Städten nicht mehr wegzudenken. Man richtete sich gemütlich ein in der Laube, das Gartenhäuschen wurde zum »Zweitwohnsitz« und zunehmend luxuriöser. Doch seine Größe ist mittlerweile begrenzt auf eine Grundfläche von 24 Quadratmeter – dank Bundeskleingartengesetz von 1983.

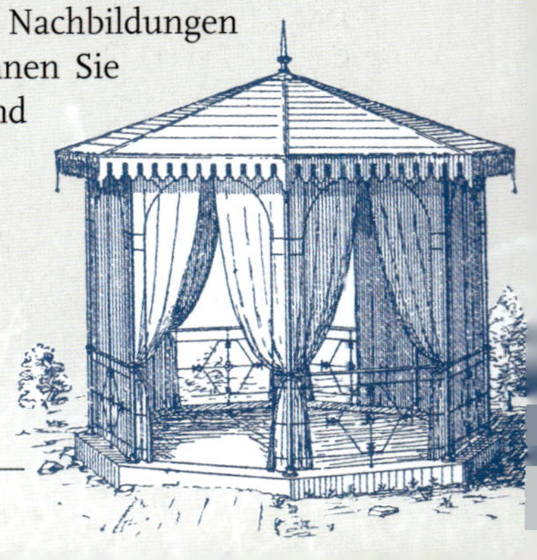

Gab der großbürgerliche Hausherr und Villenbesitzer in der Zeit um 1900 ein Gartenfest, konnte er seine Gäste in einem derartigen Zelt empfangen.

Der Obelisk als Blickfang

Auch die moderne Form des Obelisken aus Metall als Rankhilfe für Rosen, Clematis und Efeu geht auf englische Gartengestalter zurück. Zuvor markierten Steinobelisken – in der altägyptischen Hochkultur Symbole der Strahlen des Sonnengottes Re – vor allem die Wegachsen in den Barockgärten. Manchmal sorgte auch eine kleinere Version in einer meterlangen Hecke für Abwechslung. Einen besonderen Blickfang bildeten vorgelagerte oder in die »grüne Mauer« hineingeschnittene Rundbögen von halber Heckenbreite, in denen ein Obelisk oder auch eine Statue ihren hervorgehobenen Platz fanden.

Harmonische Rundbögen

Bogenförmige Säulengänge oder Mauerdurchbrüche sind ebenfalls ein uralter Bestandteil von Gärten. An den Säulen ließen Griechen und Römer häufig Weinreben und Rosen emporranken. Aber auch »nackt« gaben gut platzierte steinerne Rundbögen dem Garten mehr Perspektive und Tiefe. In Renaissance und Barock waren künstliche Ruinen aus halb verfallenen Rundbögen, Säulen und Mauerresten ein sehr beliebtes Gestaltungselement der Schlossgärten – ein melancholisches Symbol für die Vergänglichkeit all der Pracht, mit der sich die Fürsten umgaben.

Berühmte Gärten und Parks

Unbedingt eine Reise wert sind die folgenden Schlossgärten und Parkanlagen in Deutschland und Österreich, die die Gartenkunst ihrer Epoche eindrucksvoll repräsentieren.

Renaissance:
Heidelberger Schlosspark • Hofgarten München • Lustgarten Schloss Hellbrunn bei Salzburg

Barock:
Schlosspark Sanssouci (Potsdam) • Herrenhäuser Gärten (Hannover) • Friedrichschlösschen Großsedlitz (bei Dresden) • Hofgarten Bayreuth • Schlosspark Seehof (bei Bamberg) • Schlosspark Veitshöchheim (bei Würzburg) • Park der Würzburger Residenz • Schwetzinger Schlossgarten • Hofgarten Ansbach • Schlosspark Schleißheim (bei München) • Schlosspark Herrenchiemsee • Schlosspark Schönbrunn (Wien)

Englische Landschaftsgärten:
Gartenreich Dessau-Wörlitz • Park Branitz (bei Cottbus) • Fürst-Pückler-Park (Bad Muskau) • Rombergpark (Dortmund) • Schlosspark Machern (bei Leipzig) • Berggarten Kassel-Wilhelmshöhe • Schlosspark Dyck (Jüchen) • Lousberg-Park (Aachen) • Hofgarten Bayreuth • Schlosspark Karlsruhe • Englischer Garten (München)

Der im 18. Jahrhundert entstandene Garten der Würzburger Residenz zählt zu den schönsten Parkanlagen Europas und bildet zusammen mit dem fürstbischöflichen Schloss ein einzigartiges Barockensemble.

Wiederum waren es die praktisch denkenden Engländer, die den steinernen Rundbogen in Metall nachbauten und daraus mit Blauregen, Clematis und Rosen geschmückte Laubengänge gestalteten. Auch der impressionistische Maler Claude Monet (1840–1926) ließ einen solchen mit Rosen umkränzten Laubengang in seinem berühmten Garten in Giverny bei Paris anlegen.

Lauben, Pavillons und kleine Tempel

Kein herrschaftlicher Schlosspark ohne Pavillon! Im Barock war das selbstverständlich kein Gartenhäuschen, sondern ein gemauertes Miniatur-Schlösschen oder zumindest ein (halb) offener, von Säulen getragener Rund- bzw. Mehreckbau, häufig im griechischen Stil. Großer Beliebtheit erfreute sich auch das einer chinesischen Pagode nachempfundene Gartenhaus, in dem man gerne das Modegetränk Tee einnahm.
Als bürgerliche Variante zum aristokratischen Gartenpavillon entwickelte sich im 19. Jahrhundert die klassische Gartenlaube aus Holz. Sie bestand aus einem Raum mit Veranda, die häufig mit einem kunstvoll gedrechselten Geländer versehen war. Daran hat sich bis heute nichts geändert, auch wenn so manches moderne Gartenhäuschen wieder einem Minischloss gleicht.

Im 19. Jahrhundert entstanden neben gusseisernen Gartenmöbeln ebensolche Pavillons, bei deren Bau moderne Technik mit historistischer Formensprache verbunden wurde.

Spiel- und Ruheräume – Spaß und Erholung für Alt und Jung im eigenen Garten

Der Adel dehnte bereits in der Renaissance den Wohnbereich seiner Villen und Schlösser durch Terrassen ins Freie aus. Doch »im Volk« begann sich die Nutzung eines Gartens als Ort der Erholung erst Ende des 19. Jahrhunderts abzuzeichnen, als in Deutschland die Idee des Schrebergartens immer populärer wurde. Da bekam dann auch das »junge Gemüse« seine Sandkiste und eine Schaukel. Der Sitzplatz am Schuppen war den Erwachsenen vorbehalten und diente ihnen nach des Tages Mühe als private Oase der Ruhe im Grünen.

Früher standen Nutz- und Ziergarten im Vordergrund, erst in jüngerer Zeit begann man den Garten vor allem als Ort der Ruhe, Erholung und Freizeit zu nutzen.

Reiner Luxus: Zierrasen

In Großvaters Kindheit war ein makelloser Zierrasen der reine Luxus, den sich nur die vornehmen Herrschaften leisteten. Otto Normalverbraucher zog lieber Essbares und mähte das Gras unter den Obstbäumen zwei-, dreimal im Jahr ruppig mit der Sense.

Erst in den 1950er-Jahren trat der Rasen, meist als strenges Rechteck, seinen Siegeszug in die Gärten an und zeugte fortan vorwiegend von Ordnungsliebe und Fleiß. Alle vier Wochen sorgte Großvater mit kräftigem Spatenstich für Rasenkanten – so gerade wie mit dem Lineal gezogen. Wenn überhaupt, dann waren auf dem Rasen nur »edle« Spiele wie das aus dem Italienurlaub mitgebrachte Boccia erlaubt. Fußball kam überhaupt nicht in Frage. Mittlerweile bekommen Sie im Gartencenter Samen für unterschiedlichste Rasenarten, so dass – nach Belieben – der Garten zum Spiel- und Sportplatz oder zur Bauernwiese werden kann.

Lauschiges Plätzchen am Schuppen

Die Idee zur Gestaltung von kleinen Garten(t)räumen übernahmen die ersten stolzen Besitzer eines Schrebergartens von englischen Vorbildern. Beim Geräteschuppen am Rand des Grundstücks wurde ein Fleckchen Grün angesät oder mit kleinem Katzenkopfpflaster befestigt. Richten auch Sie sich ein solch lauschiges Plätzchen im Garten ein, stilgerecht ohne Plastik-Sitzgruppe, vielleicht nur mit einer Holzbank. Der Schuppen verschwindet in wenigen Jahren unter einer dichten Berankung von wildem Wein, Efeu oder Clematis.

Sitzplatz in der Abendsonne

Beliebt ist von jeher der Sitzplatz an der Westseite des Hauses. Umgeben von Rosen oder einer niedrigen Hecke, können Sie hier die Abendsonne genießen.

Mit Schaukel, Strickleiter und Baumhaus wird der Garten zum Paradies für Kinder, in dem sich auch so manches Abenteuer erleben lässt.

Sandkiste für die ganz Kleinen

Absolut narrensicher ist der Nachbau einer Sandkiste, wie sie Großvater für die ganz Kleinen bastelte: Besorgen Sie sich im Baumarkt sechs 30 Zentimeter breite, glatt gehobelte Hartholzbretter von 1,5 Metern Länge, dazu vier 30 Zentimeter lange Eckhölzer mit einer Kantenlänge von fünf Zentimetern. Aus diesen und vier Brettern bauen Sie einen viereckigen Rahmen. Zwei Bretter werden – quasi als Backbleche für die Sandkuchen – quer auf zwei gegenüberliegende Kanten geschraubt. Eine Fuhre feiner Sand in das Geviert und die lieben Kleinen sind glücklich.

Die Gartenwalze diente Großvater zum Einwalzen der Rasensaat und zur Beseitigung von Unebenheiten des Rasens und der Wege.

Der Schwerpunkt-Tipp

Rasen braucht Pflege

Ein sattgrüner, dichter Rasen ohne Löwenzahn und Klee war Großvaters ganzer Stolz. Dafür legte er sich kräftig ins Zeug, um seine Nachbarn zu übertrumpfen. Ganz unproblematisch ist die Rasenpflege aber auch heute nicht.

Saisonbeginn

Sobald der Boden im Frühjahr abgetrocknet ist, sollten Sie Ihren Rasen vertikutieren, ihn also von lästigem Moos und Wurzelfilz befreien. Für kleine Flächen reicht ein Handgerät, das über den Rasen geschoben wird und dessen rotierende Messer den Rasen anritzen und den Filz herausreißen. Bei einem großen Rasen lohnt sich die Anschaffung eines motorisierten Vertikutierers.

Schweren Boden lüften!

Stark verdichteten Boden lockern Sie mit einer Lüftungsgabel, ersatzweise mit der Grabegabel. Stechen Sie im Abstand von fünf Zentimetern tief ein und bewegen Sie die Gabel leicht hin und her. Sie können sich dazu nach Großvaterart auch zwei Nagelbretter anfertigen, die Sie mit einer starken Gummischlaufe über Ihre festen (!) Arbeitsschuhe ziehen.

Neue Nahrung

Nach dem Lüften versorgen Sie Ihren Rasen mit einer einen Zentimeter dicken Schicht aus fein gesiebtem Kompost, den Sie leicht einharken. Bei schweren Böden sollten Sie zur Hälfte Sand zusetzen und diese Behandlung bis Anfang November noch zwei-, dreimal an regnerischen Tagen wiederholen. In Ermangelung von Kompost nehmen Sie am besten einen Langzeit-Rasendünger, der Stickstoff, Phosphor und Kali im Verhältnis 3:1:1 enthält. Sehr gut wirken auch verschiedene organische Mischungen mit Mikroorganismen.

Nicht zu kurz schneiden

Mähen Sie Ihren Rasen nicht raspelkurz, denn das führt bei praller Sonne schnell zum Verbrennen der Gräser. Eine Höhe von drei Zentimetern ist optimal. Ist er einmal zu hoch geworden, schneiden Sie ihn am besten stufenweise: zuerst mit der längsten Schnittlänge und zwei Tage später auf Normalhöhe. So bilden die an der Basis gelben Grashalme wieder kräftiges Blattgrün.

Um als Erholungs- und Spielfläche zu dienen, muss die Wiese regelmäßig gemäht werden. Allerdings wirkt es durchaus reizvoll, einen Teil stehen zu lassen: Eine naturbelassene Wiese ist nicht nur eine echte Augenweide, sondern auch Lebensraum heimischer Insekten.

Durchdringend wässern

Während sommerlicher Trockenperioden müssen Sie Ihren Rasen alle drei, vier Tage wässern – und zwar durchdringend bis in acht bis zehn Zentimeter Tiefe. Die beste Zeit ist der frühe Morgen. Lassen Sie in Trockenperioden die Halme etwas höher wachsen, bevor Sie wieder zum Mähen schreiten. Das spart Wasser, da sich der Rasen selbst Schatten spendet.

Winterruhe

Rechen Sie Mitte November alles Laub ab, damit der Rasen nicht erstickt, und bringen Sie noch eine im Fachhandel erhältliche Vorratsdüngung für das Frühjahr aus. Bei Frost betreten Sie den Rasen möglichst nicht, da jeder Schritt die gefrorenen Gräser zerstört: sie zerbrechen.

Traditionelles Wissen vom Wasser im Garten

Wasser übt von jeher eine ganz besondere Faszination auf die Menschen aus. Schon aus der Antike sind kunstvolle Kanalsysteme und Wasserbecken bekannt, die weit über den Zweck der einfachen Bewässerung hinausgingen. Die alten Ägypter schmückten ihre Wasserbassins mit Lotosblumen, und im fernen Japan entstanden Mini-Wassergärten auf engstem Raum, die der inneren Einkehr dienten.

Brunnen und Regentonne

Einflüsse der antiken Wasser-Kultur fanden sich im 17. und 18. Jahrhundert in den großen Gartenanlagen der Renaissance und des Barock wieder, bevor sie schließlich auch den Hausgarten erreichten. Allerdings waren es vorwiegend die reichen und vornehmen Herrschaften, die sich raffinierte Wasserspiele in ihren Gärten und Parks installieren ließen. Großvater und seine Vorfahren hielten es mehr mit dem Sprichwort: Wer des Wassers bedarf, sucht es im Brunnen.

Die gute alte Schwengelpumpe

Bereits in den alten Kloster- und den Wurzgärten der mittelalterlichen Burgen gab es einen Brunnen zur Versorgung der Pflanzen. Das kostbare Nass wurde in Holzeimern per Seilzug aus der Tiefe geholt. Auch die Bauern legten zur Bewässerung ihrer Äcker und Felder Brunnen an. Nach der Entwicklung neuer Techniken bei der Gusseisen-Herstellung im 18. und 19. Jahrhundert konnten sich Großvaters Vorfahren bald über Arbeitserleichterung freuen: Die Schwengelpumpe hielt Einzug in den Garten. Diese wunderbare Erfindung hat sich bis heute gehalten. Gerade in den letzten Jahren legen sich immer mehr Gartenbesitzer einen eigenen Brunnen mit Schwengelpumpe zu – keineswegs nur aus nostalgischen Gründen. Denn mit dieser Handarbeit à la Großvater können Sie eine Menge Geld sparen. Besonders empfehlenswert für den Garten ist ein Rammbrunnen, den Sie selber setzen können. Voraussetzung ist allerdings, dass das Grundwasser nicht tiefer als sieben Meter liegt. Doch Achtung: Da hierzulande fast alles gesetzlich geregelt ist, müssen Sie natürlich auch den Bau Ihres Brunnens den Behörden anzeigen und genehmigen lassen. Zuständig dafür ist im Allgemeinen die untere Wasserbehörde, die zur Kreisverwaltung gehört. Die Mitarbeiter können Ihnen meist gleich sagen, ob das Grundwasser hoch genug für Ihren Brunnen steht.

Kein Garten ohne Regentonne

Können Sie sich Großvaters Garten ohne Regentonne vorstellen? Meist hatte er nicht nur eine am Haus, sondern auch eine am Schuppen. Früher wurden die Regenrohre bei Neubauten gleich mit einer Klappe für das Ableiten des Wassers in die Tonne geliefert. Heute müssen Sie diese Klappe extra bestellen beziehungsweise Ihr Regenrohr vom Installateur nachrüsten lassen, was aber nicht die Welt kostet. Halten Sie die Tonnen stets mit einem Deckel verschlossen, um Kleinkinder am Hineinklettern zu hindern und lästige Mückenbrut abzuwehren.

Großvaters Regenspeicher

War ein großer Garten zu bewirtschaften, stellte Großvater gleich eine Batterie aus mehreren Tonnen nebeneinander auf und versah sie

Praktisch und wartungsarm, zugleich schön und von gewissem nostalgischem Charme : die gute alte Schwengelpumpe

Die Alternative zur herkömmlichen Regentonne: Wer's eher massiv liebt, legt sich für das Regenwasser ein Becken aus Stein oder Beton zu.

mit einer simplen Überlaufeinrichtung: Bohren Sie etwa drei Zentimeter unterhalb des Randes der ersten Tonne am Regenrohr und der zweiten Tonne je ein Loch, durch das gerade ein Stück Gartenschlauch passt. Stecken Sie den Schlauch durch beide Löcher, so dass die Tonnen miteinander verbunden sind. Dabei sollte der Schlauch in der ersten Tonne genau mit der Wand abschließen, in der zweiten etwa einen Zentimeter weit herausragen. Auf dieselbe Weise verbinden Sie die zweite und dritte Tonne, nur bohren Sie hier das Loch etwa sechs Zentimeter unterhalb des Randes. Um die Löcher können Sie etwas Silikonmasse oder Kerzenwachs zur Isolierung drücken.
Mit dieser Methode können Sie einen Wasserspeicher aus vier, fünf oder gar sechs Tonnen konstruieren. Wichtig ist nur, dass Sie jeweils den Verbindungsschlauch etwa drei Zentimeter tiefer anbringen. Dadurch läuft das Wasser sofort in die nächste Tonne, wenn die vorherige voll ist.

Eine Rinne bis zum Garten

Liegt Ihr Garten unterhalb des Hauses an einem Hang, können Sie sich das Gießkannentragen sehr erleichtern: Legen Sie wie die alten Bauern im Alpenland eine schmale Rinne unterhalb des Regenrohrs an, die Sie bis zur Regentonne im Garten führen. Pflastern Sie diese Rinne mit dicht aneinander gelegten Feldsteinen, alten Klinkern oder Katzenköpfen aus dem Baumarkt. Die Ränder der Rinne sollten in einem Winkel von etwa 45 Grad angelegt sein. Ans Ende der Rinne montieren Sie dann ein Rohr oder eine Bleilippe (vom Installateur), die das Wasser in die direkt darunter stehende oder eingegrabene Tonne leiten. Auch hier können Sie, wie im Kapitel zuvor gezeigt, mehrere Tonnen miteinander verbinden.

Moderne Technik in nostalgischem Gewand

Alte Holzfässer, wie sie Großvater benutzte, sind heute nur schwer zu bekommen. Aber muss es wirklich die schreiend blaue Plastiktonne sein, die man jetzt in so vielen Kleingärten sieht? Im Gartencenter und Baumarkt erhalten Sie inzwischen recht ansprechend gestaltete Regentonnen aus Kunststoff. Das Angebot reicht von Regenfässern in nostalgischem Fassdesign bis zu mediterranen Amphoren im Terrakotta-Look. Die kleinsten Wasserspeicher fassen 100 Liter, die größten 1000 Liter. Außerdem gibt es schlichte Varianten zum Eingraben. Für diese stehen spezielle Schwengelpumpen zur Verfügung, mit denen Sie sogar bei Bedarf ein Bewässerungssystem in Handarbeit betreiben können.

Brunnenbau – leicht gemacht

Einen Rammbrunnen können Sie mit einem kräftigen Helfer leicht selbst installieren. Für 150 bis 250 Euro bekommen Sie im Baumarkt oder Brunnenfachhandel schon einen kompletten Bausatz mit Erdbohrer.

Und so wird`s gemacht:
Nach dem Vorbohren (am besten zu zweit) treiben Sie das erste Metallrohr mit der Rammspitze und dem Rammfilter in den Boden. Durch die Öffnungen des Filters dringt das Wasser ins Rohr, sobald das Grundwasser erreicht ist. Je nach Grundwasserstand müssen Sie das erste Rohr noch mit einem weiteren Rohr ohne Löcher verlängern. Durch Probepumpen saugen Sie die Luft über dem Wasser weg und das kühle Nass kommt zum Vorschein. Jetzt wird der mitgelieferte Betonsockel um den Rohrausgang gesetzt, die Schwengelpumpe darauf festgeschraubt – und fertig!

Der traditionelle Wassergarten

Wassergärten wie dieses landschaftsgärtnerische Wunderwerk erfordern eine sorgfältige Planung, die vor allem die richtigen, dem Wasser gemäßen Pflanzen vorsieht.

Begeistert von den illustren Wasserspielen aus meterhohen Fontänen, üppigen Brunnen und schwungvollen Kaskaden, die sie in den großen Schlossparks gesehen hatten, ließen sich vornehme Hausbesitzer Ende des 19. Jahrhunderts einen Wasserspeier oder eine Minifontäne vors Haus montieren. Der Adel veredelte seine Karpfenteiche mit den neuesten Seerosen-Züchtungen aus Frankreich und setzte auch ein paar Goldfische hinein.

Ein Bassin für den Goldfisch

Um 1920 entdeckten auch weniger begüterte Leute ihre Liebe zu Goldfisch- und Seerosenteich. Dazu ließ sich Urgroßvater ein rechteckiges, seltener ein rundes Bassin aus Ziegelsteinen mauern oder aus Zement gießen. Eine Grundfläche von einem mal zwei Metern bei einer Tiefe von mindestens 90 Zentimetern war schon der reine Luxus. An diese Mindestmaße sollten Sie sich ebenfalls halten. Denn falls Sie sich ein kleineres und flacheres Becken einrichten, müssen Goldfische und Seerosen in einem Fass im Keller überwintern, was vor allem den Fischen oft nicht gut bekommt.

Beim Einlassen eines Fassteiches sollten Sie Papier auf den Grund legen, damit die Erde nicht aufgewirbelt wird.

Überleben mit Stroh

Wenn das Bassin tief genug ist, können Tiere und Pflanzen über Winter draußen bleiben. Urgroßvater stellte im Herbst ein dickes Bündel Schilfrohr oder langes Stroh ins Becken, durch das Sauerstoff ins Wasser gelangt und Faulgase entweichen können. Das sollten Sie als Besitzer eines modernen Naturteichs übrigens ganz genauso halten, solange Ihre Röhrichtpflanzen noch nicht groß genug sind. Die Kinder wurden streng ermahnt, kein Loch in die Eisdecke zu schlagen. Denn dann, so erklärte ihnen Urgroßvater, würden die Fische an die Oberfläche kommen und erfrieren – auch das gilt heute noch.

Der Miniteich im Fass

Erinnern Sie sich an den alten Kinderreim »Es war einmal ein Mann«? Dem war »der Teich zu nass, da kauft er sich ein Fass ...« – und so ein Fass können Sie prima zum Miniteich umfunktionieren. Kleiden Sie echte Weinfässer zunächst mit Teichfolie aus, damit Ihre weiße Seerose nicht plötzlich durch Reste vom Rotwein im Holz »errötet«. Dann füllen Sie nach Großvaterart etwa zehn Zentimeter hoch lehmige Erde in das Fass und setzen die Seerosen hinein. Pflanzen Sie für die Sauerstoffversorgung auch eine Unterwasserpflanze dazu, etwa Nadelkraut, Laichkraut oder Wasserpest. Anschließend decken Sie die Erde mit Kies ab und füllen Regenwasser hinein. Anfangs werden reichlich Algen wachsen, die Sie regelmäßig entfernen müssen. Achtung: Fische können im Miniteich nicht leben.

Feldsteine als Vogeltränke

Urgroßmutter träumte nicht vom Teich, sondern eher von einer Vogeltränke, die schon um die Jahrhundertwende in Mode gekommen war. Auf dem Land dienten hübsche Steine mit einer natürlichen kleinen Mulde diesem Zweck, die Urgroßvater vom Feld oder aus dem Steinbruch mitbrachte. Der vornehmen Frau Amtsrat in der Stadt stand dagegen der Sinn nach Edlerem, etwa einer entzückenden Jugendstilschale mit einer Elfe. Solche Kunstwerke können Sie heute für teures Geld bei (Internet-)Auktionen ergattern. Oder Sie begeben sich wie einst Urgroßvater auf die Suche nach einem geeigneten natürlichen Stein für die gefiederten Freunde.

Der Schwerpunkt-Tipp

Die besten Seerosensorten

Wie schon seit Generationen stammen auch noch heute die besten Seerosensorten (*Nymphaea*) aus der Zucht von Joseph Bory Latour-Marliac (1830 bis 1911). Der Franzose war der Erste, der winterharte Seerosen aus Europa und Nordamerika mit den farbenfrohen tropischen Sorten kreuzte. Das Ergebnis waren robuste, großblütige Exemplare in fast allen Farben des Regenbogens, die seit über hundert Jahren in aller Welt als Marliac-Hybriden geschätzt sind. Einige Sorten wurden erst nach dem Tod des Züchters offiziell registriert. Moderne Züchtungen aus den USA, etwa von Perry D. Slocum und Kirk Strawn, haben oft Marliac-Urahnen.

Für kleine Teiche

- »Arc-En-Ciel« (1901): grün, weiß und rosa gefleckte Blätter, Blüten anfangs hellrosa, später schneeweiß
- »Aurora« (1895): lachsfarbene Zwergseerose, dunkelrot-grün marmorierte Blätter, Wassertiefe 25 bis 30 cm, besonders für Wasserbecken und Tröge geeignet
- »Comanche« (1910): Blüte anfangs gelb, später orange bis zinnoberrot
- »Helvola« (1879): schwefelgelb, lang blühend mit dunkel gefleckten Blättern, bei frostfreier Überwinterung besonders reich blühend
- »Hermine« (1910): schneeweiße Blüten mit honiggelber Mitte erscheinen bereits ab Mai, grasgrüne Blätter
- »Indiana« (1912): anfangs pfirsichfarben, später leuchtend orange, sehr reich blühend
- »Sirius« (1913): dunkelrot, reich blühend

Für mittelgroße Teiche

- »Darwin« (1909): dahlienartige, reich blühende rosa Sorte, sehr gute Schnittblume
- »Marliacea Chromatella« (1887): hellgelb, überreich bis in den Herbst blühend, verträgt leichten Schatten, sehr frosthart, gefleckte Blätter
- »Marliacea Rosea« (1887): anpassungsfähige rosa Sorte, blüht den ganzen Sommer über

Die Weiße Seerose, in Deutschland vollständig geschützt, erreicht bis zu drei Metern Tiefe.

- »Masaniello« (1908): stark duftend, anfangs rosa, später karminrot, blüht ab frühem Morgen, verträgt leichten Schatten

Für große Teiche

- »Charles de Meurville« (1930): große pflaumenrote Blüten ab Mai, sehr reich blühend, gigantische Blätter, wuchert
- »Princess Elizabeth« (1939): schnellwüchsig, muschelrosa, intensiv duftende Blüten
- »Suavissima« (1899): weiß-rosa Blüten mit gelben Staubfäden, sehr süßer Duft, braucht nur 60 Zentimeter Wassertiefe, gigantische Blätter

Bewährtes zum Thema Zimmergarten

Ein prachtvolles Blumenfenster war Großmutters ganzer Stolz. Eine Zeit lang war es sogar üblich, das Wohnzimmer mit einer extrabreiten Fensterbank, ja manchmal sogar mit einem großen eingebauten Pflanztrog auszustatten. Auch das Fenster wurde häufig wie ein kleiner Vorbau nach außen gesetzt, damit die Pflanzen möglichst viel Licht erhielten. Manchmal sieht man auch heute noch solche wahrhaft prächtig gestalteten Schau-Fenster.

Der grüne Daumen des Zimmergärtners

Spätestens Anfang März breitete man früher dicke Lagen Zeitungspapier auf dem Küchentisch aus und holte alle Blumentöpfe von der Fensterbank. Jede Pflanze bekam einen neuen Topf oder zumindest neue Erde. Die zahlreichen Tipps dafür gab Großmutter gleich an die staunenden Kinder weiter, die begeistert zusahen und sich als Belohnung selbst ein kleines Töpfchen bepflanzen durften.

Tontöpfe – erst wässern!

Neue Tontöpfe sollten Sie nach bewährter Großmutterart vor dem ersten Bepflanzen einige Stunden in Regenwasser stellen, damit sie sich mit Wasser voll saugen können. Denn trockene Töpfe stehlen den Pflanzen das lebenswichtige Nass.

Gebrauchte Tontöpfe, die Sie neu bepflanzen möchten, sollten Sie - wegen möglicher Krankheitserreger grundsätzlich mit heißem Wasser oder noch besser mit Essigwasser gründlich reinigen. Auch gegen unansehnliche Kalkränder an Tontöpfen und an Untersetzern hilft Essigwasser. Allerdings muss es einwirken. Deshalb stellen Sie die ineinander gestapelten Töpfe in einen großen Eimer mit Wasser, dem Sie einen Viertelliter Essig zusetzen. Am nächsten Morgen können Sie den restlichen Kalk mit einer harten Bürste entfernen. Spülen Sie die Töpfe mit klarem Wasser und lassen Sie die Gefäße einen Tag austrocknen.

Freiheit für das Abzugsloch

Für die meisten Zimmerpflanzen ist Staunässe in der Wirkung wie Gift. Sorgen Sie daher unbedingt dafür, dass die Abzugslöcher am Boden der Pflanzgefäße frei bleiben. Unsere Großmütter legten dazu einige gebogene Scherben alter Töpfe über das Loch. Eine moderne Alternative ist Blähton, den Sie im Gartencenter erhalten. Geben Sie eine zwei Zentimeter dicke Schicht dieser federleichten Kügelchen auf den Boden der Töpfe. Den Blähton können Sie immer wieder verwenden: Lösen Sie ihn beim Umtopfen vom Wurzelballen und waschen Sie ihn in sehr heißem Wasser, bevor Sie ihn erneut als Drainage in die Töpfe füllen.

Pflanzerde selbst mischen

Großmutter stellte sich ihre verschiedenen Mischungen noch selbst her. Dazu verwendete sie fein gesiebten reifen Kompost, am besten aus Kartoffelschalen und Laub, den sie je nach Bedürfnis der Pflanzen mit einfacher Gartenerde und Sand – zum Beispiel aus der Sandkiste der Kinder – mischte.

Geheimzutaten

In die Erde mischte Großmutter beim Einpflanzen, aber auch übers Jahr hinweg ihre Geheimzutaten: Eierschalen als Kalklieferanten für Kakteen und die meisten Blattschmuckpflanzen. Zimmerazaleen und Hortensien erhielten einige Löffel Kaffeesatz zum leichten Ansäuern der Erde. Und Farne durften sich über eine kräftige Prise verbrauchter Teeblätter (schwarzer Tee) freuen.

Keine Bewegung!

Pflanzen sind sozusagen Gewohnheitstiere. Schon eine leichte Drehung des Topfs beim Fensterputzen genügt – und einen Tag später fallen die Blätter. Dagegen hilft eine »Lichtmarke«, die direkt auf die Fensterscheibe oder den Fensterbrettrand weist: Markieren Sie die Richtung mit einem Bleistiftstrich am Blumentopf oder mit einem Stöckchen in der Erde. Ganz besonders übel nehmen Pflanzen, die gerade Blütenknospen angesetzt haben, das Verrücken. Lassen Sie diese völlig unberührt und putzen Sie um den Topf herum, bis die Pflanze abgeblüht ist.

Der Schwerpunkt-Tipp

Das Pflege-ABC für Zimmerpflanzen

Sparsam gießen

Gießen Sie Ihre Pflanzen nur, wenn die Erde wirklich trocken ist – am besten mit Regenwasser oder abgestandenen Mineralwasserresten. Auch abgekühltes Kochwasser (ohne Salz!) von Kartoffeln und Eiern sowie Wasser aus dem Süßwasseraquarium eignen sich hervorragend als leicht düngendes Nass. Leitungswasser sollten Sie stets über Nacht stehen lassen, damit eventuell zugesetztes Chlor entweichen kann.

Zimmerpflanzenpflege fängt mit dem regelmäßigen Gießen an. Viele halten es für die einfachste Tätigkeit der Welt und vergessen dabei, dass sie einige wichtige Grundregeln beachten sollten, die schon Großmutter kannte.

Übertöpfe kontrollieren

Prüfen Sie etwa eine Stunde nach dem Gießen alle Übertöpfe beziehungsweise Untersetzer und schütten Sie eventuelle Überstände ab, um Fäulnis der Wurzeln zu verhindern. Diese Kontrolle empfiehlt sich auch bei den Pflanzen, die Sie nach Großmutterart besser von unten wässern, wie etwa das Usambaraveilchen. Am besten wählen Sie Übertöpfe immer etwa zwei Zentimeter größer als das Pflanzgefäß – das erleichtert Ihnen die Kontrolle.

Regelmäßige Dusche

Stellen Sie bei einem sanften Landregen Ihre Zimmerpflanzen auf die Terrasse oder den Balkon, um sie vom Staub zu befreien. Denn die Pflanzen atmen durch die Blätter. Ersatzweise können Sie Ihre Lieblinge auch unter eine feine handwarme Brause im Bad stellen. Auch Kakteen sollten ein- oder zweimal im Jahr unter der Dusche gereinigt werden. Halten Sie dazu den Topf schräg, damit die Erde nicht nass wird, weil Kakteen keine Fußnässe vertragen.

Zum Eintopfen, Umpflanzen und zur Pflanzenpflege braucht der Zimmergärtner die richtigen Gerätschaften und nicht zuletzt einen adäquaten Arbeitsplatz.

Verwelktes entfernen

Knipsen Sie alle verwelkten Blüten möglichst sofort ab, damit die Kraft der Pflanze nicht in die Samenbildung geht. Zudem bilden welkende Blüten einen hervorragenden Nährboden für Pilze und Bakterien. Das gilt auch für abgestorbene Blätter, die Sie ebenfalls stets sorgfältig entfernen sollten. Achten Sie beim Ritterstern auch auf lockere Zwiebelschalen und lösen Sie diese vorsichtig ab. Denn dahinter bilden sich oft schädliche Schimmelpilze.

Ableger unter der Haube

Ableger und Stecklinge von Blattkakteen, Drachenlilie, Pfennigbaum, Tradescantien, Usambaraveilchen und Yucca bilden schneller Wurzeln, wenn Sie eine durchsichtige Plastiktüte, die Sie mit Löchern versehen, über ihren Topf stülpen. Das erhöht nicht nur die Luftfeuchtigkeit, es schützt die zarten Pflanzen auch vor Zugluft und Schädlingen.

Großmutters grünes Paradies – Klassiker auf der Fensterbank

Je größer die Blätter, desto besser – das war Ende des 19. Jahrhunderts die Devise bei Zimmerpflanzen. Blühende Gewächse waren selten, als lebende Pflanzen den Weg ins Wohnzimmer fanden. Tiefgrün glänzende Gummibäume, das imposante Fensterblatt, die gelb geränderte starre Sansevieria, buntlaubige Tradescantien und natürlich die unverwüstliche Grünlilie mit ihren schmucken Kindeln (Ausläufertrieben) – all dies zählte zu den Lieblingen im Haus. Erst vor etwa 60 Jahren hielten mehr und mehr Blütenpflanzen Einzug in die deutsche Wohnstube.

Auf die Bäume!

Zimmerlinde und Zimmertanne waren Großmutters ganzer Stolz. Beide sind kleine Bäume, die einen hellen Einzelplatz ohne direkte Sonnenbestrahlung auf einer Blumensäule wünschen. Die aus Afrika stammende Zimmerlinde blüht überwiegend im Spätwinter, manchmal wie ihre frei wachsenden Geschwister im Mai. Zu große Exemplare schneiden Sie einen Monat nach der Blüte kräftig zurück und topfen sie in normale Erde um. Die Zimmertanne verträgt dagegen überhaupt keinen Schnitt. Sie liebt den täglichen Sprühnebel aus abgestandenem Regenwasser und leicht sauren Humus mit etwas Sand.

Gern gesehen war früher auch der hohe Zierspargel, dem Großmutter immer zerdrückte Eierschalen in die Pflanzerde gab. Zu große Pflanzen können Sie einfach köpfen und die Blätter nach alter Art als Schnittgrün für Blumensträuße verwenden.

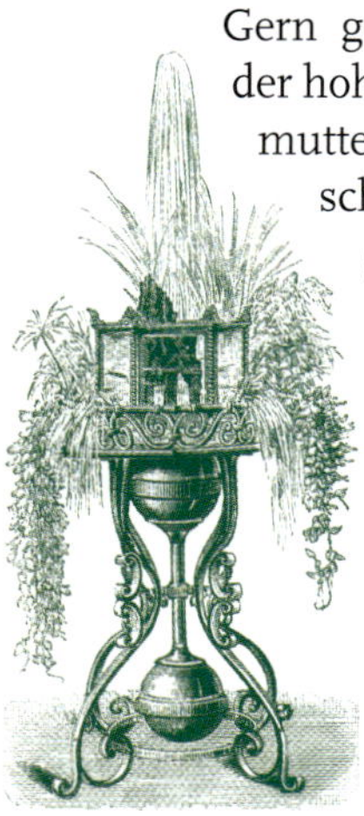

Das gab's früher nur im großbürgerlichen Haushalt: Blumentisch mit selbsttätiger Fontäne und achteckigem Aquarium.

Hängende Gärten

Dreimasterblumen (Tradescantien) und das mit ihnen eng verwandte Zebrakraut fehlten praktisch in keinem Blumenfenster. Besonders mochte Großmutter die Sorten mit silbrig und weiß gestreiften Blättern, die lange Ausläufer treiben. Bei manchen Sorten ist die Blattunterseite auch in einem warmen Rot oder Violett gefärbt. Wegen ihrer leuchtend violetten Blattzeichnung äußerst beliebt war zudem die Samtnessel, auch Gynure genannt, die ganz feine Härchen auf der Blattoberseite trägt. Hängen Sie die drei in Blumenampeln ins Fenster, achten Sie aber darauf, dass sie keine pralle Sonne bekommen. Oft platzierte Großmutter auch noch eine weiß gestreifte Grünlilie dazu, die aber mit ihren dicht mit Kindeln besetzten langen Ranken schnell die halbe Fensterbreite beansprucht. Bis auf die Samtnessel wurden sie alle mehrmals pro Woche mit der Blumenspritze geduscht.

Alpenveilchen müssen während der Blüte gut gegossen werden: Sie mögen abgestandenes Wasser mit Zimmertemperatur.

Alle zwei, drei Jahre zog sich Großmutter aus Stecklingen beziehungsweise den Kindeln frische Jungpflanzen heran, da die langen Ausläufer der Mutterpflanzen schnell kahl wer-

Willkommene Geschenke – Azaleen und Hortensien

Für prächtig blühende Azaleen, imposante Hortensien und leuchtend gelbe Pantoffelblumen als Mitbringsel entschied sich Großmutter, wenn sie zu einer Einladung ging. Während die Pantöffelchen bald nach dem Abblühen schlapp machten, erwiesen sich dagegen die Azaleen und Hortensien bei guter Pflege als sehr dauerhaftes Geschenk.

Stellen Sie die Azalee nach der Blüte kühl, bis sie wieder austreibt. Nach dem Einkürzen dieser Triebe topfen Sie die Pflanze im Mai in neue saure Humuserde um. Die Hortensie schnitt Großmutter dagegen gleich nach der Blüte kräftig zurück und setzte sie wie die Azalee an einem halbschattigen, windgeschützten Platz im Garten ein. Beide brauchen viel weiches Wasser und Flüssigdünger ohne Kalk. Sobald sich im September die neuen Blütenknospen entwickeln, kehrt die Azalee zurück auf die helle Fensterbank und darf dann nicht mehr bewegt werden. Die Hortensie zieht zunächst ins kühle Treppenhaus und erst im Dezember an ein wärmeres Ostfenster, wo sie dann bald neue Blüten treiben wird.

Azalee

Fenster in die Vergangenheit

Das Usambaraveilchen ist nicht zuletzt in den USA sehr beliebt, wo es seit 65 Jahren eine eigene Usambaraveilchen-Gesellschaft gibt.

Großmutters Lieblingsblume *stammt aus dem Usambaragebirge des heutigen Tansania. Walter von Saint-Paul-Illaire aus Potsdam, ein deutscher Kolonialbeamter hugenottischer Herkunft, entdeckte das samtblättrige Usambaraveilchen mit den leuchtend blauen Blüten um 1890 im Urwald des damaligen Deutsch-Ostafrika. Noch im selben Jahr schickte er Samen an Hermann Wendland, den Leiter des Berggartens in Hannover-Herrenhausen. Der bekannte Botaniker säte die Samen, die schon nach fünf Tagen keimten, aus und stellte fest, dass es sich bei dem vermeintlichen Veilchen um eine noch unbenannte Pflanzenart handelte. Seinem Entdecker zu Ehren gab er ihr den botanischen Namen Saintpaulia.*
Schon bald präsentierte Wendland die ersten blühenden Usambaraveilchen auf einer Ausstellung – mit überwältigendem Erfolg. Binnen weniger Jahre wurde die freundliche Pflanze zu Großmutters größtem Liebling. Und auch heute noch ist sie, inzwischen längst mit rosa, roten und weißen Blüten im Angebot, beliebt wie eh und je: Pro Jahr gehen rund 20 Millionen Usambaraveilchen über den Ladentisch! Besonders gefragt sind Minipflänzchen.

den und dann unansehnlich wirken. Auch die Kindel erhielten wieder reichlich Komposterde mit Kaffeesatz.

Gummibaum und andere Riesen

Ein absolutes Muss war der großblätterige Gummibaum, dem Großmutter ihre ganze Liebe schenkte. Er erhielt einen hellen Ehrenplatz neben dem Fenster, anfangs auf einem Hocker. Später stand das Monstrum dann direkt auf dem Boden und Großvater musste beim jährlichen Umtopfen mit ran. Denn das ging bei den schnell deckenhohen Pflanzen nur noch an Ort und Stelle. Genauso verhielt es sich mit dem riesigen Fensterblatt, das bezeichnenderweise den botanischen Namen *Monstera* trägt, sowie mit ausgewachsenen Philodendren und Dieffenbachien. Die riesigen Blätter dieser Schmuckpflanzen sollten Sie alle zwei Wochen abstauben. Ab und an sorgte Großmutter mit verdünntem Bier oder Magermilch, die sie auf einen Lappen gab, für strahlenden Blattglanz.

Blühfaule Bromelien

Fasziniert schauten die Kinder zu, wenn Großmutter ihre Bromelien goss: direkt in den Blatt-Trichter. Die aus Brasilien stammenden Bromelienarten mit ihren langen, harten, in der Mitte leuchtend rot oder weiß geringelten Blättern sind recht pflegeleicht.
Wenn sie nicht blühen wollen, sollten Sie sie zusammen mit ein paar Äpfeln für einige Wochen unter eine Plastiktüte stecken. Das aus den Äpfeln aufsteigende Reifegas Äthylen bringt die faulen Bromelien zuverlässig zur Blütenbildung.

Bromelien – benannt nach dem Botaniker Olaf Bromel (1639–1705) – sind Ananasgewächse, die seit dem 19. Jahrhundert als Zierpflanzen gezüchtet werden.

Die Flamingoblume stammt aus dem tropischen Regenwald und zeigt ihre dekorativen Blüten im Winter. Sie mag Helligkeit und Wärme, nicht aber zu starke Sonneneinstrahlung.

Die Blumenbank

Mit ihren leuchtend roten, wachsartigen Blüten durfte die Flamingoblume in den 1950er-Jahren auf keiner Fensterbank fehlen. Sie bildete den idealen Blumenschmuck für das berühmt-berüchtigte Nierentisch-Interieur. Daneben stand oft ein Kroton, dessen gelb, orange bis tiefrot gefärbte Blattrippen ihm auch den Namen Wunderstrauch einbrachten. Und die Dritte im Bunde bildete das Glanzkölbchen mit seinen äußerst dekorativen hellgrün geäderten herzförmigen Blättern. Der Name bezieht sich auf die leuchtend gelbe kolbenartige Blüte. Alle drei Zimmerpflanzen verlangen viel Helligkeit ohne pralle Sonne und kalkfreie, stets feuchte humose Erde. Am besten gießen Sie wie Großmutter mit abgestandenem Regen- oder gefiltertem Leitungswasser und besprühen die Pflanzen auch täglich damit.

Ein Hauch von Südafrika

»Schwiegermutterzunge« nannte der Volksmund die Sansevierien wegen deren starren, straff aufrecht stehenden Blättern, an deren Spitze ein kleiner Dorn wächst. Diese unverwüstlichen Gewächse aus Südafrika waren in den 1930er-Jahren der Hit auf deutschen Fensterbänken. Noch heute findet man die anspruchslosen Gesellen, die bisweilen hübsche weiße Blütenrispen bescheren, in vielen Wartezimmern. Die meisten Sansevierien haben einen gelben Blattrand. Es gibt aber auch dunkelgrüne Exemplare mit schwarzen oder weißen Querstreifen.

Genauso pflegeleicht sind auch die Gasterien mit ihren nach rechts und links wachsenden dickfleischigen Blättern, die kleine weiße Punkte tragen. Sie können wie die Haworthien, deren ebenfalls weiß gesprenkelte dicke Blätter rosettenartig angeordnet sind, den Sommer auf der Terrasse verbringen – in Gesellschaft mit der Aloe und den stacheligen Agaven. Im Herbst räumte Großmutter alle ins Treppenhaus und kümmerte sich bis zum Beginn der Gießperiode im Frühjahr nicht weiter um sie.

Ruhe bitte!

Einige von Großmutters Zimmerpflanzen brauchen unbedingt eine mehrwöchige Ruhezeit, in der sie spärlich gegossen werden. Währenddessen wünschen sie meist deutlich kühlere Temperaturen und haben es auch gerne dunkler. Fast alle sind mit dem Schlafzimmer oder Treppenhaus zufrieden. Wenn Sie ihnen keine Pause gewähren, wachsen nur die Blätter schnell, die Pflanzen blühen aber nicht.

Diese Pflanzen brauchen unbedingt eine Pause:

- *Clivie:* ab Oktober bei höchstens 15 Grad, bis Blütentrieb etwa 15 Zentimeter lang ist
- *Ritterstern:* ab September, bis das Laub einzieht; dann Überwinterung im frostfreien Keller bis Januar ohne jegliches Gießen
- *Hibiscus:* nach Rückschnitt von November bis Februar bei höchstens 15 Grad
- *Weihnachtskaktus:* Juni bis August, gerne auf dem Balkon oder der Terrasse
- *Osterkaktus:* Januar bis Februar bei fünf bis zehn Grad
- *Seerosenkaktus:* Dezember bis Februar bei acht bis zehn Grad

Biedermeier auf der Fensterbank

Die Hoya mit ihren wachsartigen Blättern und Blütendolden ist heute nur selten anzutreffen. Binden Sie ihre langen Ranken unbedingt an einem etwa 40 Zentimeter hohen, V-förmigen Gerüst fest. Die Wachsblume liebt es sonnig. Trotzdem ist ihr Wasserbedarf gering. Sobald die Blütenknospen erscheinen, darf die Pflanze keinen Millimeter mehr bewegt werden. Sie verlangt humusreiche Erde, in die Großmutter immer einige Stückchen Holzkohle hineinmischte.

Hyazinthe im Winter in der Wohnung – eingepflanzt in eine prächtige Krokusvase

Der Schwerpunkt-Tipp

Widerborstige Hausgenossen: Kakteen

Bischofsmütze, Greisenhaupt und Schwiegermuttersitz – für die stacheligen Wüstenbewohner fand der Volksmund treffende Namen, die sich bis in unsere Tage gehalten haben. Für Kakteen konnte sich auch Großvater schon so richtig begeistern. Er baute ihnen sogar ein eigenes kleines Gewächshaus und wurde nicht müde, mit immer neuen Erdmischungen zu experimentieren, um auch noch dem trägsten Kandidaten eine prachtvolle Blüte abzuringen.

Magere Erde

Das Rezept für seine in mühsamer Experimentierarbeit entwickelte Kakteenerde hütete Großvater wie einen Schatz und teilte es allenfalls mit anderen wirklich vertrauenswürdigen Kakteenfreunden. Das Grundrezept bestand meist aus einem Drittel Sand, einem Drittel Splitt oder kleinkörnigem Kies und einem Drittel feinst gesiebtem Kompost, der gewöhnlich sicherheitshalber – und zu Großmutters großer Freude – im Backofen keimfrei gemacht wurde. Dazu kamen dann noch verschiedene Geheimzutaten, zum Beispiel poröse Lavasteinchen, einige Gramm feinster Lehm und kleine Kalkbröckchen. Experimentieren Sie am besten selbst ein wenig!

Abdeckung erwünscht

Decken Sie die Erde Ihrer Kakteentöpfe stets mit kleinen Kieselsteinen oder reinem Splitt ab, um auf diese Weise den empfindlichen Wurzelhals der Kakteen vor schädlicher Feuchtigkeit zu schützen und die Bildung von Moos zu verhindern. Der schreiend bunte Kakteenkies, den es in den 1950er- und 1960er-Jahren zu diesem Zweck gab, ist inzwischen aus der Mode.

Sparsam gießen

Weniger ist mehr – diese Devise gilt ganz besonders für das Gießen der Stachelgesellen. Am besten eignet sich abgestandenes Regenwasser, das Großvater gern löffelweise an die widerborstigen Hausgenossen verteilte. Während der Wachstumsperiode im Sommer können die Pflanzen zwei bis dreimal pro Woche ein Löffelchen gebrauchen, ab Herbst sollten Sie das Gießen radikal reduzieren. Geben Sie nur dann ein wenig Wasser, wenn die Kakteen grau werden oder an der Spitze zu schrumpfen beginnen.

Volle Sonne

Als Wüstensöhne lieben Kakteen volle Sonne – aber nur im Sommer. Im Winter ziehen sie kühlere Temperaturen im Schlafzimmer oder Treppenhaus vor. Die schlimmsten Feinde im Winter sind übrigens ein voll aufgedrehter Heizkörper unter der Fensterbank und zu viel Wasser. Innerhalb kurzer Zeit faulen die Wurzeln und der stolze Säulenkaktus ist rettungslos verloren.

Richtig in Szene gesetzt, können Kakteen bei entsprechender Größe markante Akzente bei der Einrichtung setzen.

Kein Zutritt für lästige Besucher – bewährte Maßnahmen gegen Ungeziefer

Man muss schon genau hinschauen, um die winzigen ungebetenen Gäste zu entdecken. Haben die Blattläuse die Pflanze erst einmal befallen, dann ist schnelles Handeln gefragt.

Nicht nur die Gartenpflanzen haben unter ungebetenen Gästen zu leiden. Wenn Sie nicht aufpassen, macht sich auch auf der Fensterbank im Handumdrehen freches Ungeziefer breit. Großmutter wusste sich dagegen mit vielen kleinen Tricks erfolgreich zu wehren.

Tägliche Kontrolle

Morgens nach dem Frühstück begrüßte Oma ihre Lieblinge, zupfte hier und da ein welkes Blatt ab, rückte die Töpfe ein wenig zurecht und hielt dabei mit geübtem Blick Ausschau nach lästigen Besuchern. Oft zeigten ihr schon gewisse Hinterlassenschaften auf der Fensterbank, zum Beispiel kleine klebrige Tröpfchen oder schwarze Brösel, dass da etwas im Busche saß. Dann holte Großmutter ihre Lupe und fand meist schnell die üblichen Verdächtigen: Blattläuse, Spinnmilben, Thripse, Springschwänze und Weiße Fliegen. Manchmal erblickte sie zu ihrer Erschütterung sogar Schildläuse und Asseln. Kam sie bei plötzlich welkenden Pflanzen der Ursache so nicht auf die Spur, nahm sie den ganzen Topf, und ab ging's in die Küche zur gründlichen Inspektion des Wurzelballens: Neben Fäulnis durch zu üppiges Gießen entpuppten sich dann schon mal Larven, Wurzelläuse und Wurzelmilben als Übeltäter.

Seifenschaum gegen Blattläuse

Blattläuse machen durch ihren glänzenden Honigtau auf sich aufmerksam. Besonders gefährdet sind schnell gewachsene, saftige Zimmerpflanzen wie Fuchsien, Hibiskus und Pantoffelblumen, bei denen Sie es mit dem Düngen zu gut gemeint haben. Meist kommen die Schädlinge durch dass gekippte Fenster oder werden durch eine Neuerwerbung eingeschleppt.

Großmutter verabreichte den Kandidaten sofort eine kräftige handwarme Dusche in der Badewanne. Halten Sie dazu die Pflanze schräg und stützen Sie feine Zweige, damit sie nicht abbrechen.

Wenn die befallene Zimmerpflanze gerade blühte und deswegen ihren Platz nicht verlassen durfte, mischte Großmutter eine wirksame Seifenlösung: Geben Sie dazu eine Messerspitze Schmier- oder Neutralseife und einen Esslöffel Spiritus auf einen Liter abgekochtes Wasser und besprühen Sie die Blattlauskolonien damit. Testen Sie aber bei empfindlichen Pflanzen erst an einem Blatt, ob sie diese Behandlung vertragen. Ersatzweise können Sie die Blattläuse auch mit Spülmittelschaum betupfen.

Wiederholen Sie beide Therapien, die übrigens auch gegen die Weiße Fliege und Thripse wie den Blasenfuß helfen, mehrmals im Abstand von zwei, drei Tagen, um auch die Nachkommen zu erwischen.

Mit Pinzette auf Läusejagd

Den Woll- und den platten Schildläusen, die sich besonders gerne an Kakteen und Palmen gütlich tun, kommen Sie mit Seife & Co. leider nicht immer bei. Dann hilft nur das sorgfältige Absammeln der Schädlinge mit einer Pinzette. Nehmen Sie dazu wie Großmutter eine große Lupe, damit Sie auch den Nachwuchs finden.

Am besten zerquetschen Sie die Schädlinge gleich beim Absammeln. Falls Ihnen das zu grausam ist, können Sie sie mit kochendem Wasser kurz und schmerzlos unschädlich machen.

Tauchbad gegen Springschwänze

Ein paar Hüpfer richten noch keinen Schaden an. Nur wenn die weißen Springschwänze, die auf der Er-

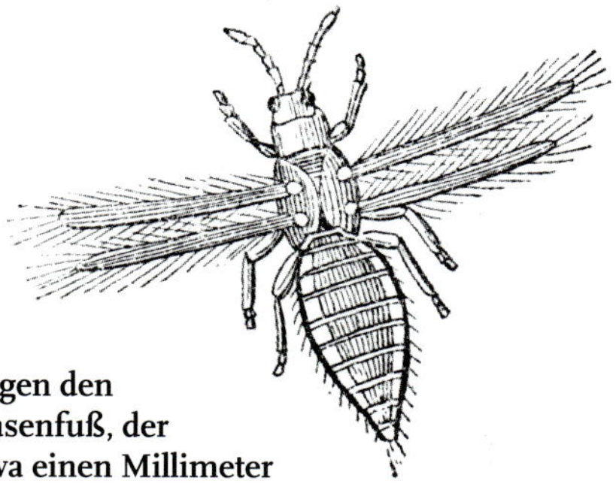

Gegen den Blasenfuß, der etwa einen Millimeter groß wird, kam bei Großvater eine starke Tabakslösung zum Einsatz, mit der die Blätter gewaschen wurden.

de und dem Topfrand hin und her hüpfen, in Massen auftreten, sollten Sie handeln. Denn dann sind die Wurzeln Ihrer Topfpflanzen in Gefahr. Tauchen Sie den Topf bis über den Rand in handwarmes Wasser und gießen Sie die Übeltäter dann einfach mit ab. Zur Vorbeugung sollten Sie Ihre Pflanzen nicht zu feucht halten und die Erde regelmäßig oberflächlich lockern.

Radikalkur gegen Wurzelfeinde
Bei Wurzelschädlingen wie den wolligen Wurzelläusen, Milben und Larven vom Dickmaulrüssler hilft nur ein kompletter Austausch der Erde. Entwirren Sie den Wurzelballen und spülen Sie die alte Erde unter fließendem Wasser restlos heraus. Tontöpfe sollten Sie so heiß wie möglich auswaschen, Plastiktöpfe können Sie mit Spülmittel reinigen. Die gereinigte Pflanze topfen Sie in neue Erde. Sicherheitshalber sollten Sie dennoch einige Male mit einem Pyrethrummittel (Vorsicht: auch für Menschen giftig!) gießen, um übersehene oder nachgeschlüpfte Läuse oder Milben zu vernichten. Um diesen Wurzelfeinden vorzubeugen, steckte Großmutter pro Topf drei, vier Streichhölzer mit dem Schwefelkopf in die Erde und erlaubte Großvater, seine Zigarrenasche auf den Töpfen zu verteilen.

Bei großblättrigen Pflanzen können Sie den Schädlingen mit einem in Seifenlösung getränkten Tuch auf den Leib rücken.

Ab in die Tüte!
Spinnmilben beseitigen Sie, indem Sie den Topf kräftig gießen, eine Plastiktüte darüber stülpen und ihn fest verschließen. In der dadurch entstehenden hohen Luftfeuchtigkeit gehen die lästigen Sauger zugrunde. Prüfen Sie aber, ob die Pflanze diese Kur verträgt. Für Kakteen (Ausnahme: Blattkakteen) ist sie nicht zu empfehlen. Eine Alternative ist das Besprühen mit einem Sud aus Zwiebelschalen: Überbrühen Sie eine Hand voll von Letzteren mit einem halben Liter kochendem Wasser. Nach dem Abkühlen seihen Sie ab. Der Absud kommt in die Blumenspritze, mit der Sie dann die Gespinste der Milben mehrfach einsprühen.

Mit Schnaps gegen Asseln
Mit Speck fing Großmutter Mäuse, mit Schnaps und Orangenschalen lästige Kellerasseln. Dazu gab sie einige Tropfen Korn oder Likör neben die Lieblingstöpfe der Tiere und deckte eine ausgepresste Orangenhälfte darüber. Einen Tag später musste sie die

Blattläuse lassen sich auch dadurch bekämpfen, dass man befallene Pflanzen mit einer Seifenlösung besprüht.

grauen Tierchen nur noch mit der Kehrschaufel einsammeln und nach draußen befördern. Auf die gleiche Art können Sie auch Ameisen einfangen. Hier reicht schon etwas Zuckerwasser, um die lästigen Gesellen unter die Orangenschale zu locken.

Backofenhitze gegen Schädlinge

Wer Gartenerde oder Kompost für Zimmerpflanzen verwendet, ist gut beraten, sie vorher im Backofen zu dämpfen. Dadurch werden Schädlinge und Krankheitserreger zuverlässig abgetötet.
Großvater zweckentfremdete dazu gerne den Gänsebräter, wenn er neue Kakteenerde brauchte. Heute geht das einfacher: Füllen Sie einen dieser modernen durchsichtigen Bratenschläuche (aus dem Supermarkt) mit feuchter Erde und verschließen Sie ihn nach Packungsanleitung. Legen Sie ihn dann mit der Foliennaht nach oben auf ein Backblech und lassen Sie ihn etwa 20 Minuten im auf 200 Grad vorgeheizten Backofen schmoren. Lassen Sie die heiße Erde draußen abkühlen, denn sie »muffelt« etwas!

Der folgende Serviceteil setzt sich aus drei Teilen zusammen. In einem Glossar werden wichtige in diesem Buch vorkommende Fachbegriffe erläutert. Daran schließt sich ein weiterführendes Verzeichnis an, in dem alte und neue Literatur zum alten Wissen, informative Internetseiten sowie wichtige Kontakt- und Bezugsadressen aufgelistet sind. Abgerundet wird der Serviceteil schließlich durch ein detailliertes Personen- und Sachregister, mit dem sich alle Themen schnell und leicht erschließen lassen.

Altes Wissen neu entdeckt

Serviceteil

Glossar

Alaun: (Kaliumaluminiumsulfat), in warmem Wasser gut lösliches Salz der Schwefelsäure; Verwendung findet es in Färberei, Gerberei und Papierindustrie, in der Medizin als blutstillendes Mittel.

alkalisch: die Eigenschaft von Alkaloiden; das sind chemische Verbindungen mit meist basischem Charakter, die überwiegend in Pflanzen enthalten sind und Säuren neutralisieren können.

Allicin: Wirkstoff des Knoblauchs.

Aminosäuren: kleinste Bausteine der Proteine (Eiweiße), teils vom Körper selbst produziert, teils durch Nahrung zugeführt (= essenzielle Aminosäuren).

Ammoniak: farbloses Gas mit stechendem Geruch, entsteht durch die Zersetzung von pflanzlichem und tierischem Eiweiß bei der Fäulnis, ist häufig Bestandteil von Reinigungsmitteln und Kunstdünger, wird als wässrige Lösung auch Salmiakgeist genannt.

Ammoniumcarbonat: auch Hirschhornsalz oder kohlensaures Ammonium genannt, ein farbloses, wasserlösliches Salz mit stechendem Geruch, wird beispielsweise als Backtriebmittel verwendet, früher auch als Riechsalz.

Anämie: umgangssprachlich Blutarmut genannt, ein durch Krankheit oder Blutverlust verursachter oder auch genetisch bedingter Mangel an roten Blutkörperchen.

Anti-Aging: (englisch, »gegen das Altern«), Mittel und Methoden zur Verzögerung des Alterungsprozesses.

Antibiotika: Stoffwechselprodukte von Bakterien oder Pilzen, die andere Bakterien an Vermehrung/Wachstum hindern bzw. sie abtöten; in der Medizin zur Bekämpfung von bakteriellen Infektionskrankheiten eingesetzt.

Antioxidans: Oxidationsvorgänge hemmende Substanz; in der Medizin gelten Antioxidantien wegen ihrer hemmenden Wirkung auf freie Radikale als krebsvorbeugend.

antiseptisch: keimtötend.

Anti-Ulkus-Faktor: (von lateinisch *ulcus*, »Geschwür«), heilende Wirkung auf Geschwüre.

antiviral: gegen Viren wirkend.

Appretur: die Aufbereitung von textilen Geweben durch chemische oder mechanische Behandlung; Ziel ist die Verbesserung von Aussehen und Gebrauchseigenschaften der Gewebe.

Art déco: modernistischer Kunst- und Designstil der Zeit zwischen den Weltkriegen.

Arts and Crafts: (englisch, »Künste und Handwerke«), 1861 in England gegründete Bewegung, die sich für das alte Handwerk und gegen die industrielle Produktion von Möbeln und kunstgewerblichen Gegenständen einsetzte.

ätherische Öle: flüchtige Essenzen aus Pflanzenteilen, hauptsächlich verwendet für Parfümerieprodukte und Liköre sowie in der Aromatherapie.

Äthylen: auch Ethen genannt, farbloses hochentzündliches Gas mit süßlichem Geruch; unterschiedlichste Verwendung: in der chemischen Industrie, bei der Herstellung von Kunststoffen, als Pflanzenhormon etwa zur Beschleunigung der Fruchtreifung, als Schädlingsbekämpfungsmittel, als Brenngas, früher auch als Narkosemittel.

Atrium: umbauter Innenhof eines Hauses, oft mit Brunnen und umlaufendem Gang.

Ayurveda: traditionelle indische Heilkunst mit ganzheitlicher Ausrichtung; zur Anwendung kommen meist Ölmassagen sowie Reinigungs- und Entschlackungstherapien.

Azulen: entzündungshemmender Stoff in ätherischen Ölen.

Bachblüten-Therapie: ein von dem englischen Arzt Edward Bach entwickeltes ganzheitliches naturheilkundliches Verfahren, bei dem Blüten bzw. Wasser, in das die Blüten eingelegt wurden, zum Einsatz kommen. Die Bachblüten sollen auf die Psyche und indirekt auch auf das körperliche Befinden positiv wirken.

Bakterien: mikroskopisch kleine Organismen, die praktisch überall verbreitet sind; werden als Krankheitserreger gefürchtet, sind aber für den Naturkreislauf notwendig, da sie alle möglichen organischen Substanzen zersetzen, was etwa zu Gärung oder Fäulnis führt.

basisch: Eigenschaft von Basen; das sind chemische Lösungen mit seifigem Geschmack, früher Laugen genannt, die Säuren neutralisieren können.

Bauhaus: deutsches Lehrinstitut (1919 – 1933) für die unterschiedlichsten Künste; besonders einflussreich wirkte der sachliche Bauhausstil in Architektur und Design.

Beta-Carotin: das bekannteste Carotin (pflanzlicher Farbstoff; *siehe auch* Carotinoide) und Vorstufe zum Vitamin A, kommt in gelben bis roten Früchten und Gemüsen und tiefgrünen Blattgemüsen vor, wird als Nahrungsergänzungsmittel angeboten, soll vor Krebs schützen (bei Rauchern in hohen Dosen jedoch womöglich krebserregend).

Blanchieren: kurzzeitiges Kochen bzw. Überbrühen von Nahrungsmitteln.

Bor: chemisches Element, das in der Natur in Form von sauerstoffhaltigen Verbindungen (z. B. Borax) vorkommt.

Borax: natürliche Bor-Sauerstoffverbindung; hauptsächliche Verwendung: als Bleichmittel in Waschpulver, Reinigungsmitteln und Kosmetika, zur Schädlingsbekämpfung, als Holzschutzmittel, für Steingutglasuren.

Bronchialerkrankungen: Erkrankungen der Bronchien (Luftröhrenäste zur Lunge), meist Folge von Erkältung oder Infektion, oft verbunden mit Husten, Auswurf, Brustschmerzen.

Bronchitis: auch Bronchialkatarrh genannt; entzündliche Reizung der Bronchien (Luftröhrenäste zur Lunge), kann in chronischer Form Anzeichen für Herz- oder Lungenkrankheiten sein.

Calciumcarbonat: chemische Verbindung, Hauptbestandteil des Kalksteins, z. B. auch in Knochen enthalten.

Carnaubawachs: das härteste Naturwachs, wird aus dem Überzug der Blätter einer brasilianischen Palmenart gewonnen; vielseitige Verwendung vom Lippenbalsam bis zum Möbelwachs.

Carotinoide: gelbe bis rote natürliche Farbstoffe in Pflanzen und Tieren; das bekannteste Carotinoid ist Carotin (Provitamin A), das z. B. in Karotten enthalten ist.

Catechine: organisch-chemische Verbindungen, die in natürlichen Gerbstoffen enthalten sind, etwa in weißem und auch grünem Tee; sollen das Immunsystem unterstützen und vor Krebs schützen.

Chenille: Garn bzw. Textilgewebe mit samtartiger Oberfläche, vor allem für Vorhänge und Möbelbezüge verwendet.

Cholesterin: fettähnlicher Stoff im Körper mit lebenswichtigen Funktionen (Gallensäureproduktion, Gewebeaufbau, Bildung von Vitamin D und bestimmter Hormone), wird teils vom Körper selbst produziert, teils durch tierische Nahrungsmittel zugeführt. Ein zu hoher Cholesterinspiegel gilt als Risikofaktor für Herz-Kreislauf-Krankheiten.

Convenience-Food: (englisch, »bequeme Kost«), im Handel erhältliche vorbereitete oder vorgefertigte Speisen, von der Tiefkühlpizza bis zum bereits geschnittenen frischen Suppengemüse.

Croûtons: geröstete Brotwürfel.

Digestif: meist alkoholisches, nach dem Essen zur Verdauung gereichtes Getränk.

Elementelehre, antike: medizinisches Konzept, das Gesundheit als Harmonie der einzelnen Komponenten (Elemente) des Körpers definiert, Krankheit entsprechend als Disharmonie. Als Grundelemente der belebten und unbelebten Welt galten seit dem 6./5. Jh. v. Chr. Feuer, Wasser, Luft und Erde, deren Eigenschaften – warm, feucht, kalt bzw. trocken – auf den menschlichen Körper übertragen wurden.

Enzyme: Eiweißstoffe (Proteine) in den Körperzellen, maßgeblich am Stoffwechsel beteiligt.

Ergonomie: die Wissenschaft von den Bedingungen menschlicher Arbeit, bedeutsam insbesondere für die Gestaltung von Arbeitsplätzen und die Anpassung von Maschinen, Werkzeugen etc. an den Benutzer.

Farce: in der Küche: klein gehackte Nahrungsmittel zur Füllung von Geflügel, Fischen, Pasteten u. ä.

Feng Shui: die altchinesische Lehre von einer harmonischen Gestaltung der Umwelt, insbesondere der Wohnumgebung. Feng Shui geht davon aus, dass überall in unserer Umwelt Energie wirkt; dabei gilt es, durch eine Auswahl der richtigen Örtlichkeit und die richtige Raumgestaltung die positive Energie zu nutzen und somit ein angenehmes Umfeld zu schaffen.

Ferment: veraltet für Enzym.

Fettsäuren, essentielle: für den Stoffwechsel notwendige Fettsäuren meist pflanzlicher Art, die der Körper nicht selbst bilden kann. Deshalb müssen sie durch Nahrung zugeführt werden.

Firnis: glänzender Überzug des gehärteten Leinöls auf einer damit behandelten Fläche.

Flavonoide: natürliche Farbstoffe, die in vielen Pflanzen vorkommen und als gesundheitsfördernd gelten, etwa zur Vorbeugung von Herz-Kreislauf-Krankheiten und Krebs.

Fluoride: Salze, die den Aufbau von Knochen und Zähnen unterstützen.

Fond: (französisch, »Grund, Grundlage«), in der Küche: die Flüssigkeit, die beim Garen von Fleisch, Gemüsen, Pilzen, Obst etc. entsteht.

Globuli: (lateinisch, »Kügelchen«), Darreichung von Heilmitteln in der Form kleiner Kugeln, besonders in der Homöopathie und der Bachblüten-Therapie gebräuchlich.

Glyzerin: aus natürlichen Fetten gewonnene zähflüssige, farblose Substanz.

Gratin: im Backrohr durch starke Oberhitze überbackene oder überkrustete Speise.

Hexenstich: Näh- und Zierstich, der zweifach über Kreuz gearbeitet wird.

Histamin: ein Gewebshormon, das auf den gesamten Organismus wirkt (besonders auf Immunsystem, Gefäße, Magensäureproduktion, Schlaf-Wach-Rhythmus) und bei allergischen Reaktionen eine zentrale Rolle spielt. Da Histamin in unterschiedlicher Konzentration in fast allen Nahrungsmitteln vorkommt, kann die Zufuhr durch Ernährung gesteuert werden.

Homöopathie: Heilverfahren nach dem Grundsatz: Ein Arzneimittel, das hoch dosiert bei einem Gesunden eine bestimmte Krankheit auslöst, kann niedrig dosiert diese (oder eine ähnliche) Krankheit heilen. Deshalb werden in der Homöopathie Arzneimittel extrem verdünnt (»in homöopathischen Dosen«) verabreicht.

Hybride: in der Botanik eine durch Kreuzung verschiedener Zuchtlinien entstandene Pflanze.

Hydrogencarbonat: auch Bicarbonat genannt, Bestandteil der Salze der Kohlensäure, in natürlichem Mineralwasser enthalten, wirkt medizinisch gegen Übersäuerung, wird u. a. zur Herstellung von Backpulver verwendet.

Immunschwäche: Zustand, in dem das körpereigene Immunsystem seine Aufgabe, Krankheitserreger abzuwehren, nur eingeschränkt bewältigt.

Immunsystem: das körpereigene System der Wirbeltiere zur Abwehr von Krankheitserregern, umfasst bestimmte Organe und Zellen sowie die Antikörper (körpereigene Eiweißverbindungen). Bei der so genannten Immunreaktion machen diese Antikörper die in den Körper eingedrungenen Krankheitserreger (Antigene) unschädlich.

Kali(salze): natürlich vorkommende Salze, die beispielsweise als Düngemittel eingesetzt werden.

Kalium: metallische Verbindung, die aus Kalisalzen bzw. Pottasche gewonnen wird; medizinische Bedeutung als essentieller Mineralstoff, der u. a. die Muskeltätigkeit steuert. Kaliummangel, etwa durch zu viel Schwitzen, kann zu Muskelkrämpfen führen.

Kaliumcarbonat: kohlensaures Kalium; früher aus Holzasche gewonnen – daher die alte Bezeichnung Pottasche. Im Kontakt mit bestimmten Säuren wird Kohlendioxid freigesetzt, deshalb wird Kaliumcarbonat beispielsweise als Back-Triebmittel eingesetzt.

Kandelaber: meist aufwändig gestalteter, aus Edelmetall gefertigter Standleuchter.

Karmin: aus getrockneten Schildläusen gewonnener roter Farbstoff.

Kartätsche: im Handwerk ein großes, mit beiden Händen geführtes Reibebrett, das zum Glätten von Putz verwendet wird.

Kelim: gewebter oder gewirkter Teppich ohne Flor, auch als Wandbehang verwendet.

Kohlendioxid: ein farbloses Gas, das bei Verbrennung und Atmung entsteht, oft gleichgesetzt mit Kohlensäure, die allerdings erst durch die Lösung von Kohlendioxid in Wasser entsteht.

Kortison: Hormon der Nebennierenrinde, kann synthetisch produziert werden.

Legierung: in der Metallurgie: der durch Verschmelzen von mindestens zwei unterschiedlichen Metallen gewonnene metallische Stoff; in der Küche bedeutet Legieren das Binden einer klaren Flüssigkeit (z. B. Brühe) mit Mehl, Ei, Sahne etc.

Magnesium: chemisches Element, das in der Natur nicht in reiner Form, aber sehr häufig in Verbindungen (z. B. magnesiumhaltige Minerale in bestimmten Gesteinen und Gewässern) vorkommt. Als Mineralstoff im Körper wirkt Magnesium etwa bei der Muskelkontraktion (Herz!) mit.

Makrophagen: Zellen des Immunsystems der Wirbeltiere, die im Knochenmark gebildet werden.

Melatonin: Hormon, dessen Produktion und Ausschüttung im Körper in Zusammenhang mit dem Tag-Nacht-Rhythmus steht, deshalb auch »Schlafhormon« genannt.

Mikroorganismen: mikroskopisch kleine, meist einzellige Lebewesen, beispielsweise Bakterien und Viren, die sich an praktisch jede Umgebung anpassen können (Erde, Luft, Wasser).

Monokultur: in Land- und Forstwirtschaft sowie im Gartenbau der Anbau einer einzigen Pflanzenart.

Myzele: die Zellen eines Pilzes.

Natrium: Hauptbestandteil des Natrons.

Natriumcarbonat *siehe* Soda.

Natron: Natriumhydrogencarbonat, auch doppelkohlensaures Natron oder (fälschlich) Natriumbicarbonat genannt, ein natürliches Mineral, das als weißes, wasserlösliches Pulver im Handel ist; in Haushalt und Medizin vielseitig einsetzbar, auch in Backpulver enthalten.

Neuralgie: Nervenschmerz.

Nitrate: Salze der Salpetersäure, häufiger Zusatz in Düngemitteln; die Nitratbelastung von Gewässern ist ein erhebliches ökologisches und gesundheitliches Problem.

Nitrite: giftige Stoffe, die in Pflanzen, aber auch im Magen-Darm-Trakt unter bestimmten Bedingungen (Beispiel: aufgewärmter Spinat) aus Nitrat gebildet werden können.

Oxid: chemische Verbindung von Sauerstoff und einem anderen Element; Verbindungen, die ihren Sauerstoff leicht abgeben, heißen Oxidantien.

Pektine: Pflanzenstoffe, die in Verbindung mit Zucker und Hitze das Gelieren bewirken. Reich an Pektinen sind saure Früchte mit harten Bestandteilen (z. B. Zitronen), pektinarm sind weiche, süße Früchte (z. B. Erdbeeren).

Phosphor: (griechisch, »Lichtträger«), chemisches Element, das als Mineralstoff in jedem Organismus vorhanden ist; wird in fester Form aus Gestein abgebaut.

pH-Wert: gibt den Gehalt von Alkaloiden (*siehe* alkalisch) in einer Lösung an; ein ph-Wert über 7 bedeutet basische Lösung, unter 7 bedeutet saure Lösung.

Placebo: (lateinisch, »ich werde gefallen«), Scheinmedikament, das wie ein Arzneimittel aussieht, aber keine pharmazeutischen Stoffe, sondern beispielsweise nur Milchzucker enthält; unter Placebo-Effekt versteht man die positive Reaktion eines Patienten auf ein solches Scheinmedikament.

Pochieren: ohne Kochen in heißem Wasser garen.

Provitamin: Vorstufe eines Vitamins.

psychosomatisch: auf den Wechselwirkungen zwischen Seele (griechisch *psyche*) und Körper (griechisch *soma*) beruhend.

Radikal: kurzlebiges Atom oder Molekülrest; ein natürliches Stoffwechselprodukt, das bei vermehrtem Auftreten aber genetische Defekte in Körperzellen verursachen kann. Für die gesundheitsschädliche Vermehrung von Radikalen kann beispielsweise zu viel UV-Strahlung oder Zigarettenrauch verantwortlich sein.

Rigolen: Gartenbautechnik zum Lockern und Mischen verschiedener Bodenschichten mit dem Spaten, bei der bis zu einem Meter Tiefe umgegraben wird.

Saponine: natürliche Substanzen in bestimmten Pflanzen (z. B. Hülsenfrüchte, Zwiebeln, Knoblauch, viele Heilkräuter) mit antibakterieller Wirkung.

Säuren: chemische Lösungen mit saurem Geschmack (z.B. Essig); das richtige Verhältnis von Säuren und Basen im Körper (Säure-Basen-Haushalt) ist bedeutsam für alle Stoffwechselvorgänge.

Schlämmkreide: pulverförmig gemahlene Kreide.

Soda: eigentlich Natriumcarbonat, auch kohlensaures Natrium genannt, ein natürliches Salz von größter industrieller Bedeutung (z. B. Waschmittelproduktion, Glasproduktion, Altpapieraufbereitung), auch als Backtriebmittel verwendet.

Solanin: für den menschlichen Körper unter Umständen giftige Bestandteile verschiedener Nachtschattengewächse, etwa der grüne Anteil der Tomaten oder die ausgetriebenen Keime von Lagerkartoffeln.

stimulierend: anregend.

Symbiont: Organismus, der mit einer anderen Art von Organismus in gegenseitiger Abhängigkeit lebt, Beispiel: Darmbakterien und Mensch.

Talk: fettiges, weiches Mineral, vorwiegend zu Körperpuder (Talkumpuder) verarbeitet.

Tenside: Molekularverbindungen, die in chemischen Prozessen die Oberflächenspannung z. B. von Wasser verringern; Tenside in Waschpulver, Reinigungsmitteln, Shampoos sorgen dafür, dass das Wasser fetthaltigen Schmutz besser auswäscht, führen aber im Abwasser zu Sauerstoffarmut und Schaumbildung.

Terrakotta: gebrannter, unglasierter Ton.

Traditionelle chinesische Medizin: jahrtausendealte Medizin, die auf dem ganzheitlichen chinesischen Denken beruht und davon ausgeht, dass Krankheit auf eine Störung des Wechselspiels der im Kosmos waltenden Kräfte zurückgeht. Therapien der traditionellen chinesischen Medizin wie Akupunktur zielen darauf ab, ein entstandenes Ungleichgewicht der Kräfte wieder aufzuheben.

Vertikutieren: mechanisches Auflockern von verfilzten Rasenflächen, damit Luft, Wasser und Nährstoffe zu den Wurzeln vordringen können.

Viren: (lateinisch *virus*, Gift), Krankheitserreger, die als körperfremde Bestandteile in Zellen von Organismen (Menschen, Tiere, Pflanzen, Pilze) leben.

Virusgrippe: schwere Virusinfektion, die bei Menschen mit schwachem Immunsystem (etwa bei Säuglingen) tödlich verlaufen kann; auch der leichtere »grippale Infekt« wird meist durch Viren ausgelöst.

Vitamine: lebenswichtige organische Verbindungen unterschiedlichster Art mit unterschiedlichsten Funktionen für den Körper. Da sie der Körper nicht produzieren kann, müssen sie durch Nahrung zugeführt werden.

Zinkoxid: natürliche mineralische Verbindung (Sauerstoff und Zink), in unterschiedlicher Aufbereitung für unterschiedliche Zwecke genutzt; als weißes Pulver für Malerfarben heißt es auch Zinkweiß.

Literatur, Internet & Adressen

Allgemein

Verbraucherinformationen

Das Bundesumweltamt bietet Verbrauchertipps und kostenlose Broschüren zu Themen wie gesundes Wohnen, umweltverträgliche Waschmittel, Gesundheit und Umwelt, umweltbewusstes Gärtnern.

Bundesumweltamt
Postfach 330022 · 14191 Berlin
Tel.: 0 30 / 8 90 30 · *www.bundesumweltamt.de*

Über die Themen Bauen und Wohnen, Gesundheit und Ernährung, Umwelt und Energie informieren die regionalen Verbraucherverbände. Die Dachorganisation von 39 deutschen Verbraucherverbänden ist:

Verbraucherzentrale Bundesverband e.V.
Markgrafenstr. 66 · 10969 Berlin
Tel.: 0 30 / 25 80 00 · *www.vzbv.de/go*

Die Zeitschrift **Öko-Test** mit Internet-Auftritt *www.oekotest.de* zu den Themen Bauen, Wohnen und Renovieren, Essen und Trinken, Gesundheit, Kosmetik und Wellness sowie einem detaillierten Branchenverzeichnis mit Bezugsadressen, Handwerkern etc. zu diesen Bereichen.

Online-Magazin für umweltbewusste Verbraucher:
www.umweb.de

Historische Nachschlagewerke

Im Internet zugänglich
Eine Fundgrube alten Wissens ist das **Meyers Konversationslexikon**. Die Ausgabe von 1888 finden Sie im Internet unter: *http://susi.e-technik.uni-ulm.de:8080/Meyers2/index/index.html*
Über traditionelle Produkte informiert das berühmte Standardwerk **»Merck's Warenlexikon«**. Die 3. Auflage von 1884 finden Sie unter: *http://susi.e-technik.uni-ulm.de:8080/Meyers2/stoebern/werk/mercks/mercks.html*, die 7. Auflage von 1920 unter: *www.manufactum.de/_ber_Merck_s_Wa.2058.0.html*

Haushalt und Küche

Historische Haushalts-Ratgeber

Adenfeller, Marie, Werner, Friedrich: Illustriertes Koch- und Haushaltungsbuch, Friedrichshagen 1899/1900
Conradi-Stahl, Emmi: Wie Gritli haushalten lernt, Zürich 1919
Grossbies, Maria: Lehrbuch der Haushaltungskunde, Wien, Leipzig 1930
Kübler, Marie Susanne: Das Hauswesen, Stuttgart 1920
Müller, Susanna, Das fleißige Hausmütterchen, Zürich 1901
Prato, Katharina, Die Haushaltungskunde, Graz 1877
Schreiber, Martha, Kleine Haushaltungs-Kunde, Breslau 1927
Wundt, Emma, Koch- und Haushaltungsbuch, 22. neubearb. Auflage, Karlsruhe 1951
Das Lexikon der Hausfrau, Friesack 1938
Die 1000fache Fundgrube. Für die Hausfrau und für jedermann in Stadt und Land, 38. Auflage, Friesack 1938
Sei praktisch! 1000 Winke zum Bessermachen und Sparen für den Haushalt, Augsburg 1940

Historische Kochbücher

Dorn, Anna, Einsiedekunst. Oder vollständige Anleitung alle Dunstobst, Marmeladen und Säfte zu bereiten, sowie frisches Obst und Gemüse zu trocknen und aufzubewahren, Wien 1857
Eckhart, Emma, Der häusliche Herd. Neues geprüftes Kochbuch für junge Hausfrauen, erfahrene Köchinnen und solche, die es werden wollen, Wien, Pest, Leipzig 1876
Heyl, Hedwig, ABC der Küche. Der zeitgemäße Ratgeber für jede Hausfrau, Berlin 1938
Kneid, Maria, Stekler, Erna, Wirtschafts- und Kochbuch »Das Glück im Haus«, zugleich Handbuch für die Hausfrau. Teil 1. Wirtschaftsbuch und Ratgeber für die Hausfrau. Teil 2. Praktisches Kochbuch, Wien 1931
Renner, Anna, Das Reich der Bäuerin, Stuttgart 1949
Schütz-Glück, Irmgard, Bracht, Hilda, Die Einrichtung und Pflege des Haushaltes und die Haushaltsführung, 10. neubearb. Auflage, Stuttgart 1954
Volkart, Heinrich, Das Buch der einfachen Hausfrau, Frauenfeld 1900

Ergänzende Literatur

Andritzky, Michael: Oikos. Von der Feuerstelle zur Mikrowelle. Haushalt und Wohnen im Wandel, Gießen 1992
Kählau, Sabine: 2500 Haushaltstipps, Köln 2003
Morel, Andreas (Hrsg.), Basler Kost. So kochte Jacob Burckhardts Großmutter, Basel 2000
Morel, Andreas, Der gedeckte Tisch. Zur Geschichte der Tafelkultur, Zürich 2001
Neumann-Adrian, Edda u. Michael, Dingemann, Rüdiger, Knaurs Bio-Einkaufsführer für naturbelassene Lebensmittel, München 1994
Paterno, August, Die Fastenspeisen der Pfarrersköchinnen, Hamburg 1996
Rüegg, Kathrin, Was die Großmutter noch wusste. Gesunde und natürliche Haushaltsmethoden und -weisheiten, Zürich 1985
Rüegg, Kathrin, Feißt, Werner O., Vom Apfel bis zur Zwiebel. Was die Großmutter noch wusste, Bd. 3, Zürich, Stuttgart, Wien 1987
Schweizerisches Rotes Kreuz: Das Ei des Kolumbus oder gewusst wie. Über 500 praktische, überraschende, vielfach erprobte und originelle Tips für Ihren Haushalt, Bern 1982
Seymour, John, Vergessene Haushaltstechniken, Ravensburg 1988
Seymour, John, Das große Buch vom Leben auf dem Lande, Ravensburg 1995
Das Kleine Kaiser Natron ABC. Broschüre des Herstellers von Kaiser Natron, liegt jeder Großpackung bei.

Informative Internet-Adressen

Unterschiedlichste Haushalts-Tipps:
www.derhaushaltstipp.de
www.diehausfrauenseite.de · *www.eco-world.de*
www.einfach-natuerlich.de · *www.frag-mutti.de*
www.1000-haushaltstipps.de
www.haushaltstipps.net · *www.hexenkueche.de*
www.hausfrauenseite.de · *www.cleverefrauen.de*
www.swr.de/grossmutter
Gesunde Ernährung:
Das Bundesministerium für Ernährung, Landwirtschaft und Verbraucherschutz informiert über gesunde Ernährung: *www.bmelv.de*
Die breit angelegte Ernährungsberatung des Landes Rheinland-Pfalz, die auch Weinbau einschließt: *www.ernaehrungsberatung.rlp.de*
Das Naturkostportal: *www.naturkost.de*
Datenbank mit über 1300 Adressen von Nahrungsmittel-Direktvermarktern: *www.einkaufen-auf-dem-bauernhof.de*
Informationsportal zum ökologischen Landbau (auch Weinbau) mit regionalem Einkaufsführer: *www.oekolandbau.de*
Umweltbewusstes Putzen und Waschen:
www.aue.bs.ch/fachbereiche/fachuebergreifendes/umweltinformation/umwelttipps/oekologisch_waschen_und_putzen.htm
Traditionelle Putzmittel:
www.schrotundkorn.de/2002/sk0203g1.htm
www.umweltberatungluzern.ch/downloads/Reinigen.pdf
Traditionelle Fleckenmittel:
www.reinigungsportal.com/fleckenalmanach
Polstermöbel(pflege): *www.finkeldei.de/lexikon.htm*
Schädlingsbekämpfung:
www.umweltberatungluzern.ch/downloads/Haushaltsschaedlinge.pdf

Bezugsadressen und Kontakt

Konsumentenvereinigung zur Förderung traditioneller Speisen und Getränke:
Slow Food Deutschland e.V. · Geschäftsstelle
Hasseler Weg 3 · 27232 Sulingen
Tel.: 01 80 / 5 56 07 05 · *www.slowfood.de*
Deutschlands ältestes Kräuterhaus mit online-shop:
Firma Lindig
Blumenstr. 15 · 80331 München
Tel.: 0 89 / 26 57 26 · *www.seit1887.de*
Fleisch von alten Haustierrassen direkt vom Erzeuger:
Stianwaal-Hof · Tel.: 0 46 83/9 61 47
E-Mail: Stianwaal-Hof@gmx.de

Petra Dreßlein · Tel.: 0 48 37/12 72
E-Mail: petra_dresslein@yahoo.de
Arche-Hof Hüttenbusch · Tel.: 0 47 94/10 25
Nutztier-Arche Suderbruch
Tel.: 0 50 74/9 21 1
www.nutztier-arche.de
Christina und Heinz Knefelkamp
Tel.: 0 57 67/15 34
Ommerhof · Tel.: 0 22 66/30 47
www.ommerhof.de
Klosterhof Bünghausen
Tel.: 0 22 61/7 83 69 · *www.klosterbauer.de*
Klaus Jansen · Tel.: 0 28 21/89 98 67
www.weideschwein.de
Birgit und Nils Kochan
Schafhaltung im Erzgebirge
E-Mail: info@gotlandschaf.de
www.gotlandschaf.de
Werner Mayer · Tel.: 0 67 24/39 25
E-Mail: werner_mayer@freenet.de
Thomas und Dorothe Lengert
Tel.: 0 65 43/68 23 · *www.abpenhof.de*
Siegfried Jäckle · Tel.: 0 77 24/79 92
E-Mail: spittelhof@freenet.de
Josef und Nicole Denk · Tel.: 0 86 37/75 30
www.fuchshub.de
Ernst Koths · Tel.: 08 63/4 50 13
E-Mail: info@koths.de

Renovieren und Wohnen

Historische Ratgeber

Abel, Lothar, Das gesunde, behagliche und billige Wohnen, Wien 1894
Hengst, Guido, Rezepte und seltene Arbeitsweisen für Maler, Lackierer und Anstreicher, München 1925

Ergänzende Literatur

Benker, Gertrud, Schmidt-Glassner, Helga, Städtische Wohnkultur in Mitteleuropa von der Gotik bis zum Jugendstil, München 1984
Buchanan, George, Möbelrestaurierung selbstgemacht. Eine Anleitung in rund 1000 Bildern, Wiesbaden und Berlin 1988
Darmstadt, Christel, Häuser instand setzen: stilgerecht und behutsam. Ein bebilderter Ratgeber nicht nur für Fachleute, Düsseldorf 1993
Fritsch, Manfred, Handbuch gesundes Bauen und Wohnen, München 1996
Gates, Dorothy, Das große Buch – Polstern, Köln 2001
Gööck, Roland, Die großen Erfindungen. Textil, Bauen und Wohnen, Beleuchtung, Künzelsau 1986
Jackson, Albert, Day, David, Handbuch der Holzbearbeitung, Ravensburg 1994
Küstermann, Andreas, Leben mit Massivholzmöbeln, Heidelberg 1997
Mack, Lorrie, Hayley, Geoffrey, Richtig polstern. Reparieren – Restaurieren, München 1982
Pehle, Tobias, Öfen und Kamine aufbauen und anschließen, Niedernhausen 2000
Rau, Ottfried, Braune, Ute, Der Altbau. Renovieren – Restaurieren – Modernisieren, 6., überarbeitete Auflage, Leinfelden-Echterdingen 1997
Schmitz-Günther, Thomas (Hg.), Lebensräume. Der große Ratgeber für ökologisches Bauen und Wohnen, Köln 1998
Sator, Günther, Feng Shui, München 2004
Schnaus-Lorey, Ellinor, Restaurieren von Möbeln. Stilkunde, Materialien, Techniken. Arbeitsanleitungen in Bildfolgen, Niedernhausen 1996
Teuteberg, Hans Jürgen, Wischermann, Clemens, Wohnalltag in Deutschland 1850–1914. Bilder, Daten, Dokumente, Münster 1985
Umweltinstitut München (Hg.), Ratgeber wohnen und wohlfühlen, München 1996
Zogler, Oliver, Das gesunde Haus. Materialien, Techniken, Kosten, München 2003

Informative Internet-Adressen

Möbelkunde und Einrichten (Verband der Deutschen Möbelindustrie): *www.wohninformation.de*
Wohnen und Einrichten: *www.wohnatelier.de*
Online-Magazin für Wohntextilien: *www.textile-wohnwelt.de*
Über Beleuchtung informiert die **Fördergemeinschaft Gutes Licht:** *www.licht.de*
Das Heimwerkerportal: *www.heimwerker.de*
Hobbythek des WDR: *www.hobbythek.de*
Über **Altbausanierung:** *www.konrad-fischer-info.de*
Über **Schadstoffe in Innenräumen** informiert das Bayerische Landesamt für Umweltschutz: *www.bayern.de/lfu/umwberat/data/chem/innen/innen1_nov03.pdf*

Bezugsadressen und Kontakt

Die folgenden Internetseiten bieten zahlreiche Bezugs- und Kontaktadressen:
Branchenportal »**Rund ums Wohnen**«: *www.raumausstattung.de*
Branchenportal für **traditionelle Bauweisen und Baumaterialien** mit Lieferanten, spezialisierten Handwerksbetrieben, Architekten und Beratern sowie Workshops für alte Techniken: *www.fachwerk.de*
Natürliche Farben und Putze: *www.farbenwerkstatt.de*
Traditionelle Baumaterialien: *www.alternativeninderaltmark.de/baubiologie.htm*

Gesundheit

Ergänzende Literatur

Gottschalk, Christine E., Green, Joy C., Handbuch der Ethnotherapien, Norderstedt 2002
Greten, Johannes, Kursbuch Traditionelle Chinesische Medizin, Stuttgart 2003
Hobert, Ingfried, Die Medizin der Aborigines, Zürich 2004
Lad, Vasant, Das große Ayurveda-Heilbuch, Aitrang 2002
Rieger, Berndt, Traditionelle Europäische Medizin. Heilkunst und Rezepte der Mönche und Kräuterhexen, München 2005
Rieger, Heidrun und Berndt, Der Schüßler-Salze-Stufenplan für Ihr Kind. Sanft, einfach, heilend, effektiv, München 2005
Samel, Gerti, Tibetische Medizin. Diagnosemethoden und Therapien auf einen Blick, München 2005
Schmincke, Christian, Chinesische Medizin für die westliche Welt, Berlin 2005
Schrott, Ernst, Ayurveda. Die besten Tipps, München 2004
Stadelmann, Ingeborg, Hebammensprechstunde, Ermengerst 2002
Überall, Andrea, Tibetische Hausapotheke. Die Geheimnisse lebenslanger Gesundheit, Zürich 2005

Informative Internet-Adressen

5000 Stichwörter zur Naturheilkunde liefert *www.naturheilkundelexikon.de*
Ein **Naturmedizin-Portal:** *www.naturmedizin.de*
Über **Naturheilverfahren** im erfolgreichsten deutschen Gesundheits-Portal: *www.naturmedizin.qualimedic.de*
Heilpflanzen von A bis Z und Informationen über ihren Einsatz: *www.phytotherapie-komitee.de*

Bezugsadressen und Kontakt

Deutsche Gesellschaft für Ayurveda
Chausseestr. 29 · 10115 Berlin
Tel.: 01 80/50 07 79 69 · *www.ayurveda.de*
Die Bachblütenpraxis
Postfach 40 01 34 · 50831 Köln
Tel.: 02 21/9 48 49 04 · *www.bachblueten-pur.de*
Deutsche Gesellschaft für Chirotherapie
Lamontstr. 8 · 81679 München
Tel.: 0 89/99 01 39 99 · *www.DGCO.de*
Institut für Ethnomedizin e.V.
Melusinenstr. 2 · 81671 München
Tel.: 0 89/40 90 81 29
www.institut-ethnomed.de
Deutsche Gesellschaft für Klassische Homöopathie
Saubsdorfer Str. 9 · 86807 Buchloe
Tel.: 0 82 41/91 16 80
www.dgkh-homoeopathie.de
Kneipp-Bund e.V.
Adolf-Scholz-Allee 6–8 · 86825 Bad Wörishofen
Tel.: 0 82 47/3 00 20 · *www.kneippbund.de*
Informationszentrum für Tibetische Medizin
Dr. Florian Überall
Franz-Stockmayer-Str. 30 · A-6410 Telfs
Tel.: 00 43/5 26/26 11 11
www.tibetischemedizin.org
Deutsche Gesellschaft für Traditionelle Chinesische Medizin
Karlsruher Str. 12 · 69126 Heidelberg
Tel.: 06 22/1 37 45 46 · *www.dgtcm.de*
Praxis für Traditionelle Europäische Medizin
Dr. med. Heidrun und Dr. med. Berndt Rieger
Schützenstr. 15 · 96047 Bamberg
Tel.: 09 51/2 08 32 36 · *www.berndt-rieger.de*
Bundesverband der Yogalehrenden in Deutschland
Jüdenstr. 37 · 37073 Göttingen
Tel.: 05 51/ 488 38 08 · *www.yoga.de*
Ein **Verzeichnis freier Hebammen** in Deutschland finden Sie unter: *www.hebammensuche.de*

Garten

Ergänzende Literatur

Brickell, Christopher, Joyce, David, Pflanzenschnitt und Formgebung, Starnberg 2003
Richberg, Inga-Maria, Altes Gärtnerwissen – der Praxis-Ratgeber, 7. Aufl., München 2004
Seifert, Alwin, Gärtnern, Ackern ohne Gift, 8. Aufl., München 1991
Storl, Wolf-Dieter, Pfyl, Paul, Bekannte und vergessene Gemüse, Aarau 2002
Sulzberger, Robert, Kompost, Erde, Düngung, München 2003
Weinrich, Christa, Geheimnisse aus dem Klostergarten, Stuttgart 2005

Informative Internet-Adressen

Pflanzen-Nachschlagewerk und **Tipps für ökologisches Gärtnern:** *www.bio-gaertner.de*
Altes Wissen für Hobbygärtner: *www.gartenopa.de*
Empfehlungen für Hobbygärtner vom **Freundeskreis Botanischer Garten Aachen:** *www.biozac.de*
Traditionelle Gartenkultur: *www.frost-burgwedel.de*
Traditionelles Landleben heute: *www.lupos-landleben.de*

Bezugsadressen und Kontakt

Allgemein
Arche Noah · Gesellschaft für die Erhaltung der Kulturpflanzenvielfalt
Obere Straße 40 · A-3553 Schloss Schiltern
Tel.: 00 43/27 34/86 26
Fax: 00 43/27 34/86 27 · *www.arche-noah.at*

Kompostpräparate
Benediktinerinnenabtei zur Heiligen Maria
Nonnengasse 16 · 36037 Fulda
Tel.: 06 61/9 02 45 31 · *www.abtei-fulda.de*

Alte Obstsorten
Ahornblatt GmbH
Postfach 1125 · 55001 Mainz
Tel.: 0 61 31/7 23 54
www.ahornblatt-garten.de
Baumgartner Baumschulen
Hauptstraße 2 · 84378 Nöham
Tel.: 0 87 26/2 05
www.baumgartner-baumschulen.de
Baumschule Alte Obstsorten
Waldweg 2 · 24966 Sörup
Tel.: 0 46 35/27 45 · *www.alte-obstsorten.de*
Baumschule Bergt
Thaler Landstr. 26 · 31812 Bad Pyrmont
Tel.: 05281/8237
Baumschule Hermann Cordes
Lülanden 4 · 22880 Wedel/Holstein
Tel.: 0 41 03/9 39 80 · *www.cordes-apfel.de*
Baumschule Oppel
Dillenbergstr. 13
90579 Langenzenn/Stinzendorf
Tel.: 0 91 01/28 62 · *www.werner-oppel.de*
Hof Lachapfel
Kriwitz 26
29485 Lemgow/Lüchow Dannenberg
Tel.: 0 58 83/4 56
www.lachapfel.de
Versandgärtnerei Strickler
Lochgasse 1 · 55232 Alzey-Heimerheim
Tel.: 0 67 31/38 31 · *www.gaertnerei-strickler.de*

Alte Erdbeersorten
Peter Eberhardt
Augsburger Str. 4 · 82362 Weilheim
Tel.: 08 81/6 49 76
www.uromas-erdbeeren.de
Erdbeeren-Spargel Springensguth
Rodenweg 36 · 33415 Verl
Tel.: 0 52 07/7 77 72 · *www.erdbeeren.de*

Alte Gemüse- und Blumensorten (Saatgut)
Erwin Bauereiß
Markgrafenstr. 21 · 91438 Bad Windsheim
Tel.: 0 98 41/29 74
Ulrike Behrendt
Oldendorfer Landstr. 14 · 27729 Holste
Tel.: 0 47 48/32 37
Bingenheimer Saatgut AG
Kronstr. 24 · 61209 Echzell
Tel.: 0 60 35/18 99 10 · *www.oekoseeds.de*
Ulla Grall
Eulengasse 3 · 55288 Armsheim
Tel.: 0 67 34/96 03 79 · *www.bio-saatgut.de*
Ursula Schneider
Im Alten Feld 9 · 51588 Nümbrecht
Tel.: 0 22 93/14 04 · *www.berg-bauerngarten.de*
Zwiebelgarten
Waldstetter Gasse 4
73525 Schwäbisch Gmünd
Tel.: 0 71 71/92 87 12 · *www.zwiebelgarten.de*

Alte Kartoffelsorten
Grüner Tiger
Pfarräckerstr. 13 · 90522 Oberasbach
Tel.: 09 11/69 84 30 · *www.gruenertiger.de*
naturwuchs
Bardenhorst 15 · 33739 Bielefeld
Tel.: 05 21/9 88 17 78 · *www.naturwuchs.de*

Alte Tomatensorten (Saatgut)
Eike Bretschneider
Nelkenweg 5a · 40699 Erkrath-Hochdahl
Tel.: 0 21 04/3 39 62

Alte Rosensorten
Baumschule RosenZeiten
Steegenweg 14 · 26160 Bad Zwischenahn
Tel.: 0 44 03/7 11 57 · *www.rosenzeiten.de*
Historische Rosengärten
Göttinger Landstr. 75 · 30966 Hemmingen
Tel.: 05 11/42 07 70 · *www.rosengalerie.de*
W. Kordes' Söhne
Rosenstr. 54
25365 Klein Offenseth-Sparrieshoop
Tel.: 0 41 21/4 87 00 · *www.kordes-rosen.com*
Rosen Jensen GmbH
Am Schloßpark 2b · 24960 Glücksburg
Tel.: 0 46 31/6 01 00 · *www.rosen-jensen.de*
Rosengärtnerei Kalbus
Hagenhausener Hauptstr. 112
90518 Altdorf
Tel.: 0 91 87/57 29 · *www.rosen-kalbus.de*
Rosenhof Schultheis
Bad Nauheimer Str. 3–7
61231 Bad Nauheim-Steinfurth
Tel.: 0 60 32/8 10 13
www.rosenhof-schultheis.de
Rosenschule Ruf
Zum Sauerbrunnen 35
61231 Bad Nauheim-Steinfurth
Tel.: 0 60 32/8 18 93 · *www.rosenschule-ruf.de*
RosenWelt Tantau
Tornescher Weg 13 · 25436 Uetersen
Tel.: 0 41 22/70 84 · *www.rosen-tantau.com*
Karl Otto Schütt
Vorder-Neuendorf 16 · 25554 Neuendorf
Tel.: 0 48 23/91 95
www.historische-rosen-schuett.de
Vierländer Rosenhof
Norderquerweg 88 · 21037 Hamburg
Tel.: 0 40/72 37 07 63
www.vierlaender-rosenhof.de

Alte Staudenzüchtungen
Arends & Maubach
Monschaustr. 76 · 42369 Wuppertal
Tel.: 02 02/46 46 10 · *www.arends-maubach.de*
Clematis-Kulturen
Peiner Hof 7 · 25497 Prisdorf
Tel.: 0 41 01/7 41 04 · *www.clematis-westphal.de*
Foerster-Stauden GmbH
Am Raubfang 6 · 14469 Potsdam-Bornim
Tel.: 03 31/52 02 94 · *www.foerster-stauden.de*
Friesland Staudengarten
Husumer Weg 16 · 26441 Jever/Rahrdum
Tel.: 0 44 61/37 63
www.friesland-staudengarten.de
Hagemann Staudenkulturen
Walsroder Str. 324 · 30855 Langenhagen
Tel.: 05 11/73 76 44 · *www.traumraeume.de*
Odenwälder Pflanzenkulturen Kayser & Seibert
Wilhelm-Leuschner-Str. 85 · 64380 Roßdorf
Tel.: 0 61 54/90 68 · *www.kayserundseibert.de*
Osnabrücker Staudenkulturen
Linner Kirchweg 2 · 49143 Bissendorf-Linne
Tel.: 0 54 02/56 18 · *www.zur-linden-stauden.de*
Staudengärtnerei Dieter Gaissmayer
Jungviehweide 3 · 89257 Illertissen
Tel.: 0 73 03/72 58 · *www.gaissmayer.de*
Staudengärtnerei Klose
Rosenstr. 10 · 34253 Lohfelden bei Kassel
Tel.: 05 61/51 55 55
www.staudengaertner-klose.de
Staudengärtnerei Ernst Pagels
Deichstr. 4 · 26789 Leer
Tel.: 04 91/32 18 · *www.ernst-pagels.de*
Staudengärtnerei Jürgen Peters
Auf dem Flidd 20 · 25436 Uetersen
Tel.: 0 41 22/33 12 · *www.alpine-peters.de*
Staudengärtnerei Schöllkopf
Gewand Heckwiesen
72735 Reutlingen-Betzingen
Tel.: 0 71 21/5 49 71
www.staudengaertnerei-schoellkopf.de
Staudengärtnerei Gräfin von Zeppelin
79295 Sulzburg/Laufen
Tel.: 0 76 34/6 97 16
www.graefin-v-zeppelin.com

Alte Seerosen
Jörg Petrowsky
Aschauteiche 2 · 29348 Eschede
Tel.: 0 51 42/8 03 · *www.seerosensorten.de*
Steffen Preller
Welsleber Weg 26 · 39171 Dodendorf
Tel.: 03 91/6 22 17 03 · *www.seerosenwelt.de*
Werner Wallner
Matthias-Wahl-Str. 22 · 86343 Königsbrunn
Tel.: 0 82 31/91 98 72 · *www.nymphaion.de*

Alte Blumenzwiebeln
Albrecht Hoch
Potsdamer Str. 40 · 14163 Berlin
Tel.: 0 30/8 02 62 51 · *www.albrechthoch.de*
Hof Berggarten
Lindenweg 17 · 79737 Herrischried
Tel.: 0 77 64/2 39 · *www.hof-berggarten.de*
Bernd Schober
Stätzlinger Str. 94a · 86165 Augsburg
Tel.: 08 21/72 98 95 00
www.der-blumenzwiebelversand.de

Personen- und Sachregister

Kursive weisen auf Abbildungen hin.

A

B

E

F

Abbildungsnachweis

aisa, Barcelona: 140, 208/209 Hintergrund, 344 o., 344/345/Hintergrund, 361 u.; **Archiv für Kunst und Geschichte, Berlin:** 12 r., 15 o./Lessing, 20/21 Hintergrund, 22/23 Hintergrund, 57 o./Sotheby's, 60 o., 61 o., 66, 72/73 Hintergrund/Lessing, 90, 90/91 Hintergrund/Verney, 91 o.r., 95 u., 98 o., 110/Martin, 127 u., 177 u./Nou, 177 o., 192, 199 u./Meyer, 204 u.l./British Library, 205 o.l./Forman, 210 u., 227 u., 266/Lessing, 267 o./British Library, 267 Hintergrund, 269 o./Heine, 289/Lessing, 295 u., 295 o./Zillmann, 298 r./Lessing, 306 o.; **Bauknecht Haushaltsgeräte GmbH:** 56/57 Hintergrund; **Albrecht Boehm Grafik Design:** 150 o.; **Bundesprogramm Ökologischer Landbau:** 214 r.; **Corbis-Bettmann, New York:** 72 o., 140/141 Hintergrund, 283 u.; **Dänisches Fremdenverkehrsamt, Kopenhagen:** 35 u.; **De Beers Consolidated Miners Ltd., London:** 68/69 Hintergrund; **Document Vortragsring e.V., München:** 21 u./Göhler, 100/101 Hintergrund/Trippmacher, 217 o./Kremnitz-Lacus; **fotolia.com:** 147 u./Derbongen, 164 r./Gavin; **Getty Images, München/RF** – 104/105 Hintergrund/Kevin Sanchez/Cole Group; **HARO – Die Parkettmarke:** 138 o.; **Gerhard Huber, Graz:** 40 u., 50/51 Hintergrund, 141 u.; **IFA-Bilderteam, Ottobrunn:** Vorsatz/DIAF/SDP, 4 r./DIAF/SDP, 5 r./Int. Stock, 6/IPP, 7/TPC, 16 o./Jakob, 18/IPS, 18/19/Alexandre, 21 o./Selma, 23 l./Stadler, 23 r.o./Steinberger, 24 o./IPS, 26/27 Hintergrund/BE&W, 32 o./IDS, 37 r./Alexandre, 38 r./Beateworks, 40/41 Hintergrund/IDS, 44 o./Diaf, 44/45 Hintergrund/v. Stoheim, 45 o./IDS, 45 u./DIAF/SDP, 47/IPS, 48 u./Franka, 49 u./Ritterbach, 51/Thiele, 58 o./Tschanz, 62 o./Welsh, 62 u./Lukas, 74/75/DIAF/SDP, 77 o./Schüller, 81 o./Tschanz, 81 u./Aigner, 82 u./Rauch, 84/85Hintergrund/DIAF/SDP, 86 o./IPS, 88 o./DIAF/SDP, 89 r./DIAF/SDP, 93 o./IDS, 95 o./Alexandre, 96/97 Hintergrund/Vision, 99 M./IDS, 101 o./Hahn, 104 l./DIAF/SDP, 107 o./DIAF/SDP, 112 o./Jose Fuste Raga, 116/IDS, 116/117 Hintergrund/DIAF, 118 l./Tschanz, 119 o./DIAF/SDP, 121/IPS, 125 o./ISIFA, 139 u./DIAF, 141 o./Jon Arnold Images, 142 o./Heron, 145 o./Theile, 148 o./IPS, 149/IPS, 150/151 Hintergrund/it/tpl., 154 o./DIAF, 155 l./Beateworks, 156 r./Alexandre, 158 r./Löhr, 176/177 Hintergrund/Int. Stock, 178 o.r./Beateworks, 179/DIAF SDP, 184/ISIFA, 184/185 Hintergrund/Breig, 185/ISIFA, 186 r./Diaf, 187 r./Winda woppa, 189 u./Jon Arnold Images, 190 Hintergrund/Photex, 190 u./Graf, 192/193 Hintergrund/BCI, 193 l./Schösser, 194/195/Int. Stock, 200 Hintergrund/BE&W, 202/Harris, 202 Hintergrund/Harris, 204 Hintergrund/Comnet, 206/Stadler, 210 o./Noble, 210 Hintergrund/Bail & Spiegel, 212/DIAF/SDP, 215 o./AFI, 221 Hintergrund/Hilpert, 221 u./Hilpert, 222 l., 223 o./Helweg, 224 Hintergrund/Alexandre, 228 o./Chromosohm, 233 o./Lukas, 236 Hintergrund/Alexandre, 237 r.o./Int. Stock, 238 u.r./Walsh, 240 l./KCM, 244 l./Diaf, 245 r./BE&W, 246 u.l./IDS, 246 Hintergrund/Gyssels, 247 u./Bonin, 252 M./Schramm, 256 o./Firma, 258/259/IPP, 261 u./Harris, 262/Beateworks, 263 o./Jon Arnold Images, 264 o./Alexandre, 265 Hintergrund/PLC, 270 Hintergrund/Alexandre, 270 o./DIAF/SDP, 272 o.r./Beateworks, 274/275 Hintergrund/Koubou, 277 r./Beateworks, 278 u./Beateworks, 278 Hintergrund/DIAF/SDP, 282/Beateworks, 286/287 Hintergrund/IRP, 287 o./Diaf, 290 l./Stadler, 299 o.r./Beateworks, 299 o.l./Beateworks, 300/Jon Arnold Images, 301 Hintergrund/Baier, 304 r./Diaf, 307 o./Lecom, 310 Hintergrund/DIAF/SDP, 313 o./IPS, 313 u./Image du Sud, 314 r./Köpfle, 315 u./Heron, 318/319/TPC, 324 l./Weber, 325 o./Alexandre, 328/Beateworks, 328/329 Hintergrund/Alexandre, 329 o./IPS, 330 o./Hasenkopf, 336 u./Maier, 338/339 Hintergrund/Wunsch, 341 u./Jakob, 341 Hintergrund/ Walsh, 345/Jakob, 348 u./Reinhard, 351/Firma, 352 o./Thouvenin, 354/it-stock, 356/Lecom, 357 o./Engelhardt/Sellin, 358/Fufy, 359/Lecom, 360 o./TPC, 362/363 Hintergrund/it-stock, 363 o./Mohr, 366/367 Hintergrund/IPS, 368 o./IPS, 371/IPS, 376 u./Giel, 380/NHPA; **Impressionen-Versand GmbH, Wedel:** 271 u.; **Interfoto, München:** 73 o., 131 o., 225 u.; **istockphoto.com:** 136 r./Lydia Caster, 145 M./Marc Dietrich, 180 Hintergrund/Andrew F. Kazmierski, 182 u., 265 o./Cindy England, 284 M./Don Wilkie, 308 Hintergrund/Ronnie Comean, 316 l./Jim Jurica; **Dr. Rudolf König, Preetz:** 348 o.; **Mauritius, Mittenwald:** 4 l./Hackenberg, 5 l./Merten, 10/11/Hackenberg, 13 o./Foodpix, 13 u./SuperStock, 14/15 Hintergrund/CuboImages, 17 u./SuperStock, 19 l./Kirchherr, 25 u./pepperprint, 28 o./Xpps, 29 o./Gilsdorf, 30 o./photolibrary, 31/Scott, 32/33 Hintergrund/Foodpix, 33/Walker, 34 o./Foodpix, 34/35 Hintergrund/Walker, 36 l./Walker, 38 l./Benelux Press, 38/39 Hintergrund/JIRI, 39 o./UpperCut James Doberman, 42 o./Triton, 42/43 Hintergrund/Nordic Photos, 43 u./Botanica, 46 u./Pashley, 46 o./Nordic Photos, 52 o./Botanica, 52/53 Hintergrund/Ley, 53/Kirchherr, 54 o./Bergmann, 54/55 Hintergrund/Oxford Scientific, 56 u.r./Pöhlmann, 58/59 Hintergrund/Albinger, 59 o./O'Brien, 60/61 Hintergrund/Levy/Phototak, 63 u.r./SuperStock, 64 u./Morandi, 65 Hintergrund/Iden, 65 o./Higuchi, 66/67 Hintergrund/Canstock, 67 o./Kumicak, 70 u./Baumgärtner, 70 o./Flüeler, 71/AGE, 76 o./photolibrary, 76/77 Hintergrund/Pöhlmann, 78 o./Vidler, 78/79 Hintergrund/Foodpix, 79 u./Walker, 80/81 Hintergrund/Kuchlbauer, 85 o./Photononstop, 86 Hintergrund/Schlief, 87 Hintergrund/Foodpix, 87 o./Reinhard, 88/89 Hintergrund/Loken, 92 o./Schlief, 92/93 Hintergrund/Foodpix, 94 r./Schätzle, 96 o./Foodpix, 97 o./SuperStock, 98/99 Hintergrund/Foodpix, 102 o./SuperStock, 102/103 Hintergrund/Photononstop, 103 u./Blume, 103 o./Photononstop, 104 u.r./SuperStock, 106/Walser, 107 u./Rosenfeld, 108 l./Stock Image, 109 o./Pöhlmann, 109 u./Rosenfeld, 110/110 Hintergrund/Ypps, 111 o./Photononstop, 112/113 Hintergrund/Mattes, 115/AGE, 117 o./Kerth, 120 Hintergrund/Widmann, 124/Baumann, 126 u.l./Römmelt, 127 o.r./AGE, 128/Waldkirch, 132 u./Foodpix, 132/133 Hintergrund/Foodpix, 133 u./Rosenfeld, 134/135/Merten, 137/Nonstock, 139 o./AGE, 143 u./Mattes, 146 r./AGE, 147 r./Bergmann, 151 o./Cash, 152/Frauke, 152/153 Hintergrund/Merten, 153 o./Habel, 155 r./Photonostop, 156/157 Hintergrund/Pöhlmann, 157 o./Stock Image, 162 o./Ley, 163 u./Hackenberg, 168 Hintergrund/AGE, 168/Habel, 170 o./Nordic Photos, 170/171 Hintergrund/Simmons, 172 r./AGE, 173 o./Workbookstock, 174 u.l./Walker, 174 o./Nagel Auktionen, 175/Photononstop, 178 o.l./Botanica, 180/CuboImages, 181 o./Nordic Photos, 181 u./Fischer, 182 o./Photononstop, 182 Hintergrund/Stock4b, 187 u./Oxford Scientific, 188 Hintergrund/Photononstop, 188 o./Mollenhauer, 189 o./O'Brien, 190 o./Gruber, 191/Kerscher, 196 Hintergrund/Nonstock, 199 o.r./Vidler, 200 u./Schätzle, 201/Lange, 204 u.r./CuboImages, 206/207 Hintergrund/Lange, 209 l./Peters, 213 o./TH Foto-Werbung/Phototake, 214 l./Hänel, 217 u./Merten, 219 r./Rosenfeld, 220 u./PowerStock, 229 u./Foodpix, 232 u.l./Pöhlmann, 233 Hintergrund/Pöhlmann, 236 l./Ripp, 238 u.l./Merten, 240 Hintergrund/Widmann, 240 r./Fichtl, 242 Hintergrund/Curtis, 243 r./Hangen, 248 Hintergrund/Botanica, 248 M./PowerStock, 249 r./Christenson, 250 o./Gilsdorf, 251 Hintergrund/ Marka, 253 r./Rossenbach, 254 r./Stock Image, 254 l., 260 M./Frazier, 261 o./Nonstock, 263 u./Botanica, 265 u./Photononstop, 268 l./Taurus, 268 Hintergrund/Solaris, 277 l./Walker, 279 u./Garden Picture Library, 280 u./JIRI, 281 o./Botanica, 283 o.r./Merten, 285 Hintergrund/Stock Image, 288/289 Hintergrund/SDP, 291 u./Photononstop SDP, 292 M./Cupak, 293 u./Photononstop, 294 o./Walker, 294 Hintergrund/Grasser, 294 u./Grasser, 296 Hintergrund/Botanica, 296 u./Pokorski, 297 Hintergrund/Photononstop, 297/Botanica, 298 Hintergrund/Photononstop, 301 o.l./Weinhäupl, 301 o.r./Hellwig, 303 u./Botanica, 305/Marka, 308 o./ Ley, 310 r./Weinhäupl, 311 u./Rosenfeld, 312 o./Rosenfeld, 315 o.r./AGE, 317/Garden Picture Library, 320 r./AGE, 321 o./Garden Picture Library, 322 o./AGE, 322 u.l./Botanica, 325 Hintergrund/Frei, 325 u./ Ypps, 326 M./Fischer, 326/327 Hintergrund/Curtis, 327 o./Fichtl, 330 Hintergrund/Garden Picture Library, 331 u./Garden Picture Library, 332 o.r./Garden Picture Library, 333 o.r./AGE, 333 u./Katzer, 334 o./ Oxford Scientific, 336 o.l./Botanica, 337 o./Oxford Scientific, 339 u./Weißer, 341 o./Rauschenbach, 342 r./Botanica, 343 o./Reik, 346 l./Botanica, 347 l./Botanica, 348/349 Hintergrund/ Oxford Scientific, 349/ Garden Picture Library, 350 r./Lange, 350 l./Photononstop, 352/353 Hintergrund/Botanica, 353 o./Botanica, 355 u./Botanica, 355 o./Reinhard, 356/357 Hintergrund/Blume, 361 o.r./Botanica, 365 o./Garden Picture Library, 365 u./Photononstop, 366 o./Hackenberg, 367 o./AGE, 368 u./Garden Picture Library, 369/Garden Picture Library, 370/Journey, 372 o./Journey, 372 u./Garden Picture Library, 374 Hintergrund/Reinhard, 375 u./AGE, 375 o./Hartmann, 376 o./Botanica, 377 o./Krausova, 377 u.r./Krausova, 378/Layer, 379/AGE, 380 Hintergrund, 381 u./Triton, 381 o./Palais, 381 Hintergrund/Schlief, 382/383/Merten, Nachsatz/Hackenberg; **mev, Augsburg:** 36/37 Hintergrund, 69 u., 70/71 Hintergrund, 83/Witschel, 239 l.; **Reformhaus-INFORMATION, Oberursel:** 212/219 Hintergrund; **Schott Glas, Mainz:** 27 o.; **shutterstock.com:** 255 u.l./Galina Barskaya, 338 o./Chris Sargent, 340 o./Big Zen Dragon; **Siemens AG, München:** 25 o., 28 u.l.; **SXC, Stock.XCHNG:** 291 o./Ed Desyon; **Tilo GmbH:** 142 u., 143 o.; **TopFoto, Kent:** 49 M./Avery, 50 M., 120 l./Sprague/Tiw, 122, 123, 130 o./Roger-Viollet, 130/131 Hintergrund/Roger-Viollet, 176 u./AAAC, 197 u./Walker, 198 r., 198/199 Hintergrund/HIP, 205 o.r./Fortean, 207 o.r./HIP/Ann Ronan Picture Library, 208/ HIP/The British Library, 218/Walker, 218/219 Hintergrund/Walker, 225 o.r./Photri, 227 o./Walker, 228 u./Wimsett/uppa, 230 u.l./Roger-Viollet, 230 u.l./Roger-Viollet, 231 u./Hill/TIW, 234/235 Hintergrund/Roger-Viollet, 235 o., 239 r., 241 u., 249 l., 251 u./The British Library/HIP, 252/253 Hintergrund/ Peter Macdiarmid PressNet, 255 u.r., 255 o./AAAC, 256 u./TIW, 257 o./Roger-Viollet, 274/Roger-Viollet, 284 u., 286 u./Roger-Viollet, 299 u./Walker, 302/ Fortean/Aarsleff, 303 Hintergrund/Walker, 303 o., 307 Hintergrund/Oxford Science Archive, 360 Hintergrund/RHR Nature; **Unilever Bestfoods Deutschland GmbH, Hamburg:** 114/115 Hintergrund; **Wissen Media Verlag GmbH, Gütersloh:** 68 o., 68 u., 69 o., 176 o., 198 l., 205 u., 223 u., 226 M., 226 Hintergrund, 234 o., 239 Hintergrund.